ökom verlag

Die Deutsche Bibliothek – CIP-Einheitsaufnahme

Scherhorn, Gerhard und Weber, Christoph (Hrsg.):

Nachhaltiger Konsum : Auf dem Weg zur gesellschaftlichen Verankerung/ Gerhard Scherhorn. - München : ökom, Ges. für Ökologische Kommunikation, 2002

© 2002 ökom, München
Verlag und Satz:
ökom Verlag, Gesellschaft für ökologische Kommunikation mbH
Waltherstr. 29, 80337 München
Druck: Digitalreprint, Bad Feilnbach
Gedruckt auf holzfreiem Papier ohne optische Aufheller
Alle Rechte vorbehalten
ISBN 3-928244-85-X
Printed in Germany

Gerhard Scherhorn
Christoph Weber (Hrsg.)

Nachhaltiger Konsum

Auf dem Weg zur gesellschaftlichen Verankerung

VORWORT

von Gerhard Scherhorn

Was wir heute Konsumkultur nennen, ist über die Kaufhäuser in die Welt gekommen. In ihrem Buch "Die Entstehung des modernen Konsums" hat Ariane Stihler (1998) die bisherigen Erkenntnisse der historischen Forschung zusammengefasst. Schon in den ersten Kaufhäusern des 19. Jahrhunderts "waren die Konsumenten das Publikum, das sich von den Waren unterhalten ließ, war das Verkaufen mit Amüsement gemischt, war die Anregung zu frei fließendem Begehren ebenso wichtig wie der unmittelbare Kauf bestimmter Produkte" (Williams 1982, 67). In den Kaufhäusern wurde das gesamte Spektrum der Waren ausgestellt, die zum jeweils modernen Lebensstil gehörten, ihn repräsentierten und propagierten. Kaufhäuser waren Konsumtempel, die in den Ausmaßen und in der Pracht ihrer Einrichtung an Schlösser erinnerten, gefüllt mit Waren aus allen Lebensbereichen, angereichert mit Neuheiten aus fernen Ländern, attraktiv durch einen beflissenen Service, wie ihn sich sonst nur der Hochadel leisten konnte, unterhaltsam durch Sonderausstellungen, wechselnde Dekorationen, Ausverkaufsaktionen. Si ewaren gleichsam Gegenwartsmuseen, in denen das aufstrebende Bürgertum seine materielle Kultur i nhöchstem Glanz besichtigen konnte.

Allerdings war es von Anfang an eine Kultur, die auf der Ausbeutung der natürlichen und sozialen Mitwelt beruhte. Die Konsum-Revolution im 18. Jahrhundert konnte sich durchsetzen, weil Industrie und Fernhandel einen Teil ihrer Kosten auf die Umwelt und auf die Länder des Südens, die Kolonien, abwälzen konnten. Das machte die Konsumgüter, die in den Kaufhäusern dem begierig staunenden Publikum vorgeführt wurden, für breitere Schichten erschwinglich,. Die Ausbeutung der Mitwelt hat zur Entstehung der Konsumkultur beigetragen; die Beendigung der Ausbeutung die Konsumkultur zwar nicht beenden, aber doch verändern.

Denn es ist keine Frage, dass die Wohlstandsgesellschaften für die von ihnen verursachte Naturzerstörung und sogar für die von ihnen ausgehende Benachteiligung der Dritten Welt sensibler werden. Die Folgen sind fühlbar geworden. Die Sensibilität hält sich noch in Grenzen, aber man darf hoffen, dass sie unter dem Druck der Folgen weiter zunimmt. Und zugleich kommt man nicht um die Beobachtung herum, dass die ehrfürchtige Bewunderung der Kaufhäuser abgenommen hat. In ihnen wird zwar weiterhin gekauft, aber im Gedränge, unter Stress und ganz und gar nicht mehr so entspannt, komfortabel und andächtig, wie es im 19. Jahrhundert gewesen sein muss. Die Kauflust ist von der "Pflicht zum Konsum" gezeichnet (Baudrillard 1988), das Gefühl des Aufbruchs ist dahin.

So wird es Zeit, dass die Konsumkultur sich mausert. Den Namen Kultur muss sie erst noch verdienen. Kultur hat mit Kultivierung zu tun, mit pfleglicher, veredelnder Behandlung, also auch mit Nachhaltigkeit. Nachhaltig ist eine Entwicklung, die die Substanz, das Potential der Entwicklungsmöglichkeiten, erhält statt es aufzuzehren. Erst wenn die Konsumkultur diese Bedingung erfüllt, darf sie in einem ethischen Sinne Kultur genannt werden. Kultur im soziologischen Sinne wird rein deskriptiv verstanden, als die Gesamtheit der Werthaltungen in einer menschlichen Gruppierung. Wenn man untersuchen will, wie eine Gesellschaft funktioniert und wie sie sich von anderen Gesellschaften unterscheidet, ist das der angemessene Begriff. Im ethischen Sinne verwenden wir den Kulturbegriff, wenn wir fragen, was den unterschiedlichen Kulturen gemeinsam sei, wie sie sich beim Zusammenwachsen der Welt entwickeln, wohin sie konvergieren.

In der öffentlichen Diskussion freilich wird "unter Kultur nur noch der Themenkreis der Feuilletons in den Zeitungen oder der Zuständigkeitsbereich von Kulturdezernenten in den Städten verstanden," also "einerseits die Förderung der Künste, andererseits die Bildung oder gebildete Unterhaltung durch Konzerte, Theater und Museen. Manchmal wird auch der Sport dazugerechnet, oder es kommen noch Aktivitäten der Stadtteilkultur dazu. Dieser Schrumpfbegriff von Kultur ist sozusagen planmäßig blind für die Konflikte zwischen der Wirtschaft und der Kultur." Wenn nur ein derart verengter Bereich als Kultur wahrgenommen wird, dann vermag man auch keinen Widerspruch darin zu sehen, dass Unternehmen kulturelle Einrichtungen fördern – das sogenannte Kultursponsoring – und zugleich die Kultur beschädigen, indem sie Schadstoffe emittieren, gesundheitsgefährdende Produkte vertreiben oder an der Fortbildung ihrer Arbeitnehmer sparen (Meyer-Abich 1997, S. 385f.).

Dass man für solche Widersprüche blind ist, hängt nach Meyer-Abich auch mit einer zweiten Begriffsverwirrung zusammen: Kultur wird als Gegensatz von Natur verstanden. Das geht zurück auf die Abgrenzung des gestalteten menschlichen Lebensraums von der ursprünglichen Natur, der Wildnis. Die Abgrenzung ist entstanden, als die Menschen in Europa vor sechs- bis achttausend Jahren die nomadische Lebensweise aufgaben und den Boden bearbeiteten. *Cultura* ist das lateinische Wort für den Ackerbau, die Kultivierung des Bodens. "Diesseits, wo man lebte, war die Kultur ein ausgegrenzter Bereich und jenseits die Wildnis, von der man sich abgesetzt hatte ... Damit ist aber keineswegs gesagt, dass wir uns durch Landwirtschaft aus 'der Natur' ausgegrenzt haben. Die eigentliche Kulturleistung wurde noch in der Antike ... als 'perfectio naturae' verstanden, nicht als ein Ausstieg aus der Natur oder als ein Sieg über sie," sondern eben als die Weiterentwicklung und Vervollkommnung dessen, was in ihr angelegt ist.

Durchgesetzt aber hat sich (besonders unter dem Einfluss von Naturwissenschaft, Technik und Wirtschaft) die Idee des Gegensatzes zwischen Natur und Kultur, die in der Natur und allem, was ihr zugerechnet wird (den Frauen, den indigenen Völkern) das Minderwertige und in der Kultur das Höhere und Überlegene sieht. In diesem Denken "wird Kultur nicht als eine Fortsetzung des Naturgeschehens wahrgenommen und der Mensch, insoweit er Kultur in die Welt bringt, nicht zur Natur gerechnet." Natur ist dann das dem denkenden und herrschenden Ich Entgegengesetzte, das Objekt, das das Ich seinen Zwecken dienstbar macht. Wer die Welt so anschaut, wird es abwegig finden, dass Unternehmen Verantwortung für das Ganze der Natur, für ihr eigenes Handeln in ihrer natürlichen und sozialen Mitwelt übernehmen sollten.

Erst wenn man den Menschen als *Teil der Natur* betrachtet und unter *Kultur* "die Integrität einer menschlichen Gesellschaft in der Natur" versteht (ebenda, 12), kann man wahrhaft begreifen und akzeptieren, was "die Schöpfung bewahren" von uns Menschen verlangt. Es verlangt, dass wir unser Mitsein mit der natürlichen und der sozialen Mitwelt kultivieren (ebenda, 350-72), also uns selbst natur- und sozialverträglich verhalten und die gesellschaftlichen Institutionen, die unser Handeln beeinflussen, natur- und sozialverträglich gestalten – und dass wir beides auf die Weise tun, die dem Menschen gegeben ist, nämlich mit Vernunft und Ästhetik.

Den Konsum kultivieren bedeutet ihn im Ganzen der Natur zu sehen, von der wir ein Teil sind. Es bedeutet ihn nicht auf Kosten der natürlichen und sozialen Mitwelt zu forcieren, sondern mit ihr in Einklang zu bringen. Die Herausforderungen, die dieser Gedanke enthält, werden sich unserem industriell verformten Denken erst nach und nach erschließen. Auf welchem Stand dieser Prozess heute ist, davon hat die Fachkonferenz, die der vorgelegte Band dokumentiert, eine Vorstellung gegeben. Es ist eine Momentaufnahme der Forschungs- und Praxisinitiativen, sicher unvollständig, aber doch beeindruckend.

Unvollständig ist sie, weil sie auf die deutschsprachige Forschung und Praxis begrenzt war und selbst von dieser nur einen Teil abbilden konnte, wenn auch einen recht großen. Andererseits ist sie beeindruckend, weil schon die Fülle der Beiträge zeigt, auf wie breiter Front die Probleme der Nachhaltigkeit im Konsum heute bearbeitet werden, und weil die Inhalte von den Fortschritten Zeugnis ablegen, die seit den letzten Bestandsaufnahmen (vgl. etwa Scherhorn, Reisch & Schrödl 1997) erzielt wurden. Es sind Fortschritte vor allem in der Einbeziehung der Unternehmen, in der Entwicklung geeigneter Angebote und Indikatoren, die den Konsumenten die Entscheidung erleichtern können, in der realistischen Sicht auf die Motivation der Menschen, in der Moderierung von Lernprozessen.

Dass die Kaufhäuser dabei keine Vorreiter sind wie einst bei der Entstehung der Konsumkultur, kann nicht verwundern. Noch haben wir nicht gelernt, wie man die Fülle der Waren präsentiert und zugleich das Weniger propagiert. Noch existieren zu wenige Indikatoren, die es dem Handel ohne Wettbewerbsverzerrung ermöglichen, den Kunden die Wahl zwischen Spreu und Weizen zu erleichtern. Noch gibt es zu wenige Ansätze, mit den Waren zugleich die Aktivitäten zu zeigen, die in nachhaltigen Lebensweisen neben sie und zum Teil an ihre Stelle treten können. Doch all dies ist auf dem Weg. Auch davon gibt dieser Band Zeugnis.

Literatur:

Baudrillard, Jean (1988). Consumer society. In: M. Poster (Hrsg.). *Jean Baudrillard: Selected writings*, S. 26-55. Oxford: Basil Blackwell.

Meyer-Abich, Klaus Michael (1997). Praktische Naturphilosophie. Erinnerung an einen vergessenen Traum, München: C.H. Beck Verlag.

Reisch, Lucia A. & Scherhorn, Gerhard (1999). Sustainable Consumption. In: Shri Bhagwan Dahiya (Ed.): *The Current State of Economic Science*, S. 657-690. Rohtak (India): Spellbound Publishers.

Scherhorn, Gerhard, Reisch, Lucia A. & Sabine Schrödl (1997). *Wege zu nachhaltigen Konsummustern*. Überblick über den Stand der Forschung und vorrangige Forschungsthemen. Marburg: Metropolis.

Stihler, Ariane (1997). *Die Entstehung des modernen Konsums*. Berlin: Duncker & Humblot.

Williams, Rosalind H. (1982). *Dream worlds. Mass consumption in late nineteenth-century France*. Berkeley: University of California Press.

Danksagung

Der vorliegende Band ist aus einer Fachkonferenz entstanden, die am 29. und 30. November 2001 an der Universität Hohenheim stattfand. Sie wurde im Rahmen des vom Bundesministerium für Bildung und Forschung geförderten Projekts „Nachhaltiger Konsum im Spannungsfeld von Modellprojekt und Verallgemeinerbarkeit" durchgeführt. Die GSF München als Projektträger, die Stiftung Landesbank Baden-Württemberg und die Universität Hohenheim haben die Tagung und die Veröffentlichung der Beiträge finanziell unterstützt. Die Zeitschrift GAIA hat einige Beiträge in gekürzter Form vorabgedruckt. Ihnen allen gilt der besondere Dank der Herausgeber dafür, dass sie diese Publikation ermöglicht haben.

Inhaltsverzeichnis

Abstracts   15

1. Konsum und Kultur

Ortwin Renn: Nachhaltiger Konsum: Was kann der einzelne tun? _____ 33
Lucia A. Reisch: Kultivierung der Nachhaltigkeit _____ 41
Klaus Kraemer: Konsum als Teilhabe an der materiellen Kultur _____ 55
Martina Schäfer: Die täglichen Mühen der Ebene _____ 63
Hildegard Kurt: Impulse aus der Kunst für eine nachhaltige Konsumkultur _____ 73

2. Entwicklungslinien nachhaltigen Konsums

Modelle – Neue Strukturen zur Einübung von Nachhaltigkeit

Joachim Sucker: Kurzübersicht über Vernetzungsstrukturen von Ökozentren _____ 85
Christa Müller: Nachhaltiger Konsum braucht Eigenproduktion: Das Allgäuer Zentrum für Eigenversorgung _____ 91
Birgit Blättel-Mink & Uta Umpfenbach: Der kleine und mittelständische Einzelhandel auf dem Weg zu einer nachhaltigen Sortimentspolitik? _____ 99

Sinngebungen – Probleme und Ansätze des Bewusstseinswandels

Hermann Pfütze: Das Ideal der Sorglosigkeit: Der Nachhaltigkeitsdiskurs zwischen Idealisierung und Desillusionisierung _____ 109
Dirk Fischer: Das Wollsocken Image überwinden! Sozialpsychologische Funktionen von Bekleidung und das Marketing von Öko-Textilien _____ 119
Jörg Schneider: Das kommt gar nicht in die Tüte! Nachhaltigkeitsmuster beim Kauf von Gütern des alltäglichen Bedarfs _____ 131
Jörn Lamla: Politikstil und Konsumkultur – Über den Umgang mit Deutungskonflikten bei Gemeinwohlzumutungen in der Agrar- und Ernährungspolitik _____ 147

Informationen – Kommunikation als Agens der Veränderung

Martin Kreeb & Werner F. Schulz: Unsichtbares sichtbar machen – Die Bedeutung der Umweltzeichen in der Nachhaltigkeitsdiskussion _____ 159
Herbert Klemisch: Branchendialoge und ihre Funktion zur Verbreitung von nachhaltigen Konsummustern _____ 171
Andrea Mayer-Figge: Nutzen einer Datenbank "Anbieter umwelt- und gesundheitsverträglicher Produkte" _____ 183
Ulrike Eberle: Das Nachhaltigkeitszeichen als Prozesslabel _____ 191

Dienstleistungen – Nutzen statt Besitzen

Bernd Hirschl, Wilfried Konrad & Gerd Scholl: Nachhaltige Produktnutzung – Verbraucherakzeptanz und Entwicklungsdynamik dienstleistungsorientierter Formen des Konsums _____ 197

Hansjörg Gaus & Cornelia Zanger: Nachhaltige Mobilität fängt in den Köpfen an. Empirische Studie zur kognitiven Verankerung des Car-Sharing _____ 209

Ulf Schrader: Konsumsymbolik als Determinante der Akzeptanz eigentumsersetzender Dienstleistungen _____ 219

Kathrin Buchholz, Petra van Rüth & Ines Weller: Ökologische Dienstleistungen und organisierte Gemeinschaftsnutzungen zwischen Anspruch und Alltagsrealität – Ausgangsüberlegungen zu einem Forschungsvorhaben zur Förderung von nachhaltigen Konsummustern durch Angebote und Maßnahmen im Wohnumfeld _____ 231

3. Bereiche nachhaltigen Konsums

Ernährung – Veränderung der Nachfrage / Veränderung des Angebots

Christa Schwab & Adelheid Stipproweit: Das Leitbild "Nachhaltige Ernährung" – Ernährungsökologie im Kontext der Diskussion um eine nachhaltige Ernährung aufgezeigt an Agenda 21-Arbeitskreisen – Erste deskriptive Ergebnisse _____ 245

Karl-Michael Brunner: Menüs mit Zukunft: Wie Nachhaltigkeit auf den Teller kommt oder die schwirigen Wege zur gesellschaftlichen Verankerung einer nachhaltigen Ernährungskultur _____ 257

Christine Rösch: Trends in der Ernährung – eine nachhaltige Entwicklung? _____ 269

Regina Gaitsch & Angela Koch: Kommunikations- und Lernprozesse zur Förderung nachhaltiger Konsum- und Wirtschaftsweisen: Regionalvermarktung von Nahrungsmitteln im Hunsrück _____ 279

Wolfgang Grefe: Der Lebensmitteleinzelhandel als Kommunikationsplattform _____ 291

Achim Spiller: Zur (Hoch-)Preispolitik des Lebensmitteleinzelhandels bei ökologischen Lebensmitteln _____ 295

Bauen und Wohnen – Nachhaltigkeit beim Bauen / Nachhaltigkeit beim Wohnen

Christoph Weber & Katrin Haußer: Verbreitung ökologischen Bauens – der Beitrag von Fachinformation und Produktangebot eines Ökozentrums _____ 309

Sabine Deimling & Reinhold Vetter: Nachhaltiger Konsum am Bau? Das Beispiel der nachwachsenden Rohstoffe _____ 323

Uwe R. Fritsche: Nachhaltige Stadtteile – die Rolle des Warenkorbs der Konsumenten _____ 335

Renate Dylla, Barbara Freytag-Leyer, Karin Rockel, Jeanett Seifert & Ulrich Kurfürst: Die Tiefkühl-Service-Station (TSS) – ein Beispiel für eine nachhaltige und energieeffiziente Haushaltstechnologie _____ 343

Andreas Hermelink & Hartmut Hübner: Passivhäuser für Mieter – Eine Chance für die Diffusion nachhaltigen Bauens und Wohnens? _____ 353

Mobilität – Verantwortliche Beanspruchung von Verkehrsmitteln

Georg Karg & Thomas Zängler: Ansätze einer nachhaltigen Mobilitätskultur
im Berufs-, Einkaufs-, Ausbildungs- und Freizeitverkehr _____ 363

Günter Warsewa: Einkaufen ohne Parkplatz und Kofferraum – Erfolgsbedingungen für Stadtteillieferdienste des lokalen Einzelhandels _____ 377

Daniel Rölle, Christoph Weber & Sebastian Bamberg: Neue Mobilität am
neuen Wohnort? Individuelle Informationen nach dem Umzug als
Beitrag zu einer nachhaltigen Mobilität _____ 389

Freizeit und verantwortlicher Kosnum

Andreas Reichert: Ansätze zu einer nachhaltigen Freizeitgestaltung in
einem Ökozentrum _____ 403

Simone Maier & Jennifer Zimmermann: Surprise Culinaire: Eine
WWF-Kampagne zur Förderung nachhaltiger Angebote in der Gastronomie mit
wissenschaftlichem Support _____ 413

Sven Eckardt, Cristoph Weber & Alfred Voß: Ein Label für ökologische Dienstleistungen in
Hotels und Gaststätten _____ 425

Konsumentenverhalten – Zur Organisation von Nachhaltigkeit

Armin Grunwald: Die Realisierung eines Nachhaltigen Konsums – Aufgabe
der Konsumenten? _____ 433

Karl Heinz Goslar: Was kann der einzelne praktisch tun? Eine computergestützte
Entscheidungshilfe _____ 443

Claudia Empacher: Zielgruppenspezifische Potentiale und Barrieren für nachhaltigen
Konsum – Ergebnisse einer sozial-ökologischen Konsumentenuntersuchung _____ 455

Claus Kriegs: 100 Haushalte auf neuen Wegen – Ein Projekt der Umweltbehörde
Hamburg im Rahmen der Lokalen Agenda 21 Hamburg _____ 467

Wolfgang Meyer: Evaluationsstudien zu den Diffusionswirkungen von
Umweltberatung. Gegenwärtige Praxis und Perspektiven zur Verbreitung
nachhaltiger Konsummuster _____ 473

Autorenregister   487

Abstracts

Abstract

Konsum und Kultur

Prof. Dr. Ortwin Renn, Leitender Direktor der Akademie für Technikfolgenabschätzung in Baden-Württemberg

Nachhaltiger Konsum: Was kann der einzelne tun?

Der Beitrag diskutiert die Möglichkeiten jedes einzelnen Bürgers und jeder Bürgerin, die Regeln der Nachhaltigkeit auch beim Konsum von Gütern und Dienstleistungen zu beachten. Dabei werden vor allem die persönlichen Einstellungen und Lebensgewohnheiten thematisiert. Die Rolle des Konsums als Surrogat für häufig immaterielle Bedürfnisse wird erörtert und die Möglichkeit, durch einfache Verhaltensregeln nachhaltiger zu konsumieren, vertieft. Über den individuellen Einsatz hinaus sind aber auch strukturelle Veränderungen notwendig, um ein soziales und kulturelles Umfeld zu schaffen, in dem nachhaltige Lebensweisen gedeihen können.

Dr. Lucia A. Reisch, Universität Hohenheim, Lehr- und Forschungsbereich Konsumtheorie und Verbraucherpolitik

Kultivierung der Nachhaltigkeit

Der Beitrag diskutiert den Vorschlag, die drei Komponenten der nachhaltigen Entwicklung Sozialverträglichkeit, Naturverträglichkeit und ökonomische Verträglichkeit als Aspekte eines ganzheitlichen Ziels der fortschreitenden "Kultivierung der Welt" zu betrachten. Eine solche Perspektive scheint besonders dem Verständnis und der Beeinflussung spätkapitalistischer Konsummuster zuträglich zu sein; denn diese können sowohl auf Makro- als auch auf Mikroebene nur als sozialer und kultureller Konstruktionsprozess angemessen verstanden werden. Der Beitrag unterscheidet drei Diskurse: (1) die epistemologisch-konzeptionelle Einbeziehung der Variable Kultur in das Konzept nachhaltige Entwicklung; (2) die inhaltliche Bestimmung einer "Kultur der Nachhaltigkeit"; (3) den Beitrag von "Kunst und Kultur".

Dr. Klaus Kraemer, Transferzentrum für angepasste Technologien, Rheine

Konsum als Teilhabe an der materiellen Kultur

Vor dem Hintergrund der sozialwissenschaftlichen Diagnose einer Pluralisierung von Wertsphären und der Individualisierung normativer Maßstäbe werden in diesem Beitrag die Realisierungschancen des Konzeptes "Sustainable Consumption" einer genaueren Analyse unterzogen. Hierbei wird von der Überlegung ausgegangen, dass Prozesse der sozialen Integration nicht über gemeinsam geteilte Werte, Normen oder gar Leitbilder hergestellt werden, sondern über die soziale Teilhabe an der "materiellen Kultur". Im einzelnen wird problematisiert, welche Konsequenzen ein derartiger Integrationsmodus für das Nachhaltigkeitskonzept im allgemeinen und den Suffizienz-Ansatz im besonderen hat.

Abstract

Dr. Dr. Martina Schäfer, Humboldt Universität zu Berlin, Fachgebiet Agrarmarketing; Technische Universität Berlin, Zentrum Technik und Gesellschaft

Die täglichen Mühen der Ebene – von Ansprüchen und Widersprüchen nachhaltigen Konsumverhaltens

Ausgehend von einer Befragung Berliner Biokäufer/innen beschäftigt sich der Beitrag zunächst mit den Motiven für den Konsum von Bioprodukten. Hervorgehoben wird die Bedeutung von Motivallianzen für künftige lebensweltlichere Kommunikationsstrategien. Eine wichtige Rolle spielen außerdem die in der Kindheit – meist im familiären Umfeld gewonnenen — Erfahrungen mit Essen und Schmecken. Weiterhin wird der Frage nachgegangen, ob der Konsum von Bioprodukten eingebettet ist in umfangreichere Muster umweltfreundlicher Verhaltensweisen. Der Vergleich offenbart, dass die Ernährung mit ökologisch produzierten Lebensmitteln aufgrund ihrer direkt erfahrbaren positiven Auswirkungen in der Regel nicht als Verzicht oder Einschränkung erlebt wird, wie dies z.B. bei ökologischen Verhaltensweisen im Bereich Mobilität der Fall ist. Aufbauend auf den empirischen Ergebnissen werden im Rahmen des Beitrags Vorschläge für eine stärkere Diffusion nachhaltigen Konsumverhaltens in das Alltagsleben entwickelt.

Dr. Hildegard Kurt, freischaffende Kulturwissenschaftlerin, Berlin

Impulse aus der Kunst für eine nachhaltige Konsumkultur

Nachhaltigkeit kann nur dann attraktiv sein und faszinieren, wenn man in ihre Gestaltung verstärkt jene Akteure einbezieht, die über das Vermögen verfügen, Ideen, Visionen und existenzielle Erfahrungen in gesellschaftlich vermittelbaren Symbolen und Praktiken lebendig werden zu lassen. Anhand einiger exemplarischer Beispiele soll erkennbar gemacht werden, wo und wie das *künstlerische* Feld substanzieller als bisher in die Suche nach zukunftsfähigen Lebens- und Konsumformen einbezogen werden könnte. Denn tatsächlich hat gerade die Kunst der Moderne in ihrer "vehementen Anstrengung zur Mündigkeit" (Th. W. Adorno) eine ganze Reihe von Experimenten angestellt, Strategien entwickelt und auch Irrtümer begangen, die heute im Blick auf eine nachhaltige Lebenspraxis lehrreich sein können.

Entwicklungslinien nachhaltigen Konsums
Modelle - Neue Strukturen zur Einübung von Nachhaltigkeit

Joachim Sucker, neuwerk consult GmbH, Hamburg

Vernetzungsstrukturen von Ökozentren

Der Beitrag stellt eine Zwischenauswertung einer Befragung innerhalb des bestehenden Vernetzungsansatzes von Ökozentren-Initiativen in Deutschland dar. Der Projektzeitraum ist Juni 2001 bis Juni 2002. Das Projekt wird über die Deutsche Bundesstiftung Umwelt gefördert.

Abstract

Dr. Christa Müller, anstiftung ggmbh, München

Nachhaltiger Konsum braucht Eigenproduktion

Als möglicher Diskussionskontext, in den die Frage nach der immer noch mangelhaften Umgestaltung des Konsums unter Nachhaltigkeitskriterien eingebettet werden könnte, gilt diesem Beitrag die Schnittstelle von abnehmender wirtschaftlicher Autonomie und daraus folgender Extensivierung des Konsums. Am Beispiel des Forschungs- und Praxisprojekts "Kempodium-Allgäuer Zentrum für Eigenversorgung" wird der Versuch nachgezeichnet, überschau- und beeinflussbare wirtschaftliche Verhältnisse vor Ort (wieder-)herzustellen. Die Ausgangshypothese dabei lautet: Nachhaltiger Konsum als kulturelles Prinzip impliziert ein verändertes Verhältnis von Konsum und Produktion, speziell einen veränderten Zugang zu Eigenproduktion. Die regionale Ebene samt der auf ihr hergestellten und gehandelten materiellen und immateriellen Güter fungiert dabei als die zentrale Handlungsebene, die es zugleich ermöglicht, die Folgen des Tuns (oder Nicht-Tuns) auf einer kleinräumigen Ebene unmittelbar zu erfahren.

PD Dr. Birgit Blättel-Mink, Universität Stuttgart, Abteilung für Arbeits- und Organisationssoziologie und *Uta Umpfenbach,* Akademie für Technikfolgenabschätzung in Baden-Württemberg, Bereich Technik Gesellschaft und Umweltökonomie

Der kleine und mittelständische Einzelhandel auf dem Weg zu einer nachhaltigen Sortimentspolitik?

Der kleine und mittelständische Einzelhandel hat es nicht leicht, schon gar nicht, wenn es darum geht, einen Ökologisierungsprozess in die Wege zu leiten. Die auf den ersten Blick machtvolle Stellung zwischen HerstellerInnen und VerbraucherInnen, stellt sich schnell als ein Irrtum heraus. Der Einzelhändler hat im Normalfall nur wenige Möglichkeiten, sein Sortiment zu beeinflussen, da die Herstellerseite über Werbung die KundInnen direkt anspricht und diese sodann bestimmte Produkte hinterfragen. Dabei gilt, dass die ökologische Qualität von Produkten für die KonsumentInnen deutlich weniger wichtig ist als die Produktevielfalt oder günstige Preise. Diese Erkenntnisse stammen aus einem dreijährigen Projekt zum Thema "Nachhaltigkeit in Einzelhandel", das in diesem Beitrag vorgestellt wird. Darüber hinaus werden Möglichkeiten vorgestellt und diskutiert, den kleinen und mittelständischen Einzelhändler mit Hilfe der neuen IuK-Technologien anzusprechen, ihn über ökologische Zusammenhänge zu informieren und generell die Kommunikation im Kontext des Einzelhandels zu verbessern.

Sinngebungen - Probleme und Ansätze des Bewusstseinswandels

Prof. Hermann Pfütze, Präsident der Deutschen Gesellschaft für Ästhetik e.V.

Das Ideal der Sorglosigkeit: Der Nachhaltigkeitsdiskurs zwischen Idealisierung und Desillusionierung

Der sozusagen aus dem Paradies mitgenommene Wunschtraum, unsere Welt sei unendlich haltbar, duldsam und regenerativ, ist heute desillusioniert und Gegenstand größter Sorge. Die Sorge der Nachhaltigkeit gilt verlorener Sorglosigkeit. In dem Beitrag werden die Paradoxien dieses Zustands und ihre Umwandlungen in praktikable Probleme skizziert. Nachhaltigkeit wird zu diesem Zweck

Abstract

als Systemeigenschaft verstanden und nicht nur als Verhaltensregel oder Variable in Konsumexperimenten. Nachhaltigkeit 'steckt' im sozialen und individuellen Tun und Lassen ebenso 'drin' wie etwa Raubbau oder Effizienzstreben. Dazu werden zwei konträre Konzepte von Nachhaltigkeit verglichen: das eher totalitäre und doktrinäre Konzept Amitai Etzionis und das auf Vielfalt, Konkurrenz und Mündigkeit setzende Konzept Freeman Dysons. Zum Schluss wird die Schönheit der Nachhaltigkeit erörtert: sie entspringt der Vielfalt der Welt, während das einzig Wahre, das vorgeblich Richtige und Gute die Eltern der Einfalt sind.

Dipl. oec. Dirk Fischer, Carl-von-Ossietzky-Universität Oldenburg, Fachbereich Wirtschafts- und Rechtswissenschaften, Lehrstuhl für Allgemeine BWL, Unternehmensführung und Betriebliche Umweltpolitik

Das Wollsocken-Image überwinden! Sozialpsychologische Funktionen von Bekleidung und das Marketing von Öko-Textilien

Die Hersteller und Anbieter von sog. Öko-Kleidung haben seit einigen Jahren mit deutlichen Umsatzrückgängen zu kämpfen, obwohl das Angebot aktuellen modischen Trends angenähert wurde und ein relativ großer Anteil der Konsumentinnen und Konsumenten unterschiedlichen Umfragen zufolge eine Präferenz für ökologisch optimierte Kleidung bezeugt. Der Beitrag versucht diesen – vermeintlichen – Widerspruch auf Grundlage sozialpsychologisch und kulturwissenschaftlich fundierter Ansätze der Modetheorie zu erklären. Im Vordergrund steht dabei die Bedeutung der sozialpsychologischen Funktionen von Kleidung und die damit verbundene Nutzung von Kleidung als Kommunikationsmedium. Es wird argumentiert, dass sich im Zuge der "Öko-" und "Natur-Mode"-Welle Ende der 1980er/Anfang der 1990er Jahre ein bestimmter Code etabliert hat, der – z.T. unabhängig von den tatsächlichen Produkteigenschaften – noch immer das (Vor-)Urteil der Verbraucher bestimmt. Daraus abgeleitet werden einige Empfehlungen für die Gestaltung und vor allem das Marketing von Öko-Kleidung.

Jörg Schneider M.A., Forschungszentrum für Gesellschaft und Ökologie (FoGÖ e.V.)

Das kommt gar nicht in die Tüte! Nachhaltigkeitsmuster beim Kauf von Gütern des alltäglichen Bedarfs

Der Einkauf von Gütern des alltäglichen Bedarfs, insbesondere der Lebensmittelkauf, folgt zeitlich stabilen Verhaltensmustern und indiziert umfassende Konsumstile. Durch eine Sekundäranalyse der Einkaufsprotokolle von 4426 Haushalten des ZUMA-Verbraucherpanels lässt sich nachweisen, dass die Lebensstilforschung vielversprechende Ansatzpunkte zur Beschreibung und Analyse von nachhaltigem Konsum liefert. Es zeigt sich, dass nachhaltiges Konsumverhalten nur zu einem begrenzten Anteil durch Umwelteinstellungen erklärt werden kann. Innerhalb einer Klassifikation von Konsumstilen lassen sich hingegen verschiedene Formen des Zusammenspiels von Umwelteinstellungen und nachhaltigen Verhaltensweisen aufdecken und an Merkmale der Haushaltsstruktur zurückbinden.

Abstract

Dr. Jörn Lamla, Justus-Liebig-Universität Gießen, Institut für Soziologie

Politikstil und Konsumkultur – Über den Umgang mit Deutungskonflikten bei Gemeinwohlzumutungen in der Agrar- und Ernährungspolitik

In seinen Bemühungen um eine Umsteuerung in der Agrar- und Ernährungspolitik ist das neue Bundesministerium für Verbraucherschutz, Ernährung und Landwirtschaft mit kulturellen Problemen der Ausdeutung von Gemeinwohlgesichtspunkten konfrontiert. Diese Deutungskonflikte werden in dem Beitrag in drei Aufgabenfeldern analysiert: Im Bereich des gesundheitlichen Verbraucherschutzes zeigt sich die strukturelle Dominanz eines eng gefassten wissenschaftlichen Deutungsrahmens für Kriterien der Lebensmittelsicherheit; im Bereich der Agrarwendepolitik dominieren ökonomische Verteilungskämpfe die Ausdeutung des Gemeinwohlbeitrags der Landwirtschaft und im dritten Feld der Verbraucheraktivierung kulminieren die Probleme einer advokatorischen Deutung des Verbraucherwohls im Konflikt zwischen paternalistischen Instrumentalisierungsneigungen und Ansätzen zur Erzeugung einer aktiven bürgerschaftlichen Konsumkultur.

Informationen - Kommunikation als Agens der Veränderung

Prof. Dr. Werner F. Schulz, Universität Hohenheim, Lehrstuhl für Umweltmanagement und *Dipl. oec. Martin Kreeb*, Universität Hohenheim, Lehrstuhl für Umweltmanagement

Unsichtbares sichtbar machen - Die Bedeutung der Umweltzeichen in der Nachhaltigkeitsdiskussion

Der Beitrag diskutiert die kommunikative Bedeutung der Umweltzeichen in der Nachhaltigkeitsdiskussion. In Kapitel 4.2 der Agenda 21 wird der Nachhaltigkeitskommunikation durch Umweltzeichen als "leichtverständlichem Symbol und sonstigen Hinweisen, die zur Aufklärung von Verbrauchern und Entscheidungsträgern dienen" neben den Verbraucherrechten eine Schlüsselrolle zugewiesen. Die Autoren weisen auf die faktischen Erkenntnisse und Erfahrungen im Bereich der Umweltzeichen hin, um zu prüfen, inwieweit diese Erkenntnisse in ein potentielles Nachhaltigkeitszeichen transformiert werden könnte. Ebenso wird von den Autoren eine Definition des Nachhaltigkeitszeichen vorgestellt, und am Beispiel vorhandener Umweltzeichen, die sogenannte Nachhaltigkeitskriterien anwenden, evaluiert.

Herbert Klemisch M.A., Klaus Novy Institut

Branchendialoge und ihre Funktion zur Verbreitung von nachhaltigen Konsummustern

Dieser Beitrag beschreibt in geraffter Form die Potentiale von Branchendialogen zu Fragen von Produktkennzeichnungen (wie Öko- und Soziallabel) bei der Durchsetzung von nachhaltigen Konsummustern. Zentraler Focus dieses Beitrags sind die Rahmen- und Erfolgsbedingungen für einen beteiligungsorientierten sozial-ökologischen Branchendialog. Anhand von Erfahrungen mit der Weiterentwicklung von Labelling - Kriterien im Rahmen von Runden Tischen werden die Möglichkeiten und Grenzen von Branchendialogen zu deren Umsetzung und Verbreitung diskutiert. Dies geschieht anhand der Möbel- sowie der Textil-/Bekleidungsbranche für die Runde Tische durch das Klaus Novy Institut durchgeführt wurden.

Abstract

Dr. Andrea Mayer-Figge, Verbraucher-Zentrale NRW e.V., Gruppe Umwelt - Bereich Spezielle Verbraucherthemen

Nutzen einer Datenbank "Anbieter umwelt- und gesundheitsverträglicher Produkte"

Vorgestellt werden das Konzept und die Zielsetzung der Datenbank "Anbieter umwelt- und gesundheitsverträglicher Produkte", die von der Verbraucher-Zentrale NRW als Instrument zur Förderung eines nachhaltigeren Konsums entwickelt wurde. Behandelt wird in diesem Beitrag die Bedeutung der Erkennbarkeit umwelt- und gesundheitsverträglicherer Produkte für Konsument/innen als eine Voraussetzung des nachhaltigen Konsums. Die Erkennbarkeit umweltverträglicherer Produkte kann erhöht werden durch gezielte Auswahl und Verwendung empfehlenswerter Umweltqualitätszeichen. Der Beitrag diskutiert die notwendigen Rahmenbedingungen für und Anforderungen an Umweltqualitätszeichen, die auch technische Produktqualitäten berücksichtigen aus Sicht des Verbraucher-Zentrale NRW, damit Umweltzeichen zu einem geeigneten alltagstauglichen Instrument bei der Kaufentscheidung werden.

Dr. Ulrike Eberle, Öko-Institut e.V. Freiburg, Bereich Produkte & Stoffströme

Das Nachhaltigkeitszeichen als Prozesslabel

Nachhaltige Entwicklung ist ein gesellschaftlicher Diskussionsprozess. Die Konzeption eines Nachhaltigkeitszeichens sollte diesem Diskussionsprozess gerecht werden. Vor diesem Hintergrund sollte ein Nachhaltigkeitszeichen als Prozesslabel konzeptioniert werden, das Innovationen stimuliert und nachhaltige Entwicklungen fördert. Darüber hinaus sollten die relevanten Akteure in den Diskussions- und Labellingprozess eingebunden sein und ein tragfähiges Marketingkonzept sollte entwickelt werden.

Dienstleistungen - Nutzen statt Besitzen

Bernd Hirschl, Dr. Wilfried Konrad und *Gerd Scholl*, Institut für ökologische Wirtschaftsforschung (IÖW) gGmbH

Nachhaltige Produktnutzung - Verbraucherakzeptanz und Entwicklungsdynamik dienstleistungsorientierter Formen des Konsums

Der Beitrag befasst sich mit nachhaltigen Formen der Produktnutzung. Darunter werden produktbegleitende (z.B. Instandhaltung, Wiederverwendung), produktersetzende (z.B. Vermietung, gemeinschaftliche Nutzung) sowie ergebnisorientierte Dienstleistungen (z.B. Wärme-Contracting) gefasst. Mittels einer repräsentativen Verbraucherbefragung konnte gezeigt werden, dass sich derartige Strategien an unterschiedliche Zielgruppen wenden ("Eigentumsorientierte", "Aufgeschlossene", "Konsumorientierte", "Mobilisierbare"). Ihre tatsächliche Marktdurchdringung wird vor dem Hintergrund zusätzlich durchgeführter Fallstudien in den Bereichen Wintersport und private Textilwäsche jedoch umfassender als Wandel von Nutzungsregime interpretiert. Nutzungsregime werden hierbei als spezifische Konstellationen sozialstruktureller, technischer, institutioneller sowie ökonomischer Faktoren betrachtet.

Abstract

Dr. Hansjörg Gaus und *Prof. Cornelia Zanger*, Technische Universität Chemnitz, Lehrstuhl für Marketing und Handelsbetriebslehre

Nachhaltige Mobilität fängt in den Köpfen an. Empirische Studie zur kognitiven Verankerung des Car-Sharing

In diesem Beitrag wird am Beispiel des Car-Sharing den kognitiven Strukturen nachgegangen, die Konsumenten zur Nutzung dieser umweltfreundlichen Mobilitätsdienstleistung motivieren. Aus den gewonnenen Erkenntnissen werden Ansatzpunkte für die Förderung des Car-Sharing mit Mitteln der Marketingkommunikation abgeleitet. Auf Basis eines Bezugsrahmens zur Untersuchung des Mobilitätsverhaltens wurden 13 qualitative Interviews mit Kunden eines Car-Sharing-Anbieters durchgeführt, in die zur Erfassung kognitiver Strukturen Elemente der Laddering-Befragungstechnik einbezogen waren. Die Auswertung der erhobenen Means-End Chains zeigt, dass hinter der Car-Sharing-Teilnahme sehr unterschiedliche und häufig komplexe Überzeugungssysteme stehen. Neben einer Ansprache rationaler Nutzenkalküle scheint zur Erschließung eines breiteren Marktes insbesondere die Emotionalisierung der Kommunikation für das Car-Sharing Erfolg versprechend.

Dr. Ulf Schrader, Universität Hannover, Lehrstuhl Marketing I: Markt und Konsum

Konsumsymbolik als Determinante der Konsumentenakzeptanz eigentumsersetzender Dienstleistungen

In dem Beitrag wird die symbolische Bedeutung von Gütern als zentrale Determinante für den (Miss-)Erfolg eigentumsersetzender Dienstleistungen im Konsumgüterbereich diskutiert. Zunächst erfolgt eine Differenzierung der symbolischen Eigentumsbedeutung in inter- und intraindividuelle Komponenten. Daraufhin wird der Frage nachgegangen, ob nicht auch der Konsum von Dienstleistungen mit einer vergleichbaren Symbolik verknüpft sein kann. Die Relevanz dieser Konsumsymbolik für die Konsumentenakzeptanz eigentumsersetzender Dienstleistungen wird dann für das Car-Sharing-Angebot "VW-Mietermobil" empirisch nachgewiesen. Konsequenzen für das Marketing eigentumsersetzender Dienstleistungen stehen am Ende der Arbeit.

Dipl.-Ing. Kathrin Buchholz und *Dipl.-Ing. Petra van Rüth*, Technische Universität Berlin, Forschungsbereich Sozial-ökologische Forschung / Feministische Umweltforschung; *Prof. Dr. Ines Weller*, Universität Bremen, Fachbereich Produktionstechnik, Fachgebiet: Analyse und umweltgerechte Gestaltung von Technik mit dem Schwerpunkt Frauen- und Geschlechterforschung

Ökologische Dienstleistungen und organisierte Gemeinschaftsnutzungen zwischen Anspruch und Alltagsrealität - Ausgangsüberlegungen zu einem Forschungsvorhaben zur Förderung von nachhaltigen Konsummustern durch Angebote und Maßnahmen im Wohnumfeld

Der Beitrag erläutert zunächst das dem bmbf-Forschungsvorhaben "Nachhaltiges Konsumverhalten durch ökologische Dienstleistungen und organisierte Gemeinschaftsnutzungen im großstädtischen Wohnumfeld (Berlin)" zugrundeliegende Ausgangsverständnis von ökologischen Dienstleistungen und organisierten Gemeinschaftsnutzungen. Im Anschluss daran werden die Ausgangsüberlegungen und wesentlichen Fragestellungen des Vorhabens vorgestellt: Erstens die Bedeutung der

Bedingungen der Reproduktionsarbeit sowie der Anbindung neuer Nutzungskonzepte an die Erfordernisse der verschiedenen Alltagskontexte, und zweitens die Frage der Erfassung von tatsächlich realisierten ökologischen Entlastungen durch Veränderungen des Nutzungsverhaltens.

Bereiche nachhaltigen Konsums
Ernährung - Veränderung der Nachfrage / Veränderung des Angebots

Christa Schwab und *Prof. Dr. Adelheid Stipproweit*, Institut für Biologie der Universität Koblenz-Landau

Das Leitbild "Nachhaltige Ernährung" – Ernährungsökologie im Kontext der Diskussion um eine nachhaltige Ernährung aufgezeigt an Agenda 21-Arbeitskreisen

Auf der Grundlage von leitfadengestützten Interviews mit Mitgliedern von fünf verschiedenen Agenda 21-Arbeitskreisen zum Themenbereich nachhaltige Ernährung erfolgt eine computergestützte Analyse zum Leitbild der nachhaltigen Ernährung. Es liegen erste deskriptive Ergebnisse zu den Motiven der einzelnen Akteure für ihr Engagement in solchen Arbeitskreisen und den Wünschen und Möglichkeiten einerseits in Bezug auf die Etablierung eines nachhaltigen Ernährungssystems und andererseits bezüglich der Arbeitsweise der jeweiligen Arbeitskreise aus Sicht dieser Aktiven vor. Daneben werden einige für die Arbeit dieser Arbeitskreise als fördernd bzw. hemmend wahrgenommenen Bedingungen aufgezeigt und Angaben zu dem von den Beteiligten berichteten, eigenen, nachhaltigen Ernährungsverhalten gemacht.

Dr. Karl-Michael Brunner, Wirtschaftsuniversität Wien, Institut für Allgemeine Soziologie und Wirtschaftssoziologie

Menüs mit Zukunft: Wie Nachhaltigkeit auf den Teller kommt oder die schwierigen Wege zur gesellschaftlichen Verankerung einer nachhaltigen Ernährungskultur

Der Beitrag diskutiert aus einer sozial- und kulturwissenschaftlichen Perspektive den Zusammenhang von ernährungsbezogenen Konsumprozessen und nachhaltiger Entwicklung. Dabei werden die vielfältigen Funktionen der Ernährung für den Menschen hervorgehoben und die konkreten Ernährungspraktiken, deren Determinanten, Folgen und Veränderungen in den Mittelpunkt gestellt. Ernährungspraktiken sind sozial strukturiert und differieren milieu- und lebensstilspezifisch. Im Beitrag werden nachhaltigkeitsnähere und nachhaltigkeitsfernere Ernährungspraktiken identifiziert und im Hinblick auf Anknüpfungspunkte und Hindernisse für Nachhaltigkeitsstrategien diskutiert.

Dr. Christine Rösch, Institut für Technikfolgenabschätzung und Systemanalyse (ITAS), Forschungszentrum Karlsruhe

Trends in der Ernährung – eine nachhaltige Entwicklung?

Der Beitrag identifiziert und analysiert die wesentlichen wirtschaftlichen und gesellschaftlichen Trends und ihre Wirkungen auf den Ernährungsbereich. Darauf aufbauend werden drei Ernährungsstile skizziert: der "convenience- und preisorientierte", der "gesundheits- und wellnessorientierte" und der "umwelt- und sozialorientierte" Typus. Anhand ausgewählter Nachhaltigkeitsindikatoren erfolgt eine vergleichende qualitative Bewertung dieser Ernährungstypen. Dabei zeigt sich, dass die einzelnen Ernährungsstile bei einigen Indikatoren zu einer Verbesserung, bei anderen jedoch zu einer Verschlechterung des Status quo führen. Eine primär auf Bequemlichkeit, Zeit- und Geldersparnis ausgelegte Ernährung erscheint im Vergleich jedoch als die mit Abstand am wenigsten nachhaltige Ernährungsweise.

Regina Gaitsch und *Angela Koch*, TAURUS – Institut an der Universität Trier

Kommunikations- und Lernprozesse zur Förderung nachhaltiger Konsum- und Wirtschaftsweisen: Regionalvermarktung von Nahrungsmitteln im Hunsrück

Der Beitrag stellt Ergebnisse eines laufenden Forschungsprojektes zu Umsetzungs- und Erfolgsbedingungen der Regionalvermarktung von Nahrungsmitteln als einer Strategie nachhaltigen Wirtschaftens im Ernährungsbereich von Regionen vor. Im Fokus stehen dabei Kommunikations- und Lernprozesse regionaler Wirtschafts- und Umfeldakteure wie Verbraucher zum Aufbau regionaler Nahrungsmittel-Produktlinien. Die Fragestellungen des Forschungsprojektes beschäftigen sich mit den Motivationen, Handlungsbedingungen und -bereitschaften der genannten Akteure, sich an solchen Prozessen zu beteiligen sowie mit der Ausgestaltung und Umsetzung der Prozesse. Vor diesem Hintergrund werden die Vorgehensweise sowie die Ergebnisse einer Fallstudie im *Hunsrück*, die in enger Kooperation mit Praxisakteuren des dortigen Ernährungsbereichs durchgeführt wurde, erläutert.

Prof. Dr. Achim Spiller, Institut für Agrarökonomie, Lehrstuhl Marketing für Lebensmittel und Agrarprodukte, Universität Göttingen

Zur (Hoch-)Preispolitik des Lebensmitteleinzelhandels bei ökologischen Lebensmitteln

Die hohen Preise ökologischer Lebensmittel gelten als eine zentrale Barriere für ihre weitere Diffusion im Markt. Ihr Preisniveau liegt im Durchschnitt um mehr als 50% über dem Vergleichspreis konventioneller Erzeugnisse. Dies trifft auch für die Großunternehmen des Lebensmitteleinzelhandels zu, obwohl hier durch die Ausnutzung von economies of scale eine aggressivere Preispolitik zu erwarten wäre. Die Studie beleuchtet vor diesem Hintergrund die Preispolitik des Lebensmitteleinzelhandels. Es zeigt sich, dass die heute anzutreffenden Mehrkosten ökologischer Produkte nur zum kleineren Teil auf die umweltorientierte Produktionsweise und zum größeren Teil auf vermeidbare Ineffizienzen in Verarbeitung und Vermarktung zurückgehen. Abschließend analysiert der Beitrag die Gründe für die defizitäre Preispolitik des großbetrieblichen Lebensmitteleinzelhandels. Im Vordergrund steht eine neo-institutionalistische Erklärung, die nach Ursachen für imitatives Verhalten in Wettbewerbsprozessen fragt.

Abstract

Bauen und Wohnen - Nachhaltigkeit beim Bauen / Nachhaltigkeit beim Wohnen

Dr. Christoph Weber, Institut für Energiewirtschaft und Rationelle Energieanwendung (IER), Universität Stuttgart und *Dipl. hh. oec. Katrin Haußer*, früher Universität Hohenheim, Lehr- und Forschungsbereich Konsumtheorie und Verbraucherpolitik

Verbreitung ökologischen Bauens – der Beitrag von Fachinformation und Produktangebot eines Ökozentrums

Der Beitrag untersucht, wie Baufachmarkt, Bauausstellung sowie Fachvorträge im Ökozentrum Rommelmühle zur Verbreitung ökologischen Bauens beitragen. Dabei werden die Auswirkungen auf verschiedene Akteure im Handlungsfeld Bauen und Wohnen empirisch analysiert. Insbesondere werden die Informationsbeschaffung und der Produkteinkauf von Architekten und Handwerkern betrachtet und mit den Angeboten in der Rommelmühle verglichen. Dabei zeigen sich erhebliche Diskrepanzen, die für eine erfolgreiche Positionierung des betrachteten und anderer Ökozentren im Bereich Bauen und Wohnen stärker berücksichtigt werden müssen.

Dr. Sabine Deimling und *Dr. Reinhold Vetter*, Institut für umweltgerechte Landbewirtschaftung (IfuL), Mühlheim

Nachhaltiger Konsum am Bau? – Das Beispiel der nachwachsenden Rohstoffe

Das Leitbild der Nachhaltigkeit diffundiert nur sehr langsam in das Bedürfnisfeld Bauen. Ausgehend von der Hypothese, dass der Einsatz nachwachsender Rohstoffe einen wesentlichen Beitrag zum nachhaltigen Bauen darstellen kann, werden die Hemmfaktoren für den bisher zu verhaltenen Einsatz von Baustoffen auf der Basis von nachwachsenden Rohstoffen analysiert. Es wird deutlich, dass es sich nicht nur um ein paar wenige, zeitlich begrenzte Engpässe handelt, sondern um ein ganzes Paket von Defiziten, Mängeln und spezifischen Hindernissen. Deren Überwindung bedarf eines Bündels an abgestimmten Maßnahmen, Aktionen und Regelungen. Schwerpunkte solcher Maßnahmen sind im Beitrag genannt.

Uwe R. Fritsche, Öko-Institut e.V., Koordinator Bereich Energie & Klimaschutz

Nachhaltige Stadtteile – die Rolle des Warenkorbs der Konsumenten

Der Beitrag zeigt die Ergebnisse eines bmbf-geförderten Projekts zur Stoffstromanalyse zweier Stadtteile und ihrer regionalökonomischen Einbettung. Neben den Umwelt- und Kosteneffekten des Bauens, Wohnens (Wärme, Strom), des Verkehrs (lokal und überregional sowie Güter) sowie der Infrastruktur und der Ver- und Entsorgung wird auf die Bedeutung des Warenkonsums eingegangen. Es zeigt sich, dass Lebensmittel und Textilien sowohl bei den Umwelteffekten wie auch den Ausgaben eine sehr große Rolle spielen. Szenarien zum Konsum der Stadtteilbewohner belegen, dass durch regionale Produkte die Umwelt entlastet und regional eine deutliches Umsatzplus erreicht werden kann. Der Beitrag verweist auf weitere Projekte und Materialien zum Thema.

Prof. Dr. Barbara Freytag-Leyer, Haushaltswissenschaftlerin, zuständig für Sozioökologie des privaten Haushalts an der FH Fulda, FB Haushalt und Ernährung; *Prof. Dr. Ulrich Kurfürst*, Physiker, zuständig für Haushaltstechnologie an der FH Fulda, FB Haushalt und Ernährung; *Dipl. oec. troph Karin Rockel; Dipl. oec. troph. Renate Dylla* und *cand. oec. troph. Jeanett Seifert*, alle Mitglieder der Projektgruppe TSS am Fachbereich Haushalt und Ernährung der Fachhochschule Fulda.

Beispiel für nachhaltige und energieeffiziente Haushaltstechnologie

Bei diesem Beitrag handelt es sich um die Vorstellung einer Konzeption, bei der unterschiedliche Dienstleistungsangebote die Haushaltsführung der privaten Haushalte erleichtern sollen. Die Tiefkühl-Service-Station stellt ein Dienstleistungsangebot dar, bei dem mit Hilfe modernster Informationstechnologie eine Gemeinschaftsgefrieranlage unter energetisch und ökonomisch effizienten Bedingungen betrieben werden soll. Das IT-System ermöglicht ein schnelles, übersichtliches und informatives Management der Vorratshaltung durch Tiefkühlen in Verbindung mit der Nutzung von Bausteinen für gesunde Ernährung.

Das Konzept wurde unter dem Motto "Nutzen statt Besitzen" entwickelt und ist Teil einer Gesamtkonzeption für nachhaltige und energieeffiziente Haushaltstechnologie, die eine Arbeitsgruppe an der FH Fulda, FB Haushalt und Ernährung erarbeitete.

Dr.-Ing. Hartmut Hübner und *Dipl.-Kfm. Dipl.-Ing. Andreas Hermelink*, Universität Gesamthochschule Kassel, Wissenschaftliches Zentrum für Umweltsystemforschung

Passivhäuser für Mieter – Eine Chance für die Diffusion nachhaltigen Bauens und Wohnens?

In Kassel wurde im Jahr 2000 erstmals der Passivhaus-Standard ("1-l-Haus") im sozialen Geschosswohnungsbau verwirklicht. Wie die Mieter sich in der neuartigen Umgebung verhalten, welche Gründe es hierfür gibt und welche Folgerungen sich daraus für weitere derartige Projekte ergeben, ist Gegenstand der dem Bericht zugrunde liegenden Forschung. Der Bericht erweitert den üblichen Fokus und untersucht daher nicht nur die Wirkungen in der ökologischen Dimension, sondern auch in der ökonomischen und sozialen Dimension. Im Ergebnis zeigt sich, dass das Passivhaus für Mieter ökologisch, ökonomisch und sozial vorteilhaft ist und von den Mietern akzeptiert wird. Damit eröffnet sich tatsächlich eine Chance für nachhaltiges Bauen und Wohnen.

Mobilität - Verantwortliche Beanspruchung von Verkehrsmitteln

Dr. Thomas W. Zängler und *Prof. Dr. Georg Karg*, Technische Universität München, Department für Wirtschafts- und Sozialwissenschaften

Ansätze einer nachhaltigen Mobilitätskultur im Berufs-, Einkaufs-, Ausbildungs- und Freizeitverkehr

Mobilität bestimmt als durchgehendes Prinzip die Natur des Menschen ebenso wie seine Kultur und Zivilisation. Spätestens seit der Antike wird deutlich, dass Mobilität und ihre Voraussetzungen (Infrastruktur und Fahrzeugtechnik) zu den kulturellen Gütern der Menschheit gehören. Mit den Erfindungen im Transportwesen nahmen die Distanzen im motorisierten Individualverkehr und im Öffentlichen Verkehr stürmisch zu, während die körperliche Bewegung nahezu bedeutungslos wurde. Dies hat negative Folgen für Umwelt und Gesundheit.

Abstract

Die Ziele diese Beitrags sind die Darstellung des derzeitigen Mobilitätsverhaltens und seiner Ausprägung anhand von quantitativ erhobenen Kennzahlen und das Aufzeigen von Ansätzen, die das Mobilitätsverhalten im Sinne der Nachhaltigkeit verändern können. Der Beitrag hat folgenden Aufbau: Zunächst wird das derzeitige Mobilitätsverhalten beschrieben. Anschließend werden Möglichkeiten und Grenzen der Verkehrsreduzierung diskutiert und innovative Ansätze zur Veränderung der Mobilitätskultur in verschiedenen konkreten Handlungsbereichen der Alltagsgestaltung vorgestellt. Abschließend erfolgt ein Ausblick.

Dr. Günter Warsewa, Universität Bremen, ZWE Arbeit und Region

Einkaufen ohne Parkplatz und Kofferraum – Erfolgsbedingungen für Stadtteillieferdienste des lokalen Einzelhandels

Ein gemeinsamer Stadtteillieferdienst des lokalen Einzelhandels kann als prototypisches Konzept zur Beförderung von nachhaltigen Konsummustern gelten: Von der räumlich begrenzten, im Warenangebot dafür aber umfassenden Dienstleistung sind ökonomische Stabilisierungseffekte für den lokalen Einzelhandel und damit auch Verminderungen des privaten (Einkaufs)Verkehrs mit dem PKW sowie die Aufrechterhaltung und Verdichtung von sozialen Beziehungen im Stadtteil zu erwarten. Mit diesen Zielen erfolgte in zwei Stadtteilen Bremens die praktische Implementation von Stadtteillieferdiensten als marktorientierte Einführung eines neuen Dienstleistungsangebotes. Die unternehmerischen Konsortien bzw. Netzwerke aus Einzelhändlern und Logistikpartnern wurden dabei durch die regionale Wirtschaftsförderung und andere regionale Akteure unterstützt.

Grundsätzlich zeigt sich in den Befunden der wissenschaftlichen Begleitforschung, dass eine ökonomische Stabilisierung zwar möglich, eine gleichgewichtige Einlösung ökonomischer, sozialer und ökologischer Ansprüche aber nur sehr schwer zu erreichen ist. Festzustellen war, dass die Projektentwicklung und –umsetzung in jedem Falle mindestens drei Nadelöhre überwinden muss: (1.) Die schwerwiegenden Probleme des Projektmanagements und der Kooperation zwischen den beteiligten Akteuren müssen gelöst werden; (2.) der Lieferbetrieb sollte reflexiv funktionieren, d.h. einen funktionierenden Selbstbeobachtungsmechanismus ausbilden sowie schnell und flexibel auf Korrekturbedarfe reagieren können und (3.) die sozialen Voraussetzungen für Verhaltensveränderungen (insbesondere die sozial differenzierte Einbettung von Einkaufs- und Versorgungsroutinen in die Haushalts- und Familienorganisation) auf der Nachfrageseite müssen bei der Konstruktion des Dienstleistungsangebotes hinreichend berücksichtigt werden.

Daniel Rölle M.A. und *Dr. Christoph Weber*, Institut für Energiewirtschaft und Rationelle Energieanwendung (IER), Universität Stuttgart; *PD Dr. Sebastian Bamberg*, Institut für Arbeits-, Organisations- und Sozialpsychologie, Technische Universität Dresden

Neue Mobilität am neuen Wohnort? Individuelle Informationen nach dem Umzug als Beitrag zu einer nachhaltigen Mobilität

Der Beitrag stellt die Ergebnisse einer 3-Wellen-Panelbefragung von Umzüglern in die Region Stuttgart vor. Dabei wurden die Befragten sowohl *vor* dem Umzug an Ihrem alten Wohnort als auch knapp 4 Wochen bzw. 8 Monate nach Ihrem Umzug befragt. Zudem wurden die Befragten in zwei Gruppen eingeteilt, einer Experimental- und einer Kontrollgruppe. Die Experimentalgruppe erhielt ein Infopaket des regionalen Verkehrsverbundes. Es zeigt sich, dass in der Experimentalgruppe eine deutliche hochsignifikante Zunahme in der ÖV-Nutzung nach dem Umzug festzustellen ist. Dieser Effekt verstärkt sich, wenn bereits am alten Wohnort die Intention besteht, am neuen Wohnort vermehrt öffentliche Verkehrsmittel zu nutzen.

Freizeit und verantwortlicher Konsum

Dipl.-Soz. Andreas Reichert, Universität Stuttgart, Institut für Energiewirtschaft und Rationelle Energieanwendung (IER)

Ansätze zu einer nachhaltigen Freizeitgestaltung in einem Ökozentrum

Das Ökozentrum Rommelmühle ist ein integratives Modellprojekt, in welchem von Anfang an der Versuch gemacht wurde, ökologische, soziale und ökonomische Innovationen in Richtung "nachhaltiges Leben" umzusetzen. Dieser Beitrag untersucht dabei im Rahmen der durch das bmbf geförderten Begleitforschung zur Entwicklung des Ökozentrums das Freizeitverhalten der Bewohner. Dazu wird zunächst eine Indikatorentafel für die Beschreibung einer "nachhaltigen Freizeitgesellschaft" vorgestellt, die als Referenzrahmen zur Verhaltenseinschätzung dient. Anschließend wird darauf bezugnehmend das Freizeitverhalten der Bewohner analysiert. Dabei zeigt sich, dass diese im Sinne der Indikatorentafel überwiegend ein als nachhaltig zu bezeichnendes Freizeitverhalten zeigen.

Dr. des. Simone Maier, Universität St. Gallen, Institut für Wirtschaft und Ökologie und *Jennifer Zimmermann*, WWF Schweiz, Konsum und Lebensstil

Surprise Culinaire: Eine WWF-Kampagne zur Förderung nachhaltiger Angebote in der Gastronomie mit wissenschaftlichem Support

Der Beitrag stellt am Beispiel von Bioprodukten die Restriktionen dar, welche der Einführung von nachhaltigen Angeboten in der Gastronomie entgegenstehen. Dabei wird sowohl die operative wie auch die strategische Ebene der Wertschöpfungskette in der Gastronomie berücksichtigt; darüber hinaus wird der Strategieentwicklungsprozess in die Analyse einbezogen. Anhand der herausgearbeiteten Restriktionen werden Gestaltungsmöglichkeiten für nachhaltige Angebote in der Gastronomie entwickelt, wie sie bei der WWF-Kampagne "Surprise Culinaire" zum Einsatz kommen.

Dipl.-Ing. Sven Eckardt, Universität Stuttgart, Institut für Energiewirtschaft und Rationelle Energieanwendung (IER)

"*Ein*" Label für ökologische Dienstleistungen in Hotels und Gaststätten

Gegenwärtig gibt es über 40 Umweltzeichen und Wettbewerbe für touristische Leistungsträger auf regionaler, nationaler und internationaler Ebene, die es dem Konsumenten schwer machen, den Überblick zu behalten. Im Beitrag werden die Schwierigkeiten der Kennzeichnung einer ökologischen Dienstleistung und ihrer Akzeptanz thematisiert und die im Rahmen eines Forschungsprojektes im Auftrag der Generaldirektion Umwelt der EU entwickelte Vergabe eines europäischen Öko-Labels für umweltfreundliche Hotels beschrieben. Außerdem werden die Chancen der im Aufbau befindlichen deutschen Dachmarke "viabono" angesprochen.

Konsumentenverhalten - Zum Beitrag der einzelnen / Zur Organisation von Nachhaltigkeit

Prof. Dr. Armin Grunwald, Forschungszentrum Karlsruhe, Institut für Technikfolgenabschätzung und Systemanalyse (ITAS)

Die Realisierung eines Nachhaltigen Konsums – Aufgabe der Konsumenten?

Das Thema dieses Beitrages ist, welche Rolle die *gesellschaftlichen Rahmenbedingungen* im Verhältnis zur *Verantwortung des Einzelnen* in dem Wechselspiel von Angebot und Nachfrage spielen, um zu einem Nachhaltigen Konsum zu gelangen. Es wird auch die Frage einer möglichen strukturellen Überforderung des Konsumenten diskutiert, wenn von ihm die Unterscheidung nachhaltiger und weniger nachhaltiger Konsumartikel erwartet wird. Wissens-, Bewertungs- und Umsetzungsprobleme stehen der breiten Verantwortungsübernahme der Konsumenten auf dem Weg zur Nachhaltigkeit im Wege. Die Antwort auf die Frage nach der Möglichkeit eines *Ethos der Konsumenten*, einer breiten Übernahme nachhaltigkeitsfördernder Konsummuster in die Verhaltensweisen und Präferenzen der Konsumenten fällt daher skeptisch aus.

Dr. Karl Heinz Goslar, Schöpfung nachhaltig bewahren e.V.

Was kann der einzelne praktisch tun? Eine computergestützte Entscheidungshilfe

Wer gewillt ist, seinen Lebensstil nachhaltiger zu gestalten, kann aus einer Fülle veröffentlicher Alternativen die für ihn passenden auswählen. Anhand von einfachen Rechenprogrammen kann er seine Konsumbereiche auswerten, mit dem allgemeinen Pro-Kopf-Verbrauch vergleichen und gezielt vorgehen.

Beim Umsetzen der gängigen Alternativen, die auch eine Erweiterung des persönlichen Lebensstiles sein können, lässt sich der persönliche indirekte und direkte Verbrauch an Primärenergie (und damit auch an weiteren Ressourcen) um etwa ein Drittel reduzieren. Mit den eingesparten finanziellen Mitteln könnte man fair und ökologisch hergestellte Güter einkaufen und in regenerative Energien investieren, so dass der Ressourcenverbrauch noch weiter verringert wird.

Dipl. oec. Claudia Empacher, Institut für sozial-ökologische Forschung (ISOE) gGmbH, Frankfurt am Main

Zielgruppenspezifische Potenziale und Barrieren für nachhaltigen Konsum – Ergebnisse einer sozial-ökologischen Konsumentenuntersuchung

Der Beitrag präsentiert Ergebnisse der Studie "Haushaltsexploration der Bedingungen, Möglichkeiten und Grenzen nachhaltigen Konsumverhaltens", in der auf Basis einer Kombination von qualitativer und quantitativer Empirie zielgruppenspezifische Potenziale und Barrieren für nachhaltigen Konsum herausgearbeitet wurden. Zunächst wird das in der Studie entwickelte Zielgruppenmodell für nachhaltigen Konsum vorgestellt und erläutert. Anschließend werden für nachhaltigen Konsum bedeutsame Ergebnisse der Empirie in ihrer Relevanz für zielgruppenspezifische Ökologisierungsstrategien dargestellt und diskutiert: die Alltagsgestaltung, der Convenience-Trend, Veränderungen des Geschlechtermodells sowie die Ablehnung von "Öko" als Ideologie.

Abstract

Claus Kriegs, Umweltbehörde Hamburg

"100 Haushalte auf neuen Wegen"

Der Beitrag stellt die Ergebnisse eines Projektes vor, in dem 100 Haushalte, beraten durch die Umweltbehörde, Ver- und Entsorgungsunternehmen, die Verbraucherzentrale und weitere ehrenamtlich tätige Vereine gemeinsam einen zukunftsfähigen Lebensstil erprobten: Die Werbung über die Medien hat mehrheitlich Menschen erreicht, die für Umweltfragen bereits sensibilisiert waren. Besondere Resonanz fanden die Themen "Energie und Trinkwasser Sparen" und "Ernährung" sowie Vorschläge, die mit geringem Aufwand verbunden waren, kurzfristigen Nutzen versprachen und nicht zu langfristigen Verpflichtungen führten. Als wichtige Triebkraft für Veränderungen erwiesen sich die sozialen Beziehungen zwischen den Teilnehmerinnen und Teilnehmern sowie die Anerkennung durch die Veranstalter. Die Resonanz in den Medien war gering, dafür waren die Teilnehmerinnen und Teilnehmer selbst engagierte Multiplikatoren.

Dr. Wolfgang Meyer, Universität des Saarlandes, Saarbrücken, Institut für Soziologie

Diffusionswirkungen von Umweltberatung. Gegenwärtige Praxis und Perspektiven zur Verbreitung nachhaltiger Konsummuster

Zentrales Ziel der Umweltberatung ist es, die Kluft zwischen Umweltbewusstsein und praktischem Umwelthandeln durch die Bereitstellung konkreter Handlungsanleitungen zu überbrücken. Der Lehrstuhl für Soziologie der Universität des Saarlandes hat Ende der 90er Jahre zwei Evaluationsstudien zu den Wirkungen umfangreicher Förderprogramme zur Unterstützung von Umweltberatungsleistungen durchgeführt. Einige der zentralen Befunde sollen in diesem Vortrag kurz angesprochen und im Hinblick auf die Diffusionswirkungen der eingesetzten Strategien diskutiert werden. In dem Vortrag sollen deshalb in einem weiteren Schritt die mit den Vorstellungen des "nachhaltigen Konsums" verbundenen Anforderungen an die Umweltberatung herausgearbeitet und auf Grundlage der vorgestellten Evaluationsergebnisse mit den Möglichkeiten der gegenwärtigen Praxis verglichen werden.

1. Konsum und Kultur

Nachhaltiger Konsum: Was kann der einzelne tun?
Prof. Dr. Ortwin Renn

Akademie für Technikfolgenabschätzung in Baden-Württemberg
E-Mail: ortwin.renn@t-akademie.de

1. Einfache Grundregel

Was kann der von der Nachhaltigkeit überzeugte Bürger in seinem eigenen Lebensumfeld tun, um eine umweltgerechte und naturnahe Lebensweise zu fördern? Zweifellos sind Änderungen auf der politischen und wirtschaftlichen Ebene der Gesellschaft notwendig. Aber umweltgerechte Lebensweise bedeutet in erster Linie eine Hinterfragung des eigenen Lebensstils. Verbrauche ich mehr Ressourcen als nachwachsen können? Belaste ich die Umwelt mehr als sie verkraften kann? Diese Fragen sind unmittelbar mit dem privaten Konsum verbunden. Untersuchungen des Umweltbundesamtes belegen nämlich eindrücklich, dass der private Konsum eine Schlüsselstellung bei der Umsetzung eines umweltbewussten Lebensstils einnimmt. Der private Verbrauch macht rund 56% des gesamten Bruttoinlandsproduktes in Deutschland aus. Ökobilanzen zeigen zudem, dass die überwiegende Umweltbelastung bei vielen Produkten nicht bei der Herstellung und auch nicht beim Transport, sondern bei der Nutzung entstehen. Alle Fortschritte, die bislang bei der Erhöhung der Umweltfreundlichkeit pro Produkt nachweislich erzielt wurden, sind im Verlauf der Zeit durch entsprechend höheren Konsum wieder ausgeglichen bzw. sogar überkompensiert worden.

Wer nachhaltig leben will, sollte sich an einen einfachen Grundsatz halten: *Umweltbewusst leben bedeutet bewusst zu konsumieren*. Diese Einsicht erscheint auf den ersten Blick trivial. Leider herrscht aber zwischen der Einstellung zu Umwelt und Nachwelt und dem entsprechenden Verhalten eine tiefe Kluft. Viele fühlen sich wie gelähmt, wenn es an die Umsetzung eines umweltgerechten Lebensstils geht. Woran liegt diese Lethargie?

2. Der lähmende Umweltpessimismus

Sieht man sich die Diskussion um Umweltverhalten in Deutschland zur Zeit an, dann erkennt man häufig zwei extreme Positionen. Die erste baut auf dem Mechanismus der Angst-Mache auf. Am düsteren Horizont der als bedrohlich wahrgenommenen Folgen unserer Lebensweise lauern angeblich lauter Zusammenbrüche, Rückschläge und Katastrophen. Im Beschwören der eigenen Angst findet man Identität unter gleichgesinnten Untergangspropheten, die sich gegenseitig im Ausmalen der Katastrophen überbieten und kollektive Wehleidigkeit zum neuen Lebensgefühl erheben. Diese Form des gegenseitigen Angstmachens ist von dem Philosophen Peter Sloterdijk schon 1987 folgendermaßen beschrieben worden (Sloterdijk 1987, S. 51ff):

"Jedes Zeitalter hat seinen eigenen Stil, mit der Welt unzufrieden zu sein, und eine selbstbewusst gewordene Unzufriedenheit mit der Welt trägt den Keim einer Kultur in sich. *Ohne Zweifel zeigt die heutige Unzufriedenheit mit der Welt panische Züge.* Wer nicht panisch ist, ist nicht auf dem laufenden - er lebt im Abseits von der Epoche, in irgendwelchen Höhen der Ungleichzeitigkeit, verschont, sich schonend ... Panik ist die Art und Weise, wie das Ende der Zeiten für uns bereits im Lauf der Zeit da ist. ... Das heutige Alternativbewusstsein zeichnet sich durch etwas aus, was man als ein empirisches Verhältnis zur Katastrophe bezeichnen könnte. Das Katastrophale ist eine Kategorie geworden, die nicht mehr zur Vision, sondern zur Wahrnehmung gehört. Heute kann jeder Prophet sein, wenn er den Mut aufbringt, bis drei zu zählen. Die Katastrophe bedarf weniger der Ankündigung als der Mitschrift, sie hat ihren sprachlichen Ort nicht in apokalyptischen Texten, sondern in Tagesnachrichten und Ausschussprotokollen."

Wer allein auf die Katastrophe und den angeblich kurz bevorstehenden Kollaps der Natur setzt, kann mühelos im Tal der Tränen verharren, weil sich die Mühe, einen umweltgerechten Umgang mit Produkten zu erlernen, ohnehin nicht mehr lohnt. Im Angesicht der stets drohenden Katastrophe sind alle Beteiligte gelähmt. Es gibt keine Handlungsspielräume mehr. Warum sollte man sich engagieren, wenn es doch schon zu spät ist? Gleichzeitig ist diese Haltung für einen selbst recht bequem. Von der Konkursmasse der verhassten Industriegesellschaft lässt sich auch weiterhin gut leben.

Dieser Pessimismus ist aber trotz aller Krisenerscheinungen kaum begründbar. Auch wenn die Menschen weiter so leben wie bisher und eine umweltschädliche Lebensweise frönen, werden sie weder die Natur vernichten, noch die Menschheit als ganzes in den Abgrund stürzen. Die Angst vor dem Untergang der Natur ist unberechtigt und kann demnach auch nicht als Argument für oder gegen eine umweltgerechte Lebensweise dienen. Vielmehr ist das Interesse der Menschen an der Vielfalt der Natur, am Fortbestand natürlicher Kreisläufe, am Erhalt bestimmter Natur- und Landschaftsformen die innere Triebfeder für die Forderung nach Umweltgerechtigkeit. Wer dies anstrebt, will das Positive dieser Welt für die Nachwelt erhalten und nicht bloß das Überleben von Natur und Mensch in Zukunft sicherstellen.

Eine humane Gestaltung der Lebensbedingungen vollzieht sich aber nicht von selbst. Die in der Angst um die Natur befangenen Menschen tun sich und der Natur keinen Gefallen, wenn sie die Umweltprobleme dramatisieren und das angeblich unentrinnbare Schicksal des Untergangs beklagen. In vielen Bereichen hat eine deutliche Besserung der Situation im Verlauf der letzten Jahre stattgefunden. Es gibt wieder Fische im Rhein, das Trinkwasser ist sauberer geworden, die Menge an toxischen und umweltschädlichen Luftschadstoffen hat abgenommen, viele Landschaften mit seltenen Arten wurden und bleiben geschützt und selbst auf der globalen Ebene, wo das gemeinsame Handeln besonders schwierig und unwahrscheinlich ist, haben sich die Nationen auf Maßnahmen zum Schutze der Ozonschicht verständigen können. All dies reicht noch nicht aus, um die Weichen in Richtung auf eine umweltgerechte Entwicklung zu stellen, aber es gibt keinen Grund, die Flinte ins Korn zu werfen. Und für diejenigen, die zu besonderem Pessimismus in dieser Frage neigen, sei hier noch einmal der oft zitierte Spruch Luthers angeführt: Selbst wenn ich wüsste, dass die Welt morgen untergehe, so würde ich doch heute noch einen Apfelbaum pflanzen.

3. Der verharmlosende Umweltoptimismus

Die zweite Attacke gegen die Umsetzung einer umweltgerechten Lebensweise kommt aus der entgegengesetzten Ecke: den ewigen Optimisten und Machern, die alles im rosaroten Licht sehen und die Debatte um umweltfreundlichen Konsum als eine vorübergehende Modeerscheinung sehen, die sich schnell im Nebel auflösen wird, sobald sich die neuen Innovationszyklen durchgesetzt haben. Ist es nicht so, dass die Menschheit bislang mit allen Herausforderungen fertig geworden ist? Warum vertrauen wir nicht stärker auf die Kreativität der zukünftigen Generationen? Hat die heutige Generation nicht auch schon die Probleme der vergangenen Generationen lösen können? Werden nicht auch die kommenden Generationen eigene Wege finden, mit den "geerbten" Problemen fertig zu werden?

Die Umweltoptimisten übersehen die objektiven Grenzen der Handlungsmöglichkeiten und deuten alle Risiken und Ambivalenzen als Chancen um. Ökologische Krisen, Nord-Süd-Konflikte, Ressourcenschwund und Umweltbelastungen, um nur einige zu nennen, sind in dieser Sichtweise nichts weiteres als vordergründige Scheinprobleme, die in Wirklichkeit Chancen im Sinne von technischen oder politischen Herausforderungen darstellen. Mit aufgekrempelten Ärmeln und einem Schuss "Standort-Optimismus" lassen sich nach dieser Sichtweise alle Grenzen und Ambivalenzen überwinden. Auf den ersten Blick ist diese Argumentation verblüffend. In der Tat ist der Menschheit schon immer etwas eingefallen, um mit den ererbten Problemen fertig zu werden.

Beim näheren Hinsehen steht dieser Zukunftsoptimismus aber auf schwachen Füßen. Zum einen würden wir gar nicht mehr existieren und uns die Frage nach der Zukunft stellen können, wenn wir in der Vergangenheit nicht gelernt hätten, mit Problemen fertig zu werden. Es ist selbsterklärend, aus der Tatsache, dass wir heute noch leben, zu schließen, dass wir in der Vergangenheit offenkundig mit existentiellen Krisen fertig geworden sind. Aus diesem Schluss ergibt sich folgerichtig keine Garantie dafür, dass dieser Trend der Vergangenheit in Zukunft anhalten wird. Allenfalls können wir aus der Betrachtung der Vergangenheit die Zuversicht gewinnen, dass auch die heutige Menschheit zu kreativen Lösungen fähig ist. Aber diese Lösungen muss sie auch aktiv anstreben.

Zum zweiten hat die Vergangenheit gezeigt, dass viele der Umweltprobleme in der Vergangenheit nicht gelöst wurden, sondern an die nächsten Generationen weitergereicht wurden, die sie ebenfalls nicht haben lösen können. Man braucht dabei nur auf die Prozesse der Bodenverkarstung z.B. im antiken Griechenland hinzuweisen. Die Folgen sind bis heute spürbar und bleiben auch in absehbarer Zukunft nicht rückführbar. Die Menschheit konnte zur damaligen Zeit solche ökologischen Verluste verkraften, weil es genug Ausweichmöglichkeiten gab, um verlorene Potenziale aus der Natur an anderer Stelle neu anzuzapfen. Was die Erde anbetrifft, haben wir aber heute alle Landstriche weitestgehend in Gebrauch. Sieht man von den noch utopischen Modellen der Nutzung der Tiefsee und des Weltraums ab, bedeutet jeder ökologische Verlust an einer substantiellen Ressource eine Reduzierung des gesamten Nutzungspotenzials für die Nachwelt. Anders als die Vorfahren der heutigen Generation ist es dieser Generation nicht mehr möglich, auf die noch unerforschten und ungenutzten Potenziale der Welt zu verweisen. Mögen auch neue Entdeckungen und Innovationen bislang als wertlos angesehene Ressourcen in anderem Licht erscheinen lassen, die sog. Nettoprimärproduktion des Lebens, d.h. alles was durch die Energie der Sonne auf der Erde wächst und gedeiht, ist absolut begrenzt und die Menschheit nutzt bereits 40 Prozent dieses endlichen Potenzials. Es gibt also gute Gründe, besorgt zu sein.

Zum dritten ist auch die Welt, wie sie sich heute präsentiert, kein Idealbild einer befriedeten und gerechten Ordnung. Keineswegs hat die heutige Generation alle Probleme gelöst, die sie von ihren Vorfahren geerbt haben. Zweifellos ist jeder Generation immer etwas Neues eingefallen - aber auch häufig das Falsche. Wenn ein umweltgerechter Lebensstil mehr als das Überleben der Menschheit bedeutet (und diese ist wie schon mehrfach erwähnt gar nicht in unmittelbare Gefahr), dann sind noch viele Korrekturen in Richtung umweltfreundlicher Gestaltung von Lebensweisen und Produkten angesagt. Die Regenwälder werden weiterhin drastisch reduziert, die Wüsten breiten sich weiter aus, die trockenen Landstriche der Welt versalzen zunehmend und viele der bereits für besiegt gehaltenen Infektionskrankheiten haben einen erneuten Siegeszug durch große Teile der Welt angetreten. Der Glaube, die Menschheit habe stets die Probleme der eigenen und der vergangenen Generation lösen können, ist zumindest auf einem Auge blind, auch wenn die enormen Leistungen menschlicher Kreativität nicht geleugnet werden sollen. Aber gerade diese müssen wir zum heutigen Zeitpunkt aktivieren und sie nicht auf die kommenden Generationen vertagen. So weiter machen wie bisher wird weder der heutigen Generation noch den nach uns kommenden Generationen gerecht.

4. Die richtige Mischung zum effektiven Handeln

Die Menschen auf der ganzen Welt sind mehr denn je auf Reformen in Richtung eine umweltgerechten Lebensstil angewiesen. Wer sich dafür heute engagieren will, muss eine Scheibe Zukunftsoptimismus im Sinne eines Hoffnungsschimmers auf mögliche Besserung der Situation und eine Scheibe Zukunftspessimismus im Sinne der Dringlichkeit von Veränderungen zusammenbringen. Aus der Kenntnis der immanenten Grenzen und der Wahrnehmung von möglichen Chancen wird erst Kreativität frei. Dazu dienen zwei Pflöcke der Orientierung: zum einen die produktive Angst vor der Überheblichkeit der Macher, alles im Griff zu haben und die Welt schon "managen" zu können, zum anderen die handlungsleitende Kraft von positiven Zukunftsbildern und Visionen, die seit der Umweltkonferenz in Rio mit dem Begriff der nachhaltigen Entwicklung und seiner Umsetzung in umweltgerechtes Handeln verbunden sind. Erst in der Ausrichtung des eigenen Denkens an diesen beiden Pflöcken kann der delikate Balanceakt zwischen "Geschehen-Lassen" und "Geschehen-Machen" gelingen.

Kurzum – jeder, der sich aufgerufen fühlt, an der Verwirklichung einer solchen nachhaltigen Entwicklung mitzuwirken, sollte sich weder von den Zynikern, noch von der ewig Verzagten, noch von den Chancenpredigern, noch von den technokratischen Machern von seinem Tun abbringen lassen. Langfristig wird es keine humane Alternative zur umweltgerechten und nachhaltigen Entwicklung geben, aber diese wird sich nicht von selbst einstellen. Ohne Engagement von Bürgern, Gruppen und Institutionen wird Nachhaltigkeit in der Tat eine vorübergehende Modeerscheinung bleiben.

5. Drei Vorschläge zum nachhaltigen Konsum

Wie aber kann man nachhaltig einen umweltgerechten Lebensstil leben? Hier sind vor allem drei Aspekte zu nennen, die dem Einzelnen helfen können, das verbal Gewünschte mit dem real Ausgeführten in Einklang zu bringen.

Zunächst gilt es, Konsum als eine sinnvolle Befriedigung materieller Wünsche anzusehen, aber nicht als eine Surrogatlösung für immaterielle Bedürfnisse. Man braucht sich nur einmal die Werbung anzusehen, um festzustellen, wie stark in einer weitgehend mit Konsumgütern ausgestatteten Gesellschaft die Verkaufserfolge von symbolischen Zuschreibungen abhängen. Nicht mehr gesunder Brotaufstrich wird angeboten, sondern ein harmonisches Familienleben (dank Frühstücksmargarine); nicht mehr schöne, warme und attraktive Kleidung, sondern Statussymbol und Prestige (dank Markenzeichen); nicht mehr ein geräumiges, schnelles und funktionales Fahrzeug, sondern flotter Lebensstil und persönliches Glück; nicht mehr Kaffee, sondern eine neue Bekanntschaft. Alle diese symbolischen Attribute haben zweifelsohne ihre eigene Berechtigung, es zeigt sich aber, dass diese symbolischen Erwartungen durch den Konsum der jeweiligen Produkte nicht eingelöst werden. Surrogate ersetzen nicht das, wofür sie stehen. Sie gaukeln den Ersatz nur vor. Um so größer wird daher die Abhängigkeit von den Surrogatlösungen, weil sich die Frustrationen häufen und nach immer mehr Surrogaten verlangen. Aus diesem Teufelskreis kann man sich nur befreien, wenn man vom materiellen Konsum keine oder nur in Ausnahmefällen eine Befriedigung der bestehenden immateriellen Bedürfnissen erwartet. Der berühmte Kummerspeck verschärft in der Regel das Problem noch, zumindest trägt es nicht zur Problemlösung bei. Je mehr sich die Menschen beim täglichen Konsum bewusst sind, was sie wirklich brauchen und welchen Nutzen sie aus dem Produkt selbst ziehen wollen, desto einfacher wird es ihnen fallen, die Kluft zwischen Einstellung und Handeln zu überwinden. Konsum von Produkten ist immer mit Energie- und Materialverbrauch verbunden. Jedes Gut, das nicht gekauft wird, trägt zur Entlastung der Umwelt bei.

Der zweite Aspekt des umweltbewussten Handels betrifft die eigene Lebensführung. Der Astrophysiker und engagierte Umweltschützer Hans Peter Dürr hat einen Test herausgegeben, durch den man die eigene Lebensführung auf umweltrelevante Aspekte überprüfen kann (kann bei der Akademie für Technikfolgenabschätzung gegen 10 DM Unkostenbeitrag als CD bezogen werden). Viele Menschen, die diesen Fragebogen ausgefüllt haben, kamen zu einer überraschenden Erkenntnis: Über die Hälfte der Abweichungen von einer nachhaltigen Lebensweise beruhte auf reiner Nachlässigkeit und ein weiteres Drittel auf Verhaltensweisen, die man ohne große Mühe abstellen konnte, ohne das es einem eine besondere Pein bereitet hätte. *Wenn es bloß gelänge, die Verhaltensweisen zu ändern, die auf Gewohnheiten und unreflektierten Reaktionen auf Außenreize beruhen, könnten alle einen erheblichen Beitrag zu einem nachhaltigen Konsum leisten.* Erforderlich dazu sind nur eine kritische Bestandsaufnahme der selbstverständlich gewordenen Gewohnheiten und den Willen, die eigene Lebensweise einmal auf den Prüfstand zu stellen. Die Änderungen selber benötigen zwar persönliche Kraft und möglicherweise zu Anfang zusätzlichen Zeitaufwand, sie verändern aber nicht die Substanz des selbst gewählten Lebensstils oder der eigenen Lebensführung. So einfache Verhaltensänderungen, wie Heizung herunterdrehen, wenn man das Haus verlässt, kurz die Zimmer zu lüften, wenn es stickig wird (anstatt diese auf Kippstellung zu bringen), bei kurzfristiger Kälte auch einmal den Pullover herauszukramen anstatt gleich die Heizung anzustellen, bei unvermeidlichen längeren Autofahrten die Mitfahrerzentrale zu benachrichtigen, korrigieren den eigenen Lebensstil nur marginal, können aber in der Gesamtbilanz einen wesentlichen Beitrag zu einem umweltgerechten Lebensweise leisten.

6. Tipps zum nachhaltigen Lebensstil

In dieser Hinsicht lassen sich noch einige Tipps anbringen, die mit dem Konsum von Produkten sind. Zum Beispiel kann man versuchen, Produkte, die man kauft, länger zu nutzen und nicht gleich nach kurzer Zeit zu ersetzen. Dadurch wird der Stoffstrom verlangsamt, d.h. es fallen pro Zeiteinheit weniger Abfallstoffe an und die natürlichen Ressourcen werden geschont. Längere Nutzungsdauer bedeutet auch in der Regel weniger Energieverbrauch, es sei denn es handelt sich um Fossilien von Elektrogeräten, die Unsummen von Strom verbrauchen. Dann ist natürlich ein Ersatz mit energiesparenden Modellen angesagt.

Eine längere Nutzungsdauer lässt sich auch dadurch erreichen, dass man Güter gemeinsam nutzt. Dieses kann einerseits durch sogenannte Pool-Lösungen erfolgen, indem man selten benutzte Güter gemeinschaftlich anschafft oder ausleiht und sie dann nur bei Bedarf für eigene Zwecke nutzt. Beispiele dafür sind Heimwerkergeräte, Kraftfahrzeuge, Computer oder Ferienwohnungen. Gerade der gemeinsame Gebrauch von energiesparenden Geräten ist auch für den eigenen Geldbeutel attraktiv: Die Mehrkosten für solche Geräte kann man sich mit den Mitbenutzern teilen. Andererseits kann man sicherstellen, dass nicht mehr benötigte Güter an andere weitergegeben werden. Secondhand Läden oder Gebrauchtwarenbörsen sind organisatorische Formen der Weitergabe nicht mehr benötigter Produkte an andere.

Zum zweiten kann man beim Kauf von Produkte auf umweltbelastende Eigenschaften achten. Dabei sind unter dem Gesichtspunkt der Umweltgerechtigkeit folgende Fragen von Bedeutung:

- Ist das gleiche Produkt auch mit geringeren Materialaufwand oder weniger Verpackung zu haben?
- Ist das Produkt besonders energieintensiv in der Herstellung oder in der Nutzung?
- Ist das Produkt so hergestellt, dass es zumindest die Zeitspanne der vorgesehenen Nutzung überstehen wird? Lässt es sich überhaupt reparieren, falls ein Schaden auftritt?
- Deutet die Materialzusammensetzung auf die Möglichkeit eines geschlossenen Stoffkreislaufes hin? Besteht die Möglichkeit zum Stoffrecycling?
- Hat das Produkt einen sehr langen Transportweg hinter sich? Könnte man ein nutzengleiches Produkt auch aus der eigenen Region beziehen?
- Führt das Produkt zu umweltbelastenden Folgewirkungen, sei es für den eigenen Energieverbrauch oder für den Abfallbereich?

Sinn einer bewussten Auswahl von Konsumgütern ist es vor allem, die Stoffströme bei der Herstellung und Nutzung von Konsumgütern den natürlichen Stoffströmen anzupassen. Darunter wird verstanden, dass sich die Materialien in die organischen Grundbestandteile auflösen, sobald sie nicht mehr benötigt werden. Es geht also nicht um Verzicht, sondern um eine kluge, d.h. umweltbewusste Auswahl der benötigten Produkte und Dienstleistungen. Mit der klugen Auswahl der Produkte ist auch eine Verringerung der für die Produkterstellung benötigten Energie verbunden.

Damit kommen wir zum dritten Aspekt: Wer kennt sie nicht, die "sauertöpfischen" und "katastrophen-schwangeren" Öko-Mahner, die keine Gelegenheit auslassen, uns auch noch die letzten Lebensfreuden mit einem schlechten Gewissen zu belasten, weil ja alles irgendwie der Natur schade. Besonders schlimm sind die selbst ernannten Öko-Polizisten, die am liebsten die Mülleimer ihrer Nachbarn durchleuchten würden, ob sich dort nicht ein Gramm wiederverwertbares Material finden könnte. Gerade diejenigen, die umweltbewusst handeln wollen, sollten sich von dem Bazillus "Ökologischer Perfektionismus" nicht anstecken lassen. Man macht sich damit das eigene Leben schwer, unterwirft sich einer fremdbestimmten Moral und verkauft das kostbare Gut der eigenen Freiheit und Souveränität zugunsten eines neuen Götzens, der Natur. Die Menschen haben das Recht, ihr "Menschsein" auch ausleben zu dürfen, gleichzeitig bedingt dieses Recht aber auch eine Verantwortung. Hier die richtige Balance einzuhalten, ist sicher nicht immer einfach. Aber wenn es gelingt, unsere eigenen Wünsche nur so weit zum Maßstab unseres Verhaltens zu machen, wie es die Wünsche anderer nicht beschneidet und das Potenzial an Wunscherfüllung nicht dezimiert, dann können alle einen nennenswerten Beitrag zu einer umweltgerechten Lebensweise leisten.

Die Forderung, den Lebensstil dem eigenen Bewusstsein anzupassen, umfasst also zwei Seiten. Auf der einen Seite macht es keinen Sinn, das eigene Umweltbewusstsein "grün" zu überholen. Das führt zu innerer Unzufriedenheit und endet häufig in einer fundamentalistischen intoleranten Grundströmung. Auf der anderen Seite sollte das eigene Verhalten aber auch das widerspiegeln, an was man persönlich glaubt und was man für richtig hält. Weder der Verweis auf die widrigen Umstände, noch der erhobene Zeigefinger gegen diejenigen, die in noch größerem Maße schuldig geworden sind, sollten als Entschuldigungen herangezogen werden, wenn es um die Kongruenz zwischen Worten und Taten geht. Umweltbewusst leben bedeutet, das eigene Verhalten systematisch zu überdenken, mit den Ressourcen der Umwelt sparsamer umzugehen, dort Verzicht zu üben, wo es wenig weh tut, und sich nicht auf die hohlen Versprechungen der Surrogate einzulassen.

Literatur

Günther, C.; Fischer, C. und Lern, S. (Hrsg.): *Neue Wege zu nachhaltigem Konsumverhalten* (Erich Schmidt Verlag: Berlin 2000)

Knaus, A. und Renn, O.: *Den Gipfel vor Augen - Wege in eine nachhaltige Entwicklung* (Metropolis: Marburg 1998) mit CD

Kastenholz,H.; K.-H. Erdmann und M. Wolff. *Nachhaltige Entwicklung. Zukunftschancen für Mensch und Umwelt*, Berlin (Springer 1996)

Renn, O.: Nachhaltiger Konsum als Herausforderung. *Zukünfte*, Heft 20, 6. Jahrgang (1997), S. 12-15

Sloterdijk, P., "Wieviel Katastrophe braucht der Mensch?" in: Redaktion der Zeitschrift "Psychologie heute" (Hrg.), *"Wieviel Katastrophe braucht der Mensch?"* (Beltz Verlag: Weinheim und Basel 1987), S. 51-70

Kultivierung der Nachhaltigkeit

Dr. Lucia A. Reisch

Universität Hohenheim, Lehr- und Forschungsbereich Konsumtheorie und Verbraucherpolitik
E-Mail: lureisch@uni-hohenheim.de

1. Kultur und nachhaltiger Konsum: Drei Diskurse

Im Nachhaltigkeitsdiskurs reift zunehmend die Erkenntnis, dass die gesellschaftlich geforderten nachhaltigen Konsummuster sich nur gemeinsam mit einer "nachhaltigen Kultur" entwickeln können. Der erforderliche Struktur- und Bewusstseinswandel greift so tief, dass er ohne eine grundlegende entsprechende *kulturelle Einbettung* nicht denkbar ist. Es wird dafür plädiert, die drei Komponenten Sozialverträglichkeit, Naturverträglichkeit und ökonomische Verträglichkeit als Aspekte eines *ganzheitlichen Ziels der fortschreitenden Kultivierung der Welt*, der naturgegebenen wie der anthropogenen, zu betrachten. Dabei sei zu beachten, dass sozialer Ausgleich, ökonomische Effizienz und ökologische Nachhaltigkeit in einem wechselseitigen Bedingungs- und Ermöglichungsverhältnis stünden (Scherhorn & Hoffmann 2002).

In einem kürzlich in der Zeitschrift GAIA erschienenen Aufsatz wird argumentiert, dem Nachhaltigkeitsbegriff fehle die *kulturelle Integration* und *Anschlussfähigkeit* in der Lebenswelt moderner Industriegesellschaften, weshalb es ihm nicht gelänge, auch praktisch Leitbildcharakter zu bekommen (Kurt & Wehrspaun 2001). Wie die regelmäßig durchgeführten Umfragen des Umweltbundesamtes zeigen, ist der Begriff der nachhaltigen Entwicklung in das Alltagsbewusstsein der Menschen nur mangelhaft integriert. Konzipiere man nachhaltige Entwicklung als eine *epochale kulturelle Herausforderung*, so die Autoren des obigen Aufsatzes, dann könne sie auf politisch-praktischer Ebene an Schubkraft gewinnen (ebenda). Ähnlich betrachtet Grober (2001) "nachhaltige Entwicklung" als einen *neuen zivilisatorischen Entwurf*, der sowohl in gesellschaftlichen Traditionen als auch in der menschlichen Psyche verwurzelt sei. Der Begriff sei zwar neu, aber die Substanz dieses Denkens uralt und global verbreitet, gewissermaßen ein "Weltkulturerbe", erkennbar in kulturellen Praktiken wie dem Zurückbehalten des Saatguts in Agrargemeinschaften, dem Einhalten von Schonzeiten in Jagdgesellschaften oder im umsichtigen und schonenden Umgang mit Böden und Wasser.

Die Beschäftigung mit dem Thema Kultur im Rahmen des Nachhaltigkeitsdiskurses greift Erkenntnisse der neueren sozialwissenschaftlichen Konsumforschung auf. Konsum, und damit auch nachhaltiger Konsum, kann auf Makro-, Meso- und Mikroebene nur als *sozialer* und *kultureller Konstruktionsprozess* angemessen verstanden werden, in dem kulturelle Zeichen und Symbole sowie materiale und funktionale Aspekte in Beziehung gesetzt werden und sich prozessual entwickeln (Hedtke 1999, S. 149). Gesellschaftliche Konsumstile sind demnach keineswegs vorwiegend Ausdruck einer marktgegebenen Konsumentensouveränität, sondern sind ideologisch, ökonomisch, technisch, historisch und sozial eingebettet in den Kontext der Produktions- und Konsumweise der jeweiligen Kultur (Bocock 1995, S. 34). Wie die konsumhistorische Forschung zeigt, ist die heutige Konsumkultur das Ergebnis eines evolutionären Prozesses; Konsummuster entwickeln und reproduzieren sich eingebettet in die allgemeine gesellschaftliche Konsumgeschichte und jeweilige Konsumkommunikation (Stihler 1998). Konsum ist heute zudem in weiten Teilen Sinnproduktion und Selbstvergewisserung (Sabean 1993). Konsumobjekte und -prozesse symbolisieren kulturelle Bedeutungen, vor allem in kulturell stark aufgeladenen Handlungsfeldern. Dies wird an den kulturellen

Leitgütern - das Eigenheim, das Automobil, der Jahresurlaub - besonders deutlich. Nachhaltiger Konsum kann erst im Kontext solcher Bedürfnisse angemessen thematisiert werden.

Konsummuster entstehen durch Koevolution von Kontext und Kultur. Sie sind Ausdruck mehrfacher Rahmungen, die Konsum ermöglichen, gestalten und begrenzen, nämlich: strukturprägende Faktoren der gesamtgesellschaftlichen *Lebensweise* wie geschlechtsspezifische Rollenwahrnehmung und daraus resultierende Machtverhältnisse; kulturell differenzierte *Lebensstile;* grundlegende, sehr allgemeine und relativ stabile *Wertorientierungen und Überzeugungen* (das "dominante soziale Paradigma" der gesellschaftlichen Lebensweise) (Dunlap & van Liere 1978; Kilbourne, McDonagh & Prothero 1997)[1]; die soziotechnische Konsuminfrastruktur; eingeschliffene und pfadabhängige Konsumpfade wie z.B. der motorisierte Individualverkehr oder das Häuschen im Grünen. Sind Systeme erst einmal implementiert, dann entstehen ihren Strukturen entsprechende Konsummuster und Verhaltensroutinen. In stark strukturell geprägten Konsumbereichen ist individuell abweichendes Verhalten erwartungsgemäß mit prohibitiv hohen individuellen Kosten verbunden.

Wenn die grundlegenden Dokumente des Nachhaltigkeitsdiskurses - die Agenda 21, der Brundtlandbericht - auch nicht explizit auf den kulturellen Aspekt eingehen, liegt ihnen dieser doch implizit zugrunde. Denn was sind Aufforderungen zur Bewusstseinsveränderung und die dafür notwendigen lebensbegleitenden Bildungsinitiativen anderes als Fragen der "Kultivierung" der Akteure? Dies bedeutet aber auch, dass das dominierende Menschen- und Konsumentenbild dahingehend geöffnet werden muss, dass nicht-egoistisches, empathisches und autonomes Verhalten als Handlungsoptionen gleichberechtigt neben individualistisch-utilitaristischen Konsumentscheidungen treten. Letztere werden von der dominanten ökonomischen Handlungstheorie unterstellt, die auf den Elementen methodologischer Individualismus, Annahme stabiler Präferenzen und variabler Restriktionen, formales Eigennutzaxiom und beschränkte Verfahrensrationalität der Akteure beruht und ein *individualistisches Konsumentenbild* vertritt, das die soziale und kulturelle Reflexivität von Konsum, ja die kulturell-soziale Einbettung des Handelns überhaupt ausblendet (Karpe & Krol 1997). Das Modell des *homo oeconomicus* verweist die Möglichkeit kooperativen, empathischen und loyalen Handelns - auf welche nachhaltiges Konsumhandeln angewiesen ist und welche empirisch immer wieder bestätigt wird - ins Marginale. Insgesamt ist die dominierende ökonomische Konzeption von Konsum kulturblind und "untersozialisiert" (Reusswig 1994, S. 73) und taugt daher weder als normativ-pragmatischer noch als analytisch-explikativer Ansatz für eine neue Konsumtheorie.

Die neuere Konsumforschung hat, gerade in der Auseinandersetzung mit nachhaltigem Konsum, alternative Menschenbilder und Konsumentenmodelle entwickelt. Gabriel und Lang (1995) sprechen vom "unmanageable consumer", "unmanageable", weil er eben nicht nur Konsument, sondern gleichzeitig sozialer, kultureller, moralischer und politischer Akteur mit ineinandergreifenden Erfahrungswelten ist. Gruchy (1987) will den ökonomischen Akteur durch ein enkulturiertes Wesen ersetzen, den *homo culturalis,* der Erfolgslogik und Empathievermögen verbindet, der seine Präferenzen und sein Handeln reflektieren und an individuellen und gesellschaftlichen Vorstellungen von Tugendhaftigkeit ausrichten kann. Weitere konstruierte Konsumentenbilder dieser Prägung sind der verantwortliche Konsument, der politische Konsument, der ethische Konsument. Sicher ist, dass eine Handlungstheorie, auf die der Nachhaltigkeitsdiskurs bauen kann, nur interdisziplinär und transdisziplinär - mit Beiträgen der Ökonomik, des Marketing, der Kulturwissenschaften, der Soziologie, Politologie, Psychologie und den Naturwissenschaften - konzipiert werden kann. Einen erwägungswerten Versuch einer solchen Handlungstheorie hat kürzlich Siebenhüner (2001) mit dem Konzept des *homo sustinens* vorgelegt.

Die hier gestellte Frage nach der "Kultivierung der Nachhaltigkeit" lässt sich dreierlei Diskursen zuordnen, die analytisch getrennt betrachtet werden sollten:

- Erstens der Diskurs um die *epistemologisch-konzeptionelle Einbeziehung der Variable Kultur* in das Konzept nachhaltige Entwicklung;
- zweitens der Diskurs um die inhaltliche Bestimmung einer "Kultur der Nachhaltigkeit" und den Wegen zu ihr im Sinne einer *Kultivierung;*
- drittens der Diskurs um den *Beitrag von Kunst und Kultur* für die Beförderung der Idee der Nachhaltigkeit.

Der letztgenannte Diskurs wird seit kurzem in der Kulturpolitik intensiv geführt (Jerman 2001, Kurt & Wehrspaun 2001; Politische Ökologie 69/2001). Dies kann als Reaktion darauf gewertet werden, dass in den Grundlagendokumenten wie der Agenda 21 sowie im anwendungsbezogenen Nachhaltigkeitsdiskurs der künstlerisch-ästhetische Bereich bislang praktisch nicht aufgetaucht ist. Die Kulturschaffenden fehlen gar bei den gesellschaftlichen Gruppen, die die Agenda 21 als Akteure und Promotoren des Nachhaltigkeitsprozesses aufzählt. Dabei kann man gerade bei dieser Gruppe das Vermögen vermuten, die Macht der Bilder und der Sprache zu nutzen, um das "Leit-Bild" Nachhaltigkeit zu vermitteln. Die Kernfrage dieses Diskurses lautet, wie die visionäre Kompetenz von Kunst für die Beförderung des Konzepts nachhaltige Entwicklung fruchtbar gemacht werden kann (Burgdorff 1998; Jerman & Nitschke 1998).

Der zweite Diskurs rankt sich um die inhaltliche Bestimmung einer "Kultur der Nachhaltigkeit" und reicht damit an die Wurzeln der normativen Idee der nachhaltigen Entwicklung. Das Kulturverständnis hat sich als von zentraler Bedeutung für die inhaltliche Bestimmung des Leitbilds herauskristallisiert. Kernfrage ist, durch welche Merkmale sich eine Kultur der Nachhaltigkeit auszeichnet und wie sich dies in Handlungsempfehlungen an kulturell nachhaltige bzw. kulturverträgliche Politiken - wie Bildungspolitik (Moegling & Peter 2001; Brandt 2000, S. 238; Göpfert 1994), Entwicklungspolitik (Cernea 1993; Jerman & Nitschke 1998) oder Unternehmenspolitik (Reisch 2001; Scherhorn & Hoffmann 2002) - übersetzen lässt. Diesen Diskurs greift der vorliegende Beitrag mit der Frage der Möglichkeiten und Hemmnisse einer "Kultivierung des Konsums" auf.

Der Schwerpunkt des Referats liegt jedoch auf der ersten Diskursebene, der konzeptionellen Einbeziehung der Variable Kultur in das Konzept der Nachhaltigkeit. Es scheint, dass die immer wieder beklagte mangelnde Kommunizierbarkeit der Nachhaltigkeit nicht nur durch eine Vielzahl von Nachhaltigkeitskonzeptionen erschwert wird (wie die Frage der schwachen versus starken Nachhaltigkeit, der Rolle der ökologischen Dimension als übergeordnete oder gleichberechtigte Dimension, oder die Entscheidung zwischen Säulenkonzept oder Zielfunktionenansatz), sondern auch durch eine Vielfalt disziplinärer Kulturkonzeptionen, die für den Nachhaltigkeitsdiskurs jedoch nicht gleichermaßen wertvoll sind. Der folgende Abschnitt geht dieser Vermutung nach und stellt Überlegungen zur Einbeziehung der "Modellvariable Kultur" an.

2. Erste Diskursebene: Epistemologisch-konzeptionelle Einbeziehung der Variable Kultur

Trotz mancher Klärung steht das Nachhaltigkeitskonzept 20 Jahre nach seinem Auftauchen (IUCN 1980) auf dem internationalen Parkett noch immer auf einem wackligen Fundament (Worster 1995). Dies hängt nicht zuletzt damit zusammen, dass die tragende "Säule Ökologie" selbst immer mehr zum Schluss kommt, dass Ökosysteme unstrukturiert, ungeordnet und nicht-regulierbar sind und dass daher Vorhersagen und "Managementregeln" für eine turbulente, komplexe und unvorhersagbare Natur kaum möglich sind (Botkin 1990). Wie viel mehr müssen solche grundlegenden Bedenken auf die Abbildung und Steuerung sozio-kultureller Systeme zutreffen. Aufgrund mangelnder überlegener Alternativen wird jedoch weiterhin versucht, mit diesem Konstrukt zu arbeiten und es konzeptionell immer besser zu untermauern. Neu sind in diesem Zusammenhang Ansätze, die die Variable Kultur in unterschiedlicher Weise systematisch und explizit miteinbeziehen.

2.1 Modelle

Die spontane Handlung, dem "magischen Dreieck" aus Sozial-, Ökonomie- und Naturverträglichkeit eine vierte Dimension "Kulturverträglichkeit" additiv hinzuzufügen - "add culture and stir" - mag zwar analytisch hilfreich sein, wird jedoch der umfassenden wechselseitigen Bedingtheit und der Gesamtvernetzung aller Strukturen und Prozesse in der sozialen und natürlichen Lebenswelt nicht gerecht. Gesellschaftliche Binnenverhältnisse können nicht abgekoppelt von gesellschaftlichen Naturverhältnissen begriffen werden, sondern nur aus der Dynamik des modernen Natur-Gesellschaft-Verhältnisses heraus. Dieses ist sowohl Ausdruck als auch Teil der gesellschaftstragenden Kultur. Was Natur ist, ist eine Frage der Wahrnehmung nach Maßgabe kultureller Standards (Höhn 2000, S. 3). Natur ist weitgehend vergesellschaftetes Kulturprodukt (Krieger & Jäggi 1997), das Natürliche wird mehr und mehr technisch reproduzierbar (Böhme 1992).

Diese Interdependenzen bildet das "Gatekeeper"-Modell von Jüdes (2000) ab. Er schlägt vor, Kultur als Schnittstelle zwischen den drei Dimensionen Naturverträglichkeit, Sozialverträglichkeit und ökonomische Verträglichkeit zu konzipieren und damit die drei Dimensionen als abhängige Variablen des kulturellen Aspekts zu kennzeichnen. Dabei sei die ökologische Dimension höherrangig, da sich erstens ökonomische und soziale Problemlagen fast immer auch auf Naturnutzungsbeziehungen zurückführen ließen und zweitens dem ökologischen Aspekt aufgrund der Nicht-Substituierbarkeit des natürlichen Kapitals durch Humankapital eine absolut begrenzende Funktion zukomme. Als Elemente eines konzeptionellen Beziehungsdreiecks von nachhaltiger Entwicklung seien die drei Dimensionen zwar nicht direkt gekoppelt; gleichwohl seien sowohl die Mensch-Umwelt-Beziehungen als Ursache ökologischer Problemlagen als auch die Mensch-Mensch-Beziehungen als Ursache ökonomischer und sozialer Problemlagen abhängig vom jeweiligen kulturellen Hintergrund einer Gesellschaft bzw. sozialen Gruppe (Jüdes 2000, S. 77). Kultur nimmt hier eine *gatekeeper*- oder Deutungsfunktion ein: Was als ökonomisch wertvoll und bedeutsam gilt, ist kulturell verschieden, und liegt nicht - wie die Neoklassik unterstellt - universell für alle Menschen und Kulturen fest. Was Natur und Naturverträglichkeit, was Sozialverträglichkeit bedeuten, ist ebenso kulturell unterschiedlich - wenn auch nicht beliebig, man denke an die universellen Menschenrechte. Kultur ist wie ein Prisma, durch welches man die Welt betrachtet. Daher ist kulturelle Vielfalt kein Ziel neben anderen, sondern vielmehr *Voraussetzung* für eine kulturell anschlussfähige Konstruktion und Kommunikation des Leitbildes selbst. Nachhaltigkeit, so Jüdes, sei letztlich ein "kulturelles Projekt", ein kultureller Entwicklungsprozess.

Ähnlich konzipieren Kurt und Wehrspaun (2001, S. 21) Kultur als eine Art energetischer Fokus des Nachhaltigkeitsdreiecks, "metaphorisch zu denken als der Punkt, durch den die einzelnen Dimensionen (Eckpunkte) des konzeptionellen Dreiecks aufeinander rückstrahlen; als Pol, der die relativen Gewichtungen der verschiedenen Dimensionen austariert, und in dem sich so letzten Endes die Stimmigkeit und Tragfähigkeit des gesamten Gefüges entscheidet". Auch bei diesem Ansatz wird Kultur als etwas Übergeordnetes betrachtet, das die anderen Dimensionen inhaltlich mitdefiniert.

Der Diskurs um die konzeptionelle Einbindung von Kultur kennt keine richtigen oder falschen Lösungen. Für welches Modell man sich entscheidet, hängt zum einen davon ab, von welchem Nachhaltigkeitsverständnis man ausgeht (Ott 2001) und zum anderen davon, welchen Kulturbegriff man zugrunde legt. Der Nachhaltigkeitsdiskurs hat bislang kein einheitliches Kulturkonzept entwickelt, und es gibt nur wenige Versuche, die "Kulturverträglichkeit" von Produktion und Konsum zu operationalisieren. Als transdisziplinärer Diskurs stehen ihm jedoch eine Reihe disziplinärer Kulturtheorien zur Verfügung, deren spezifische Potentiale nun betrachtet werden sollen.

2.2 Kultur als Kapital

Die moderne ökonomische Theorie wird überwiegend ohne "Kultur" modelliert und als ein allgemeingültiges, kulturunabhängiges Aussagensystem verstanden (Priddat 2000, S. 190). Kultur spielt die Rolle eines invariablen Hintergrundschemas der Marktprozesse; als "Kunst" tritt sie marginalisiert als Phänomen der Kunstmärkte ("cultural economics") sowie als öffentliche-Gut-Problematik auf. Im "rational choice" Ansatz wird Kultur als Restriktion individueller Präferenzen betrachtet (Lindenberg 1990), womit sie inhaltlich eine leere Variable bleibt, die mit beliebigen Kulturtheorien gefüllt werden kann, solange sie intrapersonal konstant und interpersonal stabil ist. Erst im Rahmen der neueren Institutionenökonomik wird Kultur als bedeutsame endogene Variable begriffen und als "lebensmögliche Sinnbildung des Menschen über seine Welt und sich selbst" definiert, als "das Netz der Symbole, mit denen sich der Mensch die äußere und innere Natur aneignet und in dem er sein Handeln und Leiden, sein Dulden und Streben orientiert" (Priddat 2000).

Dagegen weist der in der *Ökologischen Ökonomik* geführte Nachhaltigkeitsdiskurs der Kultur eine wichtige Rolle zu. Schon Daly und Cobb (1989) unterschieden zwischen physischem und moralischem Kapital einer Gesellschaft, wobei nachhaltige Entwicklung den langfristigen Erhalt oder auch den Zuwachs an diesen Kapitalarten bedeute. Diesen Ansatz systemökologisch erweiternd, wurde Kultur als *Bestand an kulturellem Kapital* definiert, und damit als eine dritte Kapitalart, die das anthropogene und das natürliche Kapital ergänzt (Berkes & Folke 1992, S. 5-6). Kulturelles Kapital besteht aus denjenigen Faktoren, die menschliche Gesellschaften in die Lage versetzen, mit der natürlichen Mitwelt umzugehen, d.h. sich ihr anzupassen, in sie aktiv einzugreifen und zu verändern (ebenda, S. 2), nämlich: Weltsichten und Kosmologien, Umweltethik, Philosophie und Religion, tradiertes ökologisches Wissen und Umgangsformen mit der Umwelt, soziale und politische Institutionen, die Art der kulturellen Interaktion sowie kulturelle Diversität. Die drei Kapitalarten sind voneinander abhängig, sie bedingen sich gegenseitig. Dem Postulat der intentionalen Vorrangigkeit der ökologischen Dimension folgend, wird das natürliche Kapital (d.h. nicht erneuerbare und erneuerbare Ressourcen sowie die "services") als Basis und Vorraussetzung für das kulturelle Kapital betrachtet. Anthropogenes Kapital wird erzeugt durch die Interaktion von natürlichem und kulturellem Kapital, beispielsweise in Form menschlichen Einfallsreichtums. Das kulturelle Kapital entscheidet darüber, wie das natürliche Kapital eingesetzt wird, um anthropogenes Kapital zu erzeugen. Daher kann anthropogenes Kapital - also Technik und Technologien - niemals wertfrei sein. Technologien sind demnach nicht nur Werkzeuge, sondern sie reflektieren auch kulturelle Werte.

Folgt man diesem Ansatz von Kultur als Kapital, dann bedeutet "Kultivierung" Erhalt und Weiterentwicklung dieses Kapitals im Sinne einer bewussten Veränderung und Gestaltung. Aufgrund der relativ begrenzten Mobilität des kulturellen Kapitals scheint diese kulturelle Evolution in erster Linie ein lokaler Prozess zu sein, der von spezifischem lokalem kulturellen Wissen, Technologien und sozialer Organisation gespeist wird. Für den Nachhaltigkeitsdiskurs ist die Norm des Substanz- bzw. Potentialerhalts von kulturellem Kapital von besonderer Bedeutung.

2.3 Kultur als dynamisches "web of life"

Bei allen Unterschiedlichkeiten arbeiten soziologische Kulturbegriffe überwiegend mit einer oder mehrerer der "vier Funktionen von Kultur", die Talcott Parsons identifiziert hat, nämlich der Anpassung an sowie Gestaltung der Umweltbedingungen, der Perfektionierung der Bedürfnisbefriedigung, der Integration gesellschaftlicher Subsysteme und dem (mittelfristigen) Struktur- und Systemerhalt. Kultur als Kategorie ist hier all das, was Menschen zur Natur gestalterisch hinzufügen, nämlich Kunst und Literatur, Werte und Glauben sowie "Muster sozialer Organisation" wie Partizipation, Fairness, Werte, Diversität und Institutionen. Diese Muster sozialer Organisation stellten das "Herz" der Kulturen dar. Kulturelle, institutionelle und soziale Aspekte der Nachhaltigkeit seien zwar analytisch, jedoch nicht faktisch trennbar, was dafür spräche, diese drei Aspekte in ein Konstrukt *soziokulturelle Nachhaltigkeit* zu verdichten und der ökologischen Nachhaltigkeit gegenüber zu stellen (Cernea 1993).

Der systemtheoretische Ansatz der dynamischen Kultursoziologie definiert Kultur als ein lose gekoppeltes, dynamisches, adaptationsfähiges System von sozial übermittelten Verhaltensmustern, die menschliche Gemeinschaften befähigen, sich an die sich verändernde ökologische Umwelt und an die sich wandelnden Zielsetzung und Mittel der übrigen Gemeinschaften anzupassen (Bühl 1987, S. 12-13). Dieser relativ einheitliche, aber wandelbare Bestand von gesellschaftsorganisatorisch, ideologisch und materiell eingebetteten Verhaltensweisen und -mustern zur Bedürfnisbefriedigung äußere sich in einer spezifischen Lebensweise (Kösters 1993, S. 253). Dabei sei Kultur nicht eine historische, einmal erbrachte Leistung, kein museales Endprodukt, sondern immer in Bewegung. Um zu überleben müsse eine Kultur sowohl ökologisch kompatibel als auch mit anderen Kulturgemeinschaften interaktionsfähig sein (Bühl 1987, S. 13).

Kulturelle Systeme werden idealtypisch aus drei gleichberechtigten, lose gekoppelten Ebenen Hoch-, Trivial- und Lebenskultur (Bühl 1987, S. 61; 67) bestehend, konzipiert und als heterarchisch, vage, widersprüchlich und vielfältig, regions-, geschlechts-, alters-, milieu- und schichtspezifisch charakterisiert. Innerhalb der Systeme sind kulturelle Vorgaben unterschiedlich verbindlich, d.h. es existieren unterschiedliche Freiheitsgrade in den speziellen Verhaltenserwartungen (Kösters 1993). Kultureller Wandel wird als Normalität betrachtet: Es gibt keine widerspruchsfreie Struktur der Kultur, keine "Kulturganzheit", sondern immer inkonsistente Elemente und "Anpassungslücken", die zu einem "*cultural lag*"[2] und *kultureller Rückständigkeit* führen können (Bühl 1987, S. 69; Kösters 1993). Eine solche entsteht, wenn die drei Elemente des sogenannten "sozialen Komplexes" - Population, materielle und nicht-materielle Kultur - unterschiedliche Entwicklungsgeschwindigkeiten haben, und das eine dem anderen gewissermaßen "nachhinkt".[3] Catton (2000) zufolge befinden wir uns heute in einer solchen *Phase der kulturellen Rückständigkeit*: Die Technologie (materielle Kultur) ist weit vorausgeeilt, die Werte und Normen, Bräuche und Glaube (nicht-materielle Kultur) hinken hinterher. Obwohl wir besser bescheid wissen, verlassen wir uns auf eine "Phantomtragfähigkeit" der Erde. Und obwohl es uns die Produktivitätssprünge erlauben würden, bleibt die gesellschaftliche Organisation der formellen und informellen Arbeit weitgehend erhalten. Nicht die Schlüsseltechnologien allein tragen kulturellen Wandel, sondern ebenso die Wahrnehmung und Bewertung neuer Tatsachen durch die Gesellschaft (Perotto 1993).

Die soziologische Vorstellung von Kultur als vielfältiges, lebendes, koevolvierendes System liefert Hinweise darauf, durch welche Prozesse - nämlich Diffusion und Selektion, Sedimentation und Kanalisation, Rekombination und Innovation - kultureller Wandel gekennzeichnet ist und wie dieser idealtypisch "gesteuert" werden kann. Die Konzeption von Kultur als *Fähigkeit zur schöpferischen Veränderung* (Bühl 1987, S. 164) öffnet den Blick dafür, welche Prinzipien - etwa das Prinzip Makrostabilität durch Mikrovariabilität - berücksichtigt werden müssen, soll das Gesamtsystem stabil bleiben. Gleichwohl bleibt der soziologische Kulturbegriff weitgehend in der Deskription verhaftet.

2.4 Kultur als die Fortsetzung der biologischen Evolution mit anderen Mitteln

Der Umwelt-Anthropologe Verbeek (1998b) hat die These aufgestellt, Kultur sei nichts anderes als die Fortsetzung der biologischen Evolution mit Einmischung anderer Mittel. Vieles spräche dafür, dass bei Menschen das Wertesystem, ja das gesamte kulturelle Grundgerüst prägungsartig aufgenommen werde. Kultur ist hier einerseits ein kollektives Phänomen, andererseits wird sie vom kulturfähigen Individuum individuell erworben. "Vererbt" werden Artefakte und Wissen. Die "Vererbung" der Kultur sei dadurch zu erklären, dass Menschen im Laufe der Evolution die genetisch konservierte Fähigkeit erworben hätten, auf mehrfach beobachtete Wenn-dann-Zusammenhänge in einer, gewöhnlich die Fitness steigernden, Weise zu reagieren. Darüber hinaus verfügten sie über reflexives Bewusstsein, ausgeprägte Traditionsfähigkeit und eine linguistische Sprache. Mit Hilfe dieser Sprache würden die individuellen Weltbilder vereinheitlicht und damit einer kollektiven Betrachtung und Ausgestaltung zugänglich; damit könnten sie selbst für größere Gemeinschaften Orientierungsfunktion übernehmen (Verbeek 2000, S. 11, 12, 272). Die Kulturfähigkeit des Menschen beruhe folglich zum großen Teil auf der Fähigkeit zu prägungsartigem Lernen, "das einfach abläuft, wenn während einer sensiblen Phase die entsprechenden Inhalte geboten werden. Wie die Muttersprache wird auch das Wertesystem, die Moral, Dinge, die zu verehren und solche, die abzulehnen sind, im Gehirn verschaltet. Sie ist dann nur durch neue Lernvorgänge und rationale Reflexion zu überdecken und zu kompensieren. Entscheidende Kulturinhalte werden aufgrund der neuronalen Vorgabe prägungsartig aufgesogen. ... Die Tatsache, dass die Inhalte nicht genetisch festliegen, macht die Kultur enorm flexibel; die Tatsache, dass einmal etablierte Inhalte nicht leicht zu verdrängen sind, macht sie aber auch konstitutiv konservativ" (ebenda, S. 275).

Diese Vorstellung vererbter Kulturinhalte kann die Trägheit des kulturellen Wandels nicht nur erklären, sondern schreibt dieser auch eine stabilisierende Funktion zu. Das Festhalten an überkommenen und auf Ebene der kollektiven Kultur weitgegebenen Vorstellungen, Selbstverständlichkeiten und Wertesystemen scheint für eine Kultur genauso notwendig wie das Festhalten an der etablierten Sprache (Verbeek 2000, S. 12). Zudem warnt eine solche Sicht vor überzogenen und übereilten Erwartungen bezüglich der immer wieder bemühten Forderung nach einer "Veränderung in den Köpfen der Menschen". Schließlich wird durch den Hinweis der überragenden Bedeutung prägungsartigen frühkindlichen Lernens kultureller Praktiken und Werte die Forderung der Mitweltpädagogik nach frühkindlichen sinnlichen Sozialisationserfahrung unterstrichen.

2.5 Kultur als Pflege, Verfeinerung und Kultivierung des Mitseins

Die Umweltethik ist keine in sich abgeschlossene philosophische Spezialdisziplin, sondern besteht vielmehr aus einer Reihe vielfältiger Positionen (Ott 2000). Der "Kultur-Natur-Diskurs" wurde im letzten Jahrzehnt besonders intensiv in der Tiefenökologie[4] geführt, für die das Ziel des Kulturwandels das Herzstück theoretischen wie praktischen Engagements darstellt (Sitter-Liver 2000, S.

71, 83; McLaughlin 1993; Naess & Sessions 1984). Die Tiefenökologie vertritt ein mehrdimensionales Kulturverständnis. Danach ist Kultur erstens die Menge der technischen, ästhetischen, symbolischen, kognitiven und institutionellen Artefakte, zweitens die Pflege einer Sache unter Beachtung und nach den Voraussetzungen ihres Wesens sowie der umsichtige Umgang mit ihr sowie drittens die innere Gestaltung der Person, deren Entwicklung und Verfeinerung im Sinne von Bildung und Gesittung, als Ausfluss von Vernunft, Reflexivität und Befähigung zu Moral (Sitter-Lever 2000).

Der Kulturbegriff der Tiefenökologie unterscheidet sich in mehrfacher Hinsicht grundlegend von den bisher zitierten Ansätzen: Während Kultur in den bisher zitierten Ansätzen deskriptiv als Rahmenbedingung bzw. auf Instrumentenebene angesiedelt war, kommt dem ethischen Kulturbegriff der Charakter eines Zieles zu. Zudem wird hier Kultur nicht als ein Gegenpol zu Natur konzipiert, sondern das antipodische Mensch-Umwelt-Konzept durch ein holistisches "Mitwelt"-Konzept ersetzt. In einer als Naturgemeinschaft verstandenen Mitwelt bilden Kultur und Natur keinen Gegensatz (Kampits 1978).

Eine solche holistische Perspektive vertritt auch Klaus-Michael Meyer-Abich (1997) in seiner *Praktischen Naturphilosophie*. Seine Argumentation lautet, dass genau diese Abgrenzung der menschlichen Lebenswelt von der Natur zwar einer der Erfolgsfaktoren der modernen Industriegesellschaft gewesen sei, jedoch gleichzeitig die Grundlage für die ökologische Krise darstellte. Erst wenn man den Menschen als Teil der Natur betrachte und unter Kultur die *Integrität einer menschlichen Gesellschaft in der Natur* verstehe, ließe sich diese Krise überwinden (ebenda, S.12). Ziel sei, unser Mitsein mit der natürlichen und der sozialen Mitwelt zu kultivieren, also uns selbst natur- und sozialverträglich zu verhalten und die gesellschaftlichen Institutionen, die unser Handeln beeinflussen, natur- und sozialverträglich zu gestalten (Scherhorn & Hoffmann 2002). Die Vorstellung der Kulturverträglichkeit steht hinter der Natur- und Sozialverträglichkeit und begründet diese.

Holistischen umweltethischen Entwürfen wird entgegengehalten, dass die Beziehung zwischen Mensch und Natur strukturell asymmetrisch sei. Nur der Mensch sei Subjekt von Handlungen und Träger von Verantwortung in Bezug auf die Natur, da nur er die Fähigkeit zur Reflexion des Selbstbewusstseins besitze. "Je mehr man den Menschen als Teil der Natur versteht, umso weniger kann man von ihm Rücksicht auf die Natur erwarten. Denn rein als Naturwesen fehlt ihm jede moralische Kompetenz, die man jedoch sinnvollerweise voraussetzen muss, um an seine Verantwortung für die Natur appellieren zu können" (Schneider 1994). Gerade das menschliche Reflexionsvermögen sei ethik-konstituierend. Das Maß moralischer Verbindlichkeiten setze nicht die Natur, sondern die praktische Vernunft. Umweltethik solle daher in den Linien einer sozial-ökologisch aufgeklärten "Anthroporelationalität" betrieben werden, in welcher der Mensch eindeutig *Adressat* eines Anspruchs ist (wie dem kategorischen Imperativ), keineswegs jedoch gleichzeitig einziger *Inhalt* (wie bei anthropozentrischen Ansätzen) (Höhn 2000, S. 6).

Umweltethische Kulturbegriffe bereichern den Nachhaltigkeitsdiskurs um die Frage des Verhältnisses Mensch - Kultur - Natur und damit um die Anthropozentrismus-Biozentrismus-Debatte. Der tiefenökologische Kulturbegriff erlaubt zudem eine Unterscheidung in "kultiviertes" und "unkultiviertes Handeln". Erst mit einer auf Zielebene angesiedelten Kulturdebatte gewinnt die normative Idee nachhaltige Entwicklung "Appeal". Und nur auf Zielebene kann die Variable Kultur für den zweiten Diskurs, die inhaltliche Ausgestaltung der normativen Idee "nachhaltige Entwicklung", fruchtbar gemacht werden.

3. Zweite Diskursebene: Inhaltliche Bestimmung einer "Kultur der Nachhaltigkeit"

3.1 Merkmale einer Kultur der Nachhaltigkeit

Folgt man der oben zuletzt vorgeschlagenen Konzeption von Kultur als "Pflege und Verfeinerung", dann bedeutet "Kultivierung" im Sinne einer nachhaltigen Entwicklung die Kultivierung anthropologisch gegebener dichotomer Antriebsstrukturen, wie beispielsweise "Fürsorge versus Recht des Stärkeren" oder "Solidarität versus Konkurrenz". Diese Antriebsstrukturen bilden den grundsätzlichen Möglichkeitsraum menschlichen Verhaltens (Hoffmann, Ott & Scherhorn, 1997, S. 92 ff.). Eine Kultivierung hat dann stattgefunden, wenn Verhaltensoptionen innerhalb dieses Spielraums so gewählt werden, dass sie langfristig den materiellen und immateriellen Wohlstand befördern, intergenerative (Verteilungsproblematik) und intragenerative (Zugangsproblematik) Ungerechtigkeiten abbauen helfen sowie dazu beitragen, die Substanz des ökologischen, sozialen und kulturellen Kapitals zu erhalten oder erweitern.

Bis vor kurzem hatte sich die Ethik aus der inhaltlichen Diskussion um Ziele wie "das gute Leben" weitgehend herausgehalten und sich auf die Diskussion von Regeln und Formen zurückgezogen. Dies scheint sich in jüngster Zeit mit der "Philosophie der Lebenskunst" (Schmid 2000) sowie dem neu erwachten Diskurs um ein "gutes Leben" zu ändern (z.B. Crocker & Linden 1998), die offensichtlich auf eine latente Nachfrage nach einem mit positiven Zukunftserwartungen verbundenen Leitbild reagieren. Leitbilder können mit Dierkes (1992) und in Anlehnung an Max Webers Begriff des "Kulturideals" als verhaltensstimulierende Wertvorstellungen definiert werden. Leitbilder drücken sich häufig in Maximen bzw. als subjektive Grundsätze des Handelns (Kant) aus, die Verhaltensweisen prägen. Die Funktion des Leitbildes "Nachhaltige Entwicklung" besteht u.a. darin, eine gesellschaftlich konsensfähige Vorstellung einer "anderen Zukunft" als handlungsleitendes Gegenbild zur gegebenen Situation zu formulieren (Höhn 2000, S. 8). Insofern stellt es eine Vision dar, es enthält es einen genuin kulturschöpferischen Impetus (Kurt & Wehrspaun 2001, S. 17).

Inhaltlich beschrieben wird diese Vision einer Kultur der Nachhaltigkeit als eine "Kultur der Bescheidung" (Kösters 1993), eine "Kultur der Achtsamkeit" für Mensch, Pflanze und Tier (Moegling & Peter 2001, S. 56) oder als eine "Kultur der Erhaltung und Pflege" (Cernea 1993, S. 22). Systemtheoretisch wird eine Kultur der Nachhaltigkeit als eine "Kultur des Gleichgewichts zwischen human health und ecosystem health" (Jüdes 2000) definiert. Hier ist der interdisziplinäre Nachhaltigkeits-Begriff gleichbedeutend mit optimaler Funktionalität der Systemerhaltung. Es geht um ökologisch integre, "gesunde" Ausprägungen kultureller, sozialer und ökonomischer Wirkungsgefüge, die letztlich die "Bioüberlebenssicherheit" der Menschen sichern. Wichtige Eigenschaften von Menschen, die im Sinne der Nachhaltigkeitskultur wirken, seien Problembearbeitungsfähigkeit, Kreativität, Hoffnung, Verständigung, Kooperation und Verantwortung - Eigenschaften, die eine auf Nachhaltigkeit ausgerichtete "Mitweltpädagogik" (Brandt 2000), auch durch die Konstruktion von Erfahrungsmöglichkeiten im Sinne einer "emotional-ganzheitlichen Naturbegegnung" (Göpfert 1994) verfolgen muss.

Die von den Individuen verfolgten Konzeptionen eines "guten Lebens" werden durch die Kultur, die Institutionen und Praktiken, welche die geteilte Infrastruktur ihres Alltagslebens bilden, vorgeformt und beeinflusst. Diese Rahmen-Struktur eröffnet und definiert die Optionen, Identitätsmuster und Lebensformen, welche den Individuen für die Bestimmung des guten Lebens offen stehen (Rosa 1999, S. 757). Wichtiges Element ist die Frage, wie "Wohlstand" verstanden wird. Wie jede andere Kultur begünstigt die spätkapitalistische Kultur bestimmte Güter und schließt andere aus, vornehmlich dadurch, dass sie sie unsichtbar macht. Zu den privilegierten Gütern gehören die marktgängigen (materiellen) Güter, zu den unsichtbaren (oder zumindest benachteiligten) die Gemeinschaftsgüter, die immateriellen Güter, die informelle Arbeit. Eine Kultur der Nachhaltigkeit wird eine andere Bewertung dieser Güter vornehmen und immaterielle Güter höher bewerten. Gewinnerzielung und Bedürfnisbefriedigung müssen mit ökologischem, sozialem und kulturellem Substanzerhalt und bzw. Substanzentwicklung einhergehen. Dies wird nur bei langfristiger Gewinnmaximierung (Bakker, Loske & Scherhorn 1999) bzw. bei Betrachtung der Bedürfnisbefriedigung als Optimierung von materiellem Güter-, immateriellem Zeit- und Raumwohlstand (Scherhorn 2001) - unter Berücksichtigung und ggf. Internalisierung von sozialen, kulturellen und ökologischen Konsumexternalitäten - möglich sein.

3.2 Kultivierung des Konsums?

Individuelles Bewusstsein und Verhalten, Lebensverhältnisse und gesellschaftliche Infrastruktur, Lebensstile und Lebensweisen, sind sowohl konstitutive Elemente als auch abhängige Variable einer Kultur. Handlungsempfehlungen an eine nachhaltige Konsumpolitik müssen sich an dieser sozio-kulturellen Konstitution und Einbettung von Konsum orientieren, wollen sie erfolgreich sein.

Denn gewohnte Denkmuster und Verhaltensweisen verschwinden nicht einfach unter ethisch-ökologischer Erleuchtung. Vielmehr bleiben sie meist so lange stabil, wie es die Umstände erlauben. Unsicherheit und Wandel ist beängstigend und kann von Individuen und Gesellschaften nur bis zu einem gewissen Grade ausgehalten werden. Wie man aus der psychologischen Immigrantenforschung weiß, erleiden Menschen eine erzwungene Anpassung an neue Kulturen als entkräftendes "Umorientierungstrauma" (Thomas & Znaniecki 1918; LaPiere 1965) oder als "Zukunftsschock" (Toffler 1970). Hinzu kommt, dass viele Menschen bei der Diskussion um die begrenzte Tragfähigkeit der Erde und den daher geforderten Verhaltensänderungen eine "Überzähligkeitsangst" befällt: "Jede Einzelperson in einem überlasteten Ökosystem hat das tiefe emotionale Bedürfnis nach einer Rechtfertigung für den Glauben, dass nur "die Anderen" Teil der Überlastung sind und nicht er oder sie selbst" (Catton 2000, S. 18). Schließlich darf nicht vergessen werden, dass nachhaltiges, insbesondere suffizientes Verhalten sozial abweichendes Verhalten ist, da der gesellschaftlich anerkannte Endzweck, das Hauptmotiv hinter dem Wachstumsstreben, die "Perfektionierung der Bedürfnisbefriedigung" ist. Da jedoch nur Suffizienz einen wirksamen Beitrag zur Lösung der systemimmanenten Probleme der Konsumgesellschaft zu leisten vermag (Reisch & Scherhorn 1999), führt kein Weg an dieser Strategie vorbei. Eine Strategieempfehlung lautet daher, Suffizienz weniger "kulturfremd" zu gestalten, mehr Anknüpfungspunkte aufzuzeigen und mit einer entsprechenden Infrastrukturpolitik auch zu schaffen.

Kösters (1993) sieht als den "Königsweg zu einer ökologischen Zivilisierung" eine Kombination aus frühkindlicher Enkulturation durch eine inhaltliche Prägung des Sinnerlebens zu einer Kultur der Bescheidung und einer infrastrukturellen "Hilfe zum Selbstzwang", durch welche neue Selbstverständlichkeiten geschaffen würden. Diese "Selbstverständlichkeiten" kultureller Praxis würden zwar subjektiv nicht als "Zwang" erlebt; sie äußerten sich vielmehr als Gewohnheiten, Moralvorstellungen und Gewissen. Gerade deshalb übten sie einen starken faktischen Zwang auf das Verhalten aus.

Dagegen sehen Autoren, die dem Einsichtsvermögen des Menschen skeptisch gegenüber stehen, die einzige Chance in einer Setzung kultureller Rahmenbedingungen, im wesentlichen durch "klare

Orientierung bietende Rechtsstrukturen", die die ganze Realität des menschlichen Verhaltenspotentials berücksichtigt (Verbeek 1998a, S. 279). Es darf keinem Akteur einen Vorteil bringen, auf Kosten zukünftiger Generationen zu leben. Da "Anderssein" evolutionsbiologisch als potentielle Bedrohung erlebt werde - die evolutionsgeschichtlich regelmäßig wiederkehrenden Bedrohungen erzeugten einen Selektionsdruck zur Entwicklung von Abwehrmechanismen - bedeute Sorge für und Kooperation mit anderen (dem Süden, den zukünftigen Generationen) ein Handeln gegen die menschliche Natur. Aus anthropologischer Sicht ist daher die Chance, durch "cultural engeneering" eine "kollektive Vernunft" als Basis für eine Kultur der Nachhaltigkeit zu erreichen, gering. Vielmehr wird die Entwicklung einer Rechtskultur, die die evolutionsgestaltete (menschliche) Natur und das Allmendedilemma berücksichtigt, als einzig gangbarer Weg gesehen (Verbeek, 1998a). Eine Möglichkeit sind verhaltenssteuernde Ökosteuern, die "einen erheblichen Teil der kulturbedingten Schäden in den finanzstarken Ländern lindern würde". Die "Termitenintelligenz" einer wachstumsmaximierenden Marktordnung würde so positiv ausgenutzt und die kulturelle Evolution bekäme einen Stoß in Richtung einer Kultur der Nachhaltigkeit (ebenda, S. 274).

Aufgrund der oben beschriebenen kulturellen Einbettung des Konsums muss bei solchen Politikempfehlungen jedoch bedacht werden, dass in kulturell aufgeladenen Konsumbereichen "kulturblinde" - etwa preisliche - Steuerungsversuche nur dann effektiv sein können, wenn sie hochdosiert sind. Dies kann jedoch zur Folge haben, dass moralisch begründetes Handeln, das bei einer nicht zu vernachlässigenden Anzahl von Konsumenten empirisch nachgewiesen wurde, untergraben wird. Die Psychologie spricht hier von der Unterminierung der intrinsischen Motivation durch externe Stimuli aufgrund einer "Überbegründung". Überdies stellen Pfadabhängigkeit, die Trägheit der Institutionen und gesellschaftliche und politische Machtstrukturen hohe Hürden für die praktischen Möglichkeiten eines nachhaltigkeitsfördernden Infrastrukturwandels dar.

4. Ausblick

Der Weg zu einer "Kultur der Nachhaltigkeit" ist lang, steil und steinig. Der Weg ist lang, weil jede Generation nur ein Stück des Kulturwandels (er)tragen und aktiv gestalten kann, dann muss sie die Initiative der nächsten Generation überlassen. Die aktive Lebenszeit umfasst vielleicht 50 Jahre und die Zeit der maximalen Lernfähigkeit und der Ausreifung des Gelernten in technischen Innovationen, neuen Arbeitsorganisationen und Lebensformen sicherlich noch weniger. Ein grundlegender Kulturwandel wird daher mehrere Generationen, vielleicht eine "Kondratieff-Welle", bedürfen. Schließlich geht nicht nur um Produkt- oder Prozessinnovationen, sondern viel weitreichender um die Umformung von Arbeitsbedingungen und Konsumgewohnheiten, von Karriereabläufen und Lebensgewohnheiten, von Infrastrukturen und Institutionen (Bühl 1987, S. 91).

Der Weg ist steil und steinig, weil eine nachhaltige Gesellschaft einen kulturellen Gegenentwurf zu einem bislang äußerst erfolgreichen Gesellschaftsmodell - der globalisierten Konsumgesellschaft - darstellt und auf den ersten Blick in diesem Wettbewerb unterliegen muss. Auf der anderen Seite gibt es nicht erst seit heute ein erkennbares "Unbehagen in der Kultur" (Freud) - sprich der spätkapitalistischen Konsumgesellschaft - sowie Gegentendenzen, die zunächst zu kleinschrittigen Veränderungen des Normalbereichs führen, jedoch auch breite Trends initiieren können, wie die Beispiele ökologischer Landbau oder ethisch-ökologische Kapitalanlage zeigen. Es gibt weitere Indizien: Langlebige, haltbare Produkt-Klassiker feiern ein Comeback; ein hartnäckiger Widerstand gegen die Wegwerfkultur hat bislang die Markteinführung von Wegwerfhandys auf dem deutschen Markt verhindert; Umwelt- und Verbraucher-NGOs entwickeln gemeinsam mit Unternehmen nachhaltige

Produktalternativen wie den Smart; eine wachsende Zahl von Investoren legt ihr Kapital auch nach ethisch-ökologischen Zielvorgaben an; energetisch "ausgebrannte" Menschen suchen nach Zeitwohlstand und lebenswertem Lebens-Raum. Neue Wohlstandsmodelle, wie sie die Gruppe um Gerhard Scherhorn im Wuppertal Institut oder die Oxford Commission on Sustainable Consumption diskutiert, zeigen eine neue Form der Lebenskunst, die auf viele spontan attraktiv wirkt.

Nach Meyer-Abich (1997) ist das, was wir als Menschen wohl als einzige besonders gut vermögen, Kultur in die Welt zu bringen. Daher ist es eine vielversprechende neue Perspektive, nachhaltige Entwicklung als Kultivierungsaufgabe betrachten. Denn wie ist bei Kant zu lesen: "Wir sind im hohen Grade durch Kunst und Wissenschaft *kultiviert*. Wir sind *zivilisiert*, bis zum Überlästigen, zu allerlei gesellschaftlicher Artigkeit und Anständigkeit. Aber, uns für schon moralisiert zu halten, daran fehlt noch sehr viel."

---

[1] Das "DSP" wird definiert als der kulturelle Kontext, der die Grundüberzeugungen einer Gesellschaft hinsichtlich der drei Dimensionen Politik, Wirtschaft und Technologie bestimmt. Es wird geprägt vom Wirtschaftssystem, dem Wohlstandsniveau, den Technostrukturen sowie den dominanten Orientierungen. Voy, Polster und Thomasberger (1991) haben gezeigt, dass diese dominanten Orientierungen für die Bundesrepublik "Autonomie, Demokratie und Materialität" heißen.

[2] Der Begriff "Cultural lag" wurde von William F. Ogburn (1922) geprägt. Er bezeichnet damit die Problematik, die für eine Gesellschaft entsteht, in der sich Teile einer Gruppe ineinandergreifender Verhaltensmuster schneller verändern als die anderen. Klassisches Beispiel sind die Normen und Traditionen, die sich in einer ländlichen Gesellschaft bewährten, jedoch in einer urbanen Gesellschaft nicht.

[3] Nach Catton (2000) umfasst der "soziale Komplex" einer Gesellschaft drei Elemente: (1) Population, (2) Kultur der Werkzeuge und Technologie (materielle Kultur), und (3) Bräuche und Glaube (nicht-materielle Kultur). Der soziale Komplex steht mit seiner natürlichen Umwelt in Wechselwirkung. Die Elemente des sozialen Komplexes bestimmen die "Tragfähigkeit" des Gesamtsystems. Catton folgt hier dem Soziologen Park (1936, S. 15), demzufolge jede menschliche Gemeinschaft (der "soziale Komplex") durch drei Faktoren bestimmt ist, nämlich: (1) Population, (2) Kultur, bestehend aus Traditionen und Einstellungen (soziales System) sowie entsprechender (technologischer) Artefakte und (3) natürliche Ressourcen des Gebiets.).

[4] Mit dem Ausdruck "Tiefe" wird beharrliches, immer tiefer dringendes Nachfragen gemeint, nicht etwa etwas Verborgenes, Mystisches (Sitter-Liver 2000, S. 83).

Literatur

L. Bakker, R. Loske & G. Scherhorn: *Wirtschaft ohne Wachstumsstreben - Chaos oder Chance?*, Forschungsbericht aus dem Wuppertal Institut für Klima Umwelt Energie, Wuppertal (1999).

F. Berkes, C. Folke: "A systems perspective on the interrelations between natural, human-made and cultural capital", *Ecological Economics* 5 (1992) 1-8.

R. Bocock: *Consumption*, Routledge, London (1995).

D. Botkin: *Discordant harmonies*, Oxford University Press, New York (1990).

G. Böhme: *Natürlich Natur. Über Natur im Zeitalter ihrer technischen Reproduzierbarkeit*, Frankfurt am Main (1992) p. 107-124. .

M. Brandt: *Von der Umwelt zur Mitwelt: Zur Fundierung eines neuen pädagogischen Paradigmas auf der Basis der Philosophie John Deweys*, Peter Lang, Frankfurt am Main (2000).

F. Burgdorff: "Kultur: Kein Thema in der Agenda 21?!", *Rundbrief* 3 (1998) 11-12.

W.L. Bühl: *Kulturwandel für eine dynamische Kultursoziologie*, Wissenschaftliche Buchgesellschaft, Darmstadt (1987).

W. R. Catton, Jr.: "Kulturelle Rückständigkeit gefährdet die Zukunft der Menschheit", *Natur und Kultur*, 1 (2) (2000) 3-25.

M.M. Cernea: "Culture and Organization: The Social Sustainability of Induced Development", *Sustainable Development*, 1 (2) (1993) 18-29.

D.A. Crocker & T. Linden (Ed.): *Ethics of consumption. The good life, justice, and global stewardship*, Rowman & Littlefield, New York (1998).

H.E. Daly & J.B. Jr. Cobb: *For the common good: Redirecting the economy toward community, the environment, and a sustainable future*, Beacon, Boston (1989).

M. Dierkes: *Technik und Leitbild*, Berlin (1992).

R. Dunlap & K. van Liere (1978): "The 'new environmental paradigm'", *Journal of Environmental Education*, 9 (4), 10-19.

Y. Gabriel & T. Lang: *The unmanageable consumer. Contemporary consumption and its fragmentations*, Thousand Oaks, London (1995).

H. Göpfert: *Naturbezogene Pädagogik*, Deutsche Studien-Verlag, Weinheim (1994).

U. Grober: "Die Idee der Nachhaltigkeit als zivilisatorischer Entwurf", *Aus Politik und Zeitgeschichte*, B. 24 (2001).

A.G. Gruchy: *The reconstruction of economics: an analysis of the fundamentals of institutional economics*, Greenwood Press, New York (1987).

R. Hedkte: "Nachhaltigkeit und Konsum – Sozialwissenschaftliche Konzepte und ihre Relevanz für die Lehrerausbildung", in: A. Fischer (Ed.): *Herausforderung Nachhaltigkeit. Perspektivenwechsel in der Ausbildung von Wirtschaftslehrer-/innen*, G.A.F.B., Frankfurt am Main (1999) p. 145-178.

H.-J. Höhn: "Die Natur der Gesellschaft. Bausteine einer Ökologischen Sozialethik", *Aus Politik und Zeitgeschichte*, B. 33-34 (2000) 17-24.

J. Hoffmann, K. Ott & G. Scherhorn: *Ethische Kriterien für die Bewertung von Unternehmen*, IKO Verlag, Frankfurt a. M. (1997).

International Union for the Conservation of Nature (IUCN): *World Conservation Strategy* (1980).

T. Jerman (Ed.): *Zukunftsformen. Kultur und Agenda 21*, Klartext Verlag, Bonn/Essen (2001).

T. Jerman & U. Nitschke: "Die Herausforderung der Lokalen Agenda 21 für die Kulturpolitik", *Kulturpolitische Mitteilungen* 81 (1998) 21-31.

U. Jüdes: "Culture of Sustainability: Zur Bedeutung emergenter Zielfunktionen im Sustainability-Diskurs", in: Umweltbundesamt (Ed.): *Strategien der Popularisierung des Leitbildes "Nachhaltige Entwicklung" aus sozialwissenschaftlicher Perspektive*, UNESCO (UBA), Berlin (2000) p. 73-83.

P. Kampits: "Natur als Mitwelt". Das ökologische Problem als Herausforderung für die philosophische Ethik", in: O. Schatz (Ed.): *Was bleibt den Enkeln? Die Umwelt als politische Herausforderung*, Styria, Graz (1978).

I. Kant: "Idee zu einer allgemeinen Geschichte in weltbürgerlicher Absicht" (A 402/403 nach der Zählung der Akademie-Ausgabe), *Werkausgabe* (ed. Weischedel), Bd. XI, p. 44.

J. Karpe & G.-J. Krol: "Ökonomische Verhaltenstheorie, Theorie der Institutionen und ökonomische Bildung", in: K-P. Kruber (Ed.): *Konzeptionelle Ansätze ökonomischer Bildung*, Bergisch-Gladbach (1997) p. 75-102.

W. Kilbourne, P. McDonagh & A. Prothero: Sustainable consumption and the quality of life: A macromarketing challenge to the dominant social paradigm. *Journal of Macromarketing* 17 (1) (1997) 4-24

W. Kösters: *Ökologische Zivilisierung. Verhalten in der Umweltkrise*, Wissenschaftliche Buchgesellschaft, Darmstadt (1993).

D.J. Krieger & C.J. Jäggi: *Natur als Kulturprodukt*, Birkhäuser Verlag, Basel (1997).

H. Kurt & M. Wehrspaun: "Kultur: Der verdrängte Schwerpunkt des Nachhaltigkeits-Leitbildes", *GAIA* 10 (2001) 16-25.

R.T. LaPiere: *Social change*, McGraw-Hill, New York (1965).

S. Lindenberg: "Rationalität und Kultur. Die verhaltenstheoretische Basis des Einflusses von Kultur auf Transaktionen", in: H. Haferkamp (Ed.): *Sozialstruktur und Kultur*, Suhrkamp, Frankfurt am Main (1990).

A. McLaughlin: "The heart of deep ecology", in: G. Sessions (Ed.): *Deep ecology for the twenty-first century*, Shambhala, Boston (1995) p. 85-93.

K.M. Meyer-Abich: *Praktische Naturphilosophie: Erinnerung an einen vergessenen Traum*, Beck, München (1997).

K. Moegling & H. Peter: *Nachhaltiges Lernen in der politischen Bildung: Lernen für die Gesellschaft der Zukunft*, Leske und Budrich, Opladen (2001).

A. Naess & G. Sessions: *Deep ecology for the twenty-first century*, Shambhala, Boston (1995).

W. F. Ogburn: *Social change. With respect to culture and original nature*, Viking, New York (1922).

K. Ott: "Umweltethik - Einige vorläufige Positionsbestimmungen", in: K. Ott & M. Gorke (Ed.): *Spektrum der Umweltethik*, Metropolis, Marburg (2000).

K. Ott: "Eine Theorie 'Starker' Nachhaltigkeit", *Natur und Kultur*, 2 (1) (2001) 55-75.

R.E. Park: "Human ecology", *The American Journal of Sociology*, 42 (1) (1936) 1-15.

P.G. Perotto: "Changing structures and engineers of the future", *Sustainable Development*, 1 (1) (1993) 12-24.

Politische Ökologie: *Lebenskunst: Auf den Spuren einer Ästhetik der Nachhaltigkeit*, Heft 69, München (2001)

B. Priddat: Kultur als Hintergrund/Vordergrund der Ökonomie, in: B. Priddat (Ed.): *Kapitalismus, Krisen, Kultur*, Metropolis, Marburg (2000).

F. Reusswig: *Lebensstile und Ökologie. Gesellschaftliche Pluralisierung und alltagsökologische Entwicklung unter besonderer Berücksichtigung des Energiebereichs*, Sozialökologische Arbeitspapier, AP 43, Frankfurt am Main (1994).

L. Reisch: *Ethical-ecological investment. Towards global sustainable development*, IKO Verlag, Frankfurt am Main (2001).

L. Reisch & G. Scherhorn: Sustainable consumption. In: S. B. Dahiya (Ed.). *The current state of economic science*, Spellbound Publ., Rohtak (1999) p. 657-690.

H. Rosa: "Kapitalismus und Lebensführung", *Deutsche Zeitschrift für Philosophie*, 47 (5) (1999) 735-758.

D. Sabean: "Die Produktion von Sinn beim Konsum der Dinge", in: W. Ruppert (Ed.): *Fahrrad, Auto, Fernsehschrank. Zur Kulturgeschichte der Alltagsdinge*, Frankfurt am Main (1993) p. 37-51.

G. Scherhorn: *Wohlstand und Suffizienz*. Wuppertal Institut, Arbeitsgruppe Neue Wohlstandsmodelle, Arbeitspapier, Oktober 2001.

G. Scherhorn & J. Hoffmann: *Saubere Gewinne*, Herder Verlag, Freiburg (2002).

W. Schmid: *Schönes Leben? Einführung in die Lebenskunst*, Suhrkamp, Frankfurt am Main (2000).

M. Schneider: "Natur integrieren. Gedanken zu einer konvivialen Ethik", in: *Integrative Therapie* 1 (2) (1994).

B. Siebenhüner: *Homo sustinens – Auf dem Weg zu einem Menschenbild der Nachhaltigkeit*, Metropolis, Marburg (2001).

B. Sitter-Liver: "Tiefen-Ökologie: Kontrapunkt im aktuellen Kulturgeschehen", *Natur und Kultur*, 1 (1) (2000) 70-88.

A. Stihler: *Die Entstehung des modernen Konsums. Darstellung und Erklärungsansätze*, Duncker & Humblot, Berlin (1998).

W.I. Thomas & F. Znaniecki: *The Polish peasant in Europe and America*, University of Chicago Press, Chicago (1918).

A. Toffler: *Future shock*, Random House, New York (1970).

B. Verbeek: "Organismische Evolution und kulturelle Geschichte: Gemeinsamkeiten, Unterschiede, Verflechtungen", *Ethik und Sozialwissenschaften*, 9 (2) (1998a) 269-280.

B. Verbeek: *Die Anthropologie der Umweltzerstörung*, Wissenschaftliche Buchgesellschaft, Darmstadt (1998b).

B. Verbeek: "Kultur: Die Fortsetzung der Evolution mit anderen Mitteln", *Natur und Kultur*, 1 (1) (2000) 3-16.

K. Voy, W. Polster & C. Thomasberger: *Gesellschaftliche Transformationsprozesse und materielle Lebensweise*, Metropolis, Marburg (1991).

D. Worster: "The shaky ground of sustainability", in: G. Sessions (Ed.): *Deep ecology for the twenty-first century*, Shambala, Boston (1995) p. 417-427.

Konsum als Teilhabe an der materiellen Kultur

Dr. Klaus Kraemer

Transferzentrum für angepasste Technologien
E-Mail: kraemek@uni-muenster.de

In der aktuellen sozialwissenschaftlichen Debatte wird der soziale und kulturelle Wandel immer wieder mit den Begriffen "Individualisierung" oder "Pluralisierung" beschrieben. Moderne Gesellschaften, so lautet die verbreitete Diagnose (vgl. Beck/Sopp 1997; Schroer 2000), verfügen immer weniger über einen stabilen kulturellen Konsens; sie können immer weniger auf ein allgemein geteiltes Wertesystem zurückgreifen; und sie stellen immer mehr Optionen und Handlungsmöglichkeiten bereit. Vor dem Hintergrund der Diagnose einer Pluralisierung von Wertsphären und der Individualisierung normativer Maßstäbe sollen in diesem Beitrag die Realisierungschancen des Konzeptes "Sustainable Consumption" einer genaueren Analyse unterzogen werden. Hierbei wird von der Überlegung ausgegangen, dass Prozesse der sozialen Integration nicht über gemeinsam geteilte Werte, Normen oder gar Leitbilder hergestellt werden, sondern über die soziale Teilhabe an der "materiellen Kultur" (Georg Simmel). Im folgenden ist genauer zu fragen, welche Konsequenzen ein derartiger Integrationsmodus für das Nachhaltigkeitskonzept im allgemeinen und den Suffizienz-Ansatz im besonderen hat.

1. Dynamik des sozialen Wandels

Aussagen über die Realisierungschancen des Konzeptes "Nachhaltiger Konsum" können nur dann gemacht werden, wenn Konsum nicht als isoliertes Ereignis, als passiver Akt aufgefasst wird, zu dem man verführt wird, sondern als aktive, subjektiv sinnhafte und sozial höchst voraussetzungsvolle Praxis in den Blick genommen wird. Um dies zu leisten, ist es sinnvoll, den Wandel von Konsumpraktiken in den Kontext gesellschaftlicher Modernisierungsprozesse zu stellen. Die Dynamik des sozialen Wandels seit den 50er Jahren kann durch eine Vielzahl ökonomischer, sozialstruktureller, politisch-institutioneller und soziokultureller Merkmale charakterisiert werden. Für die hier verfolgende Fragestellung muss es ausreichen, zwei Aspekte hervorzuheben: *erstens* die Erweiterung und Diversifizierung des kommerziellen Marktangebots an Konsumgütern und Dienstleistungen sowie die Verwandlung bisheriger Luxusgüter in Massengüter, die für breite Bevölkerungsgruppen immer erschwinglicher geworden sind; und *zweitens* der Ausbau politischer und sozialer Bürgerrechte (vgl. Marshall 1964; Dahrendorf 1992; Münch 1998).

Auf der einen Seite verweist das wachsende Marktangebot an Konsumgütern auf die durch den wirtschaftlichen Liberalismus geförderte Verallgemeinerung von Marktökonomie und Geldwirtschaft, die ohne eine Konsolidierung des liberalen Rechtsstaates und der Verbreitung ziviler Bürgerrechte nicht möglich gewesen wäre. Auf der anderen Seite konnten im Zuge der Konsolidierung des demokratischen Rechtsstaats und der Entfaltung der Wohlfahrtsökonomie vielfältige politische und soziale Rechte ausgebaut und neu geschaffen, auf immer breitere Bevölkerungsgruppen übertragen und auf neuen Feldern angewendet worden. Diese Rechte sind politischer Natur; sie begründen einen rechtmäßigen Anspruch auf Dinge, Leistungen oder Chancen und garantieren damit genau definierbare und individuell zuschreibbare Nutzungs- oder Zugangschancen, die nicht käuflich erworben und auf legalen Märkten zu bestimmten Preisen gehandelt werden können.

Diese "Anrechte" (Dahrendorf 1992) ermöglichen *politische* Partizipation, sie garantieren ein Mindestmaß an *sozialer* Teilhabe an Wohlstand und Konsum und fördern die *kulturelle* Teilhabe durch den Ausbau und die soziale Öffnung des Bildungssystems. Es versteht sich von selbst, dass die Ausweitung von kommerziellen Angeboten einerseits und politischen Anrechten andererseits kein selbstlaufender Prozess ist, sondern in höchstem Maße gesellschaftlich umstritten ist. Dies zeigt sich an einer Vielzahl sozialer Konflikte, die um die Frage kreisen, wie das Verhältnis von Marktökonomie und Wohlfahrtsstaat, von Markteinkommen und Transferzahlungen auszutarieren ist, ob eine Leistung frei handelbar (privates Gut) oder Gegenstand sozialer Bürgerrechte (öffentliches Gut) sein soll.

2. Teilhabe und soziale Integration

Die Ausweitung des Marktangebots auf der einen Seite und die Erweiterung politischer, sozialer und kultureller Teilhaberechte auf der anderen Seite kann in ihrer Bedeutung für soziale Integrationsprozesse kaum hoch genug eingeschätzt werden. Vor allem mit der Etablierung des modernen Wohlfahrtsstaates sind innovative Integrationsressourcen bereitgestellt worden, die über eine politische Integration durch Teilhabe an staatlichen Entscheidungen weit hinausgehen. Mit dem Ausbau politischer Partizipationsrechte, der Erweiterung sozialer Sicherungssysteme sowie mit der sozialen Öffnung des Bildungssystems konnten neue Formen der Teilhabe an wirtschaftlicher Entwicklung, Wohlstand und Massenkonsum etabliert und gefestigt werden. Dieses wohlfahrtsstaatliche Integrationsmodell basiert auf dem Prinzip des größer werdenden Kuchens. Gemeint ist damit, dass soziale Konflikte um die Verteilung von Wohlstandschancen in aller Regel über die Steigerung der nationalen Wirtschaftsleistung reguliert werden.

In diesem Modell wird davon ausgegangen, dass die moderne Ökonomie durch Innovationen, Wachstumsprozesse und technologischen Fortschritt die materiellen Voraussetzungen für die Erweiterung von Wohlstandschancen breiter Bevölkerungsgruppen zu schaffen hat. Wirtschaftliche Prosperität – und damit zusammenhängend der Abbau ökonomischer und symbolischer Zugangsbarrieren zur materiellen Kultur – erscheinen damit als Bedingung der Möglichkeit einer gelingenden sozialen Integration. Konsequenterweise wird auch die Aufgabe des politischen Systems darin gesehen, jedem Staatsbürger "eine immer weitergehende Teilhabe an zivilen Freiheitsrechten, politischen Mitentscheidungsrechten, sozialen Solidaritätsrechten und kulturellen Bildungsrechten zu ermöglichen. (...) Die Idee der Demokratie hat sich zu einem Kampf um eine weitestmögliche Teilhabe der größtmöglichen Zahl von Menschen an diesem Fortschritt entwickelt." (Münch 1998, 170) Integrationsprobleme können immer dann auftreten, wenn Wohlstandszuwächse nicht mehr allen zukommen, sondern nur bestimmten sozialen Gruppen vorbehalten bleiben.

Dieses Integrationsmodell ist durch vielfältige Arrangements in Wirtschaft und Gesellschaft, Politik und Recht, Verbänden und Organisationen institutionell unterfüttert worden. Trotz aller Schwierigkeiten und Modernisierungsanforderungen (Stichwort Globalisierung) hat es sich durchaus bewährt. Und es ist keinesfalls unwahrscheinlich, dass auch dieses Integrationsmodell den Neoliberalismus – unter veränderten Vorzeichen – überdauern wird. Wenn also die Sicherung von Wohlstandschancen und ihr Ausbau eine wichtige Bedingung von sozialer Integration ist, die wiederum von der Ausweitung von Marktangeboten (Wirtschaftswachstum) und Anrechten (politische und soziale Bürgerrechte) abhängt, dann stellt sich damit unmittelbar auch die Frage nach der sozialen Anschlussfähigkeit einer auf "nachhaltigen Konsum" abzielenden Suffizienzstrategie.

3. Materielle Kultur und soziale Integration

In der sozialwissenschaftlichen Debatte wird, wie eingangs bereits hingewiesen, der soziale und kulturelle Wandel immer wieder mit den Begriffen "Individualisierung", "Pluralisierung" oder "Enttraditionalisierung" beschrieben. Für die Richtigkeit einer derartigen Diagnose kann eine Vielzahl an empirischen Befunden angeführt werden. Deswegen ist auch davon auszugehen, dass soziale Integration nicht mehr – wie etwa bei den soziologischen Klassikern Emile Durkheim und Talcott Parsons – an gemeinsam geteilten Werten und Normen festgemacht werden kann, sondern an der sozialen Teilhabe an der materiellen Kultur (vgl. Brock 1993). Die soziale Stabilität moderner Gesellschaften beruht damit auf anderen Grundlagen als auf einer kollektiv geteilten Werteordnung, die entweder die freiwillige Unterordnung individueller Neigungen unter eine höhere Moral garantiert (Selbstdisziplinierung) oder von außen erzwungen wird (Fremddisziplinierung).

Was ist unter "materieller Kultur" zu verstehen? Unter materieller Kultur ist in erster Annäherung die Gesamtheit von Technik- und Infrastruktursystemen, urbanen Versorgungsleistungen, Artefakten und Konsumprodukten zu verstehen, die von den "Konsumenten" für unterschiedlichste nichtkommerzielle Bedürfnisse und Zwecke genutzt werden. Der Begriff materielle oder objektive Kultur ist von Georg Simmel in *Philosophie des Geldes* (1989, 617ff.) geprägt worden, den dieser vom Begriff der subjektiven Kultur abgrenzt. Nach Simmel hat in der Moderne die objektive oder materielle Kultur gegenüber der subjektiven Kultur an Bedeutung gewonnen. An diese Überlegung anknüpfend ist davon auszugehen, dass moderne Industriegesellschaften aufgrund ihrer ausgeprägten materiellen Kultur in deutlich geringerem Umfang auf kulturellen Konsens oder ein allgemein anerkanntes Wertesystem angewiesen sind. Von Integration kann deswegen gesprochen werden, da die materielle Kultur sowohl den Rahmen für die Strukturierung der Alltagsorganisation/Alltagspraxis als auch für individuelle Sinnstiftung abgibt. Ob soziale Integration gelingt oder nicht, zeigt sich damit bereits schon auf der Ebene der *alltäglichen* Lebensführung. An die Stelle einer integrierenden Werteordnung treten Alltagsroutinen und praktische Verhaltensmuster, die von den Modalitäten der materiellen Kultur strukturiert werden. Im Umkehrschluss wird Integration dann zu einem gesellschaftlichen Problem, wenn die Erwartung auf Teilhabe am gesellschaftlichen Fortschritt bzw. wachsenden Reichtum enttäuscht und relevante Teile der Bevölkerung von wesentlichen Optionen, die die materielle Kultur bietet, ausgeschlossen bleiben. Soziale Polarisierung und Desintegration äußerst sich dann als Exklusion aus der materiellen Kultur, die bisher für selbstverständlich erachtete Formen der Alltagsorganisation erschwert oder problematisch werden lässt. Damit zusammenhängend werden schließlich auch Interpretationsmuster und Identitätszuschreibungen prekär, wenn die habituell eingelebte, auf individuelle Teilhabechancen ausgerichtete alltagskulturelle Ordnung wegbricht und die Exkludierten genötigt sind, das Alltagsleben auf andere Grundlagen zu stellen.

4. Materielle Kultur und Alltagsorganisation

Die soeben beschriebenen Integrationsprozesse haben nicht nur den Zugang breiter Bevölkerungsgruppen zu Wohlstand und Konsum ermöglicht, sondern auch die Abhängigkeit der individuellen alltäglichen Lebensführung von den Möglichkeiten der materiellen Kultur verstärkt. Die Aktivitäten und Routinen des "grauen" Alltags stützen sich gewohnheitsmäßig auf die selbstverständlich gewordene Infrastruktur von privat oder öffentlich organisierten Versorgungs- und Techniksystemen, deren Leistungen den Privathaushalten in standardisierter Form und zu erschwinglichen Preisen angeboten werden. Der Einzelne steht nur zu oft externen Verhaltenszwängen und Rollenerwartungen gegenüber, die den alltäglichen Entscheidungshorizont nicht selten auf Kosten umweltentlastender Praktiken einengen. Deswegen können die infrastrukturellen Gegebenheiten auch weder durch einen gesinnungsethischen Rigorismus noch durch materielle oder moralische Sanktionen einfach außer Kraft gesetzt werden. Darüber hinaus hat mit der Reduzierung der traditionellen Subsistenzökonomie auf moderne "Hausarbeit" die Marktabhängigkeit der Privathaushalte bei der Versorgung mit Gütern des täglichen Bedarfs kontinuierlich zugenommen. Mit der voranschreitenden Arbeitsteilung können die allermeisten Leistungen nicht mehr auf der Ebene des Einzelhaushalts erbracht werden. Die großen technischen Energieversorgungs-, Verkehrs- und Kommunikationssysteme verweisen auf wichtige, aber oft vernachlässigte Aspekte des horizontalen gesellschaftlichen Differenzierungsprozesses. Die Versorgung mit Wasser und Energie, die Entsorgung von Abfällen, der Transport von Gütern, die schnelle räumliche Fortbewegung und die Kommunikation zwischen abwesenden Personen ermöglicht überhaupt erst spezialisierte Tätigkeiten in ausdifferenzierten Funktionsräumen. Die technisch basierten Infrastruktursysteme wirken damit in einem sehr konkreten Sinne systembildend und steigern in historisch einzigartiger Weise die funktionelle Interdependenz und soziale Vernetzung der sachlich und räumlich ausdifferenzierten Funktionsbereiche (Mayntz 1993).

Die Abhängigkeit des Privathaushalts von der urbanen Infrastruktur wird gleichwohl jedoch nicht nur als Zwang, sondern vor allem als Freiheits- bzw. Optionsgewinn erlebt, da der Einzelne von diversen Arbeiten der alltäglichen Reproduktion entlastet wird und die frei gewordene Zeit für andere Betätigungen – von der Erwerbsarbeit über "Bürgerarbeit" bis hin zur "Beziehungsarbeit" – nutzen kann. In diesem Zusammenhang sind auf einschlägige Untersuchungen zum Mobilitätsverhalten hinzuweisen, die verdeutlichen, dass unter den bestehenden infrastrukturellen Bedingungen des Verkehrssystems alternative, umweltentlastende Handlungsoptionen mit vergleichsweise hohen Informations-, Such- und Entscheidungskosten verbunden sind. Wenn man beispielsweise vom Pkw auf Bus und Bahn umsteigt, dann entstehen zusätzliche Organisations- und Abstimmungsprobleme, es sind zeitliche Einbußen einzuplanen, es ist ein geringerer räumlicher Mobilitätsradius in Kauf zu nehmen und es müssen individuelle Entscheidungen den standardisierten Fahrplänen angepasst werden. Dies alles zusammengenommen geht zu Lasten der autonomen Entscheidungsfindung, der individuellen Zeitsouveränität und Handlungsflexibilität. Aus diesen Gründen erscheint auch die Annahme der Rational-Choice-Theorie durchaus plausibel, dass die sozialen Akteure ihre "Umweltmoral" am ehesten in sogenannten *Low-Cost*-Situationen einlösen, die keine einschneidenden Verhaltensänderungen und keinen signifikanten Zusatzaufwand an Zeit, Geld und Wissen erfordern. Das in der empirischen Einstellungsforschung immer wieder beschriebene Auseinanderfallen von verbalen "Umwelteinstellungen" und faktischem "Umweltverhalten" findet hier seine Bestätigung (vgl. Haan/Kuckartz 1996; Reusswig 1999; Lange 2000; Diekmann/Preisendörfer 2001, 94ff.; Huber 2001, 392ff.). Wie reibungsarm und effizient die technische Vernetzung und Durchdringung der Alltagsorganisation funktioniert, kann an der Ausstattung der Privathaushalte mit Automobilen, elektrischen Haushaltsgeräten, Kommunikations- und Unterhaltungselektronik, der netzgebundenen Versorgung mit Energie und Trinkwasser sowie dem Anschluss an Abfallentsorgungssysteme abgelesen werden (vgl. Joerges 1996, 33ff.). Vor diesem Hintergrund kann auch die Umweltbilanz der Privathaushalte – etwa in Form des Müllaufkommens, der Kilometerleistung, des Wohnraumbedarfs, des Energie-, Wasser- und sonstigen Rohstoffverbrauchs sowie des allgemeinen Technisierungsgrades – als soziologisch relevanter Indikator der Vergesellschaftung des Alltags durch die materielle Kultur interpretiert werden.

5. Materielle Kultur und soziale Distinktion

Objekte der materiellen Kultur erfüllen nicht nur deswegen eine wichtige sozialintegrative Funktion, weil sie oftmals im einem praktischen Sinne funktional sind, d.h. die Alltagsorganisation des Privathaushalts erleichtern, Handlungsoptionen erweitern und Gelegenheitsstrukturen schaffen. Zugleich fungieren sie als *Medium* als auch als *Katalysator* symbolischer Zuschreibungen. Die Produkte der Massenkonsums werden nicht nur konsumiert, weil sie einen konkreten praktischen *Funktions*zweck im Alltag erfüllen, sondern auch darum, weil ihnen ein *symbolischer* Wert im Alltag zugeschrieben wird. Genauer betrachtet erfüllt der Konsum verschiedene expressive Funktionen, die analytisch voneinander zu unterscheiden sind: Erstens dient der Konsum als Vehikel, um das eigene Selbst zu formen und subjektiven Sinn auszudrücken; zweitens fungiert Konsum als Medium, um die Zugehörigkeit zu einer sozialen Gruppe symbolisch zu demonstrieren; und drittens grenzt sich eine Gruppe durch bestimmte Konsumpraktiken von anderen Gruppen stillschweigend ab. Die Massenprodukte des privaten Konsums transportieren soziale und kulturelle Botschaften; sie werden benutzt, um personale und soziale Identität zu konstruieren, um die sozialstrukturelle Lage hervorzuheben, um Sozialprestige zu erheischen, um soziale Mobilität vorzuführen oder um klassenspezifische Kulturpraktiken in eine symbolische Aura einzuhüllen. Die kultursoziologische Paradoxie besteht darin, dass die standardisierten und genormten Produkte der Massenkultur unverzichtbar geworden sind, um symbolisch *Individualität* zu inszenieren. In diesem Zusammenhang kann durchaus von einer *Wiederverzauberung der sozialen Welt durch Konsum und Massenkultur* gesprochen werden. Kurzum, im Konsumverhalten wird auf spektakulär-unspektakuläre Weise das Streben nach sozialer Assimilation und Distinktion zum Ausdruck gebracht. Die Teilhabechancen an den materiellen Konsumoptionen und die Zugänge zu den Angeboten der technischen Infrastruktur sichern so Vorteile im Statuswettbewerb, der in den "feinen Unterschieden" (Bourdieu 1982) des sozialen Raums einen sichtbaren Ausdruck findet. Entsprechend der jeweiligen Milieuzugehörigkeit werden neuartige Konsumprodukte als demonstrative Status- bzw. Positionsgüter wahrgenommen, deren Besitz zugleich Zugehörigkeit (Inklusion) oder Ausgrenzung (Exklusion) anzeigen. Kurzum, differenziert nach Art, Umfang und Niveau wird im materiellen Konsum das habitualisierte Streben nach sozialer Unterscheidung zum Ausdruck gebracht. Der symbolische "Konsum" prägt den Alltag so nachhaltig, wie man dies bislang nur der Erwerbsarbeit und dem Berufsleben zuschreiben konnte.

Diese Entwicklung ist durch verschiedene Aspekte begünstigt worden, von denen an dieser Stelle nur einige Faktoren genannt sein sollen. *Erstens* ist in den letzten Jahrzehnten das durchschnittliche Einkommensniveau angestiegen, wodurch die Privathaushalte in die Lage versetzt worden sind, deutlich mehr Geld für Konsum- und Freizeitgüter auszugeben als dies noch Anfang der 50er Jahre möglich war; *zweitens* sind die privaten Haushalte mit dauerhaften Gebrauchsgütern und anderen Massenartikeln des täglichen Bedarfs relativ breit ausgestattet, so dass ihre Nachfrage nach rein funktionalen Gütern auch weitgehend gesättigt ist (Marktsättigung). Da die Konsumgüter in ihren praktischen Nutzungsfunktionen immer ähnlicher geworden sind, sind die Produzenten aus Gründen der Unterscheidbarkeit *drittens* dazu übergegangen, ihr Warensortiment ästhetisch zu "verpacken" und es mit unterscheidbaren symbolischen Deutungsmustern anzureichern; *viertens* wurden mit der Ausweitung kommerzieller Konsum- und Freizeitmärkte neue symbolische "Erlebniswelten" (Schulze 1992) geschaffen; und schließlich gewinnt *fünftens* das soziale Streben nach Distinktion und Unterscheidung in dem Maße an Bedeutung, in dem primäre ökonomische Unterschiede weniger sichtbar sind. Die Produkte der Konsumgüterindustrie werden von den Nachfragern deswegen auch als Embleme benutzt, um zu veranschaulichen, wohin man innerhalb der Gesellschaft gehört oder gehören will und wohin nicht.

6. Materielle Kultur und Individualisierung

Die integrative Funktion der materiellen Kultur resultiert aus einem neuartigen, sich selbst verstärkenden Zusammenspiel von Individualisierung, Pluralisierung der Lebensstile und der steigenden Bedeutung des Konsums (vgl. auch Lüdtke 1997). Der soeben beschriebene Integrationsmodus basiert darauf, dass die sozialen Akteure zwischen unterschiedlichen Handlungsoptionen wählen können, die die materielle Kultur bereitstellt. Diese Handlungsoptionen hängen natürlich von den Ungleichverteilungen von Einkommen, Vermögen und Bildung ab. Vor allem sind die Handlungsoptionen durch die Geldsumme begrenzt, über die ein Privathaushalt frei verfügen kann. Aufgrund der weiter oben beschriebenen Wohlfahrtsdynamik der letzten Jahrzehnte ist gleichwohl auch für bislang unterprivilegierte Bevölkerungsgruppen zumindest im Ansatz eine "dispositive Lebensführung" (Brock 1993) in den Bereichen Konsum und Freizeit möglich geworden. Die Möglichkeiten, zwischen unterschiedlichen Handlungschancen und Konsumoptionen der materiellen Kultur entscheiden zu können, sind darüber hinaus zu einer notwendigen Bedingung der sozialen Konstruktion von Subjektivität geworden. Mit anderen Worten wird Subjektivität in Selektionsentscheidungen zwischen den unterschiedlichen Optionen der materiellen Kultur generiert. Gegenüber einer intersubjektiv verbindlichen, übergeordneten Kollektivmoral sind damit subjektive Relevanzen und privatisierte Sinnsetzungen aufgewertet worden.

Die materielle Kultur begünstigt eine weitreichende *Privatisierung* und *Individualisierung* von Konsumpraktiken. Von Individualisierung des Konsumverhaltens kann deswegen gesprochen werden, weil die Befriedigung der Bedürfnisse nicht mehr durch kulturelle Traditionsbestände und gemeinschaftliche Normerwartungen vorgegeben, sondern der individuellen Kaufentscheidung überantwortet ist. Dadurch erweitern sich zwangsläufig auch - in den Grenzen der verfügbaren Kaufkraft - die Konsumoptionen. Dieser Anstieg privater Kaufoptionen geht mit einer *Pluralisierung* des Konsumverhaltens einher. Die gängige soziologische Zeitdiagnose einer Enttraditionalisierung und Individualisierung von Lebensstilen bleibt ohne diese rasante Expansion privater Konsumchancen kaum nachvollziehbar. Die Privatisierung von Konsumfunktionen begünstigt zugleich eine Individualisierung von Umweltnutzungen, die ressourcenökonomisch nicht unproblematisch ist. Aus Gründen der Ressourcenschonung wären Kollektivnutzungen (Bus und Bahn) gegenüber energie- und stoffintensiveren Individualnutzungen (Pkw, Eigenheim "im Grünen") allemal vorzuziehen. Eine Vergemeinschaftlichung von Konsumfunktionen könnte sicherlich dazu beitragen, den Trend zum erhöhten Umweltverbrauch zu verlangsamen. Eine solche Strategie der gemeinschaftlichen Güternutzung kann jedoch schnell in Konflikt mit individuellen Präferenzen und Autonomiebestrebungen geraten.

7. Suffizienz und Integration - Ein Ausblick

Die Überlegungen zur sachlichen (Alltagsorganisation) und sozialen (symbolische Distinktion, Individualisierung) Integrationsdimension der materiellen Kultur wirken zunächst desillusionierend. Zugleich sollten sie dazu anregen, nicht leichtfertig manifeste Zielkonflikte zwischen der ökologischen, ökonomischen und sozialen Dimension von Nachhaltigkeit herunterzuspielen, z.B. zwischen dem demokratisch legitimiertem Wachstum von Teilhabechancen an der materiellen Kultur und möglichen umweltpolitisch legitimierten Nutzungsbeschränkungen, sondern nach Möglichkeiten der Eindämmung derartiger sozialer Konflikte zu suchen. Hierbei geht es nicht darum, nur bestehende Rezepte besser zu kommunizieren, sondern intensiver, als es bisher geschehen ist, zu prüfen, welche sozialen Bedingungen erfüllt sein müssen, wenn eine nachhaltige Entwicklung an Akzeptanz und Zustimmung gewinnen soll. Dies gilt insbesondere für das Konzept des "nachhaltigen Konsums".

Es ist ein Dilemma der Nachhaltigkeitsdebatte, dass die Ziele ökonomische Effizienz und ökologische Entlastung im Mittelpunkt stehen, während Probleme der sozialen Integration und Verteilungsgerechtigkeit vernachlässigt werden. Zwar wird allgemein immer wieder beschworen, dass die Entlastung der Umwelt auf Dauer nur dann gelingen kann, wenn zugleich die drängenden ökonomischen und sozialen Probleme gelöst oder doch zumindest nicht weiter verschärft werden. Symptomatisch ist gleichwohl, dass Strategien zur Steigerung von Effizienz und Suffizienz diskutiert werden, ohne dass dabei *Sozialverträglichkeitsprobleme* und *Verteilungseffekte* ausreichend berücksichtigt werden (vgl. Kraemer 1997; 1998; 1999; Bittlingmayer 2000).

Die soziale Dimension von Nachhaltigkeit wird oftmals auf Fragen der Gerechtigkeit zwischen den Generationen (intergenerative Gerechtigkeit) oder zwischen Nord und Süd (internationale Gerechtigkeit) bezogen, während klassische Verteilungsaspekte zwischen unterschiedlichen Bevölkerungsgruppen *innerhalb* moderner Industriestaaten unterbelichtet bleiben. Vorbehalte in der Bevölkerung, die Kosten nachhaltiger Entwicklungsstrategien würden ungleich verteilt oder sogar zu einer sozialen Benachteiligung bzw. Polarisierung führen, sind bisher nicht überzeugend entkräftet worden (vgl. Debatte 5-DM-Liter-Sprit). Trotz anderslautender Absichtserklärungen wird die Frage vernachlässigt, wer die Lasten des Umweltschutzes zu tragen hat und nach welchen Gerechtigkeitskriterien diese Lasten zu verteilen sind. Die repräsentative Bevölkerungsumfrage "Umweltbewußtsein in Deutschland 1998" (BMU 1998) hat jedenfalls deutlich gemacht, dass die allgemeine Zahlungsbereitschaft (höhere Abgaben und Steuern) für einen verbesserten Umweltschutz z.B. in den Bereichen Individualmobilität, Hausmüll und ökologische Produkte im Zeitraum 1991-1998 kontinuierlich zurückgegangen ist und mittlerweile ein sehr niedriges Niveau erreicht hat. Insbesondere in jenen Bevölkerungsgruppen, die über durchschnittliche oder unterdurchschnittliche Haushaltseinkommen verfügen, ist eine schwindende Bereitschaft zu beobachten, steigende monetäre Umweltkosten zu tragen.

Vor diesem Hintergrund sollte es nicht nur darum gehen, wie die Konzepte eines "nachhaltigen Konsums" "besser" dargestellt und kommuniziert werden können (zielgruppenspezifische Ansprache, milieuorientiertes Marketing etc.). Sicherlich ist das nötig und unverzichtbar. Es sollte vor allem aber auch darum gehen, das Leitbild eines "nachhaltigen Konsums" überzeugender und nachvollziehbarer, als das bisher gelungen ist, mit sozialen Gerechtigkeitserwartungen einerseits und konkreten Verbraucherinteressen andererseits zu verkoppeln. Deswegen wäre auch darüber zu diskutieren, welche Instrumente geeignet sind, um die Lasten von Nachhaltigkeitsstrategien wie z.B. monetäre Umstellungs- und Vermeidungskosten auf die verschiedenen Einkommensgruppen ausgewogen verteilen zu können. Und zu fragen wäre schließlich auch: Welche sozialpolitischen Instrumente müssen gestärkt werden, um zu unterbinden, dass "nachhaltiger Konsum" die ungleiche Verteilung von Lebenschancen verstärkt und damit soziale Polarisierung begünstigt. Es fällt jedenfalls auf, dass die Themenstellungen "Nachhaltigkeit und soziale Ungleichheit" bzw. "Nachhaltiger Konsum und Armut" bislang weithin unbeachtet geblieben sind.

Sicherlich sind Nachhaltigkeitsstrategien – um es ökonomisch auszudrücken – keine kostenneutralen Lösungen. Deswegen sind auch steigende monetäre Kostenbelastungen zu erwarten, insbesondere auch dann, wenn die von den Privathaushalten externalisierten Kosten der Umweltnutzung systematisch internalisiert werden. Gleichwohl würde das Nachhaltigkeitsleitbild eine sozial breitere

Resonanz finden, wenn der Grundsatz der *Verteilungsneutralität von Umweltentlastungsstrategien* in der Kommunikation über Nachhaltigkeit stärker akzentuiert würde. Soziale Polarisierung und Desintegration stehen jedenfalls einer Wende hin zum "nachhaltigen Konsum" im Wege.

Literatur

Beck, U. / P. Sopp (Hg.) 1997, Individualisierung und Integration. Neue Konfliktlinien und neuer Integrationsmodus?, Opladen.

Bittlingmayer, U. H. 2000, Askese in der Erlebnisgesellschaft? Eine kultursoziologische Untersuchung zum Konzept der "Nachhaltigen Entwicklung" am Beispiel des Car-Sharing, Wiesbaden.

Bundesministerium für Umwelt, Naturschutz und Reaktorsicherheit 1998, Umweltbewußtsein in Deutschland 1998. Ergebnisse einer repräsentativen Bevölkerungsumfrage, Berlin.

Bourdieu, P. 1982, Die feinen Unterschiede. Kritik der gesellschaftlichen Urteilskraft, Frankfurt/M.

Brock, D. 1993, Wiederkehr der Klassen? Über Mechanismen der Integration und der Ausgrenzung in entwickelten Industriegesellschaften. In: Soziale Welt Jg. 44, 177-198.

Dahrendorf, R. 1992, Der moderne soziale Konflikt. Essay zur Politik der Freiheit, Stuttgart.

Diekmann, A. /P. Preisendörfer 2001, Umweltsoziologie. Eine Einführung, Reinbek bei Hamburg.

Joerges, B. 1996, Technik – Körper der Gesellschaft. Arbeiten zur Techniksoziologie, Frankfurt/M.

Haan, G. de / Kuckartz, U. Umweltbewußtsein. Denken und Handeln in Umweltkrisen, Opladen 1996.

Huber, J. 2001, Allgemeine Umweltsoziologie, Wiesbaden 2001.

Kraemer, K. 1997, Nachhaltigkeit durch Konsumverzicht? "Sustainable Development" - eine soziologische Betrachtung. In: Zeitschrift für angewandte Umweltforschung, Jg. 10, 198-209.

Kraemer, K. 1998, Konsum und Verteilung. Der blinde Fleck der Nachhaltigkeitsdebatte. In: Engelhard, K. (Hg.), Umwelt und Entwicklung, Münster, 127-149.

Kraemer, K. 1999, Nachhaltigkeit. Ein Kommunikationsproblem? In: In: Altner, G./B. Mettler-Meibom,/U.E. Simonis / E.U. von Weizsäcker (Hg.), Jahrbuch Ökologie 2000, München, 268-272.

Lange, H. (Hg.) 2000, Ökologisches Handeln als sozialer Konflikt. Umwelt im Alltag, Frankfurt/M.

Lüdtke, H. 1997, Entgrenzung und Kontrollverlust in Freizeit und Konsum. In: Heitmeyer, W. (Hg.), Was treibt die Gesellschaft auseinander? Bundesrepublik Deutschland: Auf dem Weg von der Konsens- zur Konfliktgesellschaft. Band 1, Frankfurt/M.368-413.

Marshall, T.H. 1992, Bürgerrechte und soziale Klassen. Zur Soziologie des Wohlfahrtsstaates, hrsg., übersetzt u. m. einem Vorwort versehen v. Elmar Rieger, Frankfurt/M.

Mayntz, R. 1993, Große technische Systeme und ihre gesellschaftstheoretische Bedeutung. In: Kölner Zeitschrift für Soziologie und Sozialpsychologie, Jg. 45, 97-108.

Münch, R. 1998, Globale Dynamik, lokale Lebenswelten. Der schwierige Weg in die Weltgesellschaft, Frankfurt/M.

Reusswig, F. 1999, Umweltgerechtes Handeln in verschiedenen Lebensstil-Kontexten. In: Linneweber, V./ Kals, E. (Hg.), Umweltgerechtes Handeln. Barrieren und Brücken, Berlin, 49-69.

Schroer, M. 2000, Das Individuum der Gesellschaft. Synchrone und diachrone Theorieperspektiven. Frankfurt/M.

Schulze, G. 1992, Die Erlebnisgesellschaft. Kultursoziologie der Gegenwart. Frankfurt/M.

Simmel, G. 1989, Philosophie des Geldes, Frankfurt/M.

Die täglichen Mühen der Ebene – von Ansprüchen und Widersprüchen nachhaltigen Konsumverhaltens

Dr. Dr. Martina Schäfer*

Humboldt Universität zu Berlin
E-Mail: Schaefer@ztg.tu-berlin.de

In meinem Beitrag beziehe ich mich auf die Ergebnisse einer in den letzten drei Jahren durchgeführten Untersuchung im Rahmen der Modellinitiative des bmbf "Nachhaltiges Wirtschaften". In diesem Forschungsprojekt wurden umfangreiche Befragungen mit Biokäufern – also Menschen, die regelmäßig Lebensmittel aus ökologischem Anbau konsumieren – in verschiedenen Einkaufsstätten durchgeführt (insgesamt 821). Ein Ziel war es, die unterschiedlichen Bedürfnisse und Ansprüche von Biokäufern kennenzulernen, damit die jeweiligen Einkaufsstätten sich verstärkt auf ihre Kundengruppen hin profilieren können. Weiterhin wurden jedoch auch Daten zu Motivation und Hemmnissen, Bioprodukte zu kaufen, zum biographischen Werdegang und dazu erhoben, ob der Kauf von Bioprodukten in weitere umweltfreundliche Verhaltensweisen eingebettet ist. Die zuletzt genannten Themen wurden v.a. in Form von Gruppendiskussionen abgefragt – die Ergebnisse sind daher qualitativer Natur. In meinem Beitrag möchte ich zunächst über unsere Ergebnisse zu den Motiven, Bioprodukte zu verzehren und über den Zusammenhang des Konsums von Ökoprodukten mit anderen umweltfreundlichen Verhaltensweisen berichten. Darauf aufbauend möchte ich Schlussfolgerungen für Kommunikations- und Marketingstrategien in diesem Bereich und die bessere Einbettung nachhaltigen Konsumverhaltens in die Lebenswelt ziehen.

1. Von Beweggründen und Motivallianzen

Eine methodische Anmerkung vorab: Bei den Befragungen hinsichtlich des anfänglichen Motivs, Bioprodukte zu kaufen fiel zunächst auf, dass viele der Konsumenten Schwierigkeiten haben, die Gründe ihrer Verhaltensänderung – die oft bereits 5-10 Jahre zurückliegt – zu rekonstruieren. Sehr deutlich wurde, dass es sich beim Einkauf von Lebensmitteln um Routineverhalten handelt, dass nicht täglich in Frage gestellt oder reflektiert wird. Die Entscheidung für oder wider ein bestimmtes Produkt ist außerdem nur mit geringen Konsequenzen verbunden – es handelt sich somit um low-involvement Produkte des täglichen Bedarfs. Anders als z.B. der Kauf eines Autos stellt eine graduelle Umstellung auf Bioprodukte daher häufig nicht ein derart einschneidendes Ereignis dar, das noch Jahre später auf Anhieb im Detail nachvollzogen werden kann. In solchen Fällen, in denen eine längere Reflektion zur Beantwortung von Fragen notwendig ist, erweist sich das qualitative Interview – ob allein oder in der Gruppe - in jedem Fall als geeigneter als die Befragung per Fragebogen. Es bleibt außerdem zu bedenken, dass "die Motive, die von den Akteuren selbst als Gründe ihres Handelns genannt werden oder die in ihrem Bewusstsein als die Gründe ihres Handelns existieren, nicht gleichzusetzen sind mit den Gründen, die ihre Handlungen erklären. Menschen können sich aufgrund von Orientierungen verhalten, die ihnen selbst nicht bewusst sind" (Karmasin 1997). Auch Soeffner (1989) und Bergmann (1995) verweisen darauf, dass das, worauf man sich als Forscher/in bezieht, immer schon Deutungen einer Handlung und ihres Zustandekommens sind. D.h. in letzter Konsequenz, dass wir über die Faktoren die "tatsächlich" zu einer Handlung geführt haben, keine Aussagen machen können. Wir haben es immer mit nachträglichen Deutungen möglicher Umstände, Begründungen etc. einer Handlung zu tun.

Folgende Ergebnisse lassen sich aufgrund unserer Befragung zusammenfassen:

Der Kauf von Bioprodukten hängt in den meisten Fällen eng mit einer Umstellung des Ernährungsverhaltens zusammen. In den Gruppendiskussionen wurde deutlich, dass die Gründe für den Konsum von Bioprodukten häufig mit den Motiven für eine bewusste Ernährung gleichgesetzt werden - die Veränderung dieser beiden Verhaltensweisen scheint daher für viele der Befragten zeitlich und inhaltlich eng beieinander zu liegen. Typisch sind Aussagen wie die folgende: *"Das Einkaufsverhalten hat sich bei mir insofern geändert, je mehr sich die Produkte geändert haben, die ich überhaupt noch gegessen habe. Bestimmte Produkte konnte man nur noch im Bioladen kaufen. Wenn man wusste, was in den anderen [Produkten] drin war, verging es einem...."*. Der Kauf von Ökoprodukten geht einher mit veränderten Zubereitungs- und Ernährungsgewohnheiten bzw. bewusstere Formen der Ernährung ziehen den Kauf von Bioprodukten nach sich: *"Es wird mehr Rohkost gegessen, mehr Salate und das Gemüse wird nicht mehr so zerkocht wie früher."* *"Es gibt keine Mehlsaucen, es gibt viel weniger Wurst, es gibt fast nur Käse und es gibt eigentlich nur Vollkorn-Teigwaren, also Brot, Brötchen."* Die Tendenz einiger anderer Untersuchungen, dass der Anteil an Biokäufern wächst, die Produkte aus ökologischem Anbau kaufen, aber ihr "konventionelles" Ernährungsverhalten (viel Fleisch, wenig frische Produkte, hoher Anteil Convenience-Produkte etc.) beibehalten, konnte demnach nicht bestätigt werden.

Nicht einzelne Motive geben den Ausschlag für eine Verhaltensänderung, sondern das Zusammentreffen mehrerer Gründe oder Anstöße. Häufig fällt es den Befragten schwer, das eine Motiv für den Kauf von Bioprodukten zu benennen bzw. zwischen Haupt- und Nebenmotiven zu unterscheiden. Im Rahmen der Gruppendiskussion wurden häufig ganze Motivketten aufgeführt, die mit der Verhaltensänderung in Verbindung gebracht werden. Dabei handelt es sich oft um eine Mischung aus personenbezogenen (Gesundheit, Geschmack) und altruistischen (Umweltschutz, soziale Aspekte) Gründen. Ein Beispiel für eine derartige Motivkette ist: *"Meine Eltern kamen aus der Reformhausbewegung, damals hat mir das aber gar nicht geschmeckt. Dann gab es gewisse Anregungen durch die alternative Szene Anfang der siebziger Jahre und durch meinen Nachbar, der hatte Ökokost. Da habe ich so ganz vorsichtig mal probiert. Ausschlaggebend war dann meine Gesundheit und es gab ja auch immer mehr Bioläden."* In diesem Fall treffen also Anregungen aus dem sozialen Umfeld zusammen mit gesundheitlichen Motiven und der besseren Verfügbarkeit der Produkte.

Personenbezogene Gründe geben häufig den Ausschlag für die konkrete Umstellung auf Bioprodukte, während altruistische Motive als Zusatznutzen und für die Intensivierung bzw. Stabilisierung des Verhaltens wichtig sind. Gesundheitliche oder geschmackliche Erwägungen werden meistens als ausschlaggebend für eine Umstellung des Verhaltens aufgeführt. *"Vor ca. 10 Jahren habe ich noch fast alles in konventionellen Geschäften gekauft. Es ging mit dem Geschmack eigentlich los damals. Weil mir das Frischgemüse und die Salate, die es so bei Reichelt und Edeka gab, das war... unbefriedigend, teilweise mit Beigeschmack und so."* *"Mit dem bewussten Essen, das war natürlich `ne Frage der Gesundheit. Sich nicht nur alle drei Wochen etwas Gutes zu gönnen, sondern dass man grundsätzlich immer etwas Gutes isst."* Die Unterstützung des ökologischen Landbaus aus Umweltschutzaspekten und sozialen Motiven spielt jedoch als Hintergrundmotiv eine Rolle und trägt dazu bei, Verhaltensweisen beizubehalten oder auszuweiten. *"Und in der Folgezeit, da sind noch einige Argumente dazugekommen. Dass man auf diese Weise eine entsprechende Landwirtschaft fördert, die ich gut finde. Die ich auch wichtig finde generell zum Thema Umweltschutz."* Für die nachgeordnete Rolle nicht personenbezogener Motive spricht auch das Ergebnis einer Einstellungsmessung: 60% der Befragten stimmten der Aussage zu *"Ich kaufe Bioprodukte, weil sie mir besser schmecken und gesünder sind und nicht, weil ich die Welt verbessern will."*

Die Sozialisation in der Familie und die dort gewonnenen Erfahrungen spielen eine wichtige Rolle für die Entwicklung eines gewissen Qualitätsbewusstseins und von Ansprüchen an Esskultur. Im Rahmen der Gruppendiskussionen wurde häufig angesprochen, dass die im Elternhaus erlebte Art zu kochen und zu essen einen prägenden Einfluss auf das eigene Ernährungsverhalten ausgeübt hat. *"Bei uns war es immer sehr wichtig, was gekocht wurde und wie es gekocht wurde. An Konserven kann ich mich eigentlich gar nicht erinnern."* Oft wurde auch die ländliche Herkunft oder der familiäre Besitz eines Gartens als Kriterium erwähnt, das den Zugang zu Bioprodukten erleichtert hat. *"Ich hatte das Glück, dass meine Eltern auf's Dorf gezogen sind und meine Großmutter hatte einen großen Garten. Und damals gab es überhaupt nichts anderes als das, was da gewachsen ist. Und nach der Wende die Produkte im Bioladen, das war ein Aha-Erlebnis im allerschönsten Sinne: die schmecken wie früher!" "Ja, ich komme auch vom Dorf und ich kenne es auch so, dass halt zu Hause gekocht wurde. Wir hatten einen großen Garten, die Milch kam vom Bauer nebenan und von daher kenne ich diesen Geschmack."* Auffällig ist, dass hier insbesondere die Entwicklung eines Geschmacksbewusstseins für frische, nicht verarbeitete Produkte hervorgehoben wird.

Verhaltensänderungen werden häufig durch Anregungen oder die Vorbildwirkung des näheren sozialen Umfelds ausgelöst. Hierbei sind die Beeinflussung innerhalb der Familie von Bedeutung – wobei die ältere Generation auch von der jüngeren lernt – und Verhaltensweisen von Freunden und Bekannten. *"Dazu gekommen bin ich durch meine Geschwister, meine beiden Brüder sind Anthroposophen und dadurch wurde ich damit immer wieder konfrontiert." "Das konkrete Moment war: meine Tochter war in England und kam als Vegetarierin wieder. Und weil sie sehr missionarisch war, musste die ganze Familie ihre Essgewohnheiten verändern."* Während Mitglieder der Familie eher einen Einfluss auf das Ernährungsverhalten ausüben, vermitteln Freunde und Bekannte häufig Hinweise auf konkrete Einkaufsstätten oder ermöglichen das Ausprobieren von Bioprodukten. *"Also, dann lernte ich eine Freundin kennen, die sehr viel in Bioläden einkauft, weil sie manche Sachen nicht verträgt." "In die Einkaufsgemeinschaft bin ich über eine Freundin gekommen, als ich gesagt habe, ich weiß gar nicht, wo ich die Lebensmittel für Jonathan kaufen soll."*

Alltagsverhalten wird am ehesten in Umbruchsituationen – der Auszug vom Elternhaus, die Geburt eines Kindes, ein Umzug in eine andere Stadt oder das Auftreten gesundheitlicher Schwierigkeiten - verändert. Größere Veränderungen im Leben führen am ehesten dazu, dass alltägliches Verhalten in Frage gestellt wird und neue Routinen entwickelt werden. So hat die Geburt eines Kindes häufig die Veränderung von Ernährungsgewohnheiten der ganzen Familie zur Folge bzw. vorher gelegentlich erprobte Verhaltensweisen werden nun intensiviert. *"Und als dann das Kind auf die Welt kam, war klar: auf keinen Fall wird das Kind konventionell ernährt." "Nachdem es schon mehr oder weniger eingeführt war, kam durch die Kinder dann 100%. Diese ganze Debatte über Schadstoffe, das war dann wirklich eine Frage der Gesundheit."* Situationen wie ein Umzug oder der Beginn des Berufslebens gehen mit einem Wechsel des sozialen Umfelds einher, wodurch neue Impulse erhalten werden. *"Ich weiß gar nicht mehr, wie ich zum Bioladen kam. Ich war, als ich nach Berlin kam, in so einer Kirchengemeinde und da war das ganz chic; das passte zu der Richtung." "Also mir ist das so gegangen, dass ich in meiner Zivilzeit angefangen habe, meine Ernährung nach und nach umzustellen."* Weiterhin wurden auch einschneidende Erlebnisse wie die Reaktorkatastrophe in Tschernobyl als ausschlaggebendes Moment aufgeführt, um das individuelle Verhalten zu verändern. Auch in Untersuchungen zum Mobilitätsverhalten konnte festgestellt werden, dass der Kauf oder Verkauf des Autos bzw. die Mitgliedschaft in einem Car Sharing-Unternehmen häufig durch eine Veränderung der persönlichen Lebenslage ausgelöst wurde (Franke 2001).

2. Biokonsum und Umweltverhalten

Ein weiteres Schwerpunktthema der Gruppendiskussionen war, ob der Konsum von Bioprodukten als umweltfreundliches Verhalten wahrgenommen wird und ob er einher geht mit anderen ökologischen Verhaltensweisen. Auch im Rahmen der quantitativen Befragung wurde ermittelt, in welchen anderen Bereichen die Biokunden angeben, auf Umweltfreundlichkeit zu achten. Zu diesem Themenbereich liegen außerdem vergleichende Ergebnisse von Befragungen mit Nichtkunden vor. Folgende Schlussfolgerungen können aus den Ergebnissen gezogen werden:

Im Vergleich zu anderen umweltfreundlichen Verhaltensweisen erfolgt der Kauf von Bioprodukten vor allem für das eigene Wohlbefinden und wird nicht als Verzicht oder Einschränkung empfunden. *"Für mich selbst sind das ganz schöne Effekte, weil mir das Essen Spaß macht und das alles irgendwie ganz rund wird... es ist keine Anstrengung." "Das mit den Bioprodukten, das ist eine Bereicherung und zwar eine wichtige, auf die ich auch ein bisschen stolz bin, dass ich dahin gekommen bin."* Wie schon vorher ausgeführt, wird der Umweltaspekt des Konsums ökologischer Produkte als Zusatznutzen empfunden, der allerdings alleine nicht als motivierendes Moment ausreichen würde. *"Und natürlich ist es sinnvoll, wenn es der Umwelt nicht schadet. Aber ich glaube, ich hätte mich nur aufgrund von Einsicht nicht dazu motivieren können, mein Leben so umzustellen." "Und dann die Folgewirkungen, die sind dann natürlich auch sehr von Vorteil, auch für die Umwelt. Das freut mich dann auch. Aber in erster Linie ist es was für uns persönlich."* Im Vergleich mit anderen umweltfreundlichen Verhaltensweisen fällt der Konsum von Bioprodukten leichter, weil die individuellen positiven Auswirkungen sehr unmittelbar spürbar sind. *"Ich finde schon, da ist ein starker Zusammenhang. Dadurch, dass ich das direkt esse, direkt zu mir nehme, die Konsequenz erfahren kann, fällt es schon leichter, konsequent zu sein." "Also, ich tue mich schwer, das in allen Lebensbereichen durchzuhalten. Beim Essen ist es einfach. Ich bin ein Genussmensch. Ich mag das, was gut schmeckt. Ich habe sinnliche Freude am Essen."*

Umweltfreundliche Verhaltensweisen werden am ehesten dann ausgeführt, wenn keine weitreichenden Veränderungen des Lebensstils erforderlich sind und die erforderlichen Handlungsangebote leicht zur Verfügung stehen. So werden auch in unserer Untersuchung am häufigsten Verhaltensweisen im Haushalt aufgeführt, bei denen auf Umweltfreundlichkeit geachtet wird (s. Graphik 1). Spitzenreiter sind die Trennung und Vermeidung von Abfällen, während das Einsparen von Energie und Wasser von deutlich weniger Befragten genannt wird. Dass die Trennung von Abfällen mittlerweile Routine geworden ist, hängt sicherlich damit zusammen, dass in diesem Bereich bereits seit Jahren leicht handhabbare Handlungsangebote zur Verfügung stehen. Vergleichsweise hoch liegen auch die Nennungen der Biokäufer bezüglich des Mobilitätsverhaltens, wobei hier Angaben sehr unterschiedlicher Reichweite subsumiert wurden. Der Kauf umweltfreundlicher Textilien und Möbel bzw. umweltfreundliches Reiseverhalten sind dagegen auch bei den Biokäufern weniger verbreitet. Im Vergleich mit Nichtbiokäufern fällt auf, dass hier die Nennungen im Haushaltsbereich noch häufiger sind – so achten über drei Viertel der Kunden auf Mülltrennung und –vermeidung und jeweils ein Drittel geben an, Energie- bzw. Wasser im Haushalt einzusparen. Deutlich seltener wird dagegen umweltfreundliches Mobilitäts- und Reiseverhalten sowie der Kauf von ökologischen Textilien und Möbeln erwähnt.

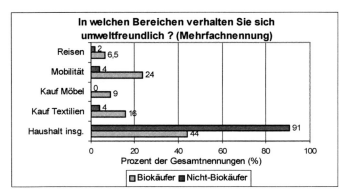

Abb. 1: Vergleich des Umweltverhaltens von Biokäufern und Nicht-Biokäufern

Das persönliche Konfliktpotential ist dort sehr viel höher, wo Gewohnheiten verändert werden müssen bzw. hohe Kosten oder ein Verlust an Bequemlichkeit und Flexibilität drohen. Gerade im Bereich Mobilität wird der Verzicht auf ein eigenes Auto häufig als Einschränkung empfunden und der persönliche "Gewinn" durch andere Formen der Fortbewegung weniger deutlich verspürt. *"Also, es fällt mir sehr schwer, auf's Autofahren zu verzichten. Ich fahre zwar auch gerne Fahrrad, aber es fällt mir sehr viel schwerer als ökologische Produkte zu kaufen." "Also, wenn ich irgendwo ein Opfer bringe, dann ist es, dass ich Mitglied bei Stattauto* [Berliner Carsharing- Unternehmen] *bin seit Jahren und kein Auto habe, obwohl ich gerne eins hätte."* Stärker als im Bereich Ernährung wird hier empfunden, dass umweltfreundliches Verhalten durch hohe Preise und weitere Nachteile bestraft wird. *"Nach Stuttgart runter bin ich neulich auch geflogen, weil es billiger war. Und es dauerte eben statt fünf Stunden nur eine Stunde."*

Verschiedene Strategien der Rechtfertigung und "Aufrechnung" individueller Verhaltensweisen reduzieren die Dissonanzen zwischen den eigenen Ansprüchen an Umweltfreundlichkeit und der tatsächlichen Umsetzung im Alltag. Bei den meisten Befragten vermischen sich vielfältige Kombinationen umweltfreundlicher und umweltschädlicher Verhaltensweisen. Umweltfreundlichkeit in einem Bereich – z.B. häufiges Fahrradfahren – wird in die Waagschale geworfen, um umweltschädliches Verhalten – wie die regelmäßigen Flugreisen zur Freundin – vor sich selbst und anderen zu rechtfertigen. *"Ich bin Radfahrer, ich habe kein Auto, ich fahre aus Überzeugung. Trotzdem fliege ich ständig zwischen München und Berlin hin und her. Da hört die Konsequenz auf."* Die meisten der Befragten haben gelernt, mit diesen Widersprüchen gut zu leben, auch wenn sie gelegentlich ein schlechtes Gewissen plagt. Deutlich wurde, dass zumindest die Biokäufer/innen sich mit dem Themenkomplex Umweltverhalten bereits häufiger beschäftigt haben und ihre Grenzen bezüglich konsequenten Verhaltens kennen. Dabei steht häufig im Vordergrund, dass mit dem jeweiligen Verhalten positive Gefühle verbunden werden. *"Wenn ich sehr überzeugt bin, dann ist es in Ordnung, dann fühle ich mich ja auch wohl damit, wenn ich dieser Überzeugung folgen kann. Zu viel Opfer zu bringen nur aus Vernunftgründen, davon halte ich nichts. Ich will mich ja auch wohl fühlen. Da muss ich dann schon abschätzen, was geht und was nicht."*

3. Schlussfolgerungen für Kommunikationsstrategien und den stärkeren Einbezug nachhaltigen Konsumverhaltens in die Lebenswelt

Aus den Ergebnissen ergeben sich einige Anregungen für künftige Kommunikations- und Informationsstrategien und eine stärkere Anknüpfung nachhaltiger Konsummuster an lebensweltliche Anforderungen. Obwohl ich mich immer wieder auf den Ernährungsbereich beziehe, gilt das meiste davon sicherlich auch für andere Handlungsfelder.

Positive Attributionen sollten die Grundlage für künftige Kommunikations- und Informationsstrategien darstellen. Immer wieder wurde im Rahmen der Interviews deutlich, dass veränderte Verhaltensweisen insbesondere dann auf Dauer beibehalten werden, wenn damit persönliches Wohlergehen verbunden wird. Der Bereich Ernährung bietet dafür besondere Chancen, weil die Aufnahme von Lebensmitteln und ihre Folgen sehr direkt erfahren werden können. Für Kommunikationsstrategien im Ernährungsbereich bietet es sich daher an, an die aktuelle Wellness-Debatte anzuknüpfen anstelle moralisierende Empfehlungen für eine gesunde Ernährung in den Vordergrund zu stellen. Auch die ökologischen Vorteile des Konsums von Bioprodukten können durch einen eigenen Bezug - z.B. die Erfahrbarkeit einer vielfältigen Kulturlandschaft bei Ausflügen in die nähere Umgebung – leichter vermittelt werden.

Motivallianzen sollten in der Kommunikation des Nutzens und Zusatznutzens ökologischer Produkte und Dienstleistungen verstärkt aufgegriffen werden. Die genannten Motivallianzen – von Gesundheit und Umweltschutz bzw. von Genuss/Geschmack und sozialen oder ökologischen Anliegen – sollten offensiver für Kommunikationsstrategien genutzt werden. Dabei bieten die personenbezogenen Motive die Gelegenheit, an den lebensweltlichen Bezügen anzusetzen, z.B. an der Sorge um eine gesunde Ernährung des Kleinkinds, dem Wunsch nach dem Geschmack "von früher" oder dem Bedürfnis nach Bewegung und frischer Luft beim Fahrradfahren. Die Vermittlung des ökologischen oder sozialen Zusatznutzens sorgt dagegen für die Unverwechselbarkeit der Produkte und stabilisiert das Verhalten, wenn der unmittelbare Nutzen bereits als "normal" empfunden wird.

Die Bedeutung der Sozialisation und die Vorbildfunktion von Multiplikatoren sollten für die Vermittlung nachhaltiger Konsummuster mehr berücksichtigt werden. Die in der Kindheit gewonnenen Erfahrungen prägen entscheidend spätere eigene Verhaltensweisen. Hierbei spielt die Vorbildfunktion von Eltern und Geschwistern aber auch die persönliche Erlebbarkeit – von Garten, von Natur, von Esskultur, von Freude an der Bewegung z.B. auf dem Fahrrad etc. – eine wichtige Rolle. Im Bereich Ernährung bedeutet dies insbesondere, dass Wertschätzung für Lebensmittel, Kochen und Essen sowie die Freude an gemeinsam zubereiteten und eingenommenen Mahlzeiten in angenehmer Atmosphäre vermittelt werden. Angesichts des hohen Anteils verarbeiteter und durch Geschmacksverstärker u.ä. Substanzen verfremdete Lebensmittel, kommt außerdem der Entwicklung eines differenzierten Geschmacks eine entscheidende Bedeutung zu. Hierbei stellt sich die Frage, auf welche Weise eine derartige Vermittlung in der Familie unterstützt oder gestärkt werden kann bzw. welche anderen Akteure in diesem Bereich aktiv werden könnten. Die Beobachtung, dass sich immer mehr Eltern ihrer Verantwortung für Ernährungserziehung entziehen, hat zu Überlegungen geführt, wie dieses Thema in Kindergärten und Schulen aufgegriffen werden kann. So wurden von der FH Fulda Materialien für 3-6-jährige und 6-14-jährige Kinder erarbeitet, die Anregungen für Geschmacksschulungen sowie das sinnliche Erleben von Nahrungsmitteln und der Zubereitung von Mahlzeiten liefern. Gerade in Kindergärten bieten sich durch den Einbezug der Kinder in die Vorbereitung des Mittagessens, Gelegenheiten, grundlegende Erfahrungen "nebenbei" zu vermitteln. Der Abbau von Küchenpersonal in öffentlichen Einrichtungen und die zunehmende Belieferung durch Catering-Unternehmen müssen unter diesen Gesichtspunkten sehr kritisch gesehen werden. Auch in der Schule sollten Geschmacks- und Kochunterricht zum Standardrepertoire gehören, genauso wie Ausflüge zu landwirtschaftlichen Betrieben und Unternehmen der Verarbeitung. Der Einfluss von Multiplikatoren und dem sozialen Umfeld macht außerdem den Stellenwert von Mundpropaganda sehr deutlich. Akteure der Informationsvermittlung – sei es in Verbänden und Institutionen oder als Betreiber/in einer Einkaufsstätte - sollten daher prüfen, auf welche Weise sie diese Art der Informationsweitergabe für sich verstärkt nutzen können.

Informationsangebote sollten motivierend, leicht verständlich und handlungsnah sein. Informationsmaterial im Umwelt- und Ernährungsbereich zeichnet sich häufig dadurch aus, dass es eine Fülle von Detailinformationen und wenig alltagsnahes Orientierungs- und Handlungswissen vermittelt. Der Appell an Verhaltensänderungen wird außerdem häufig mit Bedrohungsszenarien verknüpft. Wünschenswert wäre es jedoch, dass immer mehr Menschen nicht aus Angst oder schlechtem Gewissen Bioprodukte konsumieren, sondern damit positive Assoziationen verbinden. Als ein Beispiel für eine gelungene Informationskampagne kann die Aktion des NABU "Landschaft schmeckt" aufgeführt werden. Hier wird der Zusatznutzen - Umwelt- und Naturschutz - direkt mit dem personenbezogenen Nutzen – dem guten Geschmack und Genuss – verbunden. Motivierend wirkt außerdem, dass das angestrebte Ziel – 10% Ökolandbau bis 2005 – erreicht werden kann, wenn jede Familie wöchentlich einen Warenkorb mit relativ wenigen Produkten erwirbt. Auf diese Weise wird den Lesern vermittelt, dass auch kleine Schritte große Auswirkungen haben können und dass nicht eine 100%-ige Umstellung auf Bioprodukte notwendig ist. Wichtig erscheint außerdem, dass klare Prioritäten vermittelt werden, welche Handlungsalternativen die größten ökologischen und sozialen Effekte aufweisen. So ist im Ernährungsbereich eindeutig die Reduktion des Fleischkonsums aus ökologischen, gesundheitlichen und sozialen Gründen in den Vordergrund zu stellen, gefolgt von dem Konsum ökologisch erzeugter Produkte. Eine Herausforderung stellt es dar, eine Verbindung von ökologischer und gesunder Ernährung mit positiven Leitbildern, wie z.B. der "Mediterranen Kost" herzustellen.

Es fehlt an kreativen und ansprechenden Angeboten, um nachhaltiges Konsumverhalten auszuprobieren. Sich auf Neues einzulassen fällt oft leichter, wenn es nicht gleich "für immer" sein muss, sondern zunächst "zum Spaß" erprobt werden kann. Beim Ausprobieren von anderen Verhaltensweisen können Vorurteile abgebaut *("Sich vegetarisch zu ernähren ist ja gar nicht so eintönig wie ich dachte.")* und positive Aspekte des anderen Verhaltens kennengelernt werden *("Durch das Fahrradfahren lerne ich ganz andere Seiten unseres Stadtviertels kennen und komme morgens viel frischer zur Arbeit.")* Hilfreich kann außerdem der Austausch mit anderen Leuten über die gewonnenen Erfahrungen und die erlebten Schwierigkeiten sein. An unserem Institut haben wir eine Aktion geplant, in der sich jede/r einzelne von uns für zwei Wochen etwas vornimmt, was er/sie schon länger mal ausprobieren wollte. Sei es, das Auto stehenzulassen, die 100%ige Ernährung mit ökologischen oder regionalen Produkten, das konsequente Wasser- und Energiesparen im Haushalt oder die Erprobung eines Kurzurlaubs in der näheren Umgebung. Der Austausch über unsere Erfahrungen in und nach diesen zwei Wochen soll dazu beitragen, sich über die Hemmnisse klarer zu werden, die eine Umsetzung im Alltagsleben verhindern. Die Veröffentlichung in der Unizeitschrift und evtl. auch darüber hinaus soll zur Nachahmung motivieren. Als Forscher/innen, die sich z.T. seit Jahren mit derartigen Themen beschäftigen, schien es uns naheliegend, auch mal unser eigenes Verhalten im "Selbstversuch" unter die Lupe zu nehmen.

Der erste Schritt, um etwas auszuprobieren kann außerdem leichter fallen, wenn der sonstige Alltagsstress abfällt und man/frau sich in anderer Umgebung aufhält. So könnten Angebote attraktiv sein, bei denen der Ferienaufenthalt mit dem Kennenlernen anderer Verhaltensweisen verbunden wird. In einem weiteren Schritt muss es allerdings dann darum gehen, erprobte Verhaltensweisen in das tägliche Leben zu integrieren.

Handlungsangebote sollten stärker an Umbruchsituationen anknüpfen. Ein weiterer Weg, um nachhaltige Konsummuster in den Alltag zu integrieren, könnte darin bestehen, mit Informationen und Handlungsangeboten an den Situationen anzuknüpfen, in denen Alltagsroutinen soundso verändert werden oder erhöhte Chancen dafür bestehen. So erfolgt z.B. nach einem Umzug in eine andere Stadt (oder in ein anderes Stadtviertel) eine Neuorientierung, in welchen Einkaufsstätten nun Lebensmittel erworben werden. Ansprechendes Informationsmaterial, das "Umzüglern" möglichst rasch nach dem Umzug nahegelegene Möglichkeiten für regionales/ökologisches Einkaufen vermittelt, könnte in dieser Phase der Orientierung eher auf fruchtbaren Boden fallen als zu einem Zeitpunkt, an dem sich neue Alltagsroutinen bereits etabliert haben. Ähnliches gilt für Hinweise bezüglich der Möglichkeiten von Car Sharing, günstigen Verkehrsverbindungen mit dem Öffentlichen Nahverkehr, Second Hand Shops etc. Entscheidend wird für derartige Angebote sein, dass sie von Einrichtungen und Akteuren vermittelt werden, die als Anlaufstellen in derartigen Orientierungsphasen fungieren. Weitere Umbruchsituationen, an denen entsprechende Informations- und Handlungsangebote anknüpfen könnten sind die Geburt eines Kindes, das Auftreten gesundheitlicher Schwierigkeiten, der Eintritt ins Rentenalter etc. In all diesen Situationen wird alltägliches Handeln neu konstruiert und es besteht in der Regel eine größere Offenheit für Hinweise und Anregungen, wie die neuen Anforderungen bewältigt werden können. Zur Zeit haben wir innerhalb eines Verbunds ein Forschungsprojekt geplant, dass sich der Entwicklung von Handlungshilfen für derartige Umbruchsituationen annehmen möchte, so dass es evtl. in absehbarer Zeit darüber mehr zu berichten gibt.

Zusammenfassend sehe ich also keinen Anlass zur Resignation ob der Diskrepanz zwischen Wissen und Handeln, zwischen den Ansprüchen und Widersprüchen nachhaltigen Konsumverhaltens, sondern vielfältige Ansatzpunkte, wie die Forschung, aber insbesondere natürlich Akteure der Informationsvermittlung und Verbraucherberatung sich stärker auf die Bedingungen im Alltag einlassen können. Was ich allerdings in meinen Ausführungen außen vorgelassen habe – und was sicherlich von nicht zu unterschätzender Bedeutung ist – sind die Rahmenbedingungen für nachhaltiges Konsumverhalten, von den "Preisen, die die ökologische Wahrheit sprechen" angefangen bis zu Arbeitzeitregelungen und einer gleichberechtigen Arbeitsteilung zwischen den Geschlechtern, die den Spielraum für die Erprobung und Beibehaltung neuer Verhaltensweisen erhöhen.

*Die vorgestellten Ergebnisse wurden gemeinsam von Dr. Dr. Martina Schäfer, Dr. Heike Walk und Dipl.-Ing. Gudula Madsen in dem Projekt "Wege zur Verbreitung ökologisch produzierter Nahrungsmittel in der Region Berlin-Brandenburg" erarbeitet. Es handelt sich hierbei um ein Kooperationsprojekt der Humboldt Universität zu Berlin, FG Agrarmarketing und dem Zentrum Technik und Gesellschaft der TU Berlin. Kontakt: <schaefer@ztg.tu-berlin.de>, Informationen unter: www.nachhaltig.org.de.

Literatur

Bergmann, J. (1985): Flüchtigkeit und methodische Fixierung sozialer Wirklichkeit: Aufzeichnungen als Daten der interpretativen Soziologie, in: Bon?, W./Hartmann, H. (Hg.): Entzauberte Wissenschaft (= Soziale Welt, Sonderband 3), Göttingen, S. 299-320.

Franke, S. (2001): Car Sharing: Vom Ökoprodukt zur Dienstleistung. sigma Verlag Berlin.

Karmasin, H. (1997): Motivforschung und Wertewandel - Ziele, Methoden, Bedeutung für die Wirtschaft, in: Kirchler, E. / Rodler, C./ Bernold, D.: Psychologie der Wirtschaft.

Soeffner, H.-G. (1989): Anmerkungen zu gemeinsamen Standards standardisierter und nicht-standardisierter Verfahren in der Sozialforschung, in: ders.: Auslegung des Alltags – Der Alltag der Auslegung, Frankfurt a.M. , S. 51-65.

Impulse aus der Kunst für eine nachhaltige Konsumkultur

Dr. Hildegard Kurt

Freischaffende Kulturwissenschaftlerin
E-Mail: h.kurt@t-online.de

Die gesamte Gesellschaftsstruktur muss sich ändern, ebenso wie sich die Strukturen in der Kunst geändert haben. Dass das in diesem Jahrhundert in der Kunst zustande gebracht wurde, halten wir, zumindest die Künstler, für ein Anzeichen dafür, dass es ein Bedürfnis danach auch in anderen Bereichen der Gesellschaft gibt.

John Cage, Komponist (Kostelanetz 1991, S. 181)

"Das Schönste an Tokio ist McDonald´s / das Schönste an Stockholm ist McDonald´s / das Schönste an Florenz ist McDonald´s / Peking und Moskau haben bis jetzt noch nichts Schönes" (Barck et al. 1990, S. 385). So Andy Warhol Anfang der 60er Jahre. Inzwischen haben natürlich längst auch Peking und Moskau etwas Schönes. Die "absolutistische Konsumkultur" (K.M. Meyer-Abich) des Westens dringt dank immer ausgefeilterer Medien- und Transporttechnologien in die entlegensten Winkel der Welt. Und neue Begriffsschöpfungen wie "McWorld" (Benjamin Barber) oder "McDonaldisierung" (George Ritzer) legen nahe, dass die Eine-Welt in ihrer derzeit real existierenden Form zu allererst *eine Waren*-Welt sein dürfte.

Die Pop Art, als deren Großmeister Andy Warhol gilt, entfaltete ihre vitalen Nervenstränge, wie in der künstlerischen Moderne immer wieder der Fall, aus einer permanenten Reibung mit so genannten außerkünstlerischen Bezügen, mit der Alltags- und Lebenswelt. Gerade Warhol bezog für seine zum Zeitpunkt ihres Entstehens überaus provokanten Arbeiten entscheidende Inspirationen aus der Auseinandersetzung mit Werbung und Konsum. Wobei seine subversive Ironie eine - nicht immer gelingende - Gratwanderung vollführte zwischen scharfsichtiger Analyse und lustvoller Affirmation. Eine Arbeit wie *210 Coca-Cola-Flaschen* (**Abb. 1**) imitiert einerseits die serielle Massenproduktion der Popularkultur und hinterfragt zugleich den Fetischcharakter, den obsessiven Markenkult der Warenwelt.

Abb. 1

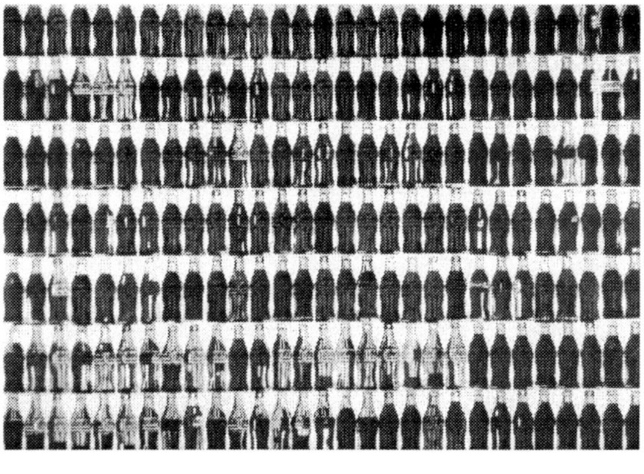

Insgesamt jedoch wurde die Pop Art bald selbst zu einem populären Fetisch der westlichen Industriemoderne und Warhol zu einer ausgesprochen marktgängigen Ikone. Als inzwischen geradezu klassisches Beispiel dafür, wie der Markt sich Kritik einverleibt, belegt die Pop Art aufs Schönste die Diagnose des Kulturtheoretikers Boris Groys`: "Nichts wird in den modernen Konsumgesellschaften so gerne konsumiert wie die Kritik am Konsum" (Groys 1992).

Und das sei bei dieser Fachkonferenz, wo wir uns an so exponierter Stelle - wofür den Veranstaltern ein ausdrücklicher Dank gebührt - über Impulse aus der Kunst zur Überwindung der Konsumkultur unterhalten wollen, vorausgeschickt: Kunst ist in den modernen Gesellschaften keineswegs *a priori* eine Gegenkraft zum Konsumismus. Im Gegenteil: Viele ihrer faktischen Erscheinungsformen profitieren schlicht davon. Heute wahrscheinlich mehr denn je ist auch die Kunst, das künstlerische Produkt, ein integraler Bestandteil der allgemeinen Warenproduktion.

Zugleich aber entwirft Kunst dort, wo man sie als Ausdrucksmedium authentischen Seins ausübt und rezipiert, nach wie vor widerständige und visionäre Gegenbilder zu ihrer jeweiligen Zeit. "Die Künste", so Kulturstaatsminister Julian Nida-Rümelin in einem soeben erschienenen Band zum Thema Kultur und Agenda 21, "sind in der Lage, Sichtweisen zu verändern, neue Formen der Kommunikation zu initiieren, Utopien eines anderen Lebens wach zu halten" (Nida-Rümelin 2001, S. 8). In dieser ihr eigenen Ambivalenz, Abbild ihrer Zeit und zugleich Gegenbild zu sein, fordert die Kunst dazu heraus, aus eigener Initiative Freiheit zu üben. Das ist das Schöne, aber auch das Anstrengende und mitunter gar Ärgerliche an ihr.

Mit anderen Worten: Natürlich hält auch die Kunst kein Wundermittel zur Verwirklichung nachhaltiger Lebensformen bereit. Wohl aber ist sie, wie uns allmählich bewusst wird, unverzichtbar für das, was einschlägigen Studien zufolge dem Leitbild Nachhaltigkeit bislang noch fehlt, nämlich die "kulturelle Anschlussfähigkeit" in den Lebenswelten der Industriegesellschaften (Kurt und Wehrspaun 2001, S. 17). Dass Nachhaltigkeit sich nur im Laufe eines *kulturellen* Wandels einstellen kann, wird zu einem immer breiteren Konsens, von dem neben dieser Tagung auch das "Tutzinger Manifest", entstanden aus der Tagung "Ästhetik der Nachhaltigkeit" in der Evangelischen Akademie Tutzing, zeugt (www.kupoge.de/ifk/tutzinger-manifest). Dieser Appell ruft die nationale und die internationale Nachhaltigkeitspolitik, sich mehr als bisher den *gesellschaftlichen Entwicklungspotenzialen* von Kultur, Ästhetik und Kunst zu öffnen. "Nachhaltigkeit wird", wie es in dem Aufruf heißt, "nur dann attraktiv sein und faszinieren, wenn es gelingt, mehr als bisher diejenigen Akteure mit einzubeziehen, die über das Vermögen verfügen, Ideen und Visionen in gesellschaftlich vermittelbaren Symbolen und Praktiken lebendig werden zu lassen". Freilich kann und darf eine Annäherung der Bezugsfelder Kunst und Nachhaltigkeit nicht so aussehen, dass man versucht, die Kunst zu instrumentalisieren. Stattdessen wäre in einem weitaus eingehenderen Austausch als bisher zu ermitteln, wo es auf der Grundlage gemeinsamer Fragestellungen für beide Bezugsfelder interessant sein könnte, gemeinsam zu experimentieren.

Denn die Kunst hat sich in der Tat seit der so genannten Klassischen Moderne zu Beginn des 20. Jahrhunderts intensiv mit den Möglichkeiten einer *kulturellen* Reform des Industriemoderne befasst. Und hat dabei eine ganze Reihe von Fragen gestellt, Erkundungen unternommen, auch Irrtümer begangen, die heute im Blick auf die Umsetzung zukunftsfähiger Lebensformen aufschlussreich sein können. Ich will versuchen, einige markante Etappen dieser Explorationen zu skizzieren.

Die Frage nach der Machbarkeit kultureller Werte, nach der symbolischen Macht der Gegenstände und deren kultischer Magie beschäftigte, zeitgleich mit Andy Warhol, auch den Objektkünstler Fernandez

Arman, einen führenden Vertreter des Neuen Realismus, von dem wir hier die Arbeit *Condition of a Woman* sehen (**Abb. 2**). Auf einem Podest, wie es sonst einer Büste oder Skulptur als Repräsentation einer religiös oder historisch bedeutsamen Figur oder eines bürgerlichen Individuums dient, prangt das Warenarsenal, woraus die moderne Frau oder vielmehr deren gesellschaftlich konstruierte Rolle ihre Identität bezieht. Die Repräsentation des materialen Zubehörs nimmt die Stelle des Subjekts ein. Damit konfrontiert Arman mit jener für die Industriegesellschaft charakteristischen "Konsumkultur", die, wie im Titel dieses Referates postuliert, zu überwinden wäre: nämlich diejenige Art des Produzierens und des Konsumierens, bei der die Kulturprodukte über die Kultursubjekte siegen.

Abb. 2

Diagnostiziert wurde diese "Konsumkultur" übrigens bereits von dem Kulturphilosophen Georg Simmel in seinem epochalen Aufsatz "Der Begriff und die Tragödie der Kultur" aus dem Jahr 1912 (Simmel 1912). Zu einer Zeit, als Marcel Duchamp, einer der herausragenden Intellektuellen und zugleich Außenseiter der historischen Avantgarden, das Konzept seiner Ready-Mades ersann, die geradezu paradigmatisch den kulturellen Status von Waren und Objekten hinterfragen.

Das Prinzip des Ready-Made beruht auf einer ebenso provozierenden wie hintergründigen Ironie: Duchamp nahm einen x-beliebigen, in jedem Kaufhaus erhältlichen Gegenstand, signierte ihn und präsentierte ihn so, lediglich durch die Signatur mit der Aura eines "Werkes" versehen, neben Gemälden und Skulpturen in Kunstausstellungen - erstmalig 1917 auf der New Yorker "Armory Show". (**Abb. 3**).

Abb. 3

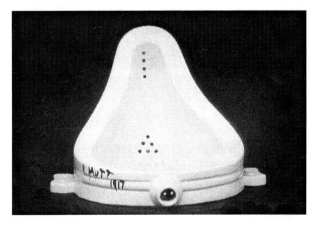

Mit diesem Experiment hat Duchamp in der Kunstwelt eine bis heute anhaltende Diskussion über die Mechanismen symbolischer Wertschöpfung ausgelöst, die in den Debatten um eine zukunftsfähige Konsumkultur eine neuerliche Virulenz entfalten könnte. Das Ready-made fordert dazu auf, Objekte generell auf ihren Status zu befragen. In der größtmöglichen Annäherung an die außerkünstlerische Wirklichkeit demonstriert es: Nicht die materielle Veranlagung eines Gegenstandes entscheidet über dessen Wert und Nutzung, sondern der symbolische Ort, den es innerhalb einer historischen Gemeinschaft und für diese einnimmt. Das Ready-Made weist darauf hin, dass nicht nur, wie der Kunstphilosoph Arthur Danto vorführt, die *Kunst*welt eine Welt "interpretierter Dinge" ist (Danto 1996, S. 208), sondern überhaupt alle vom menschlichen Bewusstsein wahrgenommene Welt - und gewiss nicht zuletzt die Welt der konsumfördernd präparierten Güter und Waren, wo nicht der Gebrauchswert eines Gegenstandes zählt, sondern sein Tauschwert. Quasi beiläufig bringt das Ready-made auch die psychosoziale Struktur einer Epoche zum Vorschein, in der die Ökonomie weithin den Status von Dingen - und Personen - bestimmt.

Augenfällig aber wird hier noch etwas anderes, etwas, was das Kunstverständnis der Moderne generell oder zumindest das der historischen Avantgarden zu Beginn des 20. Jahrhunderts charakterisiert: Das Ready-Made findet jenseits dessen statt, was man die "schönen Künste" nennt. Es hat mehr von einem wissenschaftlichen Experiment als von einem Kunstwerk im herkömmlichen Sinne. Die Kunst, wie Duchamp sie versteht, und das gilt für Künstler wie Kandinsky, Klee, Malewitsch, Moholy-Nagy, Picasso oder auch Mondrian unter jeweils anderen Vorzeichen ähnlich, lässt sich nicht mehr auf das Ästhetische im Sinne des Schönen oder des Verschönens beschränken. Stattdessen wird Kunst in der Moderne zu einer *Wissensform*. Zu einem über die Ratio hinausreichenden und gleichwohl offen mit den Wissenschaften konkurrierenden Medium des Erkennens und Erkundens der Welt.

Abb. 4

So etwa erklärte Wassily Kandinsky, der als "Erfinder" der abstrakten Malerei gilt - hier ein Aquarell aus dem Jahr 1910 mit dem Titel *Erstes abstraktes Bild* (**Abb. 4**) -, dass er in der abstrakten Formensprache ein Instrument sah, um nach bisher verborgenen Wirklichkeiten zu forschen. Anstatt wie noch im Impressionismus des späten 19. Jahrhunderts irgendeinen Ausschnitt Natur darzustellen, will Kandinsky die Lebensprinzipien erkennen, die hinter der gegenständlichen Welt verborgen liegen. Der Weg, um dorthin zu gelangen, war die "Reduktion". Mit diesem Begriff bezeichnete man die Abkehr von der naturgetreuen Abbildung, die jahrhundertelang Maßstab und Norm der bildenden Kunst gewesen war. Nun experimentierten die Künstler auf einmal mit dem Prinzip des Weniger, mit einer *reduktiven* Ästhetik, was der Bildhauer Constantin Brancusi so kommentierte: "Das Schwierige ist nicht, Dinge zu machen, sondern die Bedingungen zu schaffen, unter denen man auf die Dinge verzichten kann". Und das keineswegs "nur" auf der Leinwand oder im Bildhaueratelier, sondern auch und gerade im Blick auf die Lebenswelt der damals sich entfaltenden Industriemoderne.

Kandinsky nannte seine Zeit eine "stumme und blinde Zeit", in der die Mehrheit der Menschen, geleitet vom Glauben an den technischen Fortschritt, nach äußerlichen Erfolgen und materiellen Gütern strebe. Nur eine kleine Minderheit "erst" bemühe sich um ein "geistiges Erwachen" aus dem "Alpdruck der materialistischen Anschauungen". Eben dies jedoch stelle sich als die eigentliche Aufgabe von Kunst: Ausdruck des "nichtmateriellen Strebens und Suchens" zu sein, dem materiellen Zeitgeist als Erkenntniskraft entgegenzuwirken. In der bildnerischen Reduktion manifestierte sich für Kandinsky der Vorschein einer neuen, postmaterialistischen Gesamtkultur (Kandinsky 1965, S. 22, 31, 44).

Tatsächlich setzten sich diese, wie wir sie heute nennen, historischen Avantgarden kein geringeres Ziel als von der Kunst aus eine *neue* Lebenspraxis zu begründen. Im Themenheft der Zeitschrift "Politische Ökologie" zur Ästhetik der Nachhaltigkeit zeige ich anhand weiterer Beispiele, auf welche Weise die *ästhetische Reduktion* der Klassischen Moderne als Kompass hin zu einer neuen Lebenspraxis diente (Kurt 2001).

Denn interessant ist natürlich aus unserer Sicht, dass hier mit der Reduktion ein Formprinzip zum Tragen kam, das heute wieder und zwar im Blick auf nachhaltige Lebensstile im Mittelpunkt steht. Wo es also um Formen und Modelle einer "Rückkehr zum menschlichen Maß" (E. F. Schumacher) oder eines "Wohlstand durch Vermeiden" (M. Müller, P. Hennicke) geht, liegt es nur nahe, sich etwas genauer mit den reduktiven Ästhetiken der Kunst, dieses, so C.F. von Weizsäcker, "seit über hundert Jahren sensibelsten Seismographen der kommenden Menschheitskrise", zu beschäftigen (Weizsäcker 1991, S. 65).

Verwirklicht werden sollte das Postulat, die Industriemoderne kulturell zu reformieren, insbesondere durch Schulgründungen, von denen das Bauhaus die bedeutsamste und folgenreichste war. Wie der Kunsthistoriker Walter Grasskamp in seinem unlängst erschienenen Band "Konsumglück" darlegt, lebte in der im Bauhaus-Design angestreben Symbiose aus handwerklicher Unikatästhetik und beginnender Massenproduktion noch der Zauber der "Objektkultur" des 19. Jahrhunderts. Jener Blütezeit des "geglückten" Konsums, dessen Idealzustand der lebenslange Umgang mit sorgfältig ausgewählten und bewusst gehandhabten Gebrauchsgütern war. Grasskamp unterscheidet diese Form der "Konsumgesellschaft" von der "Wegwerfgesellschaft" unserer Tage (Grasskamp 2000, S. 22f.).

Das Experiment Bauhaus, einer überaus innovativen Bildungs- und Produktivstätte an der Schnittstelle von Kunst, Warenwelt und Industriemoderne wurde, wie die historische Avantgarde insgesamt, vom Nationalsozialismus gewaltsam beendet. Ob dies der ausschlaggebende Grund dafür war, dass die Kunst sich in der Folge nahezu vollständig in einen gesellschaftlichen Sonderbereich zurückzog, wo man, legitimiert durch die historisch errungene Autonomie, vielfach bis heute noch sorgsam Distanz wahrt gegenüber allen etwaigen außerkünstlerischen Anmutungen? Denn in der Tat dauerte es nach der Zäsur des Nationalsozialismus geraume Zeit, bis in den 60er Jahren eine neuerliche Öffnung der Kunst hin zur Alltagskultur und zur Lebenswelt einsetzte.

In etwa zeitgleich mit Warhols Interesse an Populärkultur, Werbung und Konsum kam es nun generell zu einer verstärkten Auseinandersetzung mit den sozialen - und ab den 70er Jahren auch den ökologischen - Verwerfungen der Industriemoderne. In Europa zunächst mit Arte Povera - einer Gegenbewegung zur Pop Art -, mit Konzeptkunst und Politkunst und dem Neuen Realismus entfaltete sich dabei im Lauf der letzten Jahrzehnte ein ausgesprochen breites, immer wieder neue Medien und Formensprachen erfassendes Spektrum kritischer Praktiken, die das gesellschaftliche Verhältnis zur Natur und das Menschenbild der profit- und konsumorientierten Industriegesellschaft hinterfragen. Der vielleicht zentrale Impuls hierfür ging diesseits des Atlantiks von der *anthropologischen* Erweiterung des Kunstbegriffes aus, was wir bis heute mit dem Namen Joseph Beuys verbinden. Kunst in diesem neuen Sinne meint das jedem Menschen eignende Vermögen, über die Ratio, d.h. den bloßen Verstand hinaus auch die intuitiven, imaginativen und emotionalen Wesensanteile ernst zu nehmen und Kraft der daraus gewonnenen Kreativität beizutragen zu einer überhaupt erst menschengemäßen Neugestaltung unserer Lebenswelten. Wir werden darauf zurückkommen.

Abb. 5

Die 80er Jahre brachten im Zuge der Ökologiebewegung u.a. die Blüte einer explizit konsumkritischen "Umweltkunst" (**Abb. 5**), als deren Protagonist Bernd Löbach-Hinweiser gelten kann, hier zu sehen bei der Aktion *Der Dosenfänger von Leverkusen*, mit der er 1986 in Leverkusen ein vorwiegend jugendliches Publikum in eine Ausstellung mit dem Titel "Umweltkritische Kunst" zu locken verstand. Diese Arbeit (**Abb. 6**), sie heißt *Konsumwald*, besteht aus 16.000 flachgedrückten und zu 48 "Bäumen" arrangierten Getränketüten. Das Umhergehen in diesem Wald vermittelt ein Gespür für die Dimension des Abnutzens, des Verschleißens natürlicher Ressourcen. Zusammen mit mehr als 250 weiteren Objekten ist diese Arbeit Teil von Löbach-Hinweisers 1983 gegründetem *Museum für Wegwerfkultur*.

Abb. 6

Doch wurde es schon in den 90er Jahren wieder ziemlich still um die so genannte "Umweltkunst". Was damit zusammenhängen dürfte, dass das Emanzipations- und Mobilisierungspotenzial des Begriffs "Umwelt" unterdessen weitgehend geschwunden ist. Dem Bewusstseinshorizont der späten 60er, frühen 70er entstammend, hatte der Diskurs über die Umwelt in der alten Bundesrepublik noch bis in die frühen 90er Jahre den Status einer "leitenden Wertidee" (M. Weber) inne: Damals vermochte das Anliegen, die von der Industriemoderne bedrohte Umwelt zu schützen, deshalb schichtenübergreifend Emanzipations- und Reformpotenziale zu bündeln und zu mobilisieren, weil es in die sog. Neuen Sozialen Bewegungen, die Friedens-, Frauen- und eben die Ökologiebewegung eingebunden war. Diese kulturelle Einbettung indes löste sich im Zuge der deutschen Wiedervereinigung und der sich beschleunigenden Globalisierung nahezu vollends auf. So dass dem Begriff Umwelt gegenwärtig, wie es scheint, jeglicher Appeal, jegliche konstruktiv oder gar visionär der Zukunft zugewandte Binde- und Richtkraft abgeht.

Abb. 7

Wie die unblutige Revolution in Ostdeutschland, der Aufbruch in die große Freiheit, sehr rasch in eine kleine Freiheit, in das Biedermeier der Konsumfreiheit mündete, thematisierte der Grafiker Rolf Staeck bereits unmittelbar nach der Wende (**Abb. 7**).

Abb. 8

Ein ganz anderes Verständnis von Freiheit, nämlich Freiheit im Beuysschen Sinne von *Entwickelbarkeit*, exploriert die britische Künstlerin Shelley Sacks mit ihrer interaktiven Installation *EXCHANGE VALUES. Images of Invisible Lives (TAUSCHWERTE. Bilder unsichtbarer Leben)* von Mitte der 90er Jahre. Sacks verfolgte den Weg von 20 willkürlich ausgewählten Bananenkisten anhand der aufgedruckten Registriernummern zurück bis zu deren Herkunftsort - bis in die Familien von Bananenbauern in der Karibik, mit denen die Künstlerin sodann persönlichen Kontakt aufnahm. Die Installation, wie wir sie hier sehen (**Abb. 8**), präsentiert 20 an die Wand geheftete Bögen mit getrockneten Bananenschalen aus den identifizierten Kisten. Jedem der Bögen sind Tonaufnahmen einer Person oder Familie zugeordnet, von der eben diese Bananen erzeugt wurden. Im Kontrast zu den Schalen von Produzent/innen, mit denen die Künstlerin in Verbindung trat, ist der Fußboden von zahllosen "unbekannten" Bananenschalen bedeckt. Integraler Bestandteil der Arbeit sind Gespräche und Diskussionsforen, die mit den karibischen Bananenfarmern und deren Verbänden begannen und an den verschiedenen Präsentationsorten der Installation von der Künstlerin initiiert und moderiert werden (**Abb. 9**) - Gespräche zu den Beziehungen zwischen Wahrnehmung und Sozialem, zwischen Kunst, Politik und Nachhaltigkeit, zu Fragen wie: Wie können wir im globalen Kontext produzieren und verteilen, ohne einander auszubeuten und unsere Lebensgrundlagen zu zerstören? Wie können wir neue Kunstformen entwickeln, die sich in wünschenswerten Gestaltungen unserer Lebenswelt manifestieren?

Abb. 9

Das Ästhetische und das Politische integrierend leuchtet Sacks die Wechselbeziehungen zwischen Produzent/innen und Konsument/innen in der globalisierten Wirtschaft und die Auswirkungen des "Freihandels" aus. Zugleich erforscht das Kunstprojekt Wege zur Herausbildung partizipativer, nachhaltiger Gesellschafts- und Wirtschaftsformen. Als ein allen zugängliches "Atelier" im erweiterten Sinne schafft es einen imaginativen Raum, in dem mit unsichtbaren Werkstoffen wie der Sprache gearbeitet wird, um kreatives Potenzial für die Transformation der entfremdeten Lebens- und Wirtschaftsweisen freizulegen. An diesem Grundgedanken der *Entwickelbarkeit* von Lebens- und Gesellschaftsformen, setzt, recht besehen, auch das Leitbild Nachhaltigkeit an in seinem Versuch, dem geographisch und kulturell entgrenzten Konsumismus entgegenzuwirken.

Natürlich ist es im hier gegebenen Rahmen völlig unmöglich, einen auch nur annähernd vollständigen Überblick die Impulse aus der Kunst für nachhaltige Konsumformen zu geben. Wenigstens erwähnt werden sollten zumindest noch die "interventionistischen" Praktiken von Künstlern wie Jochen Gerz, Christoph Schäfer oder der Künstlergruppe WochenKlausur, die außerhalb der Museen und Galerien im öffentlichen Raum operieren. Prozess- und projektorientiert und vielfach unterprivilegierte Bevölkerungsgruppen in ihre Aktivitäten einbeziehend, zielen diese Künstler darauf, Beteiligungsformen zu entwickeln, zu Selbstbestimmung und Gestaltungsfähigkeit anzuregen. Und eben darin, in der Intention, den Demokratiedefiziten und Verwerfungen der Konsumgesellschaft mit nicht-technoider Gestaltungskraft begegnen, korrespondieren die interventionistischen Kunstpraktiken auf unmittelbare Weise mit den Zielsetzungen des Agenda 21. Und sie machen erkennbar, dass eine Ästhetik der Nachhaltigkeit immer auch eine *Ästhetik der Teilhabe* sein muss (Kurt 1998).

Kommen wir zum Schluss: Trotz dieses Schnelldurchgangs ist vielleicht - hoffentlich - erkennbar geworden, dass es in der Tat eine ganze Reihe von Überschneidungen zwischen künstlerischen Explorationen und der Suche nach zukunftsfähigen Lebensformen gibt. Dennoch findet ein gemeinsames Experimentieren, finden gemeinsame Innovationen bislang noch kaum statt. Was dazu m.E. vor allem fehlt, sind *Strukturen*, die einen *kontinuierlichen* und nicht mehr nur punktuellen Dialog zwischen dem Gestaltungswissen der Kunst und dem Bezugsfeld Nachhaltigkeit ermöglichen würden.

Einen ersten Versuch in diese Richtung hat es in den Jahren 1998-99 am Bauhaus in Dessau mit dem Projekt "Bauhaus der Lebensstile" gegeben. Im Rahmen dieses Programms sollte das internationale Spektrum gesellschaftskritischer Kunst eingeladen werden, sich zwischen den Polen Klassische Moderne bzw. Industriemoderne, für die symbolhaft das historische Bauhaus steht, und dem Pol einer noch zu entwickelnden zukunftsfähigen Moderne mit den folgenden Fragen zu befassen: Wie könnten Lebens- und Wirtschaftsweisen aussehen, die sozial, ökonomisch und ökologisch dauerhaft lebensfähig wären? Wie können Formen, Muster, Stile dafür gestaltet werden? Können sie das überhaupt vom Kunstfeld aus? Wenn nein, warum nicht? Wenn ja, unter welchen Bedingungen? Dieses Programm wurde damals am Bauhaus aus Gründen stiftungsinterner Veränderungen abgebrochen.

Gleichwohl plädiere ich nach wie vor für die Schaffung einer solchen experimentellen und transdisziplinären Produktivwerkstatt, die der Vielfalt künstlerischer Gestaltungsstrategien ebenso Rechnung tragen würde wie der Pluralität von Lebensstilen; die das Postulat, ein selbstbegrenzter Lebensstil bedeute keinen Verlust, sondern eher eine Steigerung an Lebensintensität, in sozialen und zugleich künstlerischen Experimenten überprüft und weiterentwickelt. Wie immer man diese Produktivwerkstatt nennen möchte, ob "Kunstwerkstatt Lebenspraxis" oder "Bauhaus der Lebensstile" oder "Zentrum für Kunst und Zukunftsfähigkeit", würde eine solche Struktur die erforderliche Ökologisierung des Konsums als *ästhetische* Herausforderung einer selbstbegrenzungsfähigen Zivilgesellschaft bearbeiten.

Wider die herrschende Oberflächenästhetisierung, die verbunden ist mit einer wachsenden Verwüstung, Vermüllung, Vergiftung geht es heute darum, emanzipatorisch die nicht zuletzt von Julian Nida-Rümelin geforderte Rückführung der Kunst aus ihrer Randposition in die Lebenswelt weiter voranzutreiben und der Frage nach dem guten Leben den ihr gebührenden hohen politischen Stellenwert zu verschaffen (Nida Rümelin, 2001).

Literatur

Barck, Karlheinz / Gente, Peter / Paris, Heidi / Richter, Stefan (Hg.), Aisthesis. Wahrnehmung heute oder Perspektiven einer anderen Ästhetik, Leipzig: Reclam, 1990.
Danto, Arthur C., Die Verklärung des Gewöhnlichen. Eine Philosophie der Kunst (1981), Frankfurt/Main: Suhrkamp, 1. Aufl. 1991, 1996³.

Grasskamp, Walter, Konsumglück. Die Ware Erlösung, München: Beck, 2000.

Groys, Boris, Der Wille zur totalen Produktion. Über die Verachtung des Konsums und ihre Motive, in: FAZ, Beilage Bilder und Zeiten, 16. Mai 1992.

Kandinsky, Wassily, Über das Geistige in der Kunst (1912), Bern: Benteli, 1965.

Kostelanetz, Richard, John Cage im Gespräch, Köln: DuMont, 1991.

Kurt, Hildegard, Agenda 21 - Eine Herausforderung an Neue Kunst im öffentlichen Raum?, in: Stadt und Natur. Kunst und Ökologie, hg. V. Detlev Ipsen u. Astrid Wehrle, Frankfurt/Main: Hessische Gesellschaft für Demokratie und Ökologie, 1998:109-16.

Kurt, Hildegard, Die Kunst der Reduktion. Die Klassische Moderne - Avantgarde der Zukunftsfähigkeit?, in: LebensKunst. Auf den Spuren einer Ästhetik der Nachhaltigkeit, Politische Ökologie Bd. 69, April/Mai 2001, S. 63-67.

Kurt, Hildegard / Wehrspaun, Michael, Kultur: Der verdrängte Schwerpunkt des Nachhaltigkeits-Leitbildes, in: GAIA 1/2001, S. 16-25.

Nida-Rümelin, Julian, Partizipation im Kulturbetrieb, in: ZukunftsFormen: Kultur und Agenda 21, hg. v. Tina Jerman, Bonn/Essen: Kulturpolitische Gesellschaft/Klartext-Verlag (Reihe Dokumentationen, Bd. 56), 2001, S. 7-9.

Simmel, Georg, Der Begriff und die Tragödie der Kultur, in: Logos. Internationale Zeitschrft für Philosophie der Kultur, Bd. II, Tübingen: Mohr, 1912, S. 1-25.

Weizsäcker, Carl Friedrich von, Bewusstseinswandel, München: dtv, 1991.

Abbildungen

Abb. 1: Andy Warhol, *210 Coca-Cola-Flaschen*, 1962.

Abb. 2: Arman, *Condition of Woman I*, 1960.

Abb. 3: Marcel Duchamp, *Fountain (Brunnen)*, Ready-Made, 1917 (Replik 1964), Indiana University Art Museum, Bloomington.

Abb. 4: Wassily Kandinsky, *Erstes abstraktes Bild*, 1910, Musée d`Art Moderne, Paris.

Abb. 5: Bernd Löbach-Hinweiser, *Der Dosenfänger von Leverkusen*, Aktion, Leverkusen, 1986.

Abb. 6: Bernd Löbach-Hinweiser, *Konsumwald*, 1984-91, Museum für Wegwerfkultur, Weddel.

Abb. 7: Rolf Staeck, *Angekommen*, Originalgrafik, 1989, Edition Staeck.

Abb. 8: Shelley Sacks, *EXCHANGE VALUES. Images of Invisible Lives (TAUSCHWERTE. Bilder unsichtbarer Leben)*, interaktive Installation, seit 1996, wechselnden Orte.

Abb. 9: Detail aus Shelley Sacks, *EXCHANGE VALUES. Images of Invisible Lives (TAUSCHWERTE. Bilder unsichtbarer Leben)*, interaktive Installation, seit 1996, wechselnden Orte.

2. Entwicklungslinien nachhaltigen Konsums

Kurzübersicht über Vernetzungsstrukturen von Ökozentren

Joachim Sucker

Neuwerk-consult GmbH, Nachhaltigkeitszentrum "das Ö"
E-Mail: sucker@neuwerk-consult.de

1. Einleitung

Die neuwerk-consult GmbH hat sich aus der Initiative des Hamburger Nachhaltigkeitszentrums (NAZ) entwickelt. Die vier Gesellschafter sind als Initiatoren im "Verein zur Errichtung eines Ökozentrums in Hamburg e.V." maßgeblich an der Gesamtentwicklung des Zentrums "das Ö – Welt der Lebensqualität" beteiligt. Die neuwerk-consult GmbH ist Ansprechpartnerin der Stadt Hamburg und des Bauherren in Fragen der inhaltlichen Projektentwicklung, Marketing und Flächenvermarktung.

neuwerk consult ist als Antragsteller und Koordinator für dieses von der Deutschen Bundesstiftung Umwelt geförderte Projekt verantwortlich.

"Das Ö" ist ein Zentrum für "Nachhaltiges Wirtschaften", welches im Hamburger Stadtteil Altona gebaut wird. Auf einer vermietbaren Fläche von rund 20.000 qm werden Betriebe aus Handel, Handwerk und Dienstleistung gemeinsam mit hohen Synergieeffekten arbeiten. In intensiver Vorarbeit wurde ein schlüssiger Branchenmix erarbeitet. Die Leistungen und Waren des täglichen Bedarfs werden durch besondere Leistungen im Bereich Bauen und Wohnen sowie Gesundheit und Wellness ergänzt. Das Tagungszentrum sowie das glasüberdachte Atrium werden für regelmäßige Veranstaltungen genutzt werden.

Grundlage des Beitrages ist die Auswertung eines 10-seitigen Fragebogens, der im Rahmen des Projektes "Entwicklung eines Kommunikationskonzeptes für Nachhaltigkeitszentren" erstellt wurde.

Es handelt sich hierbei um ein bundesweites Kooperationsprojekt, in dem folgende Partner zusammenarbeiten:

Faktor 4 GmbH i.G., Aachen

Ökologia Umweltzentrum Nordbayern KG, Altenstadt

lebenswert investition GmbH, Bönen

Kaufhaus Handel für Wandel e.V., Bremen

Gusimex Projektmanagement GmbH, Erfurt

Das Ö GmbH, Hamburg

Ökopark Marbachshöhe, Kassel

ecom.AG, Köln

Kompetenz-Initiative Regionalkaufhaus e.V., Nürnberg

Zukunftszentrum Stuttgart e.V.

Es handelt sich hierbei um Unternehmen, die sich in unterschiedlichen Stadien der Projektentwicklung bzw. -umsetzung befinden. Die Befragung diente der Bestandsaufnahme innerhalb der Projektgruppe, auf welche Erfahrungen man zurückgreifen kann und in welchen Bereichen Informations- und Fortbildungsbedarf herrscht. Es ist noch anzumerken, dass es sich bei den Unternehmen in Köln und Erfurt um Projektentwicklungsgesellschaften handelt, die zur Zeit der Datenerhebung über kein konkretes Projekt verfügten. Somit sind sie zwar als Kooperationspartner mitaufgeführt, haben jedoch an der Befragung zum Stand der Zentrumsentwicklung nicht teilgenommen. Einige interessante Aspekte sind im folgenden graphisch dargestellt und kommentiert.

2. Rechtsformen

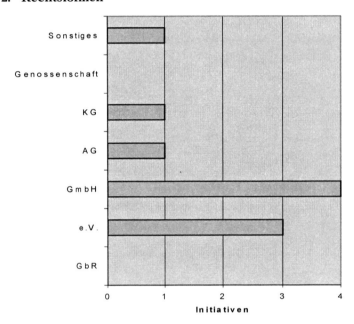

Die am häufigsten vertretenen Rechtsformen sind der eingetragene Verein (e.V.) und die Gesellschaft mit beschränkter Haftung (GmbH).

Die unkomplizierteste Art, einem Vorhaben wie die Konzeptionierung und Umsetzung eines größeren Projektes eine rechtliche, offizielle Form zu verleihen, ist die Gründung eines eingetragenen Vereins. Für die Verhandlungen mit Politik, Banken und Vertretern der Wirtschaft ist eine solche Form unerlässlich. Desweiteren bietet sie die Möglichkeit durch die Einnahmen von Mitgliedsbeiträgen und Spenden erste Finanzierungen zu sichern.

Geht es um die Sicherung der Finanzierung des gesamten Projektes und damit um größere Geldbeträge, ist oftmals die Gründung einer Gesellschaft mit beschränkter Haftung angezeigt. Zum einen verleiht sie einem Unternehmen bei Investoren und Banken eine größere Glaubwürdigkeit. Zum anderen bietet sie die Möglichkeit die Erledigung der wachsenden Arbeit durch die Schaffung von festen Stellen und dadurch Verantwortlichkeiten zu sichern.

3. Standorte

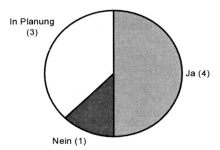

Von acht Initiativen, die an einem konkreten Projekt für ein Nachhaltigkeitszentrum oder Ökokaufhaus arbeiten, verfügen vier über einen festen Standort. Die Standortwahl ist eines der wichtigsten und schwierigsten Themen in der Projektentwicklung, da der wirtschaftliche Erfolg eines Konzeptes mit ihr steht und fällt. Ohne eine detaillierte Standort- und Marktanalyse sind keine Investoren zu finden. Innerhalb des Netzwerkes bestehen hierüber ausreichend.

4. Zeitplan

2000 - Das Umweltzentrum Ökologia in Altenstadt ist im Kreise der Kooperationspartner das einzige Zentrum, das schon eröffnet ist (seit 2000).

2002 - Für das Jahr 2002 sind zwei Neueröffnungen geplant (Hamburg, Kassel). In Aachen ist der Beginn der Bauarbeiten vorgesehen.

2003 werden voraussichtlich die Zentren in Bremen, Nürnberg und Aachen ihre Pforten öffnen.

An dieser Stelle wird noch mal deutlich, an was für unterschiedlichen Punkten die einzelnen Initiativen sich befinden.

5. Rolle der Initiative

	S	K	KS	ALT	HB	EF	AC	BO	N	HH	Summen
Berater	1		1		1			1	1		5
Betreiber	1			1*		1				1	3
Generalmieter											0
Besitzer/ Investor					1						1
Einzelmieter			1					1			2
Mietervertretung											0
Entwickl./Miet.akq./ÖA				1							1
Entwickl.nicht vermiet.Betriebsteile						1					1
*einz.MG > Betreibergesellschaft							1				1
Objektbetreuung									1		1
Projektentw./QM/Zertifiz.									1		1

Je nach Konzept, Art des Unternehmens und Kapazitäten, streben die Initiativen in den Projekten unterschiedliche Rollen an. Alle wollen nach Eröffnung des Zentrums oder Kaufhauses als Berater und /oder Betreiber zur Umsetzung und Weiterentwicklung des Konzeptes beitragen.

Einige Initiativen setzen für sich jedoch klar Schwerpunkte auf einen begrenzten Bereich, wie z.B. Qualitätsmanagement und Zertifizierung.

6. Branchenmix

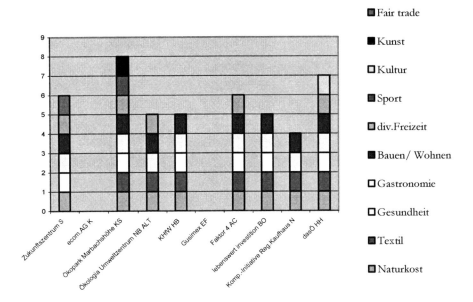

Grundlage für den Erfolg dieser Projekte ist u.a. ein ausgewogener Branchenmix. Dieser orientiert sich zum einen am Standort bzw. dessen Einzelhandels - Umgebung sowie an den Bedürfnissen der Nutzer und Nutzerinnen des Zentrums. Wie die Graphik zeigt, variiert die Zusammensetzung des Angebotes. Hauptanziehungspunkte für die Zentren sind jedoch Naturkost-Märkte, die Gastronomie und der Bereich Bauen und Wohnen.

7. Konzeptecheck

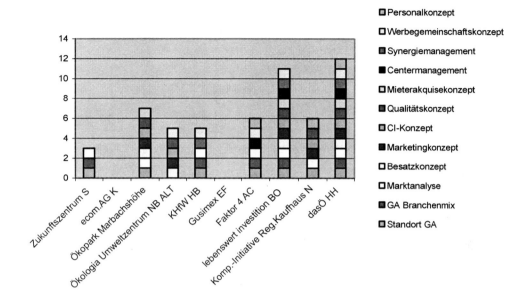

Im Laufe einer Projektentwicklung werden unterschiedliche Gutachten, Analysen und Konzepte, die im optimalen Fall aufeinander aufbauen bzw. ineinander greifen und sich ergänzen. Ganz grundlegend zu Beginn der Umsetzungsphase sind die Standortanalyse und Marktanalyse. Darauf aufbauend kann ein sinnvoller Branchenmix erarbeitet werden. Auch hier ist eine gegenseitige Beratung innerhalb einer Kooperation sinnvoll, wann ist welche/s Analyse, Gutachten oder Konzept sinnvoll und was ist bei der Erstellung bzw. Beauftragung zu beachten?

8. Finanzierung

	S	K	KS	ALT	HB	EF	AC	BO	NB	HH
Eigenkapital	1			1	1					
Kommunaler Investor	1				1		1			1
Privater Investor			1		1		1	1	1	
Fond								1	1	
Aktienausgabe										
Bankkapital				1						1

Grundlegend für jede Initiative ist: Wie soll die Finanzierung gesichert werden? Und - wer wird diese Rolle einnehmen?

Wie in der Einleitung beschrieben, hat die Initiative in Hamburg die Stadt als Bauherren und somit als Investor im Rücken, da ein behördliches Interesse an der Bebauung des Grundstücks bestand. In der Regel gestaltet sich die Investorensuche jedoch weitaus schwieriger.

9. Projektentwicklung

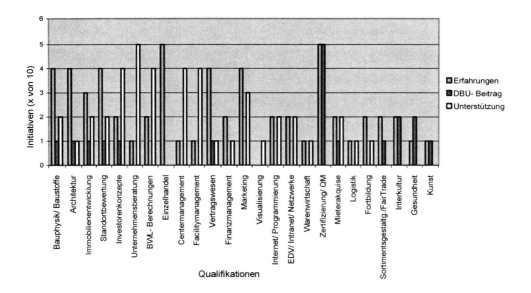

Diese Übersicht zeigt, in welchen Arbeitsgebieten der Projektentwicklung Erfahrungen vorhanden sind, die ins Vernetzungsprojekt mit eingebracht werden können und auf welchen Gebieten noch Weiterbildungsbedarf besteht.

10. Form und Nutzen der Vernetzung

Durch die Installation einer internetgestützten Kommunikationsstruktur zwischen den einzelnen Initiativen und Unternehmen, wird der schnelle und ortsungebundene Austausch von Erfahrungen sowie die Vermittlung von Wissen und Informationen untereinander gefördert. Ein gemeinsamer Auftritt in der Öffentlichkeit wird den Aktionsradius vergrößern und der Idee mehr Gewicht verleihen. Die Entwicklung gemeinsamer verbindlicher Qualitätskriterien schafft Vertrauen bei den Mietern und Verbrauchern wie auch bei Vertretern aus Wirtschaft und Politik.

Ein wichtiger Aspekt ist das Thema Weiterbildung, welches ebenfalls mit Hilfe der neuen Medien organisiert und durchgeführt werden soll.

Hierfür gilt es die geeigneten Strukturen zu schaffen. Das vorliegende Vernetzungsprojekt soll die möglichen Perspektiven einer solchen internetbasierten Kommunikation beleuchten und eine Empfehlung für das weitere Vorgehen abgeben.

Das Netzwerk ist grundsätzlich für weitere Partner offen.

Nachhaltiger Konsum braucht Eigenproduktion: Das Allgäuer Zentrum für Eigenversorgung

Dr. Christa Müller

anstiftung ggmbh
E-Mail: info@anstiftung.de

Was braucht der Mensch? Luft zum Atmen. Gutes Essen und Trinken. Andere Menschen und den Austausch mit ihnen. Wissen, wohin man gehört. Wissen, was man gern tut, was man kann. Zeigen, was man kann. Anerkennung dafür bekommen. Sich streiten können. Etwas herstellen, was Bestand hat. Duftende Wiesen und öffentlichen Nahverkehr. Den Geruch der Kühe. Eine Identität. Theater spielen. Die eigene Stimme ausprobieren. Gedichte schreiben. Neue Lebensformen kennen lernen. Einen Schrank bauen aus Hölzern der Region, in der man lebt. Heilkräuter sammeln. Verbindungen herstellen zur Landschaft. Einen Platz in ihr finden. Einen Platz im Leben finden.

Eigenmächtige Menschen essen und trinken, aber sie haben keine Bedürfnisse, schreibt Marianne Gronemeyer. Bedürftigkeit entsteht erst in der warenproduzierenden Gesellschaft, die ihre Mitglieder zu "belieferungsbedürftigen Mängelwesen" degradiert:

"... die Menschen werden ihrer *Daseinsmächtigkeit* und Selbsterhaltungskompetenz beraubt, d.h. ihrer Fähigkeit, ihr Leben in Gemeinschaft mit anderen aus eigenen Kräften zu erhalten und zu gestalten. ... Weder können sie sich *nehmen*, was die Natur gewährt, noch können sie herstellen, was sie zum Leben brauchen. Sie müssen es sich *zuteilen* lassen..." (Gronemeyer 1988, 31 f.).

1. Nachhaltiger Konsum als kulturelles Prinzip impliziert ein verändertes Verhältnis von Konsum und Produktion

An der von Gronemeyer hier identifizierten Schnittstelle von mangelnder Autonomie und unausweichlichem Konsum wird meines Erachtens ein Zusammenhang zur Frage erkennbar, warum eine ökologisch und sozial nachhaltige Umgestaltung des Konsums trotz aller guten Gründe, die für ihn sprechen, nach wie vor wenig verbreitet ist (Empacher/Schultz 2001). Die ökologische Krise ist eben keine der irrationalen Müllproduktion o.ä., sondern primär eine Krise des gesellschaftlichen Naturverhältnisses sowie des Verhältnisses der Menschen zueinander. Beide Krisen wurzeln in der inhaltlichen Ausrichtung einer Ökonomie, die das Wachstum von Geld und anderen Waren absolut setzt und keinerlei Orientierung an der Versorgung der Menschen mit den zum Leben notwendigen Dingen zeigt. Nachhaltige Lebensstile werden sich auf Dauer nicht durchsetzen können, wenn nicht auch die Rahmenbedingungen der Wirtschaft, und damit eben auch die Bewertungskriterien des Alltagslebens nachhaltig umgestaltet werden.

Die gute Nachricht dabei: Die *Bereitschaft* zu homo-oeconomicus-unkompatiblen Verhaltensweisen wie Solidarität oder Kooperation (auch mit der Natur) ist mobilisierbar. Kooperatives Handeln wird immer dann gestärkt, wenn Prinzipien wie Mitverantwortung und Verbundenheit innerhalb überschaubarer Zusammenhänge im Mittelpunkt stehen (Scherhorn 1997).

Aber wie weitgehend lassen sich überschaubare Verhältnisse (wieder-)herstellen? Die Münchener Forschungsgesellschaft *anstiftung* untersucht derzeit diese Frage in ihrem jüngsten Praxisprojekt "*Kempodium* – Allgäuer Zentrum für Eigenversorgung" in Kempten. Der Ausgangspunkt lautet dabei: Nachhaltiger Konsum als kulturelles Prinzip impliziert ein verändertes Verhältnis von Konsum und Produktion, speziell einen veränderten Zugang zu Eigenproduktion. Selbermachen, Reparieren, Tauschen, Teilen (nicht Zuteilen) – all dies sind Tätigkeiten, die nicht der Markt nachfragt, sondern das Leben. Über sie macht eine Rückgewinnung von Gestaltungs- und damit von Eigenmacht möglich, die zugleich wesentliche Voraussetzung für die Bereitstellung von Alternativen zum Modell des totalen Marktes sein wird.

Unter Beteiligung lokaler und regionaler Akteure entstehen seit Oktober 2000 in zeitversetzten Intervallen in den Räumen einer ehemaligen Kemptener Schreinerei auf drei Etagen und einer Freifläche (insgesamt 2380 m²) professionell ausgestattete Werkstätten (Holz, Metall, Polstern, Töpfern und Filzen, neue Medien und Kochen), ein Café mit Infothek, ein Second-hand-Depot und eine Miet-Bar sowie ein Garten zur gemeinschaftlichen Nutzung. Weiterhin stehen eine Bühne und Mehrzweckräume für selbstorganisierte soziale, kulturelle und gesundheitsorientierte Aktivitäten zur Verfügung, und natürlich werden auch Feste gefeiert. Außerdem sollen vom *Kempodium* Impulse für eine nachhaltige Gestaltung der Stadt-Land-Beziehungen und damit der Beziehungen von KonsumentInnen und ProduzentInnen ausgehen. Zum *Kempodium* gehört eine Halle (400 m² Fläche), in der regelmäßig Bauernmärkte, Handwerkermärkte und Kunsthandwerkermärkte stattfinden. Aber das *Kempodium* soll nicht nur die Vermarktung regionaler Produkte unterstützen, sondern auf einer tiefergehenden Ebene das Verhältnis von Produktion, Konsum, Kulturlandschaftsgestaltung und Lebensraumgestaltung im Sinne einer "Demokratie von unten" thematisieren und verändern.

Obwohl das *anstiftungs*-Konzept von regionaler Eigenversorgung einen Schwerpunkt auf informelle wirtschaftliche Tätigkeiten und soziale Beziehungen legt, schließt es formalisierte, monetarisierte Aktivitäten wie in der Regionalvermarktung landwirtschaftlicher und handwerklicher Produkte nicht aus. Gemeint sind damit wirtschaftliche Beziehungen, die unmittelbar der Region und ihren BewohnerInnen nutzen, die keinen oder wenig Kapitalabfluss in globalisierte Wirtschaftskreisläufe implizieren und die in einem überschaubaren Rahmen beeinflusst und weitgehend gestaltet werden können.

Ziel des Forschungsprojekts *Kempodium* ist, einen Beitrag zur Nachhaltigkeit zu leisten, vielfältige Aktivitäten zu entfalten, die materielle und immaterielle, individuelle und regionale Ressourcen aufzeigen und mobilisieren, um sozial-ökonomische und kulturelle Vielfalt als ökologisches Potenzial zu entdecken und die Autonomie der Einzelnen zu stärken. Grundsätzlich geht es darum, eine weitgehende Emanzipation vom reinen Konsum zu ermöglichen, jedoch nicht primär durch Verzicht, vielmehr durch sein genaues Gegenteil: nämlich durch eigenes Tun zur Entfaltung eines selbstbestimmten Lebens beizutragen. Ausgangspunkt ist also keine schlechte materielle Versorgungslage, sondern vielmehr eine Überversorgung, die an einen Mangel gekoppelt ist: Die Fremdversorgung über den Markt bewirkt eine wachsende emotional-kulturelle Unterversorgung mit unterschiedlichen Folgen: Kompetenz- und Eigenwertverluste, Entwurzelungs- und soziale Ausgrenzungstendenzen.

2. Fokus: die beeinflussbare Versorgungsebene mit materiellen und immateriellen Gütern

Eigenversorgung meint eine verstärkte Orientierung auf existenzielle Versorgungsfragen im materiellen und im sozial-kulturellen Sinne und damit auch eine verstärkte Bezugnahme auf andere im gemeinschaftlichen Tun selbst. Mit Versorgung ist kein passives Sich-versorgen-Lassen gemeint, sondern Selbstsorge im Sinne einer selbsttätigen und gemeinschaftlichen Gestaltung der Lebensbedingungen, die die gegenseitige Versorgung einschließt. Selbstsorge ist dabei im Sinne der Lebenskunst-Philosophie zum einen notwendige Voraussetzung für die Sorge für andere - zum anderen ergibt sich aus der Eigenversorgung die Versorgung anderer, weil sie sich auf die "Gesamtheit der Verhältnisse richtet, die für das Selbst Bedeutung haben" (Schmid 1998).

An dieser Stelle weisen Selbstbestimmung und -gestaltung der materiellen, ökologischen und sozialkulturellen Verhältnisse klar über den individuellen Wirkkreis hinaus. Eben weil Autonomie nicht verstanden wird als eingeschlossene, sich abgrenzende Existenz, sondern den Austausch, das Teilen und die gemeinschaftliche Nutzung von Gütern und Dienstleistungen explizit einbeziehen, richtet sich die Perspektive auf die Region als Handlungsfeld.

Ökologische und wirtschaftliche Innovationsprozesse benötigen das Engagement regionaler Akteure auf unterschiedlichen Ebenen. Die im *Kempodium* geführte "Standortdiskussion" wird nicht aus der Perspektive der Verbesserung der regionalen Wettbewerbsvorteile gesehen, sondern eher aus dem Motiv heraus, das Globalziel nachhaltige Entwicklung auf einer kleinräumigen Ebene umzusetzen. Dabei geht es langfristig um eine Stärkung intra- und interregionaler wirtschaftlicher Beziehungen, die insbesondere auf der Ebene eines veränderten, regionalorientierteren Konsums beeinflusst werden sollen. Hierbei stellen bislang wenig beachtete Bereiche wie Eigenarbeit, Haus- und Gartenwirtschaft und Eigeninitiative die Eckpunkte dar (vgl. Gleich u.a. 1992; Peters u.a. 1996).

Die Aktivitäten im Zentrum sind ausgerichtet auf die unmittelbar beeinflussbare Versorgungsebene mit materiellen und immateriellen Gütern. Über das selbst Herstellen wird ein spezifischer Zugang zum Nahraum Region samt ihrer Rohstoffe und Produkte möglich. Die regionale Ebene fungiert dabei als Handlungsebene, in der, vermittelt über eine spezifische Praxis, die Eigeninitiative der regionalen Akteure gestärkt wird. Räumliche Nähe als Erfahrungsgrundlage dient dabei auch als wichtige Voraussetzung für die Übernahme von sozialer und ökologischer Verantwortung, weil die Folgen des Tuns (oder Nicht-Tuns) auf einer kleinräumigen Ebene unmittelbarer erfahrbar sind. So ist das Konzept Regionale Eigenversorgung ein explizit akteursorientiertes. Parallel zum Kauf der Immobilie etablierte sich das Planungsteam: eine heterogen zusammengesetzte Gruppe von Stadt- und RegionbewohnerInnen, die sich ehrenamtlich und mit viel Engagement an der Umsetzung und Weiterentwicklung der Idee der regionalen Eigenversorgung beteiligen. Derzeit existieren 14 Arbeitskreise (z.B. AK Regionale Ressourcen, AK Kochwerkstatt, AK Energie, AK Finanzierung), deren Resultate im monatlich tagenden Planungsteam zusammengeführt werden.

3. Grundlage des Konzepts: Diverse Diskussionsstränge der Nachhaltigkeitsdebatte

Eine solche Einflussnahme auf die Lebenswelt erhöht, so das Ergebnis langjähriger Forschungserfahrung der *anstiftung* im Bereich der Eigenarbeit, die Autonomie der Einzelnen, was wiederum eine zentrale Voraussetzung für soziale und ökologische Zukunftsfähigkeit auf der Handlungsebene ist. Zugleich zielen die Aktivitäten im Zentrum darauf ab, regionale Ressourcen im Sinne des Erhalts bzw. Ausbaus einer sozial-ökonomischen, aber auch kulturellen Vielfalt zu nutzen oder neu zu entdecken. Das *anstiftungs*-Konzept von regionaler Eigenversorgung entspringt damit einem integrativen Verständnis sozial-kultureller und ökonomisch-ökologischer Probleme. Das heißt konkret, wir sehen keine isolierte "ökologische Krise" oder "Krise der Arbeit", sondern immer eine kulturell *und* ökonomisch bedingte und sich bedingende gesamtgesellschaftliche Krisenhaftigkeit, auf die wir folglich mit einem integrativen Verständnis von regionaler Eigenversorgung reagieren wollen. Aus diesem Grund gilt z.B. die Einrichtung einer Kochwerkstatt, in der die Versorgungsarbeit kulturell sichtbar gemacht und damit aufgewertet wird, als ebenso erforderlich wie z.B. eine Tausch- und Leihbörse für Güter, die deren Langlebigkeit fördert und damit ökologische Effekte erzielt und dabei zugleich die Menschen zusammenbringt. Eigenarbeits- und Eigenversorgungstätigkeiten sind eben keine Beschäftigungs- oder Befriedungsmaßnahmen in Zeiten steigender Erwerbsarbeitslosigkeit, sondern genuine Bestandteile einer sozial- und naturverträglichen Gesellschaft.

Damit ergibt sich ein Anknüpfungspunkt zum *Ansatz der Nachhaltigen Regionalentwicklung*, in dem das globale Konzept "Nachhaltige Entwicklung" auf einen begrenzten, beeinflussbaren Raum bezogen wird. In diesem Ansatz reduziert sich ökologisches Handeln nicht auf Modifikationen bezüglich der Transportstrecken oder der Orte von Produktion und Konsum, sondern impliziert eine gänzlich andere *Motivation* des Wirtschaftens (vgl. Peters u.a. 1996). Regionalisierung wird als Wertschätzung des Raumes, nicht – wie im Fall der Globalisierung – als Abstraktion von ihm begriffen. Regional orientiertes Denken stellt die menschliche Arbeit in den Mittelpunkt, nicht ihre Rationalisierung, es orientiert sich am Gebrauchswert und ist nicht auf die Warenproduktion zur Mehrwerterwirtschaftung fixiert, es setzt auf Kooperation, nicht auf Marktverdrängung, auf Gegenseitigkeit, nicht auf Konkurrenz. "Region" wird nicht als Mittel zum Zweck der verbesserten Wettbewerbsfähigkeit reflektiert. Vielmehr wird sie um ihrer selbst und ihrer BewohnerInnen willen in den Mittelpunkt von Handlungs- und Entscheidungsprozessen gestellt: "*die Lebensbedürfnisse der Bewohner der Region werden direkt zum Ausgangspunkt stofflich-technischer und ökonomischer Entscheidungen gemacht*" (Gleich u.a. 1992/94).

Auf dem Gebiet der Gesundheitsforschung wiederum lässt sich im Salutogenese-Theorem ein Anknüpfungspunkt zur Region als überschaubarer, gestaltbarer Raum erkennen. Kern des Salutogenese-Theorems ist das Kohärenzgefühl, d.h. ein allgemeines, dauerhaftes, dynamisches Gefühl des Vertrauens in sich und die Umwelt. Die Ursache von Gesundbleiben und Gesundwerden sind demnach die subjektiven Einschätzungen, dass die Rahmenbedingungen und Handlungsmöglichkeiten einigermaßen verstehbar, beeinflussbar und sinnvoll sind (Antonovsky 1987). Sinnhaftigkeit, Überschaubarkeit, Beeinflussbarkeit – alle drei Gefühle sind gebunden an die Nah-Räume als Erlebens- und Gestaltungsräume und in diesem Sinne kann regionale Eigenversorgung Gesundheitsförderung sein.

In jüngster Zeit wird von verschiedenen Seiten eine qualitative Neubestimmung des Wohlstandsbegriffs und des Begriffs der produktiven Tätigkeit vorgenommen (Scherhorn/Dahm 1999). Giarini und Liedtke (1999) heben im neuen Bericht an den Club of Rome den intrinsischen Wert der Arbeit hervor. Produktive Tätigkeiten seien ihrem Wesen nach mit dem Potenzial und der Würde des Menschen verbunden. Auch die Ergebnisse der Glücksforschung bestätigen diese Annahme: Im Kontext einer Wiedereinbettung der Ökonomie in zukunftsfähige und lebenswerte soziale Bezüge wäre Arbeit nicht eine dem "Reich der Freizeit" unter- bzw. nebengeordnete Bürde zu verstehen, sondern wesentlicher Bestandteil des "guten Lebens" selbst. So zeigen die Forschungen des US-ungarischen Psychologen Csikszentmihalyi (1999), dass die Glücks- und Erfüllungsmomente, die das "gute Leben" ausmachen – Csikszentmihalyi nennt sie "Flow-Erlebnisse" – weniger im Freizeit- und Konsumbereich, sondern primär in produktiven Tätigkeiten, sprich in sinnhafter Arbeit auftreten.

Sinnhafte Arbeit ist zugleich in aller Regel gesellschaftlich notwendige Arbeit. Wenn in den Debatten um die Zukunft der Arbeit diagnostiziert wird, dass "die Wirtschaft" auf menschliche Arbeitskraft zunehmend verzichten kann, verweist dies auf einen extrem verengten Wirtschafts- und Arbeitsbegriff. Denn menschliche Arbeit im informellen Sektor ist eine wesentliche Voraussetzung für das Funktionieren von formeller Ökonomie und Gesellschaft überhaupt. Darauf verweisen insbesondere die Forschungsarbeiten des Bielefelder Subsistenzansatzes, dessen Entstehungskontext die Renaissance der Modernisierungstheorien in den siebziger Jahren ist. Konsens modernisierungstheoretischer Theoreme rechter wie linker Provenienz ist, dass die Subsistenzproduktion im Zuge der fortschreitenden gesellschaftlichen Entwicklung nach und nach überall auf der Welt der Warenproduktion weicht, dass sie sich als "traditionelles" Element "zurückgebliebener" Gesellschaften weltweiten Industrialisierung, von selbst "auflösen" würde. Im Gegensatz dazu bestand die zentrale Arbeitshypothese des Subsistenzansatzes darin, dass trotz des Niedergangs eigenständiger regionaler Subsistenz*wirtschaften* die Subsistenz*produktion* als unverzichtbare Produktion des Lebens keineswegs verschwindet, sondern lediglich ihren Charakter verändert, insofern sie der Warenproduktion bei- und untergeordnet wird (Werlhof, Mies und Bennholdt-Thomsen 1983). Damit ist der analytische Begriff der Subsistenzproduktion kein historischer, sondern einer, der die Kontinuität von Versorgungstätigkeiten aufzuzeigen vermag. Zugleich ist er durch seinen ambivalenten Charakter geprägt: Subsistenzproduktion ist einerseits gebrauchswertorientierte, unmittelbar auf die Herstellung und Erhaltung des Lebens gerichtete Arbeit. Damit ist sie in hohem Ausmaß wertschöpfende Arbeit, die allerdings in ihrer ökologischen und sozial-kulturellen Qualität nicht erkannt bzw. anerkannt wird. Zum anderen bietet ihre "Befreiung" von den Begrenzungen der Erwerbsökonomie-Fixierung Chancen auf die Realisierung einer gesellschaftlichen Subsistenz*perspektive*, die den Versorgungsaspekt der Ökonomie stärkt (Mies 1995, Bennholdt-Thomsen u.a. 1999).

An den Versorgungsaspekt knüpfen auch die Wissenschaftlerinnen des Netzwerk Vorsorgendes Wirtschaften an: Wie der Subsistenzansatz betont der "Ansatz Vorsorgendes Wirtschaften" die Bedeutung der Frauenarbeit bei der Herstellung der Lebensgrundlage von Gesellschaft (Sonderheft Politische Ökologie 6). Erst wenn Frauen und ihre Lebensrealitäten in den Diskussionen um soziale Beziehungen und gesellschaftliche Strukturen auftauchten, könne die Frage nach einer zukunftsfähigen Wirtschaftsweise beantwortet werden, lautet eine der Grundannahmen. In den Debatten um eine Nachhaltige Entwicklung werde die Tatsache, dass nicht nur Ressourceneffizienz, sondern versorgungswirtschaftliche Tätigkeiten unabdingbare Voraussetzungen der Wirtschaft seien, so gut wie nicht berücksichtigt:

"Der 'natürlichen, regenerierbaren Ressource Mensch' wird in dieser Diskussion bislang kaum Aufmerksamkeit gewidmet – sind dafür doch schon immer wie selbstverständlich die Frauen zuständig. Unsere Gesellschaft wird sich jedoch kaum zu einem maßvollen Lebens- und Wirtschaftsstil hin bewegen, wenn nicht auch für die physische und psychische Entwicklung ihrer Mitglieder Sorge getragen wird." (Zahrnt: ebd.: 40)

4. Zentrum für Eigenversorgung als regionales Laboratorium für Zukunftsfragen

Diese und andere Diskussionsstränge der Nachhaltigkeitsdebatte sind in die Konzeptionierung des Zentrums für regionale Eigenversorgung eingeflossen. Es bietet als eine Art "regionales Laboratorium" die Möglichkeit, Zukunftsfragen im Zusammenhang zu erproben und zu erforschen. Aufgrund seines innovativen Charakters ist das Zentrum von Anfang an als experimentelles Feld zu begreifen. Das heißt u.a., dass die Forschungsfragen "by doing" bearbeitet und beständig konzeptioniert werden. Dabei lautet die Forschungshypothese: Regionale Eigenversorgung schafft eine größere Autonomie-Orientierung, indem sie sowohl das individuelle Kohärenzgefühl als auch soziale Netze stärkt sowie die Bildung von sozialem und kulturellem Kapital ermöglicht. Außerdem fokussiert regionale Eigenversorgung auf einen reziproken Austausch zwischen Stadt und Land und stärkt regionale Wirtschaftskreisläufe. All diese Aspekte werden als genuine Voraussetzungen für soziale und ökologische Zukunftsfähigkeit auf der Akteursebene angesehen und an genau dieser Stelle ist die wissenschaftliche und Praxis-Relevanz des Forschungsprojekts "Regionale Eigenversorgung" angesiedelt. Erste Forschungsfragen (die mit unterschiedlichen Zeithorizonten bearbeitet werden), lauten:

1. Welche Akteure fühlen sich vom Konzept angesprochen? Welche sozialen und kulturellen Barrieren müssen überwunden werden, um weitere Akteure zu aktivieren?
2. Welche Impulse gehen von einem Zentrum für regionale Eigenversorgung aus, die die Region als Handlungsfeld begreifen?
3. Welche Formen von Eigenversorgung lassen sich im und vom Zentrum aus realisieren?
4. Unter welchen Bedingungen re-aktiviert regionale Eigenversorgung verlässliche soziale Beziehungen in einem überschaubaren Raum / welche Formen von Sozialkapital bilden sich durch die Aktivierung informeller ökonomischer Beziehungen und Verhältnisse?
5. Schlägt sich das Engagement für regionale Eigenversorgung auf die Veränderung des Kohärenzgefühls der regionalen Akteure nieder? Welche Formen der persönlichen und kollektiven Autonomie-Erhöhung lassen sich feststellen?
6. Welche neuen Formen der geschlechtlichen Arbeitsteilung und der Bewertung von "Frauenarbeit" bilden sich in den Arbeitsbereichen des Zentrums (z.B. Kochwerkstatt) heraus? Gewinnen Subsistenztätigkeiten an Bedeutung, wenn sie in einen anderen Bewertungskontext eingebettet werden?
7. Wie können Eigenversorgungsstrategien generell gesellschaftlich aufgewertet, damit neu positioniert und attraktiver präsentiert werden?
8. Lassen sich über die Aktivitäten des Zentrums die bäuerliche Landwirtschaft und das produzierende Handwerk – etwa durch neue Formen des Tausches – in gesellschaftliche Umgestaltungsprozesse einbeziehen?
9. Schaffen die Aktivitäten für regionale Eigenversorgung Synergieeffekte zwischen ökologischen, ökonomischen und sozial-kulturellen Problemlagen?

Inwieweit die Wieder-Einübung von regionaler Eigenversorgung Impulse für die überfällige Umgestaltung der Massenkonsumgesellschaft geben kann, ist Gegenstand des Forschungsinteresses der *anstiftung*, die das Allgäuer Zentrum als Modellprojekt mit langfristig erhoffter Ausstrahlungswirkung erprobt.

Literatur

Antonovsky, Aaron (1987): Unraveling the Mystery of Health. San Francisco
Arendt, Hannah (1981): Vita activa. Vom tätigen Leben. München
Beck, Ulrich (1986): Risikogesellschaft. Auf dem Weg in eine andere Moderne. Frankfurt/M.
Bennholdt-Thomsen, Veronika/Holzer, Brigitte/Müller, Christa (Hg.) (1999): Das Subsistenzhandbuch. Widerstandsbewegungen in Europa, Asien und Lateinamerika. Wien
Berthelot, Jacques (2001): Ein anderes Agrarmodell. Für eine bäuerlich-zivile Landwirtschaft. In: Le Monde Diplomatique, April 2001
Biesecker, Adelheid/Mathes, Maite/Schön, Susanne/Scurrell, Babette (Hg.) (2000): Vorsorgendes Wirtschaften. Auf dem Weg zu einer Ökonomie des Guten Lebens. Bielefeld

Busch-Lüty, Christiane (1995): Neue Bewertungen als Voraussetzung und Orientierung für nachhaltiges Wirtschaften. In: Grenzdörffer, Klaus / Biesecker, Adelheid / Heide, Holger u.a. (Hg.): Neue Bewertungen in der Ökonomie, Pfaffenweiler: 97-113

BUND/Misereor (Hg.) (1996): Zukunftsfähiges Deutschland. Ein Beitrag zu einer global nachhaltigen Entwicklung. Studie des Wuppertal Instituts für Klima, Umwelt, Energie. Basel

Csikszentmihalyi, Mihalyi (1999): Lebe gut! Wie Sie das Beste aus Ihrem Leben machen. Stuttgart

Daly, Herman E. (1995): Wachstum ist unwirtschaftlich. In: Die ZEIT 42/95

Empacher, Claudia/Schultz, Irmgard (2001): Nachhaltige Konsumstile: Neue Erkenntnisse. In:

Giarini, Orio/Liedtke, Patrick M. (1999): Wie wir arbeiten werden. Der neue Bericht an den Club of Rome. Hamburg

Gleich, Arnim von / Lucas, Rainer / Schleicher, Ruggero / Ullrich, Otto (1992): Blickwende in der Technologiepolitik. Naturumgang, Bedürfnisse und räumliche Entwicklungsperspektiven der Region Bergisches Land. Opladen

Gronemeyer, Marianne (1988): Die Macht der Bedürfnisse. Reflexionen über ein Phänomen. Reinbek

Luxemburg, Rosa (1923): Die Akkumulation des Kapitals. Ein Beitrag zur ökonomischen Erklärung des Imperialismus. Frankfurt/M.

Jochimsen, Maren/Knobloch, Ulrike/Seidl, Irmi (1994): Vorsorgendes Wirtschaften, in: Politische Ökologie, Sonderheft 6: 6-11

Mies, Maria (1995): Die Krise als Chance. Zum Ausstieg aus der Akkumulationslogik, in: IG-Rote Fabrik/Zürich (Hg.): Krise - welche Krise? Berlin: 65-96

Mittelsten Scheid, Jens (1995): Mehr Eigenarbeit. Bausteine für eine menschliche Zukunft. In: das baugerüst, 1/1995, S.56-59

Müller, Christa (1998): Von der lokalen Ökonomie zum globalisierten Dorf. Bäuerliche Überlebensstrategien zwischen Weltmarktintegration und Globalisierung. Frankfurt/New York

Müller, Christa (2001): Interkulturelle Grenzöffnungen, Geschlechterverhältnisse und Eigenversorgungsstrategien: Zur Entfaltung zukunftsfähiger Lebensstile in den Internationalen Gärten Göttingen. In: Nebelung, Andreas/Poferl, Angelika/Schultz, Irmgard (Hg.) (2001): Geschlechterverhältnisse – Naturverhältnisse. Feministische Auseinandersetzungen und Perspektiven der Umweltsoziologie. Opladen: 183-196

Peters, Ulla / Sauerborn, Klaus / Spehl, Harald u.a. (1996): Nachhaltige Regionalentwicklung - ein neues Leitbild für eine veränderte Struktur- und Regionalpolitik. Eine exemplarische Untersuchung an zwei Handlungsfeldern der Region Trier. Universität Trier

Redler, Elisabeth: Tätigkeit statt Warenkauf. Über Stellenwert, Möglichkeiten und Grenzen der Eigenarbeit. In: Politische Ökologie 54, Mai/Juni 1998: 65-67

Scherhorn, Gerhard /Dahm, Patrizia (1999): Die andere Arbeit. Unveröff. Man. Wuppertal

Scherhorn, Gerhard (1997): Das Ganze der Güter. In: Meyer-Abich, Klaus Michael (Hg.): Vom Baum der Erkenntnis zum Baum des Lebens. Ganzheitliches Denken der Natur in Wissenschaft und Wirtschaft. München: 162-251

Schmid, Wilhelm (1998): Philosophie der Lebenskunst. Eine Grundlegung. Frankfurt/M.

Schneider, Manuel (1995): Die Folgen des Erfolgs. Zur Ökologie der Zeit in Landwirtschaft und Ernährung. In: Politische Ökologie, Sonderheft 8, S.6-14

Tischer, Martin (1995): Nachhaltige Regionalentwicklung und interregionaler Handel. Institutionen und Strategien für die Wirtschaftsbeziehungen zwischen eigenständigen Regionen. NARET-Diskussionspapier Nr. 6. Universität Trier

Werlhof, Claudia von (1984): Der weiße Mann versucht noch einmal durchzustarten. In: Kommune 11/84, S. 61-70

Werlhof, Claudia von / Mies, Maria / Bennholdt-Thomsen, Veronika (1983): Frauen, die letzte Kolonie. Reinbek

Der kleine und mittelständische Einzelhandel auf dem Weg zu einer nachhaltigen Sortimentspolitik?

PD Dr. Birgit Blättel-Mink

Universität Stuttgart, Institut für Sozialwissenschaften - Soziologie III
E-Mail: *birgit.blaettel-mink@soz.uni-stuttgart.de*

Dipl.-Chem. Uta Umpfenbach

Akademie für Technikfolgenabschätzung in Baden-Württemberg
E-Mail: *uta.umpfenbach@ta-akademie.de*

1. Einleitung

Der kleine und mittelständische Einzelhändler hat es nicht leicht, wenn es darum geht, die Vorgaben der Nachhaltigkeit in seine Sortimentspolitik zu integrieren. Mit Nachhaltigkeit ist hier vor allem die Verknüpfung von ökonomischer und ökologischer Nachhaltigkeit gemeint, der Gedanke der Sozialverträglichkeit von wirtschaftlichem Handeln wird nur am Rande gestreift. Nicht leicht hat es der Einzelhändler, weil er das anbieten muss, was die Kunden und Kundinnen nachfragen, sei es nun ökologisch verträglich oder nicht, sonst bleiben sie aus. Nicht leicht hat er es weiterhin, weil er im Normalfall nur über geringe Ressourcen (finanzieller aber auch personeller Art) verfügt, um mit Nachhaltigkeit verbundene Neuerungen zu initiieren. Schließlich findet man den Einzelhändler traditionell in einem Kommunikationszusammenhang, der eine Öffnung gegenüber nachhaltiger Entwicklung eher unwahrscheinlich macht. Die dringlichsten Themen, die die Kommunikation und Kooperation mit Verbänden, Kollegen etc. bestimmen, sind betriebswirtschaftlicher Art. Wie kann man Zeiten der Globalisierung als kleiner und mittelständischer Einzelhändler überhaupt überleben? Wie geht man mit unliebsamen Verordnungen und deren Folgen, wie z.B. mit dem Dosenpfand um? Und wie kann man neue Gegebenheiten, wie die Einführung des Euro am besten organisieren? Nachhaltige Entwicklung spielt dabei erst mal eine eher untergeordnete Rolle, es sei denn, der Einzelhändler macht ein derartiges Streben aus eigener Überzeugung oder Einsicht in die Notwendigkeit zur "Chefsache", oder das Unternehmen steht im Wettbewerb um große Abnehmer, wie öffentliche Stellen, wo die ökologische Qualität der Produkte mehr und mehr zu einem zusätzlichen Beschaffungskriterium wird (vgl. jüngste Tendenzen der Entwicklung einer europäischen Beschaffungsrichtlinie).

Im folgenden werden wir die Ergebnisse eines Projektes vorstellen, das sich mit der Frage der Nachhaltigkeit im Einzelhandel nicht primär theoretisch, sondern eher praxisorientiert beschäftigt hat. In einem ersten Schritt wird die Projektstruktur präsentiert, in einem zweiten Schritt die wesentlichen Ergebnisse der Projektarbeit und in einem dritten Schritt schließlich die im Rahmen der Projektarbeit entwickelten Instrumente, die für die Förderung nachhaltiger Sortimentspolitik im Einzelhandel geeignet erscheinen. Am Ende steht ein kritischer Ausblick.

2. Das Projekt "Nachhaltigkeit im Einzelhandel"

Das Projekt "Nachhaltigkeit im Einzelhandel", das von 1998 bis Ende 2000 unter der Koordination der Akademie für Technikfolgenabschätzung in Baden-Württemberg durchgeführt wurde, war von der Zielsetzung getragen, Impulse zur Förderung einer nachhaltigen Handelsstruktur zu setzen und zu einer dauerhaften Verankerung von Kriterien zur Bewertung von Nachhaltigkeit im Handel beizutragen. Um diesen Zweck sach- und praxisgerecht zu erfüllen, wurde ein zweigleisiges Vorgehen gewählt. Zum einen umfasste das Projekt sechs Pilotvorhaben in drei Branchen des Einzelhandels, in denen branchen- und regionalspezifisch die Ziele und Leitlinien einer nachhaltigen Wirtschaftsweise für die Handlungsfelder Sortimentsgestaltung, Kundenberatung und umweltgerechte Betriebsführung umgesetzt werden sollten. Zum zweiten wurde ein Runder Tisch eingerichtet, an dem Vertreter des Hauptverbandes des Deutschen Einzelhandels (HDE), Vertreter von Einzelhandelsunternehmen und des Bundesumweltministeriums unter Anleitung und Moderation der Akademie für Technikfolgenabschätzung in Baden-Württemberg zusammenkamen. Der Runde Tisch diente dazu, gemeinsame umweltpolitische Ziele und Leitlinien zu beraten, die Praxisberichte aus den Pilotvorhaben aufzunehmen und die dort gemachten Erfahrungen auf ihre Verallgemeinerungsfähigkeit hin zu überprüfen.

Die Erarbeitung von Checklisten zum nachhaltigen Wirtschaften im Handel unter Einbeziehung der Interessen und Anliegen von Produzenten, Konsumenten und Handelsvertretern erfolgte weitgehend durch das Institut für Markt, Umwelt und Gesellschaft e.V. (imug) in enger Kooperation mit den beiden anderen beteiligten Projektnehmern (Akademie für Technikfolgenabschätzung in Baden-Württemberg (TA-Akademie) und Zentralstelle für Berufsbildung im Einzelhandel (zbb). Besonderes Augenmerk wurde im Projekt auf die Entwicklung von Materialien zur Weiterentwicklung der Humanressourcen gelegt. Die Umsetzung der Forschungsergebnisse in ein Schulungskonzept sowie die Institutionalisierung dieser Bildungsmaßnahmen über die Projektphase hinaus oblag der zbb. Das Projekt war auf eine Dauer von drei Jahren angelegt. Es wurde von der TA-Akademie koordiniert. Bei den sechs Pilotvorhaben in drei Branchen übernahm ein Arbeitskreis pro Branche die fachliche und praxisgerechte Evaluation der Ergebnisse.

Ergebnis des Projekts ist ein konsistentes, auf ganzheitliche Betrachtung angelegtes und in der Praxis bewährtes Informations- und Schulungskonzept zur Gestaltung von Nachhaltigkeit in drei Branchen des Einzelhandels (Lebensmittel, Bürobedarf und Bau- und Heimwerkerbedarf), das in Pilotbetrieben der drei Branchen getestet wurde.

2.1 Potenziale für Nachhaltigkeit im Einzelhandel – Die Ausgangshypothesen

Die Bemühungen um eine nachhaltige Wirtschaftsentwicklung werden meist auf die Produktion von Gütern (Stichwort: Effizienzverbesserung bei der Nutzung natürlicher Ressourcen) und auf den Konsum (Stichwort: Suffizienzrevolution als Zeichen der Dematerialisierung von Gütern und Dienstleistungen) bezogen. Dabei wird das Zwischenglied zwischen Produktion und Konsum, nämlich der Handel, weitgehend ausgeblendet. Dies ist um so erstaunlicher, als in den letzten beiden Jahrzehnten der Anteil des Handels am globalen Sozialprodukt von rund 3 auf etwa 20 Prozent zugenommen hat. Jede fünfte Mark, jeder fünfte Dollar, jeder fünfte Dinar oder Yen wird heute im Handel erwirtschaftet. Auch in Deutschland ist der Einzelhandel der zweitgrößte Wirtschaftszweig nach der Industrie.

Wenn Handel in der öffentlichen Diskussion mit Umweltverträglichkeit oder Nachhaltigkeit in Verbindung gebracht wird, dann häufig entweder als Motor oder als Hemmschuh für Ökoeffizienz der Unternehmen bzw. für Veränderungen beim Konsumentenverhalten. Auf beides kann der Handel aber nur bedingt Einfluss nehmen; er kann weder die Rolle des Wirtschaftsdiktators einnehmen, der den Produzenten Nachhilfe in Sachen Ökoeffizienz gibt, noch kann er den Kunden vorschreiben, was diese zu kaufen haben. Dennoch kann der Handel wirkungsvoll zum Ziel der Nachhaltigkeit beitragen; als Bindeglied zwischen den beiden Polen Produktion und Konsum kann er als einflussreicher Vermittler ("gate-keeper") operieren und in dreifacher Weise nachhaltige Strukturen fördern:

- durch eine umweltgerechte Sortimentsauswahl
- durch eine sachgerechte und kompetente Umweltberatung des Kunden
- durch eine umweltverträgliche Ausstattung der Verkaufsflächen und ein entsprechendes innerbtriebliches Umweltmanagement.

In seiner Vermittlungsfunktion ist der Einzelhandel prinzipiell in der Lage, Signale des Verbrauchers an die Produzenten weiterzuleiten und dem Verbraucher umweltverträgliche Produkte näher zu bringen. Verbesserungen der Kommunikation sind daher in beiden Richtungen möglich. Durch eine bewusst umweltgerechte Gestaltung der Läden und Verkaufsflächen kann eine Anreizwirkung zum Kauf nachhaltiger Produkte auf die Kunden ausgehen. Durch ein gutes Image, etwa den Ruf, nachhaltig zu wirtschaften, können zudem Kunden gebunden werden. Die Aktivierung dieser drei Einflussmöglichkeiten ist mit Chancen und Risiken verbunden. Trifft der jeweilige Einzelhändler mit seinem umweltschonenden Sortiment, einer umweltgerechten Beratung und einer umweltfreundlichen Ausstattung die Präferenzen und Wünsche der Kunden, dann macht dies nicht nur ökologisch Sinn, sondern schlägt sich auch ökonomisch als zusätzlicher Gewinn oder als Stabilisierung des eigenen Marktes nieder. Schätzt der Händler dagegen die Präferenz der Kunden falsch ein, dann mag er vielleicht das Gute für die Umwelt gewollt haben; mangelnder Umsatz wird aber dafür Sorge tragen, dass die Produkte weder ihre ökologische Überlegenheit unter Beweis stellen können, noch dass sich die Investition für den jeweiligen Händler ökonomisch auszahlen wird. Es kommt also darauf an, dass die Ökologisierung des Handels im Gleichschritt mit der Ökologisierung des Verbraucherverhaltens verläuft, wobei sich beides durchaus gegenseitig befruchten kann. Eine der wichtigsten Bedingungen für dieses Balancieren zwischen Angebot und Nachfrage ist eine gut funktionierende Kommunikation zwischen Produzenten, Händlern, Konsumenten und Regulatoren.

3. Zentrale Ergebnisse des Projektes

3.1 Der Einzelhandel als beschränkter Mittler zwischen Herstellern und Konsumenten

Der Handel wurde zu Beginn des Projektes als bedeutender Mittler ("gate-keeper") zwischen Produzent und Konsument gesehen, der durch eine umweltgerechte Sortimentsgestaltung, eine kompetente Kundenberatung sowie durch eine umweltgerechte Betriebsführung zu einer nachhaltigen Wirtschaftsweise beitragen kann. Im Verlauf des Projektes wurde jedoch deutlich, dass die Handlungsspielräume der Unternehmen von zahlreichen Faktoren abhängen. Neben den politischen und marktspezifischen Rahmenbedingungen der jeweiligen Branche sind dies die Unternehmensstruktur selbst sowie das Verbraucherverhalten. Kann der Einzelhandel – entsprechend einer der Thesen des "gate-keeper-Theorems" – ökologisch bessere Produkte und Leistungen aktiv in die Märkte hineintragen, gleichsam einen Angebotsdruck auf die Konsumenten ausüben (These vom ökologischen Angebotsdruck)? Und werden Konsumenten umfassendere ökologische Leistungen des Einzelhandels belohnen? Bei den meisten Konsumenten kann dies nur erwartet werden, wenn gleichzeitig die Preiserwartungen der Konsumenten erfüllt werden. Daneben kommuniziert die Herstellerseite über Werbung direkt mit dem Kunden, ohne den Einzelhandel einzubeziehen. Hier müssen die Verbände, die Einkaufsgenossenschaften und die ERFA-(Erfahrungsaustausch-) Gruppen zu einer Verbesserung der Kommunikation zwischen den Beteiligten beitragen.

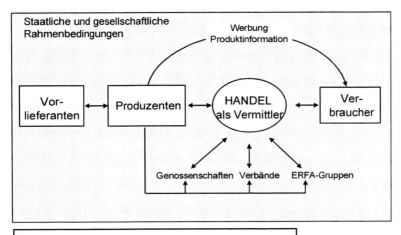

Abb. 1: Die neue „gate-keeper" Rolle des Handels

3.2 Ökologische Leistungen sind nur von geringem Interesse

Welche Verhaltenstrends sind bei den Verbrauchern zu verzeichnen und welche Kriterien bestimmen die Geschäftswahl? Diese Fragen standen bei den Kundenbefragungen durchgeführt von imug im Vordergrund.

Bei den Konsumenten zeigen sich folgende grundlegende Werte- und Verhaltenstrends, die bei einer nachhaltigen Sortimentsgestaltung zu beachten sind:

- Convenience-Orientierung (sehr stark durch neue Rollenverteilung von Beruf und Freizeit und den Geschlechterrollen beeinflusst)
- Erlebnis- und Funorientierung (sehr stark durch die Neubewertung von Räumen und Zeit geprägt)
- Preisorientierung (sehr stark durch das Realeinkommen und alternative Geldverwendungsziele geprägt)
- Marken- und Qualitätsorientierung
- Bio- und Umweltorientierung

Diese allgemeinen Werte- und Verhaltenstrends treten in höchst unterschiedlicher und auch widersprüchlicher Weise in Erscheinung. Nicht nur inter-individuelle Unterschiede (zwischen Konsumentengruppen) sind auszumachen, sondern intra-individuelle Schwankungen über die Zeit sind zu beobachten. Die repräsentative Kundenbefragung hat ergeben, dass neben der Lage und Erreichbarkeit es vor allem die Produktqualität und das wahrgenommene Preisniveau sind, die als "Eigenschaften von Geschäftsstätten" bei der Wahl von Lebensmittelgeschäften ins Gewicht fallen. Ökologische Leistungen des Lebensmitteleinzelhändlers werden dagegen deutlich seltener als wichtiger

Einkaufsgrund genannt. Lediglich bei rund 15% aller deutschen Konsumenten ist auch beim Lebensmitteleinkauf die ökologische Leistungsfähigkeit des Einzelhandels ein – auch aus Sicht des Einzelhandels - wirklich zu beachtendes Motiv.

Auffallend ist, dass die Zufriedenheit mit dem ökologischen Leistungsangebot im Lebensmittelhandel allenfalls als mäßig eingestuft wird. Jeder dritte Befragte kann dann auch konkrete Verbesserungsvorschläge formulieren. Interessant ist, welche Verbesserungsvorschläge vorgetragen und welche Leistungen und Aktivitäten des Lebensmitteleinzelhändlers überhaupt als "ökologisch sinnvoll" oder zumindest als "ökologisch gut gemeint" wahrgenommen werden. Dazu zählen u.a. regionale Produkte, keine gentechnisch veränderten Produkte, Pfand- und Rücknahmesysteme, Bioprodukte sowie frische und unverpackte Ware. Viele Anzeichen sprechen dafür, dass die ökologische Leistungsfähigkeit des Lebensmitteleinzelhandels sehr stark an der wahrgenommen Qualität der angebotenen Frischeprodukte festgemacht wird. Vermutlich dürfte es sich bei den ökologischen Leistungen eines Lebensmittelgeschäfts aus Sicht der meisten Kunden um eine klassische "Belohnungsleistung" handeln. Sie sind das Sahnehäubchen, das – wenn es wahrgenommen wird – das positive Gesamtbild des Lebensmittelgeschäftes abrundet. So wurde bei einer Befragung von 2500 Kunden einer Lebensmittelkette mit rund 400 Geschäften bei der "offenen" Frage, "worüber man sich in diesem Geschäft schon einmal besonders gefreut habe", als fünfthäufigste Antwort die Auswahl an Bio-Produkten gegeben.

3.3 Die Handlungsspielräume kleiner und mittlerer Betriebe sind gering

Nicht nur das Verbraucherverhalten, sondern auch die marktspezifischen Rahmenbedingungen und die internen Strukturen der Unternehmen bestimmen entscheidend die Handlungsspielräume der Unternehmen. Die Bestandsaufnahme in den Betrieben hat ergeben, dass zum Teil schon ein ganzes Bündel an ökologischen Leistungen angeboten werden, sich aber andere Maßnahmen aufgrund der gegenwärtigen Rahmenbedingungen im Handel nicht realisieren lassen. Gerade kleinere und mittlere Betriebe sind von dem Konkurrenzkampf, der derzeit im Einzelhandel herrscht, besonders betroffen. Auch die fehlenden Ressourcen und das mangelnde Interesse von Seiten der Mitarbeiter wurden als Hemmnisse bei der Verwirklichung nachhaltiger Strategien genannt. Zudem zeigt sich, dass bei den kleineren und mittleren Betrieben häufig Informationen über die Zusammensetzung, Inhaltsstoffe und Verpackung der Produkte fehlen. Auch die Kenntnisse über die Einsparpotenziale durch ökologische Betriebsführung sind oft nicht vorhanden bzw. die Kapazitäten sind nicht vorhanden, sich ausreichend darüber zu informieren.

3.4 Kommunikation und Kooperation im Bereich nachhaltigen Wirtschaftens sind wenig ausgeprägt

Ein Expertengespräch zum Thema "Kommunikation im Einzelhandel", das im Dezember 1999 in Stuttgart stattfand, sollte Aufschluss über die Möglichkeiten von mittelständischen Einzelhändlern geben, nachhaltige Wirtschaftsweisen umzusetzen. Die wesentlichen Ergebnisse des Expertengesprächs:

1. Ökologische Betriebsführung kann als "Einstiegsdroge" in die Nachhaltigkeit wirken. Daneben spielt die ökologische Sortimentsgestaltung eine wichtige, aber schwer zu realisierende Rolle für den kleinen und mittelständischen Einzelhandel.

2. Zukunftsträchtig sind Service-Angebote wie Mehrwegprodukte, Verleihmöglichkeiten, Nachfüllservice. Dies kann auch eine stärkere Kundenbindung bewirken.

3. Der kleine und mittelständische Einzelhandel ist auf Kooperation mit Genossenschaften, Verbänden und ERFA-Gruppen angewiesen, um entsprechende Produktinformationen einzufordern, um Konzepte der Kundenberatung zu entwickeln und um eine Förderung der Mitarbeiterschulung zu betreiben.

4. Ökologischer Druck auf den Einzelhandel entsteht - im Idealfall - vor allem durch die Kunden und die Öffentlichkeit. In der gegenwärtigen Situation müsste eher der Einzelhandel Druck auf die Kunden ausüben.

5. Der ökologisch geschulte Mitarbeiter des Einzelhandels kann das Prestige dieser Berufsgruppe erhöhen und ein neues Thema in den Einzelhandel bringen. Wichtig ist hierbei die aktive Einbindung von Mitarbeitern in das "ökologische" Geschehen.

Darüber hinaus wurde eine Befragung von Einzelhändlern durchgeführt, die Aufschluss über die hauptsächlichen Kommunikationsstränge geben sollte, um damit die Kooperationsstrategien in die adäquaten Informationskanäle leiten zu können. Die befragten Einzelhandelsunternehmen sind in sehr hohem Maße Mitglied in regionalen Einzelhandelsverbänden, aber auch in lokalen Interessensgemeinschaften und in für den Einzelhandel typischen "ERFA-Gruppen", in denen vor allem betriebswirtschaftliche Probleme thematisiert werden. Daraus ergeben sich zwei mögliche Strategien der Vorgehensweise:

- "Bottom Up": Nicht organisierter Meinungsaustausch zwischen Händlern

Einbringen ökologischer Themen durch Händler in ERFA-Gruppen □ Forderung nach mehr Ökologie in den Aktivitäten der Einkaufsgenossenschaften (Kontakt zu Herstellern) plus Unterstützung durch Schulungen und Informationen von Seiten der Verbände.

- "Top down": Einzelhandelsverbände bieten verstärkt Schulung im Öko-Bereich an □ ERFA-Gruppen dienen als "Brücken" □ Lokale Interessengemeinschaften greifen diese Themen auf und tragen sie an die lokalen Akteure heran.

4. Instrumente zur Stärkung einer nachhaltigen Sortimentspolitik im Einzelhandel

Im folgenden werden die Instrumente vorgestellt mit deren Hilfe eine Förderung der Nachhaltigkeit im Einzelhandel möglich sein soll.

Welche Wege gibt es, die bestehenden Barrieren zu überwinden und die Chancen zu nutzen? Um die Mitarbeiter der Unternehmen über Produkte und deren Zusammensetzung zu informieren und sie für den Verkauf zu schulen, werden im Rahmen des Projekts Informations- und Schulungsmaterialien für das Internet, auf Diskette und vertiefend in Papierform erarbeitet. Der verbesserte Austausch und die Darstellung von Unternehmen im Internet soll durch eine sogenannte Best-Practice Datenbank erreicht werden.

Diese Endprodukte wurden in Zusammenarbeit mit Vertretern aus Verbänden und Unternehmen, DBU und HDE, dem Projektbeirat und in den Arbeitskreisen zu den drei Branchen entwickelt und sollen den Einstieg in den nachhaltigen Einzelhandel bzw. die Weiterentwicklung bereits eingeschlagener Wege in Richtung Nachhaltigkeit erleichtern.

4.1 Das Schulungskonzept

Schulungskonzepte für die drei bearbeiteten Branchen des Einzelhandels sind ein hauptsächliches Endprodukt des Projekts, deren Entwicklung der Zentralstelle für Berufsbildung im Einzelhandel e.V. (zbb) obliegt. Mit den Schulungsmaterialien sollen die Unternehmer selber sowie die Mitarbeiter im Ein- und Verkauf und die Auszubildenden angesprochen werden. Als wesentliche Anforderungen an die Schulungskonzepte haben sich insbesondere die flexible Einsetzbarkeit, die leichte Aktualisierbarkeit der ständigen Veränderungen unterliegenden Inhalte sowie die Möglichkeit der betriebsspezifischen Anpassung z.B. zur kundenspezifischen Aufbereitung der Informationen herauskristallisiert. Vor diesem Hintergrund erscheint es sinnvoll, die Schulungskonzepte auf Disketten mit den grundlegenden Inhalten anzubieten und für weiterführende Informationen und zur Aktualisierung der Inhalte auf den Online-Infopool und die Best-Practice Datenbank hinzuweisen. Die Schulungskonzepte sollen aktuelle Alltagsprobleme aufzeigen und Lösungen anbieten. Neben der reinen Wissensvermittlung ist es grundlegendes Ziel, bei den Mitarbeitern Neugier und Interesse für das Thema zu wecken, so dass sie gewohnte Verhaltens- und Wahrnehmungsmuster durchbrechen und das Erlernte kreativ in der Praxis umsetzen. Wesentliche Inhalte der Schulungskonzepte sind produktspezifische Informationen insbesondere zu den Inhaltsstoffen sowie Möglichkeiten der Kommunikation des kundenbezogenen Nutzens umweltverträglicher Produkte. Die Vermittlung der Inhalte wird in Sequenzen gestaltet, die auf denkbaren Umweltfragen von Kunden, Mitarbeitern, Unternehmern und Herstellern basieren. Als Erweiterung zum dargelegten Schulungskonzept sind zum einen Veranstaltungen denkbar, die ökologisches Hintergrundwissen vermitteln und das Denken in Kreisläufen und Systemen sowie den Umgang mit komplexen Situationen fördern. Zum anderen können die Unternehmen selber ein innerbetriebliches Begleitkonzept entwickeln, um die Idee des umweltfreundlichen Unternehmens kontinuierlich mit Leben zu füllen.

4.2 Der Online-Infopool (http://www.handelumweltinfo.de)

Dem Einzelhandel steht im Internet ein Informationsportal "Umweltorientierung im Handel" zur Verfügung, in dem zum einen konkrete praxisrelevante Informationen zum Thema abgerufen und zum anderen weiterführende Materialien per Hyperlinktechnik recherchiert werden können. Die Inhalte werden ständig aktualisiert und ergänzt. Darüber hinaus enthält das Portal ein Diskussionsforum, in dem sich die Unternehmen über Probleme und Erfahrungen im Umweltbereich austauschen und Netzwerke bilden können sowie eine Best-Practice Datenbank. Die Best-Practice Datenbank gibt innovativen Unternehmen, die sich durch ihre umweltgerechte Sortimentsgestaltung, ihre Unternehmensführung und/oder ihre Umweltberatung auszeichnen, die Möglichkeit, ihre Leistungen im Internet zu präsentieren. Die Eintragung erfolgt freiwillig und wird von den Unternehmen selbst vorgenommen. Neben den Stammdaten des Unternehmens ermöglichen es Freitextfelder, die ökologischen Leistungen umfassend darzustellen. Die Handhabung von Internet-Informationsquellen und der erforderlichen Browser-Software wird den Unternehmen mit Hilfe eines Navigators – in digitaler sowie in Papierform – erläutert. Der digitale Navigator umfasst ein Glossar zu Internet- und Umweltfachbegriffen und wichtigen Adressen. Die Anleitung in Papierform gibt eine Übersicht über die Schaltflächen der Browser, wichtige Funktionen und Funktionstasten.

Abb. 2: Online-Infopool http://www.handelumweltinfo.de

5. Zusammenfassung und Ausblick

Die Projektarchitektur mit der Einbindung von Vertretern aus der Praxis in den verschiedenen Gremien, als Pilotunternehmen, in Arbeitskreisen, am Runden Tisch und in Expertengesprächen stellt eine wichtige Voraussetzung für die Evaluierung der Ergebnisse und für die Entwicklung der Produkte für den Handel dar. Im Laufe des Projektes wurde die Rolle des Handels innerhalb der Konsumkette neu wahrgenommen. Dazu trugen die vielschichtigen Gespräche mit den Praxisvertretern sowie auch die Verbraucherbefragung zur Einkaufsstättenwahl und eine Befragung zu den Kommunikationswegen der Händler bei. Als wichtigster Output des Projekts zur Stärkung einer nachhaltigen Sortimentspolitik im Handel wird v.a. die Entwicklung des Informations- und Schulungskonzeptes – bestehend aus dem Motivationsmodul in Form einer Diskette und einem Informationsmodul in Form des Online-Infopools verbunden mit einer Best-practice Datenbank zum Lösungsaustausch und zur Kommunikation – gesehen. Dieses Konzept wird in einem Folgeprojekt weiterentwickelt, in der Praxis getestet und kommuniziert werden.

Die Probleme des kleinen und mittelständischen Einzelhandels bei dem Versuch, ökologische (und soziale) Nachhaltigkeit in das wirtschaftliche Kalkül zu integrieren, sollten im vorhergehenden deutlich geworden sein. Drei Ansatzpunkte zur Förderung nachhaltiger Sortimentspolitik wurden dabei deutlich: Einzelhandelsadäquate Information, Kommunikation und Förderung (den Händler dort abholen, wo er steht!). Wir müssen den Händler erreichen, dazu brauchen wir die Unterstützung seiner Kommunikations- und Kooperationspartner. Wir müssen den Händler informieren, dazu brauchen wir die Unterstützung der Wissenschaft, der Politik aber auch der Herstellerseite sowie der Konsumenten und Konsumentinnen. Und wir müssen nachhaltiges Handeln im kleinen und mittelständischen Betrieb fördern, durch größennivellierende Verordnungen und durch eine systemische Herangehensweise, die sämtliche relevante Akteure des Einzelhandels in die vorgesehenen Strategien einbezieht. Der Einzelhändler ist nur dann handlungsfähig, wenn die Nachfrage, die Herstellerseite, die Politik und die Mitbewerber an einem Strang ziehen. Der Beitrag, den wir als Wissenschaftlerinnen leisten können, besteht darin, dem Einzelhändler den Zugang zu notwendigen Informationen zu erleichtern, es ihm zu ermöglichen, sich als Teil einer "community" zu sehen, die mit bestimmten Problemen zu kämpfen hat, für die einige Händler bereits eine Lösung gefunden haben. Eine Lösung im übrigen, die nicht nur die natürlichen Ressourcen schont, sondern häufig auch dazu beiträgt, die wirtschaftliche Situation des Unternehmens zu verbessern. Wir wollen dann einen Weg anbieten, diese Lösungsmöglichkeiten vorzustellen und gemeinsam zu diskutieren.

All dies tun wir in diesem Projekt mit Hilfe eines komplexen Schulungs- und Informationskonzeptes, das es zu verfeinern und zu erweitern gilt und, dass noch einen weiten Weg hat, bevor es tatsächlich die Masse der Einzelhändler auch anspricht. Darüber wird u.a. an einem bundesweiten Runden Tisch nachgedacht, an dem sich neben Vertretern von Handelsunternehmen und der Ministerien auch Vertreter nationaler und regionaler Verbände des Einzelhandels zusammenfinden. Hier gilt es, die geeigneten Multiplikatoren auszumachen und mögliche Strategien der Kommunikation gängiger Lösungen kritisch zu diskutieren.

Literatur

1. Ausgewählte Literatur zum Thema

"Der umweltbewusste Einzelhandelsbetrieb – Ein Leitfaden für Kaufleute" (1997) - Hrsg.: Bayerisches Staatsministerium für Landesentwicklung und Umweltfragen und Landesverband des Bayerischen Einzelhandels e.V.

"Der umweltbewusste Bürofachhandel – Ein Ergänzungsleitfaden" (1998) - Hrsg.: Bayerisches Staatsministerium für Landesentwicklung und Umweltfragen und Landesverband des Bayerischen Einzelhandels e.V.

"Umweltmanagement im Einzelhandel – Leitfaden zur Anwendung der EG-Öko-Audit-Verordnung" (1996) Hrsg.: Landesanstalt für Umweltschutz Baden-Württemberg

"Energieeinsparung im Lebensmitteleinzelhandel" (1996) Hrsg.: KEA Klimaschutz- und Energieagentur Baden-Württemberg GmbH

"Umweltgerechtes und wirtschaftliches Bauen und Einrichten im Handel" (2000) – Hrsg.: Hauptverband des Deutschen Einzelhandels (HDE)

"Umweltschutz im Handel – Leitfaden für die Praxis" Hrsg.: Bundesarbeitsgemeinschaft der Mittel- und Großbetriebe des Einzelhandels (BAG)

"Umwelt- und Verpackungszeichen in Europa" (1997) – Ute Landmann – ecomed Verlagsgesellschaft AG & Co. KG

"Label für nachhaltige Produkte – Bewertung von Produktkennzeichnungen" (1999) Hrsg.: Bundesverband für Umweltberatung e.V.

"Handbuch – Umweltfreundliche Beschaffung" (1999) – Hrsg.: Umweltbundesamt – Verlag Franz Vahlen München

"Ökologie im Büro –Leitfaden für die umweltorientierte Beschaffung" (1999) – Harald Gilch – Hrsg.: Maximilian Gege, Eichborn Verlag

"Umweltmanagement im Handel" (2000) – Dirk Funck, Heike Schinnenburg, Deutscher Fachverlag, Frankfurt a. M.

"Aldi oder Arkaden? Unternehmen und Arbeit im europäischen Einzelhandel" (2001) – Hedwig Rudolph, edition sigma, Berlin

2. Publikationen im Rahmen des Projektes

Handelsjournal 2/1999 - "Umweltfreundliche Unternehmensführung"

GAIA 3/1999 – "Von der Umweltkonferenz in Rio zu Händlern und Kunden: Nachhaltigkeit im Einzelhandel" Anja Knaus, Uta Umpfenbach

Lebensmittelrundschau 7/1999 (Ba-Wü-Teil) – "Ideenbox für den Handel" Dagmar Andres-Brümmer, Uta Umpfenbach

Der Handel 5/1999 – "Umweltschutz lohnt sich" Sabine Heines

Handelsjournal 7/1999 – "Trojanische Pferde – Nachhaltigkeit im Handel" Björn Quäck

Lebensmittelrundschau 10/1999 (Ba-Wü-Teil) – "Noch viel zu tun" Dagmar Andres-Brümmer

AgV-Forum 4/2000 – "Nachhaltiger Konsum auch für Heimwerker, zur Umweltverträglichkeit des Produktsortiments in Baumärkten" Kathrin Klaffke

ECOregio 6-7/2000 – "Nachhaltigkeit im Einzelhandel" Iris Lehmann

GAIA 2/2000 – "Sahnehäubchen Umweltschutz" – Projekt 'Nachhaltigkeit im Einzelhandel' Iris Lehmann

Lebensmittelrundschau 11/2000 (Ba-Wü-Teil) – "Endspurt - Umweltschutz – Ab sofort Online-Datenbank" Dagmar Andres-Brümmer, Uta Umpfenbach

Handelsjournal 12/2000 – "Nachhaltig wirtschaften"

Lebensmittelrundschau 1/2001 (Ba-Wü-Teil) – "Neue Marktchancen" Dagmar Andres-Brümmer

Artikel in Chefsache: 7/1998; 1/1999; 8/1999; 11/2000

Artikel in HDE-Aktuell: 29.06.1998; 25.01.1999; 11.10.2000; 02.11.2000

Artikel in Umweltinfo: 34/1998; 38/1999; 41/1999

Handelsinformationsdienst Haidi2000; 11.06.1999; 13.09.1999

Pressedienst des Handels: 9/1999; 28/1999; 44/2000; 45/2000

BHB Zeitblick: 4/1998, 2/1999; 6/1999

BBW Infoletter: 10/1999

EDV-Info der zbb: 10/2000

HDE Bildungsinfo: 11/2000

TA-Information 1/1998 – "Vermittler zwischen Konsumenten und Produzenten – der Beitrag von Einzelhandelsunternehmen zur Umsetzung einer nachhaltigen Entwicklung" Anja Knaus

TA-Information 3/1999 – "Nachhaltigkeit im Einzelhandel – Von der Umweltkonfrenz in Rio zu Händlern und Kunden" Anja Knaus

TA-Information 3/2000 – "Sahnehäubchen Umweltschutz" Dr. Birgit Blättel-Mink, Uta Umpfenbach

TA-Information 1/2001 – "Umweltschutz im Spannungsfeld von Angebot und Nachfrage" Dr. Birgit Blättel-Mink, Uta Umpfenbach

Das Ideal der Sorglosigkeit: Der Nachhaltigkeitsdiskurs zwischen Idealisierung und Desillusionierung

Prof. Hermann Pfütze

Präsident der Deutschen Gesellschaft für Ästhetik e.V.
E-Mail: hpfuetze@yahoo.de

1. Der Nachhaltigkeitsdiskurs umfasst dreierlei: erstens die Liebe zum Leben und zur Welt, zweitens die leidenschaftliche Sorge um die Gefährdung der Welt durch unsere Lebensweise, und drittens deren daher gebotene Korrekturen. Angelehnt an Niklas Luhmanns kommunikationstheoretische Studie über "Liebe als Passion", ist es auch ein Liebesdiskurs: Über das Ideal sorgenfreier Weltliebe, über Umweltparadoxien als Passion, und über die praktischen Probleme bewussten, richtigen Lebens. Ähnlich die Realisierungsdynamik: Von der Entidealisierung des Liebes- bzw. Schöpfungs-Ideals über paradoxe, aber stabilisierende Katastrophen- und Rettungs-Szenarien bis zum umwelt- und beziehungsbewussten Alltag. Alle drei Stufen bergen dabei, neben Ernüchterung und Schwierigkeiten, auch schöne Seiten der Befreiung, des Erkennens und der Lebensfreude, also Elemente einer Ästhetik der Nachhaltigkeit.

Ihr Ideal ist die sozusagen noch aus dem Paradies mitgenommene Sorglosigkeit, unsere Welt sei unendlich haltbar, duldsam und regenerativ. Dieser vortheoretische Wunschtraum der Nachhaltigkeit gründete einst auf Gott und Natur und die Annehmlichkeit der Welt für den Menschen, ist heute jedoch desillusioniert und Gegenstand größter Sorge. Der moderne Begriff der Nachhaltigkeit gründet auf Wissenschaft und Politik, die nun Unvereinbares unter einen Hut bekommen sollen – z.B. gentechnische Getreidesortenzucht und Schutz der Artenvielfalt, sanften Tourismus zugleich als Massenprodukt, Freiheit und Sicherheit. Derlei Paradoxien sind Grund und Antrieb des Nachhaltigkeitsdiskurses.

Seither wird, mit Luhmanns Begriffen, aus der Idealisierung der Welt die paradoxe, aber stabilisierende, Unerträgliches erträglich machende Trennung in Welt und Umwelt. "Das Ideal wird zur Floskel" von Substanzerhalt und Schöpfungsbewahrung, während der Umweltforschung (und neuerdings auch dem Verbraucherschutz) aus Sorge ums Ganze nichts mehr heilig sein darf. Ähnlich wie die "Liebe totalisiert", d.h. alles in ihrem Glanz verklärt, macht jedoch auch ein totalisierender Umweltbegriff blind für den Rest der Welt und die Sichtweisen anderer (Luhmann 1982, S. 53, 85).

'Früher' wurde Weltangst (bzw. Gottes Zorn) durch Umweltvertrauen gemildert (ora et labora), heute indes mobilisieren Umweltängste ein neues, wissenschaftlich aufgeklärtes Weltvertrauen.

Das Bundesumweltministerium verkündete im März, anlässlich eines Castor-Transports nach Gorleben, in großen Anzeigen ein neues Ideal: "Wir fördern erneuerbare Energien, die ungefährlich für Mensch und Umwelt sind - damit die Visionen von heute nicht die Altlasten von morgen werden". Das klingt, als ob es im künftigen Energieparadies keine Altlasten geben würde. Das ist wissenschaftlich und politisch zwar unbedacht, aber psychologisch pfiffig. Es stärkt das Vertrauen in die Energieforschung und mindert die Atomangst. Jeder Tag ohne Ölkrise und Reaktorpanne ist demnach ein Schritt in die ungefährliche Zukunft. Jede Katastrophe indes (z.B. Tschernobyl und der Golfkrieg um Kuwaits Öl) schafft immense künftige Altlasten, funktioniert zugleich aber, dank forcierter Umweltschutz- und Forschungsanstrengungen, erst recht als Auftraggeber einer zumindest weniger gefährlichen Zukunft. Heutige Altlasten und unser Abfall, so Vilém Flusser, sind der

Rohstoff künftiger Kulturen, ähnlich wie die Natur Rohstoff bisheriger Kulturen war. Ohne Altlasten keine Zukunft, das ist das Paradox (Flusser 1989, S. 34 ff; und ders. 1990, S. 69 ff).

2. Wie wird nun aber aus dem Paradox ein Problem, d.h. wie wird, so Luhmann, "Besonderes und Unwahrscheinliches nicht nur möglich, sondern für jedermann erreichbar" und praktikabel? Daran wird der *soziale Luxus der Nachhaltigkeit* deutlich, ihr regenerativer Charakter, ihre gesellschaftliche Verbindlichkeit. Denn nachhaltig zu handeln und zu denken, ist kultiviertes, nicht natürliches Daseinsvertrauen, ohne das wir gar nicht fähig wären uns Sorgen zu machen. Nachhaltiger Konsum als parasitärer Substanzerhalt, d.h. als mitessende Lebenskunst, die ihre Bedingungen durch Verbrauch erneuert, hat nur wenig zu tun mit Naturschutz und Rohstoffökologie, sondern gehört, mit Goethe zu reden, zu unserer Fähigkeit, alles, was wir tun, zu kultivieren. Das kreative soziale Vermögen, in fast jeder Umwelt sich menschliche Lebenswelt einzurichten, ist Triebgrund der Selbsterhaltung und sozialen Alltagspraxis. Wer das nicht kann, hat sich aufgegeben oder wertet andere ab, die es trotzdem versuchen, wie z.B. die modernen Nomadengesellschaften der weltweit effizient organisierten Wanderarbeiter zwischen reichen und armen Staaten oder die wachsenden Müllverwertungsbevölkerungen am Rande Kairos, Bombays, Manilas oder Mexico City's. Deshalb sollte Nachhaltigkeit nicht als Verhaltensweise oder höherwertige Eigenschaft besorgter Eliten und umweltbewusster Akteure missverstanden werden. Das würde sehr viele aus dem Nachhaltigkeitsdiskurs ausschließen und zu Umweltsündern und Sorgenkindern degradieren.

Nachhaltigkeit ist keine Variable in einem Experiment, sondern das Experiment selbst. Mithin gibt es weder externe Beobachter noch Teilnehmer, die als Kontrollgruppe funktionieren.

Die Frau in der Sahelzone, die das letzte Gehölz verfeuert, um ihren Kindern einen Brei kochen zu können, handelt zugleich paradox und problemrational: Sie leistet sich den Luxus, das ihr von Sahel- und Bevölkerungsexperten prognostizierte Schicksal nicht zu akzeptieren, sondern will für ihre Kinder das Unwahrscheinliche ermöglichen. Ihr Beitrag zur Nachhaltigkeit ist *nicht*, um Verwüstung sich zu sorgen, sondern ihre Kinder zu ernähren. Das will sie sich um jeden Preis leisten können. Ihre Sorge ist leben, nicht Umwelt. In hungernden Gesellschaften sind weder Raubbau noch gentechnisch schädlingsresistent gemachte Yams- und Hirsesorten ein Thema. Das werden sie erst, wenn auch die Kinder jener Kinder nicht mehr verhungern, sondern es sich leisten können, Risiken abzuwägen und marktfähige Konsumenten und Kreditnehmer sind.

Beispielhaft dafür, wie eine Sache weltweit nachhaltig individuell und gesellschaftlich problematisiert worden ist, die zunächst heftig paradoxiert wurde, ist der bevölkerungspolitische Diskurs zwischen Pille und AIDS in den letzten dreißig Jahren. Weder hat die Pille – das Symbol paradoxer Aufklärung – irgendwo sog. Bevölkerungsexplosionen eingedämmt (die Familienplanungskampagnen der 70er Jahre in Indien, Ägypten, Brasilien und anderen angeblich übervölkerten Gegenden schlugen alle fehl), noch hat AIDS – Symbol mystifizierten Schreckens – Südafrika und Thailand bislang 'untervölkert' oder gar den dekadenten Westen seiner Gottesstrafe zugeführt, wie es ja aus dem Vatikan, altsozialistischen Zentralkomitees und diversen Präsidentenpalästen zu hören war.

Nachhaltig befördert haben Pille und AIDS dagegen erstens die *individuellen* Liebes-, Emanzipations- und Erkenntnisdiskurse, also persönliche Verantwortung in diesen Dingen. Und zweitens hat der *gesellschaftliche* Diskurs um Pille und AIDS bewirkt, dass sexuelle Gewalt, Lustfeindlichkeit und Sündenpropaganda weltweit immerhin angeprangert, Aufklärung, Forschung und Selbstbestimmung dagegen forciert werden. Nicht mehr die Sorglosigkeit in diesen Dingen wird beklagt, sondern ihr Verlust. Anders gesagt: Nicht Sex ist gefährlich, sondern AIDS, und Kinder machen nicht arm, sondern Armut macht Kinder. Das ist auch hier der Fortschritt vom Paradox zum Problem. Ideale sind schön, aber ihre Nachhaltigkeit verdanken sie mehr der *Verklärung* als der Aufklärung. Früher, vor AIDS und der Pille, war die Liebeswelt nicht weniger schwierig als heute, die Probleme waren nur andere. In dem Dokumentarfilm 'Comiti d'Amore' lässt Pasolini eine alte Sizilianerin sagen, dass Freiheit früher im Übertreten der Verbote bestanden habe, während heute alles erlaubt und die jungen Leute nicht mehr wüssten, was Freiheit sei.

Früher, so eine beliebte, allerdings problematische *Idealisierung der Welt*, konnten natürliche Lebensmittel sorglos gegessen werden: - Eine krasse Ahnungslosigkeit, denn früher starben viel mehr Menschen an natürlichen Giftstoffen, Magenkrebs und Fäulnisbakterien als heute, dank moderner Hygiene- und Konservierungsverfahren. Ebenso unsinnig ist die, womöglich noch mit "Klasse statt Masse"-Rufen skandierte Opposition zwischen Industrienahrung und Bio-Kost, denn beide sind heute ähnlich rückstandsfrei und industriell verarbeitet, und die meisten Geschmacks- und Hygiene-Beanstandungen gibt es nicht bei ALDI oder Mc Donald's, sondern in sog. naturnahen Handwerksbetrieben und alternativen Gemüts-Kneipen (Maxeiner, Miersch 2000, S. 113 ff).

Verklärung überdauert gelegentlich ihre eigene Aufklärung und ist ihr Trost. Denn gelungene Nachhaltigkeit wäre wieder sorgloses Leben. Wozu also der gebieterische Diskurs der Nachhaltigkeit, wenn nicht aus Sorge um die verlorene Sorglosigkeit?

Einen *paradoxen* Ausweg aus diesen Desillusionierungen suchte in den 70er Jahren die Ökologie- und Umwelt-Bewegung. Besorgte Leute unterschieden sich von der Masse der Konsumenten (ähnlich wie Beziehungsexperten von der Masse der Paare) dadurch, dass sie Schadstoff- und Strahlen-Experten wurden, den Müll trennten und Volvo fuhren, sich deshalb aber auch nicht besser fühlten als jene. Denn umweltbewusste Lebenshaltung ist zwar zeitaufwendiger und teurer, aber nicht sorgloser als Massenkonsum. Also werden Besorgtheit und Risikobewusstsein zunächst Teil der Lebenshaltung einer Minderheit, die sich als Gewinn sorgfältigen und nachhaltigen Konsumierens persönlich ein gesünderes Leben und allgemein eine bessere Welt erhofft. Das ist zwar subjektiv nicht unrealistisch – auch diskursfähige Beziehungsexperten finden sich im Dschungel der Leidenschaften besser zurecht als stumme Paare, aber weder Leidenschaften noch Umweltprobleme und Konsumgewohnheiten sind dadurch berechenbarer oder ungefährlicher geworden. Statistisch lässt sich bisher weder ein Zusammenhang nachweisen zwischen Gesundheit, Umweltbewusstsein und Glück, noch zwischen Massenkost, Krankheit und Unglück, sondern nur wie schon immer, zwischen Reichtum und Gesundheit sowie Armut und Krankheit. Die Frage ist eher, worüber wir uns leidenschaftlicher empören: über zerstörte und vegiftete Umwelt oder über Armut und Elend.

Der Denkfehler dieses Bewusstseins ist, Umweltsorge zu totalisieren und wissenschaftliche Studien, die die Sorge nicht bestätigen, sondern z.B. einmal ausgemachte 'Schurkenstoffe' wieder relativieren und auch andere Zusammenhänge nahelegen, nicht zur Kenntnis zu nehmen. Ursachenforschung wird dann leicht als Schuldigensuche missverstanden. Das war etwa der Fall bei Pseudokrupp (inzwischen als Viruskrankheit nachgewiesen, nicht als Folge von Luftverschmutzung), Formaldehyd (zwar problematisch, aber nicht krebsverursachend) und allergenem Asthma (Baumblütenpollen, nicht Stadtluft) (Maxeiner, Miersch S. 84 ff). Pollenallergien und Virusinfektionen haben nichts mit Luftverschmutzung zu tun, auch wenn in der Gesamtstatistik alles zunimmt und als globaler Zusammenhang erscheint. Nachhaltigkeit und Umweltbewusstsein als moralisch-politische Verpflichtung und Kampagnenschlagwörter gefährden durch derartige Totalisierung ihre eigenen Grundlagen, nämlich Gewissens- und Handlungsfreiheit.

Immerhin ist *Problem-* (sprich Umwelt- oder Beziehungs-) Bewusstsein heute so etwas wie früher Kaisertreue, eine verbreitete, selbstverständlich gewordene Eigenschaft. Wir handeln im Alltag mehr oder weniger umwelt-, beziehungs- und problembewusst und sind damit "für jedermann erreichbar". Bewusstsein und Lebensführung der Menschen sind zwar unterschiedlich, aber einander nicht so fremd, dass nicht Verständigung möglich wäre, und sei es in Form von Streits über die richtige Ernährung, die Art der Liebe, den Umgang mit Energie.

So werden aus verlorenen Idealen paradoxe Sorgen und aus diesen individuelle Probleme. Das ist der Lauf des Nachhaltigkeitsdiskurses.

Nun könnte eingewandt werden, dass praktische, ganz unvisionäre Nachhaltigkeit in Politik, Wirtschaft und Kultur doch längst Alltag ist: Wir haben eine stabile Demokratie mit wechselnden Mehrheiten und unblutigem Machtwechsel; eine reiche Wirtschaft, die gerade in den forschungs- und kapitalintensiven Großbereichen (Energie, Chemie, Fahrzeuge, Abfall) sich nachhaltig engagiert für Recycling, Effizienz, Rohstoff- und Umweltschonung; und wir praktizieren eine Kultur, die von Menschenrechten über Grundlagenforschung bis zur Schwulenehe sehr viel ermöglicht und duldet. Das sind nachhaltige Errungenschaften, die auch als Hinterlassenschaften der Substanzerhaltung dienen und künftigen Generationen alle Freiheit lassen.

Worauf zielt also die Sorge der Nachhaltigkeit? Bisher schienen die Fortschritte in Politik, Wirtschaft, Kultur und Wissenschaft wie Guthaben zu funktionieren, die sich vermehren, auch wenn sie gelegentlich überzogen werden, und das war zugleich der Beweis für die Mannigfaltigkeit, Unerschöpflichkeit und Schönheit der Welt. Jetzt, nachdem dank dieser Fortschritte erkennbar ist, dass der blaue Planet von Schmutzschleiern getrübt ist und die Lebensbedingungen der Menschheit partiell gefährdet sind, entsteht globale Umweltsorge. Es heißt, sich anzufreunden mit der Gewissheit der Ungewissheit, mit der Erträglichkeit des Unerträglichen, mit dem Zutrauen ins Unvertraute, mit Reparaturen am Irreparablen.

Anders als eindimensionale Glaubensgewissheiten technischen Fortschritts oder ökonomischen Wachstums enthalten bewusste Paradoxien nämlich einen überraschenden Trost: Sie sind "von starker systematisierender Kraft; und Systematisierung ist die Form, in der auch für unwahrscheinliche Verhaltensanforderungen Stabilität gewonnen werden kann" (Luhmann 1982, S.67).

3. Systematisieren wir also ein wenig und verstehen *Nachhaltigkeit als Systemeigenschaft*, und zwar als Eigenschaft der Gesellschaft, deren Konsum, Umgang mit Ressourcen und Reproduktivität sich so oder so durch unberechenbare Nachhaltigkeit und Vielfalt auszeichnet. Nachhaltigkeit ist mithin keine bloße Verhaltensregel und sollte auch nicht falsch verstanden werden als Variable einer Konsum-Versuchsanordnung oder bloße Komponente des Umweltschutzes. Nachhaltigkeit sollte, mit Luhmann zu sprechen, als eigendynamisches, autopoetisches System im Gesellschaftssystem verstanden werden. D.h. zunächst, dass auch Nichtnachhaltigkeit, etwa als Folge von Raubbau, Bestandteil der Nachhaltigkeit ist, der wie ein Schatten immer mitgeht. Es ist wie Liebe und Hass oder Recht und Unrecht, die auch nicht getrennt werden können. In diesem Sinn ist Konsum kein soziales Experiment mit von Verantwortung entlasteten Versuchspersonen (der Irrtum vieler Diät-Klienten), sondern selbstverantwortliches Tun und Lassen; – und zwar jede Art von Konsum, auch der exzessive und räuberische, das Verschlingen des Löwenanteils ebenso wie die umsichtige Mitesserei (Dörner 1992).

Der Nachhaltigkeitsdiskurs lässt sich nicht halbieren: Man kann nicht ausblenden, was als nicht nachhaltig gilt oder es als unpassende Variable isolieren. Jedes nachhaltige Tun reagiert direkt oder mittelbar mit nicht-nachhaltigen Aktivitäten. Nachhaltigkeit ist also zweifach 'drin': in jeder Form des Konsum und in der Gesellschaft, die Konsum kultiviert und nicht etwa naturalisiert. ('Zurück zur Natur' wäre nicht nur Konsumverzicht, sondern auch Gesellschaftsverzicht; wäre Regression vom Leben aufs Überleben). Wenn nun, in Luhmanns Worten, die "starke systematisierende Kraft" des Umweltbewusstseins hervortritt und zentrale Sphären der Lebenswelt und des Alltags problematisiert wie eben unsere Kauf- und Konsumgewohnheiten, dann werden Systemeigenschaften deutlich, die vorher latent waren. Anders würden Schlagworte wie "Wegwerfgesellschaft", "Genuss ohne Reue", "lösungsmittel- und rückstandsfrei" oder die Debatte um das Dosenpfand gar nicht zünden.

Der Nachhaltigkeitsdiskurs läuft als gesellschaftlicher Diskurs und nicht nur als Umwelt-Kampagne, weil er systemisch ist und nicht nur irgend ein Interessenspiel. Nur im Rahmen und als Teil des Nachhaltigkeits-Diskurses können beispielsweise Nichtraucher- und Dosenpfand-Kampagnen gemacht werden, ähnlich wie innerhalb des Liebesdiskurses Safer-Sex-Kampagnen laufen können. Außerhalb ihres jeweiligen Sinn-Diskurses wären solche Kampagnen nur Zielgruppenwerbung oder -fahndung, ohne systematisierende Kraft. Darum ist Nachhaltigkeit nicht nur Zauberwort der ökologisch orientierten Minderheit und umweltbesorgten 'Parallelgesellschaft', das von der konsum- und spaßversessenen Mehrheit negativ besetzt wird mit Angstpropaganda und Sorgenfalten, höheren Preisen und eingeschränkter Lebensfreude, sondern Nachhaltigkeit ist gesamtgesellschaftliches Programm. Freilich verliert die erfolgreiche Realisierung eines Programms stets etwas von der einstigen moralischen Höhe seiner Idee.

Das wird deutlich am Vergleich zweier Begriffe von Nachhaltigkeit: einem zu hoch angesetzten, der in moralischer Gängelei und Diskriminierung der Umwelt-Sünder endet, und einem bescheideneren, der die Idee weitertragen kann.

4. Die politisch-moralische Nachhaltigkeitsdebatte pendelt zwischen diesen beiden Positionen. Die eine vertritt z.B. der Physiker *Freeman J. Dyson*, für die andere steht exemplarisch der Kommunitarismus-Theoretiker und Berater Bill Clintons, *Amitai Etzioni*. Beiden geht es ums Ganze: Etzioni will die "gute Gesellschaft", Dyson "die schlimmsten Übel unserer Zeit abstellen". Er appelliert an die Verantwortlichkeit von Wissenschaft und Politik, Etzioni fordert den "moralischen Dialog in der Gesellschaft" und weiß, was gut ist. Dyson, etwas bescheidener, kennt die Übel. Etzionis Beispiel ist die "... Kampagne gegen das Rauchen. Es war nicht der Nachweis, dass Rauchen die Gesundheit gefährdet und Krebs verursacht, was den Durchbruch gebracht hat. Das öffentliche Argument, der moralische Dialog darüber, dass Rauchen andere, nämlich Nichtraucher gefährdet, hat dazu geführt dass man in der Öffentlichkeit nicht mehr rauchen darf. ... Ähnlich die Debatte um den Umweltschutz seit den 50er Jahren: Es entstand eine neue moralische Verpflichtung. Diese Beispiele zeigen: Es gibt keinen anderen Weg um die Gesellschaft *nachhaltig* zu verändern, als den kontinuierlichen moralischen Dialog" (taz, 12.8.2000).

Dieser Begriff von Nachhaltigkeit steht für eine umfassende Besetzungsstrategie. Umweltschutz und Moral werden gegenseitig totalisiert, eins ist das Experimentierfeld des anderen. Etzioni weiß und propagiert, was sein soll und wie man dahin kommt. Es gibt keinen anderen Weg und kein anderes Ziel – selbst wenn er dabei übers Ziel hinausschießt und mit den Rauchern auch die Öffentlichkeit vertreibt. Etzioni selbst bezeichnet sein Konzept als eins, das andere, für ihn offenbar nachrangige Leitbilder (etwa des Rechtsstaats und der Zivilgesellschaft) umfasse, weil es "zusätzliche Tugenden fördere" und als einziges auch sage, "was gut ist und was schlecht".

Die Ansicht, Moral gehe vor Rechtsstaat, ist freilich nicht nur undemokratisch, sondern sie paradoxiert sich selbst, da sie zu ihrer Duldung des Rechtsstaats bedarf, den sie geringer achtet. Was aber würde sich nachhaltig ändern durch derart "moralische Dialoge"? Sind Raucher, Luftverpester und Lungenkranke nun bekehrte Sünder und ist die Gesellschaft gut geworden durch anprangern des Schlechten? Oder haben, um im Bilde zu bleiben, – als Preis der Luftverbesserung und Gesundheitsvorsorge – Tugendrauch und Moralabgase das öffentliche gesellschaftliche Klima nicht viel nachhaltiger verpestet?

*Dyson*s Konzept ist bescheidener. Auch er argumentiert, zur Frage der Nachhaltigkeit etwa des Humangenom-Projekts, mit der öffentlichen Moral und dem "common sense" der Zeitgenossen, aber teilt nicht ein in gut und schlecht, sondern plädiert für Folgenabschätzung, Rücksicht auf die Rechte anderer und problematisiert vor allem Großprojekte, die Mittel und Kräfte derart binden, dass neben oder nach ihnen nichts mehr Platz hat. Dyson sagt: "Ein Projekt ist nachhaltig, wenn es so billig ist, dass es das erste in einer Reihe ähnlicher Projekte darstellen kann. Ein Projekt ist nicht nachhaltig, wenn es so teuer ist, dass es allenfalls nach heftigen politischen Kämpfen fortgeführt werden kann. Das Humangenom-Projekt ist angesichts seiner Kosten nicht nachhaltig... Leider hat hier die Politik über die Wissenschaft gesiegt." (Dyson, 2000).

Diese Position bzw. Argumentation zur Nachhaltigkeit klingt zwar ein wenig wie "small is beautiful", bezieht aber Erkenntnisinteressen und Freiheit anderer mit ein und setzt auf Vielfalt und Handlungsfreiheit. Solarzellen z.B. können in afrikanischen Dörfern genutzt werden als billige Energiequelle für Hitzetrocknung oder Kühlung von Früchten, aber auch zur innerstädtischen Parkplatzbewirtschaftung oder zur Komfortsteigerung auf einer Luxusyacht. Auf der Yacht kann dadurch der Dieselölverbrauch gesenkt, in den afrikanischen Dörfern jedoch, mit den Gewinnen aus der Trockenfruchtproduktion, umso mehr Öl für Stromgeneratoren und Autos gekauft werden.

Dyson versteht Nachhaltigkeit also nicht als moralische Kategorie und Glaubensfrage, sondern (anders als der Weisheitsinhaber Etzioni) tatsächlich dialogisch als emergente Systemeigenschaft: Nachhaltigkeit als luxuriöses, ambivalentes Resultat aus Vielfalt und Bewusstsein. Während Etzioni die Diskussion eines Problems vorbestimmt und die seiner Ansicht nach richtigen Positionen besetzt und bewertet, beginnt Nachhaltigkeit bei Dyson mit der Eröffnung von Diskussionen und der Erweiterung von Reflexions- und Handlungskompetenzen. Ohne freie, sorglose Kommunikation auch kein Sorgendiskurs.

Etzioni hat das Problem des Großinquisitors der "Brüder Karamasow": Wenn ein Mensch glaubt, die Wahrheit, das Richtige und Gute besser zu kennen als andere, hat er dann das Recht, für diese zu entscheiden, wie glückliches Leben und gute Gesellschaft zu organisieren seien? -Natürlich nicht, denn zum Glück gehört, es selbst zu erkennen und je verschiedene Wahrheiten finden zu können. Etzioni sucht Anhänger, will sie auf seinen 'moralischen Dialog' verpflichten, Dyson sucht Partner und Verbündete, deren Vorlieben und Interessen nicht übereinstimmen müssen. Etzioni verkennt offenbar das fragwürdig Einseitige seines Begriffs von Nachhaltigkeit, während Dyson die Nachhaltigkeit eines Projekts dadurch definiert, dass es andere nicht determiniert, Politik und Moral sich nicht zu Komplizen macht, sondern aus eigener Kraft besteht oder scheitert. Insofern argumentiert er systemisch, während für Etzioni Nachhaltigkeit den Charakter eines gesellschaftlichen Experiments hat. Für soziale und pädagogische Experimente gilt jedoch allgemein, dass ihr Scheitern dem Gelingen vorzuziehen ist, weil das Scheitern totalitäre Herrschaft, moralische Überheblichkeit und Erziehungsillusionen in Frage stellt.

Zugespitzt gesagt, ist der Unterschied folgender: Etzioni besetzt Positionen, Dyson eröffnet und erweitert sie; Etzioni weiß und belehrt, Dyson fragt und lernt; Etzioni spielt den Vordenker, Dyson ist neugierig auf die Gedanken anderer; Etzioni befördert Unmündigkeit und Intoleranz (wer ihm zustimmt, liegt richtig), Dyson traut der Freiheit und Mündigkeit. Diese gegensätzlichen Begriffe von Nachhaltigkeit: dort die folgerichtige, moralische und materielle Durchsetzung des Guten und Wahren, hier die widersprüchliche Konkurrenz der Vielfalt des Schönen und Möglichen, haben jedoch eins gemeinsam, nämlich das Schillernde und Unbestimmbare des Begriffs, der offenbar so viele Seiten hat wie Akteure sich dafür engagieren.

5. Damit komme ich am Schluss zur *Ästhetik* der Nachhaltigkeit. Nachhaltigkeit ist schön, und nicht nur gut und richtig. Das Gute und Wahre nämlich sind die Eltern der Einfalt und des fraglos Richtigen, während das Schöne ein Kind der Vielfalt und darum in jeder Form willkommen ist. Daraus zieht es seine Tragweite und Haltbarkeit, durch alle Zerstörungen und alles Unerträgliche hindurch. Denn die Schönheit der Dinge, die mannigfache Herrlichkeit der Schöpfung (nicht ihre Nützlichkeit), ist der höchste Ausdruck der Annehmlichkeit der Welt für den Menschen oder, etwas subjektiver formuliert: unser liebstes, das Denken nachhaltig beflügelnde Vorurteil, dass nämlich die Welt für uns da sei. In dieser Erfahrung der Schönheit der Welt gründet das Ideal der Sorglosigkeit (Blumenberg 2000, S. 39).

Denken und Vielfalt bedingen einander. Ähnlich wie Freiheit, leidet auch die Neugier des Erkennens unter Entzug. Denken und Wissen wollen sich mitteilen. Im Gegensatz zu anderen Lebensmitteln werden Freiheit und Denken durch Gebrauch und Verwendung *nicht weniger, sondern mehr. – Das ist ihr immateriell Nachhaltiges.* Man kann sie nicht rationieren, sparen oder wie Vorräte bewirtschaften, das führt zu ihrem Verfall. Wenn mithin eine Handlungsweise für richtig und nachhaltig erklärt wird, andere aber nicht, wird sie ihrer Tragweite beraubt und zerstört die Vielfalt, die sie doch befördern soll. Systemtheoretisch gesagt, scheitert die Fehlerfeindlichkeit des einzig richtigen Handelns an der Fehlerfreundlichkeit und Vielfalt der Welt (Vgl. Dörner, S.265f).

Nachhaltigkeit kann nicht determiniert werden, sondern definiert sich selbst, d.h. sie hat, in der Bedeutung von 'finis', ihre Enden und Grenzen in sich, während 'terminus' zwar auch Grenze bedeutet, aber "von demjenigen her gedacht, der sie setzt, der einen Vorgang, einen Prozess abschließt" (Heinrich 2001, S.229). Ich kann also etwas Nachhaltiges nicht willkürlich beenden. Wenn ich etwas beenden will, ein Verhältnis oder eine Arbeit, merke ich rasch, ob Widerstand oder Druck von außen kommen, die Sache mithin determiniert ist, oder ob der Antrieb von innen kommt, aus der Sache selbst. Das ist dann nachhaltiger Antrieb bzw. Widerstand. Er dauert an nach seiner eigenen Bedingtheit und definiert gewissermaßen den Gedanken der Nachhaltigkeit.

Nachhaltige Wirtschaft (gleichviel, ob Viehwirtschaft oder Körperpflege) heißt ja nicht, dass andere Praktiken jetzt diskreditiert oder bekämpft würden, sondern dass sie sozusagen Gesellschaft bekommen von einer neuen, attraktiven Praxis, mit der die sich messen müssen. Es gibt Wettbewerb, Vielfalt, Schönheitskonkurrenz. Nachhaltigkeit ist attraktiv als Beziehungsqualität einer Haltung oder Lebensweise. Sie kann zwar aus Not geboren, darf aber keine Notlösung sein, d.h. nicht Überlebens-, sondern Lebenspraxis. Nachhaltigkeit kann mithin nicht verordnet werden – wie etwa die Idee einer Grünen Abgeordneten aus Bayern, Fernreisen per Gesetz einzuschränken und stattdessen Wanderurlaub zu fördern –, sondern sie muss sich selbst entwickeln als Haltung und Bewusstsein. Als Sarajewo 1991 unter Dauerbeschuss der Bürgerkrieger lag, machten Künstler und Theaterleute eine Hilfsaktion für ihre Kollegen dort. Die brauchten nicht nur Lebensmittel, Radios und Medikamente, sondern wünschten sich Theatertexte, Kosmetik und Schmuck, weil sie nicht nur überleben, sondern ihrer Haltung gemäß leben wollten und, wie sie sagten, selbst im Visier ihrer Feinde nicht als verängstigte Kreaturen, sondern "in sprechender Schönheit erscheinen" wollten. Diese Haltung ist nachhaltig, denn sie bewahrt humane und soziale Substanz, die der Sorge um öko- und biologische Schäden vorausgeht.

Schönheit ist ein Thema der Nachhaltigkeit geworden als Reaktion auf einige hässliche Dinge: Grauschleier um den Planeten, Ozonloch, Treibhauseffekt, radioaktive Verseuchung, saurer Regen, Zerstörung der Tropenwälder. Dennoch hat Nachhaltigkeit etwas vom Füllhorn der Schöpfung und ist *Inbegriff des Urvertrauens in die Annehmlichkeit der Welt für den Menschen*. Aber irgendwann, fürchten wir, schlägt die Natur zurück, und das ist der Triebgrund unserer Umweltschutz- und Nachhaltigkeitsdebatten. Wir bemühen uns, mit dem Wort Hans Blumenbergs, um "Schöpfungsbewahrung durch Aufschreiverstärken".

Wenn wir also von Nachhaltigkeit reden, reden wir im Grunde davon, dass irgendwann Schluss damit sein könnte, weil wir an die Nutzungsgrenzen von Natur und Umwelt stoßen. *Nachhaltiges Leben wäre mithin sorgloses Leben.* Der Gedanke lässt sich nicht abschütteln. Wenn aber schon so harmlose Dinge wie Essen und Trinken, Spielen im Freien oder Schwimmen im Fluss zum Problem werden und bewusster Vor- und Nachsorge bedürfen, dann wird Nachhaltigkeit zum Paradox: Wir müssen uns um etwas sorgen, was eigentlich sorgenfreie Grundlage aller Sorgfalt ist; – schlimmer noch: Wir verwenden große pädagogische und rationale Sorgfalt darauf, uns und den Kindern Sorglosigkeit abzugewöhnen. Wir passen auf, lesen Beipackzettel und Warentests, trennen den Müll, schärfen den Kindern Vor- und Rücksicht ein – und träumen dabei vom Ideal regenerativer Nachhaltigkeit. Das ist zwar paradox, aber auch das Schöne an ihr: Sie ist ein *Element des Widerstands* gegen die düstere Prophetie der angeblich unaufhaltsamen Zerstörung unserer Lebensgrundlagen durch uns selbst.

Die Unbekümmertheit, mit der die Menschen jahrhundertlang ihre Abfälle ins Wasser gekippt und in die Luft geblasen haben, ist nämlich nachhaltig attraktiv. Das ist kein Freibrief, so weiter zu machen, aber rechtfertigt auch nicht die Diktatur der Sorge, die unter Umweltaktivisten verbreitet ist. Die *Utopie der Sorglosigkeit* ist nach wie vor idealer Fluchtpunkt der Nachhaltigkeit.

Nachhaltigkeit ist eine ungegenständliche Aktivität: Nicht ein Haus bauen, sondern in ihm sich wohlfühlen; nicht die Umwelt schützen mit Absperrgittern und Verboten, sondern in ihr frei und mit Bedacht sich bewegen können. Nicht Raum und Zeit beanspruchen, sondern mitbringen; nicht Anhänger suchen, sondern Gesellschaft finden. Leute, die stets Zeit und Platz für andere haben, unterscheiden sich nachhaltig von solchen, die nie Zeit haben, aber alles besetzen.

Nachhaltiges Tun darf mithin Gewissens- und Handlungsfreiheit nicht einengen, sondern muß sie erweitern, mithin anderen, fremden Menschen, und es werden immer mehr, jetzt und künftig Freiheit und Entfaltung zu ermöglichen. Das schränkt nachhaltiges Handeln zunächst scheinbar ein. Denn wie schafft man Spielräume und erweitert Freiheiten in einer überfüllten Welt, in der jede Unbekümmertheit einen anderen bekümmert?

Es geht nur, weil Nachhaltigkeit konkret etwas Ungegenständliches ist: Weder Ding noch abstrakter Begriff, sondern eine Haltung und Art zu leben, die die Menschen nicht nur, mit Hegel zu sprechen, über "die Nützlichkeit der Gegenstände" verbindet. Nachhaltigkeit ist das, "mit dem berühmten Wort Lucius Burckhardts, die Beteiligten bewegende und anregende *unsichtbare Design*, die Ausstrahlung, die von etwas Unverfügbarem ausgeht. Nicht die, so Burckhardts Beispiel, vollelektrifizierte Küche, sondern eine Atmosphäre, die die Gäste anregt, beim Zwiebelschneiden zu helfen" (Pfütze 1999, S. 136).

Ästhetisch nachhaltig sind mithin unsichtbares Design, schöne Träume, Freiheit und Denken, sozialer und kultureller Luxus, das Erfolgserlebnis des Widerstands, Attraktivität und Selbstliebe. – Offensichtlich all das Schöne im Leben, von dem besorgte Umweltschützer manchmal meinen, wir dürften es uns, mit Blick auf Massenelend und Katastrophen, nicht mehr gönnen. Nachhaltigkeit als Systemeigenschaft funktioniert zwar nicht unabhängig von Ideologie und Moral, aber sie funktioniert trotzdem und manchmal überraschend. Ökologisch nachhaltiges Bauen z.B., ob in afrikanischen Dörfern, in Deutschland oder in Shanghai, wird auch nicht darauf reduziert, dass es emissionsarm, wiederverwendbar und kurzwegig sei, sondern die Nachhaltigkeit solcher Projekte zeigt sich daran, dass sie eine Mannigfaltigkeit von Erfahrungen und eine Vielfalt des Zusammenlebens und der Nutzung ermöglichen, die sich vorher nur träumen ließen und deren ökologische Effekte nicht kalkulierbar sind. Allerdings darf im Vertrauen auf die Dynamik des Systems unterstellt werden, dass die Erfahrung des Schönen und die Haltbarkeit der Eindrücke gewissermaßen nachhaltig abfärben auch auf ökologische und ökonomische Interessen, auf das moralische und politische Klima.

Literatur

Hans Blumenberg, Die Verführbarkeit des Philosophen. Ffm 2000.
Dietrich Dörner, Die Logik des Mißlingens. Strategisches Denken in komplexen Situationen. rororo tb 1992.
Freeman J. Dyson, Die Sonne, das Genom und das Internet. Ffm 2000.
Vilém Flusser, Angenommen. Göttingen 1989.
Vilém Flusser, Nachgeschichten. Düsseldorf 1990.
Klaus Heinrich, Dahlemer vorlesungen 7, psychoanalyse. Ffm/Basel 2001.
Niklas Luhmann, Liebe als Passion. Ffm 1982.
Dirk Maxeiner, Michael Miersch, Lexikon der Öko-Irrtümer. München 2000.
Hermann Pfütze, Form, Ursprung und Gegenwart der Kunst. Ffm 1999.

Das Wollsocken-Image überwinden!
Sozialpsychologische Funktionen von Bekleidung und das Marketing von Öko-Textilien[1]

Dipl. oec. Dirk Fischer

Carl-von-Ossietzky-Universität Oldenburg, Institut für BWL 1, Lehrstuhl für Unternehmensführung und Betriebliche Umweltpolitik
E-Mail: dirk.fischer@uni-oldenburg.de

> *"Die Marquise von Créqui erzählt, daß Marie Antoinette im Jahre 1785 à la jardinière frisiert erschien, mit einer Artischocke, einem Kohlkopf, einer Karotte und einem Bund Radieschen auf dem Kopf. Eine Hofdame war so begeistert davon, daß sie ausrief: 'Ich werde nur noch Gemüse tragen; das sieht so einfach aus und ist viel natürlicher als Blumen.'"*
>
> *(Egon Friedell; zit. nach Bovenschen 1986, S. 14)*

1. Einleitung

"Es gibt unter den Intellektuellen viele, die verachten die Mode. Die Rache der Mode ist schrecklich." Mit dieser Feststellung beginnt Silvia Bovenschen ihren Beitrag über die "Listen der Mode" in der gleichnamigen von ihr herausgegebenen Text-Sammlung zur Modetheorie im 20. Jahrhundert (Bovenschen 1986, S. 10).

Dass es die Rache der Mode ist, die den mangelnden Markterfolg ökologisch optimierter Bekleidungsartikel in einem nicht geringen Ausmaß begründet, soll in diesem Beitrag aufgezeigt werden. Damit wird nicht das Ziel verfolgt, herkömmliche Begründungen für die geringe Nachfrage nach ökologischen Konsumgütern grundsätzlich zu widerlegen. Vielmehr sollen diese, meist ökonomisch fundierten Ansätze (wie etwa die Low-Cost-Hypothese) um Erkenntnisse aus der soziologisch, psychologisch und kulturwissenschaftlich geprägten Modetheorie ergänzt werden.

Zu diesem Zweck wird zunächst ein kurzer Blick auf die Marktentwicklung und einige empirische Daten zur Einschätzung von Öko-Kleidung durch die Verbraucher geworfen (2). Anschließend wird mit Rückgriffen auf die Modetheorie erläutert, was das Besondere an Kleidungsartikeln ist. Dabei geht es vor allem um die Funktionen, die Bekleidung erfüllt, und um deren Bedeutung als Kommunikationsmedium (3). Auf dieser Grundlage werden die vermeintlichen Widersprüche in der Bewertung ökologischer Bekleidung durch die Konsumenten geklärt (4) und schließlich Empfehlungen für die Herstellung und vor allem das Marketing dieser Produkte entwickelt (5).

2. Öko-Kleidung: Von vielen geschätzt, von wenigen gekauft

Ende der 1980er Jahre geriet die Textil- und Bekleidungsherstellung in den Fokus der Umweltschutzdebatte. Medienberichte über "Gift in Textilien" ließen die Verbraucher erschrecken (vgl. Ried 1989, Rosenkrantz/Castello 1989). Es wurde deutlich, dass die Produktion entlang der gesamten textilen Kette zu erheblichen Umweltbelastungen führt (vgl. Binger 1995, Grundmeier 1996, Umweltbundesamt 1997). Die Nachfrage nach Öko-Textilien stieg Anfang der 90er Jahre schnell. Die Anbieter erkannten das Marktpotential und richteten vor allem ihre Werbung entsprechend aus. Die Herstellung von Kleidung in ökologisch verträgliche(re)n Verfahren hinkte den Wünschen der Verbraucher und den Versprechen der Marketingkampagnen allerdings hinterher. Mit den Worten "Öko-Tricks und Bio-Schwindel allerorten" bringt die Fachjournalistin Doris Binger (1995, S. 11) die damalige Lage auf den Punkt.

Innerhalb weniger Jahre hat sich die Situation auf dem (Öko-)Kleidungsmarkt um beinahe 180 Grad gedreht. Einige Unternehmen wie Hennes & Mauritz, Esprit oder Marc O'Polo verabschiedeten sich schnell aus dem Markt. Aber nicht nur die speziellen Öko-Hersteller und -Händler, sondern beispielsweise auch die großen Versandhäuser wie Otto und Neckermann oder der Konfektionär Steilmann haben die ökologische Optimierung ernsthaft vorangetrieben – nur stoßen die entsprechenden Produkte kaum noch auf Nachfrage. Innerhalb von fünf Jahren wurden nach Aussage des Öko-Pioniers Ulrich Rösch von der Firma Rakatl fast 300 von ehemals etwa 500 Öko-Einzelhandelsgeschäften geschlossen (vgl. Binger 2000). Die einst besonders erfolgreichen Versender erwischte es ebenso: Branchenprimus Hess natur entließ nach Ertragsproblemen im vergangenen Jahr ein knappes Drittel der Mitarbeiter, kurze Zeit später wurde das Unternehmen dann an die Neckermann-Versand AG verkauft (vgl. Berger 2001); Waschbär mitsamt der Tochterfirma Albnatur musste im Juni 2001 Insolvenz anmelden, und auch Panda, der Versand der Umweltschutzorganisation World Wide Fund for Nature (WWF), ringt mit Umsatzeinbußen (vgl. Vogt 2001).

Dabei dürfte Umfrageergebnissen zufolge die Nachfrage gar nicht so gering sein. Unterschiedliche Studien, die nach den Einstellungen der Deutschen zur Kleidung fragen, belegen zwar recht einheitlich, dass an oberer Stelle in den Präferenzen Bequemlichkeit, allgemeines Gefallen, Hautfreundlichkeit, Passform und Preis bzw. Preis-Leistungsverhältnis stehen (vgl. z.B. Albaum 1997, Albaum 1999, GfK 1999, SPIEGEL-Verlag 1997, SPIEGEL-Verlag 2001), die wenigen Erhebungen, die speziell nach ökologischen Eigenschaften fragen, zeigen auf den ersten Blick aber ein relativ positives Bild, das im Widerspruch zur oben skizzierten Marktsituation zu stehen scheint. Laut der kürzlich erschienenen fünften Outfit-Studie des SPIEGEL-Verlages finden 64 Prozent des Samples naturbelassene Stoffe besonders schön. Knapp die Hälfte (49 Prozent) der 10.078 befragten Frauen und Männer bekundet, darauf zu achten, dass die Kleidung "aus Materialien besteht, die nicht mit schädlichen Chemikalien behandelt wurde", und die Aussage "wenn möglich, kaufe ich nur Kleidungsstücke, die ein Umweltzertifikat haben" wird von immerhin 30 Prozent als ganz genau oder eher zutreffend bejaht (SPIEGEL-Verlag 2001, S. 37, vgl. mit ähnlichen Ergebnissen GfK 1999). Insgesamt hätten ökologische Aspekte bei Bekleidung in den vergangenen Jahren an Bedeutung verloren, kommentieren die Verfasser der Studie die Ergebnisse. Dies gelte jedoch nicht für die – immer größer werdenden – Zielgruppen der wohlhabenden Älteren. Diese seien durchaus auch bereit, für umweltfreundliche Produkte mehr Geld auszugeben (vgl. SPIEGEL-Verlag 2001, S. 20).

Sicherlich lassen sich die genannten Zahlen (wie alle Umfrageergebnisse) trefflich anzweifeln. So muss etwa davon ausgegangen werden, dass bei einer direkten Befragung mit vorgegebenen Antwortoptionen die Ökologiepräferenz häufiger bekundet wird als bei einer ungestützten oder indirekten Befragung – zumal das ökologische Verhalten mglw. als sozial erwünscht betrachtet wird (vgl. Berekoven et al. 1999, S. 102). Außerdem berücksichtigen die Studien keine Zusammenhänge zwischen den Produktmerkmalen. Bei den angeführten Befragungen waren Mehrfachnennungen möglich, die einzelnen Merkmale mussten nicht gegeneinander abgewogen werden. Weiterführend als eine Methodenkritik ist m.E. jedoch die Frage, was potentielle Kunden vom Kauf abhält.

Nach einer im Rahmen des o.g. EcoMTex-Projektes durchgeführten qualitativ-psychologischen Studie und anderen ähnlichen Untersuchungen (z.B. Schramm et al. 2000, GfK 1999) werden Öko-Textilien bezüglich der Kategorien Preis, Qualität und Design überwiegend negativ eingeschätzt:

- Kleidungsstücke aus ökologisch optimierter Herstellung gelten als zu teuer (vgl. Binger 2000, S. 267, Schramm et al. 2000, S. 29, GfK 1999, S. 5ff.).
- Bezüglich der Qualität mangelt es Öko-Textilien in der Wahrnehmung der Konsumenten vor allem an Formstabilität. Es wird befürchtet, dass Kleidungsstücke aus Naturmaterial nach dem Waschen "ausleiern" und "ausbeulen", also schnell die Passform verlieren.
- In der (Negativ-)Bewertung vorrangig angeführt wird vor allem das Design, die modische Ausrichtung der Öko-Textilien (vgl. Schramm et al. 2000, S. 29, Binger 2000, S. 267, GfK 1999, S. 9). Die angebotenen Kollektionen haben das Image des typischen "Öko-Looks". Sie werden als "langweilig", "farblos", "formlos" wahrgenommen.

Tatsächlich ist der Preis bei einem Großteil des Angebots höher als der von vergleichbaren konventionellen Artikeln, was vor allem auf den höheren Rohstoffpreis (vgl. Meyer/Hohmann 2001, S. 67) und einen höheren Koordinationsaufwand zur Abstimmung der Prozessstufen entlang der textilen Kette zurückzuführen ist. Auf den ersten Blick scheint sich hier die Low-Cost-These (vgl. Diekmann/Preisendörfer 1992, 1998, 2000) zu bestätigen. Danach ist die Verhaltenswirksamkeit von Umwelteinstellungen abhängig von den Kosten der jeweiligen Situation. Dabei wird von einem weiten Kostenbegriff ausgegangen, der nicht nur die finanziellen Kosten umfasst, sondern etwa auch den Umstellungsaufwand und die (Un-)Bequemlichkeit der Nutzung. Je geringer diese Anforderungen, desto eher beeinflusst die Einstellung das Verhalten und umgekehrt. Der (finanzielle) Preis liefert für ökologische Kleidung keine hinreichende Begründung einer High-Cost-Situation. Zum einen bekunden ja nicht wenige Verbraucher ihre Bereitschaft, mehr dafür ausgeben zu wollen (s.o.). Zum anderen ist für Kaufentscheidungen weniger der absolute Preis als vielmehr die Einschätzung des Preis-Leistungsverhältnisses relevant, und ökologischen Kleidungsartikeln werden neben der Überlegenheit hinsichtlich ökologischer Kriterien auch positive (und in ihrer Bedeutung hoch bewertete) konventionelle Eigenschaften wie Hautfreundlichkeit, Gesundheit und Tragekomfort zugeschrieben (vgl. Schramm et al. 2000, S. 26). Bleiben die "nicht-finanziellen" Kosten, also z.B. die Umstellungskosten. Diese sind aufgrund der geringen Verfügbarkeit von Öko-Textilien im Handel allgemein tatsächlich größer (Wahl anderer, nicht gewohnter Einkaufsstätten, mglw. längere Anfahrtswege). Davon nicht betroffen sind allerdings die Kunden der großen Versandhäuser wie Otto oder Neckermann. Die Bestellung eines Produktes aus ökologisch optimierter Herstellung ist für sie nicht mit größerem Aufwand verbunden als die eines konventionellen Artikels. Von der geringen Öko-Nachfrage sind aber auch diese Händler betroffen. Der (teilweise) Umstieg auf Öko-Textilien stellt demnach keine High-Cost-Situation dar. Tatsächlich siedeln Diekmann und Jann (2000) das ökologische Verhalten bzgl. Bekleidung im mittleren Bereich an.

Bezüglich der beiden anderen Kategorien zeigte die von uns begleitete Studie, dass die befragten Konsumenten ein relatives festgefügtes Negativ-Bild haben, das zum Teil gar nicht den tatsächlichen Produkteigenschaften des aktuellen Angebots entspricht. Was den befürchteten Verlust der Passform angeht, wird kaum wahrgenommen, dass die Anbieter hier schon Qualitätsverbesserungen erreicht haben, z.B. indem sie in ihren Kollektionen einen gewissen Kunstfaseranteil (z.B. Elasthan) zulassen. Auch die modische Ausrichtung hat sich in jüngerer Zeit geändert, eine Annäherung an aktuelle Trends wurde vorgenommen. Vereinzelt gibt es Kollektionen, die sich im Style kaum noch von den konventionellen (nicht ökologisch optimierten) unterscheiden. Der Absatz hat sich dadurch jedoch nicht erhöht. Die taz-Journalistin Christine Berger (2001) macht gerade die in jüngerer Zeit vorgenommene stärker modische Ausrichtung des Angebots und der Präsentation bei Hess natur für den ökonomischen Misserfolg des Unternehmens verantwortlich: "Als Marktführer im Segment Bio-Mode-Versandhandel präsentierte sich hess natur in den vergangenen Jahren immer aufwändiger und ging auf Distanz zum Sackleinenimage. Schick, modern und ein bisschen trendy sollte die Mode rüberkommen. Das ist gelungen. Doch mit der relativ konventionellen Präsentation der qualitativ hochwertigen Mode hat sich Hess anscheinend ein bisschen zu weit aus dem Fenster gelehnt. Immer mehr traditionelle KundInnen sprangen ab [...]."

Die Händler und Hersteller ökologischer Kleidung stecken anscheinend in der Falle. Dies lässt sich darauf zurückführen, dass die Besonderheiten des Produktes Bekleidung von ihnen nicht hinreichend berücksichtigt wurden und werden.

3. Kleidung – kein Produkt wie jedes andere

3.1 Funktionen von Bekleidung und das Phänomen der Mode

Wie unterscheidet sich Kleidung von anderen Produkten? Ein Blick auf die Funktionen, die sie erfüllt, bringt uns der Antwort auf diese Frage näher. Nach Karmasin (1998, S. 224) lassen sich insgesamt acht Funktionen voneinander unterscheiden, die Produkte generell erfüllen können: die instrumentelle, die expressive (man will sich/etwas zum Ausdruck bringen), die distinktive (man will sich von anderen abgrenzen), die soziale (man will dazu gehören), die normative (man befolgt mit dem Produktbesitz/der Produktnutzung bestimmte Regeln, entspricht Werten), die ästhetische (man findet ein Produkt schlicht schön), die stabilisierende (ein vertrautes Produkt schafft Sicherheit) und die stimulierende (ein Produkt kann neue Verhaltensweisen, Ansichten etc. auslösen) (vgl. Cox/Dittmar 1995 mit einer fast identischen Auflistung für Kleidung).

Die sieben letztgenannten Funktionen können zusammenfassend als sozialpsychologische Funktionen bezeichnet werden (vgl. zu dem Begriff Dittmar 1992). In der Betriebswirtschaftslehre wird die instrumentelle Funktion üblicherweise "Grund-", "Basis"- oder "Primärfunktion genannt. Gemeint ist damit zum Beispiel die Transportfunktion eines Autos oder die Funktion der Waschmaschine, Kleidung zu säubern. Die sozialpsychologischen Funktionen gelten demgegenüber undifferenziert als "Zusatz-" oder "Sekundärfunktionen" (vgl. z.B. Wöhe 1986, S. 626). Dabei wird schon begrifflich unterstellt, dass die instrumentellen Funktionen von vorrangiger Bedeutung sind, der Gebrauchswert eines Produktes aus ihnen resultiert. In jüngerer Zeit wird diese einseitige Gewichtung immer stärker in Frage gezogen. So leiten Eisendle/Miklautz (1992, S. 11) den von ihnen herausgegebenen Tagungsband zum Thema Produktkulturen mit der Feststellung ein, "der Konsum von Produkten scheint sich in den entwickelten Industriegesellschaften immer mehr von dem fortzuentwickeln, was einst mit den Begriffen Nützlichkeit und Notwendigkeit umschrieben wurde."

Das Besondere an Kleidungsprodukten ist, dass die Nützlichkeit bei ihnen noch nie im Vordergrund stand. Nerdinger/v. Rosenstiel liefern ein amüsantes Beispiel dafür, dass bei Bekleidung sozialpsychologischen Funktionen nicht erst in jüngerer Zeit und nicht nur in den Industriegesellschaften durchaus primäre Bedeutung beigemessen wird. Sie berichten von einem Erlebnis Charles Darwins bei der Erforschung der Ureinwohner Feuerlands im Jahr 1833. Die Feuerländer waren "trotz eisiger Kälte nackt, aber bemalt und geschmückt. Die Kleidung, die ihnen die Forscher schenkten, zerrissen sie und benutzten die Fetzen als Schmuck." (Nerdinger/v. Rosenstiel 1999, S. 102, vgl. auch Flügel 1986 [1930], S. 211).

Die distinktive und die soziale Funktion werden in der Modesoziologie als bedeutungsvollste betrachtet. Schon für Georg Simmel stellen sie den Kern der Mode dar: "Sie [die Mode, D.F.] ist Nachahmung eines gegebenen Musters und genügt damit dem Bedürfnis nach sozialer Anlehnung, sie führt den einzelnen auf die Bahn, die alle gehen, sie gibt ein allgemeines, das das Verhalten jedes einzelnen zu einem bloßen Beispiel macht. Nicht weniger aber befriedigt sie das Unterschiedsbedürfnis, die Tendenz auf Differenzierung, Abwechslung, Sich-Abheben." (Simmel 1986 [1911], S. 181).

Aus dieser dualen Motivkonzeption entwickelt Simmel seine Theorie des Modewechsels. Demzufolge trachten die Angehörigen oberer gesellschaftlicher Stände danach, sich durch die Besonderheit ihrer Kleidung von den unteren abzugrenzen. Im Streben nach sozialer Anerkennung ahmen diese jedoch die entsprechende Mode sukzessiv nach, was zur massenhaften Ausbreitung führt. Dies wiederum veranlasst die oberen Stände dazu, sich zum Zweck der Aufrechterhaltung der sozialen Abgrenzung einer neuen Mode zuzuwenden, die wiederum nachgeahmt wird usw. (vgl. Simmel 1986 [1911], S. 184). So ist der Wechsel konstitutiv für das Phänomen der Mode. "Jedes Wachstum ihrer treibt sie ihrem Ende zu, weil eben dies die Unterschiedlichkeit aufhebt" (Simmel 1986 [1911], S. 187). Im modischen Wettbewerb begeht die Mode "kontinuierlichen Selbstmord" (König 1985, S. 184). Heute sind es nicht mehr die "oberen" sozialen Klassen, von denen eine Mode ausgeht, sondern häufig vielmehr kleine Randgruppen (z.B. jugendliche Subkulturen) (vgl. Sommer 1992), die in irgendeiner Weise Aufmerksamkeit erregen. Zusammen mit anderen Faktoren (wie etwa der Entwicklung der industriellen Massenproduktion und der globalen Massenmedien) hat die Auflösung der Klassengesellschaft zugunsten der Herausbildung zahlreicher sozialer Milieus die Dynamik des Modewandels beschleunigt. Das von Simmel herausgearbeitete Grundmuster hat seine Gültigkeit jedoch nicht verloren. Die Funktionen der Herstellung von Zugehörigkeit einerseits und von Distinktion andererseits verweisen auf den Zeichencharakter von Kleidungsprodukten.

3.2 Kleidung als Kommunikationsmedium

Offener Hemdkragen, graue Windjacke, derbes Schuhwerk – als der US-amerikanische Präsident George W. Bush am 14.09.2001, drei Tage nach dem Anschlag auf das World Trade Center "Ground Zero" besuchte, sah er so gar nicht "staatsmännisch" aus. Hatte er auf Anzug und Krawatte verzichtet, weil er befürchtete, seine Kleidung könnte verschmutzt oder gar beschädigt werden? Musste er bequem gekleidet sein, weil er tatkräftig mithelfen wollte? Wohl kaum. Es war vielmehr die Symbolik seiner Kleidung, die ihm wichtig war. Nicht nur der Feuerwehrmann vor Ort, sondern die gesamte amerikanische Nation, ja die Weltbevölkerung (zumindest der westliche Teil), verstand die über globale Medien verbreitete Botschaft: ich gehöre zu euch, wir (New Yorker, Amerikaner, Angehörige der westlichen Welt …) stehen zusammen; wir halten keine langen Reden, sondern packen es an; ich habe die Sache im Griff …

Die Sprache der Kleidung hat mehr transportiert und sich nachhaltiger eingeprägt als eine Rede es je vermocht hätte – und das nicht nur, weil Bush ja ohnehin kein virtuoser Meister des gesprochenen Wortes ist. "Die Zeichen und Symbole der Kleidung dienen […] keinem Denken, sondern der Herstellung gefühlshafter Eindrücke. Sie schließen sich beim Träger und Betrachter zu keinen logischen Ketten zusammen, sondern bauen Vorstellungen auf, täuschen Umgangsmöglichkeiten vor, bestätigen Hoffnungen: Sie schaffen *Illusionen*" (Hoffmann 1985, S. 169).

Diese Illusionen sind in ihrer Wirkung sehr real. Tagtäglich kommunizieren wir alle mit unserer Kleidung – zum Teil bewusst, zum wohl größeren Teil unbewusst. Wenn ich jemandem persönlich begegne, erlange ich durch Betrachtung der Kleidung in Sekundenschnelle zahlreiche Informationen über mein Gegenüber (die sich später durchaus als Missinformationen herausstellen können): Beruf, Herkunft, Geschmack, Ansichten, Einstellungen etc. und mein Gegenüber erhält solche Informationen über mich. "By the time we meet and converse we have already spoken to each other in an older and more universal tongue" (Lurie 1981, S. 3). Meist unbewusst beeinflussen diese Informationen unsere verbale Kommunikation und unser Handeln. So berichtet Hansen (2000, S. 62) von empirischen Studien, in denen nachgewiesen wurde, dass Bankangestellte sich bei der Kreditvergabe signifikant von der Kleidung des Antragstellers haben leiten lassen, ohne hinterher genau verbalisieren zu können, was sie zu ihrer Entscheidung geführt hatte. Seit Ende der fünfziger Jahre betrachten Soziologie und Psychologie Kleidung als Kommunikationsmedium. Einzelne Kleidungsstücke gelten als Zeichen oder Symbole, bestimmte Kombinationen als Zeichensysteme (vgl. Hoffmann 1985, S. 19, Sommer 1992, S. 207f., Hansen 2000, S. 60).

Kleidung als Kommunikationsmedium ist angewiesen auf einen gemeinsamen Code, ein Bedeutungssystem, mit dem die Botschaften entschlüsselt werden können bzw. überhaupt erst als solche wahrnehmbar sind. Die Kleidungssprache ist kulturell geprägt, Werte und Normen haben Einfluss auf die Entwicklung der Bedeutungszuweisung. "Kleidungscodes und damit die spezifischen Beziehungen zwischen Kleidungssignalen und ihrer Bedeutung werden von sozialen Gruppen in symbolisch vermittelter Interaktion geschaffen und verändert" (Sommer 1992, S. 213). Sommer weist darauf hin, dass innerhalb komplexer Gesellschaften nicht nur ein einziger Code besteht, sondern mehrere Codes in einer "kulturellen Interpretationsgemeinschaft" koexistieren (Sommer 1992, S. 209). Er unterscheidet zwischen einem übergreifenden "Hypercode" und dem subkulturspezifischen "Hypocode". Die zur Abgrenzung erforderlichen Signale werden in der gesamten kulturellen Gemeinschaft in ihrer Bedeutung (quasi als "Hauptaussagen") verstanden und mehr oder weniger identisch interpretiert (Hypercode). Daneben existieren Signale, denen nur innerhalb der jeweiligen Gruppe oder zwischen einigen wenigen Gruppen eine spezifische Bedeutung zugewiesen wird (Hypocode), die aber nicht "allgemeinverständlich" sind.

4. Die Kurzlebigkeit der Öko-Mode und die Beständigkeit des Öko-Codes

Die oben angeführten Diskrepanzen zwischen tatsächlichen Eigenschaften ökologisch optimierter Bekleidungsartikel und deren Wahrnehmung und Beurteilung durch die Konsumentinnen und Konsumenten lassen sich auf einen festgefügten Hypercode zurückführen. In den Anfangsjahren der Bemühungen zur Ökologisierung der Kleidungsproduktion entsprachen die Artikel in Material und Schnitt einem bestimmten, deutlich identifizierbaren Erscheinungsbild. Die Öko-Kleidungsstücke waren weit geschnitten, das Gewebe grobgestrickt oder –gewebt, gedeckte (Natur) Farbtöne vorherrschend. Einerseits resultierte dies (zum Teil) aus den damals begrenzten technischen Möglichkeiten der umweltverträglicheren Produktion (z.B. eingeschränkte Farbpalette bei Verzicht auf schwermetallhaltige Farben). Andererseits war dieses Erscheinungsbild von den Herstellern aber auch gewollt, denn es entsprach dem in der sog. alternativen Szene vorherrschenden Kleidungsstil. Dieser hatte sich schon Anfang/Mitte der 1980er Jahre, also zur Hoch-Zeit der Friedens- und Umweltbewegung, herausgebildet (anknüpfend an Vorläufer aus der "Hippie"-Zeit). Das

Tragen selbstgestrickter Pullover, weiter Latzhosen, Clogs oder Sandalen, langer, weitgeschnittener und im Batik-Verfahren selbstgefärbter Röcke etc. war für die Angehörigen dieser subkulturellen Bewegung Ausdruck gesellschaftlichen Protestes. Mit der Kleidung und den zugehörigen Accessoires (wie Buttons mit Friedenstaube oder "Atomkraft – Nein Danke!"-Slogan) sollte eine politische Botschaft vermittelt werden: Es ging – kurz zusammengefasst – um den Stopp des weltweiten (atomaren) Wettrüstens und gegen die Konsumgesellschaft mit ihren riskanten Nebenfolgen für Mensch und Umwelt, die mit dem Super-GAU von Tschernobyl schlagartig auch in das Bewusstsein breiterer Bevölkerungsschichten gelangte (zur theoretischen Beschreibung der gesellschaftlichen Entwicklung vgl. Beck 1986). Die Kleider-Botschaft wurde schnell verstanden und das Kleidungsverhalten der alternativen Szene breitete sich aus. Dass die Hersteller ökologisch optimierter Bekleidung sich daran orientierten, war angesichts des damaligen gesellschaftlichen Einflusses dieser Szene ökonomisch rational. Die Friedens- und Umweltbewegung erfüllte in hervorragender Weise die Bedingungen, die nach Sommer/Wind ausschlaggebend dafür sind, dass eine soziale Gruppierung eine neue, weite Teile der Gesellschaft beeinflussende, Mode[2] prägt: Sie vertrat eine von der Mehrheitsmeinung (zunächst) abweichende Position, "die zu einem bestimmten Zeitpunkt gesellschaftlich relevant ist" und provozierte "durch ihr offensives und kompromißloses Verhalten einen Konflikt mit der Mehrheit" (Sommer/Wind 1988, S. 121f.).

Dass der alternative "Öko-Look" zur Mode wurde, entbehrt nicht einer gewissen Ironie. Schließlich war er eigentlich – von den "Erfindern" und frühen Nachahmern – als Anti-Mode gedacht (vgl. Sommer 1992, S. 221). Der Bekleidungsstil richtete sich gegen den "Konsumterror", als deren Inbegriff gerade die Mode angesehen wurde. Dass auch eine Anti-Mode zur Mode werden kann, hatte bereits Simmel erkannt und als Indiz für die Macht des allgemeinen Phänomens der Mode als sozialer Tendenz angeführt. Die "absichtliche Unmodernität" charakterisiert er als "Nachahmung mit umgekehrtem Vorzeichen".

"Der absichtlich Unmoderne nimmt genau den Inhalt wie der Modenarr auf, nur daß er ihn in eine andere Kategorie formt, jener in die der Steigerung, dieser in die der Verneinung. Es kann sogar in ganzen Kreisen innerhalb einer ausgedehnten Gesellschaft Mode werden, sich unmodern zu tragen – eine der merkwürdigsten sozialpsychologischen Komplikationen, in der der Trieb nach individueller Auszeichnung sich erstens mit einer bloßen Umkehrung der sozialen Nachahmung begnügt und zweitens seinerseits wieder seine Stärke aus der Anlehnung an einen gleich charakterisierten engeren Kreis zieht; wenn sich ein Verein der Vereinsgegner konstituierte, würde er nicht logisch unmöglicher und psychologisch möglicher sein als diese Erscheinung" (Simmel 1986 [1911], S. 192).

Mit der Entwicklung des "Öko-Looks" zur Moderichtung, also der Diffusion in größere gesellschaftliche Kreise, war der Anfang vom Ende dieses Bekleidungsbildes eingeläutet. Es musste zum Opfer der die Mode ausmachenden "Permanenz des Wechsels" (Bovenschen 1986, S. 13) werden. Die "Mode als Form" ist gekennzeichnet durch Gleichgültigkeit "gegen jede Bedeutung ihrer besonderen Inhalte" (Simmel 1986 [1911], S. 183). Der Abschwung der "Öko-" oder "Natur-Mode"-Welle bedeutete dann auch den Rückgang der Nachfrage nach Bekleidung, die in ökologisch optimierten Verfahren hergestellt wird, da modischer Inhalt und ökologische Eigenschaften Ende der 1980er/Anfang der 1990er Jahre eng miteinander verbunden waren (vgl. zum Verlauf der Naturmode-Welle Meyer 2001, S. 113).

Der entsprechende Kleidungscode jedoch blieb bis heute erhalten. Er wurde trotz der recht kurzen "Öko-Mode"-Phase von der gesamten Gesellschaft schnell erlernt und hat sich in den Köpfen festgesetzt. Mit Bovenschen kann dies auf die Ideologisierung des damaligen (anti-)modischen Inhaltes zurückgeführt werden. Gerade der Versuch der Ablehnung der Mode unter Hinweis auf Zweckmäßigkeit und Natürlichkeit erfordere besondere Aufmerksamkeit. Solchen ideologisch akzentuierten Bekleidungen liege ein problematisches Ganzheitsheitsprinzip zugrunde, "das eine Einheit von Innerem und Äußerem nicht nur auf dem Felde der sozialen Beziehungen, sondern vor allem auf dem der Gesinnungen fordert" (Bovenschen 1986, S. 16). Der Schlüssel zu ihrer Decodierung werde von den Gesinnungsmoden gleich mitgeliefert – kein Wunder also, dass er so leicht verstanden wird und ein solches Beharrungsvermögen hat.

Die Versuche der Hersteller und Händler, die Gestaltung ihres ökologischen Angebots stärker an aktuelle modische Ausrichtungen anzupassen, konnten bisher anscheinend keine Änderung des Codes bewirken. Die (implizite) Übersetzung heißt – in Kurzform – noch immer: ökologische Kleidung = Öko-Mode aus der Müsli-Ecke = bestimmte Gesinnung. Deutlicher als eine Probandin in der o.g. Studie des EcoMTex-Forschungsprojektes kann man die Funktionsweise des Codes nicht zum Ausdruck bringen – beim Anblick einer Kollektion aus ökologisch optimierten Bekleidungsartikeln äußerte sie spontan: "Wer sowas anzieht, der geht auch demonstrieren". Auch die Vorurteile bzgl. Passform und Formstabilität können entsprechend erklärt werden. Es sind eben nicht oder nur zum geringeren Teil die tatsächlichen Produkteigenschaften, die die Beurteilung des Angebots durch die Konsumenten bestimmen, sondern die alten Codes.

Zeichen, denen mit diesen Codes Bedeutung zugewiesen wird, werden von der Kleidung selbst vermittelt, aber auch von deren Präsentation im Laden oder Katalog und von der verbalen und schriftlichen (Marketing-)Kommunikation. Dass der etablierte Code nach wie vor die Bewertung der ökologisch optimierten Kleidungsprodukte so stark beeinflusst, ist nicht nur darauf zurückzuführen, dass viele der entsprechenden Angebote noch immer Reminiszenzen an die Naturmodewelle enthalten ("erdige" Farbtöne, grobe Strickware). Mindestens ebenso bedeutsam sind m.E. die Botschaften, die über die Kommunikationskanäle der Präsentation und Produktbeschreibung vermittelt werden.

Die Marketingtheorie empfiehlt für ökologische Produkte eine überwiegend rationale, informative (und überprüfbare) Kommunikation (vgl. z.B. Kaas 1993). Damit soll Glaubwürdigkeit erzielt und (durch Erhöhung des Wissens) die Kluft zwischen Umweltbewusstsein und Umweltverhalten verringert werden. Die Anbieter ökologisch optimierter Bekleidung sind diesen Empfehlungen gefolgt. Während beim üblichen Kleidungsverkauf an die Emotionen appelliert wird, Erlebniswelten geschaffen und Lebensstile angeboten werden, konfrontieren sie den potentiellen Käufer mit rationalen Argumenten zum Schadstoffgehalt, zum Pestizideinsatz beim Faseranbau, zur Luft- und Wasserbelastung durch die Produktion etc. Die rationalen Argumente wirken wie ein Signal, das die latenten Vorurteile gegenüber dem "Öko-Chic" (den einst erlernten Code) aktiviert. Wir konnten beobachten, dass dies selbst dann der Fall ist, wenn das Design der Kleidungsstücke und die Gestaltung der Verkaufsfläche bzw. der Katalogseiten aktuellen modischen Trends entsprechen. Gerade in der Phase der Kaufentscheidung ist die Sensibilität für potentielle Produktbotschaften besonders hoch und damit auch die Aversion gegenüber dem Risiko, Kleidung zu wählen, die ungewollte Aussagen vermittelt. "Die Auswahl vestimentärer Signale und die Entscheidung, sie zu senden, erfolgt [..] in aller Regel lange vor dem 'Senden': Beim Kleiderkauf und beim meist morgendlichen Anziehen" (Sommer 1992, S. 210).

Die anfangs dieses Beitrags skizzierten – vermeintlichen – Widersprüche bzgl. der Beurteilung von Öko-Bekleidung durch die Verbraucher, des Kaufverhaltens und des Misserfolgs der z.T. geänderten Anbieterstrategien lassen sich vor dem Hintergrund der hier dargelegten "Listen der Mode" erklären. So kann das Scheitern der "modischen Neuausrichtung" von Hess natur darauf zurückgeführt werden, dass die Schritte in Richtung "Distanz zum Sackleinenimage" in der Produktgestaltung und Präsentation den alten Öko-Kleider-Code der mehrheitlichen "Normal-Käufer" nicht aufgebrochen haben. Dies dürfte schon alleine der Name des Unternehmens und die rational-informative Produktauslobung verhindert haben. Die Gefahr, beim Tragen der Hess-Produkte zu der Gruppe der "Ökos" gerechnet zu werden, erscheint dieser Zielgruppe noch immer zu groß. Die Stammkundschaft hingegen muss befürchten, mit den "modischen" Artikeln nicht mehr die Botschaften vermitteln zu können, auf die es ihr aus Gründen der Distinktion sowie der personalen und sozialen Identität noch immer ankommt. Gruppenstile, also die Hypocodes, sind im Gegensatz zum Hypercode recht langlebig (vgl. Sommer/Wind 1988, S. 36).

5. Neue Marketingstrategien für ökologische Bekleidungsartikel

Sollen ökologisch optimierte Bekleidungsartikel nicht weiterhin ihr Dasein in der kleiner werdenden Nische fristen, muss von den Anbietern versucht werden, den alten Öko-Kleider-Code abzuändern und neue Interpretationsschemata zu etablieren.

Für die auf den "Normalkunden" des Massenmarktes abzielenden Mischanbieter, zu deren Sortiment spezielle Öko-Artikel und -Kollektionen gehören, bedeutet dies, bei der *Produktgestaltung* eine konsequente Entkoppelung von ökologischer Optimierung und bestimmtem ("Öko"-)Stil vorzunehmen. Ziel muss es sein, möglichst alle modischen Inhalte realisieren zu können. Technische Weiterentwicklungen im Bereich umweltverträglicher Farbstoffe, Druckpasten und Textilhilfsmittel erlauben hier schon mehr als zur Zeit umgesetzt wird. Neue Maßnahmen zur ökologischen Optimierung von Kunstfasern eröffnen weitere Optionen (vgl. Fischer/Wöhler 2001, S. 339f.). Je nach aktueller modischer Ausrichtung sind allerdings zugunsten einer höheren Marktakzeptanz auch Einschränkungen bei der ökologischen Optimierung in Kauf zu nehmen. Wenn damit die Verkaufszahlen (zu Lasten umweltschädlicherer Produkte) deutlich gesteigert werden können, ist der Gesamteffekt der ökologischen Entlastungen größer als bei kompromissloser ökologischer Optimierung von Kleidungsstücken, die nur wenige Abnehmer finden.

Für die *Produktpräsentation* kann der Entkopplungsstrategie entsprechend eine Auflösung der speziellen "Öko-Ecke" zugunsten einer durchgängigen Integration in das Gesamt-Sortiment und der Aufbau von bzw. die Eingliederung in Erlebniswelten empfohlen werden. Denkbar ist außerdem der Einsatz von sog. Testimonials, also bekannten, glaubwürdigen Personen, die allerdings keinen Bezug zur Umweltthematik haben sollten.

Bei den produktbezogenen *Kommunikationsmaßnahmen* (Werbung, Produktbeschreibung) sollten die Anbieter auf die Vermittlung von im Bekleidungsmodemarkt ansonsten unüblichen sachlich-rationalen und "aufklärerischen" Informationen möglichst verzichten. Um den alten Öko-Code aufzulösen, sind kommunikative Verknüpfungen zwischen Ökologie und konventionellen positiven Produkteigenschaften (z.B. Qualität oder Innovation) herzustellen. Die Kommunikation ist positiv-emotional auszurichten. Im Rahmen der nicht-produktbezogenen, unternehmensbezogenen Kommunikation (PR, Unternehmenswerbung) ist ein offensiverer Umgang mit der Umweltschutz-Thematik nicht nur möglich, sondern aus Imagegründen auch ratsam. Denn auf der allgemeinen Ebene findet ein entsprechendes Unternehmensengagement durchaus große Zustimmung in der deutschen Bevölkerung (vgl. Kuckartz 2000). Da die beschriebenen Reaktanzphänomene lediglich direkt in der Phase der Produktauswahl und des Kaufs auftreten, bietet sich auch die Nachkaufphase für die Vermittlung (positiv gerichteter) ökologischer Informationen an. Wer ein Kleidungsstück ausgewählt hat, weil es ihm einfach gut gefällt, es zu ihm passt, es die richtige Botschaft vermittelt, Qualität und Verarbeitung stimmen, der Preis angemessen ist etc., wird es kaum zurückgeben, wenn er im nachhinein erfährt, dass es außerdem besonderen ökologischen Ansprüchen genügt. Im Gegenteil: nach dem Kauf kann eine solche Information sogar bestätigend wirken. Positive Erfahrungen mit dem Produkt können dann schließlich zu einem langsamen Abbau der Vorurteile gegenüber ökologisch optimierter Bekleidung führen, den Kleidungscode ändern.

Für Öko-Spezialanbieter wie Hess natur ist der Weg zu höheren Umsätzen (noch) schwieriger. Wie oben bereits erläutert, droht ihnen bei einer zu starken Entfernung vom Öko-Code der Verlust der Stammkundschaft. Neue Kunden werden sie dadurch allerdings auch kaum hinzugewinnen, da sie von diesen nach wie vor als Anbieter typischer Öko-Mode gesehen werden. "Der 'Spagat' zwischen Weiterentwicklung auf der einen und Identitätsverlust und Wettbewerbsdruck auf der anderen Seite ist nicht zu unterschätzen" (Meyer 2001, S. 203). Eine Möglichkeit besteht auch hier in der (kommunikativen) Kopplung ökologischer Vorteile mit positiven konventionellen Produkteigenschaften. So ist beispielsweise eine Mischung aus ökologischer und Lifestyle-Positionierung denkbar, wie sie das kalifornische Sport- und Outdoor-Bekleidungsunternehmen Patagonia erfolgreich realisiert (vgl. Meyer 2001, S. 202). Darüber hinaus ist eine Konzentration auf solche Artikel-Gruppen zu empfehlen, die ohnehin weniger von Wechseln in der modischen Ausrichtung betroffen sind (sog. Klassiker wie z.B. der Lodenmantel). Hier kann möglicherweise die Verbindung von Öko- bzw. Natur-Code mit einem "elitärem Code" funktionieren.

6. Zum Schluss

Die ökologische Optimierung der Produktion von Kleidung war und ist aufgrund der weltweiten Verteilung der einzelnen Standorte, aus denen sich die textile Kette zusammensetzt, und der seit Jahren wirtschaftlich angespannten Situation der Branche ein äußerst schwieriges Unterfangen (vgl. Binger 1995, S. 13). Desto höher sind die enormen Fortschritte auf diesem Bereich einzuschätzen, die vor allem von den ökologischen Pionierunternehmen, aber auch von einigen großen Anbietern und Herstellern erzielt wurden, die trotz Abflauens der Naturmode-Welle ihr ökologisches Engagement nicht aufgaben.

Die Konzentration auf den Herstellungsprozess hat jedoch zu einer tendenziellen Vernachlässigung der Absatzseite geführt. Vor allem die Besonderheiten der Mode wurden zu wenig beachtet – mit der Folge, dass Käufer jenseits der (schrumpfenden) Öko-Nische kaum erreicht werden. Modernes Marketing konzentriert sich weniger auf die konkreten Produkteigenschaften als auf die von und mit den Produkten vermittelten Botschaften. "Erfolg am Markt wird in Zukunft im wesentlichen Erfolg im Bereich des Zeichenmanagements darstellen" (Karmasin 1992, S. 238). Dies gilt nicht nur für den Bekleidungsmarkt – bei fast allen Konsumgütern lässt sich ein Bedeutungszuwachs der sozialpsychologischen Funktionen erkennen –, aber gerade bei Bekleidung wird eine Vernachlässigung der kommunikativen Wirkung schnell und massiv vom Markt bestraft. Wollen Hersteller und Anbieter ökologischer Konsumgüter auf dem Massenmarkt erfolgreich sein, haben sie im Bereich des Zeichenmanagements einiges aufzuholen. Der vorliegende Beitrag hat versucht, dies zu verdeutlichen und Ansatzpunkte für erfolgreiche Marketingstrategien jenseits der Öko-Nische aufzuzeigen.

Die Leser, denen die Empfehlungen zu "modisch" erscheinen, seien auf Immanuel Kant verwiesen. Wie viele andere Philosophen stand er der Mode eher kritisch gegenüber (vgl. Brunkhorst 1986, S. 406), musste aber konzedieren:

"Besser ist es aber doch immer, ein Narr in der Mode als ein Narr außer der Mode zu sein" (Kant, zit. nach Bovenschen 1986, S. 11).

---

[1] Dieser Beitrag entstand im Rahmen meiner Mitarbeit in dem von Bundesministerium für Bildung und Forschung (BMBF) geförderten Forschungsprojekt "Von der Öko-Nische zum ökologischen Massenmarkt im Bedürfnisfeld Textilien" (Kurztitel: EcoMTex – Ecological Mass Textiles). An dem Projekt sind neben mehreren Wissenschaftspartnern der Otto Versand (GmbH & Co.) und die Klaus Steilmann GmbH & Co. KG beteiligt (Informationen unter: http://www.uni-oldenburg.de/ecomtex).

[2] Sommer (1992, S. 224) nennt die Kleidung einer sozialen Gruppe "Stil" und definiert Mode auf Grundlage seines semiotischen Ansatzes folgendermaßen: "Mode ist nun nicht der Stil oder Stilwandel einer bestimmten Gruppe, sondern eine die ganze Gesellschaft durchziehende, die einzelnen Hypocodes aber unterschiedlich tangierende Modifizierung des Hypercodes."

Literatur

Albaum, M. (1997): Das Kundenbuch. Menschen und ihr Einkaufsverhalten bei Bekleidung, Frankfurt a. M.

Barnard, M. (1996): Fashion as Communication. London/New York.

Beck, U. (1986): Risikogesellschaft. Auf dem Weg in eine andere Moderne. Frankfurt a.M.

Berekoven, L./Eckert, W./Ellenrieder, P. (1999): Marktforschung. Methodische Grundlagen und praktische Anwendung. 8., überarb. Aufl., Wiesbaden.

Berger, C. (2001): Vater der Klamotten. In: die tageszeitung (taz), 12.05.2001, S. 17.

Binger, D. (1995): Das Echo vom Kleiderberg. Mode + Ökologie – Wege einer sinnvollen Verbindung. Frankfurt a.M.

Binger, D. (2000): "Best und better" fürs Öko-Image. In: Textilwirtschaft, 25.01.2000, S. 266 – 268.

Bovenschen, S. (1986): Über die Listen der Mode. In: dies. (Hg.): Die Listen der Mode. Frankfurt a.M., S. 10 – 30.

Brunkhorst , H. (1986): So etwas angenehm frisch Geköpftes. Mode und Soziologie. In: Bovenschen, S. (Hg.): Die Listen der Mode. Frankfurt a.M., S. 404 – 414.

Cox, J./Dittmar, H. (1995): The Functions of Clothes and Clothing (Dis)Satisfaction: A Gender Analysis Among British Students. In: Journal of Consumer Policy, vol. 18, 1995, S. 237 – 265.

Diekmann, A./Jann, B. (2000): Sind die empirischen Ergebnisse zum Umweltverhalten Artefakte? Ein Beitrag zum Problem der Messung von Umweltverhalten. In: Umweltpsychologie, Heft 1, S. 64 – 75.

Eisendle, R./Miklautz, E. (1992): Artefakt und Kultur. Dynamik und Bedeutungswandel des Konsums. In: dies. (Hg.): Produktkulturen. Dynamik und Bedeutungswandel des Konsums. Frankfurt a.M./New York, S. 11 – 20.

Fischer, D./Wöhler, C. (2001): Mode, Design, Funktion und Ökologie. In: Schrader, U./Hansen, U. (Hg.): Nachhaltiger Konsum. Forschung und Praxis im Dialog. Frankfurt a.M., S. 336 – 354.

Flügel, J. C. (1986 [1930]): Psychologie der Kleidung. Abgedruckt in: Bovenschen, S.: Die Listen der Mode, Frankfurt a. M. 1986, S. 208 - 263 (original: Psychology of Clothes, 1. Aufl. 1930).

GfK (1999): Öko-Labels für Textilien. Nürnberg.

Grundmeier, A.-M. (1996): Evas neue Kleider. Damenoberbekleidung: ökologisch kompatibel. Frankfurt a.M. u.a.

Hansen, K. P. (2000): Kultur und Kulturwissenschaft. 2., überarb. Aufl., Tübingen/Basel.

Hoffmann, H.-J. (1985): Kleidersprache. Eine Psychologie der Illusionen in Kleidung, Mode und Maskerade. Frankfurt a.M. u.a. 1985.

Kaas, K.P. (1993): Informationsprobleme auf Märkten für umweltfreundliche Produkte. In: Wagner, G.R. (Hg.): Betriebswirtschaft und Umweltschutz. Stuttgart, S. 29 – 43.

Karmasin, H. (1993): Die Produktion von Gleichheit und Distinktion. Marktsegmentierung durch Stile. In: Eisendle, R./Miklautz, E. (Hg.): Produktkulturen. Dynamik und Bedeutungswandel des Konsums. Frankfurt a.M./New York, S. 239 – 248.

Karmasin, H. (1998): Produkte als Botschaften: individuelles Produktmarketing, konsumentenorientiertes Marketing, Bedürfnisdynamik, Produkt- und Werbekonzeptionen, Markenführung in veränderten Umwelten, 2., überarb. u. erw. Aufl., Wien 1998.

König, R. (1985): Menschheit auf dem Laufsteg. Die Mode im Zivilisationsprozeß, München/Wien 1985.

Kuckartz, U. (2000): Umweltbewusstsein in Deutschland 2000. Ergebnisse einer repräsentativen Bevölkerungsumfrage, im Auftrag des Umweltbundesamtes. Berlin.

Lurie, A. (1981): The Language of Clothes. London u.a.

Meyer, A. (2001): Produktbezogene ökologische Wettbewerbsstrategien. Handlungsoptionen und Herausforderungen für die Textilbranche. Wiesbaden.

Meyer, A./ Hohmann, P. (2001): Other Thoughts; Other Results? Remei's bioRe Organic Cotton on ist Way to the Mass Market. In: Greener Management International, Vol. 31, pp. 59-70.

Ried, M. (1989): Das Öko-Textil-Buch. Chemie im Kleiderschrank. Reinbek bei Hamburg.

Rosenkrantz, B./ Castello, E. (1989): Textilien im Umwelttest. Reinbek bei Hamburg.

Schramm, E./Empacher, C./Götz, K./Kluge, Th./Weller, I. (2000): Konsumbezogene Innovationssondierung. Veränderte Produktgestaltung durch Berücksichtigung von ökologischen und Nutzungsansprüchen. Studientexte des Instituts für sozial-ökologische Forschung Nr. 7. Frankfurt a.M.

Simmel, G. (1986 [1911]): Die Mode. Abgedruckt in: Bovenschen, S.: Die Listen der Mode, Frankfurt a. M. 1986, S. 179-207 (original in: Philosophische Kultur, Gesammelte Essais, Leipzig 1911, S. 29-64).

Sommer, C. M. (1992): Medium Mode. Eine Sozialpsychologie der Kleidermode. In: Medienpsychologie, Jg. 4 (1992), Heft 3, S. 205 – 233.

Sommer, C. M./Wind, T. (1988): Mode. Die Hüllen des Ich. Weinheim/Basel.

SPIEGEL-Verlag (1997): Outfit 4. Hamburg.

SPIEGEL-Verlag (2001): Outfit 5. Hamburg.

Umweltbundesamt (1997): Nachhaltiges Deutschland. Wege zu einer dauerhaft-umweltgerechten Entwicklung. Berlin.

Vogt, C. (2001): Stress bei den Ökoversendern. In: die tageszeitung (taz), 20.08.2001, S. 7.

Wöhe, G. (^{2}1986): Einführung in die Allgemeine Betriebswirtschaftslehre. 16., überarb. Aufl., München.

Das kommt gar nicht in die Tüte!
Nachhaltigkeitsmuster beim Kauf von Gütern des alltäglichen Bedarfs
Jörg Schneider M.A.

Forschungszentrum für Gesellschaft und Ökologie (FoGÖ) e.V.
E-Mail: schneidj@mailer.uni-marburg.de

1. Der Beitrag des Lebensstilansatzes zur Erforschung nachhaltigen Konsums

Angesichts weltweiter ökologischer, ökonomischer und sozialer Krisenphänomene wird das Wachstumsparadigma seit den 70er Jahren einer grundlegenden Kritik unterzogen und mit dem Konzept der "nachhaltigen Entwicklung" ("sustainable development") konfrontiert. Im Zuge der UNO-Konferenz für Umwelt und Entwicklung von Rio im Jahr 1992 verpflichten sich Regierungen, das Nachhaltigkeitskonzept als entwicklungspolitische Leitvorstellung auf lokaler, nationaler und internationaler Ebene zu implementieren. Das Leitkonzept der Nachhaltigkeit impliziert den Anspruch, ökologische, ökonomische und soziale Phänomene in ihrer strukturellen und globalen Vernetzung aufzugreifen (Warsewa 1997, S. 195f.). Diesem Anspruch genügt eine wissenschaftliche Auseinandersetzung mit den Problemen der Durchsetzung und Verankerung dieses Leitkonzepts auf breiter gesellschaftlicher Basis zum einen, wenn sie eine betont interdisziplinäre Perspektive einnimmt, die die Beschränkung isolierter Betrachtungsweisen einzelner Disziplinen überwindet. Zum anderen bedarf es angesichts der globalen Reichweite der Zusammenhänge, die in Umkehrung der Perspektive vor allem die Relevanz der untergeordneten, durch nationale, lokale oder Haushalts-Grenzen bestimmten Einheiten hervorhebt, einer Einbeziehung aller Handlungsebenen, nicht zuletzt um beim Anwendungsbezug wissenschaftlicher Forschungsergebnisse Verantwortlichkeiten zuweisen zu können. Gerade im Bereich des nachhaltigen Konsums läuft die Forschung Gefahr, durch einen auf den einzelnen Konsumenten gerichteten Fokus die bezugsgruppenspezifische und gesamtgesellschaftliche Einbettung des Konsums zu vernachlässigen. So unterstellt beispielsweise eine an der Tradition der Einstellungsforschung orientierte Umweltbewusstseinsforschung eine Wirkungskette von Wissen, Einstellungen und Verhalten und kann mit diesem Modell lediglich einen geringen Anteil der Varianz des Umweltverhaltens erklären (Kuckartz 1998, S. 2). Die damit wissenschaftlich abgesicherte Feststellung, dass persönliches Umweltbewusstsein nur in geringem Maß persönliches Umweltverhalten bedingt (Kuckartz 1998, S. 41ff.), kann beispielsweise von politischen Akteuren leicht als mangelnde Bereitschaft der Bevölkerung zu nachhaltigem Konsumverhalten interpretiert werden und gerät somit unversehens zur Legitimation politischer Tatenlosigkeit, wenn nicht auch die "historisch fragwürdig werdenden Regelsysteme der Institutionen" (Beck 1991, S. 47f.) thematisiert werden.

Um die einseitig am einzelnen Konsumenten ausgerichtete Betrachtungsweise des Bewusstseinsansatzes zu überwinden, muss der Bedingungszusammenhang individuellen Konsumverhaltens ausgeweitet werden. Reusswig schlägt den Begriff der "gesamtgesellschaftlichen Lebensweise" vor, den er definiert als "Form der Produktion, Konsumtion, politischen Regulation und kulturellen Deutung der Verhältnisse von Individuum und Gesellschaft zur Natur. Die Lebensweise der modernen, kapitalistisch geprägten Gesellschaften der ersten Welt ist charakterisiert durch hohen Stoff-, Produkt- und Energiedurchsatz, enorme und z.T. toxische Emissionsmengen, durch Wachstums- und Konsumorientierung, durch die weitverbreitete Gleichsetzung von wirtschaftlichem Wachstum und individueller Ressourcenmehrung mit Fortschritt, Wohlstand und Wohlbefinden" (Reusswig 1994, S. 126f.). Innerhalb dieses gesamtgesellschaftlichen Rahmens eines weiterhin dominanten Wachstumsparadigmas lässt sich über den Ansatz der Lebensstilforschung die Brücke zum individuellen Konsumverhalten schlagen.

Vor dem Horizont der Nachhaltigkeitsdebatte etablierte sich in der Öffentlichkeit zunächst ein moralisch-appellativer Gebrauch des Begriffs "Lebensstil". In der Regel wurde damit das Muster der in den Privatbereich heruntergebrochenen gesamtgesellschaftlichen Lebensweise kritisiert und mit der Alternative eines nachhaltig veränderten Lebensstil kontrastiert (Bogun 1997, S. 211f.). Der Singulargebrauch verweist dabei auf die Vorstellung, es bestehe die Notwendigkeit einer allgemeinen Lebensweise, die in Ablehnung der Wachstumsidee an einem Verzichtsparadigma orientiert sein müsse. Dagegen ist der soziologische Lebensstilbegriff ein Instrument der Unterscheidung verschiedener Lebensweisen innerhalb einer durch das Wachstumsparadigma geprägten Gesellschaft. Der Lebensstilansatz geht davon aus, dass individuelle Orientierungen und Verhaltensweisen wesentlich durch soziale Differenzierung bestimmt werden. Die maßgeblichen Orientierungen der alltäglichen Lebensführung lassen sich nicht länger nur über die Schicht- oder Klassenzugehörigkeit vermitteln. An deren Stelle treten im Zuge der Demokratisierung des Bildungssystems, der Pluralisierung der Lebens- und Wohnformen und der Ausweitung des Wohlfahrtsstaates stabile, abgrenzbare und expressive Muster der Lebensorganisation, die nicht mehr unmittelbar an die klassischen Merkmale der Lebenslage (Herkunft, Einkommen, Berufsstatus, u.ä.) gekoppelt sind. Nicht zuletzt der allgemeine Anstieg des Einkommens und die damit verknüpfte Teilhabe des überwiegenden Teils der Bevölkerung am industriellen Massenkonsum im Umfeld einer prosperierenden Wirtschaft bildet die Basis differenzierter Lebensstile, da die Vielfalt der Wahlmöglichkeiten im Konsumbereich unterschiedliche Stilisierungen erlaubt. Nichtsdestotrotz erfolgen diese Stilisierungsprozesse nicht rein voluntaristisch, sondern bleiben an die Verteilung von Ressourcen, z.B. Zeitverfügung, ökonomisches oder soziales Kapital, gebunden. Vor allem die Stagnation des wirtschaftlichen Wachstums und die damit einhergehende Krise des Wohlfahrtsstaates lassen die Verteilung dieser Ressourcen wieder zu einem gewichtigen Faktor der über das Konsumverhalten sich vollziehenden sozialen Differenzierung werden.

Zusammenfassend lassen sich Lebensstile im Sinne einer Ausdifferenzierung der gesamtgesellschaftlichen Lebensweise definieren als "unverwechselbare Struktur und Form eines subjektiv sinnvollen, erprobten (d.h. zwangsläufig angeeigneten, habitualisierten oder bewährten) Kontextes der Lebensorganisation (mit den Komponenten: Ziele bzw. Motivationen, Symbole, Partner, Verhaltensmuster) eines privaten Haushalts (Alleinstehende/r, Wohngruppe, Familie), den dieser mit einem Kollektiv teilt und dessen Mitglieder deswegen einander als sozial ähnlich wahrnehmen und bewerten" (Lüdtke 1989, S. 40). Die Bildung der Lebensstile erfolgt dabei auf der Ebene der Performanzen, d.h. der stilisierungsfähigen Verhaltensweisen. Insofern die Nachhaltigkeitsperformanzen nicht zur Bildung der Konsumstile herangezogen werden, können sie als abhängige Variablen betrachtet werden, für die "die Lebensstilzugehörigkeit ein Konstrukt von Prädiktoreigenschaften darstellt" (Lüdtke 1999, S. 146).

Was wäre angesichts der vorgeschlagenen Verknüpfung der Nachhaltigkeitsproblematik im Bereich des privaten Konsums mit der Lebensstilforschung ein Lebensstil, dem Nachhaltigkeit bescheinigt werden könnte? Zunächst sind verschiedene nachhaltigkeitsrelevante Konsumbereiche (Energieversorgung, Mobilitäts- und Freizeitverhalten, Garten, Haushalt, Kleidung, Ernährung) und Konsumphasen (Erwerb von Produkten oder Dienstleistungen, Nutzung und Entsorgung) zu unterscheiden (vgl. Bogun 1997, Neitzel u.a. 1994). Dabei ergibt sich das Problem der Widersprüchlichkeit von Verhaltensweisen im Hinblick auf das Nachhaltigkeitskriterium in durchaus konsistenten Lebensstilen. Zu verweisen ist hierbei z.B. an das Mobilitätsverhalten des in seinem Alltag konsequent auf Verbrennungsmotoren verzichtenden Fahrrad- und ÖPNV-Fahrers, der im Urlaub als Rucksacktourist mit dem Flugzeug nach Neuseeland reist und damit seine Ökobilanz ins Minus treibt. Es erscheint deshalb sinnvoll, drei Ebenen der Analyse nachhaltigkeitsrelevanten Verhaltens zu unterscheiden, "die sich auf 1. subjektive Wahrnehmungs- und Bewusstseinsformen, 2. objektiv beschreibbare Verhaltensweisen und 3. deren ökologische Relevanz und Bewertung beziehen" (Bogun 1997, S. 228). Dann wird es möglich, Handlungsweisen danach zu differenzieren, in welchem Maße sie zu beurteilen sind als: umweltbewusst ("Die umweltverändernden Effekte werden bedacht. Der Zweck, die Umwelt zu erhalten, muss dabei nicht unbedingt befolgt werden."), umweltverantwortlich ("Die umweltverändernden Effekte der Handlung werden bedacht. Die Erhaltung der Umwelt ist dabei immer einer der Zwecke, die verfolgt werden."), umweltverändernd ("Die Effekte einer Handlung werden nach sozial akzeptierten Beschreibungsdimensionen der Umwelt gemessen, aber nicht unbedingt bewertet.") bzw. umweltverträglich ("Die Effekte einer Handlung werden nach sozial akzeptierten Kriterien gemessen und bewertet.") (Reichert/Zierhöfer 1993, S. 47). Ein einzelner verallgemeinerungsfähiger Lebensstil, der in allen relevanten Konsumbereichen umweltverantwortliche und umweltverträgliche Handlungen vereint, wird schwerlich zu finden sein. Demnach kann es nur darum gehen, die Nachhaltigkeit eines Lebensstils je nach Konsumbereich zu beurteilen. Für einzelne Konsumbereiche lassen sich jedoch innerhalb bestimmter Lebensstile Personen ausmachen, die die Funktion von Ökopionieren übernehmen, indem sie neue Formen nachhaltigen Konsums erproben und gegebenenfalls als stilisierungsfähige Verhaltensweise im gesamten Lebensstil durchsetzen (Lüdtke u.a. 1994, S. 134ff.).

Ein wesentlicher Vorteil des Lebensstilansatzes, der von objektiv beschreibbaren Verhaltensweisen ausgeht, gegenüber einem eindimensionalen Bewusstsein-Verhalten-Modell liegt in der Erfassung von umweltgerechtem Konsumverhalten, das auch ohne Umweltbewusstsein praktiziert wird: "Die aufgeschlossenen Wertepluralisten kaufen nur Pfandflaschen, weil das praktizierter Umweltschutz ist; die sparsam-bescheidene Rentnerin hat in der Pfandflasche das billigste Produkt entdeckt; der Konservativ-Umweltbewusste sieht im Kauf von Pfandflaschen einen Beitrag für geordnete Verhältnisse, und die Umwelt-Aktivierbare kauft ein Tetrapak-Getränk, weil sie in ihrer Lebensmittelkette ansonsten nur Einwegflaschen mit grünem Punkt findet, diese aber dezidiert für umweltfeindlich hält" (Kuckartz 1998, S. 7). Im Endeffekt kann nachhaltiges Konsumverhalten demnach auf höchst unterschiedlichen Sinngebungen beruhen und mit ganz unterschiedlichen Stilisierungsabsichten innerhalb eines Lebensstils betrieben werden.

2. Der Einkauf von Gütern des alltäglichen Bedarfs: eine Sekundäranalyse

2.1 Datengrundlage und Auswertungsprogramm

Eine Sekundäranalyse der auf dem GfK ConsumerScan Panel basierenden ZUMA-Verbraucherpaneldaten (Papastefanou u.a. 2001) erlaubt die Untersuchung von Nachhaltigkeitsmustern beim Einkauf von Gütern des alltäglichen Bedarfs, insbesondere von Lebensmitteln. Der für die vorliegende Analyse gezogene Datenquerschnitt aus dem Verbraucherpanel enthält die in Form eines Haushaltsbuchs dokumentierten Einkäufe von 4426 bundesdeutschen Haushalten für das Jahr 1995 sowie verschiedene Einstellungs- und Strukturdaten. Das Haushaltsbuch verzeichnet die Käufe von Lebensmittelprodukten aus 31 ausgewählten Warengruppen des Bereichs der sogenannten fast moving consumer goods. Dieser Warenbereich umfasst vor allem abgepackte Lebensmittel, so dass leider keine Angaben zu frischen Lebensmitteln, wie z.B. Fleisch, Gemüse, Obst und Backwaren zur Verfügung stehen. Trotz dieser Einschränkung der Produktpalette ließen sich über die Quartale stabile Kaufmuster ermitteln, die zuverlässig Lebensstile indizieren (Lüdtke/Schneider 2001, S. 26ff.). Für jeden Kauf liegen Angaben zu Menge, Preis, Einkaufstätte, Einkaufstag und Verpackungsart vor.

Mit Hilfe dieser Daten soll untersucht werden,

1. welche Nachhaltigkeitsperformanzen, insbesondere indiziert durch den Anteil und die Gesamtmenge bestimmter Verpackungsarten, sich aus den Einkäufen ergeben (2.2.1),
2. inwiefern diese Nachhaltigkeitsperformanzen von Umwelteinstellungen abhängen (2.2.1),
3. welche Performanzen des Kaufs von Lebensmitteln bestehen und welche kaufrelevanten Ernährungs- und allgemeineren Konsumorientierungen von den haushaltsführenden Personen geäußert werden (2.2.2),
4. welche Konsumstile sich aus den Kaufperformanzen und kaufrelevanten Orientierungen bilden und anhand der Haushaltsstruktur beschreiben lassen (2.2.2),
5. inwiefern die Nachhaltigkeitsperformanzen und Umwelteinstellungen in diesen Konsumstilen verankert sind und ob "ganzheitliche", d.h. verschiedene Nachhaltigkeitsmuster vereinende, Stile nachhaltigen Konsums zu identifizieren sind (2.2.2) und schließlich
6. welche Merkmale der Haushaltsstruktur bestimmten Nachhaltigkeitsmuster förderlich bzw. abträglich sind (2.2.3).

2.2 Analysen und Ergebnisse

2.2.1 Nachhaltigkeitsperformanzen und Umwelteinstellungen

Aus den Einkaufsdaten lassen sich Nachhaltigkeitsperformanzen ableiten. Durch die Unterscheidung zweier Formen wird es möglich, zum einen die Habitualisierung und zum anderen den Materialverbrauch nachhaltiger Performanzen abzubilden. Einerseits wird die relative Häufigkeit bestimmter Performanzen zu Handlungsalternativen betrachtet, um das Ausmaß der Verankerung eines nachhaltigen Kaufverhaltens (Kauf umweltverträglicher Produkte innerhalb einer Warengruppe, Verwendung bestimmter Verpackungsarten) zu erfassen. Andererseits wird für den Bereich der Getränkeverpackungen der absolute Ressourcenverbrauch pro Haushaltsmitglied erfasst, der durch die absoluten Mengen verschiedener Verpackungsarten indiziert wird.

Nachhaltigkeitsperformanzen:

1. Anteil der alternativen Behältnisse zu Dosen mit Treibgas
2. Anteil recycelten Küchen- und Toilettenpapiers
3. Anteil der in ein eigenes Gefäß abgefüllten Milch
4. Anteil der Pfandverpackungen
5. Menge der Pfandverpackungen
6. Menge der Kartonverpackungen
7. Menge der Einwegverpackungen

Formen des Umweltbewusstseins werden als Umwelteinstellungen durch einen Block von 13 Items abgefragt, die sich durch eine Hauptkomponentenanalyse auf drei Dimensionen reduzieren lassen, die 49,5% der Ausgangsvarianz erklären:

1. Leugnung von Umweltproblemen (27,1%)
2. Zustimmung zu Umweltschutzmaßnahmen im persönlichen Verfügungsbereich (13,2%)
3. Forderung nach Einschränkungen der Wirtschaft (9,2%)

Lineare Regressionsanalysen mit den Nachhaltigkeitsperformanzen als abhängige Variablen und den Umwelteinstellungen als unabhängige Prädiktoren decken geringe Effekte des Umweltbewusstseins auf das Konsumverhalten auf. Die Erklärungskraft der Umwelteinstellungen ist beschränkt, wie die niedrigen Werte von R^2 zeigen (Tabelle 1).

Standardisierter Beta-Koeffizient und Signifikanz	Anteil der alternativen Behältnisse zu Treibgasdosen	Anteil des recycelten Küchen- & Toilettenpapiers	Anteil der in ein eigenes Gefäß abgefüllten Milch	Anteil der Pfandverpackungen	Menge der Pfandverpackungen	Menge der Kartonverpackungen	Menge der Einwegverpackungen
Leugnung von Umweltproblemen	-0,085 0,000	-0,157 0,000	-0,080 0,000	-0,072 0,000	-0,065 0,000	-0,061 0,000	-0,025 n.s.
Zustimmung zu Umweltschutzmaßnahmen	-0,037 0,043	0,008 n.s.	0,046 0,003	0,139 0,000	0,015 0,001	-0,067 0,000	-0,053 0,000
Forderung nach Einschränkungen der Wirtschaft	0,062 0,001	0,066 0,000	0,031 0,045	-0,011 n.s.	-0,016 n.s.	0,002 n.s.	-0,025 n.s.
R^2	0,012	0,029	0,010	0,025	0,007	0,008	0,004

Tabelle 1: Effekte der Umwelteinstellungen auf die Nachhaltigkeitsperformanzen

Die Leugnung von Umweltproblemen hat auf alle Nachhaltigkeitsperformanzen einen negativen Effekt, zeigt aber keine Auswirkungen auf die Menge der erworbenen Einwegverpackungen. Die Zustimmung zu Umweltschutzmaßnahmen drückt sich insbesondere in der Wahl der Verpackungsart aus: Pfandverpackungen werden bevorzugt verwendet, während die (vermeintlich) weniger umweltfreundlichen Verpackungsarten Karton und Einweg gemieden werden. Dagegen ist kein Effekt auf den Kauf von recycelten Papierprodukten feststellbar und die Vermeidung von Treibgasdosen wird nicht unterstützt. Die Forderung nach Einschränkungen der Wirtschaft hat zwar keinen Einfluss auf die Wahl der Verpackungsart und den diesbezüglichen Materialverbrauch, wirkt sich aber positiv auf die beiden Nachhaltigkeitsperformanzen der umweltverträglichen Produktwahl aus. Ob die mangelnde Übertragung der geäußerten Bereitschaft zu persönlichen Umweltschutzmaßnahmen in tatsächliches Kaufverhalten von umweltgerechten Produkten damit zusammenhängt, dass diese Umwelteinstellung vor allem in etablierten Haushalten geäußert wird, die dann doch nicht auf bestimmte Konsumstandards verzichten wollen, wird erst die Bildung von Konsumstilen klären. Ebenso wäre die Vermutung zu überprüfen, dass hinter der Forderung nach Beschränkungen der Wirtschaft für den Schutz der Umwelt und dem damit einhergehenden Verzicht auf umweltschädliche Produkte ein Konsumstil steht, der Umweltbewusstsein und Umweltverhalten zur Deckung bringt.

2.2.2 Kaufperformanzen, Kauforientierungen und Konsumstile

Zur Bildung von Kaufperformanzen im Bereich Lebensmittel werden für Getränke und Speisen getrennte Hauptkomponentenanalysen durchgeführt. Dabei gehen als Variablen jeweils die über die Haushaltsgröße standardisierten Mengen der erworbenen Waren ein.

Folgende sieben *Performanzen des Getränkekaufs*, die 53,5% der Ausgangsvarianz repräsentieren, lassen sich unterscheiden (Hauptkomponenten mit Varianzanteil):

1. Alkoholische Getränke (14,5%)

2. Saft, Limonaden und Milchmixgetränke (8,5%)

3. Tee (7,7%)

4. Koffeinkaffee und Bier (6,5%)

5. Frische statt haltbare Milch (5,8%)

6. Entkoffeinierter Kaffee (5,5%)

7. Kohlensäurehaltiges statt stilles Mineralwasser (5,0%)

Als *Performanzen des Speisekaufs*, die 49,6% der Varianz der eingegangenen Variablen abbilden, konnten vier Dimensionen getrennt werden (Hauptkomponenten mit Varianzanteil):

1. Weich- und Hartkäse, Quark (27,2%)

2. Fertiggerichte, Tiefkühlkost und Soßen (8,8%)

3. Cerealien, Eiscreme, Sahne und Dessertpulver (7,1%)

4. Fertigdesserts und Joghurt (6,5%)

Allgemeinere Kaufperformanzen können aus weiteren Einkaufsdaten abgeleitet werden. So lassen sich die bevorzugt besuchten Einkaufsstätten und das Preisniveau der gekauften Waren ermitteln. Anhand der Vielfalt der erworbenen Produkte kann die Konsumbreite bestimmt werden. Darüber hinaus lässt sich feststellen, ob es für die Haushalte einen bestimmten festen Einkaufstag in der Woche gibt, so dass folgende fünf Variablen das allgemeine Kaufverhalten erfassen.

Allgemeines Kaufverhalten:

1. Einkauf in Lebensmitteldiscountern

2. Einkauf im Lebensmitteleinzelhandel

3. Preisniveau der gekauften Waren

4. Anzahl der zumindest einmal erworbenen Warengruppen (Warengruppenkontakte)

5. Regelmäßiger Einkaufstag in der Woche

Verschiedene Dimensionen kaufrelevanter Handlungsorientierungen werden mittels weiterer Hauptkomponentenanalysen aus den Items zweier Fragebatterien extrahiert. Dabei handelt es sich zum einen um Ernährungsmuster und zum anderen um Konsummuster, die durch die haushaltsführende Person beurteilt wurden. Während die zehn Dimensionen der Ernährungsorientierung 58,2% der Varianz der 41 eingegangen Variablen abbilden, repräsentieren die fünf Dimensionen der allgemeinen Konsumorientierung 54,5% der Varianz der 16 Ausgangsvariablen.

Ernährungsorientierung (Hauptkomponenten mit Varianzanteil):

1. Schlankheits- und Gesundheitsorientierung (15,5%)

2. Qualitätsorientierung (9,2%)

3. Bevorzugung frischer und naturbelassener Lebensmittel (7,1%)

4. Bevorzugung deutscher Lebensmittel (6,3%)

5. Convenienceorientierung (4,4%)

6. Bevorzugung deftiger Kost (3,8%)

7. Markenorientierung (3,3%)

8. Bevorzugung von vollwertiger und vegetarischer Kost (3,2%)

9. Unkritische Ernährungsorientierung (2,7%)

10. Verwendung von Nahrungsergänzungsmitteln, wie Vitamine oder Mineralstoffe (2,6%)

Allgemeine Konsumorientierungen (Hauptkomponenten mit Varianzanteil):

1. Innovationsorientierung (16,9%)

2. Skepsis gegenüber neuen Produkten (12,9%)

3. Präferenz für persönliche Bedienung (9,2%)

4. Sicherheitsorientierung (8,2%)

5. Erlebnisorientierung (7,3%)

Außerdem steht als zusätzliches Merkmal der allgemeinen Konsumorientierung eine vierstufige Variable "Preisbewusstsein" zur Verfügung.

Zusammen mit den 16 Kaufperformanzen gehen die 16 Kauforientierungen, die als Äußerungen der Zustimmung bzw. Ablehnung von Mustern in einem stilisierungsfähigen Verhaltensbereich einen expressiver Akt der Selbstdarstellung darstellen und daher selbst performativen Charakter haben, in eine Clusteranalyse ein. Die Clusteranalyse wird mit dem Programm CONCLUS (Bardeleben 1991) durchgeführt, das auf einem iterativen Maximum-Likelihood-Modell basiert. Als Gütekriterien zum Vergleich der verschiedenen Clusterlösungen werden einerseits das Verhältnis der Varianz zwischen den Clustern zur Gesamtvarianz (Eta²) für die Beurteilung der Varianzausschöpfung und andererseits die Clusterkonsistenzen (1-Varianz innerhalb des Clusters) als Homogenitätsmaß herangezogen. Die 13-Cluster-Lösung erweist sich demnach mit einer Varianzausschöpfung von 20,2% und Clusterkonsistenzen zwischen 0,14 und 0,31 bei einem Ausreißerwert von 0,08 als geeignete Klassifikation. Die gebildeten Cluster lassen sich als Konsumstile im Bereich der Ernährung interpretieren und mit den Strukturdaten der Haushalte verknüpfen. Außerdem werden

den Konsumstilen die Umwelteinstellungen und die Nachhaltigkeitsperformanzen bei auffälligen Abweichungen vom Durchschnitt der Gesamtstichprobe zugeordnet.

Konsumstile (Anteil an der Gesamtstichprobe):

Konsumstil 1: Haushalte mit vereinzelten Einkäufen (8,2%)

Dieser Konsumstil zeichnet sich durch ein extrem reduziertes Kaufverhalten aus. Es ist zu vermuten, dass keine eigenständige Haushaltsführung vorliegt, sondern Versorgungsleistungen aus anderen Haushalten oder der Gastronomie bezogen werden, zumal die Geräteausstattung dieser Haushalte unterdurchschnittlich ist. Die wenigen Einkäufe, die getätigt werden, finden bevorzugt im Lebensmitteleinzelhandel statt und haben ein hohes Preisniveau. Träger dieses Konsumstils haben ein ausgeprägtes Markenbewusstsein.

Obwohl Umweltprobleme geleugnet werden, wird der überwiegende Anteil der Getränke in Pfandverpackungen gekauft. Die eingeschränkte Haushaltsführung bedingt ein extrem niedriges Verpackungsaufkommen.

Konsumstil 2: Etablierte westdeutsche Paarhaushalte mit teuren Einkäufen (7,0%)

In diesem Konsumstil sind vor allem westdeutsche Paarhause in Großstädten vertreten, die nicht (mehr) mit Kindern zusammen leben und überdurchschnittlich gebildet sind. Sie zeichnen sich durch eine breite Einkaufspalette aus und geben viel Geld für qualitativ hochwertige Lebensmittel aus, vor allem für alkoholische Getränke, entkoffeinierten Kaffee, frische Milch und Käse. Markenbewusstsein und die Bereitschaft zu kostspieligem Konsum gehören zum expressiven Selbstverständnis dieses Konsumstils.

Die Zustimmung zu Umweltschutzmaßnahmen im persönlichen Verfügungsbereich ist sehr hoch, während die Forderung nach wirtschaftlichen Einschränkungen zu Umweltschutzzwecken abgelehnt wird. Der Anteil der Pfandverpackungen ist hoch und es wird nur eine relativ geringe Menge an Verpackungsmaterialien verbraucht. Es werden aber keine recycelten Küchen- und Toilettenpapiere verwendet.

Konsumstil 3: Ostdeutsche Rentnerhaushalte mit geringer Ausstattung (5,2%)

Typisch für die Mitglieder dieses Konsumstils ist ein durchschnittliches Einkaufsverhalten. Auffällig ist die durchgängige Zustimmung zu allen Ernährungs- und Konsumorientierungen, so dass auf ein extremes Antwortverhalten im Sinne sozialer Erwünschtheit geschlossen werden muss. Gebildet wird dieser Konsumstil von ostdeutschen Rentnerhaushalten mit geringer Ausstattung und ohne PKW.

Ebenfalls als Effekt des affirmativen Antwortverhaltens werden höchst inkonsistente Umwelteinstellungen geäußert: Zustimmung zu persönlichen Umweltschutzmaßnahmen und Forderungen nach wirtschaftlichen Einschränkungen bei scharfer Leugnung von Umweltproblemen. Der Gebrauch von Dosen mit Treibgas ist überdurchschnittlich hoch.

Konsumstil 4: Gut ausgestattete Haushalte mit umfangreichem Alkoholkonsum (7,1%)

Die Träger dieses Konsumstils sind mittleren Alters und gebildet. Sie verfügen über ein Auto und eine umfangreiche Haushaltsausstattung. Charakteristisch ist der weit überdurchschnittliche Einkauf von Alkohol. Bei den Einkäufen wird auf Qualität geachtet. Deftige und deutsche Kost sowie

Fast-Food werden nicht geschätzt. Dagegen bescheinigen sich die Mitglieder Innovationsfreude, Sicherheitsorientierung wird abgelehnt.

Umweltprobleme werden wahrgenommen, was aber nur zu einer schwachen Bereitschaft zu persönlichen Umweltschutzmaßnahmen führt. Forderungen nach Beschränkungen der Wirtschaft werden zurückgewiesen. Auf der Ebene der Nachhaltigkeitsperformanzen verhält sich der Konsumstil neutral.

Konsumstil 5: Preisbewusste Familienhaushalte (9,2%)

Diese jungen Familienhaushalte mit umfangreicher Haushaltsausstattung erwerben vor allem billige Produkte in Lebensmitteldiscountern. Dieses Preisbewusstsein schlägt sich auch in einer niedrigen Qualitäts- und Markenorientierung nieder. Ebenso werden besonders gesunde und vollwertige Lebensmittel gering geschätzt. Gekauft werden vor allem H-Milch, Saft, Tee, Cerealien sowie Fertiggerichte und Tiefkühlkost aller Art.

Umweltprobleme werden zwar nicht geleugnet, Umweltschutzmaßnahmen im persönlichen Bereich werden aber abgelehnt. In diesem Konsumstil ist ein hoher Anteil an recycelten Papierprodukten üblich. Bei den Verpackungen werden große Menge an Getränkekartons verbraucht.

Konsumstil 6: Ostdeutsche Haushalte mit eingeschränktem Kaufverhalten (7,4%)

Die Vertreter dieses Konsumstils, der durch ein eingeschränktes Kaufverhalten gekennzeichnet ist, äußern eine Vorliebe für deftiges Essen. Sie leben in größeren Mehrfamilienhäusern in Ostdeutschland. Die wenigen Produkte, die erworben werden, stammen in der Regel aus Discountmärkten. Gekauft werden vor allem Bier, Koffeinkaffee und Fertiggerichte.

Umweltprobleme werden entschieden geleugnet und Umweltverhalten im Privatbereich wird abgelehnt. Der Anteil der Pfandverpackungen ist gering, es werden aber auch keine größeren Mengen an sonstigen Verpackungsabfällen produziert.

Konsumstil 7: Ostdeutsche Haushalte mit breiter Einkaufspalette (9,5%)

In diesem Konsumstil ostdeutscher Haushalte, die sich durch Gartennutzung auszeichnen, werden umfangreiche Käufe in allen Warengruppen getätigt. Die bevorzugte Einkaufsstätte ist der Lebensmitteldiscounter, das Preisniveau der erstandenen Produkte ist sehr niedrig. Markenprodukte werden gemieden. Gekauft werden vor allem Fertiggerichte, Milchprodukte, entkoffeinierter Kaffee und Alkohol.

Bezüglich der Umwelteinstellungen weist dieser Konsumstil keine Besonderheiten auf. Pfandverpackungen werden nur zu einem geringen Anteil verwendet. Die erworbenen Mengen an Getränkekartons und Einwegbehältern ist weit überdurchschnittlich.

Konsumstil 8: Berufstätigenhaushalte mit teuren Einkäufen (8,9%)

Die Haushalte dieses Konsumstils werden von Berufstätigen geführt, die in der Regel über einen PKW und eine gute Haushaltsausstattung verfügen. Sie haben einen festen Einkaufstag in der Woche, an dem sie in Verbrauchermärkten vor allem Saft, Milch und Fertigdesserts erwerben. Die Vertreter dieses Konsumstil bezeichnen sich als wenig preisbewusst und äußern eine Präferenz für deutsche Markenprodukte.

Bezüglich der Umwelteinstellungen und der Nachhaltigkeitsperformanzen bewegt sich dieser Konsumstil um den Durchschnitt der Gesamtstichprobe.

Konsumstil 9: Westdeutsche Familienhaushalte mit hoher Bildung (7,1%)

Diese westdeutschen Familienhaushalte mit hoher Bildung leben im umfangreich mit Haushaltsgeräten ausgestatteten Eigenheim und besitzen ein Auto. Die Mitglieder bevorzugen Vollwert- und vegetarische Kost sowie naturbelassene Lebensmittel. Unkritische Ernährungsweise wird ebenso abgelehnt wie deftiges Essen. Darüber hinaus bescheinigen sich die Vertreter dieses Konsumstils geringe Marken- und Sicherheitsorientierung und hohes Preisbewusstsein. Es werden umfangreiche Einkäufe getätigt, wobei besonders die Warengruppen Saft, (frische) Milch und Cerealien über dem Durchschnitt liegen. Lediglich Bier und Koffeinkaffee werden fast gar nicht gekauft.

Dieser Konsumstil weist eine konsistente Beziehung zwischen Umweltbewusstsein und Umweltverhalten auf. Umweltprobleme werden bewusst wahrgenommen und persönliche Einschränkungen akzeptiert. Ebenso wird der Forderung nach dem Vorrang der Umwelt vor wirtschaftlichem Wachstum zugestimmt. Der Prozentsatz der Pfandverpackungen übersteigt die Anteile der anderen Verpackungssorten bei weitem. Verpackungsmüll wird nur in geringem Maße produziert. Im Haushalt wird fast ausschließlich recyceltes Papier benutzt, lediglich beim Gebrauch von Treibgasdosen bleibt der Stil indifferent.

Konsumstil 10: Rentnerhaushalte mit Präferenz für den Lebensmitteleinzelhandel (7,6%)

Dieser Konsumstil zeichnet sich durch die Präferenz für persönliche Bedienung und eine ausgeprägte Sicherheitsorientierung aus. Die meisten Einkäufe werden im Lebensmitteleinzelhandel getätigt, das Preisniveau der Produkte ist hoch. Unter den umfangreichen Käufen sticht besonders der überdurchschnittliche Erwerb von entkoffeiniertem Kaffee hervor. Die entsprechenden Haushalte werden überwiegend von Rentners geführt, die über kein Auto verfügen und relativ dürftig mit Haushaltsgeräten ausgestattet sind.

Obwohl sie Umweltschutzmaßnahmen distanziert gegenüber stehen, sind die Vertreter dieses Konsumstils in geringem Ausmaß zu persönlichen Einschränkungen bereit. Der Anteil der Pfandverpackungen ist überdurchschnittlich, ansonsten lassen sich keine auffälligen Nachhaltigkeitsperformanzen ausmachen.

Konsumstil 11: Westdeutsche Haushalte mit eingeschränktem Kaufverhalten (7,0%)

Dieser Konsumstil westdeutscher Haushalte ist durch eingeschränktes Kaufverhalten gekennzeichnet. Die wenigen erworbenen Produkte werden in Discountmärkten gekauft und haben ein sehr niedriges Preisniveau.

Der Schutz der Umwelt wird vor allem als Sache der Wirtschaft betrachtet. Bei den geringen Verpackungsmengen, die in diesem Konsumstil anfallen, überwiegt der Anteil der Pfandverpackungen. Papier wird vor allem in recycelter Form gekauft.

Konsumstil 12: Junge westdeutsche Berufstätigenhaushalte (7,0%)

Dieser Konsumstil zeichnet sich durch die umfangreichen Käufe von Fertigdesserts aus. Es wird convenienceorientiertes Kochen und Fast Food bevorzugt. Deutsche und naturbelassene Lebensmittel stehen nicht sehr hoch im Kurs. Dagegen bescheinigen sich die Träger dieses Konsumstils

Erlebnisorientierung und geringes Sicherheitsbedürfnis. Die entsprechenden Haushalte befinden sich in Westdeutschland und werden von jungen Berufstätigen geführt.

Umweltschutzmaßnahmen im persönlichen Bereich werden strikt abgelehnt, obgleich die Umweltproblematik durchaus anerkannt wird. Bezüglich der Nachhaltigkeitsperformanzen sind erhöhte Mengen von Karton- und Einwegverpackungen zu verzeichnen. Der Anteil der Pfandverpackungen ist unterdurchschnittlich.

Konsumstil 13: Rentnerhaushalte mit Eigenheim und Garten (8,8%)

Im Konsumstil dieser Rentnerhaushalte mit Eigenheim und Garten wird auf erlebnisorientierte Aktivitäten verzichtet, neue Produkte werden skeptisch beurteilt. Die Ernährung ist gut bürgerlich, vollwertige und vegetarische Kost wird ebenso wie Fast Food abgelehnt. Der Konsum von entkoffeiniertem Kaffee ist überdurchschnittlich.

In Bezug auf die Umwelteinstellungen und die Nachhaltigkeitsperformanzen bewegt sich dieser Konsumstil um den Durchschnitt der Gesamtstichprobe. Lediglich recyceltes Papier wird seltener verwendet.

Der Konsumstil 9 ist der einzige, der die verschiedenen Nachhaltigkeitsperformanzen vereint und mit einem ausgeprägt positiven Umweltbewusstsein verknüpft. Der etablierte Haushaltskontext und ausreichende finanzielle und soziale Ressourcen fungieren hierbei als förderlicher struktureller Rahmen bei der Umsetzung umweltprogressiver Einstellungen in nachweisbare Nachhaltigkeitsperformanzen. Der etablierte Haushalt als Träger des Konsumstils 2 bildet ebenfalls einen günstigen Kontext für nachhaltiges Konsumverhalten, was sich in der Verpackungswahl, nicht aber bei Produktentscheidungen zwischen neuen und recycelten Produkten niederschlägt. In diesem Konsumstil, der wahrscheinlich im konservativ-gehobenen Lebensstil verwurzelt ist, wofür auch die Verteidigung wirtschaftlicher Belange gegenüber Umweltansprüchen spricht, werden die Nachhaltigkeitsperformanzen mit unterschiedlichen Sinngehalten aufgeladen: Pfandflaschen lassen sich als expressives Element in den qualitätsorientierten Konsum integrieren, minderwertiges Recycelpapier widerspricht hingegen den Stilisierungsabsichten.

Die Konsumstile 5, 7 und 12 stehen persönlichen Umweltschutzmaßnahmen äußerst ablehnend gegenüber und zeigen wenig Bereitschaft, Verpackungsmüll zu vermeiden. Aus finanziellen Überlegungen werden aber durchaus billige Recycelprodukte erworben. Bezüglich des anfallenden Verpackungsmaterials ist festzuhalten, dass die Stile 1, 6 und 11, die nur ein eingeschränktes Einkaufsverhalten zeigen, die geringsten Abfallmengen produzieren und noch weit unter dem Verpackungsaufkommen der Konsumstile mit hohem Pfandanteil liegen. Für den Stil 1 ist der Konsum im eigenen Haushalt von untergeordneter Bedeutung, da vor allem außerhäusliche Versorgungsangebote genutzt werden, so dass der Ressourcenverbrauch nur unzureichend durch die Einkaufsprotokolle erfasst wird. Bei den Stilen 6 und 11 ist der Konsumverzicht weniger das Resultat einer freiwilligen Entscheidung zwischen verschiedenen Stilangeboten als vielmehr Ausdruck von Ressourcenknappheit und kann deshalb kein Modell für eine sozial verträgliche Suffizienzstrategie sein.

2.2.3 Der Einfluss der Haushaltsstruktur

Durch eine Korrespondenzanalyse (Blasius 2001), die mit dem Programm SIMCA bererechnet wird (Greenacre 1984), werden die Merkmale der Haushaltsstruktur mit den Nachhaltigkeitsperformanzen in Beziehung gesetzt. In den Merkmalsraum lassen sich die Konsumstile projizieren (Abbildungen 1 und 2). Um Fehlschlüsse angesichts der visualisierten Ergebnispräsentation zu vermeiden stützt sich die Interpretation der Ergebnisse nicht nur auf die grafische Veranschaulichung der Achsenbeträge, sondern vor allem auf die Korrelationen der Merkmale mit den Achsen sowie die Beiträge der Merkmale zu den Dimension.

Die erste und mit einer Aufklärung von 68,8% der Inertia gewichtigste Achse bildet die Haushaltsstruktur ab. Der negative Achsenabschnitt ist durch geringe Pro-Kopf-Aufwendungen für die erhobenen Warengruppen gekennzeichnet. Hier liegen die Single- und Rentnerhaushalte. Größere Haushalte mit Kindern und umfangreicher Geräteausstattung liegen im positiven Achsenabschnitt. Von den Nachhaltigkeitsperformanzen korrespondieren die Verpackungsmengen mit der ersten Achse. In größeren Haushalten fällt je Haushaltsmitglied mehr Verpackungsmüll an als in Singlehaushalten und solchen mit geringen Konsumaufwendungen.

Abbildung 1: Nachhaltigkeitsperformanzen und Haushaltsstruktur (1. und 2. Dimension der Korrespondenzanalyse)

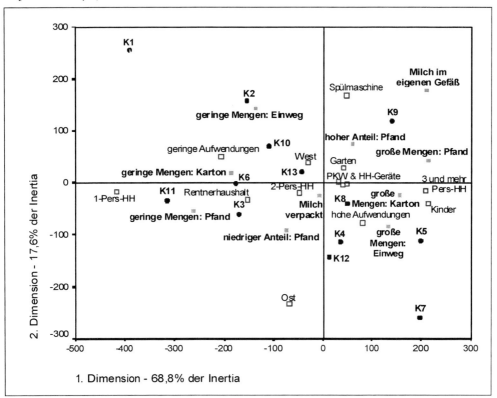

Die zweite Achse mit 17,6% Inertia-Aufklärung trennt die auf Verpackungen bezogenen Nachhaltigkeitsperformanzen. Im negativen Achsenabschnitt finden sich die Merkmale "große Mengen von Einwegverpackungen", "niedriger Anteil an Pfandverpackungen" und "verpackte Milch", während im positiven Achsenabschnitt die Ausprägungen "Milch im eigenen Gefäß", "geringe Mengen von Einwegverpackungen" und "hoher Anteil an Pfandverpackungen" verortet sind. Die Mengen für Pfand- und Kartonverpackungen liefern keinen nennenswerten Beitrag für diese Achse. Mit den weniger umweltgerechten Performanzen korrespondieren vor allem ostdeutsche Haushalte. Für die Verwendung von umweltfreundlicheren Verpackungsformen scheint das Vorhandensein einer

Spülmaschine förderlich zu sein, vielleicht um die Mehrweggefäße mit sparsamen Wasser- und Spülmitteleinsatz zu reinigen. Tatsächlich schlägt sich hier ein auffälliger Ost-West-Unterschied nieder: Die Spülmaschine ist ein typisches Haushaltsgerät für den Westen, im Osten dagegen stark unterrepräsentiert. Die entscheidende Korrespondenz mit den umweltfreundlicheren Verpackungsformen weist dem entsprechend das Merkmal "westdeutscher Haushalt" auf, was wahrscheinlich den im Westen besser ausgebauten Angebotsstrukturen geschuldet ist. Die Stile K4, K5, K7 und K12 werden als Verursacher großer Abfallmengen von Einwegverpackungen um das entsprechende Merkmal herum projiziert, während K2 und K9 mit ihren großen Pfandanteilen dem positiven Achsenabschnitt zugeordnet werden.

Die dritte Achse mit immerhin noch gut 10% Erklärungskraft trennt die umweltfreundlichen Produkte "recyceltes Papier" und "alternative Behältnisse zu Treibgasdosen" im negativen Achsenabschnitt von den umweltbelastenden Produkten "nicht-recyceltes Papier" und "Treibgasdosen" im positiven Achsenabschnitt. Hierbei korrespondieren die Merkmale "geringe Aufwendungen", "Ost" und "Kinder" mit den umweltfreundlichen Produkten, während "hohe Aufwendungen", "West" und "Rentnerhaushalte" mit den umweltschädlichen Produkten verknüpft sind.

Abbildung 2: Nachhaltigkeitsperformanzen und Haushaltsstruktur (1. und 3. Dimension der Korrespondenzanalyse)

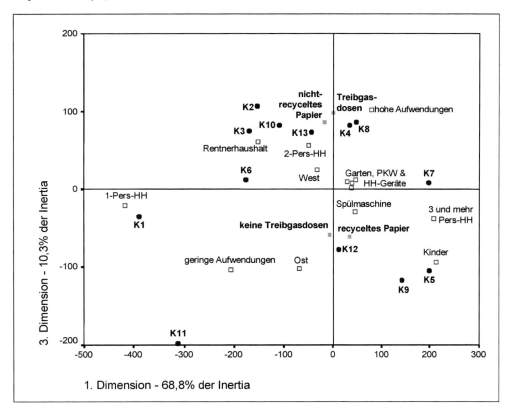

Der Gebrauch von Treibgasdosen und neuwertigem Papier scheint ein Luxus zu sein, der insbesondere noch von älteren Menschen gepflegt wird (K2, K3, K10 und K13). Dagegen wird in jüngeren Haushalten, insbesondere solchen mit Kindern, auf die Verwendung dieser Produkte verzichtet.

Die Familienhaushalte (K5 und K9) folgen in diesem Konsumbereich der Norm ökologischer Korrektheit, die besonders in Bezug auf den Holzverbrauch und die Ozonschichtschädigung mit der Notwendigkeit begründet wird, die Lebensgrundlage für zukünftige Generationen zu erhalten.

3. Zusammenfassung und Ausblick

Nachhaltige Konsumperformanzen beim Kauf von Gütern des alltäglichen Bedarfs lassen sich in Abhängigkeit von Umwelteinstellungen nur zu einem begrenzten Anteil erklären. Mit einer über den Lebensmittelkauf und entsprechende Kauforientierungen gebildeten Klassifikation von Konsumstilen lässt sich der Erklärungskontext ausweiten. Innerhalb der Konsumstile können verschiedene Formen des Zusammenspiels von Umwelteinstellungen und Umweltverhalten aufgedeckt und an Merkmale des Haushaltes zurückgebunden werden. Es zeigt sich, dass mehrere Dimensionen des Umweltverhaltens unterschieden werden müssen. In einer Korrespondenzanalyse lassen sich drei Dimensionen nachhaltigen Konsumverhaltens trennen: 1. Die Menge des Verpackungsaufkommens pro Haushaltsmitglied, die mit zunehmender Haushaltsgröße ansteigt. 2. Die Wahl nachhaltiger Verpackungsformen, die mit einem Ost-West-Unterschied korrespondiert. 3. Die Verwendung spezieller umweltfreundlicher Produkte, wobei sich vor allem die Existenz von Kindern im Haushalt nachhaltigkeitsfördernd auswirkt. Die Klassifikation von Konsumstilen erweist sich damit als erklärungskräftiges Instrument zur Analyse von nachhaltigen Konsummustern.

Der Ansatz der Lebensstile impliziert, dass ein als subjektiv sinnvoll empfundener und etablierter Kontext der Lebensorganisation dem Wandel von Verhaltensmustern ein erhebliches Maß an Beharrungsvermögen entgegenbringt. Statt Verhaltensänderungen in Richtung auf eine verstärkte Nachhaltigkeit über einen durch allgemeine Bildungsprozesse vermittelten Bewusstseinswandel anzustreben, scheint es vielversprechender, ausgehend von den konkreten Konsumhandlungen in spezifischen Lebensstil- und Haushaltskontexten die Vielfalt der möglichen Motive für im Endeffekt nachhaltiges Konsumverhalten zu nutzen. Nachhaltige Konsummuster sollten daher vor dem lebensstilspezifischen Hintergrund profiliert werden, um sie schließlich als stilisierungsfähige Verhaltensweisen mit durchaus unterschiedlichen subjektiven Sinngebungen dauerhaft zu verankern.

Literatur

Beck, U. (1991): Der Konflikt der zwei Modernen. In: Zapf, W. (Hrsg.): Die Modernisierung moderner Gesellschaften. Verhandlungen des 25. Deutschen Soziologentages in Frankfurt am Main 1990. Frankfurt/M. S.40-53.

Bardeleben, H. (1991): CONCLUS 3.0 Constrained Cluster Analysis. Manual. Augsburg.

Blasius, J. (2001): Korrespondenzanalyse. München, Wien.

Bogun, R. (1997): Lebensstilforschung und Umweltverhalten. Anmerkungen und Fragen zu einem komplexen Verhältnis. In: Brand, K.-W. (Hrsg.): Nachhaltige Entwicklung. Eine Herausforderung an die Soziologie. Opladen. S.211-234.

Greenacre, M. J. (1984): Theory and Applications of Correspondence Analysis. London.

Kuckartz, U. (1998): Umweltbewusstsein und Umweltverhalten. Berlin, Heidelberg.

Lüdtke, H. (1989): Expressive Ungleichheit. Zur Soziologie der Lebensstile. Opladen.

Lüdtke, H.; Matthäi, I.; Ulbrich-Hermann, M. (1994): Technik im Alltagsstil. Eine empirische Studie zum Zusammenhang von technischem Verhalten, Lebensstilen und Lebensqualität privater Haushalte. Marburg.

Lüdtke, H. (1999): Methoden der Lebensstilforschung. In: Bolscho, D.; Michelsen, G. (Hrsg.): Methoden der Umweltbildungsforschung. Opladen. S.143-161.

Lüdtke, H.; Schneider, J. (2001): Can patterns of everyday consumption indicate lifestyles? A secondary analysis of expenditures for fast moving goods and their social contexts. In: Papastefanou, G; Schmidt, P.;

Börsch-Supan, A.; Lüdtke, H.; Oltersdorf, U. (eds.): Social and Economic Reasearch with Consumer Panel Data. ZUMA-Nachrichten Spezial 7. Mannheim. S.26-54.

Neitzel, H.; Landmann, U; Pohl, M. (1994): Das Umweltverhalten der Verbraucher. Daten und Tendenzen. Berlin.

Papastefanou, G; Schmidt, P.; Börsch-Supan, A.; Lüdtke, H.; Oltersdorf, U. (eds.): Social and Economic Reasearch with Consumer Panel Data. ZUMA-Nachrichten Spezial 7. Mannheim.

Reichert, D.; Zierhofer, W. (1993): Umwelt zur Sprache bringen. Über umweltverantwortliches Handeln und den Umgang mit Unsicherheit. Opladen.

Reusswig, F. (1994): Lebensstile und Ökologie. Gesellschaftliche Pluralisierung und alltagsökologische Entwicklung unter besonderer Berücksichtigung des Energiebereichs. Frankfurt/M.

Warsewa, G. (1997): Moderne Lebensweise und ökologische Korrektheit. Zum Zusammenhang von sozialem und ökologischem Wandel. In: Brand, K.-W. (Hrsg.): Nachhaltige Entwicklung. Eine Herausforderung an die Soziologie. Opladen. S.195-210.

Politikstil und Konsumkultur - Über den Umgang mit Deutungskonflikten bei Gemeinwohlzumutungen in der Agrar- und Ernährungspolitik

Dr. Jörn Lamla

Justus-Liebig-Universität Gießen, Institut für Soziologie
E-Mail: Joern.Lamla@sowi.uni-giessen.de

1. Einleitung

Die Krise in der deutschen Landwirtschaft nach dem Auftreten der ersten BSE-Fälle Ende des Jahres 2000 und die Ministerrücktritte im Januar 2001 markieren eine Zäsur in der deutschen Agrar- und Ernährungspolitik. Strukturelle und programmatische Weichenstellungen – etwa die Schaffung einer neuen integrierten Zuständigkeit für Verbraucherschutz, Ernährung und Landwirtschaft in der Bundesregierung, das Auswechseln des Führungspersonals, insbesondere die Rochade zwischen den Koalitionsparteien, sodann ehrgeizige Ziele wie die Schaffung einer "gläsernen Produktion", die massive Ausweitung von extensiver Landwirtschaft mit einem Anteil des Öko-Landbaus von 20% in zehn Jahren, Präventivmaßnahmen zur Steigerung der Lebensmittelsicherheit und der allgemeinen Qualität im Ernährungskonsum sowie die Stärkung der Rechte und Einflussmöglichkeiten von Verbrauchern und ihrer Verbände – begründen die Vermutung, dass die Agrar- und Ernährungspolitik umfassend in Bewegung geraten ist. Mit der politischen Willensbekundung der rot-grünen Bundesregierung, dem Verbraucherschutz im Rahmen der Neuausrichtung ihrer Agrar- und Ernährungspolitik einen Vorrang einzuräumen, verbindet sich nicht zuletzt die Hoffnung, dass auch die gesellschaftliche Verankerung eines "nachhaltigen Konsums" durch das Bundesministerium für Verbraucherschutz, Ernährung und Landwirtschaft (BMVEL) vorangebracht wird.

Eine Politik der Agrarwende ist mit zahlreichen und vielfältigen Problemen der politischen Umsteuerung konfrontiert. Ökonomische Interessenverflechtungen im Agrarsektor, Koordinationsprobleme im föderalen System und besonders im Rahmen der gemeinsamen europäischen Agrarpolitik, die Parteienkonkurrenz und der ängstliche Blick auf die Wiederwahlchancen sind alles bekannte Faktoren, die manch denkbarer Reformoption im Wege stehen können. In dem vorliegenden Beitrag soll über diese traditionelle Problemsicht hinausgegangen werden und nach weiteren, spezifischeren und subtileren Konfliktpotentialen gefragt werden, die sich eher in *kulturellen Problemen der Ausdeutung von Gemeinwohlgesichtspunkten* einer verbraucherorientierten Neuausrichtung der Agrar- und Ernährungspolitik manifestieren. Die etablierte Politikforschung entdeckt erst allmählich, dass der "weiche" Operationsmodus von kulturellen Leitideen, politischen Deutungsmustern und Überzeugungssystemen, kognitiven Rahmungen, von Diskursen und Wissensformationen ein mitunter schwergewichtiger Faktor der Politikfeldstrukturierung sein kann (vgl. Sabatier 1993; Nullmeier 1993, 1997; Hajer 1997; Braun 1998).

Deutungskonflikte spielen, wie ich zeigen möchte, in den verschiedenen Aufgabenfeldern und Problemzusammenhängen der Politik des Bundesministeriums für Verbraucherschutz, Ernährung und Landwirtschaft eine erhebliche Rolle. Für die gesellschaftliche Verankerung "suffizienter Lebensführungsmodelle" und das Leitbild eines "nachhaltigen Konsums" ist die Bedeutung kultureller Orientierungen evident. Angesichts der motivierenden Kraft und inneren Widerständigkeit, die sie in der alltäglichen Lebensführung, z.B. in der Ernährung, im Konsumverhalten, aber auch in Bereichen der landwirtschaftlichen Produktion entfalten, könnten sich kulturelle Orientierungsmuster als jene kritische Variable erweisen, die mit dem Grad an subjektiver Verbindlichkeit auch über die strukturelle Tiefe gesellschaftlicher Lernprozesse entscheidet. Inwiefern die Politik gleichwohl über Mittel und Möglichkeiten verfügt, solche Lernprozesse zu steuern, ist höchst ungewiss (skeptisch dazu Luhmann 1981, S. 32). Leitideen spielen in der Politik zwar eine bedeutende Rolle. Insbesondere in Krisenkonstellationen, wenn eingeschliffene Problemdeutungen und Entscheidungsroutinen nicht mehr greifen, können sie neue Handlungsoptionen eröffnen. Sie bergen aber auch politische Risiken, können polarisierend wirken oder die Strategiefähigkeit einschränken, etwa wenn sich die Politik zu stark an ein *positives* Modell der ethisch guten Lebensführung bindet, dessen Realisierung am pluralisierten Wertehaushalt der modernen Gesellschaft zerschellt. Umgekehrt könnte die liberale Selbstbeschränkung einer Nachhaltigkeitsidee, die bloß *negativ* zur Vermeidung bestimmter, z.B. besonders ressourcenintensiver Entwicklungspfade im Ernährungskonsum und der Agrar- und Lebensmittelmärkte auffordert, sich als zu überzeugungsschwach erweisen, um überhaupt innovative Kräfte zu mobilisieren (vgl. zur Frage einer Politik mit Leitbildern der Nachhaltigkeit: Spangenberg/Lorek 2001; Reusswig 1997, S. 89f.; Zukunftskommission der Friedrich-Ebert-Stiftung 1998, S. 358ff.).

Es lohnt sich, zunächst den Blick für die Deutungskonflikte und ihre Hintergründe zu schärfen, bevor die Risiken und Paradoxien, die Optionen und auch die Versäumnisse der Politik hinsichtlich der gesellschaftlichen Verankerung von Gemeinwohlzumutungen im komplexen Feld von Verbraucherschutz, Landwirtschaft und Ernährung kritisch herausgestellt werden. Die Dynamik der verbraucherorientierten Neuausrichtung in der Agrar- und Ernährungspolitik hängt m. E. nicht unwesentlich davon ab, wie und in welcher Richtung die verschiedenen Probleme der Sinngebung beantwortet und gelöst werden. Die kritische Einschätzung der Agrarwendepolitik der Bundesregierung muss sich diesbezüglich nicht nur auf die *institutionellen Kontexte* und die *Macht- und Einflussspiele* der beteiligten Akteure (vgl. Mayntz/Scharpf 1995), sondern auch auf die *kulturellen Dispositionen* des politischen Umgangs mit diesen Deutungsproblemen beziehen. Erfolgreiche politische Steuerung wird so womöglich auch zu einer Frage des geeigneten *Politikstils*. Um diese Hypothesen und Überlegungen zu plausibilisieren, möchte ich mich im Folgenden auf drei Politikbereiche konzentrieren, in denen Gemeinwohlgesichtspunkte einer nachhaltigkeits- und verbraucherorientierten Agrar- und Ernährungspolitik jeweils spezifische Deutungskonflikte bergen.

2. Deutungskonflikte einer verbraucherorientierten Neuausrichtung in der Agrar- und Ernährungspolitik

Bei den drei Politikbereichen, die hier näher analysiert werden sollen, handelt es sich um den gesundheitlichen Verbraucherschutz, um Kernprobleme einer Agrarstrukturreform und schließlich um das Feld der Verbraucheraktivierung im Ernährungssektor.

2.1 Risikoprävention im gesundheitlichen Verbraucherschutz

Ein erster Aufgabenbereich der verbraucherorientierten Neuausrichtung in der Agrar- und Ernährungspolitik betrifft die Risikoprävention im gesundheitlichen Verbraucherschutz. Mit der Manifestation der BSE-Krise setzen die administrativen Bemühungen um eine präventiv ausgerichtete Risikoregulierung ein, die das Maß an Lebensmittelsicherheit generell heraufsetzen soll. Der Fall der BSE-Krise kann in dieser Hinsicht etwa mit dem "Contergan-Schock" im Arzneimittelsektor verglichen werden (vgl. Krücken 1997). Die Politik reagiert auf eine solche Krise mit staatlicher Risikoübernahme. Sie sorgt nicht nur für Schadensbegrenzung im akut eingetretenen Fall, sondern übernimmt zudem die Verantwortung, dass vergleichbare Gesundheitsgefährdungen in Zukunft vermieden werden. Darin steckt ein erster Deutungskonflikt. Was bedeutet diese Risikoübernahme für den Bereich der Lebensmittelsicherheit genau? Welcher Logik wird das Risikomanagement im Lebensmittelsektor folgen, und welche Auswirkungen wird der Verlauf von Risikodiskursen zur Lebensmittelsicherheit auf kulturell verankerte Leitbilder der gesunden Ernährung haben? Werden sich diese in eine Richtung bewegen, die dem Ziel eines nachhaltigen Konsums entgegenkommt?

Um zu verdeutlichen, dass der Gemeinwohlgesichtspunkt des gesundheitlichen Verbraucherschutzes im Bereich der Ernährung einen offenen Deutungsspielraum und ein latentes Konfliktpotential birgt, seien hier zwei idealtypische Interpretationen des Kriteriums der Lebensmittelsicherheit gegenübergestellt. Das eine Extrem wäre eine traditionale Ausdeutung nach dem Motto: "Was der Bauer nicht kennt, das isst er nicht". Die Strategie der Risikovermeidung würde in diesem Fall nicht auf wissenschaftliches Wissen, sondern in erster Linie auf alltägliches Erfahrungswissen zurückgreifen. Hinter einer solchen kulturellen Positionierung könnte die Befürchtung stehen, dass sich der Bereich des Nicht-Wissens über Lebensmittelrisiken durch experimentelle Forschung nicht verkleinern lässt, sondern die dadurch ermöglichten und nahegelegten technischen Eingriffe aufgrund ihrer ungeklärten Nebenfolgenpotentiale die Verunsicherung in der Ernährung vielmehr vergrößern. Das andere Extrem wäre die weitere Angleichung der Kriterien für Lebensmittelsicherheit an Standards der Arzneimittelsicherheit in dem Sinne, dass die mit der Herstellung von Gesundheitsgütern befassten Industrien – etwa die Pharmaindustrie – und die zugehörigen staatlichen Kontrollbehörden auch die Garanten für gesundheitsfördernde Lebensmittel würden. Nach dem Motto "Sicherheit ist machbar" könnten in diesem Deutungsszenario dann auch die von der Lebensmittelindustrie gepriesenen gentechnischen Möglichkeiten, etwa der "Verbesserung" der Vitaminproduktion von Nahrungsmitteln, als Beitrag zum präventiven Gesundheitsschutz gezielt vorangetrieben werden.

Die Politik des Verbraucherministeriums mag nun – nicht zuletzt unter Gesichtspunkten einer nachhaltigen Lebensführung – zur Skepsis gegenüber der technischen Eingriffstiefe der Gentechnologie im Lebensmittelsektor und damit eher zur Seite des Schutzes von traditionalen Formen der Produktion, Verarbeitung, Zubereitung und des Verzehrs von Lebensmitteln neigen. Die Frage ist, wie sich eine solche Präferenz im *Deutungsrahmen des präventiven gesundheitlichen Verbraucherschutzes* begründen und legitimieren lässt. Gemeinwohlinterpretationen stellt sich in diesem Spektrum die Frage, wie eng oder weit das Kriterium der Lebensmittelsicherheit gefasst werden kann. Der Deutungskonflikt zeigt sich daran, dass im Bereich der Ernährungspolitik neben dem Sicherheitskriterium auch der Begriff der Lebensmittelqualität eine Rolle spielt und mit ersterem in Spannung gerät. Aber was kann mit Qualität über die Sicherheit und Förderung der Gesundheit hinaus gemeint sein? Geht es hierbei um Kriterien des guten Geschmacks? Und wenn ja, auf welcher Grundlage lässt sich dieses Qualitätskriterium festlegen, und inwiefern lässt sich eine so verstandene Lebensmittelqualität im Rahmen präventiver Risikoregulierung politisch empfehlen oder gar verordnen? Gelänge es der Politik, mit diesem Qualitätsgesichtspunkt den Deutungsrahmen für die zu regulierende Materie in Richtung des Leitbildes eines nachhaltigen Ernährungskonsums zu erweitern, würde der Verbraucherschutz in diesem Bereich Züge einer politischen Wertentscheidung annehmen. Die Politik würde ein Stück weit inhaltlich in die Zusammenstellung der Speisepläne ihrer Bürger eingreifen. Doch ist eine solche Deutungsoption im Bereich des gesundheitlichen Verbraucherschutzes unwahrscheinlich.

Risikoregulierung im Gesundheitsschutz gilt in erster Linie nicht als ein Verteilungsproblem, wenngleich Interessenkonflikte fast immer auch eine Rolle spielen, und nicht als Wertkonflikt, obgleich auch Wertfragen tangiert sind. Sie gilt typischerweise als ein Sachproblem der gezielten Umsetzung eines Zentralwertes, nämlich des Zentralwertes der Gesundheit, über den grundsätzlicher Konsens besteht, wenngleich über seine Sicherung eine gewisse kognitive Unsicherheit herrscht. Es ist charakteristisch für Risikokonflikte, dass die Verfechter gegensätzlicher Positionen sich auf dieselben unumstrittenen Schutzgüter beziehen; nicht Wertprämissen, sondern die Problemdiagnose und die Mittel der Problemlösung sind hier umstritten (vgl. van den Daele 1996, S. 299). Für den Fall des BSE-Risikos selbst ist klar, dass die Wissenschaft trotz aller kognitiven Ungewissheit in ihren eigenen Reihen die Deutungsautorität besitzt und der Politik das entscheidungsrelevante Kausalwissen (oder die entsprechenden Kausalitätsvermutungen) liefert (vgl. Mayntz 1999, S. 31f.). Wie sollte und könnte diese Deutungshoheit wissenschaftlichen Wissens im Rahmen des vorbeugenden Gesundheitsschutzes im Lebensmittelsektor zugunsten von Wert- und Geschmackskriterien der Lebensmittelqualität verschoben werden? Die Erfahrungen von Gentechnik-Kritikern zeigen, dass Versuchen der Erweiterung des administrativen Regulierungssachverhalts bei der Zulassung von Gentech-Produkten um gesellschaftliche Wert-, Nützlichkeits- und Sozialverträglichkeitskriterien bislang wenig Erfolg beschieden war. Behörden wie die amerikanische Food-and-Drug-Administration (FDA) oder die EG-Kommission entscheiden vorrangig nach wissenschaftlich operationalisierten Kriterien der Sicherheit, Wirksamkeit und Produktqualität (Heins 1992, S. 394).

Es ist fraglich, ob das Ministerium für Verbraucherschutz, Ernährung und Landwirtschaft an dieser eng gefassten Kriterienstruktur etwas ändern kann. Ein Blick auf die Organisationsvorschläge der Präsidentin des Bundesrechnungshofes (2001, S. 86ff.) gibt diesbezüglich zu erkennen, dass auch in den bundesdeutschen Plänen zur administrativen Verbesserung des präventiven Gesundheitsschutzes im Lebensmittelsektor eine institutionelle Logik fortgeschrieben wird, in der die wissenschaftlichen Experten als Garanten für die Wiedergewinnung des Vertrauens in unsere Lebensmittel eine Schlüsselposition besitzen. Durch die strikte institutionelle Trennung von politischem Risikomanagement einerseits und wissenschaftlicher Risikobewertung und -kommunikation andererseits soll dieser Logik sogar erst zum Durchbruch verholfen werden. Die Vorschläge zielen auf die Einrichtung eines "Bundesinstituts für Risikobewertung" zur Einschätzung von Gesundheitsrisiken (in Analogie zur Europäischen Lebensmittelbehörde), dessen umfassende Unabhängigkeit (und daraus resultierende wissenschaftliche Autorität) im Errichtungsstatut bereits ausdrücklich normiert werden soll. Ein Verdacht auf Parteilichkeit und Interessenverflechtung soll nicht aufkommen können. Aus diesem Grund sollen auch die vielen fachlichen Gesichtspunkte einer Beurteilung von Lebensmittelsicherheit möglichst gleichberechtigt zur Geltung kommen, weshalb die Leitung dieser Risikopräventionsbehörde einem interdisziplinär zusammengesetzten Kollegium übertragen werden soll. In einem Beirat könnten zudem die verschiedenen, im Bereich der Lebensmittelsicherheit agierenden Interessengruppen (von den Verbraucherverbänden bis zur Futtermittelindustrie) vertreten sein. Welche Möglichkeiten ergeben sich daraus, in diesem Bereich etwa die gesellschaftliche Verankerung eines nachhaltigen Konsums voranzubringen?

Die Möglichkeiten, durch ein solches Gremium den Gemeinwohlgesichtspunkt des gesundheitlichen Verbraucherschutzes im Bereich der Ernährung in Richtung eines Qualitäts- und Wertdiskurses zu öffnen, müssen trotz des Bekenntnisses zur wissenschaftlichen Pluralität und zur Berücksichtigung unterschiedlicher, sozusagen subkultureller Perspektiven im Risikodiskurs skeptisch eingeschätzt werden. Denn das Problem der präventiven Risikoregulierung zur Gewährleistung einer gesunden Ernährung ist und bleibt als Sach- und Forschungsproblem fehlenden Wissens über potentielle Gesundheitsrisiken im Lebensmittelsektor definiert. Folglich müssen sich weitergehende Wert- und Qualitätskriterien in diesem spezifischen Diskursrahmen wissenschaftlicher Geltungsbegründung behaupten, wenn sie Einfluss auf die präventive Regulierung des Lebensmittelsektors nehmen wollen. Es ist aber wahrscheinlich, dass die zuständigen Gesundheits- und Ernährungswissenschaftler gerade unter dem Eindruck heterogener Interessen, mit denen sie seitens der Lebensmittel-, der Gentechnik-Industrie, der landwirtschaftlichen Erzeuger, der Verbraucher- und Umweltverbände usw. konfrontiert sind, ihr Deutungsmonopol einsetzen, um einen eng geschnittenen Kriterienkatalog durchzusetzen, der vor allem die gesundheitliche Unbedenklichkeit der Lebensmittel überprüft. Damit dürfte dieser hegemoniale Diskursrahmen der "Sicherheit" aber die Gewichte zwischen Ernährungslehren, die in der Tradition der Diätetik stehend mit holistischen Konzepten der Ernährung einschließlich Produktion, Verarbeitung und teilweise auch Verteilung der Lebensmittel argumentieren, und naturwissenschaftlichen Ernährungslehren, die von physiologischen Abläufen auf der Mikroebene körperinterner Vorgänge ausgehen, deutlich zugunsten letzterer verschieben (vgl. Barlösius 1999: 68f.). Politische oder ethische Argumente, wonach etwa der Einsatz von Gentechnik unter Gesichtspunkten des suffizienten Konsums oder einer bestimmten Geschmackskultur nicht gewollt ist, werden in diesem objektivierenden und ethisch neutralisierenden Diskursrahmen erheblich geschwächt, da sie als sachlich unbegründete Markteinschränkungen erscheinen.

2.2 Gemeinwohlinterpretationen im Rahmen einer Agrarstrukturreform

Im engeren Bereich der Agrarpolitik bergen Gemeinwohlinterpretationen ebenfalls konfliktreiche Deutungsprobleme. Hier geraten im Unterschied zur präventiven Risikoregulierung nicht die gesellschaftlichen Deutungsmächte Wissenschaft und Politik aneinander, das Konfliktpotential erwächst vielmehr aus der Überlagerung von Gemeinwohlinterpretationen mit ökonomischen Interessenpositionen der verschiedenen Marktakteure. Als struktureller Hintergrund ist in diesem Segment der Steuerungsproblematik also zu beachten, dass sich ein Gemeinwohldiskurs nicht von Macht- und insbesondere materiellen Verteilungskämpfen abtrennen lässt.

Gleichwohl sind Umverteilungsfragen hier keineswegs automatisch ethisch neutralisiert, so dass sich die Agrarpolitik auf eine negative Koordination, d.h. mehr oder weniger lautloses Aushandeln eines Interessenausgleichs zwischen den Marktparteien, die nur auf ihren eigenen Vorteil blicken, beschränken müsste. Die Lage ist komplizierter, weil das Marktsegment der Landwirtschaft de facto von gesamtgesellschaftlichen Entscheidungslagen und staatlichen Regulierungen tief durchzogen ist. Jeder weiß, welche Rolle EU-Subventionen und staatlich finanzierte Einkommensbeihilfen in diesem Segment spielen. Dieser politisch-öffentliche Charakter der Landwirtschaft und der daraus resultierende Legitimationsbedarf liefert die Ansatzpunkte für Gemeinwohlinterpretationen, die nicht zuletzt unter Gesichtspunkten der ökologischen Nachhaltigkeit gefüllt werden könnten. So argumentiert auch Eva Barlösius (1995, S. 334): "Die [...] zunehmende Kritik an der intensiven Landwirtschaft kann als gesellschaftliche Inanspruchnahme der der Landwirtschaft attestierten 'Gemeinwohlorientierung' interpretiert werden. Es beginnt offenbar ein gesellschaftlicher Diskurs darüber, was und wie landwirtschaftlich produziert werden soll. Dieser Disput wird von der Überzeugung getragen, dass, wenn die Landwirtschaft wesentlich aus Steuermitteln finanziert wird, sich daraus auch ein Mitspracherecht ergibt".

Die weitere Frage ist nun, mit welchen Deutungskonflikten in diesem Feld zu rechnen ist und welche politischen Strategieoptionen sich daraus ergeben. Es ist sattsam bekannt, dass sich die Verteilungsinteressen der Agrarwirtschaft bislang immer wirkungsvoll zur Geltung zu bringen verstanden. Dem hat nicht zuletzt die enge Interessenverflechtung von Agrarökonomie und zuständiger Administration gedient, die nun eine verbraucherorientierte Umkehr der Bundesregierung mitbegründet. Bislang hatte sich in der EU-Agrarpolitik über Jahre immer dieselbe Logik einer Dominierung von Reformdiskursen durch nationale Verteilungsinteressen reproduziert, getragen von einer merkwürdigen Koalition aus Bauernlobby und einem Konzert nationaler Sonderinteressen im Ministerrat der EU (Ribbe 2001, S. 35f.). Und im Verhältnis zwischen Politik und Agrarlobby hat letztere vielfach bewiesen, mit welcher Ignoranz sich wohlbegründete Gemeinwohlzumutungen – sei es hinsichtlich der bloßen Kostenreduktion in der öffentlichen Subventionspolitik, hinsichtlich eines Mitspracherechts der Verbraucher in Produktionsfragen oder hinsichtlich einer aus Umweltschutzgründen notwendigen Ökologisierung der Landwirtschaft – durch Verschiebung von Deutungsrahmen auf dem Spielfeld der öffentlich inszenierten Meinungen parieren lassen. Rolf G. Heinze und Helmut Voelzkow haben in ihrer Untersuchung zum Gemeinwohlverständnis des Deutschen Bauernverbands gezeigt, dass dieser durchgreifende Reformen der mit hohen Kosten verbundenen protektionistischen Agrarpolitik auch dadurch wirksam verhindern konnte, dass es ihm "jahrzehntelang gelungen ist, das agrarwirtschaftliche Sonderinteresse als Allgemeininteresse der Gesellschaft, sprich: Gemeinwohl, auszugeben" (1992, S. 141). Dabei hat der Verband es sogar zustandegebracht, dass die Agrarpolitik auch noch an den Bedürfnissen der meisten Bauern vorbeiregiert und in erster Linie die Gruppe von privilegierten Groß- und Wachstumslandwirten protegiert hat.

Sicherlich hat die Krisenkumulation von BSE und MKS etwas Bewegung in die Fronten des Deutungskonflikts um die agrarpolitische Gemeinwohlinterpretation gebracht. Die zunehmende öffentliche Anerkennung der Ökologieproblematik hat der Landwirtschaft schon seit längerem eine reine Strategie der Ablenkung oder Verdrängung schwer gemacht, und die Skandale um die Gesundheitsgefahren der industriell verarbeiteten Futtermittel, um verseuchtes Tiermehl, BSE und den Umgang mit Antibiotika, um das Ausmaß und die Folgen von Tiertransporten (insbesondere im Fall von MKS), um nicht-artgerechte Haltung von Tieren usw. vermochten auch den resistenten Deutschen Bauernverband zu Beginn des Jahres kräftig zu verunsichern. Gleichwohl vermittelt das derzeitige Bild von öffentlichen Auftritten seiner Verbandsführer nicht gerade den Eindruck, dass diese Verunsicherung nachhaltig war und die Bauern zu einer anhaltenden Umlernbereitschaft auffordert. Die Agrarlobby hat vielmehr recht schnell zu der alten Routine zurückgefunden, sich als Opfer einer verfehlten Politik zu präsentieren. Speziell die Bauern scheinen mit kulturell besonders tief habitualisierten politischen Reflexen auf Deutungskonflikte hinsichtlich ihrer gesamtgesellschaftlichen Verantwortung zu reagieren. Sie zeigen keine große Bereitschaft, sich diskursiv auf neue Gemeinwohlzumutungen einzulassen und verknüpfen jede weitere Übernahme von Verantwortung für Kollektivgüter wie Naturschutz, Landschaftspflege oder gar umfassende Ökologisierung der Produktion mit der alt bekannten Forderung nach einem staatlichen Kostenausgleich (vgl. Heinze/Voelzkow 1992, S. 145ff.).

Für die Politik ergibt sich hier insofern ein Deutungskonflikt, als sie sich auf die *Strategie der Ökonomisierung von Gemeinwohlzumutungen* eher mehr oder eher weniger einlassen kann. In dem Maße, wie sie die Ökologisierung der Agrarproduktion als Verhandlungsmasse in einem Verteilungskonflikt behandelt, lässt sie sich auf die Deutungsvorgaben der Landwirtschaft ein und schwächt womöglich ihr Potential, erweiterte Umweltschutzaufgaben im Sinne der Umwelt- und Naturschutzbewegungen als normale Gemeinwohlverpflichtung zu interpretieren, die gegebenenfalls auch staatlich verordnet werden könnte. Umgekehrt birgt aber eine Politisierung der Landwirtschaft und ein gesellschaftlicher Leitbilddiskurs angesichts der Konfliktbereitschaft und -fähigkeit des Bauernverbandes die Risiken eines öffentlichen Akzeptanzverlustes, so dass unter Umständen die Sanktionspotentiale, die von der Regierung im ökonomischen Deutungsrahmen mobilisiert werden können, größere Durchsetzungschancen versprechen. Mit dem Hinweis auf die Weltmarktentwicklungen, die anstehende EU-Osterweiterung und die zu begrenzende Kostenexplosion könnte die Politik etwa versuchen, die Gewichte im ökonomischen Deutungsrahmen derart zu verschieben, dass die Bauern erkennen, dass Subventionskürzungen mittelfristig unausweichlich sind. Vor diesem Hintergrund interpretieren sie die Ökologisierung der Landwirtschaft vielleicht als ökonomisch erträglichste Option, um den strukturellen Veränderungsdruck auf die Landwirtschaft sozialverträglich abzufedern (vgl. Heinze/Voelzkow 1992, S. 152). Sie könnten sich darauf einlassen, dass der Erhalt des ökonomischen Status quo nur möglich ist, wenn sich die bestehenden Subventionen als gesellschaftliche Zahlungen für sinnvolle Dienstleistungen am gesamtgesellschaftlichen Wohl deuten lassen. Die Bundesregierung versucht ja bereits, die lange ungenutzten Möglichkeiten der Agenda 2000, EU-Subventionen zu modulieren, im Sinne dieser Dienstleistungsinterpretation einzusetzen und ökologische Umstellungen und Extensivierungen der landwirtschaftlichen Produktion zu forcieren.

Die Politik steht hier also durchaus vor einem Deutungskonflikt darüber, ob sie den Gemeinwohlbezug der Landwirtschaft durch reflexive Thematisierung politisieren oder ob sie kulturelle Auseinandersetzungen in diesem Segment eher begrenzt halten sollte. Der paradoxe Folgeeffekt einer Strategie des ökonomischen Interessenausgleichs könnte darin bestehen, dass er den Bauern und ihren politischen Verbandsvertretern gerade jenes allmähliche kulturelle Umlernen ermöglicht, das sie unter dem Druck öffentlich und ideologisch geführter Leitbilddiskurse blockieren würden. Eine strukturelle Analyse von kulturellen Deutungsmustern bei Jungbauern in der Schweiz zeigt etwa, dass traditionale Orientierungsmuster der "Subsistenzwirtschaft" im Rahmen eines behutsamen, d.h. identitäts- und kontinuitätswahrenden Lernprozesses allmählich in den Deutungsrahmen eines modernen Verständnisses der ökologischen Landwirtschaft überführt werden können (vgl. Schallberger 1999, S. 526ff.). Andererseits bedeutet eine Strategie, die auf die ökonomischen Interessen der Landwirtschaft zugeht und im Deutungsrahmen einer unvermeidlich fortschreitenden Weltmarktliberalisierung vornehmlich mit ökonomischen Anreizen zur Etablierung einer ökologisch nachhaltigen Qualitätsproduktion operiert, dass die Kosten hoch bleiben und in erster Linie auf den steuerzahlenden Verbraucher abgewälzt werden. Der ökonomische Kompromiss zwischen Politik und Landwirtschaft, eine subventionierte Marktnische für hochwertige Agrarerzeugnisse zu schaffen, die vorzugsweise aus ökologischem Landbau stammen und deren regionale Herkunft als Auszeichnung gilt, ist letztlich nur dann gesellschaftlich zu verankern, wenn die Konsumenten mitspielen und diese Agrarwende durch eine entsprechende Kauf- und Zahlungsbereitschaft honorieren. Damit verschiebt sich der politische Deutungskonflikt in das Problemfeld der Verbraucheraktivierung.

2.3. Verbraucheraktivierung und Ernährungskultur

Im Appell der Verbraucherministerin Künast (2001) an die Konsumenten, "mit dem Einkaufskorb Politik zu machen", weil eine Stärkung des Verbraucherschutzes die aktive Beteiligung der Bürger verlange, verbirgt sich m. E. das zentrale Deutungsproblem einer verbraucherorientierten Neuausrichtung der Agrar- und Ernährungspolitik. Die Bürger sind nicht nur als Steuerzahler, sondern insbesondere auch als Endverbraucher der produzierten Lebensmittel eine Schlüsselgröße für den Erfolg der politischen Bemühungen um eine Agrarwende im Allgemeinen und die gesellschaftliche Verankerung eines nachhaltigen Konsums im Besonderen (vgl. Bohler 2001, S. 374f.). Es stellt sich daher die Frage, wie die Regierung die Bürger zu einem Gemeinwohlbeitrag motivieren kann und welche Optionen sich für den Umgang mit etwaigen Deutungskonflikten in diesem Zusammenhang eröffnen.

Schwierigkeiten resultieren in diesem Bereich vor allem daraus, dass die Artikulation eines kollektiven Verbraucherinteresses weitgehend auf advokatorische Deutungen angewiesen ist. Die Verbraucherinteressen sind keineswegs in gleichem Maße wie die Landwirtschaft oder Lebensmittelindustrie organisiert. Die Verbraucherverbände rekrutieren und finanzieren sich nicht aus der Mitgliedschaft von Konsumenten, sondern werden vorwiegend von anderen Verbänden getragen und durch öffentliche Mittel finanziert (vgl. von Hippel 2001, S. 21). Ihre Vertreter sind nicht durch die Konsumentinnen und Konsumenten gewählt und folglich nur schwach als politisches Sprachrohr der Verbraucher legitimiert. Auch das aggregierte Marktverhalten der Verbraucher kann nicht als authentischer Ausdruck ihrer Kollektivinteressen gelten, da dies den Konsumenten jene Autonomie unterstellen würde, die mit dem verbraucherpolitischen Argument eines Kompetenzdefizits und einer strukturellen Abhängigkeitslage gegenüber Produzenten und Anbietern im Lebensmittelsektor gerade bestritten wird. Das Verbraucherwohl erscheint im öffentlichen Raum daher wie ein "symbolisches Dispositiv", das auf unterschiedliche Weise von unterschiedlichen Vertretern mit substantiellen Gemeinwohlinterpretationen gefüllt werden kann. Daraus ergibt sich für die Politik zwar einerseits ein Deutungsspielraum, den sie zur Legitimitätsbeschaffung auch strategisch einsetzen kann. Schon die bloße Behauptung etwa, die Neuausrichtung der Agrar- und Ernährungspolitik sei am allgemeinen Wohle des Verbrauchers orientiert, macht sich diesen symbolischen Legitimationseffekt zunutze. Andererseits ergibt sich aus der advokatorischen Rolle aber auch eine Verantwortung gegenüber den Verbrauchern, die in der Verpflichtung münden kann, die beanspruchte Orientierung am allgemeinen Interesse der Verbraucher auch konsistent ausbuchstabieren zu müssen. Früher oder später wird die Politik von dem Deutungskonflikt um die Frage eingeholt, was denn Verbraucherorientierung und Verbraucherwohl allgemein und speziell im Bereich der Ernährungskultur eigentlich bedeuten und wie sie der Bürgerschaft folglich gegenübertreten kann, was von dieser verlangt und womit sie motiviert werden kann.

Angesichts der substantiellen Unbestimmtheit von Gemeinwohlinterpretationen des Verbraucherinteresses drohen einer Politik der Verbraucheraktivierung im Problembereich der Ernährungskultur zunächst *interne* Verstrickungen. Die Orientierung am Verbraucherwohl kann mit dem Problem der Verbraucheraktivierung intern über die ambivalente Frage verknüpft werden, in welchem Maße die Bürger für die Realisierung ihrer kollektiven Verbraucherinteressen selber einstehen sollten. In dem Bild von der "Politik mit dem Einkaufswagen" ist die emanzipatorische Zielvorstellung vom "mündigen Verbraucher" (Scherhorn 1973) enthalten, der sich kompetent macht und flankiert von einem Unterstützungsnetzwerk aus Bildungs-, Informations- und Gegenmachtkapazitäten seine Interessen am Markt möglichst selbst durchzusetzen versteht. Die Politik des Verbraucherministeriums könnte folglich versuchen, primär eine reflexive Konsumkultur im Ernährungssektor zu etablieren, indem sie die Transparenz der Produktions- und Vermarktungsstrukturen steigert und flankierend gesellschaftliche Kräfte wie Verbraucherinitiativen und -organisationen stärkt, die das Misstrauen in die eingefahrenen Strukturen der Lebensmittelerzeugung und -vermarktung wach halten und verantwortungsethische Konsumleitbilder zu entwerfen helfen (vgl. Müller 2001, S. 11).

Allerdings ist ungewiss, ob sich die Ernährungskultur auf diese Weise tatsächlich in Richtung eines nachhaltigen Konsums transformieren lässt. Eine Verstetigung des Misstrauens zu einer strukturellen Vertrauenskrise, Überforderung durch die Anforderungen eines risikobewussten Konsums, Verunsicherung durch widersprüchliche Informationen aus unterschiedlichen wissenschaftlichen Expertenkreisen, denen man sich zunehmend hilflos ausgeliefert sieht, und letztlich Fortführung überkommener Verhaltensmuster aus zynischer Gelassenheit heraus sind ebenfalls denkbare Szenarien. Auch das Anwachsen von Suchtphänomenen ist hier zu berücksichtigen. Sie entstehen dort, wo sich (körperliche) Routinen der Lebensführung gegen eine reflexive Kontrolle noch sperren, aber zugleich durch traditionale Gewissheiten nicht mehr abgesichert, sondern durch reflexives (Experten-)Wissen und veränderte Wertorientierungen delegitimiert sind (vgl. Giddens 1996, S. 129ff.; 1993, S. 82ff.). Solche Suchtphänomene mit ihrer charakteristischen Spaltung von und Spannung zwischen reflexivem Kontrollanspruch und tatsächlichem Handeln spiegeln kulturelle Probleme einer reflexiven Konsumsteuerung wider (vgl. Scherhorn 2000, S. 292). Im Bereich der Ernährungspolitik wären solche Tendenzen offensichtlich mit besonders hohen Folgekosten verbunden. Die Überforderung des Konsumenten in der "Informationsgesellschaft" (vgl. Wiswede 2000, S. 45ff.) dürfte sich hier potenziert einstellen. Denn die alltägliche Ernährung kann wohl kaum den Grad an reflexiver Kontrolle vertragen, wie er z.B. für den Arzneimittelkonsum mit seiner Einbettung in Strukturen der professionalisierten Hilfe kennzeichnend ist. Wenn die alltägliche Ernährung zum reflexiven Projekt der Herstellung körperlicher Gesundheit wird, ist die Autonomie der Lebenspraxis tendenziell bedroht. Wo vormals habitualisiertes, in somatischen Kulturen inkorporiertes oder in kulturellen Regelwerken der Küchentraditionen aufgespeichertes Erfahrungswissen von Reflexion entlastet hat, würden neue Abhängigkeiten von Expertenwissen erzeugt. Diese Entwicklung beschert dem Individuum nicht nur Freiheiten der Verfügung über seinen Körper, sondern induziert auch "kulturelle Enteignungen" durch neue "Wissens- und Gesundheitsgütermärkte" im Lebensmittelsektor (vgl. Boltanski 1976, S. 167ff.).

Vor diesem Hintergrund ist der Ansatz zu sehen, zwei bundesweite Qualitätslabel für Lebensmittel (Erzeugnisse aus ökologischem Landbau bzw. konventioneller Landwirtschaft) einzuführen, die sowohl die Reflexivität der Konsumkultur befördern als auch das Vertrauen in die Agrarerzeugnisse wiederherstellen sollen. Die Verbraucher sollen in ihrer Entscheidungsautonomie gegenüber den Anbietern von Lebensmitteln gestärkt, aber zugleich von Kompetenzzumutungen entlastet und vor Überforderung in ihrem alltäglichen Ernährungskonsum geschützt werden. An der Verwendung dieses Steuerungsinstruments zeigt sich, dass und wie das Verbraucherministerium den potentiellen Deutungskonflikt zwischen Verbraucherschutz und Verbraucheraktivierung auszutarieren versucht. Zu fragen ist allerdings, ob und inwiefern dieser Lösungsansatz in der Verbraucherpolitik als der Weisheit letzter Schluss gelten kann. Es ist ja durchaus unklar, ob die verbesserte und transparente Kennzeichnung von Öko-Lebensmitteln zu einer nennenswerten Abkehr von den bisherigen ökonomischen Preiskalkülen der Konsumenten führen wird und jene Zahlungsbereitschaft hervorbringt, die für den Erfolg einer nachhaltigen Agrar- und Ernährungskonsumwende erforderlich ist. Sollten sich die Motivlagen und Wahrnehmungen der Konsumenten als resistent gegenüber veränderten Kennzeichnungen erweisen, stellt sich das Problem der Aktivierung der Bürger zur Unterstützung einer verbraucherorientierten Neuausrichtung der Agrar- und Ernährungspolitik erneut. Dann steht die Politik wieder vor der Alternative, entweder das advokatorisch gedeutete Verbraucherwohl paternalistisch zu verordnen oder aber die Verbraucher in einen Dialog um die "Politik der Lebensführung" (Giddens 1991, S. 209ff.) aktiv einzubinden, der eine weitgehend autonome Transformation der Ernährungskultur in Richtung eines demokratisch interpretierten Verbraucherwohls ermöglichen soll. Die ökonomischen Verteilungskämpfe und der *externe* Erfolgsdruck in der Agrarreformpolitik könnten sich hier in das Feld der Verbraucheraktivierung verlängern und dazu führen, dass die Politik eher zum Marketing-Instrument der Werbekampagne greift, um die kulturellen Ernährungspräferenzen in die gewünschte Richtung zu steuern, als den Bürger aus seiner passiven Konsumentenrolle herauszuführen. Es ist eine empirische Frage, inwiefern die Regierung der Versuchung widersteht, ihre advokatorischen Deutungen des Verbraucherwohls zu instrumentalisieren.

3. Fazit

Die voranstehenden Überlegungen haben in drei Aufgabenbereichen einer verbraucherorientierten Neuausrichtung der Agrar- und Ernährungspolitik jeweils spezifische Konfliktkonstellationen hinsichtlich der Ausdeutung von Gemeinwohlzumutungen aufgezeigt. Abschließend stellt sich die Frage, welche Optionen des Umgangs mit diesen Deutungskonflikten sich für die Politik des Bundesministeriums für Verbraucherschutz, Ernährung und Landwirtschaft insgesamt eröffnen. Welche strategischen Möglichkeiten hat die Regierung in den Feldern des präventiven gesundheitlichen Verbraucherschutzes, der Agrarstrukturreform und der Verbraucheraktivierung, um die Neuausrichtung von Landwirtschaft, Lebensmittelerzeugung und Ernährungskonsum voranzubringen und Gemeinwohlgesichtspunkte des allgemeinen Verbraucherinteresses und der Nachhaltigkeit gesellschaftlich zu verankern? Inwiefern schließlich werden politisch-kulturelle Variablen des geeigneten Regierungsstils in diesem Politikfeld zu einem wichtigen Faktor der politischen Steuerung? Auf diese Fragen können hier keine endgültigen Antworten gegeben werden. Sie sollen vielmehr nur der Formulierung von qualifizierten Hypothesen dienen, die im Rahmen einer gründlichen empirischen Untersuchung zum Verlauf der verbraucherorientierten Neuausrichtung in der Agrar- und Ernährungspolitik kritisch zu überprüfen sind.

Die erste begründete Hypothese lautet, dass die präventive Risikoregulierung im Bereich des gesundheitlichen Verbraucherschutzes mit einem wissenschaftlich dominierten Deutungsrahmen für die Kriterien der Lebensmittelsicherheit konfrontiert ist. Die politischen Möglichkeiten, diesen Deutungsrahmen in Richtung normativer Kriterien der Lebensmittelqualität zu erweitern, um darin weitere Gemeinwohlgesichtspunkte des allgemeinen Verbraucherinteresses und des nachhaltigen Konsums unterzubringen, werden hier eher skeptisch eingeschätzt. Dennoch wird hier freilich die Frage nach dem Politikstil relevant, inwiefern die Regierung auf Versuche, die wissenschaftliche Deutungshoheit zu beeinflussen, von vornherein verzichtet oder ob sie sich dem Deutungskonflikt zwischen Kriterien der Sicherheit und solchen der Qualität und des Geschmacks im Bereich der Lebensmittelregulierung stellt und etwa nach Koalitionspartnern innerhalb der Gesundheits- und Ernährungswissenschaften sucht.

Auch im zweiten Feld, der Agrarstrukturreform, scheint eine skeptische Hypothese angezeigt, wonach Gemeinwohlzumutungen hier vornehmlich in einem ökonomischen Deutungsrahmen als Umverteilungsfragen verhandelt werden. In dem Maße freilich, wie die Regierung die Landwirtschaft zur Übernahme gewisser Gemeinwohlverpflichtungen und zur Umsteuerung ihrer Produktionsformen nur motivieren kann, wenn sie den Kostendruck von den Bauern abwendet, muss sie die finanziellen Lasten auf die Verbraucher und Steuerzahler umlenken. Sofern dieser Externalisierungsstrategie freilich Grenzen gesetzt sind, wird auch hier nach den verbleibenden Optionen (und dem Politikstil der Regierungsakteure) zu fragen sein, um den Leitgesichtspunkten des allgemeinen Verbraucherinteresses und der Nachhaltigkeit in den Auseinandersetzungen mit der Bauernlobby und der Lebensmittelindustrie zur Geltung zu verhelfen. Die Option der gesellschaftlichen Politisierung des Gemeinwohlbeitrags der Landwirtschaft als auch die Option der Beschränkung auf ökonomische Druckmittel, die der Politik im Rahmen der europäischen und globalen Neuordnung der Agrarwirtschaft zur Verfügung stehen, sind angesichts der Kombination von ökonomischer Kampfbereitschaft und habitualisiertem Ablehnungsreflex in der Bauernlobby mit unsicheren Erfolgsaussichten behaftet.

Im dritten Aufgabenbereich, in dem es um die Aktivierung der Bürger hinsichtlich der Umstellung ihrer alltäglichen Konsum- und Ernährungsgewohnheiten geht, scheinen die Herausforderungen der gesellschaftlichen Verankerung von Verbraucherinteressen und Gemeinwohlaspekten eines nachhaltigen Konsums zu kulminieren. Diese kulturelle Sphäre scheint dabei am ehesten der Ort zu sein, wo sich eine Politik bewähren kann, die durch reflexive Thematisierung und öffentliche Diskussion jener Leitbilder und Überzeugungssysteme, die unseren Produktions- und Konsummustern implizit zugrunde liegen, gesellschaftliche Lernprozesse anzustoßen versucht. Hier ist der Deutungsrahmen der Verbraucherorientierung gesellschaftsstrukturell am wenigsten vorbestimmt. Gleichwohl lautet die Hypothese auch hier, dass die Gemeinwohlinterpretation des internen Zusammenhangs von Verbraucherinteresse und Bürgeraktivierung mit konfliktreichen Deutungskonstellationen konfrontiert ist, die nicht zuletzt aufgrund der instrumentellen Notwendigkeit, Zahlungsbereitschaft für die Agrarwende zu mobilisieren, einseitig und paternalistisch aufgelöst werden könnten. Hier stellt sich in besonderem Maße die Frage, ob die Regierung einen Politikstil findet, der einen sensiblen Umgang mit den demokratischen Legitimationsanforderungen der Modi einer effektiven Umsteuerung der Konsumkultur gestattet.

Literatur

Barlösius, Eva (1995): Worüber forscht die deutsche Agrarsoziologie? Zum Verhältnis von Agrarsoziologie und Agrarpolitik. Kölner Zeitschrift für Soziologie und Sozialpsychologie, Jg. 47, H. 2: 319-338.

Barlösius, Eva (1999): Soziologie des Essens. Eine sozial- und kulturwissenschaftliche Einführung in die Ernährungsforschung. Weinheim; München.

Bohler, Karl Friedrich (2001): Die Krise der Landwirtschaft nach dem BSE-Schock. Sozialer Sinn, Jg. 2, H. 2: 367-375.

Boltanski, Luc (1976): Die soziale Verwendung des Körpers. In: Zur Geschichte des Körpers. Hrsg.: D. Kamper; V. Ritter. München: 138-183.

Braun, Dietmar (1998): Der Einfluß von Ideen und Überzeugungssystemen auf die politische Problemlösung. Politische Vierteljahresschrift, Jg. 39, H. 4: 797-818.

Daele, Wolfgang van den (1996): Objektives Wissen als politische Ressource: Experten und Gegenexperten im Diskurs. In: Kommunikation & Entscheidung. WZB-Jahrbuch 1996. Hrsg.: W. van den Daele; F. Neidhardt. Berlin: 297-326.

Giddens, Anthony (1991): Modernity and Self-Identity. Self and Society in the Late Modern Age. Oxford.

Giddens, Anthony (1993): Wandel der Intimität. Sexualität, Liebe und Erotik in modernen Gesellschaften. Frankfurt/Main.

Giddens, Anthony (1996): Leben in einer posttraditionalen Gesellschaft. In: U. Beck; A. Giddens; S. Lash: Reflexive Modernisierung. Eine Kontroverse. Frankfurt/Main: 113-194.

Hajer, Maarten A. (1997): Ökologische Modernisierung als Sprachspiel. Eine institutionell-konstruktivistische Perspektive zum Umweltdiskurs und zum institutionellen Wandel. Soziale Welt, Jg. 48, H. 2: 107-132.

Heins, Volker (1992): Gentechnik aus der Verbraucherperspektive. Symbolische Kämpfe um neue Konsummodelle. Soziale Welt, Jg. 43, H. 4: 383-399.

Heinze, Rolf G./Voelzkow, Helmut (1992): Der Deutsche Bauernverband und das "Gemeinwohl". In: Verbände zwischen Mitgliederinteressen und Gemeinwohl. Hrsg.: R. Mayntz. Gütersloh: 122-161.

Hippel, Eike von (2001): Präventiver Verbraucherschutz: Vorbeugen ist besser als Heilen. Aus Politik und Zeitgeschichte, B. 24: 16-22.

Krücken, Georg (1997): Risikotransformation. Voraussetzungen, Strukturen und Folgen der politischen Regulierung von Arzneimittelgefahren. In: Risiko und Regulierung. Soziologische Beiträge zu Technikkontrolle und präventiver Umweltpolitik. Hrsg.: P. Hiller; G. Krücken. Frankfurt/Main: 116-146.

Künast, Renate (2001): Global denken, lokal essen. Der Verbraucherschutz muß Aufgabe des Staates und Anliegen der Bürger sein. FAZ vom 15.03.2001: 14.

Luhmann, Niklas (1981): Politische Theorie im Wohlfahrtsstaat. München; Wien.

Mayntz, Renate (1999): Wissenschaft, Politik und die politischen Folgen kognitiver Ungewißheit. In: Eigenwilligkeit und Rationalität sozialer Prozesse. Hrsg.: R. Hitzler; J. Gerhards. Opladen: 30-45.

Mayntz, Renate/ Scharpf, Fritz W. (1995): Der Ansatz des akteurzentrierten Institutionalismus. In: Gesellschaftliche Selbstregelung und politische Steuerung. Hrsg.: R. Mayntz; F. W. Scharpf. Frankfurt/Main; New York: 39-72.

Müller, Edda (2001): Grundlinien einer modernen Verbraucherpolitik. Aus Politik und Zeitgeschichte, B. 24: 6-15.

Nullmeier, Frank (1993): Wissen und Policy-Forschung. Wissenspolitologie und rhetorisch-dialektisches Handlungsmodell. In: Policy-Analyse. Kritik und Neuorientierung. PVS-Sonderheft 24. Hrsg.: A. Héritier. Opladen: 175-196.

Nullmeier, Frank (1997): Interpretative Ansätze in der Politikwissenschaft. In: Theorieentwicklung in der Politikwissenschaft - eine Zwischenbilanz. Hrsg.: A. Benz; W. Seibel. Baden-Baden: 101-144.

Präsidentin des Bundesrechnungshofes (Hrsg.) (2001): Organisation des gesundheitlichen Verbraucherschutzes (Schwerpunkt Lebensmittel). Empfehlungen der Präsidentin des Bundesrechnungshofes als Bundesbeauftragte für Wirtschaftlichkeit in der Verwaltung. Stuttgart; Berlin; Köln.

Reusswig, Fritz (1997): Nicht-nachhaltige Entwicklungen. Zur interdisziplinären Beschreibung und Analyse von Syndromen des Globalen Wandels. In: Nachhaltige Entwicklung. Eine Herausforderung an die Soziologie. Hrsg.: K.-W. Brand. Opladen: 71-90.

Ribbe, Lutz (2001): Die Wende in der Landwirtschaft. Aus Politik und Zeitgeschichte, B. 24: 30-38.

Sabatier, P. A. (1993): Advocacy-Koalitionen, Policy-Wandel und Policy-Lernen: Eine Alternative zur Phasenheuristik. In: Policy-Analyse. Kritik und Neuorientierung. PVS-Sonderheft 24. Hrsg.: A. Héritier. Opladen: 116-148.

Schallberger, Peter (1999): Bauern zwischen Tradition und Moderne? Soziologische Folgerungen aus der Rekonstruktion eines bäuerlichen Deutungsmusters. Schweizerische Zeitschrift für Soziologie, Jg. 25, H. 3: 519-547.

Scherhorn, Gerhard (1973): Gesucht: der mündige Verbraucher. Grundlagen eines verbraucherpolitischen Bildungs- und Informationssystems. Düsseldorf.

Scherhorn, Gerhard (2000): Umwelt, Arbeit und Konsum. In: Konsum. Soziologische, ökonomische und psychologische Perspektiven. Hrsg.: D. Rosenkranz; N. F. Schneider. Opladen: 283-304.

Spangenberg, Joachim H./Lorek, Sylvia (2001): Sozio-ökonomische Aspekte nachhaltigkeitsorientierten Konsumwandels. Aus Politik und Zeitgeschichte, B. 24: 23-29.

Wiswede, Günter (2000): Konsumsoziologie - Eine vergessene Disziplin. In: Konsum. Soziologische, ökonomische und psychologische Perspektiven. Hrsg.: D. Rosenkranz; N. F. Schneider. Opladen: 23-72.

Zukunftskommission der Friedrich-Ebert-Stiftung (1998): Wirtschaftliche Leistungsfähigkeit, sozialer Zusammenhalt, ökologische Nachhaltigkeit. Drei Ziele - ein Weg. Bonn.

Unsichtbares sichtbar machen – Die Bedeutung der Umweltzeichen in der Nachhaltigkeitsdiskussion

Prof. Dr. Werner F. Schulz & Dipl. oec. Martin Kreeb

Universität Hohenheim, Instiut für Betriebswirtschaftslehre, Lehrstuhl für Umweltmanagement
E-Mail: wfschulz@uni-hohenheim.de & kreeb@uni-hohenheim.de

1. Einführung

Umweltzeichen sind für die Nachhaltigkeitskommunikation von zentraler Bedeutung. Zeichen oder Symbole können inhaltlich komplexe Sachverhalte so vereinfachen, dass Konsumenten effizient informiert werden können.

In Kapitel 4.2 der Agenda 21 wird deshalb der Nachhaltigkeitskommunikation durch Umweltzeichen als "leichtverständlichem Symbol und sonstigen Hinweisen, die zur Aufklärung von Verbrauchern und Entscheidungsträgern dienen" neben den Verbraucherrechten eine Schlüsselrolle zugewiesen. Damit spricht die Agenda 21 ein kommunikatives Hauptproblem an. Die Kommunikation der komplexen Botschaft "Nachhaltige Entwicklung" soll mit leichtverständlichen Symbolen die Verbraucher zum nachhaltigen Konsumverhalten anregen (Bundesumweltministerium 1994).

> *4.20 Das in letzter Zeit in vielen Ländern gewachsene Umweltbewusstsein von Verbrauchern im Verbund mit dem zunehmenden Interesse einiger Industriezweige, für umweltverträgliche Konsumgüter zu sorgen, ist eine* wichtige Entwicklung, die unterstützt werden sollte. Die Regierungen und die internationalen Organisationen sollen gemeinsam mit der Privatwirtschaft Kriterien und Verfahren zur Prüfung der Umweltverträglichkeit und des Ressourcenverbrauchs während des gesamten Produktzyklus und des Produktionsprozesses erarbeiten. Die Ergebnisse dieser Prüfung sollen in **leichtverständlichen Symbolen** und sonstigen Hinweisen, die zur Aufklärung von Verbrauchern und Entscheidungsträgern dienen, zur Anwendung kommen.

> *4.21 Die Regierungen sollen in Zusammenarbeit mit der Industrie und anderen beteiligten Gruppen die verstärkte Einführung der umweltbezogenen Produktkennzeichnung und sonstiger umweltbezogener Produktinformationen unterstützen, um dem Verbraucher zu helfen, eine sachgemäße Auswahl zu treffen.*

Als auf der "Konferenz für Umwelt und Entwicklung der Vereinten Nationen (UNCED) in Rio de Janeiro" im Juni 1992 dieses Entwicklungsziel verabschiedet wurde, unterschätzten die Autoren der Agenda 21 offensichtlich die kommunikative Komplexität der Übermittlung der "Botschaft der Nachhaltigen Entwicklung". Eine aktuelle Studie im Auftrag des Umweltbundesamtes zeigt eine relativ ernüchternde Bilanz. Weniger als 13% der Verbraucher in der Bundesrepublik Deutschland kennen den Begriff der Nachhaltigen Entwicklung.

Eine Analyse der Umweltzeichen in Deutschland zeigt, dass die Umsetzung der Agenda 21 im Bereich der Kommunikation noch nicht hinreichend gelungen ist. Strategische Allianzen zwischen den am Nachhaltigkeitsprozess Beteiligten sind notwendig, um das Thema Nachhaltigkeit breiten Verbraucherschichten zugängig zu machen. Ursache für den geringen Bekanntheitsgrad des Begriffs der "Nachhaltigen Entwicklung" ist die Schwierigkeit, die sozialen, ökonomischen wie auch ökologischen Nachhaltigkeitskriterien zu konkretisieren. Der normative Prozess der Werte- und Inhaltsdiskussion ist nach wie vor nicht abgeschlossen.

Im Bereich der ökologischen Nachhaltigkeitskommunikation (Schulz, W.; Kreeb, M.; Burschel, C. 2001) sind in den letzten Jahren erhebliche Fortschritte gemacht worden. Zur Zeit existieren im Bereich der umweltfreundlicheren Lebensmittel zahlreiche Umweltzeichen. In anderen Produktbereichen hat die Stiftung Warentest ihre Testkriterien (funktionelle, technische, ergonomische Eigenschaften) mit "objektivierbaren Merkmalen der Umweltverträglichkeit von Waren" erweitert. Auch das Umweltzeichen "Blauer Engel" hat eine bedeutende Öffentlichkeitswirkung und gilt als Vorbild für das Europäische Umweltzeichen.

2. Was ist Nachhaltigkeit?

Der englische Originalbegriff "sustainability" (Eberle, U. 2000) stammt aus dem 13. Jahrhundert und wurde im englischen Alltagssprachgebrauch im Sinne des Wortes "aufrechterhalten" gebraucht. Im deutschen Sprachgebrauch wurde der Begriff der Nachhaltigkeit durch von Carlowitz 1713 in seinem Werk *sylvikultura oeconomica* (von Carlowitz, H. 1713) geprägt. Forstwirtschaftliche Ziel v. Carlowitz war, dass trotz der immensen Nachfrage nach Holz zu Beginn der industriellen Revolution in einer Zeitperiode nicht mehr Holz aus dem Wald entnommen durfte, als in dieser Zeitperiode nachwachsen konnte.

Beim Brundtland Bericht "Our Common Future" von 1987 findet der Begriff der Nachhaltigkeit erstmals den heutigen definitorischen Umfang. Beim Leitbild des Nachhaltigen Wirtschaftens bzw. der Nachhaltigen Entwicklung (Sustainable Development) herrschen zur Zeit zahlreiche Definitionen vor. Die in Deutschland amtliche Definition für die Nachhaltige Entwicklung wurde vom Bundesumweltministerium formuliert:

> Nachhaltig ist eine Entwicklung, die wirtschaftliche Leistungsfähigkeit und soziale Sicherheit mit der langfristigen Erhaltung der natürlichen Lebensgrundlagen in Einklang bringt. Das Leitbild der nachhaltigen Entwicklung findet seine Grundlage in der Verantwortung von Staat und Gesellschaft für die Mitmenschen einschließlich künftiger Generationen und in der Verantwortung für die natürliche Umwelt (BMU 2001).

Ergänzend hierzu hat der Europäische Rat Göteborg am 16.06.2001 in seinen Schlussfolgerungen die folgende EU-Nachhaltigkeitsstrategie beschlossen:

> "Nachhaltige Entwicklung, d.h. die Erfüllung der Bedürfnisse der derzeitigen Generation, ohne dadurch die Erfüllung der Bedürfnisse künftiger Generationen zu beeinträchtigen, ist ein grundlegendes Ziel der Verträge.
>
> Hierzu ist es erforderlich, die Wirtschafts-, Sozial- und Umweltpolitik so zu gestalten, dass sie sich gegenseitig verstärken. Gelingt es nicht, Tendenzen umzukehren, die die künftige Lebensqualität bedrohen, so werden die Kosten für die Gesellschaft drastisch ansteigen oder diese Tendenzen werden unumkehrbar. Der Europäische Rat begrüßt die Vorlage der Mitteilung der Kommission über nachhaltige Entwicklung, in der wichtige Vorschläge enthalten sind, um diesen Tendenzen Einhalt zu gebieten."

Der Begriff der Nachhaltigkeit hat demnach drei definitorischen Ebenen:

1. *Operative Ebene*: die Globalziele Umwelt, Ökonomie und Soziales sind in Einklang zu bringen.
2. *Strategische Ebene*: Die Globalziele sind nicht nur gegenwärtig, sondern auch zukünftig in Einklang zu bringen.

3. *Normative Ebene*: Bekenntnis von Staat und Gesellschaft für permanente Verantwortung für Mensch und natürliche Umwelt.

3. Vom Umweltzeichen zum Nachhaltigkeitszeichen ?

Das Problem der Nachhaltigen Entwicklung stellt die Schwierigkeit der praktischen Operationalisierung der Globalziele der Nachhaltigen Entwicklung dar. Die Politik spricht deshalb vom Prozess der Nachhaltigen Entwicklung und nicht von einem Zustand der Nachhaltigen Entwicklung. Der Prozess ist zur Zeit zwar in seinem Zielzustand bekannt – der konkrete Weg zum Zielzustand bleibt unklar. Zwar existieren auf makroökonomischer Ebene teilweise hochverdichtete Indikatorensysteme zum Thema Nachhaltiges Wirtschaften – diese sind aber auf der produktspezifischen Ebene kaum verwendbar (So wird z.B. zum Thema ökonomische Nachhaltigkeit die Kennzahl des BIP/Kopf als CSD bzw. OECD Anforderung genannt. Die unternehmensrelevante Kennzahl des ROI/Mitarbeiter wird nicht aufgeführt).

Zwar ist diese prozessuale Sichtweise für Unternehmen aus dem Bereich des Qualitätsmanagements (Stichwort KVP-Prozess = kontinuierlicher Verbesserungsprozess) bekannt, der Konsument hingegen fühlt sich aber mit der Unkonkretheit des Begriffs "Nachhaltigkeit" überfordert bzw. alleingelassen. Auch die Wissenschaft mit ihren zahlreichen Definitionen der Nachhaltigkeit erleichtert dem Konsumenten den begrifflichen-verständnisorientierten Umgang mit dem Thema Nachhaltigkeit kaum. Ebenso ist den Konsumenten die Zielsetzung der Nachhaltigen Entwicklung unklar. Sollten die Konsumenten das Konzept der Nachhaltigkeit theoretisch durchdrungen haben, sind sie noch lange nicht in der Lage anhand der vorhandenen Produktinformationen sich "nachhaltig" zu verhalten.

Die Aufgabe des Umwelt- bzw. Nachhaltigkeitszeichens ist es, anhand einfach und klar definierten Vergabekriterien, den Verbrauchern eine "nachhaltige" Kaufentscheidung zu ermöglichen ohne die methodischen Unzulänglichkeiten im Detail abschließend nachvollziehen zu müssen. Die Diskussion der Umweltzeichen ist schon wesendlich älter als die Agenda 21 Diskussion – im Fall des Food Logo "Demeter" schon über 70 Jahre alt. Im Bereich des Umweltzeichens liegen somit zahlreiche Erfahrungen vor, insbesondere im Food Bereich, von denen die Diskussion über ein Nachhaltigkeitszeichen profitieren könnte.

4. Struktur der Umweltzeichen

Das Umweltbundesamt (1978) definiert den Begriff des Umweltzeichens als

> *"eine spezielle Auszeichnung für Produkte, die im Vergleich mit anderen Produkten, die dem gleichen Verbrauchszweck dienen, eine geringere Umweltbelastung aufweisen."*

Landmann (Landmann, U. 1998) definiert 20 Jahre später das Umweltzeichen als

> *"in Symbole dargestellte, vereinfachte Information über die bessere Umweltverträglichkeit von Produkten, die im Vergleich zu anderen, dem gleichen Verbrauchszweck dienenden Produkten, ermittelt wurde."*

Eine weltweit gültige Norm für die Umweltkennzeichnung stellt die Normreihe der ISO 14020 Serie dar. Insgesamt sieht diese ISO Norm die Umweltkennzeichnung als

> *"Kennzeichnungen, die Umweltaspekte eines Produktes oder einer Dienstleistung anzeigen"*

definiert. Die ISO 14020 Serie definiert insgesamt drei Subtypen von Umweltzeichen:

- Typ I (ISO 14024)
  Multiple Kriterien, die umweltbezogene Vorteile eines Produktes in einer definierten Produktkategorie auf der Basis einer Produktlebenszyklusanalyse ("Von der Wiege bis zur Bahre") beschreibt

- TYP II (ISO 14021, ISO 14022, ISO 14023)
  Selbstdeklarierte Beschreibung von Umweltauswirkungen eines Produktes

- TYP III (ISO 14025)
  Unabhängige zu überprüfende, quantifizierte Produktinformationskennzeichnung bei vorgegebenen Kriterien

Die Autoren definieren das Nachhaltigkeitszeichen

"als eine Bild- oder eine Wort-Bildmarke im Sinne des Markengesetztes, das Produkte oder Dienstleistungen von unabhängiger Seite anhand von transparenten und objektiven Nachhaltigkeitskriterien im Vergleich zu anderen Produkten oder Dienstleistungen mit gleichem Nutzungszweck bewertet und auszeichnet."

Die Zahl der Umweltzeichen bzw. Umweltlogos oder Umweltsymbole alleine im deutschen Markt sind kaum zu überschauen. Zahlreiche Firmen entwickelten eigene Umweltzeichen nach eigenen Kriterien (firmenindividuelle Zeichen) die selbstständig nach eigenem Gutdünken vergeben werden. Da Außenstehende bzw. Verbraucher die Qualität der firmeninternen Vergabekriterien kaum einschätzen konnten, sind diverse Firmen dazu übergegangen, Branchen bzw. verbandsinterne Umweltzeichen zu vergeben. Diese sogenannten Brachenzeichen haben häufig transparentere Vergabekriterien, als firmeninterne Zeichen. Sie lassen sich bedingt durch ihre brachenorientierten, unabhängigeren Vergabekriterien besser als Wettbewerbsmittel in der Produktkennzeichnung einsetzen.

Eine noch höhere Glaubwürdigkeit besitzen Logos, deren Nutzung von Ergebnissen unabhängiger Verbrauchertests abhängig ist. Ebenso glaubwürdig und auf einem hohen gesellschaftlichen Konsens beruhend sind offizielle Umweltzeichen, bei denen staatliche Institutionen über die Art und Weise der Vergabe und Einhaltung der Vergabekriterien wachen.

Verschiedene Regelwerke versuchen firmeninterne bzw. brancheninterne Umweltzeichen so zu gestalten, damit die Verbraucher nicht getäuscht werden können. Allen vor gilt das Gesetz gegen den unlauteren Wettbewerb (UWG) in Verbindung mit dem Lebensmittel- und Bedarfgegenständegesetz (LBMG). Die Wirtschaft selbst hat in der DIN ISO 14021 eine Norm, in der die Entwicklung firmeneigener Umweltzeichen definiert wird. Stellvertretend soll an dieser Stelle der § 3 des UWG genannt werden, der den "gesetzlichen Mindestanspruch" an (Umwelt)-zeichen regelt.

*"Wer im geschäftlichen Verkehr zu Zwecken des Wettbewerbs über geschäftliche Verhältnisse, **insbesondere über die Beschaffenheit, den Ursprung, die Herstellungsart** oder die Preisbemessung einzelner Waren oder gewerblicher Leistungen oder das gesamte Angebot, über Preislisten, über die Art des Bezuges oder die Bezugsquelle von Waren, über **den Besitz von Auszeichnungen**, über den Anlass oder den Zweck des Verkaufs oder über die Menge der Vorräte irreführende Angaben macht, kann auf Unterlassung der Angaben in Anspruch genommen werden."*

Pauschale Bewertungen wie "ökologisch wertvoll", "umweltfreundlich" sind im Sinne des Gesetzgebers zu unbestimmt und daher unzulässig. Notwendig ist, um diese Begriffe als Logo oder im Logo (Zeichen, Symbol als Synonym) nutzen zu dürfen, eine sachlich richtige Begründung für den spezifischen Einzelfall (z.B. umweltfreundlich, weil....) der Produktsituation. Da die gesetzlichen Mindestanforderungen von Firmen häufig nicht erfüllt worden sind, ist das Image der Firmenumweltzeichen bzw. der Branchenumweltzeichen zum Teil umstritten.

Der Workflow der Umweltzeichenerstellung ist, unabhängig welches Bewertungsverfahren bzw. Kriterienentwicklungsverfahren der Umweltzeichenerstellung zugrunde liegt, immer der Gleiche. Zuerst werden die teilweise hoch komplexen Basisinformationen erfasst und durch geeignete Kriterien soweit verdichtet, dass eine eindeutige Bewertung erfolgen kann. Dieser komplexe Workflow verdichtet im Idealfall hochkomplexe Basisinformationen einer Produktökobilanz in ein Zeichen.

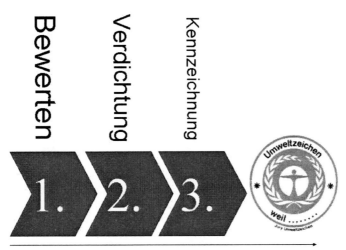

Abbildung 1: Prozess der Komplexitätsreduktion im Umweltzeichen-Workflow

Die Verbraucherverbände und das Umweltbundesamt (Neitzel, H. 1991) haben folgende Kriterien für Umweltzeichen entwickelt, die das Potential besitzen, eine relevante Vertrauensbasis für Verbraucher darstellen zu können:

1. Bindung der Zeichennutzung an einen Kriterienkatalog
2. Übererfüllung gesetzlicher Ansprüche
3. Nachweis- und Überwachungsreglung
4. Pluralistisches Verfahren der Kriterienfestlegung
5. Interessenunabhänige Vergabestelle
6. Zugängliches Verzeichnis der Zeichennutzer
7. Tendenzielle materielle Verschärfung der Vergabeverordnung bei den Umweltstandards

Dieser Sieben-Punktekatalog beinhaltet wirkungsvolle und bewährte Mechanismen um die eventuell vorhandenen Akzeptanzkriterien der Verbraucher gegenüber Umwelt- bzw. Nachhaltigkeitszeichen zu überwinden. Mit Hilfe von sachlich begründeten Vergabekriterien, die öffentlich sind, erhält der Verbraucher die notwendige Transparenz, was der Begriff "Umwelt" bzw. "Nachhaltigkeit" konkret bedeutet. Ebenso stellt die Einhaltung gesetzlicher Standards eine Selbstverständlichkeit dar. Ein pluralistisches Verfahren der Kriterienerstellung besitzt den großen Vorteil, dass durch die frühzeitige Miteinbeziehung der Verbraucherinteressen (z.B. Umwelt- und Verbraucherverbände) Akzeptanz durch Glaubwürdigkeit beim Logo zu erzielen ist. Eine unabhängige Vergabe- und Überwachungsstelle (Bundesumweltministerium 2001) unterstützt die Glaubwürdigkeit des Logos ebenfalls. Der Vergabeprozess der Umweltzeichen sollte demnach unabhängig, transparent überprüfbar und nachvollziehbar sein.

Das Umweltzeichen bzw. ein eventuelles Nachhaltigkeitszeichen muss, wenn es erfolgreich sein will, folgende Akzeptanzbarrieren beim Verbraucher überwinden helfen – oder wie die Trend- und Markenforschung formuliert – ein Branding (eine Markenbildung) unterstützen, das die Akzeptanzbarrieren überwinden hilft. Folgende Barrieren sind in der Konsumentenforschung (Umweltbundesamt 2000) bekannt:

- Informationsbarrieren, d.h. fehlende bzw. unklare Information führen zur Ablehnung der Produkte mit Umwelt- bzw. Nachhaltigkeitszeichen.
- Verhaltensbarrieren, d.h. bisher gemachte negative Erfahrungen führen zur Ablehnung der Produkte mit Umwelt- bzw. Nachhaltigkeitszeichen.
- Wahrnehmungsbarrieren, d.h. die Relevanz des eigenen (umweltschädigenden) Verhaltens wird unterschätzt ("Illusion der Marginalität") (Reisch, L. & Scherhorn, G. 1998).
- Gefühlsbarriere, d.h. Ohnmachtgefühle nach dem Motto "Der Umwelt kann niemand mehr helfen".
- Gesellschaftliche Barrieren, d.h. der Zusatznutzen "Umwelt" wird vom Image als relativ unwichtig bzw. unbedeutend zum konventionellen, alternativen Zusatznutzen (z.B. Statussymbol) gesehen.

Zur Zeit werden unter der Federführung des Umweltbundesamtes unter Einbeziehung zahlreicher NGOs, Behördenvertretern und Wissenschaftlern Rahmenbedingungen für eine Nachhaltigkeitszeichendiskussion definiert. Ein standardisiertes Nachhaltigkeitssiegel ist zwar aus Sicht dieser Initiative vorerst nicht angedacht. Einigkeit herrscht aber in der problemorientierten Sichtweise, dass die Vielzahl unterschiedlicher Zeichen, den Verbraucher eher verunsichern, als ihm Entscheidungshilfe zu geben. In der sogenannten "Berliner Erklärung zur Förderung von umwelt- und sozialverträglichen Produkten aus Entwicklungsländern" wird der gesellschaftliche Sachstand zum Thema Nachhaltigkeitszeichen zusammengefasst.

5. Umweltzeichen in Deutschland im Food Bereich

Das Umweltzeichen im Lebensmittelbereich hat eine lange Tradition. Mittlerweile existieren zahlreiche unterschiedliche, teilweise regional verbreitete Umweltzeichen. Die Vergabekriterien der einzelnen Zeichen sind in ihrer Quantität und in ihrer Qualität teilweise höchst unterschiedlich. Verbraucher fühlen sich mittlerweile z.T. durch die große Anzahl der Umweltzeichen eher verunsichert, als in ihrer Konsumentscheidung unterstützt.

Anlässlich der großen Verbraucherskandale der letzten Jahre durch BSE und MKS wurde der Verbraucherschutz von der Bundesregierung Anfang 2001 in einem eigenen Ministerium (Bundesministerium für Verbraucherschutz, Ernährung und Landwirtschaft) koordiniert. Eine der ersten Maßnahmen stellte die Entwicklung eines neuen Umweltzeichens dar, mit dem Ziel, den Marktanteil ökologischer Produkte wesentlich zu erhöhen. Das neue Biosiegel will mehr Transparenz durch

Einheitlichkeit und Klarheit, durch die Deklaration der Lebensmittelrohstoffe und der Herkunft schaffen.

Die Vergabekriterien des Biosiegels wurden von einer großen Allianz aus Lebensmittelhandel, Ernährungsindustrie, Öko-Anbauverbänden, Bauernverband und Politik entwickelt. Durch europaweite einheitliche Vergabekriterien und ein relativ unbürokratisches Vergabeverfahren sollen viele Marktteilnehmer motiviert werden, das Biosiegel einzusetzen. Die Kriterien für das Bio-Siegel richten sich nach den aktuellen Bestimmungen der EG-Öko-Verordnung und knüpfen an den Basisrichtlinien der Internationalen Vereinigung der ökologischen Landbaubewegungen (IFOAM) an. Der IFOAM gehören etwa 500 Verbände aus 70 Nationen an. Nachfolgend wird eine Auswahl (Quelle: www.oekoweb.at/umweltzeichen/) unterschiedlicher Umweltzeichen im Food Bereich aufgezeigt.

BIOLAND
Bioland ist ein Verband ökologisch wirtschaftender Landwirte in Deutschland. Er hat eine sehr umfangreiche Liste an erlaubten und verbotenen Betriebsmittel zusammengestellt. Die Vorschriften sind sehr genau, aber nicht so streng, wie bei vergleichbaren Verbänden, dabei aber viel praxisorientierter und auch in der Intensiv-Landwirtschaft anwendbar.

DEMETER
Dieses Zeichen erhalten Bio-Lebensmittel, die ohne Agrarchemikalien hergestellt werden. Die Tierhaltung muss artgerecht sein und das Tierfutter muss aus eigenem Anbau stammen.

ECOVIN
Dies ist ein Vermarktungsverband für "öko"-Wein. Im Internet präsentiert er nur Werbung. Was er unter öko versteht, wird nicht verraten. Da gerade der Weinbau ökologisch sehr problematisch ist, wäre eine umfassende Auskunft sehr wichtig.

GÄA
Dieser Verband dient der Vermarktungskoordination, für landwirtschaftliche Bioprodukte und der Qualitätssicherung. Er verwaltet das sächsische Öko-Prüfzeichen und berät Verbraucher.

NATURLAND
Naturland kennzeichnet Produkte, die den EU-Regelungen für Bioprodukte entsprechen und eine gehobene Qualität haben. Obwohl der Umweltaspekt in den Vordergrund gehoben wird, finden sich in den Statuten viele Soll-Bestimmungen und eher vage Formulierungen.

ÖKOPRÜFZEICHEN
Dies ist das deutsche Prüfzeichen für Produkte des kontrolliert ökologischen Landbaues.

6. Umweltzeichen in Deutschland im Non Food Bereich

Eines der erfolgreichsten Umweltzeichen in Deutschland im Non Food Bereich stellt das Umweltzeichen "Blauer Engel" dar. Das deutsche Umweltzeichen wurde 1977 von den für Umweltschutz zuständigen Ministerien des Bundes und der Länder geschaffen. Zeicheninhaber ist heute das Bundesumweltministerium. Mit dem "Blauen Umweltengel" können Produkte gekennzeichnet werden, die im Vergleich zu anderen Produkten mit dem selben Gebrauchszweck als "besonders umweltfreundlich" bezeichnet werden können. Damit werden umweltfreundliche Produkte von herkömmlichen Angeboten für den Verbraucher erkennbar abgegrenzt. Im Rahmen der Neukonzeption im Jahre 1988 wurde die Umschrift "umweltfreundlich – weil ..." in "Umweltzeichen – weil ..." geändert. Denn das Umweltzeichen kann immer nur eine relative Umweltfreundlichkeit kennzeichnen. Absolut umweltfreundliche Produkte – so wünschenswert sie zweifelsohne wären – gibt es nicht.

Das Umweltzeichen kennzeichnet also Produkte, die über vergleichsweise günstige Umwelteigenschaften verfügen, beispielsweise

- weil das Produkt bestimmte Schadstoffe (z.B. Schwermetalle, Lösemittel) nicht oder nur noch in geringen Mengen enthält oder an die Umwelt abgibt (z.B. schadstoffarme Lacke, Heizungsanlagen, FCKW-freie Kühlgeräte),
- weil das Produkt aus Altstoffen hergestellt wurde (z.B. Recyclingpapier, Produkte aus Recyclingkunststoffen),
- weil das betreffende Produkt mehrfach verwendet werden kann (z.B. die Mehrwegflasche),
- weil das betreffende Produkt zum sparsamen Umgang mit Umweltgütern anhält (z.B. wassersparende Armaturen),
- weil ein Produkt leiser ist (z.B. lärmarme Rasenmäher, Baumaschinen),
- weil Produkte recyclinggerecht hergestellt wurden und Rücknahmeverpflichtungen bestehen (z.B. bei Computern oder Kopiergeräten),
- weil Energie eingespart wird (z.B. Kühlschränke, Heizungen, Computer).

Aufgrund seiner ganzheitlichen Prüfprozedur, der einheitlichen und öffentlichen Vergabegrundlagen und der Beurteilung durch eine unabhängige und fachkompetente Jury, besitzt der "Blaue Umweltengel" eine besondere Autorität und Verbindlichkeit. Er gibt den umweltbewussten Herstellern und Verbrauchern verlässliche und nachprüfbare Hinweise über die Umweltfreundlichkeit und die Umweltverträglichkeit eines Produktes. Er ist wettbewerbsrechtlich sowie durch das zivilrechtliche Namensrecht geschützt. Gegen seinen Missbrauch kann im Wege von Abmahnungen und durch gerichtliche Hilfe wirksam vorgegangen werden.

7. Umweltzeichen und Nachhaltige Entwicklung

Umweltzeichen im Sinne der Nachhaltigen Entwicklung sind im Markt im Vergleich zu reinen Umweltzeichen weniger zahlreich vorhanden. Der Faire Handel mit umweltgerecht erzeugten Produkten aus Entwicklungsländern gewinnt an Bedeutung. Auf der neuen Webseite www.eco-fair-trade-net.de wird man mit folgendem Text begrüßt: "Viele Menschen in Deutschland haben sich von der Idee des Fairen Handels und der Einsicht in die eigene ökologische Verantwortung in den letzten Jahren anstecken lassen. Es werden Waren konsumiert und Informationen aus dem ökologischen und fairen Markt nachgefragt, weit über eine kleine engagierte Szene hinaus. Mit der Erweiterung dieser Märkte ist die Zahl der Anbieter gestiegen, und auch die Verfahren und Kriterien sind vielfältiger geworden. Das macht Kaufentscheidungen schwieriger und unübersichtlicher. Mit dem "eco-fair-trade-net" wollen wir einen Überblick liefern und die beiden Themen "Öko" und "Fair" stärker miteinander verbinden." Die Website "eco-fair-trade-net" ist eine Gemeinschaftsproduktion von Fair Trade e.V. und der Deutschen Gesellschaft für Technische Zusammenarbeit (GTZ) GmbH. Sie wurde finanziert aus Mitteln des Bundesministeriums für wirtschaftliche Zusammenarbeit und Entwicklung (BMZ).

In den letzten Jahren werden immer häufiger Produkte aus dem Fairen Handel in Deutschland angeboten. Hierzu gehören insbesondere Kaffee, Tee, Kakao, Schokolade, Bonbons, Bananen, Honig, Getreide, Nüsse, Trockenfrüchte, Textilien, Spielzeug, Handwerksprodukte, Orangensaft, Blumen, Teppiche und Fußbälle. Die Kriterien des Fairen Handels wurden in den vergangenen Jahren insbesondere in Zusammenarbeit mit den nationalen Initiativen, den Produzenten und entwicklungspolitischen Experten entwickelt. Dazu gehören insbesondere

- die gezielte Förderung von besonders benachteiligten kleinbäuerlichen Familien und deren Selbsthilfe-Initiativen sowie konkrete Verbesserungen für Plantagenarbeiterinnen und Erntehelfer,
- das Verbot von Zwangs- und illegaler Kinderarbeit, Einhaltung international geltender Arbeitsschutz-Richtlinien,
- die Zahlung von deutlich über dem Weltmarktniveau liegenden Preisen für die Produzentengruppen in den Entwicklungsländern,
- der direkte Einkauf bei den Erzeugergemeinschaften,
- die selbst bestimmte Verwendung der Erlöse aus dem Fairen Handel der begünstigten Kleinbauern oder Arbeiter.

Beispiel "Fairer Handel mit Kaffee"

Fair gehandelter Kaffee wird von Kleinbauernorganisationen (Kooperativen und Genossenschaften) vor allem in Mittel- und Südamerika erzeugt, die auf dem Weltmarkt besonders benachteiligt sind.

Die Erzeuger erhalten einen garantierten Mindestpreis von 126 US-Cents pro lb. (453 g) Kaffee. Liegt der Weltmarktpreis darüber (z.B. infolge von Missernten), wird ihnen ein Aufschlag von 5 Cents pro lb. auf den Weltmarktpreis bezahlt. Für ökologisch angebauten Kaffee bekommen sie einen zusätzlichen Aufpreis von 15 Cents pro lb.

Der Kaffee wird bei den Erzeugern direkt eingekauft, um Zwischenhändler und damit verbundene Mindereinnahmen auszuschalten. Dafür müssen sich die Erzeuger verpflichten, gemeinsam über die Verwendung der Mehrerlöse zu entscheiden und sich für eine nachhaltige Entwicklung in Bereichen wie Ökologie, Bildung und Frauenförderung einzusetzen.

Trotz der höheren Einkaufspreise kostet die Tasse fairen Kaffees höchstens 2,5 Pfennig/Tasse mehr (bei 2 DM pro 500 gr.-Päckchen mehr und bei 80 Tassen pro Packung).

Bereits 1992 startete der gemeinnützige Verein TransFair seine Arbeit mit dem Ziel, benachteiligte Produzentenfamilien in Afrika, Asien und Lateinamerika zu fördern und durch den Fairen Handel ihre Lebens- und Arbeitsbedingungen zu verbessern. Dabei handelt TransFair nicht selbst mit Waren, sondern vergibt sein Siegel für fair gehandelte Produkte. Fair bedeutet ein direkter Handel mit den Produzentengruppen unter Ausschluss von Zwischenhändlern; die Zahlung über dem Weltmarktniveau festgelegter Mindestpreise, Vorfinanzierung und langfristige Lieferbeziehungen. Fairer Handel ist eine konkrete Form der Entwicklungszusammenarbeit, die effektiv die Produzenten in die Lage versetzt, ihre wirtschaftliche und soziale Stellung zu verbessern. Heute wird fair gehandelter Kaffee in über 22.000 Geschäften in Deutschland angeboten.

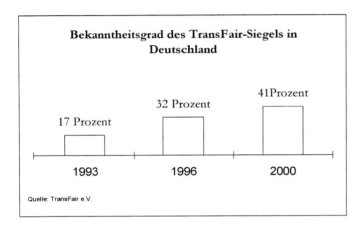

Dem ersten TransFair besiegelten Produkt Kaffee folgten Tee, Kakao, Zucker, Honig, Bananen und zuletzt Orangensaft. Jährlich erzielen Waren mit dem TransFair-Siegel einen Gesamtumsatz von über 100 Millionen Mark. Konsumenten leisten durch den Kauf der fair gehandelten Produkte direkt einen Entwicklungsbeitrag. Rund 250 Genossenschaften aus rund 30 Ländern mit Zehntausenden von Kleinbauern und Tausende Plantagenarbeiter auf 40 Plantagen profitieren vom Fairen Handel mit dem Siegel.

Das "Hand-in-Hand"-Siegel der Firma Rapunzel Naturkost signalisiert, dass ein Produkt sowohl nach den Richtlinien des Ökologischen Landbaus produziert als auch fair gehandelt ist. Die Produzenten erhalten einen Mindestpreis, der in der Regel über dem Weltmarkt- bzw. lokalen Richtpreis liegt. Dazu kommen eine Bioprämie und ein Hand-in-Hand-Aufschlag von jeweils zehn Prozent. Außerdem wird ein Prozent vom Einkaufswert der Rohwaren auf ein Spendenkonto abgeführt, von dem besondere Aktionen in den Produktionsländern finanziert werden. Die Kontrolle über die Vergabe des Logos sowie über die Verwendung der Gelder liegt bei einem unabhängigen Komitee, das jährlich einen Jahresbericht erstellt. Das "Hand-in-Hand"-Logo ist auf Kaffee, Tee, Kakao, Schokolade, grünem Pfeffer, Kokosfett und Vanille von Rapunzel Naturkost zu finden.

Das Versandhandelsunternehmen unitednature AG vertreibt ausschließlich ökologisch erzeugte Produkte. Vom Handel mit biologisch angebautem Tee war es ein kleiner Schritt zum fairen Handel, der inzwischen auch mit Kaffee betrieben wird. Die Produzenten der unitednature-Tee- und Kaffeesorten erhalten zum marktüblichen Preis bzw. Weltmarktpreis einen Ökoaufschlag sowie einen Projektaufschlag, der - abhängig von den geplanten Projekten - jeweils für ein Jahr individuell ermittelt wird. Ein vereidigter Sachverständiger ermittelt die Basispreise und Aufschläge und überprüft den Geldfluss. Produkte von unitednature, die diese Kriterien erfüllen, sind mit dem "Fairkauf"-Siegel gekennzeichnet.

 Das "Food First Informations- und Aktionsnetzwerk" (FIAN) koordiniert seit 1991 eine Blumen-Kampagne, in der auch "Brot für die Welt" und "terre des hommes" sowie zahlreiche internationale Organisationen und Gewerkschaften mitwirken. Nach langjähriger Öffentlichkeits- und Lobbyarbeit wurde im Januar 1999 ein Übereinkommen über sozial- und umweltverträgliche Schnittblumen mit Importeuren und Floristen erzielt.

Grundlagen des neuen "Flower Label Programms" sind: Gewerkschaftsfreiheit, Festanstellung und existenzsichernde Löhne, Verbot der Diskriminierung von Frauen, der Kinder- und Zwangsarbeit, Schutz der Gesundheit und der Umwelt durch die Reduktion des Pestizideinsatzes. Nichtregierungsorganisationen wie FIAN und Gewerkschaften haben Einsicht in alle Details des Programms, also auch in die Betriebe. Unabhängige Kontrollen und Beschwerdeverfahren sind vorgeschrieben. Zur Zeit gibt es in Deutschland knapp 700 Blumenläden, in denen Produkte mit dem "Flower Label" geführt werden.

 Der Fair Trade Verein wurde im Dezember 1994 als gemeinnützig tätiger Verein von den Gesellschaftern des gepa-Fair Handelshauses gegründet, um Produzenten unabhängig vom eigentlichen Importgeschäft zu beraten und zu unterstützen und Informations- und Bildungsarbeit für den Fairen Handel zu leisten. Der Verein selbst ist deshalb auch nicht als Importeur tätig, sondern sucht für Produzenten nach Vermarktungsmöglichkeiten in Deutschland. Dabei sind zunächst die schon vorhandenen Vermarktungswege (Weltläden und Gruppen) mit den jeweiligen schon vorhandenen Importeuren (gepa, El Puente, Dritte Welt Partner usw.) im Blick. Darüber hinaus werden weitere Firmen und Institutionen angesprochen und so dem Fairen Handel im Interesse der Produzenten weitere Marktchancen eröffnet. Dies gilt vor allem dann, wenn die vorhandenen Vermarktungswege nicht ausreichen oder Quantitäten oder Qualitäten erreicht werden, die über diese Wege nicht absetzbar sind.

 Der FSC hat in einer internationalen Rahmenrichtlinie 10 Prinzipien und 56 Kriterien formuliert, welche die Säulen einer umweltgerechten, sozialverträglichen und wirtschaftlich tragfähigen Waldbehandlung darstellen. Auf Länderebene entwickeln nationale FSC Arbeitsgruppen Standards auf der Grundlage dieser Prinzipien. Hierbei findet eine Anpassung und Präzisierung der FSC Standards an die wirtschaftlichen, sozialen und naturräumlichen Gegebenheiten des jeweiligen Landes statt. Die internationalen Standards werden hierbei durch zahlreiche Kriterien und Indikatoren ergänzt. Bei der Entwicklung dieser nationalen Standards versteht sich die jeweilige Arbeitsgruppe als Forum, das für alle Interessengruppen offen ist.

Die in der deutschen FSC Arbeitsgruppe zusammengeschlossenen großen Umweltverbände, Gewerkschaften und Vertreter der Forst- und Holzwirtschaft haben sich am 13. April 1999 einstimmig auf Richtlinien für eine umweltverträgliche und sozial gerechte Waldbewirtschaftung in Deutschland geeinigt. Nach den deutschen FSC-Richtlinien sind Kahlschläge und Chemieeinsatz grundsätzlich ausgeschlossen. Leitbild der angestrebten Wirtschaftswälder sind naturnahe Waldökosysteme.

Über integrierte Sozialstandards werden darüber hinaus lokale Interessen berücksichtigt, ein hoher Ausbildungs- und Sicherheitsstandard geprüft und Arbeitnehmer möglichst ganzjährig beschäftigt. Um auch kleinen Forstbetrieben die Möglichkeit zur FSC-Zertifizierung zu gegeben, wurde das Instrument der Gruppenzertifizierung geschaffen. Auf diese Weise können auch kleinere Privat- und Kommunalforstbetriebe kostengünstig zertifiziert werden.

8. Ausblick

Es bleibt abzuwarten, inwieweit es gelingen wird, das Thema "Nachhaltige Entwicklung" inhaltlich soweit zu konkretisieren, dass Prüfkriterien für Produkte oder Dienstleistungen entwickelt werden können. Diese Prüfkriterien können in vorhandene Umweltzeichenkonzepte integriert werden oder es können neue Symbole geschaffen werden. Ansätze wie das transfair-Siegel der Gepa Wuppertal, dem FSC Siegel der Nachhaltigen Forstwirtschaft u.a. weisen in diese Richtung. Entscheidend für die Akzeptanz der Umwelt- oder Nachhaltigkeitszeichen wird aber nicht nur ihre inhaltliche und normative Konzeption sein, sondern die Art und Weise der dahinterstehenden kommunikativen Gesamtkonzepte. Wenn es gelingen soll, breite Bevölkerungsgruppen für einen nachhaltigen Konsum zu sensibilisieren, müssen neue Wege der Umweltkommunikation beschritten werden. Ansätze und Konzepte wie das Ecotainment liegen vor. Es liegt an uns, diese Konzepte mit den Verbrauchern zu evaluieren.

Literatur

BMU (2001) http://www.bmu.de vom 13.08.2001

Bundesumweltministerium (Hrsg.): Konferenz der Vereinten Nationen für Umwelt und Entwicklung im Juni 1992 in Rio de Janeiro- Dokumente –Agenda 21, Bonn 1994

Bundesumweltministerium; Umweltbundesamt: Handbuch Umweltcontrolling, 2. Auflage, München , 2001, S. 281 – 289

Eberle, U.: Das Nachhaltigkeitszeichen: ein Instrument zur Umsetzung einer nachhaltigen Entwicklung?; Giesen 2000, S. 7

Landmann, U: Nationale Umweltzeichen im Zuge der Globalisierung von Wirtschafts-, Sozial- und Umweltpolitik – Analysen und Perspektiven von Umweltzeichenprogramme mit ergänzender Untersuchung von ethischen Warenzeichen, Berlin 1998

Neitzel, H.: Umweltschutzorientierte Produktinformation.: In: Graeßner, G.; Obladen, H. P.: Studienmaterial zum Modellversuch Umweltberatung Haushalt, 1991

Reisch, L; Scherhorn, G: Auf der Suche nach dem ethischen Konsum; Nachhaltigkeit, Lebensstile und Konsumentenverhalten; In: der Bürger im Staat; Nachhaltige Entwicklung Nr. 2; 1998, S. 91-98

Schulz, W.; Kreeb, M.; Burschel, C: Umweltzeichen - Alles über Labels, Logos und Gütesiegel, Stuttgart 2001

Umweltbundesamt (Hrsg.): Merkblatt Umweltzeichen, Berlin 1978

Umweltbundesamt (Hrsg.): Wege zur nachhaltigen Entwicklung, Berlin 1997, S. 240 bzw. Eberle, U.: Das Nachhaltigkeitszeichen: ein Instrument zur Umsetzung einer nachhaltigen Entwicklung?; Giesen 2000, S. 26

von Carlowitz, H.: sylvikultura oeconomica oder Haußwirthschaftliche Nachrichten und Naturgemäße Anweisung zur Wilden-Baum Zucht, Freiburg 1713

www.oekoweb.at/umweltzeichen/ - eine weitere interessante Seite zum Thema Umweltzeichen ist www.label-online.de.

Branchendialoge und ihre Funktion zur Verbreitung von nachhaltigen Konsummustern

Herbert Klemisch M.A.

Klaus Novy Institut Köln
E-Mail: herbert.klemisch@kni.de

1. Einleitung – Problemstellung

Dieser Beitrag beschreibt in geraffter Form die Potentiale von Branchendialogen zu Fragen von Produktkennzeichnungen (wie Öko- und Soziallabel) und Ökobilanzen bei der Durchsetzung von nachhaltigen Konsummustern. Zentraler Focus dieses Beitrags sind die Rahmen- und Erfolgsbedingungen für einen beteiligungsorientierten sozial-ökologischen Branchendialog. Anhand von Erfahrungen mit der Weiterentwicklung von Labelling - Kriterien im Rahmen von Runden Tischen, sollen die Möglichkeiten und Grenzen von Branchendialogen zu deren Umsetzung und Verbreitung diskutiert werden. Dies soll anhand zweier Branchen geschehen, für die Runde Tische durch das Klaus Novy Institut durchgeführt wurden, nämlich die Möbelbranche und die Textil/Bekleidungsbranche. Für die Möbelbranche werden zunächst beispielhaft die Rahmenbedingungen bzw. die Problemfelder vor dem Hintergrund ökologischer, ökonomischer und sozialer Faktoren beschrieben.

2. Rahmenbedingungen am Beispiel der Möbelbranche

Möbel sind relativ selten Gegenstand der Mediendiskussion um aktuelle Schadstoffe, die in Umwelt- und Verbraucherzeitschriften geführt wird. Für den Verbraucher stellt sich bei Möbeln trotzdem die Frage nach den wichtigsten möglichen Emissionen, die die Raumluft belasten. Am bekanntesten ist wohl die Belastung mit Formaldehyd vor allem bei Spanplatten und Möbeln, die nicht aus deutscher Produktion stammen. Dann sind es bei der Bearbeitung und Behandlung von Möbeln Klebstoffe, Lacke, Pflege-, Reinigungs- und Abbeizmittel, die Lösemittel (Benzol, Toluol) Problemstoffe. Diese kann der Verbraucher aber mittlerweile durch lösemittelfreie oder lösemittelarme Produkte ersetzen. PCP (Pentachlorphenol) war in den 70er Jahren in Holzschutzmitteln enthalten. In Deutschland ist die Verwendung seit 1989 verboten. Trotzdem kann in Hölzern, Spanplatten und Möbeln aus anderen Ländern, vor allem aus Nicht-EU-Staaten, PCP enthalten sein. Diese Gesundheitsbelastungen für den Verbraucher tangieren aber auch die Beschäftigten der Branche. Hinzu treten noch andere Aspekte der Gesundheitsbelastung und des Arbeitsschutzes an den Arbeitsplätzen entlang der Möbelherstellungskette.

Die Schadstoffprüfung des Endproduktes sind genauso wie die Substitution gefährlicher Stoffe im Rahmen der Produktion nachsorgende Maßnahmen. Im Sinne des vorsorgenden Umweltschutzes wäre eine Verbesserung am Anfang der Kette, d.h. bei der Auswahl der eingesetzten Materialien und beim Produktdesign natürlich hilfreicher als die Messung am Endprodukt.

2.1 Standortdiskussion oder was die ökonomische mit der ökologischen Frage zu tun hat?

Derzeit fallen in Deutschland mindestens 2,5 Mio. t Altmöbel pro Jahr an. Im Hinblick auf den aktuellen Inlandsverbrauch von ca. 5 Mio. t pro Jahr muss mit einer deutlichen Steigerung des Altmöbel-Aufkommens auf ca. 4-5 Mio. t gerechnet werden.

Die Nachfrage nach Möbeln wird noch zu einem hohen Anteil aus der Inlandsproduktion abgedeckt. Für 1999 stehen 36 Mrd. Inlandsumsatz 14,8 Mrd. Umsatz an Importen gegenüber. Dagegen exportierte die deutsche Möbelbranche für 7,4 Mrd. DM, davon zwei Drittel innerhalb der EU. D.h. die Nachfrageentwicklung wird immerhin zu ca. 60% durch Inlandsprodukte abgedeckt. Die Möbelindustrie erwirtschaftete 1999 mit einem Umsatz von 43 Mrd. DM ca. 3% des Gesamtumsatzes der verarbeitenden Industrie (Möbel Zahlen Daten 2001). Trotzdem ist die Entwicklung rückläufig. Die Beschäftigtenzahl der Holz- und Möbelindustrie hat sich seit 1995 von 318.000 (Holz)/185.000 (Möbel) auf knapp 291.000/165.000 in 1999 reduziert. Die Zahl der Betriebe sank im gleichen Zeitraum von 3900/1600 auf 3650/1470.

Der vergleichsweise fortschrittliche Umweltschutz in der Bundesrepublik gereicht der Branche auch nicht zum Wettbewerbsnachteil. Vielmehr werden Produktqualität und Umweltschutz als zunehmende Einflussfaktoren in der Branche erkannt und in Firmen oder gar Verbandsstrategien umgesetzt und tragen somit zur Standortsicherung bei. Die Etablierung des internationalen FSC-Siegels für nachhaltig und naturgemäß angebautes Holz, die Bemühungen um ein europäisches Umweltzeichen für Möbel, die Weiterentwicklungen zu einem Produktpass für Möbel durch die Deutsche Gütegemeinschaft Möbel (DGM), die Verbraucherverbände und die Gewerkschaften und die überdurchschnittliche Teilnahme der Betriebe der Branche an der EG-Öko-Audit-Verordnung sind Hinweise dafür, dass die Branche gewillt ist, sich in Richtung Umwelt- und Verbraucherschutz zu bewegen. Dies ist gleichzeitig eine Strategie der Abgrenzung gegenüber Billig- und "no-name"-Produkten, die vor allem in Osteuropa gefertigt werden.

2.2 Beispiele für unternehmerische Zugänge zum Umweltschutz in der Branche

Etliche Unternehmen der Holz- und Möbelindustrie haben erkannt, dass vorsorgender Umweltschutz ein Beitrag zur Erhaltung von Arbeitsplätzen am Standort sein kann. Dies geschieht durch Erschließung und Sicherung neuer Märkte, durch Erprobung und Einführung neuer umweltverträglicher Techniken oder durch die Einführung von Umweltmanagementsystemen.

Hülsta, Brühl & Sippold, Wasa, In Casa, Wilkhahn, Sedus Stoll oder die Unternehmen der Skanska Gruppe wie Poggenpohl, um nur einige zu nennen, sind Branchenvorreiter, die den Umweltschutz zum Unternehmensziel gemacht haben. Durch eine regelmäßige Umweltberichterstattung wird der Umweltschutz nach innen und außen zu einem Planungs-, Entscheidungs- und Kommunikationsgegenstand gemacht. Dabei wurden zunächst meist in Modellprojekten, deren Ergebnisse aber der ganzen Branche zugänglich gemacht wurden, neue Umweltinformationssysteme wie das Öko-Controlling erprobt oder ein Umweltmanagement eingeführt (Lehmann 1993). Im Dezember 2000 gehörten von den ca. 2500 nach EG-Öko-Audit VO validierten Unternehmen 190 zur Holz- und Möbelbranche (Klemisch/Rohn 2001). Durch die eingeführten Instrumente wie Umweltmanagement und Ökobilanzen sind etliche Umweltentlastungseffekte erschlossen und Ressourcenverbräuche reduziert worden. So konnten die mittelständischen Büromöbelhersteller CEKA und Sedus Stoll jährlich Einsparungen von 600.000 bis 700.000 DM nachweisen (Gege 1997).

2.3 Verbraucherschutz ist Umweltschutz

Natürlich ist auch der Verbraucherschutz ein zentrales Thema, wenn man sich über Umweltschutz in der Holz- und Möbelbranche verständigen will. Zum einen hat der Verbraucher ein Recht zu erfahren, ob seine Ware gesundheitsverträglich ist, zum anderen wollen immer mehr Verbraucher auch Auskunft darüber, unter welchen ökologischen, aber auch unter welchen sozialen Bedingungen ihr Produkt hergestellt wird.

Da es sich bei Möbeln um ein langlebiges Konsumgut handelt, sollte ein hohes Maß von Produktinformation zur Transparenz für den Verbraucher beitragen. Da jeder Beschäftigte der Branche selber Konsument ist, gehören diese Aspekte ebenfalls in ein Umwelthandbuch. Was steckt hinter den Bemühungen um eine einheitliche Produktinformation und was leistet z.B. das Umweltzeichen oder der Produktpass zur Verbesserung der Verbraucherinformation?

Für die Beschäftigten könnte die Beantwortung solcher Fragen und eine umfassende ökologische Ausrichtung seines Betriebs mit einer Vermittlung dieser Anstrengungen an den Endkunden, sogar ein Beitrag zum Erhalt des eigenen Arbeitsplatzes sein.

In der Verknüpfung von Anliegen des Umwelt- und Verbraucherschutz kann jedenfalls ein Ansatz zur wirtschaftlichen Stabilisierung der Branche liegen. Dies sollte zum Gegenstand eines verstärkten und offen geführten Branchendialogs werden. Das Aufzeigen von Wegen und Beispielen zu mehr Umweltschutz in der Branche und dem Wechselverhältnis von Umweltschutz, Wirtschaft, Arbeitsschutz und sozialen Bedingungen im Sinne eines nachhaltigen Wirtschaftens ist Ziel des Dialogs.

Die Enquête-Kommission "Schutz des Menschen und der Umwelt" des Deutschen Bundestags hat beispielhaft die Umweltbelastungen entlang der textilen Kette zu einem zentralen Gegenstand ihrer Arbeit gemacht. Seitdem hat sich unter dem Stichwort der Nachhaltigen Entwicklung eine ganzheitliche Analyse oder Stoffstrom-Betrachtung für Branchen oder Produktgruppen als wünschenswerte Analyseart etabliert. Das Prozedere um Aufbau und Ablauf eines betrieblichen und betriebsübergreifenden Stoffstrommanagements wurde u.a. am Beispiel der Möbelbranche entwickelt (de Man u.a. 1997).

Von einer den gesamten Lebensweg von Möbeln umfassenden Stoffstromanalyse sind wir allerdings noch weit entfernt (Tabelle 1: Struktur der Möbelkette). Sinnvoll im Sinne der Nachhaltigkeitsdebatte wäre gar eine beispielhafte Produktlinienanalyse, die neben den ökologischen auch die ökonomischen und die sozialen Aspekte der Produktlinie Holz/Möbel erfassen und bewerten würde.

Spezifische Umweltbelastungen sind in jedem Abschnitt der Möbelkette zu finden, obwohl es sich beim Rohstoff Holz um den Prototyp eines nachhaltigen Werkstoffes handelt. Allerdings könnte die Datentransparenz, was den gesamten Herstellungsprozess angeht, größer sein.

Forstwirtschaft		Bestandsbegründung und -pflege Durchforstung und Endnutzung
Transport		
Holzindustrie		Schnittholzherstellung Span- und Faserplattenerzeugung
Chemische Industrie		Klebstoffherstellung Lackherstellung Kunststoffherstellung
Textilindustrie		Herstellung von Bezugsstoffen
Transport		
Möbelkonstruktion		Design, Werkstoffauswahl, Qualität
Möbelherstellung		Mechanische Bearbeitung (sägen, hobeln, schleifen) Montage, Oberflächenbehandlung
Transport		
Möbelhandel	Möbelhäuser	Verkaufen
	Fachhandel	Beraten
	Versandhandel	Versenden, Informieren
Transport		
Möbelnutzer		Gebrauch / Pflege Leasing Second Hand Nutzung
Transport		
Entsorgung/ Verwertung		Sperrmüll Recycling Verbrennung

Tabelle 1: Struktur der Möbelkette

3. Die Herstellung von Branchendialogen zur Produktkennzeichnung

3.1 Grundannahme

Eine konstatierte Vielfalt von Ökolabels kombiniert mit einer mangelhaften Produktinformation führt zur Verunsicherung der Verbraucher und schwächt die Durchsetzung von nachhaltigem Konsumverhalten. In einer Verständigung über die Situation des Labellings in der Branche und eine gemeinsame Kommunikation über die Leistungsfähigkeit der Label wird ein Beitrag sowohl zur besseren Information des Konsumenten, zur Optimierung des Informationsflusses innerhalb der Herstellungskette und zur wirtschaftlichen Sicherung von Unternehmen durch die Förderung eines ökologischen Marktsegmentes geleistet.

3.2 Anlässe und Konzeption

Hansen u.a. (1997) unterscheiden folgende Anlässe und Formen von Unternehmensdialogen:

- Unsicherheiten in Unternehmen z.b. bezogen auf gesellschaftliche Reaktionen oder neue Instrumente (z.B. Ökobilanz)
- Bestehende Risiken, die zu ökologischen oder sozialen Beeinträchtigungen führen können
- Aufgetretene Skandale oder Unzufriedenheiten von Anspruchsgruppen

Für die hier betrachteten Branchendialoge trifft dies weniger zu. Nicht negative Anlässe wie Unsicherheiten, Risiken oder aufgetretene Skandale sind Auslöser, sondern die Verständigung auf ein gemeinsames Vorgehen zur besseren Gestaltung der Verbraucherinformation in Form von Produktkennzeichnung ist das gemeinsame Motiv der Beteiligten.

Das Neue an dieser Form von Dialog ist, dass er weniger in einem klassischen Konfliktfeld des nachsorgenden Umweltschutzes (MVA-Planung etc.), sondern in einem *Themenfeld des vorsorgenden Umweltschutzes* positioniert ist. Damit sind relativ günstige sogenannte "win-win" Situationen für alle Akteure gegeben.

Das zweite neue Element besteht darin, dass es sich hier um einen branchenbezogenen Unternehmensdialog handelt, der die gesamte Produktkette von Textilien oder Möbeln über Rohstoffe, Anbau, Vorverarbeitungsstufen, Transport, Produzenten bis zu den Händlern, den Konsumenten, möglicherweise sogar den Entsorgern oder Zweitnutzern umfasst. Der *Branchendialog* wird hergestellt *als partizipatives und offen angelegtes Verfahren*. Dabei stehen nicht nur die ökologischen Branchensegmente und die Ökopioniere im Vordergrund, sondern die gesamte Branche wird einbezogen. Kennzeichnet man Branchendialoge als Formen der Unternehmenskooperation, so hat diese beim Runden Tisch hier sowohl horizontale als auch vertikale Ausprägungsformen (Schneidewind 1998, S. 332 u. 344). Horizontal ist die Kooperation, da es sich bei den Akteuren um Unternehmen derselben Branche handelt. Vertikal ist die Zusammenarbeit in dem Sinne, dass es sich um die bewusste konsensorientierte Koordination von Unternehmen entlang der Wertschöpfungskette handelt.

Darüber hinaus handelt es sich natürlich um einen Verständigungsprozess mit *gesellschaftlichen Gruppen, d.h. Verbraucher-, Umweltorganisationen und Gewerkschaften ebenso wie Dritte Welt Initiativen* sind ebenfalls in diesen Prozess eingebunden, was für Branchendialoge keine Selbstverständlichkeit ist.

Ein weiterer inhaltlicher Aspekt, der über den spezifischen Branchenkontext hinausgeht, liegt darin, zu reflektieren, inwieweit es beim Runden Tisch gelingt, exemplarisch die *Nachhaltigkeitsdebatte (Agenda 21* etc.) aufzugreifen und zu konkretisieren. Dies bedeutet im Textil- und Bekleidungsbereich konkret über Nachhaltigkeit im Sinne von ökonomischer, ökologischer und sozialer Zukunftsfähigkeit zu verhandeln. Das Spannungsfeld von *Globalisierung und Regionalisierung* konkretisiert sich in der Textilbranche u.a. am Verhältnis von Öko- und Soziallabel, d.h. aber auch im Spannungsfeld von ökologischen und sozialen Anforderungen, wenn es z.B. um die Verlagerung von Arbeitsplätzen in die Dritte Welt, bei gleichzeitiger Verlagerung der ökologischen Probleme, geht.

3.3 Idealtypisches Vorgehen und Beteiligte

Vorgehen

Ist ein gemeinsames Interesse der Akteure definiert (z.B. die Verunsicherung der Konsumenten zu reduzieren), so bildet eine Beschreibung des geplanten Vorgehens kombiniert mit einer Einladung und ersten Kontaktgesprächen mit zentralen Akteure, den Auftakt.

Eine wachsende Bedeutung erlangen die Instrumente zur Kommunikation ökologischer Faktoren und ihre Anwendung (Ökobilanzen, Umweltberichte, Label), aber auch die Instrumente zur Kommunikation sozialer Faktoren und ihre Anwendung (Sozialbilanzen, Sozial-ökologische Unternehmenstest, SA 8000, Codes of conduct).

Die Nutzung dieser Instrumente wird bei den relevanten Akteuren erhoben, dargestellt und in ihrer Reichweite verglichen, um daran anschließend die Erfolgsbedingungen der Instrumente für ihre Weiterverbreitung innerhalb der Branche und beim Konsumenten herauszuarbeiten. Dabei geht es auch um die Überwindung des akteursspezifischen Umweltmanagements entlang eines ökologischen Produktlebenszyklus, das bisher betriebsstättenbezogen und prozessorientiert ausgerichtet war.

Die Präsentation der Ergebnisse der Befragung kombiniert mit weiteren Hintergrundinformationen zur Branche und den analysierten Problemfeldern dient als thematischer strukturierender Einstieg des Runden Tischs.

Daran schließt sich eine Diskussions- und Arbeitsphase an, an deren Ende im Rahmen eines moderierten Verfahrens eine Abklärung von Konsens- und Konfliktpunkten zwischen den Akteuren vorgenommen wird.

Am Schluss eines konstituierenden Runden Tischs steht eine Einigung auf mögliche gemeinsame Arbeitsschritte (Arbeitsprogramm) und die Verabschiedung eines gemeinsamen Ergebnisdokuments als Protokoll.

Beteiligte

Dies sind im Fall der Möbelbranche Unternehmen der verschiedenen Verarbeitungs- und Handelsstufen u.a. aus Forstwirtschaft, Holz-, Chemie-, Textilindustrie und metallverarbeitender Industrie als Zulieferer, daneben die Möbelhersteller, Einzel- und Versandhandelsunternehmen.

Ebenso beteiligt sind eine Vielzahl von Interessenverbänden, die Ansatzpunkte ihres Handelns auf den verschiedensten Ebenen der Möbelkette haben. Dazu zählen u.a.: Der Unternehmensverband der Holz- und kunststoffverarbeitenden Industrie (HDH) sowie seine Spartenverbände, ökologisch ausgerichtete Unternehmensverbände (in diesem Fall der Bundesverband ökologischer Einrichtungshäuser BOE), die Deutsche Gütegemeinschaft Möbel (DGM), als Zusammenschluss der qualitätsbewussten Möbelhersteller, die Gewerkschaft IG Metall (früher GHK), die Berufsgenossenschaft, die Umweltverbände (BUND, Greenpeace etc.), die Verbraucherverbände (AGV und Verbraucherinitiative), die Zertifizierungseinrichtungen wie FSC für eine nachhaltige Forstwirtschaft oder die LGA als Zertifizierungseinrichtung der DGM, Umweltbundesamt und RAL als Vergabeeinrichtungen für das deutsche bzw. europäische Umweltzeichen. Behörden und Ministerien (z.B. BMBF, BMU). Interessierte Einzelbetriebe wie Ökopionierunternehmen, Handel und Versandhandelsunternehmen mit ihren zuständigen Managementvertretern, aber auch Betriebsräte und Vertreter von Forschungseinrichtungen runden das Bild ab (Abb. 1: Diskussionsgegenstände und Akteure des Runden Tisches).

Hinter diesen Akteuren verbergen sich sehr unterschiedliche Interessenlagen, Macht- und Einflussstrukturen, die es für einen sozial-ökologischen Dialog zu analysieren gilt, um daraus Vorschläge für beteiligungsorientierte Prozesse ableiten zu können.

4. Ergebnisse und Möglichkeiten der Weiterarbeit

4.1. Akteure und Interessen

Akteure und Akteursnetzwerke spielen eine immer größer werdende Rolle. Unternehmensverbände übernehmen diese Vernetzungs- und Informationsfunktion für ihre Mitgliedsunternehmen. Die Gewerkschaften für ihre Mitglieder oder das Klientel der Betriebsräte. Darüber hinaus haben sich aber immer mehr themenbezogene Akteursnetzwerke gebildet. Der Dialog Textil Bekleidung (DTB) organisiert z.B. vorwiegend für Unternehmensakteure Diskurse zu Fragen von Ökologie, Sozialstandrads bis zu Fragen der Produktqualität. Die Kampagne Saubere Kleidung als deutscher Ableger der Clean clothes Campaign fasst so unterschiedliche Trägergruppen wie die Katholische Arbeitnehmer Bewegung, die evangelische Frauenarbeit, die IG Metall oder die Informationsstelle El Salvador zusammen und koordiniert das Vorgehen.

Bei den beiden Runden Tisch waren jeweils eine Einzelgewerkschaft mit starker Branchenausrichtung und ein Forschungsinstitut mit Branchenzugängen, vorrangig zum ökologischen Marktsegment, die Hauptinitiatoren. Eine Anschubförderung übernahm jeweils die Hans Böckler Stiftung. Informationsoffen und interessiert am Prozess zeigten sich die ökologisch ausgerichteten Betriebe mit ihren Managementvertretern und Betriebsräten aber auch die ökologischen Branchenverbände. Die Verbraucherverbände unterstützten den Prozess genauso aktiv wie das Umweltbundesamt und die Enquete-Kommission, für die eine solche Form von stoffstromorientiertem Branchendialog eine Fortsetzung des eigenen Arbeitsprogramms war und ist. Informationsoffen, aber eher passiv blieben im Prozess die Umweltverbände. Aufmerksame Beobachter waren die Zertifizierer und ihre Organisationen und die Berufsgenossenschaften. Als zentrale Blockierer dagegen erwiesen sich jeweils die etablierten Branchenverbände. Labelling wird von dieser Seite immer als Wettbewerbsverzerrung zuungunsten des "normalen" Branchenbetriebs dargestellt. Darüber hinaus ist es natürlich nur Auszugsweise gelungen die Unternehmen der Möbelkette, insbesondere die Zulieferer zu erreichen. Um arbeitsfähig zu sein, ist aber eine Beschränkung auf etwa 30 Personen ohnehin sinnvoll.

Informationen — Kommunikation als Agens der Veränderung

Diskussionsgegenstände und Akteure des Runden Tisches

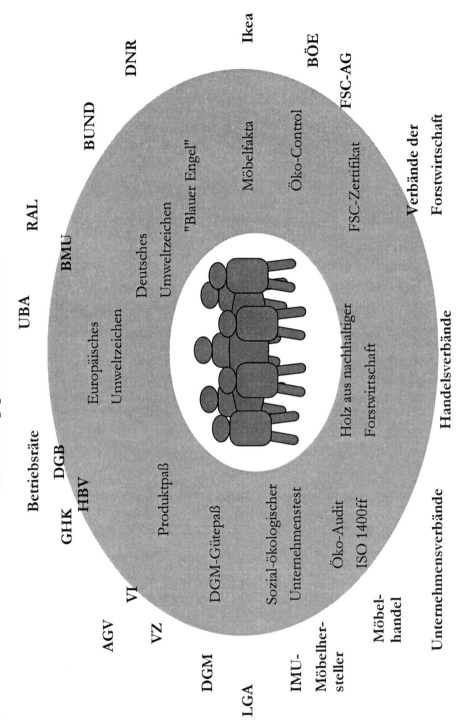

178

4.2. Reichweite des Instrumentes Labelling

Produktkennzeichnungen müssen mit glaubwürdigen Kriterien und Daten hinterlegt werden. Die Möglichkeiten der Verknüpfung mit Instrumenten wie produktbezogenen Ökobilanzen und Stoffstromanalysen erhöhen die Richtungssicherheit eines entsprechenden Labellings und einer Produktinformation in ökologischer Hinsicht. Für eine Produktbewertung unter dem Aspekt der Nachhaltigkeit, in die auch soziale und ökonomische Kriterien einfließen müssten, liegen aber bisher wenig Ideen vor. Deshalb werden Label weiterhin weniger Label für nachhaltige, denn für ökologisch optimierte Produkte sein, die von Fall zu Fall soziale Aspekte mitberücksichtigen. Andere nachhaltige Konsummuster sperren sich ganz gegen die Form des Labels, da ein intensiveres oder gemeinsames Nutzen von Produkten und Dienstleistungen sich dieser Form der Darstellung entzieht. Auf die Durchsetzung von nachhaltigen Konsummustern haben Label natürlich nur einen begrenzten gestaltenden Einfluss. Sie beeinflussen nicht die Produktgestaltung selbst, sondern geben höchstens Hilfestellung bei der Kaufentscheidung und eventuell, wenn sie mit eine Produktinformation ausgestattet sind, Hinweise auf eine angemessene Produktnutzung.

5. Resümee

Die Veränderung der Konsumgewohnheiten ist eine neue Themenstellung in der Umweltpolitik seit ihr im Rahmen der Agenda 21 ein eigenständiges Kapitel gewidmet wurde und dies darüber hinaus in den Kontext einer breiten Beteiligung gesellschaftlicher Gruppen eingestellt worden ist. Nachhaltige Konsummuster schaffen und ermöglichen eine Kooperationskultur, die man für die Instrumente und Maßnahmen einer integrierten Produktpolitik (IPP) benötigt. IPP etabliert sich ebenfalls als aktuelles umweltpolitisches Handlungsfeld. Auch hier stehen drei Grundprinzipien fest:

- Integration im Sinne einer ganzheitlichen Betrachtung des gesamten Lebenswegs
- Kooperation zwischen Unternehmen und Konsumenten und
- Kommunikation zwischen den Akteursgruppen.

Ausgehend von den ersten Erfahrungen mit den konstituierenden Runden Tischen zu Öko- und Soziallabeling in den Branchen Textil/Bekleidung und Möbel, müsste ihre kontinuierliche Fortsetzung vor dem Hintergrund von Agenda 21 und IPP eine dringende umweltpolitische Notwendigkeit sein. Wichtig erscheint dabei vor allem die Öffnung von Branchendialogen für eine direkte Konsumentenbeteiligung (Empacher/Schramm 1998), die in dem beschriebenen Prozess lediglich über die Lobby der Verbraucherverbände vertreten waren.

Wesentliches Merkmal des Runden Tisches ist, dass alle Beteiligten Vorteile aus der angestrebten Konstellation ziehen können, d.h. eine "win-win Situation" herstellbar ist. Diese gemeinsamen Vorteile können sein:

- Die Verständigung auf wenige nachvollziehbare Indikatoren und Label
- Eine einheitliche im Dialog erarbeitete Außenkommunikation der Label
- Transparenz, Aufklärung und Information bei Verbrauchern und Beschäftigten
- Glaubwürdigkeit der ökologischen/sozialen Standards bei Unternehmen und Verbänden
- Eine hohe Anschlussfähigkeit an brancheninterne Stoffstrommanagementprozesse

- In der Verknüpfung mit Ökobilanzen eine hohe Richtungssicherheit bei der ökologischen Konsumentscheidungen.

Insgesamt kann in solchen Prozessen erheblicher Nutzen für die Beteiligten entstehen. Dies sind ohne Anspruch auf Vollständigkeit u.a. Know-how Transfer, Erlangung von Systemkompetenz, gemeinsames Lernen und Transfer von Erfahrungswissen, Ausnutzung von Synergieeffekten, Imagegewinn, Sicherung von Wettbewerbsfähigkeit, Zeitvorteile, Setzen von Qualitätsniveaus und Zugang zu neuen Kunden. Andererseits sollen an dieser Stelle Risiken, die in jedem Aushandlungsprozess entstehen, nicht verschwiegen werden. Damit sind z.B. die hohe Komplexität des Sachverhalts, Kompromisskosten, Know-how Abfluss, die Entstehung neuer Konkurrenten oder eine Verselbstständigung der Kooperation gemeint. Latente Konfliktsituationen wie Verteilungskonflikte können sich ebenso aus divergierenden Unternehmenskulturen, Vertrauens-, Motivationskonflikten oder Änderungswiderständen ergeben.

Deshalb brauchen Dialogprozesse Rahmenbedingungen, um sich entwickeln zu können:

- Dialog braucht eine klare Zielsetzung für die angestrebte Optimierung;
- Dialog braucht Information auf den Ebenen, die für die angestrebte Optimierung erforderlich sind;
- Dialog braucht einen Anschub im Sinne von Förderung und Ressourcen;
- Dialog braucht Kontinuität, um ein komplexes Thema zu bearbeiten;
- Dialog braucht Vertrauen, um eine offene Arbeits- und Kommunikationsstruktur herzustellen;
- Dialog braucht ein effektives Akteursmanagement;
- Dialog braucht Promotoren, die den Prozess auch in rauer See vorantreiben.

Literatur

Brandl, Sebastian/Lawatsch, Ulli; Vernetzung von betrieblichen Interessenvertretungen entlang der Stoffströme; Berlin 1999

BUND/ Misereor (Hg.); Zukunftsfähiges Deutschland, Basel 1996

de Man, Reinier u.a.; Aufgaben des betrieblichen und betriebsübergreifenden Stoffstrommanagements., Berlin 1997

Ebinger, Frank; Akteurskooperationen im ökologischen Produktlebenszyklus, in: Döttinger, Karlheinz u.a. (Hg.);Betriebliches Umweltmanagement, Berlin 2001

Empacher, Claudia/Schramm, Engelbert; Ökologische Innovation und Konsumentenbeteiligung, Frankfurt 1998

Fair Trade (Hg.); Im Zeichen der Nachhaltigkeit, Wuppertal 1999

Fietkau, Hans-Joachim/Weidner Helmut; Umweltverhandeln, Köln 1998

Friege, Henning/Engelhardt, Claudia/Henseling, Karl-Otto (Hg.); Das Management von Stoffströmen, Berlin 1998

Gege, Maximilian (Hg.); Kosten senken durch Umweltmanagement, München 1997

Hansen, Ursula/Niedergesäß, Ulrike/Rettberg, Bernd; Erscheinungsformen von Unternehmensdialogen, in Public Relations Forum 2/1997, S. 32-36

Henseling, Christine/Henseling, Karl Otto; Das saubere Produkt, Berlin 2001

Institut für Markt Umwelt Gesellschaft (imug); Unternehmenstest – Neue Herausforderungen für das Management der sozialen und ökologische Verantwortung, München 1997

Klemisch, Herbert, Umweltschutz in der Textil- und Bekleidungsbranche – Ein Handbuch für Betriebsräte und Beschäftigte, Köln 2001 (2)

Klemisch, Herbert/Rohn, Holger; Umweltmanagementsysteme in kleinen und mittleren Unternehmen, Köln 2001

Klemisch, Herbert (Hg.); Runder Tisch "Öko-Label und Produktpass in der Möbelbranche", Köln 1998

Klemisch, Herbert/Voß, Cornelia (Hg.); Runder Tisch Öko und Soziallabel in der Textil- und Bekleidungsbranche, Bonn 1997

Kommission der EG; Grünbuch zur integrierten Produktpolitik, Brüssel 2001

Lehmann, Sabine; Umweltcontrolling in der Möbelindustrie, Berlin 1993

Öko-Institut; Produktlinienanalyse, Köln 1987

Schneidewind, U.; Die Unternehmung als strukturpolitischer Akteur, Marburg 1998

von Weizsäcker; Ernst Ulrich (hg.); Der gläserne Hersteller, Wuppertal 1997

Nutzen einer Datenbank "Anbieter umwelt- und gesundheitsverträglicher Produkte"

Dr. Andrea Mayer-Figge

Verbraucher-Zentrale NRW e.V., B3 - Gruppe Umwelt
Mintropstraße 27, 40215 Düsseldorf

Ein zentrales Ziel, das die Verbraucher-Zentrale NRW mit dem Instrument der Datenbank "Anbieter umwelt- und gesundheitsverträglicher Produkte in der Region" verfolgt, ist es, Konsument/innen die Suche nach umwelt- und gesundheitsverträglichen Produkten zu erleichtern. Die Datenbank nennt für verschiedene Regionen in NRW Bezugsquellen von Produkten aus den Bereichen Lebensmittel, Büromaterial, Textilien, Heimwerkerbedarf und Spielzeug, die über ausgewählte Umweltqualitätszeichen verfügen. Der regionale Schwerpunkt dieses Angebots ist der ländliche Raum. Interessierten bietet die Datenbank die Möglichkeit, direkt nach einzelnen Produkten zu suchen oder über die Auswahl nach Städten und Kreisen eine Übersicht über die Angebote des Einzelhandels vor Ort zu bekommen. Ebenfalls möglich ist eine Auswahl nach einzelnen Umweltgütezeichen.

Die in der Datenbank enthaltenen Informationen basieren auf Selbstauskünften der regionalen/örtlichen Einzelhandelsunternehmen, die direkt angeschrieben wurden und einen Fragebogen erhielten. Zusätzlich wurden sie durch ihre Interessensverbände über die Umfrage der Verbraucher-Zentrale NRW informiert, die die Fragebögen ihren Mitgliedsrundschreiben ebenfalls beilegten.

In der Pilotphase bis Ende 2001 wird dieses Informationsangebot hinsichtlich seiner Umsetzungsmöglichkeiten und Praxistauglichkeit getestet, finanziell unterstützt durch das Ministerium für Umwelt und Naturschutz, Landwirtschaft und Verbraucherschutz NRW (MUNLV).

1. Konzeption

Die Konzeption und Zielsetzung der Datenbank basiert im wesentlichen auf drei Thesen:

1. These: Nachhaltiger Konsum muss konkretisiert werden und für Konsument/innen vereinfacht werden.

Konsument/innen geben umwelt- und gesundheitsverträglichen Produkten im Vergleich zu "konventionellen" Produkten um so eher den Vorzug, je einfacher sie diese finden und erwerben können. Nachhaltiger Konsum ist aber nur dann möglich, wenn alle Konsumbereiche berücksichtigt werden. Deshalb ist es wichtig, leicht zugängliche Informationen über Bezugsquellen von Angeboten aus verschiedenen Produktgruppen zur Verfügung zu stellen. Bei der Auswahl der Produkte sind sowohl Alltagsprodukte als auch Spezialprodukte zu berücksichtigen.

Empirisch belegbare Indizien liefern Untersuchungen zum Einkaufsverhalten (imug 1999), die zeigen, dass sowohl Lage/Erreichbarkeit als auch ein breites Sortiment für mehr als 50% der Befragten "sehr wichtig" (Skala von 1 = sehr wichtig bis 5 = vollkommen unwichtig) für die Geschäftswahl sind. Ein breites Sortiment ist hier als entscheidender Faktor für die Vermeidung zeitaufwendiger Suche zu interpretieren.

2. These: Umweltgütezeichen als eine Entscheidungshilfe

Konsument/innen legen nicht nur Wert auf umwelt- und gesundheitliche Aspekte, auch die Produktqualität selbst ist ein wichtiger Faktor. Eine Beurteilung der Qualität ist ihnen aber i.d.R. erst während der Gebrauchsphase möglich. Deshalb können Umweltgütezeichen als Entscheidungshilfe vor dem Kauf genutzt werden, da sie häufig sowohl geringere Umwelt- und Gesundheitsbelastungen, als auch technische Qualitäten garantieren. Gleichzeitig bieten sie Einzelhändler/innen eine gute Hilfestellung bei der Sortimentsauswahl - eine wichtige Funktion angesichts der Tatsache, dass es insbesondere der kleine und mittelständische Einzelhandel schwer hat bzw. sich schwer tut, Produktinformationen von Herstellern einzufordern.

Bislang wird der Qualitätsbegriff nur selten in Verbindung mit Ökolabeln verwendet. Obwohl bei der Vergabe von Umweltzeichen auch Qualitätseigenschaften wie Licht- oder Farbechtheit bei Textilien berücksichtigt werden, wird dies nur in einigen Fällen erkennbar auf den Symbolen abgebildet. Es ist daher zu vermuten, dass diese Verbindung von Umwelteigenschaften mit technischen Qualitätseigenschaften Konsument/innen nur wenig bekannt ist.

Dieses Bild ist jedoch nicht einheitlich, wie z.B. beim Vergleich von Umweltzeichen für Computer und Computer-Peripherie-Geräte auffällt: Während der Blaue Engel (RAL-UZ 93: Umweltzeichen, weil langlebig und recyclinggerecht) auf die Umwelteigenschaften abhebt, weisen die Zeichen TCO 99 sowie der TÜV ECO Kreis 2001 auch auf weitere Eigenschaften wie Energie, Ergonomie und Gesundheitsaspekte hin, obwohl von allen drei Lizenzgeber/innen auch Eigenschaften wie Ergonomie geprüft werden.

3. These: Umweltgütezeichen - Kriterien zur Trennung der "Spreu vom Weizen"

Schätzungen (Scholl et al. 1999, S. 3) gehen von über 1000 Produktkennzeichnungen aus. Angesichts der Vielzahl von Zeichen - nicht nur zur Bewertung von Umwelt- und Gesundheitsaspekten – ist eine Förderung der Transparenz und Übersichtlichkeit dringend erforderlich. Zusätzlich begrenzt wird eine mögliche Signalwirkung der Zeichen dadurch, dass seriöse Umweltqualitätszeichen nur schwer von weniger empfehlenswerten oder reinen Werbe-Symbolen unterschieden werden können.

Von der Verbraucher-Zentrale NRW wurden im Rahmen der Entwicklung der Datenbank verschiedene Umweltgütezeichen ausgewählt und auf Grundlage der DIN EN ISO 14024 (Umweltzeichen Typ I, 2001) bzw. dem Entwurf der DIN ISO 14021 (Umweltzeichen Typ II, 2000) sowie eigener Kriterien bewertet. Durch die Berücksichtigung internationaler Maßstäbe und der Verbraucher/innen-Interessen sollen qualifizierte Standards bekannter und die Anforderungen an die Vergabe verschiedener Umweltzeichen transparenter werden.

Die wichtigsten Kriterien für empfehlenswerte Zeichen sind aus Sicht der Verbraucher-Zentrale NRW:

- Zeichen dürfen nicht für Selbstverständlichkeiten vergeben werden, sondern die damit ausgezeichneten Produkte müssen sich positiv von der Vergleichsklasse abheben.
- Vergabekriterien müssen nachprüfbar sein.
- Zeichennehmer/innen müssen überprüft werden.
- Missbrauch durch Zeichennehmer/innen muss sanktioniert werden.

- Zeichen sollen nur befristet vergeben werden.

Leider sehen viele - auch anbieterunabhängige Kennzeichnungen - eine Befristung der Lizenzvergabe derzeit nicht vor.

Auf das Kriterium "Unabhängigkeit" im Verhältnis zwischen Zeichengeber/innen und Zeichennehmer/innen wird nicht explizit abgehoben. Dies hat mehrere Gründe:

- Anbieter/innenunabhängigkeit ist nicht per se ein Garant für eine transparente Zeichenvergabe und strenge Anforderungen.
- Personelle Verflechtungen zwischen Lizenznehmer/innen und vermeintlich unabhängigen Einrichtungen sind oft schwer zu durchschauen.

Vergleichbarer sind dagegen konkret spezifizierte Prüfkriterien, z.B. Grenzwerte für Schadstoffe oder nachprüfbare Regelungen zur Kontrolle der Einhaltung dieser Kriterien. Sehr wohl gibt es unterschiedliche Interessen von anbieterunabhängigen und anbieterabhängigen Lizenzvergabe-Einrichtungen. Dies spiegelt sich u.a. wider in der Entwicklung verschiedener DIN-Vorschriften für die einzelnen Typen von Umweltzeichen.

2. Ziele und Nutzen

Die Verbraucher-Zentrale NRW verfolgt mit der Datenbank "Anbieter umwelt- und gesundheitsverträglicher Produkte" verschiedene Ziele. Auf der Maßnahmen-Ebene handelt es sich dabei um die praxisnahe und handlungsorientierte Informationsweitergabe. Auf der Instrumenten-Ebene werden Ziele verfolgt, die der Operationalisierung und Vereinfachung des Nachhaltigen Konsums dienen.

Ereichen möchte die Verbraucher-Zentrale NRW insbesondere:

- Markttransparenz, d.h. aktuelle und schnelle Übersicht für Verbraucher/innen über umwelt- und gesundheitsverträgliche Produkte in ihrer Region in NRW.
- Convenience durch Reduzierung von Einkaufswegen für umwelt- und gesundheitsverträgliche Produkte.

Der Nutzen dieser Datenbank ist für Konsument/innen in ländlichen Regionen auf Grund der geringeren Infrastruktur und dadurch bedingten langen Wegen bei der Suche nach umwelt- und gesundheitsverträglichen Produkten - verglichen mit Städten - am größten. Daher liegt der regionale Schwerpunkt der in der Datenbank berücksichtigten Einzelhändler/innen im ländlichen Raum.

- Bewusstsein schaffen für die Machbarkeit "Nachhaltiger Konsum" und der "Alltagstauglichkeit" bereits am Markt befindlicher Produkte bzw. vorhandener Produktsortimente.
- Erhöhung der Nachfrage nach umwelt- und gesundheitsverträglichen Produkten im Vergleich zu "konventionellen". Voraussetzung hierfür ist, dass in der Datenbank eine breite Produktpalette zu finden ist, die diese auch "alltagstauglich" für Konsument/innen macht. Deshalb wurden die Produktgruppen Lebensmittel, Bürobedarf, Textilien, Heimwerkerbedarf und Spielzeug aufgenommen. Auch auf eine große Bandbreite innerhalb dieser Produktgruppen wurde Wert gelegt. So reicht beispielsweise die Produktgruppe Bürobedarf von Schreibpapier bis zu PCs. Die Produktgruppe Heimwerkerbedarf berücksichtigt neben Tapeten, Farben und Lacken auch Holz(-Werkstoffe) und Gartenmöbel.

- Neue Zielgruppen (Vielbeschäftigte, Jugendliche, Nutzer/innen von Online-Banking) können durch die Öffnungszeitenunabhängige Verfügbarkeit der Bezugsquellen umwelt- und gesundheitsverträglicher Produkte im Internet erreicht werden. Weiterhin wird es die Information über die örtlichen Beratungsstellen der Verbraucher-Zentrale NRW geben, so dass Personengruppen ohne Internet-Zugang dieses Angebot ebenfalls nutzen können.

- Transparenz von Umweltqualitätszeichen

Neben der Förderung der Diskussion über empfehlenswerte Umweltgütezeichen und transparente Vergabekriterien möchte die Verbraucher-Zentrale NRW Konsument/innen den Nutzen von Umweltgütezeichen als Entscheidungshilfe beim Einkauf vermitteln. Die Verbesserung des Qualitätsbewusstseins bei Konsument/innen und des Handels im Zusammenhang mit "nachhaltigen Produkten" soll u.a. dadurch erreicht werden, dass in der Datenbank "Anbieter umwelt- und gesundheitsverträglicher Produkte" Informationen über Bezugsquellen verbunden sind mit Angaben zu empfehlenswerten Umweltqualitätszeichen.

- Unterstützung der Vereinheitlichung von Umweltqualitätszeichen

Durch die gezielte Aufnahme ausgewählter Umweltqualitätszeichen in die Datenbank soll die seit langem beklagte Vielzahl von Labeln reduziert werden, indem empfehlenswerte Umweltqualitätszeichen bekannter gemacht werden. Erst kürzlich hat es im Lebensmittelbereich - einem Bereich, in dem es besonders viele verschiedene Label gibt, einen Schritt in diese Richtung gegeben. Trotz der unterschiedlichen Ansätze und Kriterien im Bioanbau, einigten sich große Teile der Produzent/innen mit dem Bundesministerium für Verbraucherschutz, Ernährung und Landwirtschaft auf ein einziges Zeichen, das auf eindeutigen, überprüfbaren Kriterien basiert (EU-Öko-Verordnung 2092/91, Verordnung 1804/1999). Dieser - nicht unumstrittene - Kompromiss wurde nur dadurch möglich, dass Produzent/innen, deren Produkte strengere Kriterien erfüllen, erkannt haben, dass dieser Schritt wesentlich zur Marktförderung für Öko-Lebensmittel beiträgt.

- Stärkung des lokalen/regionalen Marktes für umwelt- und gesundheitsverträgliche Produkte

Eine verstärkte Nachfrage nach umwelt- und gesundheitsverträglichen Produkten sollte zu einem Ausbau des Angebotes im Einzelhandel führen. Leider ist dies nicht immer der Fall: Seit längerem beobachtet die Verbraucher-Zentrale NRW z.B. eine deutliche Abnahme des Angebotes im Recyclingpapier-Bereich. Dies liegt nicht an der mangelnden Nachfrage nach diesen Produkten, wie die Initiative 2000plus zeigt, in deren Rahmen sich inzwischen 340 Schulklassen in NRW freiwillig verpflichtet haben, diese Hefte für den Unterricht anzuschaffen. Vielfach sind die Schüler/innen jedoch gezwungen, Recyclinghefte über den Versand- oder Großhandel zu bestellen, da sie vor Ort nicht zu erhalten sind. Hier ist der Einzelhandel gefragt!

- Alle potenziellen Akteure werden in die Diskussion einbezogen:
    - Verbraucher/innen
    - Einzelhändler/innen
    - Produzent/innen

- Die Datenbank stellt einen Beitrag zur Nachhaltigkeit dar, da sie sowohl ökologische, als auch ökonomische und soziale Aspekte berücksichtigt, wie in Abbildung 1 dargestellt.

Abbildung 1: Berücksichtigung von Aspekten der Nachhaltigkeit

3. Ergebnisse

Um festzustellen, ob der Einzelhandel nicht nur auf Verbandsebene das Angebot der Verbraucher-Zentrale NRW unterstützt, sondern auch als Angebot von den Einzelhändler/innen vor Ort angenommen wird, wurde in einem ersten Testlauf der Fragebogen an ca. 1000 Einzelhändlerinnen und Einzelhändler in den Kreisen Minden-Lübbecke, Unna und im Märkischen Kreis versendet. Die Rücklaufquote lag bei rund 12%. Daraus kann aber nicht geschlossen werden, dass rund 90% der Einzelhändler/innen nicht erreicht wurden. Denn der Fragebogen wurde nur von denjenigen Händler/innen zurück gesendet, die die in der Umfrage berücksichtigten Produkte im Sortiment führen.

Der Rücklauf ist aus unserer Sicht trotzdem unbefriedigend, bestätigt jedoch die Erfahrungen, die im Rahmen des Kooperationsprojektes "Nachhaltigkeit im Einzelhandel" (Akademie für Technikfolgeabschätzung 2001, S. 41) gemacht wurden. Offensichtlich sind viele Einzelhändler/innen zu sehr im Alltagsgeschäft gefangen, als dass sie die Chancen, die das Verzeichnis "Anbieter umwelt- und gesundheitsverträglicher Produkte" bietet, erkennen. Berührungsängste zwischen Einzelhandel und Verbraucher-Zentrale konnten weder auf Verbandsebene noch bei den Einzelhändler/innen vor Ort festgestellt werden. Vielmehr wurde das Vorhaben der Verbraucher-Zentrale NRW positiv aufgenommen. Auch seitens der (Kommunal-)Politik wurde das Pilotvorhaben begrüßt.

Im Rahmen der Auswertung zeigte sich ferner, dass vielfach Umweltgütezeichen zu wenig bekannt sind. Teilweise kam es – trotz Abbildung der einzelnen Umweltlabel im Fragebogen - zu Verwechslungen. Um die Qualität der Daten zu erhöhen, wurden Unstimmigkeiten daher durch telefonische Rückfragen korrigiert.

Im folgenden werden die Ergebnisse der Befragung im Einzelnen vorgestellt. Vergleicht man die Angebotshäufigkeit, so zeigt sich, dass der Lebensmittelbereich mit 46% die größte Bedeutung hat, gefolgt von Textilien mit 27% (Abbildung 2).

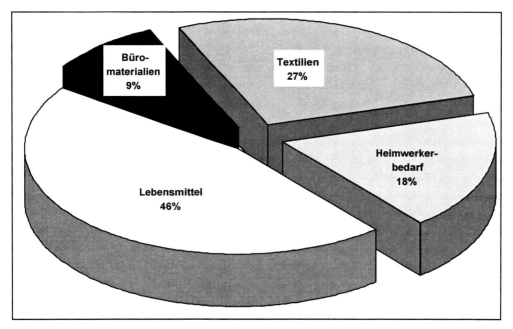

Abbildung 2: Häufigkeit der Produktgruppen

Anhand der Abbildung 3 ist zu erkennen, dass am häufigsten Produkte mit dem Blauen Engel angeboten werden. Ähnlich verbreitet wie der Blaue Engel, mit dem seit fast 25 Jahren umweltverträglichere Produkte ausgezeichnet werden, ist das "Öko-Tex-Standard 100"-Zeichen, das seit 1994 für schadstoffgeprüfte Textilien vergeben wird. Im Lebensmittelbereich ist das Soziallabel "TransFair" ähnlich stark vertreten wie die Kennzeichnungen für Bioprodukte "kontrolliert biologischer Anbau" und "Öko-Prüfzeichen" zusammen.

Neuere Zeichen wie FSC und PEFC, die für Holz aus nachhaltig bewirtschafteten Wäldern vergeben werden, spielen dagegen eine untergeordnete Rolle. Ebenfalls wenig verbreitet ist das europäische Umweltzeichen, die Euro-Blume, die seit 1992 für verschiedene Produktgruppen vergeben wird, jedoch in der Befragung nur in Verbindung mit Textilien berücksichtigt wurde. Trotz des Vorteils der europaweiten Harmonisierung im Falle der Euro-Blume, bevorzugen Unternehmen eher Zeichen wie den Blauen Engel, da dieser bekannter ist und als glaubwürdiger empfunden wird (Häßler 1998, S. 19).

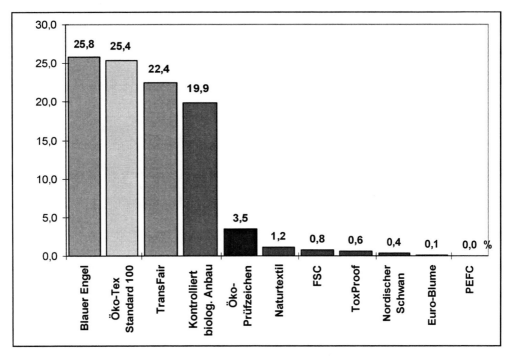

Abbildung 3: Prozentuale Verteilung der Umweltgütezeichen

4. Fazit

Im Rahmen der Pilotphase, die Ende 2001 abgeschlossen ist, konnte gezeigt werden, dass die Datenbank ein geeignetes Instrument ist, um über umwelt- und gesundheitsverträgliche Produkte zu informieren. Aufgrund der breiten Produktpalette, die über die Datenbank abrufbar und leicht zugänglich ist sowie der Akzeptanz seitens Einzelhandels, werden viele für Konsument/innen relevante Bedürfnisfelder erfasst.

Die enge Verknüpfung von umwelt- und gesundheitsverträglichen Produkten mit Umweltqualitätszeichen ist praxisnah und bedeutet für Konsument/innen eine Zusicherung wünschenswerter Produkteigenschaften. Die Datenbank und ihre darin enthaltenen Informationen leisten somit einen Beitrag zu mehr Transparenz des Produktangebotes.

Literatur

Akademie für Technikfolgeabschätzung 2001: Akademie für Technikfolgeabschätzung in Baden-Württemberg, Institut für Markt-Umwelt-Gesellschaft an der Universität Hannover, Zentralstelle für Berufsbildung im Einzelhandel e.V. (Projektpartner): "Nachhaltigkeit im Einzelhandel - Koordination und Fallstudien zur Einführung Nachhaltiger Strategien im Handel", Abschlussbericht zum Projekt (AZ 10655), 2001.

EU-Öko-Verordnung 2092/91: Verordnung (EWG) Nr. 2029/91 des Rates vom 24. Juni 1991 über den ökologischen Landbau und die entsprechende Kennzeichnung der landwirtschaftlichen Erzeugnisse und Lebensmittel , ABl. Nr. L 198 vom 22.07.1991, S. 1.

Häßler et al. 1998: R.-D. Häßler, I. Mahlmann, I. Schoenheit: Erfolgskontrolle Umweltzeichen - Überprüfung der Wirksamkeit aus Sicht der zeichennutzenden Unternehmen und ausgewählter Experten; Umweltbundesamt, Texte 61/98, Berlin, 1998.

imug 1999: Repräsentative Haushaltsbefragen "Verantwortlich Einkaufen", zit. nach Akademie für Technikfolgeabschätzung 2001: Akademie für Technikfolgeabschätzung in Baden-Württemberg, Institut für

Markt-Umwelt-Gesellschaft an der Universität Hannover, Zentralstelle für Berufsbildung im Einzelhandel e.V. (Projektpartner): "Nachhaltigkeit im Einzelhandel - Koordination und Fallstudien zur Einführung Nachhaltiger Strategien im Handel", Abschlussbericht zum Projekt (AZ 10655), 2001.

Scholl et al. 1999: G. Scholl, A. Hinterding, P. Naschold, S. Busch: Label für nachhaltige Produkte – Bewertungen von Produktkennzeichnungen, 2. akt. Fassung, Heidelberg, 1999.

Umweltzeichen Typ I, DIN EN ISO 14024, Februar 2001; Umweltzeichen Typ I: werden von unabhängigen Dritten vergeben und dienen der Kennzeichnung von Produkten, deren Lebensweg untersucht wurde und die unter Umweltaspekten vorzuziehen sind.

Umweltzeichen Typ II, DIN ISO 14021, Juni 2000, Entwurf; Umweltzeichen Typ II: werden von Anbietern vergeben und dienen der Kennzeichnung von Produkten, die genaue und überprüfbare Umweltaussagen bieten, die zuvor begründet und überprüft werden mussten.

Verordnung 1804/1999: Verordnung (EG) Nr. 1804/1999 des Rates vom 19. Juli 1999 zur Einbeziehung der tierischen Erzeugung in den Geltungsbereich der Verordnung (EWG) Nr. 2092/91 über den ökologischen Landbau und die entsprechende Kennzeichnung der landwirtschaftlichen Erzeugnisse und Lebensmittel, ABl. Nr. L 222 vom 24.08.1999, S. 1.

Das Nachhaltigkeitszeichen als Prozesslabel[1]

Dr. Ulrike Eberle

Öko-Institut e.V.
E-Mail: eberle@oeko.de

1. Einleitung

Bislang ist es für KonsumentInnen schwierig, Produkte zu erkennen, die nachhaltiger sind als andere. Eine Kennzeichnung für nachhaltige(re) Produkte existiert nicht. Betrachtet man jedoch die Stoffströme, die durch den privaten Konsum verursacht werden, so zeigt sich, dass hier einiges getan werden müsste, um eine nachhaltige(re) Entwicklung zu erreichen. Bisher steht die Forschung hier noch am Anfang: beispielsweise sind geeignete Instrumente zur Umsetzung von Nachhaltigkeit im Konsumbereich nur teilweise untersucht, es ist bisher auch nicht klar, was nachhaltige Produkte eigentlich sind[2] und wie beziehungsweise woran die KonsumentInnen sie erkennen können. Um einen Beitrag zur Umsetzung von nachhaltiger(er) Entwicklung im Konsumbereich zu leisten und den KonsumentInnen eine Entscheidungshilfe beim Kauf zu bieten, könnte es deshalb sinnvoll sein, nachhaltige Produkte mit einem Nachhaltigkeitszeichen zu kennzeichnen.

Im ökologischen Sektor existiert bereits seit längerem das Instrument der ökologischen Produktkennzeichnung – das Ökolabel. Ökolabelling-Programme bestehen inzwischen in vielen Ländern. Das erste nationale Umweltzeichen – der blaue Engel – wurde bereits 1977 in Deutschland eingeführt. Es wird von den deutschen KonsumentInnen als Informationsinstrument für ökologische(re) Produkte akzeptiert, die Kenntnis des Labels ist jedoch in den letzten Jahren rückgängig[3].

In einer Untersuchung konnte gezeigt werden, dass das Konzept der Umweltzeichen in abgeänderter Form auch auf ein Nachhaltigkeitszeichen übertragen werden kann. Es konnten Anforderungen, die an ein solcher Art gestaltetes Nachhaltigkeitszeichen gestellt werden müssten, und Einflussfaktoren für den Erfolg[4] einer solchen Kennzeichnung identifiziert werden.

2. Methodisches Vorgehen

Die methodische Vorgehensweise beruht auf einer Kombination von Methoden: Bereits existierende Produktlabel aus dem ökologischen und sozialen Bereich wurden analysiert und mittels eines Analyserasters ausgewertet, um daraus Rückschlüsse für ein Nachhaltigkeitszeichen zu ziehen. Weiterhin wurden zur Überprüfung der Arbeitshypothesen ExpertInneninterviews[5] geführt. Aus den Ergebnissen der Analyse und der Interviews wurden Vorschläge für die Konzeption eines Nachhaltigkeitszeichens abgeleitet. Im Anschluß daran wurden die Vorschläge anhand von drei Produktbeispielen (Bekleidungstextilien, Kühlgeräte, Holzfertighäuser) überprüft.

3. Ergebnisse. Anforderungen an die Konzeption eines Nachhaltigkeitszeichens

Die Ergebnisse zeigen, dass ein Nachhaltigkeitszeichen mehr sein sollte als ein Umweltzeichen, das zusätzlich zu den ökologischen Kriterien noch sozio-kulturelle und ökonomische Aspekte berücksichtigt. Denn nachhaltige Entwicklung ist mehr als der Einbezug zusätzlicher Dimensionen, nachhaltige Entwicklung ist ein fortschreitender gesellschaftlicher Diskussionsprozess, dem ein Nachhaltigkeitszeichen in seiner Konzeption gerecht werden sollte.

Daher ist ein wesentlicher Faktor für den Erfolg eines Nachhaltigkeitszeichens, dass ein Nachhaltigkeits-Label flexibel auf das Fortschreiten des Nachhaltigkeitsprozesses reagieren muss. Der daraus resultierende Vorschlag lautet daher: ein Nachhaltigkeitszeichen muss ein Prozesslabel sein, das es zum Ziel hat, Entwicklungsprozesse in Gang zu setzen und Innovationen zu stimulieren. Dies steht im Gegensatz zu den bisher existierenden Labeln, die als Status-Quo-Label einzustufen sind. D.h. die Kriterien dieser Label schreiben einen Zustand fest, den das Produkt erfüllen muss. Durch das Label wird jedoch keine Weiterentwicklung des gekennzeichneten Produktes in Gang gesetzt. Gerade dies muss jedoch unter Nachhaltigkeitsgesichtspunkten gefordert werden.

Gestaltet man ein Nachhaltigkeitszeichen als Prozesslabel (vgl. Abb 1), dessen integraler Bestandteil es ist, Entwicklungsprozesse in Gang zu setzen und Innovationen zu stimulieren, so müssen die Anforderungen/Kriterien kontinuierlich überprüft und fortgeschrieben werden, um dies zu ermöglichen. Ein intensiver Diskussionsprozes mit den beteiligten Akteuren sollte kontinuierlich geführt werden. Das zu kennzeichnende Produkt sollte bereits gewisse Mindestansprüche des Leitbildes der nachhaltigen Entwicklung erfüllen (Startanforderungen). Zu Beginn müssen die zu erreichenden Zielanforderungen jedoch noch nicht zwingend erfüllt werden. Es wird eine Vereinbarung geschlossen, die festlegt, in welchem Zeitrahmen die Zielanforderungen – die einen hohen Anspruch an das Produkt stellen sollten – zu erfüllen sind. Die Entwicklungsfortschritte werden dokumentiert und über den Zeitraum der Vereinbarung kontrolliert. Ist das Zieljahr erreicht, wird eine neue Vereinbarung geschlossen. Da auch die Start- und Zielanforderungen kontinuierlich überprüft und fortgeschrieben werden, muss sich die neue Vereinbarung an den dann gültigen Start- und Zielanforderungen orientieren.

Die Glaubwürdigkeit eines solchen Prozesslabels wird sich daher einerseits an den Anforderungen, die im Sinne einer nachhaltigen Entwicklung an die Produkte gestellt werden, und andererseits an einer wirksamen Kontrolle festmachen.

Bisher existieren keine Erfahrungen mit "Prozess-Labeln", die Vorschläge müssten daher – bevor eine Umsetzung in die Praxis möglich wäre – erprobt und gegebenenfalls modifiziert werden.

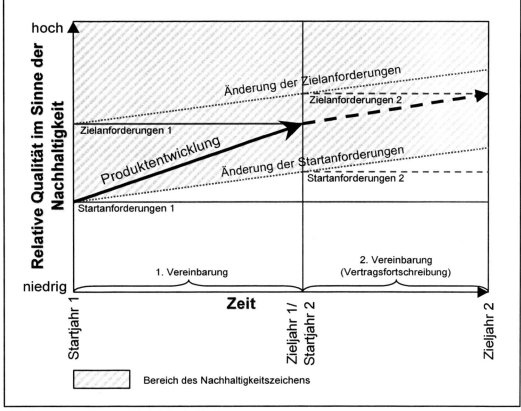

Abbildung 1:   Prozess-Label (Eberle 2001)

Weiterhin ist es für den Erfolg eines Nachhaltigkeits-Labels wesentlich, daß die relevanten Akteure das Label unterstützen. D.h. die relevanten Akteure sollten sowohl in den Diskussionsprozeß um ein Nachhaltigkeitszeichen wie auch in den eigentlichen Labelling-Prozess involviert sein. Das Labelling-Programm sollte ein gut konzipiertes Marketingkonzept (incl. eines eingängigen Namens[6]) beinhalten und die politischen Rahmenbedingungen sollten so gesetzt sein, daß sie eine nachhaltige(re) Entwicklung befördern.

Darüberhinaus sollte ein Nachhaltigkeitszeichen, das einen Beitrag zur Umsetzung einer nachhaltig(er)en Entwicklung leisten will, folgenden Anforderungen gerecht werden:

- Die Kennzeichnung sollte – so weit wie möglich – mit der **ISO 14020** konform sein. Dies bedeutet, daß ein Nachhaltigkeitslabel auf jeden Fall eine **freiwillige Kennzeichnung** sein sollte.
- Das Label sollte **unabhängig** sein, d.h. Zeichennehmer und Zeichengeber dürfen nicht identisch sein.
- Die Zugangsmöglichkeiten für in- und ausländische Zeichennutzer müssen gleich sein, um eine **Konformität mit den WTO-Reglements** zu gewährleisten.
- Eine **effektive und unabhängige Kontrolle** sowohl der Kriterien als auch der Zeichennehmer und des gesamten Labelling-Prozesses muß gewährleistet werden.
- Die Kennzeichnung sollte grundsätzlich für **alle Produktgruppen** offen sein. Es sollte jedoch eine strategische Schwerpunktsetzung erfolgen, nach der in einem ersten Schritt Produkte ge-

kennzeichnet werden, die unter ökologischen, sozialen und ökonomischen Aspekten besonders relevant sind.

In die Erarbeitung der **Kriterien** eines Nachhaltigkeitszeichens sollten die gesellschaftlich relevanten Gruppen eingebunden sein. Die Kriterien selbst sollten folgende Anforderungen erfüllen (Abb. 2):

- eine Lebenswegbetrachtung der Produkte anhand einer **Produktlinienanalyse** (PÖW 1987, Grießhammer et al. 1997) (Berücksichtigung ökologischer, sozialer und ökonomischer Aspekte) sollte die Basis für die Kriterienfestlegung bilden;
- aus der Produktlinienanalyse soll dann ein **multipler Kriteriensatz** abgeleitet werden;
- die Kriterien sollten sowohl **produktgruppenübergreifend** wie auch **produktspezifisch** festgelegt werden;
- eine **Spezifizierung der Kriterien** nach internationalen, nationalen und regionalen/lokalen Anforderungen sollte vorgenommen werden.

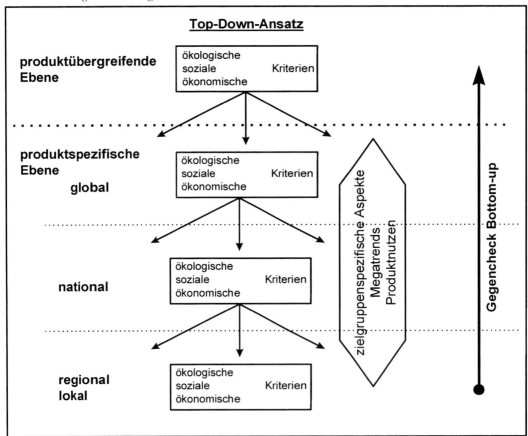

Abbildung 2: Mögliche Ebenen der Kriterienfestlegung beim Nachhaltigkeitszeichen (Eberle 2001)

- Der **Zeitraum** zwischen Antragstellung und Labelvergabe sollte so kurz wie möglich gehalten werden.

- Das Label sollte neben der eigentlichen Kennzeichnung des Produktes auch Tips für einen **nachhaltigen Gebrauch** des Produktes einschließen, da meist die Gebrauchsphase wesentlich über nachhaltig oder nicht nachhaltig entlang des Produktlebensweges entscheidet. Daraus resultiert, daß das Nachhaltigkeitszeichen aus einem Logo und Gebrauchstips bestehen muß.

- Auf eine **konsequente Markenpolitik**, einschließlich einer gut konzipierten Marketingkampagne für das Nachhaltigkeitslabel muß geachtet werden.

4. Fazit

Ein sinnvoll konzipiertes Nachhaltigkeitszeichen könnte durchaus einen wertvollen Beitrag zur Information der VerbraucherInnen in puncto nachhaltig(er)e Produkte leisten und somit auch zur Umsetzung von nachhaltiger Entwicklung beitragen. Vor allem der Vorschlag, ein Nachhaltigkeitszeichen als Prozesslabel zu konzipieren, bedarf jedoch noch der Erprobung und Überprüfung.

Ob es sinnvoll ist, ein Nachhaltigkeitszeichen wirklich einzuführen, entzieht sich jedoch der wissenschaftlichen Betrachtung – dies wird sich im gesellschaftlichen Diskussionsprozess entscheiden und bedarf der Unterstützung durch alle relevanten Akteure.

---

[1] Die Dissertation (Eberle, U.: Das Nachhaltigkeitszeichen: ein Instrument zur Umsetzung einer nachhaltigen Entwicklung?), die mit dem Deutschen Haushaltstechnik-Preis 2001 ausgezeichnet wurde, ist im Öko-Institut Verlag, Werkstattreihe Nr. 127, Bestell-Nr. 420127, 286 S., 29,14 EUR erschienen.

[2] So existieren bisher bspw. keine allgemein akzeptierten Bewertungsmodelle für Nachhaltigkeit.

[3] Mehrere Studien der letzten Jahre zeigen, daß das Deutsche Umweltzeichen Blauer Engel für den Großteil der VerbraucherInnen ein Indikator für umweltfreundliche Produkte ist (Kuckartz 2000; Berger et al. 1994).

[4] Unter Erfolg wird hier verstanden, dass das Nachhaltigkeitszeichen einen Beitrag zur Umsetzung einer nachhaltig(er)en Entwicklung leistet. Dies beinhaltet verschiedene Aspekte, z.B. "die KonsumentInnen akzeptieren das Label als Informationsinstrument für nachhaltig(er)e Produkte" bis hin zu "u.a. aufgrund der Kennzeichnung werden mehr nachhaltig(er)e Produkte verkauft".

[5] Die Durchführung der ExpertInneninterviews orientiert sich an den Vorschlägen von Meuser und Nagel (1991) und Köhler (1992) und bezieht die Methode der sogenannten teilstrukturierten Fragebögen, die von Witzel (1982) und Mayring (1990) vorgeschlagen wurde, mit ein.

[6] Untersuchungen im Auftrag des Bundesumweltministeriums zeigen, daß 63 Prozent der Bevölkerung noch nie etwas von dem Begriff Nachhaltigkeit gehört haben, 24 Prozent sind unschlüssig, ob sie den Begriff kennen, und nur rund 13 Prozent ist der Begriff bekannt (Kuckartz 2000). D.h. es muss überprüft werden, ob der Begriff "Nachhaltigkeitszeichen" analog zu "Umweltzeichen" ein praktikabler Name für eine Kennzeichnung nachhaltiger Produkte ist.

Literatur

Berger, M.; Jung, M.; Roth, D.: Einstellungen zu Fragen des Umweltschutzes 1994 - Ergebnisse jeweils einer repräsentativen Bevölkerungsumfrage in den alten und neuen Bundesländern, Institut für praxisorientierte Sozialforschung, Mannheim 1994.

Eberle, U.: Das Nachhaltigkeitszeichen – ein Instrument zur Umsetzung einer nachhaltigen Entwicklung?, Öko-Institut Verlag, Werkstattreihe Nr. 127, Bestell-Nr. 420127, Freiburg 2001.

Grießhammer, R.; Bunke, D.; Gensch, C.-O.: Produktlinienanalyse Waschen und Waschmittel; UBA-Texte 1/97, Berlin 1997.

Köhler, G.: Methodik und Problematik einer mehrstufigen Expertenbefragung; in: Hoffmeyer-Zlotnik, J. (Hrsg.): Analyse verbaler Daten: Über den Umgang mit qualitativen Daten; Opladen 1992, S. 318 - 332.

Kuckartz, U.: Umweltbewußtsein in Deutschland, Ergebnisse einer repräsentativen Bevölkerungsumfrage, Umweltbundesamt (Hrsg.), Berlin 2000.

Mayring, P.: Einführung in die qualitative Sozialforschung - eine Anleitung zum qualitativen Denken; München 1990.

Meuser, M., Nagel, U.: ExpertInneninterviews - vielfach erprobt, wenig bedacht: Ein Beitrag zur qualitativen Methodendiskussion; in: Garz, D.; Kraimer, K. (Hrsg.): Qualitativ-empirische Sozialforschung: Konzepte, Methoden, Analysen; Opladen 1991, S. 441 - 471.

Projektgruppe Ökologische Wirtschaft (PÖW), Öko-Institut e.V.: Produktlinienanalyse - Bedürfnisse, Produkte und ihre Folgen; Kölner Volksblatt Verlag, Köln 1987.

Witzel, A.: Verfahren der qualitativen Sozialforschung - Überblick und Alternativen; Frankfurt 1982.

Nachhaltige Produktnutzung – Verbraucherakzeptanz und Entwicklungsdynamik dienstleistungsorientierter Formen des Konsums

Bernd Hirschl, Dr. Wilfried Konrad & Gerd Scholl

Institut für ökologische Wirtschaftsforschung (IÖW) gGmbH
E-Mail: gerd.scholl@ioew.de

1. Einleitung

Das Umweltbundesamt führt 30 bis 40 Prozent aller Umweltprobleme direkt oder indirekt auf die herrschenden Konsummuster zurück (UBA 1997, S. 221). Vor dem Hintergrund aktueller Forderungen nach einer deutlichen Erhöhung der Ressourcenproduktivität – um einen Faktor 4 oder gar 10 (vgl. Schmidt-Bleek 1994, 1998; von Weizsäcker et al. 1997) – rücken damit die umweltrelevanten Aktivitäten der privaten Haushalte immer mehr ins Zentrum der Debatte um nachhaltiges Wirtschaften. Betrachtet man deren teilweise sehr hohe Güterausstattung, die schnellen Produktwechsel sowie das damit verbundene Abfallaufkommen, so wundert es kaum, dass Formeln wie "Reparieren statt wegwerfen" oder "Leihen statt Kaufen" in letzter Zeit (wieder) zunehmend an Bedeutung gewonnen haben. Die Grundidee ist denkbar einfach: Produkte erfüllen bestimmte Funktionen, indem sie zum Beispiel unsere Wäsche waschen, uns von A nach B befördern oder ein Loch in die Wand bohren. Je länger ein Produkt nun im Gebrauch bleibt, desto häufiger kann es seine Funktion erfüllen. Dem Input, etwa für Herstellung und Nutzung des Gutes, steht also ein größerer Output gegenüber, was die Produktivität der eingesetzten Ressourcen verbessert. Ähnliches gilt für Güter, die nur selten gebraucht werden: Um den zur Funktionserfüllung benötigten materiellen und finanziellen Aufwand zu reduzieren, kann man solche Produkte mit anderen Nutzern teilen. Auch hiermit können Produktivitätsvorteile verbunden sein.

Ansätze, die durch einen Wandel im Gebrauch von Produkten eine Erhöhung der Ressourcenproduktivität erreichen wollen, nennen wir Neue Nutzungskonzepte. Gemeinhin werden diese nach ihrem "Dienstleistungsgehalt" differenziert. Man unterscheidet dabei produktbegleitende, produktersetzende und ergebnisorientierte Dienstleistungen (vgl. z.B. Hockerts 1995). Bei *produktbegleitenden* Dienstleistungen wird ein Service zusätzlich zum materiellen Produkt angeboten. Dieser kann zu einer Verlängerung der Nutzungsdauer von Gütern oder Komponenten führen (z.B. Wartungs-, Reparatur- und Aufrüstungsangebote, Remanufacturing). Bei *produktersetzenden* oder *nutzungsorientierten* Dienstleistungen treten Vermietungskonzepte an die Stelle eines eigentumsbasierten Konsums. Es wird nicht mehr das Produkt selbst verkauft, sondern den Konsumenten eine temporäre Nutzungsmöglichkeit in der Regel gegen Entgelt zur Verfügung gestellt (z.B. Car-Sharing, Werkzeugmiete, Kopiererleasing). Die weitestgehende Form einer Dienstleistungsorientierung sind sogenannte *ergebnisorientierte* Services, bei denen zwischen Anbieter und Kunde nur noch ein bestimmtes Resultat unabhängig vom Trägermedium vereinbart wird. Beispiele finden sich im Energiebereich, wo im Rahmen von Contracting-Maßnahmen eine Leistung wie beispielsweise Raumklima verkauft wird, oder im Bereich von Mobilitätsservices, bei denen lediglich die Transportleistung spezifiziert wird, die Transportmittelwahl jedoch dem Anbieter überlassen bleibt.

In einem Forschungsprojekt des Bundesministeriums für Bildung und Forschung (BMBF) ("Neue Nutzungskonzepte für Produkte. Ökologische Entlastungspotenziale, Umsetzungsprobleme und Entwicklungsperspektiven von Strategien der Nutzungsdauerverlängerung und Nutzungsintensivierung"), über dessen Ergebnisse hier berichtet wird, wurde der Versuch unternommen, die bislang eher getrennt voneinander betrachteten angebots- und nachfrageseitigen Bedingungen und Dynamiken sowie ökologischen Potenziale von Nutzungskonzepten integrativ zu bearbeiten. Hierzu wurden umfangreiche empirische Untersuchungen durchgeführt:

Eine *repräsentative Verbraucherumfrage* bei knapp 1.000 Bundesbürgern lieferte Hinweise auf relevante Einstellungen, Motive und mögliche Zielgruppen neuer Nutzungskonzepte. Die Umfrage wurde in Form von cirka 20-minütigen Telefoninterviews durchgeführt. Grundgesamtheit der Untersuchung war die deutschsprachige Bevölkerung im Alter ab 14 Jahre in Haushalten mit Telefon.

Um die Charakteristika und den möglichen Wandel von Nutzungsmustern praxisnah analysieren zu können, wurden ferner die Vertiefungsbereiche *Wintersport* und *private Textilwäsche* ausgewählt. Auf Basis zahlreicher leitfadengestützter Interviews wurden in beiden Feldern die aktuelle Marktentwicklung, die spezifischen Ausprägungen von Nutzungsstrategien und deren ökologischen Implikationen detailliert beschrieben. Sie wurden darüber hinaus durch entsprechende Fragen im Rahmen des Telefonsurveys berücksichtigt.

Der vorliegende Text konzentriert sich auf die zusammenfassende Darstellung der Nutzeranalyse sowie der sozial-ökonomischen Bedingungen eines Wandels zu innovativen Formen der Güternutzung. Eine detailliertere Erörterung dieser Aspekte sowie eine zahlenmäßige Darstellung der ökologischen Vorteilhaftigkeit der untersuchten Konzepte enthalten Hirschl (2000), Konrad (2000) sowie Hirschl et al. (2001).

2. Verbraucherakzeptanz und Nutzerprofile

Vorgehensweise

Die bisher mangelnde Akzeptanz alternativer Nutzungskonzepte ist häufig auf verbraucherbezogene Umsetzungsbarrieren zurückzuführen. Gründe können die prestigefördernde Wirkung des Eigentums oder der Wunsch nach regelmäßiger Erneuerung im Konsum durch den kurz getakteten Erwerb neu(artig)er Produkte sein. Wie verschiedene Untersuchungen zeigen (z.B. Scherhorn 1994; Haake/Hinterberger 1996; Einert/Schrader 1996; Seel et al. 1996; Brüggemann 1998, Schrader 2001), stellen Verhaltensänderungen, die zu einer längeren und intensiveren Nutzung von Produkten führen, einen komplexen, multifaktoriellen Prozess dar. Dieser tangiert die Werthaltungen der Konsumenten, den soziokulturellen Kontext der Konsumaktivitäten, das Zeitmanagement, das Handlungswissen sowie das soziodemografische Profil der Verbraucher. Darüber hinaus sind ökonomische Aspekte wie etwa das Preisverhältnis zwischen Konsumaktivität und Handlungsalternative von Relevanz. Im Rahmen der repräsentativen Verbraucherumfrage wurde dieser Vielschichtigkeit Rechnung getragen, indem von den Befragten eine umfangreiche Liste mit Statements zur Güternutzung auf einer Skala - trifft "voll und ganz", "weitgehend", "weniger" oder "gar nicht" zu - bewertet wurde (vgl. Tabelle 1).

Tabelle 2: Zustimmung zu Aussagen bezüglich dauerhafter und eigentumsloser Konsummuster

Aussagen zu dauerhafter Produktnutzung	Anteil Zustimmung*
Möglichkeiten	
Ich denke beim Einkaufen von Produkten eher langfristig, d.h. ich kaufe überwiegend qualitativ hochwertige und langlebige Produkte, die dann auch ruhig etwas teurer sein können.	90,9 %
Wenn es mehr Möglichkeiten gäbe, defekte Geräte einfach und günstig reparieren zu lassen, würde ich mich nicht so schnell von ihnen trennen.	87,4 %
Produkte, die ich einmal erworben habe, versuche ich solange es geht zu nutzen, auch wenn ich sie dafür reparieren lassen muss.	86,1 %
Ich bin im allgemeinen gut darüber informiert, wo ich defekte Produkte einfach und günstig reparieren lassen kann.	65,6 %
Ich habe mir schon häufig Neugeräte gekauft, obwohl die alten noch funktionierten.	18,8 %
Grenzen	
Wenn die Reparatur eines defekten Gerätes fast genauso viel kostet wie ein Neugerät, entscheide ich mich in der Regel für das Neugerät.	95,5 %
Wenn häufig genutzte Produkte kaputt gehen, dann dauert mir das mit dem Reparieren meistens viel zu lange.	51,9 %
Mir ist es besonders wichtig, dass die Dinge, die ich mir kaufe, dem aktuellen modischen Trend entsprechen.	35,6 %
Aussagen zu eigentumsloser Produktnutzung	
Möglichkeiten	
Ich finde es grundsätzlich sinnvoll, dass man Produkte, die man nur selten braucht, bei Bedarf ausleiht oder mietet.	73,5 %
Wenn ich Dinge nur noch bei Bedarf mieten würde anstatt sie selbst zu besitzen, hätte das für mich vor allem den Vorteil, daß ich mit ihrer Wartung, Reparatur und Entsorgung nichts zu tun hätte.	64,3 %
Ich fände es schön, wenn es in unserem Haus oder in der Nähe mehr Möglichkeiten gäbe, sich mit anderen Leuten zu treffen, die man noch nicht so gut kennt.	57,5 %
Wenn es mehr Möglichkeiten gäbe, Produkte bei Bedarf einfach und günstig auszuleihen oder zu mieten, würde ich darauf verzichten sie mir selbst zu kaufen.	56,7 %
Grenzen	
Wenn ich Dinge mit anderen teile, kann ich nie sicher sein, dass ich sie dann bekomme, wenn ich sie brauche.	72,8 %
Gegenstände, die mir besonders wichtig sind, möchte ich selbst besitzen, auch wenn ich sie nur selten nutze.	69,3 %
Wenn ich Produkte ausleihen oder mieten müßte, sollte das vor allem zu fast jeder Tageszeit möglich sein.	68,3 %
Ich empfände es als sehr zeitraubend, wenn ich das gemeinsame Nutzen von Produkten mit anderen Leuten abstimmen müsste.	67,6 %
Ich verleihe Dinge prinzipiell ungern, da ich nicht weiß, wie die anderen damit umgehen.	66,5 %
Ich leihe mir ungern Dinge von Freunden oder Bekannten, weil ich den möglichen Ärger fürchte, wenn sie aus versehen bei mir kaputt gehen.	62,1 %
Ich empfände es als extrem zeitaufwendig, Produkte, die ich selbst nicht besitze, bei Bedarf ausleihen oder mieten zu müssen.	50,1 %

* Die Zustimmungsquote stellt die Summe der Prozentanteile der Antworten "trifft voll und ganz" und "trifft weitgehend zu" dar.

Die Akzeptanz und Aufgeschlossenheit gegenüber neuen Formen der Produktnutzung ist jedoch nicht bei allen Verbrauchern gleich verteilt. Es ergeben sich Unterschiede je nach Alter, Geschlecht, sozialem Milieu etc. Auf Basis der Einschätzung der obigen Statements ist es jedoch möglich, eine Gruppierung aller Befragten vorzunehmen, und zwar in Klassen, die innerhalb möglichst homogen und im Vergleich zu einer anderen Klasse möglichst heterogen sind. Die statistische Methode, die solcherlei Partitionierung einer Objektmenge ermöglicht, ist die *Clusteranalyse* (vgl. z.B. Eckes/Roßbach 1980). Mittels dieses Verfahrens können vier mit Blick auf ihr Nutzungsverhalten idealtypische Gruppen identifiziert werden:

- Die sogenannten *Eigentumsorientierten*, die 35,3 % der Bevölkerung ausmachen, überdurchschnittlich alt sind und einen niedrigen Bildungsabschluss aufweisen, sind über Reparaturmöglichkeiten gut informiert und setzen beim Kauf von Produkten überdurchschnittliche Qualitätsmaßstäbe an. Dies geht einher mit einer ausgeprägten Reparaturneigung, macht allerdings nicht halt vor einem gewissen Wunsch nach Neugeräten und dem Bedürfnis, Produkte zu besitzen, die dem aktuellen Stand entsprechen. Die Eigentumsorientierten hegen große Vorbehalte gegenüber privaten Formen der Kollektivnutzung sowie kommerziellen Mietangeboten. Es handelt sich also um einen eher traditionellen Konsumtypus. Qualitätsorientierung und Sparsamkeit sind von großer Bedeutung, ebenso wie die Verfügbarkeit über Eigentum, welches hier offenbar zur festen und erstrebenswerten Determinante der vermutlich relativ starren Konsumgewohnheiten geworden ist.

- Die wichtigsten Merkmale der *Aufgeschlossenen*, die für 20,4 % der Bevölkerung stehen, überdurchschnittlich jung sind und ein hohes Formalbildungsniveau haben, sind ihre sehr geringen sozialen Vorbehalte gegenüber dem privaten Leihen und Tauschen sowie eine sehr geringe Orientierung an Trends und Neuprodukten. Sie finden das bedarfsorientierte Mieten von selten genutzten Produkten sinnvoll und wissen die Vorteile (z.B. kein Ärger mit Wartung, Reparatur, Entsorgung) zu schätzen. Convenience und Zeitersparnis, die eigene Produkte bieten, haben demnach nur einen geringen Stellenwert. Den Aufgeschlossenen hat man sich somit als einigermaßen modernen, aber nicht zu trendorientierten jungen Konsumenten vorzustellen, der Eigentum zwar schätzt und auch auf Qualität Wert legt, für den es aber vermutlich keine sinnstiftende Funktion hat. Aufgrund seiner Lebenssituation - entweder im kinderreichen Familienverbund oder in der Ausbildung - ist ein Höchstmaß an Flexibilität im Konsum gewünscht. Zudem ermöglicht ihm sein überdurchschnittliches Bildungsniveau die Vor- und Nachteile unterschiedlicher Konsumformen zu erkennen und gegeneinander abzuwägen.

- Während die Eigentumsorientierten die wichtigste Zielgruppe für Strategien einer Nutzungsdauerverlängerung sind und die Aufgeschlossenen die Gruppe repräsentieren, die mit eigentumslosen Konzepten angesprochen werden kann, sind die sogenannten *Konsumorientierten* in beiderlei Richtung einigermaßen resistent. Sie entsprechen 20,9 % der deutschen Bevölkerung und sind weniger gut ausgebildet. Nicht zuletzt aufgrund relativ geringer Einkommensressourcen fungiert Konsum hier tendenziell als soziales Kompensat, stehen also die Chancen für einen dauerhaften beziehungsweise vom Privateigentum entkoppelten Konsum bei dieser Gruppe nicht besonders gut.

- Ähnlich, jedoch nicht ganz so schwierig anzusprechen sind die *Mobilisierbaren*, die 23,4 % ausmachen: Sie stellen jene Gruppe von Konsumenten dar, die ihr Alltagshandeln erst dann am Konzept einer längeren und intensiveren Nutzung von Konsumgütern zu orientieren bereit wären, wenn ihnen mehr Möglichkeiten dazu geboten würden. Gerade da sie eine vergleichsweise geringe emotionale Bindung an Besitz aufweisen, sind sie in bestimmten Alltagsbereichen durchaus gegenüber alternativen Nutzungsformen aufgeschlossen. Limitierender Faktor ist allerdings bei ihnen eine etwaige zwischenmenschliche oder soziale Verpflichtung, die sie zugunsten alternativer Nutzungsformen kaum einzugehen bereit sind.

3. Nutzungsregime in den Bereichen private Textilwäsche und Wintersport

Die Prozesse zur Herausbildung nachhaltiger Formen der Güternutzung sind jedoch nur zu verstehen, wenn man die Einstellungen der Verbraucherinnen und Verbraucher als Bestandteil eines komplexen Geflechts verschiedenster Einflussfaktoren begreift. Für diese in der Regel sehr heterogenen Konfigurationen schlagen wir den Begriff des *Nutzungsregimes* vor. Damit sind Bündel technisch-ökonomisch-sozialer Elemente gemeint, die etwa technische Infrastrukturen, Einstellungen und Werte, institutionelle Arrangements, Preis-Leistungs-Relationen oder symbolische Bedeutungen von Produkten umfassen und die einen prägenden Einfluss auf das Konsumentenverhalten ausüben. Die Charakteristika und der mögliche Wandel von Nutzungsregimen werden im folgenden empirisch anhand zweier Vertiefungsbereiche analysiert, die sich in wesentlichen Dimensionen unterscheiden:

So wurde mit dem Beispiel *Wintersport* (Alpinski, Langlauf, Snowboard) ein Konsumbereich gewählt, der zunächst grundsätzlich optional ist, also nicht zu den notwendigen Verrichtungen eines Haushaltes zählt. Ferner ist er durch temporäre Güternutzung und eine hohe Entwicklungsdynamik im Bereich der Vermietungskonzepte gekennzeichnet. Anders der Bereich *private Textilwäsche*, der zu den notwendigen und regelmäßig wiederkehrenden Haushaltsaktivitäten gehört und bei dem vor dem Hintergrund einer hohen Güterausstattung eigentumslose Nutzungskonzepte eher ein Nischendasein fristen. In der Folge stehen die strukturellen Ähnlichkeiten und Differenzen zwischen privater Textilwäsche und Wintersport im Vordergrund, auf deren Basis Bedingungen des Regimewandels ausgearbeitet werden.

4. Marktliche Charakteristika

Die private Textilwäsche sowie Skifahren und Snowboarden sind Aktivitäten, die verschieden weit verbreitet sind. Die Wäsche der Textilien zählt zu den zentralen, häufig wiederkehrenden Tätigkeiten von praktisch allen Haushalten, die zu diesem Zweck zu deutlich über 90 % mit einer Waschmaschine ausgestattet sind. Vor diesem Hintergrund ist der Waschmaschinenmarkt die letzten Jahre nicht mehr expandiert, sondern hat konstant 2,5 Millionen Geräte aufgenommen, die zu rund 90 % der Deckung des Ersatzbedarfes dienten. Angetrieben durch ausländische Billigimporte ist der Markt allerdings von harten Preiskämpfen geprägt, die seinen Wert von 3,8 Milliarden DM in 1992 auf 3,3 Milliarden DM in 1997 haben sinken lassen.

Auf der anderen Seite zählen lediglich 27 % der Bevölkerung zum Kreis der Alpinskifahrer, Langläufer und Snowboarder, wobei nur eine Minderheit von 3,5 % zu den intensiven Sportlern zählt. Aber auch hier sind Sättigungstendenzen zu registrieren, die sogar mit einem deutlichen Abwärtstrend einhergehen. So verlor die Skiindustrie in den neunziger Jahren bei Langlauf- und Alpinbrettern trotz einer auf Billigangebote fokussierten Preispolitik des Handels weltweit ein Absatzvolumen von rund 4 Millionen Paar, was durch die Verkaufserfolge bei Snowboards und den sogenannten Fungeräten (wie z.B. das Skiboard, eine Synthese aus Ski und Snowboard) nur teilweise aufgefangen werden konnte.

Die abweichende Entwicklungsdynamik der beiden Märkte ist eine Reflexion des Umstandes, dass die Anschaffung und Benutzung von Wasch- und Wintersportgeräten in Handlungszusammenhänge unterschiedlicher Stabilität eingebunden ist. Die private Textilwäsche ist eine regelmäßig zu verrichtende Tätigkeit, zu der es keine Alternative gibt und auch in Zukunft nicht geben wird. Mit der Waschmaschine steht ihr ein spezialisierter technischer Apparat zur Verfügung, der seit Jahrzehnten seine Funktionsfähigkeit beweist und schon lange zur selbstverständlichen haushaltlichen Grundausstattung gehört. Es gibt keine Hinweise dafür, dass diese sozio-technische Konstellation von Textilwäsche und Waschmaschine etwa durch die Herausbildung neuer technischer oder dienstleistungsorientierter Lösungen so unter Druck geraten könnte, dass die Waschmaschine weitreichende Markteinbußen hinnehmen müsste. Vor diesem Hintergrund ist auch unter der Bedingung des Erreichens der Sättigungsgrenze eine (Ersatz)Nachfrage auf hohem Niveau gesichert.

Grundlegend anders präsentiert sich der Wintersport auf Brettern. Es ist nicht nur möglich, mit dem Skifahren oder Snowboarden einfach wieder aufzuhören, sondern es gibt auch eine Vielzahl von Alternativen, denen man sich stattdessen vollständig oder teilweise zuwenden kann. Derzeit zeigt die massenhafte Abwendung vom Wintersport durch die enorme Ausweitung des Urlaubs-, Freizeit- und Sportangebots in Verbindung mit ungünstigen klimatischen Verhältnissen, dass dessen Ausübung jederzeit zur Disposition gestellt oder zumindest stark eingeschränkt werden kann.

Um dem damit einhergehenden Verfall der Absatzzahlen zu begegnen, rückte die Skiindustrie die Leitidee "Design und Innovation" in den Mittelpunkt der Marktstrategien, um verlorengegangenes Terrain durch die Ausdifferenzierung des Produktspektrums und dessen schnelle grafisch-technische Erneuerung zurückzugewinnen. Dagegen korreliert in der Waschmaschinenbranche die relativ stabile Marktsituation mit einem inkrementellen Innovationsmuster der beständigen Weiterentwicklung ihrer Produkte entlang von Parametern wie Laufruhe, Waschprogramme, elektronische Steuerung oder Wasser- und Stromverbrauch.

Im folgenden wird sich zeigen, dass die Ausprägung Neuer Nutzungskonzepte in den beiden Vertiefungsbereichen in entscheidendem Maße von den skizzierten Strukturen und Dynamiken abhängig ist.

5. Wiederverwendung und Instandhaltung

Für die private Textilwäsche und den Wintersport ist eine ähnlich stark ausgeprägte Preiskonkurrenz zu konstatieren. Dieser Umstand ist von unmittelbarer Bedeutung für zwei Formen von Neuen Nutzungskonzepten, nämlich für Gebrauchtgüter und Wartungs- und Reparaturdienstleistungen. Der Handel mit ersteren ist in beiden Bereichen angesichts des harten Preisdrucks bei Neugeräten lediglich ein Nischengeschäft, das zudem in relevantem Ausmaß auf der Basis per se nicht-strategiefähiger unkommerziell-informeller Angebotsplattformen beruht (z.B. privat organisierten Skibasaren). Aber auch die durchaus erkennbaren Ansätze einer professionellen Neupositionierung des Gebrauchtgerätemarktes etwa im Ski- und Snowboardbereich (Franchise-System "Partner of Sports") vermögen aufgrund der attraktiven Preise der Neuware keine Wachstumsimpulse zu erzeugen.

Wird der Handel mit gebrauchten Waschmaschinen, Skiern und Snowboards vor dem Hintergrund des Wettlaufs um das billigste Neugerät gleichgerichtet weiter in die Nische abgedrängt, lassen sich auf dieser Basis bezüglich von Wartungs- und Reparaturdienstleistungen auseinanderlaufende Entwicklungslinien zwischen der privaten Textilwäsche und dem Wintersport feststellen. Dies liegt daran, dass die Akteure der Wartungs- und Reparaturservices im Zuge der Neubewertung ihres Angebots infolge der Negativspirale der Neugerätepreise zu unterschiedlichen strategischen Richtungsentscheidungen gelangten. Im Waschautomatensegment besteht diese in der Anpassung an die erwartete sinkende Bereitschaft der Nutzer, angesichts einer breiten Palette preisgünstiger Neugeräte relativ teure Kundendienstleistungen in Anspruch zu nehmen. Gemeinsam mit der hohen Ausfallsicherheit der Maschinen führte diese Einsicht gerade bei den Herstellern zu einer Verkleinerung ihrer Servicekapazitäten.

Im Ski- und Snowboardbereich werden die anfallenden Wartungs- und Reparaturdienstleistungen dagegen beinahe ausnahmslos von Sportgeschäften durchgeführt. Und da im Zuge des stetigen Verfalls der Verkaufspreise die Gewinnaussichten aus dem reinen Handel mit Brettern und Boards immer geringer ausfallen, setzen die Läden zusehends erfolgreich auf die Schaffung kostengünstiger und hochwertiger Wartungs- und Reparaturpotenziale als zusätzliche Erlös- und Ertragsquelle und als Mittel der Kundenbindung. Statt eines Rückzugs aus der Instandhaltung aufgrund der geräteseitigen Preiskonkurrenz sah man hier also die Chance, im Zuge der Rationalisierung der Servicierung diese zu einer preislich und qualitativ attraktiven Dienstleistung weiterzuentwickeln, die trotz der Vielzahl billiger Neugeräte erfolgreich vermarktet werden kann.

6. Nutzungsintensivierende Dienstleistungen

Während sich die Ski- und Snowboardmiete in den letzten Jahren zu einem prosperierenden Geschäftsfeld entwickelt hat, befinden sich die verschiedenen kommerziellen Formen der *privaten Textilwäsche* außer Haus (Waschsalon, Wäscheservice) alles in allem in einem Zustand zwischen Stagnation und Degression. Dies ist eine direkte Konsequenz der Erfolgsgeschichte der Waschmaschine, im Zuge deren Diffusion sich die persönliche Textilwäsche von einer quasi öffentlichen zu einer privaten Verrichtung transformierte. Diese Entwicklung verlief speziell auf Kosten der Gemeinschaftswaschküchen, die parallel zur wachsenden Ausstattung mit Waschautomaten mehr und mehr in die Randständigkeit gedrängt wurden. Mittlerweile ist die Durchdringung der Waschmaschine soweit fortgeschritten, dass praktisch nur noch solche Haushalte darauf verzichten, die gleichsam keine andere Wahl haben. Es handelt sich dabei um eine Gruppe von rund drei Millionen Haushalten, die soziodemographisch überwiegend durch die Merkmale Ein-Personen-Haushalt, niedriges Einkommen und geringes Lebensalter gekennzeichnet ist und deren Umfang nicht zuletzt wegen der zunehmenden Verfügbarkeit billiger Waschmaschinen tendenziell schrumpft.

Dass der Nutzung von Gemeinschaftswaschküchen und Waschsalons negative Wahlakte von Mitgliedern eines begrenzten, perspektivisch sogar schrumpfenden Kundenspektrums zugrunde liegen, wird von deren Betreibern als unhintergehbare Bedingung der Geschäftstätigkeit wahrgenommen. In den Marktstrategien der Akteure der Angebotsseite findet dies insofern seinen Niederschlag, als sie hauptsächlich auf die Sicherung oder Umverteilung von Marktanteilen oder auf eine allmähliche Einstellung des Engagements fokussiert sind.

Auch der Umfang der Inanspruchnahme von Waschdienstleistungen ist zunächst einmal eine Residualgröße, denn in aller Regel werden nur solche Textilien zu einer Wäscherei oder Reinigung gebracht, die mit dem häuslichen Equipment nicht richtig gewaschen werden können. Ungeachtet dessen sind hier aber einzelne Beispiele zu registrieren, die mit innovativen Dienstleistungen wie etwa Bettwäscheservice oder Hemdenpflege neue Umsatz- und Erlöspotenziale im Umkreis wohlhabender Ein-Personen-Haushalte mit limitierten zeitlichen Ressourcen erschließen konnten.

Eine gänzlich andere Situation als im Bereich der privaten Textilwäsche findet man im Segment *Wintersport* mit seinem prosperierenden Rentalservice vor. Es ist vor allem auf drei Faktoren zurückzuführen, dass die Ski- und Snowboardmiete sich mittlerweile zu einer eigenständigen Alternative neben dem Kauf eigener Bretter weiterentwickelt hat:

- Erstens ist der massenhafte *Rückgang des Interesses am Wintersport* zu nennen, der nicht nur dazu geführt hat, dass die Zahl der Aktiven insgesamt weniger geworden ist, sondern sich auch in einem steigenden Anteil gelegentlicher Fahrer ausdrückt. Und für diese ist der Rückgriff auf Mietbretter schlicht die kostengünstigere Wahl.

- Zweitens ist es gerade für jüngere und/oder fortgeschrittenere Wintersportler, die weder auf das eigene Paar Ski verzichten noch sich ausschließlich auf die Nutzung des eigenen Equipments beschränken möchten, attraktiv, via Mieten *die Möglichkeiten der aktuellen Produktdifferenzierung genießen* zu können.

- Drittens beruht das Wachstum der Skimiete auf einer *strategischen Neuorientierung der Angebotsseite* dieser Dienstleistung durch den Aufbau von Franchise-Organisationen. Diese setzen auf eine Qualitätsverbesserung des Rentalservice (höherwertiges Material, mehr Produktalternativen, flexiblere Ausleihbedingungen), die technische Modernisierung der Skimiete (IuK-Technologie an der Kundenschnittstelle, Internet als zentrale Informations- und Buchungsplattform) und neue Partnerschaften mit örtlichen Leistungsanbietern (Hotels etc.) und Reiseveranstaltern mit dem Ziel, die Attraktivität und Zugänglichkeit des eigenen Angebots durch dessen Integration in ein wintersportliches Gesamtpaket zu erhöhen.

7. Bedingungen des Regimewechsels

Wie herkömmliche Konsumformen sind auch Nutzungsstrategien in Konstellationen sozialstruktureller, technischer, institutioneller sowie ökonomischer Faktoren eingebettet. Diese bezeichnen wir als *Nutzungsregime*, so dass die Reorientierung von Angebot und Nachfrage in Richtung nutzungsoptimierter Gebrauchsweisen als Umstieg von einem Nutzungsregime zu einem anderen interpretiert werden kann. Wie aber kommt es nun zu einem solchen Wandel?

Im Falle von Strategien zur Nutzungsdauerverlängerung ist dies im wesentlichen eine Frage der Ausprägung der marktlichen Parameter Preis und Innovation. Durch eine geringe Innovationsrate und eine hohe Preisdifferenz zwischen Neuprodukt und nutzungsdauerverlängernder Maßnahme steigen deren Diffusionschancen. Im Falle von Strategien der Nutzungsintensivierung basieren die Erfolgsaussichten jedoch auf vorgängigen sozialstrukturellen Veränderungen, die erst die *Bedingungen der Möglichkeit* für einen Wechsel von Nutzungsregimen konstituieren. Denn während es für die Inanspruchnahme etwa von Reparaturservices "lediglich" veränderter Umgangsweisen mit der eigenen Güterausstattung bedarf, geht es bei der Hinwendung zur Miete oder zu Einrichtungen des kollektiven Gebrauchs um die Abkehr von gesellschaftlich verfestigten Formen der Bedürfnisbefriedigung vermittels haushaltlicher Eigenarbeit auf Basis individuell angeeigneter Produkte.

Die Beispiele illustrieren dies: Der Bereich Wintersport hat vor dem Hintergrund einer allgemeinen Flexibilisierung des Freizeitverhaltens und begünstigt durch klimatische Einflüsse massiv an Anziehungskraft verloren. Im Zuge dieser Entwicklung kam es zu einer relativen Steigerung der Zahl gelegentlicher Ski- und Snowboardfahrer. Damit ist die Bedingung der Möglichkeit geschaffen, die selbstverständliche Präferierung eigener Bretter in Frage zu stellen und die Kauf- mit der Mietoption zu vergleichen. Ob diese Gegenüberstellung tendenziell zugunsten des Rentalservice entschieden wird, hängt dann davon ab, inwieweit die damit verbundenen Kosten (Mietpreis, Transaktionskosten etc.) und Nutzen (keine Wartungsaufwendungen, keine Transportprobleme etc.) Vorteile gegenüber eigenen Brettern versprechen. Und hier hat die Skimiete im Zuge qualitativer, organisatorischer und technischer Weiterentwicklungen von Angebot und Kundenschnittstelle ein Attraktivitätsniveau erreicht, das sie trotz des Preisverfalls bei Neugeräten zu einer echten Alternative zum Kauf eigenen Materials werden lässt. Die Neuordnung der Urlaubsgewohnheiten hat sich also nicht von selbst positiv für das Mietgeschäft ausgewirkt; in engem zeitlichem Zusammenhang damit bedurfte es darüber hinaus der Herausbildung unterstützender Bedingungen, die insbesondere von strategisch denkenden und handelnden Akteuren - "change agents" - vorangetrieben wurden.

Es ist nun nicht so, dass es im Bereich private Textilwäsche nicht auch Akteure geben würde, die mit innovativen Konzepten Konsumenten für die Option des Außer-Haus-Waschens gewinnen wollten. Auch auf der sozialstrukturellen Ebene sind eine Reihe von Tendenzen zu konstatieren, die zweifellos als Bedingung der Möglichkeit eines Umstiegs auf nutzungsintensivierende Dienstleistungen aufgefasst werden können. Die steigende Anzahl einkommensstarker Singles, wachsende räumliche Mobilitätsanforderungen oder zeitliche Flexibilisierungen des Alltags im Zuge der Auflösung des Normalarbeitstages lassen jedenfalls die Vermutung eines zunehmenden Verzichts auf die Nutzung einer eigenen Waschmaschine als plausibel erscheinen. Bislang ist allerdings nur für das neue Spezialangebot eines preisgünstigen Hemdenservice, der sich primär an gut verdienende Personen mit geringen zeitlichen Spielräumen für häusliche Verrichtungen wendet, eine ausgeprägte Wachstumsdynamik zu vermerken. Davon abgesehen ist die private Textilwäsche außer Haus ein rückläufiger, bestenfalls stagnierender Markt.

Dies lässt zunächst den Schluss zu, dass die angedeuteten sozialstrukturellen Veränderungen längst nicht alle Bevölkerungssegmente erreicht haben, so dass sich für viele Menschen die Frage eines Umstiegs überhaupt nicht stellt. Weiterhin fehlt es offensichtlich an strategisch denkenden und handelnden Akteuren, die diese sozialen Verschiebungen als Chance für neue Serviceangebote im Waschbereich begreifen und aufbauend auf dieser Einsicht entsprechende marktfähige Konzepte entwickeln. Das stärkste Argument aber für die geringe Bedeutung nichthaushaltlicher Organisationsformen des Wäschewaschens liegt wohl darin, dass die gesellschaftlichen Umbrüche längst nicht so weit fortgeschritten sind, dass die mit der Nutzung einer eigenen Waschmaschine verbunden Convenience-Vorteile gegenüber der außerhäuslichen Wäsche nicht mehr als handlungsentlastend empfunden würden. Denn Flexibilisierungstendenzen vermögen zwar das zeitliche Budget für die private Textilwäsche unter Druck zu setzen; an deren Charakter als hochgradig invariable, notwendig dauerhaft zu bewerkstelligende Aufgabe indes ändern sie nichts. Und von daher kann die Waschmaschine weiterhin ihre seit langem bewährten Vorzüge ausspielen, vor dem Hintergrund einer hohen Betriebssicherheit zu jedem gewünschten Zeitpunkt unmittelbar zur Verfügung zu stehen.

8. Resümee

Die durchgeführte Untersuchung hat gezeigt, dass Breitband-Strategien, die versuchen, die Gesamtheit der Konsumenten mit neuen Konzepten einer nachhaltigen Produktnutzung anzusprechen, scheitern müssen. Vielmehr wird man in unterschiedlichen Milieus auf eine unterschiedlich ausgeprägte Bereitschaft treffen, Güter länger zu gebrauchen, sie reparieren zu lassen oder gar auf Eigentum zu verzichten und nur noch bei Bedarf zu mieten. So scheinen die "Eigentumsorientierten" besonders empfänglich für Strategien eines dauerhaften Konsums (z.B. Reparatur, langlebige

Produkte), während die so genannten "Aufgeschlossenen" dagegen eher für Konzepte des eigentumslosen Konsums (z.B. Miete, Leihen, Tauschen) gewonnen werden können.

Neben der Relevanz unterschiedlicher Zielgruppen haben die Fallstudien gezeigt, dass sich moderne Dienstleistungskonzepte der Miete und gemeinschaftlichen Nutzung nicht mehr auf die Bereitstellung von Produkten beschränken. Ganz im Gegenteil geht es um die Integration einer Vielzahl organisatorischer, technischer, logistischer etc. Innovationen im kooperativen Kontext weitgespannter Akteursnetzwerke, wobei die zu vermietenden Skier oder die bereitzustellenden Waschmaschinen jeweils nur ein Element unter vielen sind. Bei der Entwicklung und Diffusion von Neuen Nutzungskonzepten geht es also nicht nur um die Verbesserung oder den Austausch von einzelnen Elementen, sondern erfolgreiche Neue Nutzungskonzepte setzen eine umfassende Neugestaltung von Akteursbeziehungen, technischen Faktoren, Angebots- und Nachfragebedingungen und organisatorischen Strukturen voraus. Wie die Fallstudien ebenfalls gezeigt haben, ist die erfolgreiche Implementierung solcher Rekombinationen strukturell hochgradig voraussetzungsvoll, da es sich hierbei um den Wandel von Nutzungsregimen handelt. Dieser tritt dann auf, wenn die Herausbildung bestimmter Möglichkeitsbedingungen wie etwa Produktinnovationen, neue Informationstechniken, veränderte Gebrauchsroutinen etc. mit der Existenz strategisch agierender "change agents" zusammenfällt.

Literatur

Brüggemann, Guido (1998): Funktionenorientierung in kulturellen Perspektiven. Dynamische Wirkungsgefüge von Produktkulturen als neue Basis funktionsorientierter Unternehmenspolitik, Oldenburg.

Eckes, Thomas / Roßbach, Helmut (1980): Clusteranalysen, Stuttgart.

Einert, Dirk / Schrader, Ulf (1996): Die Bedeutung des Eigentums für eine Ökologisierung des Konsums, Lehr- und Forschungsbericht Nr. 36 des Lehrstuhls Markt und Konsum, Hannover.

Haake, Julia / Hinterberger, Friedrich (1996): Product durability. Economic and ecological aspects, paper prepared for the Inaugural Conference of the European Society for Ecological Economics (ESEE) on Ecology, Society, Economy from 23 to 25 May 1996 in Versailles, Wuppertal.

Hirschl, Bernd (2000): Produkte länger und intensiver nutzen - das Beispiel private Textilwäsche, Schriftenreihe 149/00 des Instituts für ökologische Wirtschaftsforschung, Berlin.

Hirschl, Bernd / Konrad, Wilfried / Scholl, Gerd U. / Zundel, Stefan (2001): Nachhaltige Produktnutzung. Sozial-ökonomische Bedingungen und ökologische Vorteile alternativer Konsumformen, Berlin.

Hockerts, Kai (1995): Konzeptualisierung ökologischer Dienstleistungen, IWÖ Diskussionspapier Nr. 29, St. Gallen.

Konrad, Wilfried (2000): Produkte länger und intensiver nutzen - das Beispiel Wintersport, Schriftenreihe 148/00 des Instituts für ökologische Wirtschaftsforschung, Berlin.

Scherhorn, Gerhard (1994): Postmaterielle Lebensstile und ökologische Produktpolitik, in: Hellenbrandt, Simone / Rubik, Frieder (Hrsg.): *Produkt und Umwelt*, S. 253 - 276, Marburg.

Schmidt-Bleek, Friedrich (1994): Wieviel Umwelt braucht der Mensch? MIPS - das Maß für ökologisches Wirtschaften, Berlin et al.

Schmidt-Bleek, Friedrich (1998): MIPS-Konzept: weniger Naturverbrauch - mehr Lebensqualität durch Faktor 10, München.

Scholl, Gerd Ulrich / Hirschl, Bernd / Tibitanzl, Frank (1998): Produkt länger und intensiver nutzen. Zur Systematisierung und ökologischen Beurteilung alternativer Nutzungskonzepte, Schriftenreihe 134/98 des Instituts für ökologische Wirtschaftsforschung, Berlin.

Schrader, Ulf (2001): Konsumentenakzeptanz eigentumsersetzender Dienstleistungen, Frankfurt a.M. et al.

Seel, Barbara / Höflacher, Stefan / Lehmann, Rainer / Wittmann, Myriam (1996): Bewertung finanz- und zeitökonomischer sowie ökologischer Aspekte gemeinschaftlicher Nutzung, in: Verbraucherzentrale Baden-Württemberg e.V. (Hrsg.): *Nutzen statt Besitzen. Mieten, Teilen, Leihen von Gütern. Ein Zukunftsmodell?*, Stuttgart, S. 201 - 287.

UBA [Umweltbundesamt] (Hrsg.) (1997): Nachhaltiges Deutschland. Wege zu einer dauerhaft umweltgerechten Entwicklung, Berlin.

Von Weizsäcker, Ernst Ulrich / Lovins, Amory, B. / Lovins, Hunter L. (1997): Factor Four. Doubling Wealth, Halving Resource Use, London.

Nachhaltige Mobilität fängt in den Köpfen an. Empirische Studie zur kognitiven Verankerung des Car-Sharing

Dr. Hansjörg Gaus & Prof. Cornelia Zanger

Technische Universität Chemnitz, Fakultät für Wirtschaftswissenschaften, Lehrstuhl für Marketing und Handelsbetriebslehre

E-Mail: hansjoerg.gaus@wirtschaft.tu-chemnitz.de

1. Einleitung

In diesem Beitrag wird am Beispiel des Car-Sharing den kognitiven Strukturen nachgegangen, die Konsumenten zur Nachfrage einer umweltfreundlichen Mobilitätsdienstleistung motivieren. Aus den gewonnenen Erkenntnissen sollen Ansatzpunkte für die Förderung des Car-Sharing mit Mitteln der Marketingkommunikation abgeleitet werden.

Die klassische Vorstellung der Konsumentenverhaltensforschung zur Erklärung des Umwelthandelns ging davon aus, dass Umweltbewusstsein eine notwendige Voraussetzung für umweltgerechtes Verhalten sei. Wollte man ein solches Verhalten fördern, müsste man an das Umweltbewusstsein appellieren und die ökologischen Vorzüge hervor heben. Die Fragwürdigkeit dieser Annahme lässt sich mittlerweile aus einer erfreulich differenzierten Literatur unterschiedlicher sozialwissenschaftlicher Forschungstraditionen ablesen. So zeigt die Lebensstilforschung, dass teilweise gerade wenig umweltbewusste Gruppen von Konsumenten beispielsweise dem Motiv Sparsamkeit folgend bessere 'Öko-Bilanzen' aufweisen als besonders umweltbewusste Cluster (Reusswig 1994). Die Forschung zu Wertesystemen (Rokeach 1973; Schwartz 1992) legt nahe, von komplexen Geflechten das menschliche Handeln motivierender Kognitionen auszugehen, wobei in unterschiedlichen situativen Konstellationen auch verschiedene Motivationen dominant im Hinblick auf das präferierte Verhalten werden können. Die Bedeutung objektiver situativer Rahmenbedingungen für das konkrete Verhalten wird insbesondere in soziologischen Studien betont, die auf den Rational-Choice-Ansatz aufbauen (Diekmann/Preisendörfer 1992, 1998).

Diese beispielhaft genannten Forschungsansätze verdeutlichen, dass die Wissenschaft zur Beantwortung der Frage, welche Faktoren Ansatzpunkte für die Förderung eines nachhaltige(re)n Mobilitätsverhaltens darstellen könnten, eine Vielzahl an Determinanten betrachten kann. Im Folgenden wird hier die Meinung vertreten, dass zum Verständnis und zur Erklärung menschlicher Verhaltensentscheidungen zumeist von 'Interaktionen' subjektiver Motivationen und objektiver Rahmenbedingungen auszugehen ist.

Das Car-Sharing wurde als Forschungsfeld gewählt, da dafür nicht nur vielfältige positive ökologische Effekte empirisch belegt werden können, sondern diese Mobilitätsdienstleistung aktuell sowohl in der Bundesrepublik Deutschland als auch international an einem kritischen Punkt zwischen der Öko-Nische und der wirtschaftlich notwendigen Erschließung eines breiteren Marktes steht.

2. Car-Sharing zwischen Öko-Nische und Massenmarkt

Betrachtet man die mittlerweile umfangreiche Literatur zum Themenfeld Car-Sharing (z.B. Baum/Pesch 1994; Brandt 1995; Petersen 1995; Pesch 1996; Frick/Knie/Reindl 2000; Meijkamp

2000; Franke 2001; Schrader 2001), erkennt man zum einen die gestiegene Marktbedeutung und zum anderen positive ökologische Effekte.

In den letzten Jahren ist die Nachfrage nach der Dienstleistung Car-Sharing stetig gewachsen. Waren es 1991 noch ca. 1.000 Nutzer in Deutschland (Baum/Pesch 1994, S. 70), ist diese Zahl im Laufe des Jahres 2000 auf mehr als 40.000 angestiegen (Bundesverband CarSharing e.V. 2001). Es gibt einige Anhaltspunkte dafür, dass diese Zahlen noch deutlich ansteigen könnten. So führt die zunehmend zu beobachtende Professionalisierung der Car-Sharing-Anbieter bei einer gleichzeitigen Konzentrationstendenz zu einer Verbesserung der Qualität der angebotenen Dienstleistungen. In der Schweiz, wo es seit der Fusion der beiden größten Anbieter zur Mobility Car-Sharing AG nur noch ein großes, landesweit tätiges Unternehmen gibt, existieren bei einer Bevölkerungszahl, die nur ein Zehntel der deutschen ausmacht, mit ca. 40.000 Nutzern ebenso viele Car-Sharing-Teilnehmer, wie alle deutschen Anbieter zusammen betrachtet haben (Mobility Car-Sharing AG 2001). Gleichwohl ist auch in der Schweiz das auf 600.000 Kunden geschätzte Marktpotenzial noch nicht ausgeschöpft (Belz 2000). Aussagen über das Marktpotenzial für Car-Sharing-Dienstleistungen in Deutschland, die auf Umfragedaten sowie verkehrswissenschaftlichen Überlegungen beruhen, reichen von eher konservativ geschätzten 2,45 Mio. (Baum/Pesch 1994) bis hin zu optimistischen 7,3 Mio. Kunden (Frick/Diez/Reindl 1998). Selbst wenn man seinen Überlegungen nur ca. 2,5 Mio- Kunden zu Grunde legt, wird deutlich, dass der Markt erst zu einem geringen Teil erschlossen ist.

Die Situation in der Schweiz ist allerdings mit der in Deutschland nicht uneingeschränkt vergleichbar, da insbesondere die außerhalb der Ballungsgebiete deutlich besser ausgebauten öffentlichen Verkehrssysteme den Schweizern den Verzicht auf ein eigenes Auto leichter machen (Frick/Knie/Reindl 2000, S. 20; Franke 2001, S. 21). Und trotz der weitaus größeren Marktdurchdringung muss auch Mobility Car-Sharing im Hinblick auf eine dauerhafte wirtschaftliche Existenz weitere kritische Wachstumsphasen erst noch bewältigen (Belz 2000).

Letzterer Aspekt gilt in noch größeren Maße für den vergleichweise zersplitterten deutschen Markt. Hier führt allerdings die Tendenz zu überregional tätigen Anbietern, die sich teilweise mit Partnern wie kommunalen Verkehrsbetrieben zusammen geschlossen haben, zu einer wachsenden Leistungsfähigkeit der Car-Sharing-Unternehmen.

Schließlich kann auch festgestellt werden, dass es insbesondere aus ökologischen Gründen wünschenswert ist, wenn sich das Car-Sharing als zunehmend attraktive Dienstleistung weiter verbreitet, betrachtet man die in zahlreichen empirischen Studien nachgewiesenen ökologisch relevanten Effekte. Beispielhaft seien hier genannt:

- Eine Verringerung der gefahrenen Pkw-Kilometer bei gleichzeitig stärkerer Inanspruchnahme des öffentlichen Verkehrs durch Car-Sharing-Teilnehmer (Brandt 1995, S. 20-22, 40; Meijkamp 1998a, S. 254);
- Eine Senkung des Fahrzeugbestandes, da sich im Durchschnitt mindestens 10 Car-Sharing-Teilnehmer ein Auto teilen, viele ihr Auto abschaffen oder auf eine Anschaffung verzichten (vgl. Pesch 1996, S. 133; Muheim 1998, S. 69f.; Meijkamp 1998b, S. 242f.);
- Eine Entlastung des öffentlichen Raumes, da die Senkung des Pkw-Bestandes zu einem Flächengewinn führt (Pesch 1996, S. 156);
- Die Minderung von Emissionen (Petersen 1995, S. 194; Muheim 1998, S. 103ff.).

Diese Effekte werden sich allerdings nur bei einer deutlich gesteigerten Marktdurchdringung nennenswert auf die ökologische Situation auswirken.

Will man das Car-Sharing durch Marketingmaßnahmen aus der Öko-Nische führen, muss man sich mit den Faktoren auseinandersetzen, die dazu führen, dass Konsumenten solche Angebote präferieren bzw. nicht als Alternative in Betracht ziehen. Sieht man die Literatur auf der Suche nach solchen Faktoren durch, erkennt man rasch, dass dafür eine Vielzahl unterschiedlicher wissenschaftlicher Ansätze Anhaltspunkte bieten, die jedoch häufig unverbunden nebeneinander stehen.

Daher wird im Folgenden ein integrativer Bezugsrahmen vorgestellt, der eine Theorie geleitete empirische Annäherung an das Phänomen Car-Sharing ermöglichen soll.

3. Ein Bezugsrahmen zur Untersuchung des ökologieorientierten Mobilitätsverhaltens

Bei der Entwicklung des in der folgenden Abbildung 1 grafisch dargestellten Bezugsrahmens wurde auf die Erkenntnisse verschiedener Forschungsstränge unterschiedlicher Wissenschaftsdisziplinen zurück gegriffen, insbesondere auf die Means-End Chain-Modelle der Konsumentenverhaltensforschung (z.B. Herrmann 1996; Gaus 2000), die Rational Choice-Ansätze der Sozialwissenschaften (z.B. Esser 1990; Bamberg/Gumbl/Schmidt 2000), Ansätze der Lebensstilforschung (z.B. Reusswig 1994) sowie der Sozialstrukturanalyse (z.B. Hradil 1992).

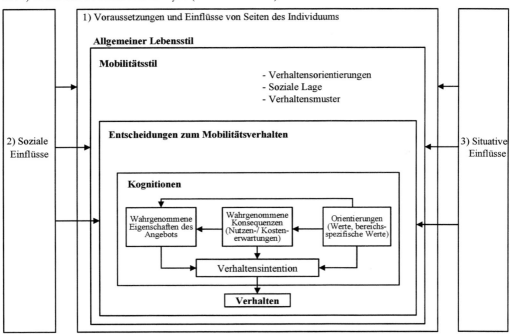

Abbildung 1: Bezugsrahmen zur Untersuchung des Mobilitätsverhaltens (Gaus 2001, S. 3)

Die Grundelemente des Bezugsrahmens werden grob unterteilt in (Gaus 2001, S. 4):

- Voraussetzungen und Einflüsse von Seiten des Individuums selbst,
- soziale Einflüsse sowie
- situative Einflüsse.

Im Hinblick auf die Voraussetzungen *für* und Einflüsse *auf* das individuelle Handeln im Verhaltensbereich Mobilität wird zwischen einer eher *statischen Perspektive* a) der Betrachtung des Mobilitätsstils und einer *dynamischen Perspektive* b) der Betrachtung von Mobilitätsentscheidungen unterschieden. Die Zweckmäßigkeit dieser Einteilung wird aus der Erkenntnis abgeleitet, dass man es beim alltäglichen Mobilitätsverhalten mit hochgradig routinisiertem und habitualisiertem Verhalten zu tun hat, bei dem (echte) Entscheidungen, beispielsweise zur Verkehrsmittelwahl, eher Ausnahmen darstellen (Petersen 1995, S. 31; Canzler/Franke 2000, S. 8). Diese werden vor allem als Reaktionen auf Veränderungen der Rahmenbedingungen (z.B. Umzug, Wechsel des Arbeitsplatzes etc.) relevant.

a) Zur Beschreibung des Mobilitätsstils (statische Perspektive) werden Verhaltensorientierungen zur Mobilität, relevante soziodemographische Variablen sowie Mobilitätsmuster, in denen sich das alltägliche Verkehrsverhalten spiegelt, herangezogen.

b) Die Mobilitätsentscheidungen werden dagegen von der auf das konkrete interessierende Angebot (z.B. Car-Sharing) bezogenen (subjektiven) kognitiven Struktur (Überzeugungen zu Eigenschaften, Nutzen- und Kostenerwartungen, Werte), durch soziale Einflüsse, in erheblichem Maße aber auch durch Einflüsse (objektiver) situativer Rahmenbedingungen, die sowohl im Individuum selbst (z.B. Ressourcen) als auch in seiner Umwelt (Gelegenheitsstrukturen, z.B. verfügbare Angebote) begründet liegen können, determiniert.

Einen Rahmen für die empirische Erfassung für die Nachfrage relevanter kognitiver Strukturen skizziert das in den Bezugsrahmen integrierte Means-End Chain-Modell (siehe Kasten 'Kognitionen' in Abbildung 1), das die komplexen Interaktionen zwischen den verschiedenen, für eine Verhaltensentscheidung bedeutsamen kognitiven Konstrukten grafisch veranschaulichen soll.

In diesem Modell wird der Vorstellung Ausdruck verliehen, dass Verhaltensintentionen bzw. Verhalten durch wahrgenommene saliente Eigenschaften eines Angebots bzw. einer Verhaltensalternative und die damit verknüpften Nutzen- bzw. Kostenerwartungen und diesen wiederum übergeordnete Orientierungen (Werte, grundlegende Einstellungen) bestimmt werden. Trotz der hier gewählten hierarchischen Darstellung, die sich der Anschaulichkeit wegen am idealtypischen Modell der qualitativen Means-End Chain-Analyse (Gutman 1982; Reynolds/Gutman 1988) orientiert, wird davon ausgegangen, dass es sich bei der für eine konkrete Verhaltensentscheidung (z.B. die Wahl eines Verkehrsmittels) relevanten kognitiven Struktur um ein komplexes Geflecht von Beziehungen zwischen den betrachteten kognitiven Konstrukten handelt. Und auch auf der Ebene eines bestimmten kognitiven Konstrukts, wie z.B. der Werte, ist vom Vorliegen komplementärer und konfliktärer Beziehungen zwischen einer Mehrzahl einzelner Werthaltungen auszugehen (Schwartz 1992). Dem entsprechend wird beispielsweise in der jüngeren Forschung zum Umwelthandeln (z.B. Lange 2000; Becker 1999) anerkannt, was die Forschung zu Wertesystemen schon länger nahe legt: mit Umweltschutzwerten, die für viele Konsumenten wichtig sind, konkurrieren andere, vielfach im individuellen Wertesystem höher gewichtete Werte, wie z.B. Karriereorientierungen, Sicherheitsstreben etc. Diese Konkurrenzbeziehungen können zumindest teilweise die häufig konstatierte Diskrepanz zwischen Umweltwerten (als Bestandteil des Konstrukts Umweltbewusstsein; z.B. Urban 1986) eines Individuums und seinem Umwelthandeln erklären.

4. Vorgehensweise und ausgewählte Ergebnisse einer empirischen Studie

Als Grundlage für die Erhebung solcher kognitiver Strukturen wurde auf Basis des Bezugsrahmens und der Auswertung bisheriger Studien zum Car-Sharing ein Leitfaden für die Durchführung qualitativer Interviews erstellt. Damit wurden zwischen Februar und Juni 2001 insgesamt 13 Interviews mit Kunden eines Car-Sharing-Anbieters in Chemnitz, Dresden und Dortmund geführt.

In diese Interviews wurden Elemente der Laddering-Befragungstechnik der qualitativen Means-End Chain-Analyse integriert, die sich mittlerweile in der internationalen Konsumentenverhaltensforschung zur Erfassung kognitiver Strukturen etabliert hat (überblicksweise z.B. Reynolds/Gutman 1988; Gaus 2000).

Zu Beginn des Interviews wurde zunächst eher wie in einem narrativen Interview nach den Gründen für die Teilnahme am Car-Sharing sowie nach Vor- und Nachteilen des Car-Sharing im Allgemeinen bzw. des speziellen genutzten Angebotes im Besonderen gefragt. Waren so die subjektiv für die Car-Sharing-Nutzung eines Befragten bedeutsamen Eigenschaften möglichst umfassend offen gelegt, wurde die Laddering-Technik des gezielten, wiederholten Hinterfragens mit 'Warum'-Fragen ('Warum ist Ihnen ... wichtig?') eingesetzt, um diejenigen kognitiven Konstrukte zu ermitteln, die motivierend hinter diesen Eigenschaften stehen (Nutzenerwartungen, Werte). Dadurch ergeben sich Ketten von Konstrukten, bei denen nach der Vorstellung des Means-End-Ansatzes ein Konstrukt von den ihm in der Kette nachfolgenden mit Motivation 'aufgeladen' wird. Schließlich wurden auch noch soziodemographische Daten, Angaben zu alltäglichen Wegen, der Besitz von Autos sowie weitere Aspekte des Mobilitätsverhaltens erfragt.

Die auf Band aufgezeichneten Interviews wurden transkribiert und einer Inhaltsanalyse unterzogen. Für die Interpretation von Laddering-Ergebnissen müssen die individuellen Äußerungen der einzelnen Interviewpartner durch die Zuordnung zu einem Kategorien-System verdichtet werden. Im Weiteren soll auf eine ausführlichere methodische Erläuterung verzichtet werden, dazu sei auf die Literatur verwiesen (z.B. Reynolds/Gutman 1988; Grunert/Grunert 1995; Balderjahn/Will 1998; Herrmann/Huber/Braunstein 1999; Gaus 2000). Vielmehr sollen wichtige Ergebnisse so dargelegt werden, dass auch die besondere Leistungsfähigkeit von Laddering-Befragungen deutlich wird. Diese wird hier insbesondere darin gesehen, dass der situative Kontext, in dem sich ein bestimmtes Verhalten des jeweiligen Befragten vollzieht, für den Interviewer relativ umfassend ersichtlich wird. Dadurch können Probleme umgangen werden, die sich bei Studien auf Basis quantitativer Erhebungen in Gestalt relativ schwacher gemessener Zusammenhänge zwischen verschiedenen interessierenden Konstrukten häufig ganz einfach daraus ergeben, dass diese (zumindest in der Wahrnehmung der Befragten) unterschiedlichen situativen Kontexten entstammen.

Um die Vorstellung zentraler Ergebnisse möglichst übersichtlich halten zu können, wird hier die Ebene der für die Befragten wichtigen konkreten Eigenschaften der Dienstleistung Car-Sharing ausgelassen und mit den aus diesen Eigenschaften in der Wahrnehmung der Interviewpartner resultierenden Nutzenerwartungen begonnen. Am häufigsten ergaben sich auf der Ebene der Nutzenerwartungen Nennungen, die sich den begrifflichen Kategorien 'Wirtschaftlichkeit', 'Flexible Beweglichkeit', 'Bequemlichkeit', 'Neue Autos/guter Wartungszustand' sowie 'Ökologische Entlastung' zuordnen ließen.

Die nähere Betrachtung der Befragten, für die die Kategorie 'Wirtschaftlichkeit' wichtig ist, zeigt exemplarisch, dass sich dahinter unterschiedliche situative Konstellationen verbergen. Ein Teil der Befragten könnte sich gar kein eigenes Auto leisten oder zumindest nur ein sehr altes, unzuverlässiges Auto, andere wollen gespartes Geld lieber für andere Dinge einsetzen. In fast allen Fällen wird aber ein eher pragmatisches Verhältnis zum Auto deutlich, das größere Einschränkungen zugunsten eines eigenen Pkw ausschließt. Oft besteht aber zumindest der Zugriff auf ein Auto, das dem jeweiligen Befragten nahe stehenden Personen gehört, in anderen Fällen ersetzt das Car-Sharing einen Zweitwagen.

Hinter der Kategorie 'Flexible Beweglichkeit' stehen eine ganze Reihe von Motivationen, die die Nutzung des Car-Sharing attraktiv machen. Hier zeigt sich, dass häufig nur durch das Vorhandensein der Dienstleistung Car-Sharing der Verzicht auf ein eigenes Auto ohne eine massive Einbuße an empfundener Lebensqualität möglich wird, da sowohl der öffentliche Nahverkehr als auch der Fernverkehr oftmals nicht schnell oder flexibel genug sind. Im privaten Bereich erleichtert das Car-Sharing die angestrebte intensive Nutzung der Freizeit, als besonders wichtige Motivation erweisen sich aber die Kontakte zu Freunden und Verwandten. Soziale Kontakte und emotionale Nähe sind demnach wichtige Triebfedern für die Inanspruchnahme eines Individualverkehrsmittels, das man im Falle des Car-Sharing nutzen kann, ohne es besitzen zu müssen. Daneben gibt es aber auch Befragte, für die das Car-Sharing zum beruflichen Erfolg beiträgt, sei es, dass sie einen Zusammenhang zwischen eingesparter Freizeit, Erholungsmöglichkeiten und beruflicher Leistungsfähigkeit sehen oder dass sie auf Car-Sharing-Fahrzeuge direkt für berufliche Aktivitäten zurück greifen. Auch werden eine gesteigerte Entscheidungsfreiheit und Unabhängigkeit als relevante Aspekte der Lebensqualität erlebt.

Eine Entlastung durch das Car-Sharing ergibt sich für die Befragten aus der 'Bequemlichkeit' der Dienstleistung, die Ihnen mehr Zeit für andere private und berufliche Aktivitäten lässt, was wiederum das Wohlbefinden steigert.

Einmal mehr zeigt sich in Gestalt der Kategorie 'Neue Autos/guter Wartungszustand' die Substitutionsbeziehung zwischen Car-Sharing und dem Besitz eines eher älteren eigenen Autos. Zum einen wird den relativ neuen Sharing-Autos ein hoher Sicherheitsstandard und ein guter technischer Zustand zugeschrieben, womit ein sicheres Fahren, ein sicheres Gefühl, entspanntes Fahren und generelles Wohlfühlen als Motivationen verbunden werden. Die Zuverlässigkeit, die aus einem guten technischen Zustand resultiert, wird aber auch als ein Aspekt wahrgenommen, der Bequemlichkeit mit sich bringt.

Die Tatsache, dass hinter der Befragung als hauptsächliches Erkenntnisinteresse das ökologieorientierte Mobilitätsverhalten stand, war für die Interviewpartner vor und während des Interviews nicht ersichtlich. Damit sollte sicher gestellt werden, dass nicht Effekte sozial erwünschten Antwortens zu einer Überschätzung von Umweltbewusstsein als Motivation zur Teilnahme am Car-Sharing führen. Es zeigt sich erwartungsgemäß, dass es hinsichtlich der Bedeutung der Kategorie 'Ökologische Entlastung' unterschiedliche Typen von Befragten gibt. Für ungefähr die Hälfte der Befragten hat die Entscheidung für das Car-Sharing überhaupt nichts mit Umweltbewusstsein zu tun. In dieser Gruppe befinden sich mehrere Car-Sharing-Kunden, die vor allem deshalb kein eigenes Auto haben, weil sie es sich finanziell nicht leisten können. Der Rest der Befragten sieht einen Zusammenhang zwischen Car-Sharing und dem Wunsch nach ökologischer Entlastung, davon ist wiederum etwa die Hälfte als dominant umweltbewusst einzustufen. Dies schlägt sich auch auf der Verhaltensebene deutlich nieder, z.B. im Engagement für Umweltgruppen oder im regelmäßigen Einkauf von Öko-Lebensmitteln. In den beiden Gruppen der Umweltbewussten beschreiben mehrere Personen den Zusammenhang zwischen dem Teilen von Autos, der damit verbundenen Nutzungsintensivierung und den damit verknüpften ökologischen Vorteilen. Die Vermutung, dass Umweltbewusstsein und Kenntnis bzw. positive Beurteilung von 'Nutzen statt Besitzen' korrelieren, findet sich also in diesen Befunden wieder.

Am Beispiel der Nutzenerwartung 'Ökologische Entlastung' kann aber auch exemplarisch verdeutlicht werden, dass bei der Erklärung vieler Verhaltensweisen eine Mehrzahl von Motivationen zu beachten ist und dass neben den unterschiedlichen Motivationen auch ihre Einbindung in situative Kontexte wesentlich ist. So greifen selbst die dominant Umweltbewussten, die den motorisierten Individualverkehr überwiegend ablehnen, für eine befriedigende Freizeitgestaltung und Familienbesuche nicht nur gerne auf das Car-Sharing-Auto zurück, überwiegend können sie sich auch vorstellen, ein eigenes Auto zu besitzen. Insbesondere Befragte mit Kindern erleben den totalen Verzicht auf das Individualverkehrsmittel Pkw als unmöglich, wollen sie die Lebensqualität ihrer Familie sichern. Und schließlich spielt auch die Art der beruflichen Tätigkeit oder die Entfernung zum Arbeitsplatz selbst für den Umweltbewusstesten eine Rolle bei der Beantwortung der Frage, ob man ein Auto benötigt bzw. was für eine Größenklasse man gerne fahren möchte.

Aus diesen Befunden lässt sich der Schluss ableiten, dass die Nutzung der Mobilitätsdienstleistung Car-Sharing teilweise durch Umweltbewusstsein motiviert wird, die zentralen Motivationen aber von anderen Vorzügen als der Umweltfreundlichkeit ausgehen. Bei manchen Befragten ist die Nachfrage auch einfach eine Reaktion auf objektive Sachzwänge, z.B. fehlende finanzielle Ressourcen. Aus den geführten Interviews ergibt sich die Vermutung, dass die besonders Umweltbewussten vor allem deshalb einen weit größeren Anteil an den Car-Sharing-Nutzern ausmachen, als es ihrem Anteil an der Gesamtbevölkerung entspricht, weil sie eher von der Existenz dieser Dienstleistung wissen, generell dafür offen sind, Informationen aufnehmen usw. Im Gegensatz zu den Nicht-Umweltbewussten ist es somit weit weniger dem Zufalls überlassen, ob sie auf ein konkretes Car-Sharing-Angebot stoßen.

Eine auffällige Gemeinsamkeit zwischen allen Befragten ist ein eher pragmatisches Verhältnis zum Auto, insbesondere die Tatsache, dass damit kein Prestigestreben (mehr) verbunden wird. Gleichwohl wollen die Befragten in ihrem aktuellen situativen Kontext nicht darauf verzichten, die Vorzüge der individuellen Pkw-Nutzung in Anspruch zu nehmen. Bei mehreren Befragten ist davon auszugehen, dass sie ohne dieses Dienstleistungsangebot wieder einen eigenen Pkw anschaffen würden.

5. Schlussfolgerungen

Abschließend soll der Frage nachgegangen werden, welche Schlussfolgerungen sich aus den vorgestellten Ergebnissen für eine Förderung des Car-Sharing mittels Marketingkommunikation ableiten lassen. Bereits mehrfach wurde in der Literatur darauf hingewiesen, dass sicher gestellt sein sollte, dass ein Konsument zu dem Zeitpunkt, an dem eine Entscheidung über den Kauf eines eigenen Pkw zu fällen ist, tatsächlich von der Existenz dieser Dienstleistung weiss, um sie als Alternative in Betracht ziehen zu können (z.B. Brandt 1995). Dies bestätigen auch die Ergebnisse der vorliegenden Studie. Eine Mehrzahl der Befragten hat sich in einem Moment für das Car-Sharing entschieden, in dem z.B. durch den Zusammenbruch eines alten Autos plötzlich ein akuter Bedarf vorlag.

Die Vermittlung von Wissen über die Existenz eines Car-Sharing-Angebots ist jedoch nur eine notwendige Voraussetzung der Nachfrage, nicht aber hinreichend, um diese Dienstleistung aus der Nische zu führen. Dass es sich nicht (mehr) um eine reine Öko-Nische handelt, spiegln die Interviews erwartungsgemäß wider. Vielmehr lassen sich neben dem Umweltbewusstsein mehrere wichtige Motivationen identifizieren, deren Befriedigung in der Wahrnehmung der Befragten durch die Car-Sharing-Nutzung ermöglicht oder zumindest begünstigt wird.

Eine wesentliche Schlussfolgerung, die Forschungsbemühungen zum Zusammenhang zwischen Lebensstilen und Umwelthandeln entnommen werden kann, ist, dass man die Menschen 'dort abholen' sollte, wo sie sich befinden; d.h. bei der Förderung umweltfreundlicher Verhaltensweisen sollte an ihre bestehenden Lebenswelten angeknüpft werden. Gerade für das Mobilitätsverhalten ist zu konstatieren, dass der Verzicht auf das Individualverkehrsmittel Automobil in der Wahrnehmung vieler Menschen keine realistische Option darstellt. Das Car-Sharing kann hier Angebotslücken schließen, die insbesondere die Öffentlichen Verkehrssysteme lassen, und eine individuelle Mobilität ermöglichen, ohne dass die Car-Sharing-Nutzer alle Nachteile eines eigenen Pkw 'einkaufen' müssen.

Die Ergebnisse von Laddering-Interviews können generell zentrale Motivationen für spezifische Verhaltensweisen offen legen. Die Studie, die diesem Beitrag zu Grunde liegt, konnte durch ihre explorative Anlage und die kleine Fallzahl natürlich lediglich einen Ausschnitt der für die Car-Sharing-Nachfrage potenziell relevanten kognitiven Strukturen beleuchten. Es wurde aber deutlich, dass sich hinter den Nutzenerwartungen, die die Befragten mit dem Car-Sharing verbinden, eine ganze Reihe Motivationen verbergen, die insbesondere eine Emotionalisierung der Marketingkommunikation für die Förderung des Car-Sharing Erfolg versprechend erscheinen lassen.

Zwar ist aus den Befunden der Studie abzuleiten, dass bei vielen Menschen eine rationale Nutzenkommunikation, die die Preisgünstigkeit einer hochwertigen Dienstleistung heraus stellt, durchaus auf Resonanz stoßen kann. Eine breitere Marktdurchdringung scheint aber eher erreichbar, indem die Wirkung möglicher negativer Assoziationen wie der Ausdruck von Armut und Verzicht abgemildert werden durch die Ansprache emotional besetzter positiver Konsequenzen der Car-Sharing-Nutzung wie dem Beitrag zu Wohlbefinden und Lebensqualität durch intensive Freizeiterlebnisse oder die Ermöglichung von Geselligkeit und emotionaler Nähe.

Laddering-Ergebnisse stellen für die Gestaltung kommunikativer Maßnahmen besonders wertvolle Quellen dar, da sie nicht nur auf den Ebenen der Eigenschaften von Angeboten sowie damit verbundener Nutzenerwartungen und Werte erkennen lassen, was für Konsumenten in bestimmten situativen Kontexten wirklich wichtig ist, sondern auch zeigen, *welche* Eigenschaften, Nutzenerwartungen und Werte *wie* verknüpft sind. Durch die Möglichkeit, diese Erkenntnisse in die Gestaltung kommunikativer Maßnahmen zu übernehmen, entstehen z.B. wirkungsvolle Werbebotschaften, da den Konsumenten kommunikativ vorgeführt werden kann, wie das Angebot mit ihrer individuellen (inneren) Lebenswelt korrespondiert.

Literatur

Balderjahn, Ingo; Will, Simone (1998): Laddering: Messung und Analyse von Means-End Chains. In: Marktforschung & Management Nr. 2, S. 68-71.

Bamberg, Sebastian; Gumbl, Harald; Schmidt, Peter (2000): Rational Choice und theoriegeleitete Evaluationsforschung. Am Beispiel der "Verhaltenswirksamkeit verkehrspolitischer Maßnahmen", Opladen.

Baum, Herbert; Pesch, Stephan (1994): Car-Sharing als Lösungskonzept städtischer Verkehrsprobleme. Kölner Beiträge zur Verkehrswissenschaft Nr. 6, Institut für Verkehrswissenschaft an der Universität zu Köln.

Becker, Ralf (1999): Mobilität und Werte. Ein wertepluralistischer Ansatz zur Erklärung der Verkehrsmittelnutzung und der Zustimmung zu verkehrspolitischen Maßnahmen, Diss. Universität Trier.

Belz, Frank (2000): Mobility CarSharing: Erfolgreiche Vermarktung von ökologischen Leistungen durch konsequente Kundenorientierung. Vortrag gehalten auf der Tagung 'Nachhaltiger Konsum. Forschung und Praxis im Dialog' an der Universität Hannover. Erscheint 2001 in: Schrader, Ulf; Hansen, Ursula (Hrsg.): Nachhaltiger Konsum. Forschung und Praxis im Dialog, Frankfurt a.M. u.a.

Brandt, Ernst (1995): Nutzungspotentiale und Zielgruppenanalyse für Car-Sharing, Forschungsbericht Nr. 4, Universität Bremen, ZWE Arbeit und Region.

Bundesverband CarSharing e.V. (2001): http://www.carsharing.de.

Canzler, Weert; Franke, Sassa (2000): Autofahren zwischen Alltagsnutzung und Routinebruch. Bericht 1 der choice-Forschung, Discussion Paper FS II 00-102, Wissenschaftszentrum Berlin für Sozialforschung (WZB).

Diekmann, Andreas; Preisendörfer, Peter (1992): Persönliches Umweltverhalten. Diskrepanzen zwischen Anspruch und Wirklichkeit. In: Kölner Zeitschrift für Soziologie und Sozialpsychologie. 44. Jg., Nr. 2, S. 226-251.

Diekmann, Andreas; Preisendörfer, Peter (1998): Umweltbewußtsein und Umweltverhalten in Low- und High-Cost-Situationen. In: Zeitschrift für Soziologie, 27. Jg., S. 438-453.

Esser, Hartmut (1990): "Habits", "Frames" und "Rational Choice". Die Reichweite von Theorien der rationalen Wahl. In: Zeitschrift für Soziologie, 19. Jg., Nr. 2, S. 231-247.

Franke, Sassa (2001): Car Sharing. Vom Öko-Projekt zur Dienstleistung, Berlin.

Frick, Siegfried; Diez, Willi; Reindl, Stefan (1998): Marktchancen für das Kfz-Gewerbe durch ökoeffiziente Dienstleistungen. Forschungsbericht Nr. 15/1998, Rheinisch-Westfälisches Institut für Wirtschaftsforschung (RWI), Essen, in Kooperation mit dem Institut für Automobilwirtschaft (IFA) an der Fachhochschule Nürtingen.

Frick, Siegfried; Knie, Andreas; Reindl, Stefan (2000): Car-Sharing auf der Standspur? In: Ökologisches Wirtschaften, Nr. 5, S. 19f.

Gaus, Hansjörg (2000): Wertesystem-Segmentierung im Automobilmarketing, Wiesbaden.

Gaus, Hansjörg (2001): Entwicklung eines Bezugsrahmens zur Untersuchung des ökologieorientierten Mobilitätsverhaltens. Wirtschaftswissenschaftliches Diskussionspapier (WWDP) 34/01, Fakultät für Wirtschaftswissenschaften, Technische Universität Chemnitz (Download unter: http://www.tu-chemnitz.de/wirtschaft/bwl2/download/Iwwdp_34_2001.pdf).

Grunert, Klaus G.; Grunert, Suzanne C. (1995): Measuring Subjective Meaning Structures by the Laddering Method: Theoretical Considerations and Methodological Problems. In: International Journal of Research in Marketing, S. 209-225.

Gutman, Jonathan (1982): A Means-End Chain Model Based on Consumer Categorization Processes. In: Journal of Marketing, Spring, S. 60-72.

Herrmann, Andreas (1996): Nachfrageorientierte Produktgestaltung, Wiesbaden.

Hradil, Stefan (Hrsg.) (1992): Zwischen Bewußtsein und Sein, Opladen.

Lange, Hellmuth (Hrsg.) (2000): Ökologisches Handeln als sozialer Konflikt. Umwelt im Alltag, Opladen.

Meijkamp, Rens (1998a): Die ökologischen Konsequenzen des Car-Sharing in der Praxis. In: Ökonomie-&-Ökologie-Team e.V. (Hrsg.): Arbeit und Umwelt – Gegensatz oder Partnerschaft, Frankfurt a.M. u.a., S. 249-262.

Meijkamp, Rens (1998b): Changing Consumer Behaviour through Eco-efficient Services. An Empirical Study of Car-Sharing in the Netherlands. In: Business Strategy and the Environment, Nr. 7, S. 234-244.

Meijkamp, Rens (2000): Changing Consumer Behaviour through Eco-efficient Services, Delft.

Mobility Car-Sharing 2001: http://www.mobility.ch.

Muheim, Peter (1998): Car-Sharing – der Schlüssel zur kombinierten Mobilität, Bern.

Petersen, Markus (1995): Ökonomische Analyse des Car-Sharing, Wiesbaden.

Pesch, Stephan (1996): Car-Sharing als Element einer Lean Mobility im Pkw-Verkehr, Düsseldorf.

Reusswig, Fritz (1994): Lebensstile und Ökologie. Sozial-ökologisches Arbeitspapier Nr. 43 des Instituts für sozial-ökologische Forschung, Frankfurt a.M.

Reynolds, Thomas J.; Gutman, Jonathan (1988): Laddering Theory, Method, Analysis, and Interpretation. In: Journal of Advertising Research, Nr. 1, S. 11-31.

Rokeach, Milton (1973): The Nature of Human Values, New York.

Schrader, Ulf (2001): Konsumentenakzeptanz eigentumsersetzender Dienstleistungen, Frankfurt a.M. u.a.

Schwartz, Shalom H. (1992): Universals in the Content and Structure of Values: Theoretical Advances and Empirical Tests in 20 Countries. In: Zanna, Mark P. (Hrsg.): Advances in Experimental Social Psychology, Vol. 25, San Diego 1992, S. 1-65.

Urban, Dieter (1986): Was ist Umweltbewußtsein? Exploration eines mehrdimensionalen Einstellungskonstruktes. In: Zeitschrift für Soziologie, 15. Jg., Nr. 5, S. 341-362.

Konsumsymbolik als Determinante der Konsumentenakzeptanz eigentumsersetzender Dienstleistungen

Dr. Ulf Schrader

Universität Hannover, Lehrstuhl Markt und Konsum
E-Mail: us@muk.ifb.uni-hannover.de

1. Konsumsymbolik als blinder Fleck der Debatte um öko-effiziente Dienstleistungen

Die partielle Substitution des Eigentums durch sog. öko-effiziente Dienstleistungen gehört seit Mitte der 90er Jahre zu den zentralen Themen der wissenschaftlichen Beschäftigung mit nachhaltigem Wirtschaften (vgl. zur Entwicklung der Debatte um öko-effiziente Dienstleistungen Hirschl et al. 2001, S. 16ff.; Schrader 2001, S. 51ff.). In der Praxis besitzen Leistungsangebote, die einen Konsum nach dem Prinzip "Nutzen statt Besitzen" ermöglichen, jedoch nach wie vor nur einen geringen Stellenwert. Anders als im Investitionsgüterbereich, in dem viele Unternehmen in den letzten Jahren unter dem Stichwort "Outsourcing" Gütereigentum durch Dienstleistungsnachfrage ersetzt haben, lässt sich im Konsumgütersektor kaum eine vergleichbare Marktentwicklung eigentumsersetzender Dienstleistungen feststellen. Bisher hat auch die Wissenschaft wenig zur Lösung der hier bestehenden spezifischen Probleme beigetragen. Die Konsumentenakzeptanz eines Konsums ohne Eigentum wurde in der laufenden Debatte selten thematisiert, sondern vielfach vorausgesetzt.

Dem zu Grunde lag teilweise eine enge Interpretation der sog. Funktionsorientierung (z.B. Jantsch 1973, S. 33ff.; Pfriem 1995, S. 262ff.). Demnach fragen Konsumenten nicht Güter an sich, sondern deren Funktionen nach: Konsumenten wollen in der Regel nicht wirklich Eigentum an einer Waschmaschine, sondern saubere Wäsche, nicht einen Rasenmäher, sondern kurzen Rasen. Die Anbieter hätten sich folglich nicht an Produkten, sondern an Funktionen zu orientieren. So richtig diese Überlegung im Prinzip ist, so führt sie doch in die Irre, wenn jedem Gut nur eine singuläre Funktion zugeordnet wird (z.B. Fischer/Wöhler 2001, S. 341ff.). Güter sind Problemlösungsbündel und befriedigen zumeist mehrere Bedürfnisse gleichzeitig. So wird beispielsweise mit dem Eigentum an einem Auto nicht nur das Bedürfnis befriedigt, von A nach B zu kommen. Für Konsumenten besitzt dabei oft auch der symbolische Wert der eigenen Güter eine besondere Bedeutung.

Ziel dieses Artikels ist es, zunächst darzustellen, worin der Symbolwert eigener Gütern bestehen kann. Da dieser Wert bei eigentumsersetzenden Dienstleistungen entfällt, begründet er ein Hemmnis bei der Verbreitung dieser Angebote im Konsumbereich. In einem zweiten Schritt wird jedoch gezeigt, dass auch Dienstleistungen nicht nur einen funktionalen, sondern auch einen symbolischen Wert besitzen können, was wiederum die Erfolgschancen eigentumsersetzender Dienstleistungen erhöht. Die Verdeutlichung der Relevanz dieser grundlegenden Ausführungen erfolgt dann durch eine empirische Untersuchung am Beispiel der Car-Sharing Dienstleistung VW-MIETERMOBIL. Mögliche Konsequenzen der erzielten Ergebnisse für Praxis und Wissenschaft werden zum Abschluss thematisiert.

2. Die symbolische Bedeutung des Konsumgütereigentums

Untersuchungen zum symbolischen Konsumentenverhalten konzentrieren sich auf den Besitz materieller Güter (possessions), nur selten ist explizit vom Eigentum (ownership) die Rede. Anhand der in der Literatur angeführten Argumente und Beispiele wird jedoch deutlich, dass die Autoren zumeist Besitzer und Eigentümer gleichsetzen und von daher die Forschungsergebnisse Antworten auf die Frage nach der symbolischen Bedeutung des Eigentums an Konsumgütern liefern. Dies wird durch die empirischen Erkenntnisse von Barone/Shimp/Sprott (1999) bestätigt, die aufzeigen, dass die Symbolwirkung von Gütern vielfach das Eigentum an ihnen voraussetzt.

Ausgangspunkt einer differenzierten Betrachtung der symbolischen Bedeutung materieller Güter ist ein Verständnis des symbolischen Konsumentenverhaltens als "inter- und intrapersonale(r) kommunikative(r) Akt, *durch den* der Konsument ein Selbstverständnis entwickelt und *in dem* dieses Selbstverständnis seinen Ausdruck finden kann" (Bode 1993, S. 162; Hervorhebungen im Original). Das Selbstverständnis bezeichnet die bewusste Reflexion des Selbst beziehungsweise der Identität (z.B. Sirgy 1982; Solomon 1983, S. 320ff.; Friese 1998, S. 36ff.). Es muss nicht in sich konsistent sein, sondern kann je nach Perspektive und Realitätsnähe unterschiedliche Ausprägungen haben. Zu unterscheiden ist zum einen zwischen der eigenen Wahrnehmung des Selbst (Selbstbild) und der vermuteten Wahrnehmung des Selbst durch andere (wahrgenommenes Fremdbild), zum anderen zwischen dem aktuell wahrgenommenen Realselbst und dem für die Zukunft angestrebten Idealselbst (vgl. Abbildung 1).

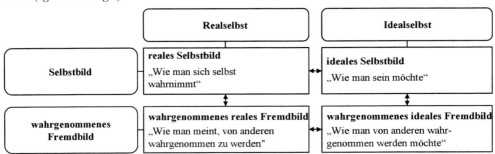

Abbildung 1: Ausprägungen des Selbstverständnisses (in Anlehnung an Sirgy 1982, S. 288 und Conrady 1990, S. 69ff.)

Menschen nutzen materielle Produkte als Symbole des Selbst (z.B. Stanjek 1980, S. 83ff.; Furby 1991, S. 459; Dittmar 1992, S. 10) und verfolgen damit vor allem zwei Ziele: zum einen die Selbstkongruenz und zum anderen die Selbstwerterhöhung (Sirgy 1982, S. 287). Selbstkongruenz bezieht sich auf die Übereinstimmung der verschiedenen Ausprägungen des Selbstverständnisses mit dem realen Selbstbild, die Selbstwerterhöhung auf den Wunsch, seinem Idealselbst zu entsprechen (Sirgy 1982, S. 289f.; Conrady 1990, S. 114ff.; Friese 1998, S. 37). Symbole sind also nicht nur die Widerspiegelung von Realität, sondern können auch ein Modell beziehungsweise ein Ersatz für die Realität sein (Wicklund/Gollwitzer 1982; Csikszentmihalyi/Rochberg-Halton 1989 [1981], S. 44f.). Der Übergang zwischen Realitätsabbild und Realitätsersatz ist fließend, denn durch die Materialisierung erwünschter Merkmale ist es möglich, dass diese als vorhanden wahrgenommen und damit letztlich generiert werden. So kann z.B. der neue Porsche das Idealbild seines Eigentümers verkörpern, erfolgreich und begehrenswert zu sein, und gleichzeitig dazu beitragen, dass er sich tatsächlich erfolgreich und begehrenswert fühlt und von seiner Bezugsgruppe auch so eingeschätzt wird (vgl. ähnlich Stihler 1998, S. 58).

Der Einsatz von Konsumsymbolen kann sich generell sowohl auf das Fremdbild als auch auf das Selbstbild beziehen. Im ersten Fall geht es um interindividuelle Bedeutungen im sozialen Raum, im zweiten um die intraindividuelle Bedeutung von Konsumsymbolen. Diese im Folgenden verwendete Trennung hat primär analytischen Charakter; grundsätzlich sind beide Bereiche stark interdependent, denn wie wir uns selbst sehen, hängt davon ab, wie wir glauben, von anderen wahrgenommen zu werden (Solomon 1983, S. 320; Dittmar 1992, S. 124).

(a) Interindividueller Symbolwert materiellen Gütereigentums

Der interindividuelle Symbolwert des Eigentums bezieht sich auf dessen außengerichtete, "expressiv-kommunikative Funktion" (Stihler 1998, S. 57). Ziel ist es, anderen sein Selbst mithilfe materieller Güter zu präsentieren und damit insbesondere Zugehörigkeit oder Abgrenzung zu demonstrieren. Der Symbolwert ist dabei kein objektives Merkmal, sondern beruht auf der subjektiven Produktwahrnehmung im sozialen Kontext (z.B. Dittmar 1992, S. 9ff.). In der Literatur wird zumeist davon ausgegangen, dass es zur Entfaltung der Symbolwirkung erforderlich ist, dass das Selbst und die relevanten Anderen dem materiellen Besitz die gleiche Bedeutung zusprechen. So weist Hirschman (1981, S. 5) darauf hin, dass "...driving a 'prestige' automobile will not serve as an effective symbol of one's social status unless others in the relevant social groups share the driver's belief that the automobile is, indeed, prestigious". Genau genommen reicht es für die Wahrnehmung eines interindividuellen Symbolwertes jedoch aus, dass der Eigentümer glaubt, dass die anderen sein Gut in seinem Sinne interpretieren. Die Subjektivität des Symbolwertes führt nicht nur zu unterschiedlichen Wahrnehmungen in verschiedenen sozialen Gruppen, sondern kann auch Veränderungen der Symbolbedeutung im Zeitablauf zur Folge haben: Während das Eigentum eines Handys noch vor wenigen Jahren überwiegend als Symbol für besondere Wichtigkeit oder auch "Wichtigtuerei" interpretiert wurde, war in der Zeitschrift *Stern* bereits im Jahre 2000 ein Artikel zu lesen mit dem Untertitel "Wer kein Handy hat, gilt heute fast als asozial" (Glaser 2000, S. 124).

Das Streben nach interindividuellem Symbolwert wird insbesondere in Publikationen, die sich nur am Rande mit der Symbolbedeutung von Besitz und Eigentum beschäftigen, häufig gleichgesetzt mit Prestige- oder Statuskonsum (z.B. Willgerodt 1980, S. 181; Türk 1987, S. 262) und damit auf die *vertikale Konsumsymbolik* reduziert. Dieser Bereich ist im Rahmen des symbolischen Konsumentenverhaltens auch der am intensivsten untersuchte (Csikszentmihalyi/Rochberg-Halton 1989 [1981], S. 46; Stihler 1998, S. 57), insbesondere im deutschsprachigen Raum (z.B. Adlwarth 1983; Feemers 1992; Scherhorn 1992; Schuster 1994a, 1994b; Reisch 1995). Es geht dabei vor allem um das Ziel von Konsumenten, mithilfe eines demonstrativ aufwendigen Konsums einen hohen Status beziehungsweise soziales Prestige zu demonstrieren oder zu erlangen. Der Begriff des demonstrativen Konsums (*conspicuous consumption*) geht zurück auf die "Theorie der feinen Leute" (*The Theory of the Leisure Class*) von Thorstein Veblen (1987 [1899]). Veblen beschreibt darin das Bestreben der Oberklasse, die eigene finanzielle Stärke durch sichtbaren Konsum kostspieliger Güter anderen gegenüber zu demonstrieren (z.B. Veblen 1987 [1899], S. 93). Während sich Veblens Argumentation auf die Zurschaustellung eines vorhandenen Status konzentriert, haben sich spätere Abhandlungen zum Statuskonsum vor allem auf das Ziel von Menschen bezogen, mithilfe des Konsums den Status höherer Schichten zu erlangen.

Allerdings wird von verschiedenen Autoren in Frage gestellt, ob heute – wie vor gut hundert Jahren von Veblen propagiert – allein aus der Demonstration finanzieller Stärke ein maßgeblicher Statusgewinn zu ziehen ist (z.B. Berry/Maricle 1973, S. 38; Buß 1987, S. 331; Hansen/Bode 1999, S. 233ff.). Feemers (1992, S. 91f.) stellt dem entgegen, dass finanzielle Stärke letztlich nicht für sich allein stehe, sondern als Merkmal für Leistung und Erfolg im Beruf gelte und zumindest in dieser Kombination nach wie vor die zentrale Rolle für die Statuszuweisung in der bundesdeutschen Gesellschaft spiele. Letztlich dürfte die Bedeutung finanzieller Stärke je nach sozialer Bezugsgruppe unterschiedlich sein: Ob mit demonstrativ aufwendigem Konsum ein Statusgewinn zu erzielen ist, hängt davon ab, ob die relevanten Anderen die vermeintlichen Statussymbole als solche akzeptieren. In dieser Bedingung unterscheidet sich vertikale Konsumsymbolik jedoch nicht von der horizontalen.

Die *horizontale Konsumsymbolik* ist relevant, weil die finanziell Bessergestellten keinesfalls die einzige soziale Gruppe bilden, zu der Menschen gehören möchten. Durch den Besitz entsprechend symbolisch aufgeladener Güter kann man sich – ganz unabhängig von Status- oder Prestigedenken – als Mitglied einer bestimmten Gruppe zu erkennen geben und sich gleichzeitig von den Nicht-Gruppenmitgliedern abgrenzen (z.B. Douglas/Isherwood 1980, S. 71ff.; Solomon 1983; Dittmar 1992, S. 7f.). Häufig hängt die adäquate Güterausstattung nicht nur vom allgemeinen Merkmal der Gruppenzugehörigkeit ab, sondern von der spezifischen sozialen Rolle innerhalb der Gruppe (Csikszentmihalyi/Rochberg-Halton 1989 [1981], S. 66ff.; Bode 1993, S. 54ff.). Insbesondere für Rollenneulinge besitzt dabei die "richtige" Rollenausstattung eine besondere Bedeutung (Solomon 1983, S. 324f.), was zum einen an der generellen Unsicherheit liegt, zum anderen aber auch daran, dass die materiellen Elemente für eine angemessene Rollenausübung häufig noch am leichtesten angeeignet werden können (Friese 1998, S. 41f.). In diesem Zusammenhang wird die materielle Rollenausstattung – wie z.B. der Business-Anzug beim Manager – als "role facilitator" (Fournier 1991, S. 739) wirksam, die dem Träger Sicherheit in einer neuen Situation verleiht (Solomon 1983, S. 321).

(b) Intraindividueller Symbolwert materiellen Gütereigentums

Der Symbolwert materieller Konsumgüter kann nicht nur im interindividuellen, sozialen Kontext entstehen, sondern auch intraindividuell in der Interaktion zwischen dem Gut und seinem Besitzer (Solomon 1983, S. 324). Symbolgeladenes Eigentum besitzt in diesem Zusammenhang vor allem selbstreflexive Funktion (Habermas 1996, S. 243ff.).

Intraindividuelle Symbolbedeutung können Dinge bereits im Säuglingsalter erhalten, wenn ein Kind über die Ausübung von *Kontrolle* über Dinge die Differenzierung zwischen Ich und Umwelt erlernt (z.B. Csikszentmihalyi/Rochberg-Halton 1989 [1981], S. 106ff.). Auch für Erwachsene besitzt die Möglichkeit zur Ausübung von Macht und Kontrolle über sein Eigentum eine Bedeutung, die weit über die Befriedigung funktionaler Bedürfnisse hinausgeht (Prelinger 1959, S. 18ff.; Furby 1978, S. 320ff.; Dittmar 1992, S. 51ff.). So erklärt beispielsweise Hilgers (1997, S. 126f.) die besondere Attraktivität eines eigenen Autos gegenüber öffentlichen Verkehrsmitteln unter anderem mit den vielfältigen Kontrollmöglichkeiten, die der Autobesitzer im Hinblick auf die "Festlegung von Abfahrtzeit, Route, Mitfahrern, Fahrstil und Rahmenbedingungen wie Musik, Rauchen, Temperatur und dergleichen" habe.

Zentrale symbolische Bedeutung besitzen materielle Güter auch durch ihre Eignung als *Erinnerungsspeicher* (z.B. Korosec-Serfaty 1984, S. 312f.): Produkte wie die Taschenuhr vom Großvater, der VW-Käfer, mit dem man zum ersten Italien-Urlaub aufgebrochen ist oder die CD mit der Musik von der Schulabschlussparty sind materialisierter Ausdruck von positiven Erlebnissen oder Erfahrungen. Im besonderen Maße gilt dies auch für Geschenke und Selbstgeschenke als Symbole für Anerkennung oder Erfolg (z.B. Mick/Faure 1998). Produkte als Erinnerungsspeicher sind deshalb zentral, "weil die Erinnerung der Verdinglichung für ihr eigenes Erinnern bedarf" (Arendt 1981 [1958], S. 88). Ein zukunftsbezogener symbolischer Wert des Produkteigentums liegt demgegenüber in der *Materialisierung von Konsumchancen*. Unabhängig davon, ob beispielsweise das eigene Auto tatsächlich für Reisen und zum Erobern der Ferne eingesetzt wird, ist es für seinen Eigentümer immer auch die Verkörperung dieser Möglichkeiten (Hilgers 1997, S. 123ff.).

Die Möglichkeit zur Verdinglichung besteht aber nicht allein im Hinblick auf Zukunft und Vergangenheit, sondern auch in Bezug auf gegenwärtige *Werte, Einstellungen, Interessen oder Fähigkeiten* (Prentice 1987; Richins 1994a, S. 507, 1994b; Allen/Ng 1999). So kann beispielsweise die gute Sportausrüstung die Sportlichkeit, die Kleidung vom ökologischen Versandhändler das Umwelt- und Gesundheitsbewusstsein oder der gut gefüllte Bücherschrank die Intellektualität des Eigentümers "verkörpern" (Csikszentmihalyi/Rochberg-Halton 1989 [1981], S. 21) und damit dem Eigentümer Sicherheit in Bezug auf seine Identität verleihen. Ähnliches gilt auch für die spezifische Gütersymbolik so genannter *Übergangsobjekte (transitional objects)*, die in der Entwicklungspsychologie eine wesentliche Rolle spielen (z.B. Dittmar 1992, S. 48f.; Habermas 1996, S. 322ff.). So verleihen beispielsweise Güter wie Kuscheltücher, Puppen oder Teddybären Kindern in einer Phase Stabilität, in der sich ihre Welt im raschen Wandel befindet. Das Prinzip der Übergangsobjekte lässt sich auch auf Lebensphasen von Erwachsenen übertragen, die durch einen einschneidenden Wechsel (z.B. Umzug oder Berufswechsel) gekennzeichnet sind (Friese 1998, S. 41f.). Durch Mitnahme "alter" Gegenstände (z.B. Bilder oder Möbel) fällt die Gewöhnung an die neue Umgebung gegebenenfalls leichter.

Die bisher genannten intraindividuellen Symbolbedeutungen von Produkten beziehen sich primär auf deren "Orientierungsfunktion" (Bode 1993, S. 52) und die damit erreichbare "Daseinsstabilisierung" (Gehlen 1960, S. 164). In einer erweiterten Interpretation nutzt der Mensch aber Produkte nicht nur als Symbole für bestimmte Elemente seiner Identität, sondern macht sie zum integralen Bestandteil seines *erweiterten Selbst (extended self)* (Belk 1988). Grundsätzlich dient in dieser Perspektive die Aneignung beziehungsweise der Kauf eines jeden symbolisch aufgeladenen Produktes der Erweiterung des Selbst. Betrachtet man materielles Eigentum als Teil der Identität, wird verständlich, weshalb Menschen auf Diebstahl oder ungewollte Zerstörung ihrer materiellen Güter häufig mit einer Heftigkeit reagieren, die in kaum einem Verhältnis zum finanziellen Schaden steht (Beaglehole 1931, S. 302ff.; Belk 1988, S. 142ff.; Dittmar 1992, S. 46f.). Der Verlust von Objekten wird von den Opfern partiell als "shrinkage of our personality" (James 1890, S. 293), als Identitätsverlust (Stanjek 1980, S. 90) oder sogar wie eine Vergewaltigung (Dittmar 1992, S. 46) erlebt. Zugespitzt formuliert Erich Fromm "If I am what I have and if what I have is lost, who then am I?" (Fromm 1976, S. 109). Diese Vorstellung von der Zusammengehörigkeit materiellen Besitzes und persönlicher Identität wird auch für den Wunsch verantwortlich gemacht, materiellen Besitz an die nachfolgende Generation zu vererben und damit zumindest einen Teil der eigenen Identität quasi unsterblich zu machen (z.B. Fromm 1976, S. 82; Unruh 1983, S. 341ff.; Gentry/Baker/Kraft 1995 S. 416f.).

Die bisherigen Ausführungen haben die mögliche Vielgestaltigkeit des Symbolwertes materiellen Konsumgütereigentums gezeigt. Dieser Symbolwert wird aufgegeben, wenn das betreffende Eigentum durch eine Dienstleistung ersetzt wird. Die mangelnde Bereitschaft dazu dürfte ein wesentlicher Grund dafür sein, warum die Prognose von Berry/Maricle (1973, S. 35), "that the time is rapidly approaching ... when one virtually could live a happy and productive life without owning anything more substantial than a toothbrush" nur für die wenigsten Konsumenten jemals zutreffen wird. Inwiefern aus dem Symbolwert des Eigentums ein relevantes Hemmnis für die Dienstleistungsnachfrage erwächst, hängt jedoch stark ab vom jeweiligen Gut, von der Konsumentenzielgruppe und der jeweiligen Entscheidungssituation. Kein Gut besitzt für jeden Konsumenten zu jedem Zeitpunkt einen unverzichtbaren Symbolwert. Dass es zudem verkürzt ist, Konsumsymbolik nur als Nachteil für eigentumsersetzende Dienstleistungen zu betrachten, zeigen die folgenden Ausführungen.

3. Die symbolische Bedeutung von Dienstleistungen

Die Theorie des symbolischen Konsumentenverhaltens ist bisher eine Theorie des Konsums materieller Güter. Obwohl in vielen sog. Industrieländern mittlerweile über zwei Drittel der Wertschöpfung auf den tertiären Sektor entfällt, wird die symbolische Bedeutung von Dienstleistungen kaum thematisiert. Ausnahme ist allenfalls der Handel, wobei hier der Kauf und damit letztlich der Erwerb des Eigentums an Gütern im Vordergrund steht (z.B. Hansen/Blüher 1993; Scherhorn 1993). Grundsätzlich ist jedoch zu überlegen, ob sich die oben in Bezug auf Güter vorgestellte Systematik des Symbolwertes des Eigentums nicht auf alle Dienstleistungen, also auch auf eigentumsersetzende, übertragen lässt. Diese Übertragungsmöglichkeit soll hier vertiefend anhand der Beispiele Car-Sharing und Wasch-Service verdeutlicht werden. Damit sind beide Typen eigentumsersetzender Dienstleistungen angesprochen: das Car-Sharing als *Nutzungsdienstleistung*, bei der dem Kunden eine Produktnutzungsmöglichkeit geboten wird, und der Wasch-Service als *Ergebnisdienstleistung*, bei welcher der Kunde für das Ergebnis einer Produktnutzung durch den Anbieter zahlt (vgl. zu Typen eigentumsersetzender Dienstleistungen Schrader 2001, S. 73ff.).

Die Miete eines hochwertigen Autos oder die Kleidungspflege durch einen qualifizierten Reinigungsbetrieb können grundsätzlich ebenso wie der Kauf von teuren Autos und Kleidern mit dem Streben nach einem höheren Status einhergehen, also einen *vertikalen interindividuellen Symbolwert* besitzen. Dabei ist es von Nutzen, dass Dienstleistungen in der Regel – und entgegen mancher Begriffsabgrenzung – nicht vollständig dematerialisiert sind, sondern materielle, von Anderen wahrnehmbare Elemente besitzen. Das geliehene Auto ist im Nutzungsprozess genauso gut sichtbar wie das gekaufte, und auch das Ergebnis des Wasch-Service kann z.B. in Form eines besonders weißen, gestärkten Hemdkragens als Ausweis professioneller Wäschepflege dienen. Inwiefern die Car-Sharing-Nutzung der Status-Erhöhung dienen kann, hängt vom Vergleich des (potenziellen) eigenen Autos mit dem entliehenen Fahrzeug ab. Car-Sharing-Autos sind in aller Regel neu oder neuwertig, schon um die notwendige Zuverlässigkeit zu gewährleisten sind. Zudem bieten verschiedene Car-Sharing-Organisationen inzwischen Spaß- und "Luxus-"Fahrzeuge wie Cabriolets oder große Limousinen an. Insbesondere für Personen, die sich ansonsten nur ein altes, geringwertiges Fahrzeug leisten könnten, bietet der Wechsel vom Eigentum zur Dienstleistung hier also durchaus Möglichkeiten zur Prestigeförderung.

Trotz dieser grundsätzlichen Möglichkeit zur Statuserhöhung ist zu vermuten, dass sich der interindividuelle Symbolwert beim Beispiel Car-Sharing auf die *horizontale* Dimension konzentriert. Die Zugehörigkeit zu einer bestimmten Gruppe ist hier in Deutschland meist sogar rechtlich verbrieft, handelt es sich doch bei den Anbietern zumeist um eingetragene Vereine, in denen die Nutzer Mitglied werden. Solange die Anbieterschaft noch wenig differenziert ist, verbleibt die Gruppenidentifikation allgemein auf der Ebene "Car-Sharing-Nutzer". Bei einem weiteren Marktwachstum und dem Auftreten konkurrierender Anbieter werden langfristig auch spezifischere Identifikationsmöglichkeiten geboten, z.B. als besonders "ökologisch orientierte Car-Sharing Kunden" eines Anbieters von Fahrzeugen mit alternativen Antrieben, als "Spaß orientierte Car-Sharing Kunden" eines Anbieters von verschiedenen Sportwagen und Cabriolets oder als "technologisch-modern orientierte

Car-Sharing Kunden" eines Anbieters besonders innovative Fahrzeuge, die über ein vollautomatisiertes Buchungssystem gesteuert werden. Auch Kunden eines Wasch-Services bieten sich neue Identifikationsmöglichkeiten: Sie gehören nun zu der Gruppe derer, die für notwendige Hausarbeiten lieber bezahlen und ihre Zeit folglich für "besseres" verwenden. Auch wenn diese Gruppe nicht institutionalisiert ist, so kann die Zugehörigkeit zu ihr und die damit verbundene Abgrenzung gegenüber Anderen doch einen Symbolwert besitzen, der in der Interaktion z.B. mit Freunden und Bekannten eine Rolle spielt.

Bei dem *intraindividuellen Symbolwert* von eigentumsersetzenden Dienstleistungen gibt es gegenüber dem Eigentum gravierende Veränderungen: Die Ausübung von *Kontrolle* über die Produktnutzung gibt der Konsument bei Ergebnisdienstleistungen wie dem Wasch-Service an den Anbieter ab. Bei Nutzungsdienstleistungen wie dem Car-Sharing lässt sich ein Kontrollbedürfnis über die genutzten Güter jedoch ähnlich befriedigen wie beim Eigentum. Hinzu kommt, dass der Car-Sharing Nutzer potenziell die Kontrolle über alle Fahrzeuge des Fuhrparks ausüben kann, und nicht nur – wie beim Eigentum üblich – über ein Auto. Materialisierte *Erinnerungsspeicher* besitzt der Dienstleistungskonsument nicht, sieht man einmal von tangiblen Dienstleistungselementen wie Abrechnungen oder Mitgliedsausweisen ab. Dennoch können Dienstleistungen Aufhänger von positiven Erinnerungen sein, die wiederum durch andere Anstöße wachgerufen werden. So kann bspw. die Erinnerung an einen schönen Urlaub auch dadurch wachgerufen werden, dass man im Straßenverkehr ein mit dem Ferienmietwagen typgleiches Fahrzeug entdeckt. Als Äquivalent zu *Übergangsobjekten* im Eigentumsbereich sind im Dienstleistungsbereich auch "Übergangsaktivitäten" denkbar: Durch die Nutzung bekannter Dienstleistungen, evtl. sogar desselben überregionalen Anbieters, kann Konsumenten die Eingewöhnung in einer neuen Umgebung ähnlich erleichtert werden wie durch die Mitnahme materiellen Eigentums. Große Hotelketten machen sich diese Überlegung zunutze, wenn sie mit Hilfe weltweit konstanter Gestaltungselemente ein Gefühl von "Heimat in der Fremde" zu erzeugen versuchen. Car-Sharing- oder Wasch-Service-Anbieter haben grundsätzlich ebenfalls die Möglichkeit, für eine derartige Konstanz in Umbruchsituationen zu sorgen. Dienstleistungen beziehungsweise die im Rahmen des Dienstleistungskonsums genutzten Angebote können auch zum Teil des *erweiterten Selbst* werden. Voraussetzung dürfte hier eine gewisse Dauerhaftigkeit in der Nutzung sein, die "a sense of ownership over the service" (Gabbott/Hogg 1994, S. 320) zur Folge haben kann. Wenn Nutzer bspw. von "meiner" Wäscherei oder "meinem" Car-Sharing-Fahrzeug spricht, kann dies als Identitätserweiterung im Sinne des erweiterten Selbst interpretiert werden. Die im Hinblick auf das erweiterte Selbst oft wichtige Funktion des Vererbt-werden-könnens von Eigentum entfällt beim Dienstleistungskonsum allerdings in aller Regel. Allenfalls bei exklusiven Dienstleistungen mit starkem Nachfrageüberhang ist daran zu denken, Zugangsrechte wie z.B. Mitgliedschaften vererbbar zu gestalten.

Am wichtigsten für den intraindividuellen Symbolwert dürfte jedoch die Möglichkeit sein, mit der Dienstleistungsnutzung *Werte, Einstellungen, Interessen und Fähigkeiten* zum Ausdruck bringen zu können. Gerade weil es bei diesem Symbolaspekt nicht um die Außenwirkung geht, kann die Nutzung beziehungsweise die Nutzungsmöglichkeit selbst Symbolkraft entfalten und ein hinreichende Konkretisierung bedeuten – Sichtbarkeit durch materielle "Verkörperung" ist hier nicht zwingend notwendig. So reicht z.T. schon der Nutzervertrag mit einem Car-Sharing-Anbieter und damit die Unterstützung der Idee des Autoteilens aus, um das positive Gefühl zu haben, sich den eigenen ökologisch orientierten Werten und Einstellungen entsprechend zu verhalten (Belz 2001, S. 187). Die Geschäftsbeziehung mit dem Wasch-Service mag Symbol sein für das Desinteresse an hauswirtschaftlichen Tätigkeiten und der Gewissheit, seine Fähigkeiten besser in den Dienst anderer Aufgaben zu stellen.

Insgesamt lässt sich also festhalten, dass die Ersetzung des Eigentums durch Dienstleistungen nicht nur zum Verlust des Symbolwertes von Produkten führt, sondern die Aneignung des eigenständigen Symbolwerts eigentumsersetzender Dienstleistungen ermöglicht.

4. Empirische Analyse der Relevanz der Konsumsymbolik am Beispiel VW-Mietermobil

Erste empirische Hinweise darauf, ob der Verlust des Symbolwertes des Eigentums und die Möglichkeit zur Erlangung des Symbolwertes der Dienstleistung relevant sind für die Akzeptanz eigentumsersetzender Dienstleistungen, konnten im Rahmen einer wissenschaftlichen Begleitforschung für Volkswagen MIETERMOBIL gewonnen werden. MIETERMOBIL ist ein Car-Sharing-Angebot für die Bewohner größerer Wohnanlagen. Vom klassischen Car-Sharing unterscheidet es sich v.a. dadurch, dass den Nutzern keine Fixkosten (etwa durch Aufnahmegebühren, Mitgliedsbeiträge oder Kapitaleinlagen) entstehen, die Fahrzeuge direkt vor der Tür stehen, jederzeit spontan nutzbar sind und die gesamte Abwicklung über einen Buchungsterminal erfolgt (Schrader/Koch 2001, S. 272ff.). Die Testnutzung für MIETERMOBIL läuft seit Januar 2002 in einem großen hannoverschen Studierendenwohnheim und ist auf zwei Jahre terminiert; ab Mitte 2002 soll das Pilotprojekt auf eine Wohnanlage mit gemischter Bewohnerschaft im EXPO-Stadtteil Kronsberg ausgeweitet werden. Zur Vorbereitung der Nutzung diente unter anderem eine breit angelegte Bewohnerbefragung, in der auch verschiedene Items zum Symbolwert eines eigenen Autos und des MIETERMOBILs abgefragt wurden. Von 385 Studierenden und 38 Kronsberg-Mietern liegen verwertbare Fragebögen vor, was einem Rücklauf von jeweils knapp 50 % der Wohneinheiten entspricht.

Zur Ermittlung des Symbolwertes des eigenen Autos mussten die Befragten auf einer 5-stufigen Skala angeben, inwieweit sie folgende sechs Statements für zutreffend halten: "Ein eigenes Auto ist für mich ein reiner Gebrauchsgegenstand." (invertiert), "Ein eigenes Auto ist mehr als nur ein Fortbewegungsmittel.", "Ein eigenes Auto ist ein Statussymbol.", "Ohne eigenes Auto bin ich nur ein halber Mensch.", "Mit dem eigenen Auto kann man auch zeigen, dass man im Leben Erfolg hat." und "Mit einem Auto kann ich anderen zeigen, was für ein Typ ich bin.". Durch Mittelwertbildung wurden diese Items zu einem Indexwert mit hoher Skalenreliabilität (Cronbachs $\alpha = 0{,}73$) zusammengefasst. Die Messung des Symbolwertes des MIETERMOBILs erfolgte auf gleiche Weise über die Bewertung der vier Statements "MIETERMOBIL passt zu meinem Lebensgefühl.", "Mietermobil verschafft mir ein Stück Freiheit.", "Die Nutzung von Mietermobil ist für mich ein Zeichen von Vernunft." und "Durch die Mietermobil-Nutzung kann ich anderen zeigen, was für ein Typ ich bin." ($\alpha = 0{,}75$). Die Messergebnisse zeigen, dass die Befragten sowohl MIETERMOBIL als auch insbesondere dem eigenen Auto einen eher geringen Symbolwert zusprechen (vgl. Abbildung 2).

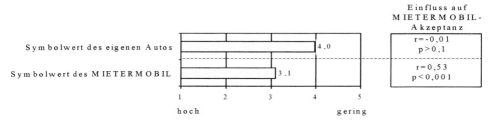

Abbildung 2: Einschätzung des Symbolwertes von eigenem Auto und MIETERMOBIL und deren Einfluss auf die MIETERMOBIL Akzeptanz

Vor dem Hintergrund, dass gerade dem Auto oft eine besondere symbolische Bedeutung zugeschrieben wird (z.B. Fromm 1976, S. 73; Sachs 1990; Hilgers 1997, S. 121ff.), ist das Antwortverhalten der Befragten überraschend. Dabei liegt das Ergebnis nicht an dem hohen Anteil Studierender, denn weder übt das Alter oder das tatsächliche Autoeigentum einen Einfluss auf die Höhe des Symbolwertes aus, noch ist dieser bei den Mietern in der Kronsberg-Siedlung höher als bei den Wohnheim-Bewohnern. Betrachtet man die einzelnen Auto bezogenen Items, so findet das Statement "Ein eigenes Auto ist mehr als nur ein Fortbewegungsmittel" noch die höchste Zustimmung, allerdings auch nur bei 30 % der Befragten voll oder weitgehend. Die Neigung, das eigene Auto symbolisch im hohen Maße aufzuladen, ist bei vielen Menschen offensichtlich geringer als z.T. angenommen. Auch MIETERMOBIL wird nur von einer Minderheit der Befragten als Objekt mit hohem Symbolwert eingeschätzt. Einzig das Statement "Die Nutzung von MIETERMOBIL ist für mich ein Zeichen von Vernunft" wird mit 59 % vom größeren Teil der Befragten für voll oder weitgehend zutreffend gehalten.

Dass viele Befragten diesen Konsumangeboten bei einer direkten Befragung nur geringen Symbolwert zusprechen, bedeutet jedoch keinesfalls zwangsläufig eine geringe Relevanz für die Akzeptanz eigentumsersetzender Dienstleistungen. Die Ermittlung des Einflusses der Symbolwerteinschätzung auf die Akzeptanz erfolgte hier mit Hilfe einer Korrelationsanalyse (nach Pearson). Das Akzeptanzkonstrukt wurde dabei operationalisiert als Kombination aus positiver Einstellung und Nutzungsintention (Anzahl intendierter Nutzungen pro Monat), wobei die Einstellungsmessung erfolgte über die Bewertung der vier Statements "MIETERMOBIL finde ich modern und zeitgemäß.", "Über einen großen Erfolg von MIETERMOBIL wäre ich froh.", "MIETERMOBIL halte ich für ein sehr sinnvolles Angebot." und "MIETERMOBIL bietet im Vergleich zum eigenen Auto viele Vorteile." ($\alpha = 0{,}85$ für die Einstellung; $\alpha = 0{,}53$ für die Akzeptanz). Es zeigt sich, dass die Bewertung des Symbolwertes des eigenen Autos nicht signifikant mit der MIETERMOBIL-Akzeptanz korreliert. Diejenigen, die dem eigenen Auto einen besonders geringen Symbolwert zusprechen, sind also keinesfalls automatisch MIETERMOBIL-Anhänger; gleichzeitig gilt: auch Personen, die Autos einen überdurchschnittlich hohen Symbolwert zuschreiben, können eine besondere Akzeptanz für MIETERMOBIL besitzen. Dieses Ergebnis widerspricht der Ausgangsüberlegung und auch den Resultaten einer Voruntersuchungen (Schrader 2001, S. 318ff.). Allerdings ist hier die Zusammensetzung der Stichprobe zu berücksichtigen, denn Studierende können einerseits mit ihrem Semesterticket öffentliche Verkehrsmittel kostenlos nutzen und stehen andererseits bei der Finanzierung eines eigenen Autos oft vor besonderen Problemen. Ein Studierender, dem ein Auto nichts bedeutet, kann seinen Mobilitätsbedarf folglich auch ohne MIETERMOBIL oft kostengünstig befriedigen; und wer eine Affinität zum Auto hat, dem bietet möglicherweise MIETERMOBIL die beste Zugangsmöglichkeit. Die Zielgruppenspezifität dieses Ergebnisses wird auch dadurch bestätigt, dass der Korrelationskoeffizient für die Teilstichprobe Hannover-Kronsberg immerhin $r=-0{,}17$ beträgt und damit die Größenordnung der Voruntersuchung besitzt.

Einen deutlich stärkeren Einfluss auf die MIETERMOBIL-Akzeptanz hat aber offensichtlich die Bewertung des MIETERMOBIL-Symbolwertes. Mit einem Korrelationskoeffizienten von $r=0{,}53$ ist dieser Zusammenhang stark und hoch signifikant. Wer MIETERMOBIL einen hohen Symbolwert zuschreibt, hat in der Regel auch eine überdurchschnittlich positive Einstellung und Nutzungsbereitschaft gegenüber diesem Dienstleistungsangebot.

5. Konsequenzen für Management und Wissenschaft

Die Erkenntnis, das eigentumsersetzende Dienstleistungen einen Akzeptanz relevanten Symbolwert besitzen, hat Konsequenzen insbesondere für die Kommunikationspolitik. Da der Symbolwert nicht objektiv gegeben ist, haben die Anbieter hier – wie im Bereich des Eigentums auch – die Möglichkeit, beispielsweise durch Werbung die symbolische Aufladung der Dienstleistung positiv zu verstärken und zu nutzen. Zu denken ist hier etwa an die Präsentation von Testimonials, die als Dienstleistungsnutzer Vorbildcharakter haben und so Identifikationspotenziale schaffen. Für das Beispiel Car-Sharing könnten dabei Slogans genutzt werden wie: "Car-Sharing passt zu mir", "Mobil ohne eigenes Auto – die Freiheit nehme ich mir" oder "Wer nur ein Auto hat, tut mir leid" (Telgenbüscher 1998, S. 8). Wie die Untersuchung gezeigt hat, geht die Akzeptanz für eigentumsersetzende Dienstleistungen jedoch nicht zwangsläufig mit einer Ablehnung des Symbolwertes alternativen Gütereigentums einher. Von daher sollte die Kommunikation für die Dienstleistung auf eine Herabsetzung der Alternative Eigentum verzichten. Auch unter Car-Sharing affinen Menschen finden sich durchaus Personen mit einem positiven Verhältnis zum Automobil. Darauf deutet beispielsweise auch die Bereitschaft einiger Mitglieder von Car-Sharing-Organisationen hin, ehrenamtlich als Fahrzeugbetreuer zu arbeiten und sich um Pflege und Wartung der Fahrzeuge zu kümmern.

Auch wenn hier generell ein Zusammenhang zwischen Symbolwert und Akzeptanz von eigentumsersetzenden Dienstleistungen aufgezeigt werden konnte, so besteht in diesem Bereich doch weiterhin erheblicher Forschungsbedarf. Generell ist es notwendig, die Besonderheiten der Symbolbedeutung von Dienstleistungen gegenüber Produkteigentum genauer zu analysieren und die Übertragung von Symbolelementen aus dem Güterbereich um Dienstleistungsspezifische Elemente zu ergänzen. Für eine valide empirische Erfassung sind zudem Skalen zu entwickeln, die den verschiedenen Dimensionen (vertikal interindividuell, horizontal interindividuell, intraindividuell) und Aspekten gebührend Rechnung tragen. Die damit zu erzielenden Ergebnisse ermöglichen dann auch konkretere Hinweise für die Marketinggestaltung. Ein hier ebenfalls relevanter, bisher weitgehend vernachlässigter Punkt betrifft die Berücksichtigung negativer Symbolwerte. Hirschman (1988, S. 37) weist beispielsweise auf das hohe "Enttäuschungspotenzial" langlebiger Gebrauchsgüter hin, "die auch dann noch vorhanden sind, nachdem man sie gebraucht und enttäuschende Erfahrungen mit ihnen gemacht hat, und die durch ihr Fortbestehen die Erinnerung an diese Enttäuschungen wachhalten." Anders als in der Literatur zumeist vorausgesetzt, trägt die Symbolfunktion des Erinnerungsspeichers also keinesfalls generell zum Wert des Eigentums aus Konsumentensicht bei, woraus sich wiederum ein positiver Einfluss auf die Akzeptanz eigentumsersetzender Dienstleistungen ergeben könnte. Generell zeigt sich also die Notwendigkeit, die Bedeutung der Konsumsymbolik für eine Entscheidung zwischen Eigentum und Dienstleistungen weiter konzeptionell zu durchdringen und empirisch zu untersuchen. Bereits jetzt kann jedoch festgehalten werden, dass Konsumsymbolik keinesfalls generell als Hemmnis eines Konsums ohne Eigentum gesehen werden darf, sondern bei offensiver Berücksichtigung durchaus Chancen für eine erfolgreiche Zielgruppenansprache bietet.

Literatur

Adlwarth, W. (1983): Formen und Bestimmungsgründe prestigegeleiteten Konsumverhaltens, München

Allen, M.W.; Ng, S.H. (1999): The direct and indirect influences of human values on product ownership, in: Journal of Economic Psychology, Vol. 20, S. 5-39

Arendt, H. (1981 [1958]): Vita activa, München (Originalausgabe: The Human Condition, Chicago 1958)

Barone, M.J.; Shimp, T.A.; Sprott, D.E. (1999): Product Ownership as a Moderator of Self-Congruity Effects, in: Marketing Letters, Vol. 10, No. 1, S. 75-85

Beaglehole, E. (1931): Property. A study in social psychology, London

Belk, R.W. (1988): Possessions and the Extended Self, in: Journal of Consumer Research, Vol. 15 (September), S. 139-168

Belz, F.-M. (2001): Integratives Öko-Marketing. Erfolgreiche Vermarktung ökologischer Produkte und Leistungen, Wiesbaden

Berry, L.L.; Maricle, K.E. (1973): Consumption without Ownership: Marketing Opportunity for Today and Tomorrow, in: MSU Business Topics, Spring 1973, S. 33-41

Bode, M. (1993): Der Ansatz des symbolischen Konsumentenverhaltens in der wissenschaftstheoretischen Diskussion der Konsumforschung, muk Premium Nr. 4, Lehrstuhl Markt und Konsum, Hannover

Buß, E.H. (1987): Funktions- und Legitimationswandel des Eigentums, in: Lampe, E.-J. (Hrsg.): Persönlichkeit, Familie, Eigentum. Grundrechte aus der Sicht der Sozial- und Verhaltenswissenschaften, Jahrbuch für Rechtssoziologie und Rechtstheorie Bd. 12, Opladen, S. 322-333

Conrady, R. (1990): Die Motivation zur Selbstdarstellung und ihre Relevanz für das Konsumentenverhalten. Eine theoretische und empirische Analyse, Frankfurt a.M. u.a.

Csikszentmihalyi, M.; Rochberg-Halton, E. (1989 [1981]): Der Sinn der Dinge. Das Selbst und die Symbole des Wohnbereichs, München, Weinheim (Originalausgabe: The meaning of things. Domestic symbols and the self, Cambridge MA 1981)

Douglas, M.; Isherwood, B. (1980): The World of Goods: Towards an anthropology of consumption, Harmondsworth u.a.

Feemers, M. (1992): Der demonstrativ aufwendige Konsum. Eine theoretisch-empirische Untersuchung, Frankfurt a.M.

Fischer, D.; Wöhler, C. (2001): Mode, Design, Funktion und Ökologie, in: Schrader, U.; Hansen, U. (Hrsg.): Nachhaltiger Konsum. Forschung und Praxis im Dialog, Frankfurt a.M., New York, S. 335-354

Fournier, S. (1991): A meaning-based framework for the study of consumer object relations, in: Holman, R.H.; Solomon, M.R. (Hrsg.): Advances in Consumer Research, Vol. 18, S. 736-742

Friese, S. (1998): Zum Zusammenhang von Selbst, Identität und Konsum, in: Neuner, M.; Reisch, L.A. (Hrsg.): Konsumperspektiven: Verhaltensaspekte und Infrastruktur, Gerhard Scherhorn zur Emeritierung, Berlin, S. 35-53

Fromm, E. (1976): To Have or to Be? New York u.a.

Furby, L. (1978): Possessions: Toward a Theory of Their Meaning and Function throughout the Life Cycle, in: Baltes, P.B. (Hrsg.): Life Span Development and Behavior, Vol. 1, New York u.a., S. 297-336

Furby, L. (1991): Understanding the Psychology of Possessions and Ownership: A Personal Memoir and an Appraisal of Our Progress, in: Rudmin; F.W. (Hrsg.): To Have Possessions: A handbook on ownership and property. Special Issue of Journal of Social Behavior and Personality, Vol. 6, No. 6, S. 457-463

Gabbott, M.; Hogg, G. (1994): Consumer Behaviour and Services. A Review, in: Journal of Marketing Management, Vol. 10, S. 311-324

Gehlen, A. (1960): Soziologische Aspekte des Eigentumsproblems der Industriegesellschaft, in: Walter-Raymond-Stiftung (Hrsg.): Eigentum und Eigentümer in unserer Gesellschaftsordnung, Köln, Opladen, S. 164-184

Gentry, J.W.; Baker, S.M.; Kraft, F.B. (1995): The role of possessions in creating, maintaining, and preserving one's identity: Variation over the life cycle, in: Kardes, F.R.; Sujan, M. (Hrsg.): Advances in Consumer Research, Vol. 22, Provo, S. 413-418

Glaser, P. (2000): Das Handy. Fernbedienung fürs Leben, in: Stern, H. 18/2000, S. 122-128

Habermas, T. (1996): Geliebte Objekte. Symbole und Instrumente der Identitätsbildung, Berlin, New York

Hansen, U.; Blüher, K. (1993): Handel und Konsumkultur, Hannover

Hansen, U.; Bode, M. (1999): Marketing & Konsum. Theorie und Praxis von der Industrialisierung bis ins 21. Jahrhundert, München

Hilgers, M. (1997): Ozonloch und Saumagen. Motivationsfragen der Umweltpolitik, Stuttgart, Leipzig

Hirschl, B.; Konrad, W.; Scholl, G.U.; Zundel, S. (2001): Nachhaltige Produktnutzung. Sozial-ökonomische Bedingungen und ökologische Vorteile alternativer Konsumformen, Berlin

Hirschman, A.O. (1988): Engagement und Enttäuschung. Über das Schwanken der Bürger zwischen Privatwohl und Gemeinwohl, Frankfurt a.M.

Hirschman, E.C. (1981): Comprehending symbolic consumption, in: dies.; Holbrook, M.B. (Hrsg.): Symbolic Consumer Behavior, Ann Arbor, S. 4-6

James, W. (1890): The Principles of Psychology, Vol. 1, New York

Jantsch, E. (1973): Unternehmung und Umweltsystme, in: Hensch, B.; Malik, F. (Hrsg.): Systemorientiertes Management, Bern, Stuttgart, S. 27-46

Korosec-Serfaty, P. (1984): The Home from Attic to Cellar, in: Journal of Environmental Psychology, Vol. 4, S. 303-321

Mick, D.G.; Faure, C. (1998): Consumer self-gifts in achievement contexts: the role of outcomes, attributions, emotions, and deservingness; in: International Journal of Research in Marketing, Vol. 15, S. 293-307

Pfriem, R. (1995): Unternehmenspolitik in sozialökologischen Perspektiven, Marburg

Prelinger, E. (1959): Extension and Structure of the Self, in: The Journal of Psychology, Vol. 47 (January), S. 13-23

Prentice, D.A. (1987): Psychological correspondence of possessions, attitudes and values, in: Journal of Personality and Social Psychology, Vol. 53, No. 6, S. 993-1003

Reisch, L.A. (1995): Status und Position. Kritische Analyse eines sozioökonomischen Leitbildes, Wiesbaden

Richins, M.L. (1994a): Valuing things: The Public and Private Meanings of Possessions, in: Journal of Consumer Research, Vol. 21 (December), S. 504-521

Richins, M.L. (1994b): Special Possessions and the Expression of Material Values, in: Journal of Consumer Research, Vol. 21 (December), S. 522-533

Sachs, W. (1990): Die Liebe zum Automobil. Ein Rückblick in die Geschichte unserer Wünsche, Reinbek bei Hamburg

Scherhorn, G. (1992): Was ist am Zusatznutzen so problematisch?, in: Rosenberger, G. (Hrsg.): Konsum 2000, Frankfurt a.M., New York, 157-166

Scherhorn, G. (1993): "Nur noch beim Kaufen fühlen sich die Menschen frei", Interview in: Psychologie Heute, 20. Jg., H. 1, S. 22-26

Schrader, U. (2001): Konsumentenakzeptanz eigentumsersetzender Dienstleistungen. Konzeption und empirische Analyse, Franfurt a.M. u.a.

Schrader, U.; Koch, P.-S. (2001): Kundenorientierte Gestaltung von Verfügungsrechten und –pflichten - Das Beispiel VW-MIETERMOBIL, in: Schrader, U.; Hansen, U. (Hrsg.): Nachhaltiger Konsum: Forschung und Praxis im Dialog, Campus, Frankfurt a.M. u.a., S. 269-290

Schuster, H.-W. (1994a): Prestigegeleitetes Konsumentenverhalten. Teil 1: Typologie des Distinktkonsums, in: Jahrbuch der Absatz- und Verbrauchsforschung, 40. Jg., H. 2, S. 108-121

Schuster, H.-W. (1994b): Prestigegeleitetes Konsumentenverhalten. Teil 2: Produktpolitische Konsequenzen des Distinktkonsums, in: Jahrbuch der Absatz- und Verbrauchsforschung, 40. Jg., H. 3, S. 218-231

Sirgy, M.J. (1982): Self-Concept in Consumer Behavior: A Critical Review, in: Journal of Consumer Research, Vol. 9 (December), S. 287-300

Solomon, M.R. (1983): The role of products as social stimuli: A symbolic interactionism perspective, in: Journal of Consumer Research, Vol. 10 (December), S. 319-329

Stanjek, K. (1980): Die Entwicklung des menschlichen Besitzverhaltens. Materialien aus der Bildungsforschung Nr. 16, Max-Planck-Institut für Bildungsforschung, Berlin

Stihler, A. (1998): Die Bedeutung der Konsumsymbolik für das Konsumentenverhalten, in: Neuner, M.; Reisch, L.A. (Hrsg.): Konsumperspektiven: Verhaltensaspekte und Infrastruktur, Gerhard Scherhorn zur Emeritierung, Berlin, S. 55-71

Telgenbüscher, T. (1998): "Wer nur ein Auto hat, tut mir leid", Interview mit Thomas Telgenbüscher, Geschäftsführer Stattmobil Dortmund, in: VDI-nachrichten, 30. Januar 1998, S. 8

Türk, K. (1987): Einführung in die Soziologie der Wirtschaft, Stuttgart

Unruh, D.R. (1983): Death and Personal History: Strategies of Identity Preservation, in: Social Problems, Vol. 30, No. 3, S. 340-351

Veblen, T. (1987 [1899]): Theorie der feinen Leute. Eine ökonomische Untersuchung der Institutionen, Frankfurt a.M. (Originalausgabe: The theory of the leisure class, New York 1899)

Wicklund, R.A.; Gollwitzer, P.M. (1982): Symbolic Self-Completion, Hillsdale, London

Willgerodt, H. (1980): Eigentumsordnung (einschl. Bodenordnung), in: Albers, W. (Hrsg.): Handbuch der Wirtschaftswissenschaft (HdWW), Bd. 2, Stuttgart u.a., S. 175-189

Ökologische Dienstleistungen und organisierte Gemeinschaftsnutzungen zwischen Anspruch und Alltagsrealität – Ausgangsüberlegungen zu einem Forschungsvorhaben zur Förderung von nachhaltigen Konsummustern durch Angebote und Maßnahmen im Wohnumfeld

Kathrin Buchholz, Petra van Rüth & Ines Weller

Technische Universität Berlin, Forschungsbereich Sozial-ökologische Forschung/Feministische Umweltforschung
E-Mail: Kathrin.Buchholz@TU-Berlin.de und Petra.vanRueth@TU-Berlin.de

1. Einleitung

Die bestehenden Produktions- und Konsummuster sind mit erheblichen Ressourcenverbräuchen und Umweltbelastungen verbunden. In der Nachhaltigkeitsdebatte wird daher ihrer Veränderung große Bedeutung beigemessen. Für den Bereich des privaten Konsums werden insbesondere der Kauf von umweltgerechteren Produkten (z.B. ökologisch erzeugte Lebensmittel, vgl. u.a. UBA 1997) sowie Nutzungsdauerverlängerungs- und Nutzungsintensivierungsstrategien als ressourcenschonende Konsumformen (vgl. Hirschl, Konrad, Scholl, Zundel 2001) diskutiert. In der Nachhaltigkeitsdebatte haben diese Ansätze ein hohes Gewicht, in der Praxis erreichen sie jedoch nur einen geringen Teil von KonsumentInnen. Diese können meist entweder der Gruppe der "Ökopioniere" zugerechnet werden, oder sie haben sich aus spezifischen Lebensumständen heraus (z.B. Veränderung der Arbeitssituation, Wohnortwechsel, Geburt eines Kindes, Erkrankungen) für eine Veränderung bestimmter Konsumgewohnheiten entschieden (Cunningham, van Rüth, Weller 2000; Franke 2001). Die geringe Umsetzung wird auf eine Vielzahl von Hemmnissen, die der Verbreitung nachhaltiger Konsummuster entgegenstehen, zurückgeführt: So sind ökologische Produktalternativen oft noch immer schlechter verfügbar als konventionelle Produkte. Beispielsweise werden ökologische Lebensmittel in der BRD nach wie vor vorrangig über Nischenmärkte vermarktet, während das Angebot im konventionellen Lebensmittelhandel sich auf wenige Produkte beschränkt. Umweltgerecht produzierte Textilien sind fast ausschließlich in speziellen Fachgeschäften oder Versandhäusern erhältlich. Darüber hinaus wirken in vielen Bereichen fehlende oder unklare Informationen sowie die aus der geringen Zahl von Angeboten resultierenden langen Wege hemmend. Auch die gemeinschaftliche Nutzung von Produkten erfordert einen vergleichsweise hohen Umstellungsaufwand, sie ist z.T. mit einem höheren Koordinationsaufwand verbunden, es bestehen rechtliche Probleme und die gemeinschaftliche Nutzung hinterlässt u.U. Spuren an den Gütern, die den Gebrauchswert individuell einschränken können (Verbraucherzentrale Baden-Württemberg 1997).

Da die räumliche Nähe zwischen Angeboten und Nachfragenden organisatorische, ökonomische und logistische Hemmnisse verringern kann, erscheint eine Anbindung an das Wohnumfeld für eine Unterstützung neuer Nutzungsstrategien günstig. Auch aus ökologischer Sicht ist die Verortung von Gemeinschaftsnutzungen im direkten Wohnumfeld vorteilhaft, weil kaum zusätzlicher Transportaufwand entsteht (Verbraucherzentrale Baden-Württemberg 1997; Behrendt, Behr 2000). Zudem können potenzielle NutzerInnen in ihrem Alltagskontext angesprochen werden.

Auch für die Nutzung ökologischer Dienstleistungen kann die Anbindung an das Wohnumfeld förderlich sein und Nutzungshemmnissen entgegenwirken. Die Ergebnisse eines Forschungsprojektes zu Gemüseabonnements (Cunningham, van Rüth, Weller 2000) belegen, dass die direkte

Verfügbarkeit und leichte Erreichbarkeit, wie sie durch Lieferservices gewährleistet wird, die Akzeptanz von ökologischen Dienstleistungsangeboten für manche KonsumentInnen erhöhen und im Entscheidungsprozess einen positiven Impuls für eine ökologische Handlungsoption geben kann. Dennoch stehen der individuellen Nutzung von Lieferservicen auch Schwierigkeiten im Weg. So löst es bei vielen Menschen Unbehagen aus, wenn die Anwesenheit in der Wohnung bei der Zustellung nicht organisiert werden kann und die Lebensmittel so nach der Lieferung längere Zeit unbeaufsichtigt vor der Wohnungstür stehen. Eine im Wohnumfeld organisierte Belieferung in einen zentralen Raum, der nur für die BewohnerInnen zugänglich ist, bietet Sicherheit, reduziert für einzelne NutzerInnen anfallende Liefergebühren und erfordert keine Anwesenheit bei der Lieferung. Die Vorzüge der Belieferung von Produkten des alltäglichen Bedarfes könnten auch BewohnerInnen, die derartige Dienstleistungen bislang nicht in Anspruch genommen haben, dazu motivieren beispielsweise Getränke in Pfandflaschen zu bestellen. Damit kann der Einkaufsverkehr als ein besonders umweltbelastender Teil des privaten Konsumverhaltens (Frehn et al. 1999) reduziert werden. Gemeinschaftliche Organisations- und Nutzungsformen im Wohnumfeld bieten zudem die Möglichkeit, in der Nachbarschaft Erfahrungen und Wissen auszutauschen, was zu Bestärkung und Unterstützung der Nutzung ökologischer Handlungsalternativen führen kann.

Ebenfalls für eine Anbindung neuer Nutzungskonzepte an das Wohnumfeld spricht, dass Wohnungswirtschaftsunternehmen derzeit ein starkes Interesse an der Ausweitung ihrer Betätigungsfelder haben, um ihre Marktpositionen zu stabilisieren (FWI/IZT 1999). Ergänzend zum Kerngeschäft der Wohnungsvermietung werden zunehmend verschiedene Dienstleistungen für MieterInnen angeboten. Bislang liegt der Schwerpunkt vor allem im sozialen Bereich (z.B. Beratungsangebote), auf der Entwicklung neuer Wohn- und Lebensformen für das Alter (vgl. BMFSFJ 1999; Meyer, Schulze 1999a und 1999b) und auf neuen Serviceangeboten (z.B. Brötchendienste). Zusätzliche Angebote der Wohnungswirtschaft könnten jedoch auch wertvolle Impulse für die Erschließung von Umweltentlastungspotenzialen im privaten Konsumbereich liefern, sodass wohnungswirtschaftliche Unternehmen zu neuen Akteuren bei der Entwicklung und Verbreitung nachhaltiger Produktions- und Konsummuster werden können (Scharp, Galonska, Kreibich 1999). Hierfür sind öko-effiziente Dienstleistungen und deren Vermittlung durch die Wohnungswirtschaft von besonderer Bedeutung (Scharp 1999). Erste Ansätze von Car-Sharing-Angeboten mit wohnanlagenbezogenen Fahrzeugpools, die MieterInnen wohnungsnah eine Alternative zum eigenen PKW anbieten, werden gut angenommen. So nutzten bei im Mietpreis bereits enthaltener Teilnahmegebühr im Wohnhaus Schlump in Hamburg etwa die Hälfte der BewohnerInnen die Fahrzeuge (ILS o.J.). In einem anderen Projekt in Gießen, bei dem zusätzliche Nutzungsverträge abgeschlossen werden müssen, beteiligte sich ca. ein Viertel der Mietparteien am Car-Sharing-Angebot des Wohnungsunternehmens (Fischer, Hiestermann 1998; Freudenau 1999). Die derzeitigen Aktivitäten der Wohnungswirtschaft bieten daher Anknüpfungspunkte für die Entwicklung von neuen Nutzungskonzepten. Die Wohnungswirtschaft bietet sich als Partnerin zur Förderungen von nachhaltigen Konsumalternativen im Wohnumfeld von Mietshäusern auch deswegen an, weil sie für die konkrete Ausgestaltung entsprechender Maßnahmen und Angebote eine wichtige Funktion einnimmt (z.B. in Bezug auf die Bereitstellung von Räumen).

Vor diesem Hintergrund untersuchen wir im Rahmen des im Juli 2001 an der TU Berlin begonnenen Forschungsvorhabens, welche Gemeinschaftsnutzungen und ökologische Dienstleistungen auf das Interesse von MieterInnen stoßen und wie sie im Wohnumfeld organisiert werden können. Dies erfolgt in Zusammenarbeit mit Unternehmen der Berliner Wohnungswirtschaft anhand von drei konkreten Modellprojekten in verschiedenen sozialen Kontexten. Die Planung und Realisierung der Angebote und Maßnahmen erfolgt partizipativ mit den MieterInnen und es werden hierfür neue Akteurskooperationen zwischen MieterInnen, Anbietern ökologischer Dienstleistungen, lokalen Initiativen und Unternehmen der Wohnungswirtschaft aufgebaut. Durch eine Evaluation der Modellprojekte soll überprüft werden, inwieweit die realisierten, als ökologisch eingeschätzten Handlungsalternativen bei ihrer Einbindung in die Alltagsorganisation wirklich zu Umweltentlastungen führen oder ob möglicherweise im Kontext von Verhaltensänderungen neue Umweltbelastungen entstehen. Es sollen Potenziale für eine bessere Anbindung organisierter Gemeinschaftsnutzungen und ökologischer Dienstleistungen an Alltagsroutinen bzw. auch die Grenzen ihrer Integration in den Alltag ermittelt werden. Die Modellprojekte befinden sich in verschiedenen Stadtteilen Berlins, die große Unterschiede hinsichtlich des sozialen Gefüges aufweisen, sodass wir erwarten, dass sich die jeweiligen Alltagsrealitäten und Ansprüche der BewohnerInnen unterscheiden werden. Dadurch, sowie durch die Einbeziehung der Auswirkungen auf die Versorgungsarbeit können Hinweise darauf gewonnen werden, in welchen Formen an das Wohnumfeld angebundene Maßnahmen und Angebote zu ökologischen Dienstleistungen und organisierten Gemeinschaftsnutzungen erfolgversprechend sein können. Das Vorhaben wird unter der wissenschaftlichen Leitung von Prof. Dr. Ines Weller an der TU Berlin durchgeführt. Es bestehen Kooperationen mit Prof. Dr. Christine Bauhardt (GenderPlanning, TU Berlin) und Prof. Dr. Udo Kuckartz (Methoden der Sozialforschung, Philipps-Universität Marburg). Das Forschungsvorhaben wird im Rahmen der Förderaktivität "Nachhaltiges Wirtschaften: Möglichkeiten und Grenzen von neuen Nutzungsstrategien" vom BMBF gefördert.

Wir werden im Folgenden zunächst anhand von vorliegenden Forschungsergebnissen zur Entwicklung von exemplarischen Projekten (Car-Sharing, Gemüseabonnements) klären, was wir unter ökologischen Dienstleistungen und organisierten Gemeinschaftsnutzungen verstehen. Im Anschluss daran werden wir zwei wesentliche Fragestellungen unseres Forschungsvorhabens und die damit verbundenen Ausgangsüberlegungen ausführlicher darlegen: Erstens die Bedeutung der Berücksichtigung der Bedingungen der Reproduktionsarbeit sowie der Anbindung neuer Nutzungskonzepte an die Erfordernisse der verschiedenen Alltagskontexte und zweitens die Frage der Erfassung von tatsächlich realisierten ökologischen Entlastungen durch Veränderungen des Nutzungsverhaltens.

2. Ökologische Dienstleistungen und organisierte Gemeinschaftsnutzungen

Wir beziehen uns bei der Formulierung unseres Verständnisses von ökologischen Dienstleistungen und organisierten Gemeinschaftsnutzungen auf Forschungsergebnisse zu Car-Sharing-Organisationen und Gemüseabonnements (Franke 2001; Cunningham, van Rüth, Weller 2000). Diese zeigen, dass von den jeweiligen Anbietern der Anteil erbrachter Dienstleistungen sukzessive erhöht wurde, um die Reichweite der Angebote auszudehnen und den Anforderungen einer größeren NutzerInnengruppe anzupassen. Mit dem höheren Dienstleistungsanteil wird der mit der Teilnahme an diesen Nutzungsformen verbundene Mehraufwand teilweise ausgeglichen.

So beschreibt Franke (2001) in ihrer Untersuchung die Entwicklung des von ihr untersuchten Beispiels Car-Sharing als einen Übergang von einem "Ökoprojekt" zu einem Dienstleistungsunternehmen. In den von Franke als "Ökoprojekte" charakterisierten Car-Sharing-Initiativen sind die TeilnehmerInnen selbst – und keine übergeordnete Organisation – für die Koordination der gemeinschaftlichen Nutzung zuständig. Dazu gehört auch, für jeden Einzelnen Verlässlichkeit herzustellen bzw. die Folgen der Unzuverlässigkeit anderer zu (er)tragen oder auszugleichen. Die Bereitschaft zu einer solchen Abhängigkeit von der Zuverlässigkeit anderer ist unterschiedlich stark ausgeprägt und hängt auch davon ab, wie hoch die Identifikation mit den Zielen des Projektes und die Verbundenheit mit dem Gedanken des Teilens ist. Wächst eine Car-Sharing-Organisation, sind die für die Verlässlichkeit und die Toleranz wichtigen persönlichen Bezüge der TeilnehmerInnen untereinander immer schwerer herzustellen. Gleichzeitig steigt der Arbeitsaufwand für die Koordination der gemeinschaftlichen Nutzung, so dass es erforderlich wird, diese professionell zu organisieren und zu bezahlen. Franke macht beim Car-Sharing den Unterschied zwischen einem "Ökoprojekt" und einem ökologischen Dienstleistungsunternehmen entsprechend daran fest, dass im Dienstleistungsunternehmen Nutzungsspuren anderer TeilnehmerInnen und Reibungsverluste bei der Koordination der Nutzung durch bezahlte Arbeit ausgeglichen werden. Die TeilnehmerInnen müssen nicht mehr notwendigerweise in einer Beziehung zueinander zu stehen, sondern haben im Wesentlichen ein Vertragsverhältnis zu einem Dienstleister, dessen (bezahlte) Aufgabe die Gewährleistung der erforderlichen Verbindlichkeit ist.

Eine ähnliche Erhöhung des Dienstleistungsanteils ist bei der Veränderung der Angebotsstruktur von Gemüseabonnements, einer in der Regel wöchentlichen Belieferung mit einem Sortiment saisonalen Gemüse durch ökologische landwirtschaftliche Betriebe, zu erkennen. Diese wurden in Deutschland vor ca. 15 Jahren als Erzeuger-Verbraucher-Kooperationen begonnen. In der ursprünglichen Form wurden von den zunächst noch wenigen NutzerInnen Erschwernisse (Abnahmeverpflichtungen durch langfristige Verträge, Abholen der Lieferungen von zentralen Sammelstellen) in Kauf genommen, um die ökologischen Landwirte in ihrer Arbeit zu unterstützen und damit auch explizit einen Beitrag zur Umweltentlastung zu leisten. Der Kooperationsgedanke war, dass beide Seiten profitieren: Die Vorteile für die VerbraucherInnen waren eine hohe Frische der gelieferten Produkte, günstige Preise und große Transparenz der Produktherkunft. Die Erzeuger profitierten durch garantierte Absatzmengen, Planungssicherheit sowie günstige Absatzpreise. In der weiteren Entwicklung der Unternehmen nehmen seither die Dienstleistungsangebote für die NutzerInnen immer weiter zu. Die Produkte werden heute in hohem Maße vor die Haustür geliefert, der Zwang zu langfristig verbindlichen Vertragsbeziehungen wurde aufgegeben und den NutzerInnen flexiblere Möglichkeiten geboten, z.B. die Lieferungen zeitweise auszusetzen und Produktzusammenstellungen zu verändern. Die NutzerInnen wurden zu KundInnen und die landwirtschaftlichen Unternehmen entwickelten jeweils einen Teil ihres Betriebes zu einem Dienstleistungsbereich, in dem in hohem Maße versucht wird, den Bedürfnissen der KundInnen gerecht zu werden (Cunningham, van Rüth, Weller 2000).

In den beiden hier vorgestellten Untersuchungen werden ökologische Dienstleistungen als Weiterentwicklung von ökologisch motivierten Projekten interpretiert, in die die Anforderungen einer sich ausweitenden NutzerInnengruppe eingeflossen sind. Vor dem Hintergrund dieser Analysen verstehen wir ökologische Dienstleistungen als Angebote von nachhaltigen Konsumalternativen, bei denen durch einen Dienstleistungsanteil mögliche Hemmnisse der Nutzung (z.B. Mehraufwand im Vergleich zu konventionellen Angeboten) ausgeglichen, die Angebote an die Anforderungen der NutzerInnen angepasst und eventuell zusätzliche Leistungen für die NutzerInnen erbracht werden. Damit ergibt sich ein Verständnis von ökologischen Dienstleistungen, das Perspektiven der NutzerInnen und der Nutzung einbezieht, indem der Aufwand für die Nutzung sowie (zusätzliche) Vor- und Nachteile für die NutzerInnen berücksichtigt werden.

Unser Verständnis von ökologischen Dienstleistungen unterscheidet sich damit von Definitionen für ökologische bzw. öko-effiziente Dienstleistungen, die sich in erster Linie auf die Ersetzung materieller Produkte durch immateriell erbrachte Dienstleistungen beziehen (Behrendt, Pfitzner 1999; Jasch, Hrauda 2000; Hirschl, Konrad, Scholl, Zundel 2001). Diese gehen von der Annahme aus, dass "immaterielle" Dienstleistungen grundsätzlich weniger ressourcenintensiv sind als "materielle" Produkte. Eine ökologische oder öko-effiziente Dienstleistung ersetzt ganz oder teilweise den Anteil des materiellen Produktes für die Erzielung des angestrebten Nutzens und führt deshalb, entsprechend der Ausgangsannahme, zu einer Umweltentlastung (Scholl 2000). So verstanden stellen öko-effiziente Dienstleistungen überwiegend Strategien dar, um die Nutzung von Gebrauchsprodukten durch eine Ausweitung des Nutzerkreises zu intensivieren oder um ihre Nutzungsdauer zu verlängern. Diese Definition beinhaltet zum Einen eine Beschränkung auf Gebrauchsprodukte, d.h. Konzepte wie das Gemüseabonnement, die dazu führen, dass konventionelle Verbrauchsprodukte durch ökologische ersetzt werden, fallen aus dieser Systematik heraus. Zum Anderen werden die unserem Verständnis nach wichtigen Perspektiven der NutzerInnen sowie das konkrete Nutzungsverhalten ausgeblendet. So werden von den o.g. AutorInnen Vermietung, Leasing, Sharing, Pooling und private Formen gemeinschaftlicher Nutzung gleichermaßen als gebrauchs- oder nutzungsorientierte Dienstleistungen verstanden. Damit wird keine Differenzierung zwischen kommerziellen Angeboten und nicht-kommerziellen Austauschbeziehungen vorgenommen. Diese sind aus der Perspektive der NutzerInnen jedoch mit erheblichen Unterschieden verbunden, beispielsweise in Hinblick auf den Koordinationsaufwand, der bei der Inanspruchnahme von Dienstleistungen geringer ist. Darüber hinaus werden von auf gemeinschaftliche Nutzungen bezogenen Dienstleistungsunternehmen die von vielen als störend empfundenen Spuren anderer NutzerInnen beseitigt und die Güter in einem Zustand zur Verfügung gestellt, in dem sie den NutzerInnen als unbenutzt erscheinen. Hier bestehen Parallelen zu Dienstleistungsunternehmen in konventionellen Bereichen, die auf der gemeinschaftlichen Nutzung von Gütern beruhen. So ist bei traditionellen Autovermietungen, im Hotel- und Gaststättengewerbe sowie bei Fluggesellschaften ein wesentlicher Teil der Arbeit, die genutzten Güter für jeden ihrer KundInnen wie neu erscheinen zu lassen.

Um die Perspektiven der NutzerInnen und das Vorhandensein bzw. Nicht-Vorhandensein eines konkreten Dienstleisters zu berücksichtigen, unterscheiden wir daher zwischen Gemeinschaftsnutzungen, die als ökologische Dienstleistungen organisiert sind, und nicht-kommerziellen Formen von Gemeinschaftsnutzungen.

Gemeinschaftsnutzungen, die nicht als ökologische Dienstleistungen organisiert sind, setzen u.a. Verbindlichkeit zwischen den TeilnehmerInnen sowie Toleranz gegenüber Nutzungsspuren und Unzuverlässigkeiten anderer voraus. Deshalb kann es für Gemeinschaftsnutzungen förderlich sein, wenn persönliche Bezüge durch Kontakte untereinander vorhanden bzw. möglich sind. Vor diesem Hintergrund verstehen wir unter organisierten Gemeinschaftsnutzungen, dass die gemeinschaftliche Nutzung über einen rein privaten, informellen Austausch hinaus geht und zumindest ein organisatorischer Rahmen für die Gemeinschaftsnutzung existiert. Dies kann z.B. die Bereitstellung eines Raumes für gemeinschaftlich genutzte Güter sein. Dementsprechend lässt sich auch das Konsumgüter-Sharing-Projekt "Teilen statt Kaufen" des Ökostadt Rhein-Neckar e.V., bei dem sich die Mitglieder über einen Katalog auf Gegenseitigkeit Güter ausleihen können (Stolz 2000), als organisierte Gemeinschaftsnutzung auffassen.

Im Wohnumfeld ist sowohl die Koordinierung der Nutzung von ökologischen Dienstleistungen, als auch die Entwicklung von organisierten Gemeinschaftsnutzungen denkbar.

3. Diskrepanzen zwischen ökologischem Anspruch und Alltagsrealität – Die Ausblendung der Veränderungen der Reproduktionsarbeit

In der Nachhaltigkeitsdebatte wird insbesondere an die privaten Haushalte der Anspruch formuliert, ihr Konsumverhalten zu verändern. Eine entsprechende Realisierung nachhaltiger Konsummuster im Allgemeinen sowie die Nutzung ökologischer Dienstleistungen und organisierter Gemeinschaftsnutzungen im Besonderen ist in weiten Teilen der Bevölkerung derzeit allerdings nicht abzusehen. So ist die Nutzung ökologischer Dienstleistungen bislang nur wenig verbreitet: In Berlin nutzten im Herbst 1999 nur ca. 0,2 % der Bevölkerung das Angebot ökologischer Gemüseabonnements (Cunningham, van Rüth, Weller 2000). Für die Beteiligung am Car-Sharing werden für Ende der 90er Jahre in der Bundesrepublik von Behrendt (2000) 25.000 und von Franke (2001) 40.000 NutzerInnen angegeben.

Dies lässt sich nach unserer Einschätzung auch darauf zurückführen, dass die Umsetzung nachhaltiger Konsummuster wie bereits ausgeführt von den privaten KonsumentInnen häufig erheblichen (zeitlichen) Mehraufwand erfordert. Dies bedeutet, dass bei der Diskussion über Hemmnisse und Potenziale der Verbreitung von ökologischen Dienstleistungen und Gemeinschaftsnutzungen bestehende gesellschaftliche Trends zu berücksichtigen sind, die insgesamt mit einem Rückgang der Zeitbudgets für Reproduktions- und Versorgungsarbeiten verbunden sind. So weist der gesellschaftlich notwendige Bereich der Reproduktionsarbeit eine Entwicklung auf, die als "Krise der Reproduktionsarbeit" zu charakterisieren ist (Bock, Heeg, Rodenstein 1993; Beik, Spitzner 1995): Während die Beteiligung von Frauen an der Erwerbsarbeit in den letzten Jahren kontinuierlich zugenommen hat, hat sich die Beteiligung von Männern an der Versorgungsarbeit in den letzten Jahrzehnten wenig verändert (Kettschau 1981, Künzler 1994, BMFSFJ 1996, Holz 2000). Diese "Krise der Reproduktionsarbeit" führt dazu, dass noch immer überwiegend Frauen individuelle Integrationsleistungen erbringen (müssen), um Reproduktions- und Erwerbsarbeit miteinander zu verbinden, da Männer nach wie vor nur einen deutlich geringeren Teil an Verantwortung im Haushalt übernehmen. Angesichts ihrer zeitlichen Überbeanspruchung bedeutet dies: "Versorgungsarbeit (Kapazitäten und Leistungen) steht der Gesellschaft heute und künftig nicht mehr in gleichem Maße als quasi-natürliche Ressource unseres Wirtschaftens und Haushaltens zur Verfügung, wie dies in den derzeitigen wissenschaftlichen und politischen Diskursen um die gegenwärtigen und künftigen Prioritäten stets stillschweigend vorausgesetzt wird. Diese Voraussetzungen werden hinfällig, denn weder wollen Männer diese Arbeit leisten, noch ist sie heute von Frauen in dem gesellschaftlichen Umfang leistbar bzw. Frauen – unter den gegenwärtigen sozialrechtlichen, ökonomischen und gesellschaftlichen Bedingungen – zumutbar" (Spitzner 1998, S. 74). Dies stellt ein gesellschaftliches Problem dar, dass in Zusammenhang mit Nachhaltiger Entwicklung bearbeitet werden muss und vor dessen Hintergrund Konzepte entwickelt werden müssen, die sowohl die vorhandenen geschlechtsspezifischen Zuweisungen als auch die gesellschaftlichen Bedingungen für Reproduktionsarbeit reflektieren.

Vor dem Hintergrund der ungleichgewichtigen Beteiligung von Männern und Frauen an der Reproduktionsarbeit gehen derzeit die Anforderungen nachhaltiger Konsummuster insofern einseitig zu Lasten von Frauen, als "dass diese ihr Verhalten an die ökologischen Vorgaben sozusagen 'end-of-the-pipe' anpassen sollen, ohne dass auf der anderen Seite ihre Anforderungen und Handlungsmöglichkeiten und -grenzen gleichermaßen berücksichtigt werden" (Weller 1997, S. 29). Ökologische Anforderungen an die Alltagsorganisation gehen weit über die Kaufentscheidung für ökologische Produkte hinaus und erfordern oft weit reichende Umstellungen sozialer Praktiken und Handlungsmuster. Häufig sind nachhaltige Konsummuster mit einer Ausweitung unbezahlter Arbeiten verbunden: Neben einem erhöhten Aufwand für die einzelnen Tätigkeiten ist die Beschaffung verlässlicher Informationen erforderlich, und häufig sind Umstellungen von Alltagsroutinen notwendig, die sehr aufwendig sein können. Zum Teil sind sich widersprechende Anforderungen zu integrieren und Handlungsbarrieren im Alltag (z.B. zeitliche, finanzielle) zu überwinden. Insofern ist die ungenügende Anbindung nachhaltiger Konsummuster an die Alltagsrealitäten in privaten Haushalten und an die Bedingungen der Versorgungsarbeit und ihrer Veränderungen als ein wesentliches Hemmnis für ihre Realisierung anzusehen. Ist ein nachhaltigeres Konsumverhalten mit erhöhtem Zeitaufwand verbunden oder erfordert es gravierende Umstellungen von Alltagsroutinen, lässt es sich möglicherweise nur schwer dauerhaft in die bestehenden Strukturen der Versorgungsarbeit integrieren. Bei der Konzeption entsprechender Maßnahmen und Angebote sollten deshalb die Auswirkungen auf die Versorgungsarbeit einbezogen werden, um die Möglichkeiten für ihre Umsetzung im Alltag zu verbessern.

Dabei ist zu berücksichtigen, dass sich mit der Ausdifferenzierung verschiedener Lebensstile unterschiedliche Formen der Alltagsorganisation entwickelt haben. In diesem Zusammenhang ist davon auszugehen, dass für die Realisierung nachhaltiger Konsummuster die Kopplung mit – je nach Konsumstil unterschiedlichen – zusätzlichen Nutzen bzw. Entlastungen von großer Bedeutung ist. Beispielsweise haben Empacher et al. gezeigt, dass für Menschen, deren ökonomische Situation durch Knappheit gekennzeichnet ist, deren Konsumstil sie als "Die schlecht gestellten Überforderten" kennzeichnen, die Verbindung mit finanziellen Entlastungen ein wichtiger Ansatzpunkt für nachhaltiges Konsumverhalten ist. Bei ökologisch interessierten Familien, in denen beide Elternteile berufstätig sind (Konsumstil: "Durchorganisierte Ökofamilien"), steht Zeitknappheit oftmals dem ökologischen Anspruch entgegen (Empacher, Götz, Schultz 2000). Neben der Berücksichtigung zielgruppenspezischer Strategien scheint zusätzlich eine Anbindung an die spezifischen Bedingungen in den Haushalten für die erfolgreiche Realisierung nachhaltiger Konsumalternativen empfehlenswert. Verschiedene Untersuchungen zu Dienstleistungen und Angeboten, denen ökologische Entlastungspotenziale zugesprochen werden (neben den bereits genannten sind dies beispielsweise Gemeinschaftswascheinrichtungen oder Werkzeugverleihe) bestätigen, dass eine Inanspruchnahme von ökologischen Dienstleistungen von VerbraucherInnen vor allem dann in Betracht gezogen wird, wenn diese zusätzliche Nutzen versprechen (vgl. Littig, Machold, Scheibelhofer 1998; Pfitzner, Behrendt 2000; Behrendt, Behr 2000; Cunningham, van Rüth, Weller 2000; Littig 2000).

Eine Voraussetzung für die Konzeption von Angeboten und Maßnahmen, die an die Alltagsrealitäten in konkreten Haushalten anknüpfen, ist, die jeweiligen Bedingungen und Anforderungen zu kennen. Um diese zu ermitteln, halten wir die Anwendung partizipativer Verfahren für eine Möglichkeit. Die Partizipation potenzieller Nutzerinnen und Nutzer bietet – so unsere Annahme – die Chance bedarfsgerechte Angebote zu entwickeln und kann so zu alltagskompatiblen Angeboten und Maßnahmen führen.

Darüber hinaus gehen wir davon aus, dass die erfolgreiche Integration der Nutzung von ökologischen Dienstleistungsangeboten und organisierten Gemeinschaftsnutzungen in den Alltag dadurch unterstützt werden kann, dass bei der Entwicklung von Lösungsstrategien versucht wird, verschiedene Entlastungsdimensionen (ökologische, zeitliche, finanzielle, Reduktion der Komplexität von Alltagshandeln) und Vorteile (z.B. neue Qualitäten von Produkten und Dienstleistungen, Steigerung der Lebensqualität) zusammenzuführen.

Vor diesem Hintergrund werden wir in unserem Forschungsvorhaben exemplarisch in drei verschiedenen Modellprojekten partizipative Verfahren erproben, um in konkreten (Haushalts-) Kontexten beispielhafte Lösungen zu entwickeln, die gegebenenfalls auch in anderen Zusammenhängen umgesetzt werden können. Anhand der Modellprojekte untersuchen wir, inwieweit unter Anwendung von partizipativen Verfahren Konzepte für die gemeinschaftliche Nutzung von Gütern und ökologischen Dienstleistungen entwickelt werden können, die auf die Alltagsrealitäten und spezifischen Anforderungen der BewohnerInnen zugeschnitten sind. Die partizipativen Prozesse sollen dabei so gestaltet werden, dass eine Beteiligung für Frauen und Männer gleichermaßen organisatorisch möglich und attraktiv ist. Darauf aufbauend soll untersucht werden, ob die so entstandenen Konzepte von den BewohnerInnen in ihrem Alltagshandeln umgesetzt werden. Im Rahmen der Evaluation soll u.a. geklärt werden, mit welchen Auswirkungen die umgesetzten Maßnahmenbündel für die Alltagsorganisation und Hausarbeit verbunden sind und ob und für wen es zu Ent- oder Belastungen kommt. Damit verbunden ist die Frage, ob ökologische Dienstleistungen und organisierte Gemeinschaftsnutzungen dann eine stärkere Umsetzung finden, wenn sie Anschluss an die Erfordernisse des Alltags haben.

4. Die Berücksichtigung des Nutzungsverhaltens - ein methodisches Problem bei der Bestimmung der ökologischen Auswirkungen von ökologischen Dienstleistungen und organisierten Gemeinschaftsnutzungen

Bislang ist nicht ausreichend untersucht, mit welchen ökologischen Ent- und Belastungen die in Zusammenhang mit nachhaltigen Konsummustern diskutierten Konzepte tatsächlich verbunden sind (vgl. Neitzel 1996). So kann es zu Rebound-Effekten kommen, indem beispielsweise durch zusätzliche Transporte neue Energie- und Ressourcenverbräuche entstehen. Entsprechend ist auch die Umsetzung von Konzepten für ökologische Dienstleistungen und organisierte Gemeinschaftsnutzungen auf mögliche Problemverlagerungen zu untersuchen. So verweisen auch Scholl und Zundel (1999) darauf, dass die angenommene ökologische Vorteilhaftigkeit von neuen Nutzungskonzepten für Produkte jeweils empirisch zu prüfen ist. In Hinblick auf die ökologischen Auswirkungen neuer Nutzungskonzepte und ökologischer Dienstleistungen liegen derzeit noch sehr wenige gesicherte empirische Ergebnisse vor. Darüber hinaus können auch nicht genuin ökologisch motivierte Nutzungskonzepte und Dienstleistungen ökologisch positive Auswirkungen haben.

Das Nutzungsverhalten sowie mit der Nutzung von ökologischen Dienstleistungen und organisierten Gemeinschaftsnutzungen verbundene Verhaltensänderungen in anderen Bereichen haben einen wesentlichen Einfluss auf die ökologischen Auswirkungen solcher Konzepte. So kann die Teilnahme an Car-Sharing-Angeboten bei ehemaligen AutobesitzerInnen zu einer Reduzierung der mit dem Auto zurückgelegten Wege führen, indem zunehmend Wege mit anderen Verkehrsmitteln zurückgelegt werden. Bei Menschen, die bislang über kein eigenes Auto verfügt haben, kann hingegen die Nutzung des Car-Sharings zu neuen Umweltbelastungen durch zusätzliche Autofahrten führen. Bislang fehlen jedoch weitgehend Untersuchungen darüber, mit welchen Verhaltensänderungen neue Nutzungsstrategien im Anschluss an vorhandene Alltagsroutinen verbunden sind. Diese sind jedoch eine wichtige Voraussetzung dafür, Aussagen darüber treffen zu können, unter welchen Bedingungen neue Nutzungsstrategien tatsächlich zu einer Verringerung von Energie- und Stoffflüssen und damit zu einer Reduzierung von Umweltbelastungen führen können.

Mit der empirischen Erfassung der ökologischen Auswirkungen neuer Nutzungskonzepte und Dienstleistungen sind aber noch grundsätzliche methodische Probleme verbunden. So wird die erhebliche Umweltrelevanz des privaten Konsums u.a. mit dem hohen Anteil der Nutzungsphase an den im Laufe der Produktlebenszyklen aufgewendeten Ressourcenverbräuchen begründet. Eine in Hinblick auf die Berücksichtigung der Gebrauchsphase durchgeführte Analyse ausgewählter Produkt-Ökobilanzen und Stoffstromanalysen (Weller, Hayn, Schultz 2001) weist jedoch darauf hin, dass insbesondere bei der Integration der Gebrauchsphase in Ökobilanzen eine Reihe offener Fragen bestehen. Ein Grundproblem ist, dass kaum Daten über die konkreten alltäglichen Nutzungsformen vorhanden sind. Bislang wird in den Studien auf – in der Regel stark vereinfachende – Annahmen über das konkrete Nutzungsverhalten zurückgegriffen, die einen großen Einfluss auf die Ergebnisse der Bilanzen haben (a.a.O.).

Dies veranschaulichen beispielsweise die differierenden Ergebnisse von zwei Studien zum Vergleich der Umweltauswirkungen des Wäschewaschens im privaten Haushalt und im Waschsalon, die vom Institut für Zukunftsstudien und Technologiebewertung (IZT) (Pfitzner, Behrendt 2000) und vom Institut für ökologische Wirtschaftsforschung (IÖW) (Hirschl 2000) durchgeführt worden sind. Die Ergebnisse beider Studien deuten auf ökologische Vorteile des Wäsche-Waschens im (mit wassersparenden und energieeffizienten Geräten ausgestatteten) Waschsalon hin, wobei die Differenz zum Ressourcenverbrauch beim Wäsche-Waschen im privaten Haushalt in der Bilanzierung von Hirschl deutlich größer ist als bei den Berechnungen von Pfitzner und Behrendt. Dies mündet darin, dass nach Hirschl die private Textilwäsche im Waschsalon sogar dann ökologisch günstiger ist als das Waschen im Haushalt, wenn im Waschsalon zusätzlich Wäschetrockner benutzt werden und die Wäsche teilweise mit dem Auto transportiert wird. Demgegenüber stellten Pfitzner und Behrendt fest, das die ökologischen Vorteile des Waschsalons durch eine zusätzliche Trocknernutzung und den Wäschetransport im Auto überkompensiert werden.

Die beiden Studien unterscheiden sich erheblich im methodischen Aufwand: Während Hirschl (2000) in Anlehnung an die Methodik der Ökobilanz eine umfassende Bilanzierung vorgenommen hat, basieren die Berechnungen von Pfitzner und Behrendt (2000) in erster Linie auf Herstellerangaben. Eine wesentliche Ursache für die Unterschiedlichkeit der Ergebnisse ist neben den verschiedenen Datenquellen in hohem Maße in den unterschiedlichen Annahmen über das VerbraucherInnenverhalten zu sehen: Pfitzner und Behrendt legen ihren Berechnungen sowohl für den privaten Haushalt als auch für den Waschsalon die für Herstellerangaben üblichen Standard-Bedingungen eines 60°-Waschgangs mit vollbefüllter Trommel (i.d.R. 5 kg) zu Grunde. In der Untersuchung von Hirschl werden dagegen für das Waschverhalten in privaten Haushalten und in Waschsalons unterschiedliche Annahmen zu Grunde gelegt: Dabei wird für den privaten Haushalt eine durchschnittliche Befüllung von 3 kg Wäsche pro Waschgang angenommen, während für den Waschsalon aufgrund einer eigens durchgeführten empirischen Erhebung von einer durchschnittlichen Trommelbefüllung von 5 kg ausgegangen wird. Die jeweils unterschiedlichen Ausgangsannahmen der beiden Studien zum NutzerInnenverhalten beim Wäschewaschen im Haushalt (Wäschemenge pro Waschgang) haben erheblichen Einfluss auf den ermittelten Ressourcenverbrauch pro Kilogramm gewaschener Wäsche und damit auf das jeweils ermittelte Ausmaß der ökologischen Vorteile des Waschens im Waschsalon.

Der Vergleich der beiden Studien verdeutlicht den Einfluss von Annahmen über das Nutzungsverhalten auf die Bilanzierung und Abschätzung von Umweltauswirkungen. Der Bezug solcher Annahmen auf einen abstrakten Durchschnittsmenschen blendet die verschiedenen Alltagskontexte mit ihren Implikationen für die Verhaltensweisen aus. Bei der Berücksichtigung des Nutzungsverhaltens sollte unseres Erachtens daher zwischen verschiedenen Rahmenbedingungen der

Nutzung differenziert werden. So wird in den oben genannten Beispielen der Einfluss unterschiedlicher Haushaltsgrößen auf das Nutzungsverhalten beim Waschen bei der Bildung eines Durchschnitts aller Haushalte nicht berücksichtigt, obwohl die Befüllung einer Waschmaschine nicht unwesentlich von der Anzahl der Haushaltsmitglieder abhängt. Den Blick für die Berücksichtigung verschiedener Alltagskontexte und Lebensrealitäten schärft die Gender-Perspektive, da sie durch ihre Fokussierung auf Geschlechterdifferenzen auf die Unterschiedlichkeit und soziale Ausdifferenzierung von NutzerInnen und damit auch des Nutzungsverhaltens insgesamt verweist (Schultz 2001).

Vor diesem Hintergrund wollen wir in unserem Forschungsvorhaben Umweltentlastungspotenziale in direkter Verbindung mit konkreten Verhaltensänderungen untersuchen und erwarten davon, sowohl die Umweltauswirkungen von ökologischen Dienstleistungen und organisierten Gemeinschaftsnutzungen konkreter zu erfassen als auch methodische Anstöße für die Berücksichtigung der Gebrauchsphase bei Ökobilanzierungen.

5. Ziel: Integrierte Betrachtung der verschiedenen Problemdimensionen

Die Evaluation der Modellprojekte zielt darauf ab, verschiedene Dimensionen der mit ökologischen Dienstleistungen und organisierten Gemeinschaftsnutzungen verbundenen Be- und Entlastungen (ökologisch, zeitlich, finanziell, Reduktion der Komplexität von Alltagshandeln) zu untersuchen sowie insbesondere auch nach den Wechselbeziehungen zwischen ihnen zu fragen. Damit sollen Potenziale und Hemmnisse der modellhaft entwickelten Lösungen ermittelt und diese in Hinblick auf ihren Beitrag zur Entwicklung nachhaltiger Konsummuster bewertet werden.

Die Verknüpfung der verschiedenen Be- und Entlastungsdimensionen soll es ermöglichen, Umweltauswirkungen von ökologischen Dienstleistungen und organisierten Gemeinschaftsnutzungen mit Bezug zu ihren Anbindungen an verschiedene Alltagsrealitäten abzuschätzen und damit zu einer integrierten Einschätzung ihrer Potenziale für die Realisierung nachhaltiger Konsummuster zu kommen. Insofern unternehmen wir mit unserem Vorhaben den Versuch, die programmatisch immer wieder geforderte Integration der drei Säulen von Nachhaltigkeit - Soziales, Ökologie, Ökonomie - in praxisbezogenen Konzepten zu erproben.

Literatur

Behrendt, Siegfried (2000): Car-Sharing, Nachhaltige Mobilität durch eigentumslose Pkw-Nutzung, IZT-WerkstattBericht Nr. 43, Berlin.

Behrendt, Siegfried, Frank Behr (2000): Öko-Rent im Bereich "Heimwerken, Baueigenleistung und Gartenpflege", IZT-WerkstattBericht Nr. 41, Berlin.

Behrendt, Siegfried, Ralf Pfitzner (1999): Eco-Services for Sustainable Development in the European Union. Renting, Leasing, Sharing änd Pooling Services – Methodology and State of the Art. IZT-WerkstattBericht Nr. 33.

Beik, Ute, Meike Spitzner (1995): Reproduktionsarbeitsmobilität. Theoretische und empirische Erfassung, Dynamik ihrer Entwicklung und Analyse ökologischer Dimensionen und Rahmenbedingungen für Handlungsstrategien. Endbericht. Unter Mitarbeit von Uta von Winterfeld u. Hildegard Ganser. Wuppertal-Institut für Klima, Umwelt, Energie GmbH, Abteilung Verkehr. Wuppertal.

BMFSFJ (Bundesministerium für Familie, Senioren, Frauen und Jugend) (Hg.) (1996): Zeit im Blickfeld. Ergebnisse einer repräsentativen Zeitbudgeterhebung. Erstellt von Karen Blanke, Manfred Ehling und Norbert Schwarz. Stuttgart, Berlin, Köln.

BMFSFJ (Bundesministerium für Familie, Senioren, Frauen und Jugend) (Hg.) (1999): Newsletter: Selbstbestimmt Wohnen im Alter - Modellprogramm, Nr. 4/ 1999, Bonn.

Bock, Stefanie, Susanne Heeg, Marianne Rodenstein (1993): Reproduktionsarbeitskrise und Stadtstruktur. In: FREI-RÄUME. Streitschrift der feministischen Organisation von Palnerinnen und Architektinnen. Heft 6: Regionalentwicklung – feministische Perspektiven, S. 14-26.

Cunningham, Silvia, Petra van Rüth, Ines Weller (2000): Ökologische Dienstleistung Gemüseabonnement - Entlastung von Umwelt und Frauen? Untersuchung der sozio-ökonomischen Voraussetzungen, ökologischen Entlastungspotenziale und sozialen Folgen von Gemüseabonnements sowie Ableitung von Strategien zur Vergrößerung ihrer Reichweite, Berlin.

Empacher, Claudia, Konrad Götz, Irmgard Schultz (2000): Demonstrationsvorhaben zur Fundierung und Evaluierung nachhaltiger Konsummuster und Verhaltensstile. Endbericht des Teilprojekts 2: Haushaltsexploration der Bedingungen, Möglichkeiten und Grenzen nachhaltigen Konsumverhaltens. Im Auftrag des Umweltbundesamtes. Unter Mitarbeit von Barbara Birzle-Harder. Frankfurt a.M.

Fischer, Holger, Lutz Hiestermann (1998): Car-Sharing für Wohnungsbauuntenehmen - ein innovatives Konzept von Consult 21 und der Invers GmbH, In: Rundbrief Nr. 10 "Autoarme Stadtquartiere" (http://www.ils.nrw.de/publik/autoarm/10-98-3.htm 3.09.2001).

Franke, Sassa (2001): Car-Sharing: Vom Ökoprojekt zur Dienstleistung, Berlin.

Frehn, M.; A. Meißner; E. Plate; S. Fohr; J. Thiemann-Linden; V. Diegmann; T. Bracher; M. Liwicki; M. Drechsler (1999): Vergleichende Umweltbilanz Umweltwirkungen und Einzelhandelsstrukturen am Beispiel von Leipzig; Teilbericht 4 des Modellvorhabens Nr. 209 01 221 des Umweltbundesamtes; Auswirkungen der räumlichen Struktur des Einzelhandels auf Verkehr und Umwelt; unveröffentlichter Vorabdruck des Berichtes; Stand Juli 1999.

Freudenau, Henrik (1999): Vom Wohnungsanbieter zum Mobilitätsdienstleister, Die GSW Gesellschaft für Soziales Wohnen in Gießen bietet ihren Mietern eine Alternative zum eigenen Auto, In: Rundbrief Nr. 10 "Autoarme Stadtquartiere" (http://www.ils.nrw.de/publik/autoarm/11-99-3.htm 17.08.2001).

FWI/IZT (Führungsakademie der Wohnungs- und Immobilienwirtschaft e.V. / Institut für Zukunftsstudien und Technologiebewertung) (1999): News Letter No. 1 Mitteilungen aus dem Forschungsverbund "Benchmarking der Wohnungswirtschaft als Anbieter und Förderer von Dienstleistungen"; Berlin und Bochum.

Gruner, Sabine, Barbara Hinding, Bettina Graf, Doris Felbinger (2000): Zur Entstehung von sozialen Netzen und nachhaltigen Konsummustern im Wohnumfeld: Ergebnisse einer qualitativen Exploration. In: Hans Joachim Harloff, Kees W. Christiaanse, Gabriele Wendorf, Klaus Zillich, Hans-Luitger Dienel (Hrsg.): Wohnen und Nachhaltigkeit. Interdisziplinäre Forschung vor der Haustür. Veröffentlichung im Rahmen des BMBF-Projektes "Die Bedeutung von Wohngruppen für die Bildung nachhaltiger Konsummuster", TU Berlin 2000.

Hirschl, Bernd (2000): Produkte länger und intensiver nutzen – das Beispiel private Textilwäsche. Schriftenreihe des IÖW 149/00, Berlin.

Hirschl, Bernd, Wilfried Konrad, Gerd U. Scholl, Stefan Zundel (2001): Nachhaltige Produktnutzung. Sozialökonomische Bedingungen und ökologische Vorteile alternativer Konsumformen. Berlin.

Holz, Erlend (2000): Zeitverwendung in Deutschland –Beruf, Familie, Freizeit - Wiesbaden.

ILS (o.J.): Rundbrief Nr. 7 "Autoarme Stadtquartiere" WOHN MOBIL oder Mobilität ohne eigenes Auto als Marketinginstrument, http://www.ils.nrw.de/publik/autoarm/kurz.htm.

Jasch, Christine, Gabriele Hrauda (2000): Ökologische Dienstleistungen. Markt der Zukunft. Forschungsbericht des Instituts für ökologische Wirtschaftsforschung. Wien.

Kettschau, Irmhild (1981): Wieviel Arbeit macht ein Familienhaushalt? – Zur Analyse von Inhalt, Umfang und Verteilung der Hausarbeit heute. Dissertation, Dortmund.

Künzler, Jan (1994): Familiale Arbeitsteilung, Die Beteiligung von Männern an der Hausarbeit, Bielefeld.

Littig, Beate (2000): Eco-efficient services for private households: Looking at the consumer's side. In: Ursula Pretterdorfer (ed.): International Summer Academy on Technology Studies. Strategies of a Sustainable Product Policy. July 9 – 15, 2000 in Deutschlandsberg, Austria, Conference Proceedings.

Littig, Beate, Ingrid Machold, Ella Scheibelhofer (1998): Fallstudien ökoeffizienter Dienstleistungen und gemeinsamer Nutzung im Alltag: Wäschewaschen, Heimwerken und Kühlen. Institut für Höhere Studien (IHS) Projektbericht, Wien.

Meyer, Sybille, Eva Schulze (1999a): Der intelligente Haushalt. Das können heute Netztechnologien. In: Die Wohnungswirtschaft 1/99 S. 21-23.

Meyer, Sybille, Eva Schulze (1999b): Der intelligente Haushalt - Teil 2. Ist die Wohnungswirtschaft technikfeindlich? In: Die Wohnungswirtschaft 3/99 S. 25-26.

Neitzel, Harald (1996): Agenda 21 und Studien über nachhaltige Entwicklung. In: Ökologisches Wirtschaften. Ausgabe 3/4, 1996, 18-20.

Pfitzner, Ralf, Siegfried Behrendt (2000): Nachhaltig Waschen. Umweltentlastung durch gemeinschaftliche Nutzungsformen? Fallstudie im Rahmen des Projektes "Eco-Services for Sustainable Development in the European Union". Unter Mitarbeit von Annette Kleinknecht und Stéphanie Zangl. WerkstattBericht Nr. 42 des Institut für Zukunftsstudien und Technologiebewertung, Berlin.

Scharp, Michael (1999): Nachhaltigkeit, Dienstleistungen und Öko-Effizienz. In: Michael Scharp, Jürgen Galonska, Rolf Kreibich: Dienstleistungen der Wohnungswirtschaft für den Mieter: Akzeptanz, Beschäftigungseffekte und Öko-Effizienz. Tagungsdokumentation, IZT-WerkstattBericht Nr. 31, Berlin, S. 1-13.

Scharp, Michael, Jürgen Galonska, Rolf Kreibich (1999): Dienstleistungen der Wohnungswirtschaft für den Mieter: Akzeptanz, Beschäftigungseffekte und Öko-Effizienz. Tagungsdokumentation, IZT-WerkstattBericht Nr. 31, Berlin.

Scholl, Gerd (2000): Zwischen Vision und Machbarkeit. Einführung in das Schwerpunktthema "öko-effiziente Dienstleistungen". in: Ökologisches Wirtschaften 5/2000, S. 10.

Scholl, Gerd, Stefan Zundel (1999): Neue Nutzungskonzepte für Produkte - Entwicklungsperspektiven von Strategien zur Nutzungsdauerverlängerung und Nutzungsintensivierung - In: Zeitschrift für angewandte Umweltforschung, Jg. 12 (1999), Heft 4, S. 517-531.

Schultz, Irmgard (2001): Ein Blick zurück. Gender-Perspektiven in der deutschen Umweltforschung, In: politische ökologie 70, AGender 21, 19. Jahrgang (Juni 2001), S. 18-20.

Spitzner, Meike (1998): Die Krise der Reproduktionsarbeit: Herausforderung an eine öko-soziale Stadtplanung. In: Deutscher Städtetag: Frauen verändern ihre Stadt. Arbeitshilfe 3: Stadtentwicklung. DST-Beiträge zur Frauenpolitik, Reihe L Heft 4, Köln u. Berlin 1998, S. 72-81.

Stolz, Hilde (2000): Beispiele für die gelungene Nutzungsintensivierung von Produkten durch gemeinschaftliche Nutzung an den Beispielen Car-Sharing und Teilen-statt-Kaufen. Dokumentation des Folienvortrags. In: Bernd Hirschl, Wilfried Konrad, Gerd Scholl (Hg.): Produkte länger und intensiver nutzen, Dokumentation des Abschlussworkshops des Projekts Neue Nutzungskonzepte für Produkte, Mannheim, 4. Mai 2000, Berlin/ Heidelberg 2000.

UBA (Umweltbundesamt) (1997): Nachhaltiges Deutschland, Wege zu einer dauerhaft-umweltgerechten Entwicklung, Berlin.

Verbraucherzentrale Baden-Württemberg (1997): "Nutzen statt Besitzen" Mieten, Teilen, Leihen von Gütern. Ein Zukunftsmodell?; herausgegeben vom Ministerium für Umwelt und Verkehr Baden-Württemberg; Luft, Boden, Abfall Heft 47.

Weller, Ines, Doris Hayn, Irmgard Schultz (2001): Geschlechterverhältnisse, nachhaltige Konsummuster und Umweltbelastungen. Vorstudie zur Konkretisierung von Forschungsfragen und Akteurskooperationen. BMBF-Sondierungsstudie 07SOE34. Bremen, Frankfurt a.M.

Weller, Ines (1997): Löffeln die Frauen die Suppe aus? Anforderungen an Nachhaltige Konsummuster aus der Sicht von Frauen als Expertinnen des Alltags. In: Zukünfte Nr. 20/97, S. 28-29.

Bereiche nachhaltigen Konsums

Das Leitbild "Nachhaltige Ernährung" – Ernährungsökologie im Kontext der Diskussion um eine nachhaltige Ernährung aufgezeigt an Agenda 21-Arbeitskreisen
Erste deskriptive Ergebnisse

Christa Schwab & Prof. Dr. Adelheid Stipproweit

Institut für Biologie der Universität Koblenz-Landau
E-Mail: fb7@uni-landau.de

1. Einführung

Der wissenschaftliche und praxisbezogene Diskurs um eine nachhaltige Entwicklung, insbesondere um ein langfristiges, nachhaltiges Ernährungssystem im Sinne des Leitbildes der Nachhaltigkeit und damit der Agenda 21 ist Ausgangspunkt dieser Studie.

Das Ziel der im Jahr 1992 in Rio de Janeiro beschlossenen Agenda 21 als globales Aktionsprogramm für das 21. Jahrhundert ist eine weltweite, ökologisch, ökonomisch und sozialverträgliche, nachhaltige Entwicklung, die langfristig auch den nachfolgenden Generationen ausreichend natürliche Lebensgrundlagen sichert. Als zentrales Steuerungsinstrument zur Umsetzung dieses Zieles gilt die sog. Lokale Agenda 21. In Kapitel 28 der Agenda 21 werden alle Kommunen dieser Erde aufgefordert in einen Konsultationsprozess mit ihren BürgerInnen, örtlichen Organisationen und der Privatwirtschaft einzutreten und ihre eigene, jeweils den besonderen Bedingungen vor Ort angepasste Lokale Agenda 21 zu erstellen und umzusetzen (BMU 1997).

Unterschiedlich rasch und intensiv wurde die Botschaft von Rio in den europäischen Ländern daraufhin aufgenommen. Das Leitbild einer nachhaltigen Entwicklung hat auch in Deutschland inzwischen eine breite Zustimmung gefunden und im September 2001 haben 2052 Kommunen (14,4% der Städte, Gemeinden, Landkreise) den Auftrag der Agenda 21 angenommen und erarbeiten sowie erproben zusammen mit ihren BürgerInnen, VertreterInnen der lokalen/regionalen Organisationen, Verbänden und Verwaltung, der Wirtschaft, sowie der Politik ein Leitbild für eine zukunftsfähige Entwicklung (CAF/Agenda-Transfer, NRW).

Die Forderung der Agenda 21 nach einer zukunftsfähigen, nachhaltigen Entwicklung und der Ausrichtung des Umweltschutzes zukünftig nicht nur an ökologischen Fragen, sondern gleichzeitig auch unter Berücksichtigung von ökonomischen und sozialen Gesichtspunkten, betrifft alle Lebensbereiche, auch den Konsum und hier als einen wesentlichen Bereich die menschliche Ernährung.

Vor dem Hintergrund der z.Zt. stattfindenden enormen, gesellschaftlichen, ökonomischen und ökologischen Veränderungen bis hin zur Gefahr der Überbevölkerung unseres Planeten und im Bemühen um eine langfristige Sicherung der natürlichen Lebensgrundlagen, wirtschaftlicher Stabilität, sozialer Verträglichkeit und internationaler Gerechtigkeit gewinnt insbesondere die Frage einer nachhaltigen, zukunftsfähigen Ernährung zunehmend an Bedeutung. Dabei macht die Vernetzung der Ernährung mit fast allen Bereichen des gesellschaftlichen Lebens die Erweiterung der ernährungswissenschaftlichen Betrachtungsweise über den gesundheitlichen Aspekt hinaus auf ökologische, ökonomische und soziale Belange im Sinne einer Ernährungsökologie als interdisziplinäre Wissenschaft erforderlich.

Neben den gegenseitigen Wechselwirkungen zwischen Mensch und Umwelt, die bei einer humanökologische Perspektive im Mittelpunkt der Betrachtung stehen, müssen im Sinne einer solchen Ernährungsökologie die Wechselwirkungen der Ernährung mit dem einzelnen Menschen, der Umwelt, sowie der Gesellschaft als dem sozialen System, in dem er sich bewegt, und den darin entwickelten Wertvorstellungen, Wahrnehmungs- und Verhaltensmustern und Leitbildern berücksichtigt werden.

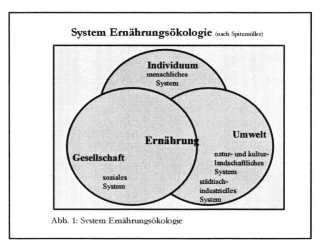

Abb. 1: System Ernährungsökologie

Dabei dient die Ernährung dem Menschen zunächst einmal zur Erhaltung seiner Gesundheit und zur Aufrechterhaltung lebensnotwendiger Funktionen. Die Grundlagen der Ernährung werden dabei vom natur- und kulturlandschaftlichen System bereitgestellt und anschließend im städtisch-industriellen System unter Einsatz von Energie und weiteren Ressourcen verarbeitet, transportiert, vermarktet und entsorgt. Im sozialen System spielt die Ernährung nicht nur eine Rolle bezüglich der Kommunikation, sondern hat hier außerdem sowohl kulturelle, wie ökonomische und politische Bedeutung. Innerhalb dieses gesamten Ernährungssystems kommt es zu gegenseitigen, vielfältigen und z.T. sehr komplexen Wechselwirkungen (Spitzmüller et al. 1993).

Auf der Grundlage dieses Ansatzes definiert sich das Leitbild einer nachhaltigen Ernährung analog dem Leitbild der nachhaltigen Entwicklung über die Gesundheits-, Umwelt- und Sozialverträglichkeit des Ernährungssystems auf der Grundlage globaler Verantwortung und internationaler Gerechtigkeit, und zwar in Bezug auf die Art der Erzeugung, Verarbeitung, Vermarktung einschließlich des Handels und Transportes von Nahrungsmitteln, dem Konsumverhalten der Bevölkerung, sowie Fragen der Abfallentsorgung auf lokaler, regionaler und globaler Ebene. Leitbilder haben dabei allgemein für Individuen und Gruppen handlungsleitende und darüber hinaus wahrnehmungs-, denk-, und entscheidungsleitende Funktionen. Für Organisationen bzw. Unternehmen gelten Leitbilder zudem als kooperations-, koordinations- und kommunikationsleitend, so die Ergebnisse der Leitbildforschung der Abteilung Organisation und Technikgenese am Wissenschaftszentrum Berlin (Marz et al. 1992, Dierkes 1992, Marz 1993, Barben et al.

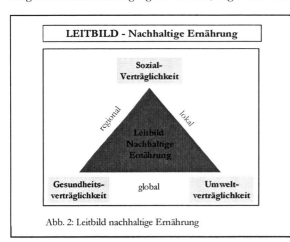

Abb. 2: Leitbild nachhaltige Ernährung

1993). Der Einzelne folgt dabei in seinem alltäglichen Handeln seinem jeweils persönlichen Leitbild, das durch individuelle und gesellschaftliche Faktoren beeinflusst wird und dabei sowohl bewusste als auch unbewusste Wirkung hat. "In sozialen Prozessen, Organisationsentwicklungen und Diskursen haben Leitbilder drei Hauptfunktionen, sie orientieren, motivieren und formieren" (Kuckartz 1996, S. 119). Gleichzeitig sind solche individuellen Leitbilder aber auch in Organisationen, Gruppen und Vereinigungen wirksam, wo sie auf jeweils spezifische Art und Weise interpretiert, spezifiziert und modifiziert die entsprechenden Wahrnehmungs-, Denk-, Entscheidungs- und Verhaltensmuster prägen. Leitbilder sind demnach nicht statisch, sondern verändern sich aufgrund solcher vielfältiger individueller und gesellschaftlicher Wechselwirkungen (Däumling 1960).

2. Forschungsziele

An der Schnittstelle zwischen sozial- und naturwissenschaftlicher Forschung wird diese Arbeit Erkenntnisse liefern zu Leitbildern und damit zu Wahrnehmungs- und Verhaltensmustern, Einstellungen und Wertorientierungen, Informations- und Kommunikationsmustern in ausgewählten Agenda 21-Arbeitskreisen zum Themenbereich nachhaltige Ernährung. Über die Erfassung und Darstellung der einstellungs- und handlungsleitenden Einflussfaktoren auf individueller und gesellschaftlicher Ebene in Zusammenhang mit deren Bedeutung auf lokaler, regionaler und globaler Basis werden die dort vorherrschenden Leitbilder analytisch rekonstruiert.

Wenn die Entwicklung einer Lokalen Agenda in Kommunen durch spezifische Leitbilder beeinflusst wird, wie angenommen wird, ist einerseits nach individuellen Leitbildern zu fragen, denen die in LA 21-Arbeitskreisen engagierten Personen in ihrem täglichen Handeln, hier speziell in Bezug auf ihre nachhaltige Ernährung folgen. Dabei ist die Frage nach der Existenz unterschiedlicher oder sogar gegensätzlicher Leitbilder mit einer möglicherweise auch impliziten Ausprägung zu beantworten. Darüber hinaus interessieren gleichzeitig Leitbilder, die in solchen LA 21-Arbeitskreisen selbst vorherrschen, deren Orientierungs-, Motivierungs- und Formierungskraft im Agenda 21-Prozeß, sowie das Ausmaß ihres normgebenden Charakters.

In diesem Zusammenhang ist daher die Beantwortung der folgenden ernährungsökologischen Leitfragen notwendig:

- Welchen Stellenwert hat die **Sozialverträglichkeit** der Nahrungsmittelherstellung, -verarbeitung und –vermarktung, einschließlich Fragen des "Fairen Handels" mit Entwicklungsländern?
- Welchen Stellenwert hat die **Umweltverträglichkeit** bei Erzeugung und Transport von Nahrungsmitteln, sowie in Bezug auf die Naturbelassenheit von Nahrungsmitteln?
- Welchen Stellenwert hat die **Gesundheitsverträglichkeit** von Nahrungsmitteln, einschließlich gentechnisch veränderter Nahrungsmittel, Functional Food, Novel Food?
- Welchen Stellenwert haben **regionale/lokale Potenzen** der Nahrungsmittelerzeugung?

Außerdem werden die in ausgewählten LA 21-Arbeitskreisen im Handlungsfeld Ernährung behandelten Problembereiche, die Organisation und Arbeitsweise, konkrete Maßnahmen und Projekte, sowie deren soziale Diffusion erhoben und im Hinblick auf einen nachhaltigen, zukunftsfähigen Ernährungsstil dargestellt und bewertet. Ziel ist außerdem die Ermittlung von kurz-, mittel- und langfristigen Umsetzungsstrategien auf lokaler, regionaler und globaler Ebene und deren Bewertung in Bezug auf ihre Umwelt-, Gesundheits- und Sozialverträglichkeit.

Es sollen Aussagen möglich sein zu:

- **Leitbildern**, die den Handelnden in Lokalen Agenda 21-Arbeitskreisen im Handlungsfeld Ernährung zugrunde liegen, sowie deren soziale Diffusion im Hinblick auf einen nachhaltigen, zukunftsfähigen Ernährungsstil.
- **Organisation und Arbeitsweise** von ausgewählten LA 21- Arbeitskreisen im Handlungsfeld Ernährung, sowie den dabei von den Akteuren als förderlich bzw. hinderlich wahrgenommenen Faktoren.
- behandelten **Problembereichen**, sowie konkreten **Maßnahmen** und **Projekten** ausgewählter LA 21-Arbeitskreise im Handlungsfeld Ernährung.
- kurz-, mittel- und langfristigen **Umsetzungsstrategien** auf lokaler, regionaler und globaler Ebene und deren Bewertung in Bezug auf ihre Umwelt-, Gesundheits- und Sozialverträglichkeit.

Hinweisen auf Bedingungen, die eine deutliche Zunahme nachhaltigen Ernährungsverhaltens in der Gesellschaft ermöglichen könnten.

3. Forschungsdesign

3.1 Sampling

Die wesentliche Voraussetzung für die Auswahl der beteiligten LA 21-Arbeitskreise war eine über mehrere Jahre stattfindende Aktivität zum Thema Ernährung, sowie erfolgreich umgesetzte Vorhaben. Die beteiligten LA 21-Arbeitskreise sollten in Kommunen mittlerer Größe und in unterschiedlichen Bundesländern und dabei sowohl in städtisch als auch ländlich geprägten Regionen lokalisiert sein. Der kommunale Leitbildprozess sollte unterschiedlich weit fortgeschritten sein.

3.2 Datenerhebung

Die erforderlichen Daten wurden dabei mit Hilfe der qualitativen Methoden des leitfadengestützten Interviews erhoben. Die Fragen des Interviews waren in zwei verschiedene Bereiche gegliedert. Etwa die Hälfte der Fragen bezog sich dabei auf individuelle und gesellschaftliche Einflussfaktoren auf der Grundlage der Erkenntnisse der bisherigen Umweltbewusstseinsforschung. Der andere Teil war auf die Arbeitsweise des betreffenden Arbeitskreises ausgerichtet. Darüber hinaus enthielt der Leitfaden einige Fragen zum berichteten, persönlichen, nachhaltigen Ernährungsverhalten. Die Fragen waren lediglich thematisch vorformuliert und wurden der jeweiligen Gesprächssituation bei Bedarf in ihrer Formulierung und Reihenfolge angepasst. Einige soziodemographische Daten wurden parallel dazu mit Hilfe eines standardisierten Fragebogens erhoben. Der eigentlichen Datenerhebungsphase wurde ein Pretest vorgeschaltet, dessen Ergebnisse in die Gestaltung des Interviewleitfadens eingingen.

3.3 Methode

Die vollständig transkribierten Interviews werden mit dem Textdatenbanksystem *MAXqda* nach dem Konzept der computergestützte Leitbildanalyse in Anlehnung an de Haan und Kuckartz ausgewertet. Mit Hilfe dieses Programms erfolgt in fünf Phasen die analytische Rekonstruktion von Leitbildern, die für die in Agenda 21-Arbeitskreisen Handelnden wahrnehmungs-, denk-, entscheidungs- und handlungsleitend sind (Kuckartz 1996, de Haan et al. 1996). Grundlage hierbei sind die vom Wissenschaftszentrum Berlin im Rahmen der Leitbildforschung ermittelten Teilfunktionen von Leitbildern, die anhand verschiedener Projekte der Forschungsgruppe Umweltbildung an der Freien Universität Berlin in Form von sechs sog. Dimensionen erster Ordnung aufgegriffen und weiterentwickelt wurden (de Haan et al. 1996, Böttger 1996, Schaar et al. 1995, Schaar 1996, Stecher 1998, Giesel 1998, Giesel 1999, Puls 2000). Zu Beginn einer Leitbildanalyse werden diese Dimensionen erster Ordnung zunächst, der jeweilgen Forschungsthematik entsprechend, näher definiert. Dabei beziehen sich die ersten drei Dimensionen auf das Individuum selbst, während die folgenden drei den Diskurs in der jeweiligen Gemeinschaft, hier Sozietät, betreffen.

Abweichend vom Verfahren der Leitbildanalyse nach de Haan und Kuckartz werden in dieser Untersuchung die Dimensionen erster Ordnung um eine weitere Dimension ergänzt, nämlich um die gegenwärtige Basislinie. Hier soll der Ist-Zustand erfasst werden oder anders ausgedrückt, es werden hier die

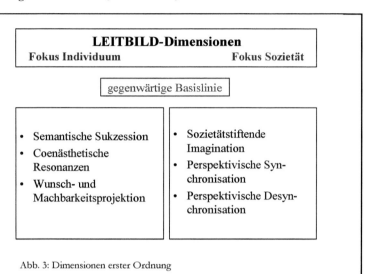

Abb. 3: Dimensionen erster Ordnung

Fundamente, auf denen Einstellungs-, Wahrnehmungs- und Kommunikationsmuster und schließlich die Leitbilder selbst beruhen, festgehalten. Bei der Leitbilddimension Semantische Sukzession wird die Aufmerksamkeit auf die Übergänge zwischen Begriffen und Metaphern gerichtet, auf verdichtete Vorstellungen und Bilder, mit denen die Akteure ihre Phantasien ausdrücken. Persönlichen Motive der Akteure, auch emotionale Hintergründe für ein Engagement in Agenda 21-Arbeitskreisen, sowie das Maß der Identifikation mit dem Arbeitskreis und der Arbeit selbst sollen unter der Dimension der Coenästhetische Resonanzen erfasst werden.

"Leitbilder bündeln die Intuitionen und das Erfahrungswissen der Menschen darüber, was ihnen einerseits als machbar, andererseits als wünschbar erscheint." (Dierkes et al. 1992 S.11). Sie umfassen also immer Wunsch und Wirklichkeit in wechselndem Ausmaß. Beide, Wunsch- und Machbarkeitsprojektion, sind dabei in die Zukunft gerichtet, Machbarkeitsprojektionen sind dabei jedoch zeitlich eindeutig gebunden, Wunschprojektionen haben keine zeitliche Bindung und transportieren folglich all das, was reizvoll und erstrebenswert ist. Allerdings wird nicht alles was machbar erscheint auch tatsächlich umgesetzt, es bleiben hier stets Aspekte unerfüllt. Umgekehrt gilt jedoch auch, dass unterschwellige Sehnsüchte und Wünsche durchaus eine teilweise Umsetzung erfahren können und somit zur Wirklichkeit werden können. Aufgrund dieses Wechselspiels bei dem Machbares als wünschbar und Wünschbares als machbar erfahren wird, kommen Wunsch- und Machbarkeitsprojektionen zusammen und resultieren schließlich die Visionen der Menschen als Motor für das Handeln. Hier gilt es also, die Visionen eines erfolgreichen LA 21-Prozesses zu erfassen. Bei der Dimension der Sozietätstiftenden Imagination geht es um alle Aussagen mit gemeinschaftsbildendem Charakter für die jeweilige LA 21- Arbeitsgruppe bzw. diejenigen, die einen, Wiedererkennungseffekt im positiven Sinn haben (de Haan et al. 2000, S. 34). Hier sollen sowohl Ansichten erfasst werden, die zur Entstehung einer Gemeinschaft führen, als auch solche, die deren Zusammenhalt und die Verbundenheit der Akteure fördern und stärken. Ausgangspunkt solcher sozietätsstiftender Imaginationen sind dabei nicht selten Ähnlichkeiten im Lebensstil, vergleichbare berufliche Tätigkeitsfelder, die Mitgliedschaft in der gleichen Partei oder Umweltschutzorganisation o.ä.. All diejenigen als besonders förderlich und vernünftig angesehenen Bedingungen, die aus der Sicht der Akteure ein erfolgreiches Arbeiten des betreffenden Agenda 21-Arbeitskreises ermöglicht haben, werden mit der Dimension der Perspektivischen Synchronisation erfasst. Unter der Dimension der Perspektivischen Desynchronisation dagegen interessieren Umstände, die für die Arbeit im Agenda-Prozess als problematisch und hemmend empfunden werden. Insbesondere wenn die Forschungsarbeit einen praktischen Nutzen haben soll und z.B. die Arbeit von Agenda 21-Arbeitskreisen erleichtern und fördern soll, ist es von besonderem Interesse, die Schwierigkeiten und Probleme solcher Arbeitskreise zu kennen.

Das Konzept der computergestützte Leitbildanalyse basiert im wesentlichen auf der Methode der "Grounded Theory" nach Glaser und Strauss, weicht davon allerdings in zwei ganz wesentlichen Punkten ab (Glaser et al. 1967). Zum einen ist hier schon zu Beginn des Auswertungsprozesses das Analyseziel präzise definiert. Andererseits existiert bereits schon vor der eigentlichen Datenauswertung ein Systematisierungsschema in Form der beschriebenen Leitbilddimensionen erster Ordnung.

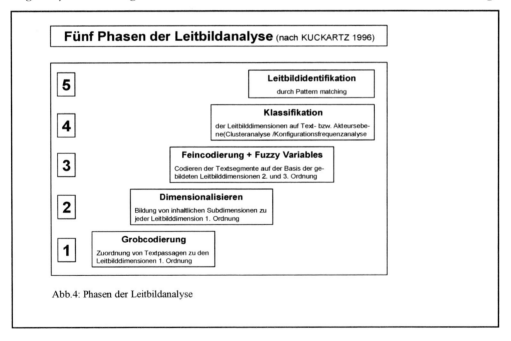

Abb.4: Phasen der Leitbildanalyse

Beim Verfahren der Leitbildanalyse werden fünf Analysephasen unterschieden. In der Phase der Grobcodierung werden zunächst die Leitbilddimensionen erster Ordnung als sog. Codeworte übernommen und bilden damit das Grundgerüst eines im Verlauf der weiteren Auswertung zu entwickelnden sog. Codewortbaumes. Die Interview-Transkripte werden dazu sequentiell bearbeitet und codiert. Mit der zweiten Phase des Auswertungsprozesses beginnt der sehr wesentliche, interpretatorische Teil der Leitbildanalyse, die Dimensionalisierung. Hier erfolgt die Bildung von inhaltlichen

Subdimensionen zur jeweiligen Leitbildkategorie erster Ordnung, denen in der Phase der Feincodierung die bereits codierten Textsegmente zugeordnet werden. In der Klassifizierungsphase kann dann systematisch nach Koinzidenzen und Kovarianzen von Leitbildbestandteilen gesucht werden. An dieser Stelle besteht nun insbesondere bei größeren Datensätzen auch die Möglichkeit formalisierte Techniken wie z.B. die Clusteranalyse oder die Faktorenanalyse einzusetzen. Die Leitbildidentifikation, als letzte Phase, ist wieder stärker qualitativ orientiert, denn hier werden die ermittelten Konfigurationen bzw. Muster der Leitbilddimensionen interpretiert. Dabei wird u.U. auch auf die Transkripte selbst zurückgegriffen, indem z.B. besonders typische Einzelaussagen zur Interpretation herangezogen und zitiert werden (Kuckartz 1996; de Haan et al. 2000).

4. Erste Forschungsergebnisse

Es sollen zunächst einige allgemeine Ergebnisse dieser Studie, sowie anhand der Auswertung von zwei beteiligten LA 21-Arbeitskreisen erste deskriptive Ergebnisse vorgestellt werden, die jedoch aufgrund der Anlage dieses Forschungsvorhabens als qualitative Studie nicht repräsentativ sind.

Die Internet-Recherche im Rahmen dieser Studie ergab, dass bei den in LA 21-Prozessen behandelten Problembereichen das Thema nachhaltige Ernährung im allgemeinen nachrangig bearbeitet wird. Schwerpunktmäßig werden Fragen der regionalen Wirtschaft einschließlich Umweltmanagementsysteme, Stadt- und Siedlungsentwicklung, insbesondere Flächenmanagement, Verkehr und Mobilität, sowie Energie und Klimaschutz bei der Umsetzung in den Kommunen berücksichtigt. LA 21-Arbeitskreise mit dem Schwerpunkt nachhaltiger Ernährung arbeiten im allgemeinen sehr stark projektorientiert zu Themen wie beispielsweise regionalen Einkaufsführern, Bauernmärkten, Schulbauernhöfen, Ökokaufhäusern, Fair-Cafés, Aktion 21 Haushalte, Kochveranstaltungen wie z.B. "der Pott kocht fair" u.ä., Apfelsaft von Streuobstwiesen, Einsatz regionaler Produkte in öffentlichen Einrichtungen und im örtlichen Hotel- und Gaststättengewerbe, um nur einiges zu nennen.

4.1 Allgemeine Ergebnisse der Studie

Beteiligt waren insgesamt fünf Agenda-Gruppen und zwar in Mainz, Recklinghausen, Kaiserslautern, Karlsruhe und Ingolstadt. Die Einwohnerzahl der beteiligten Kommunen verteilt über vier verschiedene Bundesländer lag zwischen 107 000 und 277 000. In Bezug auf den kommunalen Leitbildprozess bestand für die Stadt Kaiserslautern ein Leitbild bereits bevor der Agenda-Arbeitskreis seine Arbeit aufgenommen hat, in Mainz, Karlsruhe und Recklinghausen dagegen erfolgte parallel zur Arbeit des jeweiligen Arbeitskreis die Erarbeitung eines kommunalen Leitbildes. Ingolstadt hatte erst kurz vor der Studie mit der Arbeit an einem städtischen Leitbild begonnen.

Insgesamt wurden 38 leitfadengestützte Interviews inklusive des Pretest mit fünf bis zehn Mitgliedern einer Arbeitsgruppe geführt. Unter den Beteiligten waren 29 Frauen und 9 Männer, das Durchschnittsalter betrug 49 Jahre. Die Interviews wurden in der Zeit von Anfang Juli bis Ende September 2001 geführt und dauerten zwischen 45 und bis zu 90 Minuten.

Tabelle 1: Angaben zum kommunalen LA 21-Prozess

	Bundesland	Einwohnerzahl	LA 21-Beschluss	Gründung LA 21-Ak	Kommunales Leitbild	Anzahl Interviewpartner
Ingolstadt	Bayern	113 000	1997	1998	Entwurf	9
Kaiserslautern	RLP	107 000	6/96	1/98	Ja	10
Karlsruhe	BW	277 000	4/97	3/98	Entwurf	7
Mainz	RLP	183 000	12/97	1998	Entwurf	6
Recklinghausen	NRW	125 000	9/98	1998	Entwurf	5
						37

Mitglieder der beteiligten Arbeitskreise waren neben Bürgerinnen und Bürgern Verwaltungsangehörige und teilweise auch Erzeuger von Lebensmitteln, wobei die Zusammensetzung sehr stark variierte. Der Arbeitskreis in Kaiserslautern z.B. war außer drei Beteiligten aus der Verwaltung nur mit Produzenten, in diesem Fall landwirtschaftliche Direktvermarktern, besetzt. Die Arbeitskreise in Mainz, Recklinghausen und Karlsruhe dagegen hatten nur Bürgerinnen und Bürger als Mitglieder. In allen Arbeitskreisen wurde die Leitung allerdings von Mitgliedern der kommunalen Verwaltung wahrgenommen, nur in Recklinghausen führt ein Bürger den Vorsitz. Bemerkenswert ist die Tatsache, dass lediglich zwei Personen mit beruflicher Exposition im Bereich Nachhaltigkeit sich freiwillig im örtlichen LA 21-Arbeitskreis und zwar beide in Karlsruhe als normale Mitglieder engagierten. Die meisten Beteiligten gaben

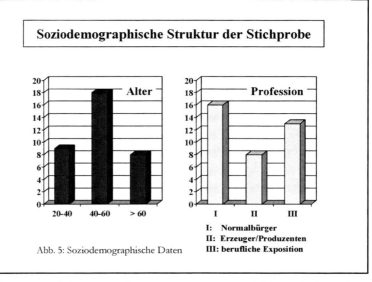

Abb. 5: Soziodemographische Daten

mittlere und höhere Einkommen zwischen 70 und 100 000 DM an. Der Bildungsabschluss lag großteils im mittleren und höheren Bereich. In der Mehrzahl der Fälle waren die InterviewpartnerInnen außer im jeweiligen LA 21-Arbeitskreis noch in anderen Organisationen, Vereinen und Verbänden mit umweltpolitischer, politischer bzw. sozialer Ausrichtung tätig.

4.2 Ergebnisse von zwei ausgewählten Arbeitskreisen

Grundlage dieser deskriptiven Ergebnisse sind neun Interviews aus den Arbeitskreisen in Mainz und Recklinghausen. Alle Teilnehmer haben seit der Gründung dieser Arbeitskreise mitgearbeitet und zwar jeweils seit etwa dreieinhalb Jahren. Drei dieser Mitglieder waren außerdem in einem weiteren LA 21-Arbeitskreis der Kommune aktiv, aber alle waren zudem in anderen Organisationen, Vereinen und Verbänden engagiert. Zwei Personen gehörten einer politischen Partei an, die anderen waren darüber hinaus ehrenamtlich im sozialen Bereich und/oder in Dritte Welt Aktivitäten involviert.

4.3 Erste Ergebnisse auf individueller Ebene

Basierend auf der Dimension der Coenästhetischen Resonanzen können so z.B. erste Angaben zu den Motiven für ein Engagement in LA 21-Arbeitskreisen bezogen auf die wahrgenommenen Umwelt-, Sozial- und Gesundheitsverträglichkeit der Ernährung gemacht werden, die über Fragen zur individuellen Problemwahrnehmung und -bewertung, der persönlichen Betroffenheit und der Problemattributation erhoben wurden.

Die Wahrnehmung in Bezug auf die Umweltverträglichkeit der Ernährung betraf in erster Linie die Erzeugung und Verarbeitung der Nahrungsmittel und wurde im wesentlichen als Düngemittel- und Pestizideinsatz und zwar aus lokal/regionaler und globaler Sicht angesprochen. Daneben wird die zunehmende Umweltverschmutzung durch den internationalen und globalen Transport der Lebensmittel wahrgenommen, dabei wurde auch auf Umweltbelastungen infolge erhöhten Verkehrsaufkommens durch den Einkauf regionaler Produkte beim Erzeuger vor Ort eingegangen. Auffällig ist, dass in diesem Zusammenhang sehr häufig das Beispiel "Erdbeeren im Winter" als Inbegriff für fehlende Umweltverträglichkeit der Ernährung erwähnt wurde. Die fehlende Umweltverträglichkeit der Ernährung wurde außerdem auch in Bezug auf ein erhöhtes Müllaufkommen aus der Lebensmittelverpackung wahrgenommen. Darüber hinaus wurden mögliche Aspekte der Ressourcenschonung durch die Umstellung der Landwirtschaft auf den ökologischen Landbau in Bezug auf Umwelt- und Gesundheitsverträglichkeit der Ernährung erwähnt. Probleme bezüglich der Gesundheitsverträglichkeit der Ernährung wurden außerdem vor allem über Düngemittel-, Pestizid- und Medikamenteneinsatz bei der Erzeugung und Verarbeitung von Lebensmitteln definiert und sowohl auf lokal/regionaler, als auch auf globaler Ebene gesehen. Die Problembetroffenheit der Beteiligten als Grund für eine Mitarbeit schien selten in einer allgemeinen Betroffenheit aufgrund der wahrgenommenen, fehlenden Umweltverträglichkeit der Ernährung zu liegen. Im allgemeinen lag eine ganz persönliche Betroffenheit vor und zwar einerseits aus Sicht der Sozialverträglichkeit der Ernährung ausgedrückt durch Gerechtigkeit gegenüber den nachfolgenden Generationen und hier explizit der eigenen Kinder und Enkelkinder. Andererseits wurden berufsbedingtes Interesse oder mit Blick auf die fehlende Gesundheitsverträglichkeit der Ernährung eigene bzw. familiäre Gesundheitsprobleme, hier vor allem Allergien als Beweggründe angegeben. In Bezug auf gentechnisch veränderte Nahrungsmittel gab es keine Befürworter, im Gegenteil hatten die Interviewpartner teilweise erhebliche Vorbehalte und Befürchtungen bis hin zu Angst und Vorstellungen einer außer Kontrolle geratenden Technik. Im Zusammenhang mit der Sozialverträglichkeit der Ernährung sind vor allem drei Bereiche ausschlaggebend für die Motivation dieser Arbeitskreismitglieder und zwar Gerechtigkeit zum einen in Form von Verantwortung gegenüber den nachfolgenden Generationen und zum anderen gegenüber den Entwicklungsländern. Daneben wurde fehlende Sozialverträglichkeit der Ernährung aufgrund der Lebensmittelpreise sowohl aus lokal/regionaler, als auch aus globaler Sicht thematisiert und insbesondere auf fair gehandelte Nahrungsmittel verwiesen. Nachhaltige Nahrungsmittel wurden dabei im Vergleich zu konventionellen Lebensmitteln allgemein als teurer angesehen. Darüber hinaus wurden Verstöße gegen das Tierschutzgesetz infolge Käfig- und Massentierhaltung aus ethischer Sicht als dritter Aspekt von den meisten Interviewpartnern angesprochen. Außerdem wurde als sozialer Aspekt des regionalen, saisonalen Konsums die Unterstützung der heimischen Erzeuger, sowie des ‚kleinen Ladens um die Ecke' hervorgehoben.

Weitere Motive für ein Engagement in LA 21-Arbeitskreisen lassen sich aus der Frage nach der Problemattribution erkennen. Bei der Frage, wer zum Handeln aufgerufen ist, wurden neben den politisch Verantwortlichen in der überwiegenden Mehrheit der Verbraucher selbst genannt, nur einmal wurden in diesem Zusammenhang Lebensmittelindustrie und Erzeuger erwähnt.

Bei der Dimension der Machbarkeits- und Wunschprojektion in Bezug auf eine nachhaltige Ernährung fanden sich Äußerungen bezogen sowohl auf normenbildende Veränderungen, als auch auf regulative und infrastrukturelle Maßnahmen.

Als wünschenswert, aber vor allem auch machbar im Bereich normenbildender, somit langfristiger Ansätze zur Lösung bestehender und zur Vermeidung zukünftiger Ernährungsprobleme wurde ein Bewusstseinswandel der Bevölkerung angesehen. In erster Linie als erfolgversprechend galt hier die verstärkte Information und Aufklärung der Bevölkerung. Dabei wurde oft ausdrücklich die frühzeitigen Information von Kindern und Jugendlichen in Kindergarten und Schule angesprochen. Individuellen und gesellschaftlichen Vorbildern wurde im Sinne eines solchen Bewusstseinswandels eine wichtige Rolle zugesprochen. Als Vorbilder sollten zum einen die Kommunen selbst und zum anderen öffentliche Personen vor allem Lokalpolitiker wie Oberbürgermeister und Bürgermeister fungieren. Darüber hinaus bestand aber auch der Wunsch noch stärker durch das eigene Beispiel zu überzeugen. Der individuelle bzw. kollektive Konsumverzicht allgemein im Sinne eines Lebensstilwandels wurde in diesem Zusammenhang ebenfalls häufig als notwendig bezeichnet und in Bezug auf die Ernährung oft beispielhaft durch verringerten Fleischkonsum zum Ausdruck gebracht.

Als regulative Maßnahmen und damit kurz- und mittelfristig umsetzbar wurde politisches Handeln auch europaweit gefordert z.B. durch neue Gesetze und Verordnungen und finanzielle Anreize in Form von gezielten Subventionen und Fördermitteln. Solche Lösungen wurden dabei einerseits zwar gewünscht, aber durchaus auch für möglich gehalten. Eine Förderung des ökologischen Landbaus und subventionierte Preise für nachhaltige Nahrungsmittel wurden in diesem Zusammenhang vorrangig gewünscht und auch als realistisch angesehen. Die Erfolgsaussichten gesetzlicher Eingriffe wurden häufig allerdings nur in Verbindung mit entsprechender Kontrolle als Möglichkeit gesehen. Ein Verbot der Gentechnik im Ernährungsbereich als Regulativ wurde nur auf Nachfrage erwähnt und als nicht erfolgversprechend, fast schon im Sinne von Resignation (man kann das nicht mehr aufhalten) bewertet.

Im Bereich infrastruktureller Maßnahmen und damit ebenfalls kurz- oder mittelfristig umsetzbar wurde zum einen sehr häufig eine größere Verfügbarkeit regionaler Produkte gefordert. Darüber hinaus erschien ein leichterer Zugang zu nachhaltigen Lebensmitteln z.B. durch mehr Bauernmärkte, Ökoläden und ein Angebot im regulären Supermarkt vielen als wünschenswert und möglich.

4.4 Erste Ergebnisse auf Arbeitskreis-Ebene

Auf der Grundlage der Dimension der Perspektivischen Synchronisation lassen sich für die Arbeit der betreffenden LA 21-Arbeitskreise intern und extern förderliche Bedingungen in Bezug auf Informations-, Kommunikations- und Umsetzungsstrategien benennen. Als intern positiv in Bezug auf die Umsetzung von Projekten wurde der starke Zusammenhalt der Arbeitskreismitglieder untereinander hervorgehoben, sowie die Ausdauer und der starke Wille der Mitglieder, Dinge in Sinne einer nachhaltigen Ernährung zu verändern. Darüber hinaus wurden regelmäßige Treffen im Arbeitskreis, die konzentrierte Arbeitsweise bei den jeweiligen Arbeitstreffen, die Fokussierung auf gemeinsame Ziele mit Schwerpunktsetzung und die Zusammensetzung mit informierten Personen aus den unterschiedlichsten Bereichen als förderlich empfunden. Die Unterstützung des Arbeitskreises durch die jeweilige Verwaltung, die Zusammenarbeit mit den verschiedensten Institutionen, z.B. auch politischen Parteien in Form von Netzwerken, sowie finanzielle Unterstützung durch die Kommune wurden als extern förderlich für die Arbeit angesehen. Der Austausch der Mitglieder untereinander war im wesentlichen auf die jeweiligen Arbeitkreistreffen beschränkt. Die Auswahl der behandelten Themen erfolgte im Gespräch miteinander und aus dem Arbeitskreis selbst heraus, wobei die Medienberichterstattung keinen direkten Einfluss auf die Themenauswahl zu haben schien. Zur Information wurden in der Regel alle zugänglichen Medien, auch das Internet, genutzt und in allgemeinen wurde hier arbeitsteilig gearbeitet. Im Bereich der Informationsbeschaffung lag jedoch immer auch ein besonderer Schwerpunkt bei den jeweils beteiligten Verwaltungsmitarbeitern des Arbeitskreises.

Ausgehend von der Dimension der Perspektivischen Desynchronisation lassen sich einige intern, wie extern hemmende Einflüsse auf die Arbeit dieser Agenda-Gruppen aufführen. Als intern hemmende Faktoren wurden die fehlende Arbeitskapazität der Arbeitskreise allgemein, die enorme Arbeitsbelastung der einzelnen Arbeitskreismitglieder durch ihr vielfältiges, sonstiges Engagement außerhalb des Arbeitskreises, sowie die fehlende oder zu geringe Beteiligung von Normalbürgern empfunden. Als negative, externe Faktoren bei der praktischen Arbeit wurde mangelnde Unterstützung durch Politik und Verwaltung, ungenügendes Interesse der Bevölkerung am LA 21-Prozeß und zu wenig Unterstützung durch die örtliche Presse genannt. Mangelnde finanzielle Ausstattung wurde bei den beiden beteiligten Arbeitskreisen nicht vorrangig angeführt. Ideologisierung, Dominanz einzelner Personen, ungenügende Produktivität der Arbeit, persönlich weiter steigende, berufliche Belastung waren als mögliche Gründe für den Ausstieg aus dem Arbeitskreis denkbar.

Bezogen auf die Dimension der Wunsch- und Machbarkeitsprojektion sind nachfolgende Aussagen zu wünschenswerten und machbaren Projekten der LA 21-Arbeitskreise möglich. Realisierungschancen wurden dem Wunsch nach der Etablierung regionaler, saisonaler Nahrungsmittel in örtlichen Kantinen und Kindergärten, sowie z.B. in Form von sog. Regio-Ökoregalen in Supermärkten eingeräumt. Eine Beteiligung der heimischen Gastronomie beim Einsatz nachhaltiger Nahrungsmittel erschien nicht nur wünschenswert, sondern auch umsetzbar. Mehr Resonanz bei der lokalen Politik wurde gewünscht, in dem die Gemeinde z.B. als Vorbild fungiert und bei eigenen, offiziellen Anlässen vermehrt regionale und saisonale Produkte eingesetzt werden. Als Möglichkeit einer breiteren Beteiligung der Bevölkerung sollten "Möglichkeiten des konkreten Erlebens" geschaffen werden z.B. in Form gemeinsamen, nachhaltigen Kochens.

4.5 Erste Ergebnisse zum berichteten, persönlichen, nachhaltigen Ernährungsverhalten

Bezüglich des berichteten persönlichen, nachhaltigen Ernährungsverhaltens wurde an erster Stelle der bewusste Einkauf genannt und zwar in Bezug auf den Einkaufsort, die Auswahl der Nahrungsmittel, sowie den Preis. In der Mehrzahl der Fälle führten die InterviewpartnerInnen hier den regionalen und saisonalen Konsum, umgesetzt durch den Einkauf auf dem Markt, im Bioladen und direkt beim Erzeuger an. Zwei der InterviewpartnerInnen erwähnten, dass sie sich teilweise aus dem eigenen Garten versorgten. Einige Personen gaben an, zusätzlich konventionelle Lebensmittel in Supermärkten und bei Diskountern einzukaufen. Häufig wurde ein eingeschränkter Fleischkonsum angegeben. Unter den Mitgliedern dieser zwei Arbeitskreise gab es keine Personen, die sich gleichzeitig auch vollwertig ernährten. Es wurde über bewusste Konsumeinschränkung bzw. -verzicht berichtet z.B. in Verbindung mit "Erdbeeren im Winter", dem Verzehr von Zitrusfrüchten oder ausländischem Wein.

Literatur

Barben, D., Dierkes, M., Marz, L. (1993): Leitbilder – ihre Rolle im öffentlichen Diskurs und in der wissenschaftlich-technischen Entwicklung der Biotechnologie, Wissenschaftszentrum Berlin für Sozialforschung, FS II 93 – 110;

Böttger, I. (1996): Leitbilder im ökologischen Film. Beobachtungen zu einem Medium der Erwachsenenpädagogik, Paper 96-125 der Forschungsgruppe Umweltbildung, Berlin, Freie Universität;

Bundesministerium für Umwelt, Naturschutz und Reaktorsicherheit (1997): Umweltpolitik, Agenda 21, Köllen Druck + Verlag GmbH, Bonn;

Däumling, A. (1960): Psychologische Leitbildtheorien, Psychologische Rundschau, Bd. XI, S. 93 – 108;

Dierkes, M. (1992): Leitbilder der Technik – ihre Bedeutungen, Funktionen und Potentiale für den KI-Diskurs, Wissenschaftszentrum Berlin für Sozialforschung, FS II 92-107;

Giesel, K. (1998): Von Zauderern und Zauberern. Quantifizierungen in der Leitbildanalyse, Paper 98-153 der Forschungsgruppe Umweltbildung, Berlin, Freie Universität;

Giesel, K. (1999): Pädagogische Leitbilder für die außerschulische Umweltbildung. Eine Analyse von Konzepten und Denkmustern, Paper 99-157 der Forschungsgruppe Umweltbildung, Berlin, Freie Universität;

Glaser, B., Strauss, A. (1967): The Discovery of Grounded Theory, Strategies for Qualitative Research, Chicago;

Haan, G. de (1996): Ökologie-Gesundheit-Risiko, Akademie Verlag, Berlin;

Haan, G. de, Kuckartz, U., Rheingans, A., Schaar, K. (1996): Leitbilder im Diskurs um Ökologie, Gesundheit und Risiko, in: Haan, G. de: Ökologie-Gesundheit-Risiko, 1996, Akademie Verlag, Berlin;

Haan, G. de, Kuckartz, U., Rheingans-Heinze, A. (2000): Bürgerbeteiligung in Lokalen Agenda 21-Initiativen, Leske + Budrich, Opladen;

Kuckartz, U. (1996): Argumentationen und Leitbilder computergestützt analysieren, Historical Social Research, 3, S. 115 – 136;

Marz, L. (1993): Leitbild und Diskurs, Wissenschaftszentrum Berlin für Sozialforschung, FS II 93-106;

Marz, L., Dierkes, M. (1992): Leitbildprägung und Leitbildgestaltung, Wissenschaftszentrum Berlin für Sozialforschung, FS II 92-105;

Puls, A. (2000): Leitbilder von Entscheidungsträgerinnen im Elementarbereich. Städtische Einrichtungen in Münster, Teil I und II, Paper 00-162 der Forschungsgruppe Umweltbildung, Berlin, Freie Universität;

Schaar, K. (1996): Motive für ein Engagement in der Umweltbildung. Eine Leitbildanalyse auf der Grundlage von Interviews mit Lehrerinnen und Lehrern, Paper 96-129 der Forschungsgruppe Umweltbildung, Berlin, Freie Universität;

Schaar, K. Böttger, I. (1995): Kooperationsstrukturen in Modellversuchen zur Umweltbildung – eine vergleichende Leitbildanalyse, Paper 95-122 der Forschungsgruppe Umweltbildung, Berlin, Freie Universität;

Spitzmüller, E.-M., Pflug-Schönfelder, K., Leitzmann, K. (1993): Ernährungsökologie: Essen zwischen Genuss und Verantwortung, Karl F. Haug Verlag GmbH & Co., Heidelberg;

Stecher, S. (1998): Eine filmdramaturgische Leitbildanalyse von Greenpeace, Paper 98-139 der Forschungsgruppe Umweltbildung, Berlin, Freie Universität;

http://www.agenda-transfer.de

Menüs mit Zukunft: Wie Nachhaltigkeit auf den Teller kommt oder die schwierigen Wege zur gesellschaftlichen Verankerung einer nachhaltigen Ernährungskultur

Dr. Karl-Michael Brunner

Wirtschaftsuniversität Wien, Institut für Allgemeine Soziologie und Wirtschaftssoziologie
E-Mail: Karl-Michael.Brunner@wu-wien.ac.at

1. Konsumprozesse im Ernährungsfeld: Eine bisher vernachlässigte Thematik im Nachhaltigkeitsdiskurs

Das Handlungsfeld Ernährung war bisher kein prominentes Thema des Nachhaltigkeitsdiskurses. Zwar haben ernährungsbezogene Themen in lokalen Agenda21-Projekten einen hohen Stellenwert, deuten also auf hohe Alltagsrelevanz hin, die wissenschaftliche Diskussion hat sich dieses Themas aber erst seit kurzem angenommen. Dabei steht meist die landwirtschaftliche Produktion im Zentrum und die anderen Bereiche des Ernährungssystems, insbesondere die Konsumseite, bleiben unterbelichtet (Brunner 2001). Ohne genauere Kenntnis der Bedingungen und Folgen von Ernährungspraktiken werden aber realistische Veränderungsstrategien in Richtung Nachhaltigkeit zum Scheitern verurteilt sein. Zwar kann auf die Mobilisierungskraft von Lebensmittelskandalen und -krisen gehofft werden, ob jedoch solche Ereignisse auch langfristige Änderungen im Handeln bewirken, ist zumindest fraglich (wie auch die Entwicklung des Fleischkonsums nach der BSE-Krise gezeigt hat). Auch die Erwartung, dass bestimmte Trends (z.B. eine stärkere Gesundheitsorientierung) gleichsam "in the long run" zu nachhaltigeren Ernährungsweisen führen werden, ist zu bezweifeln. Solche Erwartungen werden meist vor dem Hintergrund von ökonomisch motivierten Trendstudien aus dem Marketing-Bereich gehegt, die Trends oftmals linear und widerspruchsfrei in die Zukunft fortschreiben. Gesellschaftliche und ökonomische Entwicklungstrends müssen aber danach befragt werden, wie sie sich im Alltag der Menschen niederschlagen, quasi "alltagstauglich" gemacht werden. Dies betrifft auch die teilweise normativ überhöhten Erwartungen an die KonsumentInnen im Rahmen von Nachhaltigkeitskonzepten, die oftmals die sozialen Kontexte, die Handlungsmöglichkeiten und -restriktionen der Menschen ausblenden, die Umsetzungsprobleme von Nachhaltigkeitsanforderungen unterschätzen. Nachhaltigen Konsum im Handlungsfeld Ernährung zu thematisieren erfordert deshalb, die Ernährungspraktiken der Menschen in den Mittelpunkt zu stellen, die soziale Eingebettetheit von Konsumtrends zu betrachten, die sozialen und kulturellen Kontexte von Ernährung zu analysieren. Dazu sind genauere Kenntnisse der Unterschiede in den Ernährungspraktiken, deren Ursachen, Folgen und Veränderungen notwendig, sollen sich Nachhaltigkeitsstrategien nicht als alltags- und lebensferne Postulate erweisen. Im folgenden wird versucht, aus einer sozial- und kulturwissenschaftlichen Perspektive die alltäglichen Ernährungspraktiken der Menschen im Spannungsfeld von Beruf, Freizeit, Haushalt und alltäglicher Lebensführung im Hinblick auf ihre Resonanzpotenziale und Anschlussmöglichkeiten für Nachhaltigkeit zu befragen, aber auch die Hindernisse und Barrieren herauszuarbeiten.

2. Ernährung aus sozial- und kulturwissenschaftlicher Perspektive

Ernährung ist durch eine Dialektik von Natur und Kultur gekennzeichnet. Dass sich der Mensch ernähren muss, ist eine physiologische Notwendigkeit. Konsumverzicht ist also beim Essen keine sinnvolle Nachhaltigkeitsstrategie. Ernährung ist aber mehr als die Befriedigung körperlicher Bedürfnisse: Sie ist eine soziale und kulturelle Praxis. Menschliche Gesellschaften zeigen eine große Spannbreite an Ernährungsweisen. Was als essbar oder nicht essbar gilt, ist nur in wenigen Fällen natürlich begründet, wird meist durch menschliche Zuschreibungen geregelt. Wir können eine hohe Variabilität beobachten, was Menschen als essbar betrachten, wie sie das physische Bedürfnis Hunger kulturell befriedigen. Was in einer Gesellschaft gegessen wird, welche Nahrung verboten ist oder gemieden wird, ist kulturell festgelegt. Nahrung ist aber auch ein soziales Zeichen, d.h. der Konsum bestimmter Lebensmittel kann soziale Nähe oder Distanz schaffen, Zugehörigkeit oder Abgrenzung signalisieren. In bestimmten Zeiten war bspw. das Fleischessen Ausdruck der Zugehörigkeit zu privilegierten sozialen Gruppen, während andere Speisen als sog. "Arme-Leute-Kost" galten. Diese Bedeutungen können sich jedoch wandeln.

Küchen können soziale Nähe und Distanz zum Ausdruck bringen. Sie sind kulturelle Regelwerke, geben Anleitungen, wie zu kochen sei. Jede Küche unterscheidet sich hinsichtlich der Regeln für Geschmack, Lebensmittelkombination, Zubereitungsweisen und Esssituationen (Barlösius 1999). Küchen sind soziales Kommunikationsmittel, können soziale Beziehungen ausdrücken. Dies findet auch in der Alltagssprache seinen Niederschlag, wenn etwa soziale Distanzierungen und Abwertungen in kulinarischen Metaphern (z.B. "Makkaronifresser") gekleidet werden. Essen kann aber ebenso verbinden, soziale Beziehungen festigen: "Liebe geht durch den Magen", wird gesagt; oder: "Ich habe dich zum Fressen gern", was auf die ersten Nahrungserfahrungen verweist, auf die Lust der Einverleibung, auf die sexuelle Komponente von Ernährung. Essen hat mit Freude und Genießen ebensoviel zu tun wie mit Angst, Ekel und Erbrechen (Rozin 1999). Psychische Dimensionen spielen dabei ebenso eine Rolle wie soziale. Der österreichische Kabarettist Helmut Qualtinger hat psychische Dimensionen mit folgendem Satz zum Ausdruck gebracht: "Wenn I traurig bin, muß I fress'n!"

Es ist hier nicht der Platz, im Detail auf diese Aspekte einzugehen. Kompakt lassen sich zumindest vier Funktionen der Ernährung unterscheiden (Feichtinger 1998): Physiologische Funktionen (Versorgung mit Nährstoffen und Energie, Stoffwechsel), soziale Funktionen (Identität, Integration und Abgrenzung, soziale Sicherheit, Kommunikation), kulturelle (Wertsysteme, Ernährungssitten und -gebräuche, Nahrungsnormen) und psychische Funktionen (Genuss, emotionale Sicherheit, Kompensation, Selbstwertgefühl). Lange Zeit sind die nichtphysiologischen Funktionen der Ernährung nur wenig beachtet worden, vielfach wird noch immer die Naturseite von Ernährung privilegiert. Es ist viel von Nährstoffen die Rede, von Kalorien oder Joule, aber wenig von Mahlzeiten, Speisen, Genuss, Kommunikation und Kultur. Wenn aber das Thema Ernährung nur in Form von Maßzahlen und Nährstoffen kommuniziert wird, Essen nur als Nahrungsaufnahme vermittelt wird, dann werden wesentliche Komponenten – soziale, kulturelle, psychische – unterdrückt und damit auch das, was den Menschen am Essen Spaß macht oder auch Leid bringt. Nicht von ungefähr ist eine Ernährungsberatung, die Essen nur als naturwissenschaftliches Zahlenwerk mit abgeleiteten Ratschlägen darstellt, wenig erfolgreich. Trotz jahrzehntelanger Aufklärungsarbeit scheinen ernährungswissenschaftliche Empfehlungen nur sehr gebrochen in dem kulinarischen Alltag der Menschen integriert zu werden. Ohne Berücksichtigung der vielfältigen Funktionen der Ernährung wird jede Strategie, die Verhaltensänderungen intendiert, nur mäßig oder gar nicht erfolgreich sein.

3. Gesellschaftswandel und Ernährungswandel

Strategien in Richtung nachhaltigerer Ernährungspraktiken müssen gesellschaftliche Wandlungsprozesse und dadurch bewirkte Veränderungen in den Ernährungsmustern berücksichtigen, wollen sie realistische und für größere Teile der Bevölkerung anschlussfähige und lebbare nachhaltige Lebens- und Ernährungsstile befördern. Die Ernährungsmuster haben sich in den letzten Jahrzehnten entscheidend verändert. Das Angebot an erschwinglichen Lebensmitteln hat immens zugenommen, ebenso das Spektrum verfügbarer Produkte. Mangelerfahrungen wurden abgelöst vom notwendigen Zurechtfinden im Überfluss. Der Wandel von Ernährungsmustern hängt neben Veränderungen des Angebots mit sozialen, kulturellen, ökonomischen und technischen Entwicklungen und Trends zusammen. Sozialstrukturelle und soziokulturelle Trends der Pluralisierung, Differenzierung und Individualisierung führen zu verändertem Ernährungshandeln, zu einer partiellen Ent-Strukturierung und Individualisierung der Ernährungspraktiken (Mintz 1993) und einer Flexibilisierung der Essenszeiten. Das vormalige Drei-Mahlzeiten-Modell der bürgerlichen Kleinfamilie mit kochender Hausfrau, väterlicher Tischmacht, strengen Ess-Regeln, wenig Flexibilität in der Speisenwahl ist schon des längeren Erosionsprozessen ausgesetzt. Berufliche und schulische Anforderungen, zunehmende Entfernungen zwischen Arbeits- und Wohnort, erhöhte Mobilität, Desynchronisierungen im Tagesablauf, Flexibilisierungen der Arbeitsformen führen zu individuelleren Mahlzeitenformen, zu vermehrtem Außerhaus-Essen und zur Erhöhung des Koordinationsaufwandes für das Management von Küche und Tisch. Galt früher "Was auf den Tisch kommt, wird gegessen", so ist es unter den heutigen Bedingungen der Aushandlungsfamilie nicht selten, dass Diätplänen, individuellen Vorlieben und Abneigungen Rechnung getragen wird, dass "abweichendes Essen" möglich wird. Die steigende Frauenerwerbstätigkeit und der damit oft verbundene Zeitdruck bei der Erledigung alltäglicher Arbeiten können dazu führen, dass der Kochaufwand durch die Integration von Tiefkühl- oder Fertigprodukten minimiert wird bzw. dass auch Männer Verantwortung für die Versorgung übernehmen (müssen). Die Pluralisierung der Zusammenlebensformen (z.B. Einelternfamilien, Single-Haushalte, Wohngemeinschaften) findet ihren Niederschlag auch in veränderten Ernährungsformen. So essen junge Single-Haushalte vermehrt außer Haus, verzichten auf die eigene Essenszubereitung oder lassen sich Fertiggerichte ins Haus liefern. Die Zunahme an Scheidungen führt auch dazu, dass Männer im fortgeschritteneren Lebenszyklus sich Gedanken machen müssen, wie ein Essen auf den Tisch kommt. Ausschließliche Fremdversorgung wird ab einem gewissen Lebensalter prekär und erfordert andere Lösungen, die nicht unbedingt der "Junk-Convenience-Fraktion" zugehören. Zu diesen Veränderungen kommen die Ernährungsdiskurse in Öffentlichkeit und Medien, diverse Lebensmittelskandale, ständig sich ändernde Expertenempfehlungen zu "richtiger" bzw. "gesunder" Ernährung, die das Ernährungshandeln der Menschen beeinflussen und Ernährungsroutinen reflexiv werden lassen. Öffentliche Kommunikation (z.B. über gesunde Ernährung) kann längerfristig weitreichendere Veränderungen bewirken, wenngleich nicht bei allen sozialen Gruppen in gleichem Ausmaß und zumeist in Allianz mit partiell fortwirkenden Traditionsbeständen und aufklärungsresistenten Teilbereichen. Wandlungstendenzen verlaufen aber oft widersprüchlich: So zeigt eine Studie zu Veränderungen der britischen Geschmacksmuster im Zeitraum von 1985 bis 1992, dass zwar in einigen Lebensmittelkategorien eine Tendenz zu gesünderer Ernährung feststellbar ist (z.B. die dramatische Reduktion im Fettkonsum), gleichzeitig aber der Konsum von junk food deutlich angestiegen ist und zwar in allen sozialen Schichten (Tomlinson 1998).

Den veränderten Lebens- und Arbeitsbedingungen auf der Nachfrageseite stehen die Angebote der Lebensmittelindustrie gegenüber: Lebensmittel werden zunehmend zu "Dienstleistungsprodukten", die Haus- und Kocharbeit erleichtern und den KonsumentInnen einen Mehrfachnutzen versprechen. Steigende Einkommen, Lebensmittelpreise und Angebotsveränderungen (z.B. Produktinnovationen) sind weitere wichtige Faktoren, die zu Ernährungswandel führen können. Allerdings dürfen diese gesellschaftlichen Entwicklungen nicht linear im Sinne einfacher Modernisierung interpretiert werden, sondern müssen in ihren Widersprüchlichkeiten, Ambivalenzen und Nebenfolgen betrachtet werden. Gesellschaftliche Trends schlagen sich sozial differenziert nieder, werden im Alltag unterschiedlich interpretiert und lebenslagen- und lebensstilbezogen verarbeitet. Trotz des raschen Wandels besitzen Ernährungspraktiken aber eine Eigenlogik, eine Beharrungskraft und Stabilität, die radikale Veränderungen unwahrscheinlich macht. Zwar ist eine Reflexivierung der Ernährungsformen nicht von der Hand zu weisen, Geschmäcker lassen sich aber nicht so leicht verändern. Ernährungsbezogene Nachhaltigkeitsstrategien müssen dies berücksichtigen und in Rechnung stellen, dass strikte Ernährungsstile (z.B. Vegetarismus) im Sinne methodischer Lebensführung nur von minoritären Gruppen phasenweise praktiziert werden (können) und eine nachhaltigere Lebens- und Ernährungsweise ohne Überforderung der Individuen nur in Form vielfältiger Kompromissbildungen vor sich gehen kann (solange die Rahmenbedingungen nicht radikal verändert werden). Die (relative) Stabilität von Ernährungspraktiken hängt u.a. mit kulturellen und religiösen Faktoren, historischen Entwicklungen, alimentären Sozialisationsmustern, geschlechtsspezifischen Besonderheiten zusammen. Die Herausbildung von Geschmäckern in der alimentären Sozialisation ist ein voraussetzungsvoller Prozess. Essen hat große Bedeutung für individuelle und kollektive Identität (Zingerle 1997), symbolisiert familiäre und kulturelle Zugehörigkeit, ist Ausdruck sozialer Ordnung (Douglas 1998), weshalb einmal erworbene Präferenzen und Gewohnheiten nicht leicht und nicht in allen Bereichen zu ändern sind. Ernährungsmuster können sich über lange Zeiträume als sehr stabil erweisen, was auch für bestimmte kulturelle Codierungen von Lebensmitteln gilt. Soziallagen- und geschlechtsspezifische Präferenzen und alltagsweltliche Vorstellungen einer "richtigen Mahlzeit" (Murcott 1995) tragen zur Stabilisierung bei. Änderungen können für die Individuen mit großem Aufwand verbunden sein, da sich Ernährungsmuster nicht nur auf das (schmale) Spektrum konsumierter Lebensmittel, sondern auch auf die Häufigkeit von Mahlzeiten, auf bestimmte Zubereitungsarten und auf die jeweiligen sozialen Esskontexte beziehen. Angesichts der oben beschriebenen Vielfalt an Ernährungsfunktionen ist es nicht verwunderlich, dass sich Wandlungsprozesse nur sehr gebrochen und widersprüchlich im Ernährungsalltag niederschlagen. Der popularisierte wissenschaftliche Diskurs über Ernährung (z.B. Ernährungsrichtlinien) kann bisweilen auf seiten der "Ernährungs-Laien" gegenteilige Wirkungen entfalten, indem Expertenwahrheiten misstraut wird bzw. bewusst gegen die am Ideal der Mittelschichts-Diät und am Bild eines rationalen Essers festgemachten Empfehlungen gehandelt wird.

Wenn angesichts der Veränderung der Ernährungspraktiken in den letzten Jahren von einem Trend zu "polyphonem Essen" (Caplan 1994) die Rede ist, bei dem Genussorientierung, Selbstkontrolle, Bequemlichkeit, Ethik und Vielseitigkeit in je spezifischen und wandelbaren Kombinationen auftauchen, dann sind dieser Polyphonie aber Grenzen gesetzt. Grenzen, die mit den beschriebenen Faktoren zu tun haben und mit der sozialen Strukturierung des Geschmacks. In Diskursen zu Nachhaltigkeit wird hingegen oft von einer (manchmal radikal gefassten) Ent-Strukturierung der Ernährungspraktiken ausgegangen, eine Auflösung soziodemographischer Unterschiede (Alter, Geschlecht, Bildung) des Ernährungshandelns festgestellt (Hofer 1999). Dabei wird meist auf die Marktforschung rekurriert, die in ihrem Individualisierungsoptimismus davon ausgeht, dass einzelne Menschen nebeneinander und wechselnd verschiedene Ernährungsstile praktizieren: "Morgens das Fitnessfrühstück, mittags McDonalds und abends das beste Restaurant der Stadt" (Litzenroth/

GfK 1995, S. 305). Zwar spricht einiges dafür, dass sich im Zuge der Pluralisierung von Lebensstilen auch die Ernährungsstile pluralisieren, jedoch muss diese individualistische Sichtweise vor dem Hintergrund der vorhandenen sozialwissenschaftlichen Erkenntnisse zu Ernährungspraktiken bezweifelt werden. Auch heute noch sind Ernährungspraktiken sozial und kulturell strukturiert, wenngleich sich die Prädiktionskraft soziodemographischer Merkmale abgeschwächt hat und andere Differenzierungsmomente wichtiger geworden sind.

4. "De gustibus est disputandum" – Soziale Strukturierungsmerkmale des Ernährungshandelns oder: Die soziale Erzeugung des Geschmacks

Geschmack ist einerseits sensorisches Erlebnis, andererseits aber auch soziales Unterscheidungsmerkmal. Wenn gesagt wird, dass über Geschmack nicht zu streiten sei (de gustibus non est disputandum), jeder seinen individuellen, unverwechselbaren Geschmack hat, dann kann die sozialwissenschaftliche Ernährungsforschung zeigen, dass Geschmack sozial erzeugt wird, der Aufrechterhaltung sozialer Unterschiede dient (Bourdieu 1982), was aber nicht die Einebnung jeglicher Individualität meint. Bourdieu hat Essen als kulturelle Praxis gefasst und geht von einer relativ engen Kopplung von sozialer Lage (Beruf, Einkommen, soziale Herkunft usw.) und Ernährungspraktiken aus. Geschmack ist demnach ein bevorzugtes Merkmal sozialer Klassenzugehörigkeit, entwickelt sich im Laufe der Sozialisation, die wiederum mit sozialer Herkunft und Bildung zu tun hat. Geschmack beinhaltet immer auch Geschmacksurteile, jeder Geschmack grenzt sich von anderen Geschmäckern sozial ab. Bourdieu zeigt, dass es deutliche Unterschiede im Nahrungskonsum der verschiedenen Klassen gibt, wobei sich dies nicht nur in den präferierten Lebensmitteln niederschlägt, sondern auch in der Art der Zubereitung (die wiederum mit verschiedenen Auffassungen von Hausarbeit und geschlechtsbezogener Arbeitsteilung zu tun hat) und der Art der Bewirtung von Gästen. Geschmack hängt eng mit klassenspezifischen und geschlechtsspezifischen Körperbildern zusammen. Bourdieus Analyse des Verhältnisses von Sozialstruktur und Ernährung gibt viele Hinweise, dass Ernährungspraktiken in ihrer Eingebettetheit in soziale Kontexte und Lebensstile gesehen werden müssen und diese wiederum vor dem Hintergrund sich verändernder sozioökonomischer, -demographischer und -kultureller Trends zu interpretieren sind.

Neben klassen-, schicht- und milieuspezifischen Unterschieden im Ernährungshandeln erweist sich das Geschlecht und die geschlechtsspezifische Arbeitsteilung im Haushalt von zentraler Bedeutung. Es zeigen sich deutliche geschlechtsspezifische Unterschiede in den Nahrungspräferenzen, wobei aber oft die Präferenzen der Männer jene der Frauen dominieren: Männer essen mehr Fleisch (Vegetarismus ist in hohem Maße eine weibliche kulinarische Praxis), Frauen mehr Salate, Gemüse und Obst. Auch in Familien, die ein ausgeprägtes Gesundheitswissen haben, scheitern die Bemühungen von Hausfrauen um eine Fleischreduktion bei Hauptmahlzeiten oft am Willen und Geschmack der Ehemänner und Söhne. In den meisten Haushalten mit erwachsenen Paaren sind trotz oftmaliger Arbeitsteilungsrhetorik die Frauen für Essensplanung, Einkaufen und Kochen zuständig. Auch berufstätigen Frauen wird großteils die Verantwortung für die Essensbereitung zugeschrieben, auch wenn sich dann die männliche Beteiligung im Haushalt zu erhöhen scheint (Warde/ Hetherington 1994), wenngleich nicht in allen Milieus. Wenn Männer und Kinder abwesend sind, kochen Frauen oft nichts oder essen nur wenig. Bei geschlechtsspezifischen Ernährungspraktiken ist auch der unterschiedliche Umgang mit dem eigenen Körper zu berücksichtigen, die geschlechtsspezifische Körpersozialisation und gesellschaftliche Körpernormen. So hat bspw. eine in Wien durchgeführte Untersuchung festgestellt, dass die Hälfte aller Teenagerinnen Angst vor dem Dickwerden hat und bereits jede zweite 15-Jährige mit Diäten experimentiert hat. Weiter sind für die Ausformung von

Ernährungspraktiken alters- und lebenszyklusspezifische Merkmale wichtig: Ältere Menschen ernähren sich anders als junge, bestimmte Ernährungsmuster (etwa die Präferenz für "ungesundes" junk food) dienen oft der adoleszenten Abgrenzung von den Erwachsenen. Statusveränderungen im Lebenslauf haben meist Veränderungen in den Ernährungspraktiken zur Folge, so erfordert z.B. die Gründung eines gemeinsamen Haushalts die Aushandlung eines Ernährungsstils. Auch der Haushaltstypus ist für Ernährung sehr wichtig: Studien haben gezeigt, dass die Präsenz von Kindern im Haushalt eine umwelt- und gesundheitsbewusstere Haushaltsführung bewirken kann, die Sorge für andere das Einfallstor für eine nachhaltigere Ernährungsweise bilden kann.

Es kann hier nicht in extenso auf alle für Ernährungshandeln relevante Einflussfaktoren eingegangen werden. Milieu- und Lebensstilforschungen sind dabei besonders wichtig, da sie einen Einblick geben, in welchen Kombinationen sich soziale Lagen, Wertmuster, Einstellungen und kulturelle Praktiken verbinden, wie sich Lebens- und Ernährungsstile konstituieren. Leider ist die sozialwissenschaftliche Ernährungsforschung im deutschsprachigen Raum erst in Entwicklung begriffen (Brunner 2000) bzw. spielt Ernährung als kulturelle Praxis in der Lebensstilforschung eine eher geringe Rolle. Bis dato gibt es keine sozialwissenschaftlich orientierte milieu- und lebensstilorientierte Studie, die das Ernährungshandeln in das Zentrum stellt (Meier 1997). Auch ökologische Milieu- und Lebensstilstudien haben sich nur am Rande mit Ernährung beschäftigt (Dieses Manko versucht gegenwärtig der Autor in einer qualitativen Studie zu beheben). Marketingorientierte Life-Style-Untersuchungen (Plasser 1994) haben zwar verschiedene Esstypen identifiziert, diese aber nur ungenügend mit sozialen Lagen und Einstellungen verbunden. Trotz dieser Defizite kann eine integrative Zusammenschau bisheriger Erkenntnisse aus Lebensstil-, Ernährungs- und Umweltforschung einen genaueren Einblick in die soziale Differenzierung des Ernährungshandelns geben, nachhaltigkeitsnähere und nachhaltigkeitsfernere Milieus identifizieren. Vorweg ist zu sagen, dass ein unter Nachhaltigkeitsgesichtspunkten ideales Ernährungshandeln aufgrund vielfältiger Handlungszwänge und Motivambivalenzen nur selten praktiziert wird. Dieser Befund entspricht den Erkenntnissen zur Ökologisierung von Lebensstilen, die den berühmten "Patchwork-Charakter" (Reusswig) herausstreichen. Allein die Absatzgrößen ökologisch produzierter Lebensmittel oder die Entwicklungen beim Fleischkonsum deuten darauf hin, dass noch keineswegs von einer Massenbewegung in Richtung nachhaltigerer Ernährungsmuster die Rede sein kann und auch die gesellschaftlichen Entwicklungstrends dazu viele Hürden bereithalten. Es lässt sich aber zeigen, dass einzelne Milieus in unterschiedlichem Ausmaß für Elemente einer nachhaltigeren Ernährung anschlussfähig sind. Es gilt, diese Milieus zu identifizieren und zu fragen, welche Anknüpfungspunkte für eine "differentielle Politik des Verhaltenswandels" (Reusswig 1999) damit gegeben sind.

5. Nachhaltigkeitspotentiale verschiedener Ernährungspraktiken: Wann kommt ein nachhaltigeres Menü auf den Tisch?

Die Diskussion um Indikatoren nachhaltiger Ernährung ist noch wenig entwickelt (Meyer 2000). Zwar gibt es inzwischen erste Versuche einer ökologischen Beurteilung des Nahrungsmittelkonsums, eine über Lebensmittel hinausgehende, auf den gesamten Konsumprozess bezogene und auch andere Dimensionen von Nachhaltigkeit einbeziehende Betrachtung existiert bisher noch nicht. Um die Nachhaltigkeitspotentiale verschiedener Ernährungspraktiken herauszuarbeiten, werden wir uns deshalb an die in verschiedenen Nachhaltigkeitskonzepten angeführten Grobindikatoren halten, über die weitgehend Einigkeit zu bestehen scheint (BUND/ Misereor 1996; von Koerber/ Kretschmer 1999; Empacher u.a. 2000). Demnach ist eine nachhaltigere Ernährungsweise ("ein nachhaltiges Menü") durch folgende Charakteristika gekennzeichnet: einen niedrigen Fleischkonsum, die Verwendung von Produkten aus ökologischem Landbau, die Bevorzugung regionaler und saisonaler Produkte, die wenig verarbeitet, wenig oder umweltverträglich verpackt sind und sozialverträglich erzeugt wurden (Fair-Trade-Produkte).

Im folgenden sollen auf Basis einer Zusammenschau bisheriger lebens-, konsum- und ernährungsstilbezogener Studien (Giegler 1994; Plasser 1994; Georg 1998; Empacher/ Götz 1999; Empacher u.a. 2000) Nachhaltigkeitspotentiale verschiedener Ernährungspraktiken herausgearbeitet werden und auf ihre Anschlussstellen und Hindernisse befragt werden. Aufgrund der Unterschiedlichkeit der Studien kann dies nur annährungsweise geschehen. Aus Platzgründen ist keine umfassende, differenzierte Darstellung möglich, deshalb sollen in einer Art Idealtypenkonstruktion solche Ernährungspraktiken zusammengefasst werden, die in hohem Ausmaß Elemente eines nachhaltigeren Menüs in ihren kulinarischen Alltag integrieren, die einige Elemente öfters oder fallweise einbauen und jene, die von oben genannten Kriterien weit entfernt sind.

In hohem Ausmaß nachhaltige Ernährungsmuster werden zumeist in Haushalten praktiziert, die ausgeprägt umweltbewusst sind und einen umweltbewussten Lebensstil zu verwirklichen trachten. Diese Haushalte kaufen häufig Lebensmittel aus biologischem Anbau, meist im Reformhaus oder Bioladen. Qualität bei Essen und Trinken ist diesen Gruppen wichtig. Fleisch und Wild werden ablehnt, ebenso Fertiggerichte. Starke Präferenzen bestehen für frisches Gemüse und Obst. Zur traditionellen, deutschen Küche besteht eher Distanz. Fair-Trade-Produkte werden fallweise gekauft. Diese Haushalte essen selten außer Haus. Das Distinktionsmuster ist gegen konsumistisch-expressive Lebensstile gerichtet. Sind Kinder vorhanden oder besteht ein hohes berufliches Engagement, dann kann eine Convenience-Notwendigkeit auftreten. Anders akzentuiert, aber immer noch nachhaltigkeitsmäßig hoch anschlussfähig, ist eine eher hedonistisch ausgerichtete Gruppe, die tw. eine Gourmetorientierung aufweist, häufiger außer Haus isst (auch beruflich bedingt), bevorzugt in "exotischen" Restaurants. Im Vergleich zur ersten Teilgruppe, die eine eher dezente Körperinszenierung an den Tag legt, ist für die zweite Teilgruppe die Inszenierung des eigenen Körpers wichtig, sind Schlankheit und Fitness hoch bewertet. In dieser zweiten Gruppe ist auch der Fleischkonsum etwas höher, es werden aber Lebensmittel aus biologischem Anbau bevorzugt. Besondere Merkmale der sozialen Lage und der Mentalitätsmuster sind bei den "nachhaltigeren ErnährerInnen" folgende: Hohe Bildung, tw. hohes Einkommen, eher jünger, tw. mit Kindern, eher in urbanen Kontexten lebend und wesentlich mehr Frauen. Diese Gruppen legen hohen Wert auf Gleichberechtigung, zeigen starkes politisches und kulturelles Interesse, deutliche ökologische Orientierungen, sind antikonservativ eingestellt und haben ein hohes Demokratieverständnis, auch innovative und tw. hedonistische Orientierungen. Zu finden sind diese Gruppen vorrangig in alternativen, technokratisch-liberalen, aufstiegsorientierten und tw. auch in bürgerlich-gehobenen sozialen Milieus. Hervorstechende Motive für nachhaltige Ernährung sind Umwelt und Natur, (Kinder-) Gesundheit, Qualität, Sozialverträglichkeit, Tierschutz, Orientierung an der Region, tw. Hedonismus. Als hinderlich kann sich insbesondere in Haushalten mit Kindern oder berufstätigen Single-Haushalten die Zeitnot erweisen, die einen erhöhten Bedarf an (biologisch erzeugten) Convenience-Produkten nach sich zieht. Weitere Hemmnisse können u.a. sein: Ein eingeschränktes Gesundheitsverständnis, eine ausgeprägte Gourmet-Orientierung, fehlende Kochkompetenz, zeitaufwendige Informationsbeschaffungen, fehlende Feedbackstrukturen sowie mangelnde Angebote zur rechten Zeit und am rechten Ort. Die Spannbreite der "nachhaltigen EsserInnen" reicht also von klassischen "grünen" KonsumentInnen bis zu gourmet- und fitnessorientierten SelbstdarstellerInnen. Beide Gruppen sind aber gegenüber der Marke "Bio" aufgeschlossen und charakteristisch für ihre

Menüs ist, dass sie am wenigsten Fleisch beinhalten und vorrangig aus biologischen Produkten bestehen. Insgesamt können diese nachhaltigkeitsnahen Gruppen auf 10 bis 20 Prozent der Bevölkerung geschätzt werden.

Wesentlich größer ist das "Mittelfeld" von Lebensstilen, die öfters oder manchmal Elemente eines nachhaltigen Menüs in ihre kulinarische Praxis integrieren. Hier sind zum einen die traditionell orientierten Haushalte zu nennen. Diese Gruppe vereint zurückhaltend-konventionelle und familienzentrierte Lebensstile mit den bevorzugten Ernährungsorientierungen "traditionell und gut" (Empacher/Götz 1999). Hier wird die traditionelle deutsche Küche bevorzugt, die meist selbst zubereitet wird. Frische Produkte haben eine hohe Wertigkeit, tw. auch Fertiggerichte. Lebensmittel aus biologischem Anbau werden aber nicht gekauft. Die Fleischorientierung ist hier stark ausgeprägt, Qualität und Regionalorientierung (Produkte von "unserem Bauer") spielen eine wichtige Rolle. Außer Haus wird selten gegessen. Hinsichtlich der sozialen Lage und Mentalitätsmuster zeigen sich folgende Merkmale: eher ältere Personen über 50, mittlere bis geringe Bildung, viele (Haus)Frauen, tw. auch viele PensionistInnen, tw. Familien mit älteren Kindern. Diese Gruppen sind eher konservativ ausgerichtet, traditionelle Geschlechtsvorstellungen überwiegen und eine entsprechende geschlechtsspezifische Arbeitsteilung. Konsumzurückhaltung ist die Regel, das (im ländlichen Raum angesiedelte) Haus bildet das Zentrum des Lebens. Vorherrschende Werte sind Tradition, Konservativismus, Sparsamkeit, Askese, Disziplin, Sicherheit. Körperinszenierung wird abgelehnt, ebenso wie Avantgardismus und Jugendkultur. Die Milieuzugehörigkeit ist relativ breit und reicht vom kleinbürgerlichen Milieu, über das traditionelle Arbeitermilieu bis in das konservativ-gehobene Milieu. Wesentliche Motive für die Integration von Nachhaltigkeitselementen in das Menü sind Tradition, Qualität, Regionalität, tw. altersbedingte Gesundheitsaspekte. Als Hindernisse sind die Ablehnung des Ökologiethemas zu nennen, teilweise die Preisorientierung und vor allem auch die kulinarischen Vorlieben der Männer, die in traditionellen Haushalten meist den (fleischzentrierten) Speiseplan bestimmen. Eine zweite Gruppe im "Mittelfeld" bilden gehobene hedonistische Lebensstile, die durch eine ausgeprägte Gourmet-Orientierung gekennzeichnet sind. Lebensmittel werden vor allem in Delikatessläden bzw. "direkt vom Land" gekauft. Das Außerhaus-Essen in Restaurants "mit gehobener Atmosphäre" ist häufig, auch Geschäftsessen spielen eine große Rolle. Repräsentativität und Exklusivität sind wichtig, ökologische Orientierungen werden abgelehnt. Der qualitativ hochstehende Fleischkonsum ist hier wichtig, bevorzugt wird die feine, kreative Küche. Genuß ist hoch besetzt, Verzicht wird abgelehnt. Das Essen wird oft zelebriert. Teilweise spielt die Körperinszenierung eine große Rolle. Die Personen in diesem Segment gehören gehobeneren Berufsgruppen an (mit tw. ausgeprägter Erwerbsarbeitsorientierung), haben hohe Bildung und hohes Einkommen, sind tw. durch bürgerliche Etabliertheit gekennzeichnet. Männer im mittleren Alter dominieren, Kinder sind nicht die Regel. Hedonismus, Karriere, Macht und Engagement sind wichtig, aber auch eine traditionelle Familienorientierung. Soziale Kontakte sind ausgeprägt. Vorrangig findet sich dieser Typ im konservativ-gehobenen und technokratisch-liberalen Milieu. Anschlussstellen für nachhaltigen Konsum sind die Qualitätsorientierung, tw. die Regionalorientierung, auch die Preisbereitschaft für Qualitätsprodukte ist hoch. Weiters kann der Zeitaufwand für Genießen hier angeführt werden. Gesundheit, Wellness und Körperbewusstsein sind zwar nicht zentral, spielen aber partiell eine wichtige Rolle. Als hinderlich erweist sich auch hier die Distanz zum Ökologiethema, weiters die ausgeprägte Außer-Haus-Orientierung, teilweise die hedonistische Gourmetphilosophie und der männliche Geschmack. Wenn wir die nachhaltigkeitsnäheren Lebensstile mit dem für Teilbereiche motivierbaren "Mittelfeld" zusammen nehmen, dann kann unter Einbezug verschiedenster Konsumuntersuchungen davon ausgegangen werden, dass Milieus, in denen Aspekte nachhaltiger

Ernährung eine unterschiedlich ausgeprägte Rolle spielen, auf 30 bis 40 Prozent der Bevölkerung geschätzt werden können. Allerdings sind dabei die Schwierigkeitsstufen unterschiedlich: Für das "Mittelfeld" sind insbesondere die Reduktion des Fleischkonsums und (etwas weniger ausgeprägt) die Bevorzugung von Lebensmitteln aus biologischem Anbau hohe Barrieren.

Abschließend seien noch die nachhaltigkeitsfernen Ernährungspraktiken angeführt. Diese sind durch hohen Konsum von Fertiggerichten und eine teilweise hohe Fleischorientierung gekennzeichnet. Hier wird eher traditionelle Kost ("Hausmannskost") bevorzugt. Lebensmittel aus biologischem Anbau werden ablehnt, wie überhaupt eine starke Distanz zu "Öko" und "Bio" besteht, der Kauf von Lebensmitteln in Reformhaus und Bioladen negativ besetzt ist. Bei den jüngeren Gruppen wird oft viel Alkohol konsumiert, bevorzugt Bier. Diese "jungen Fast-Food-Männer" (Giegler 1994) essen oft außer Haus in Fastfood-Restaurants und Imbissbuden. Quantität geht hier vor Qualität, Essen wird als Zeitverschwendung betrachtet, es muss schnell gehen. Das Essen muss schmecken und "füllen", Gesundheitserwägungen spielen fast keine Rolle. Lebensmittel müssen billig sein, bevorzugt wird in Discountern eingekauft. Soziodemographisch gesehen dominieren jüngere, ledige Männer, generell finanziell schlechter Gestellte mit niedrigem Bildungsniveau, die unter ungünstigen Umständen leben. Aber auch größere Familienhaushalte sind hier möglich, ebenso wie alleinerziehende Mütter unterer Bildungsschichten und beruflich stark engagierte Personen mit hoher Bildung. Bevorzugte Werte sind bei den Jüngeren Fun, Selbstdarstellung, Konsum und Hedonismus, bei den Älteren Konservativismus, Familienorientierung, Sparsamkeit. Vielfach tritt eine ausgeprägte Ablehnung von "Öko" zutage. Vorrangig finden sich diese Gruppen im traditionellen und traditionslosen Arbeitermilieu, im hedonistischen und kleinbürgerlichen Milieu, tw. auch im aufstiegsorientierten Milieu. Obzwar eher nachhaltigkeitsfern einzustufen und durch vielfältige Barrieren gekennzeichnet (u.a. ausgeprägte Preisorientierung, Abwehr des Umweltthemas, Kurzfrist- und Convenience-Orientierungen, alltägliche Überforderungen), gibt es auch hier Anknüpfungspunkte, tw. über die Gesundheitsschiene oder die Sorge um die Kinder.

Diese Zusammenschau bisheriger Forschungsergebnisse kann bestenfalls einen ersten Einblick in das Nachhaltigkeitspotential unterschiedlicher Ernährungspraktiken und der sie beeinflussenden Faktoren geben. Detailliertere Ernährungsstudien wären notwendig, um die jeweiligen Anknüpfungspunkte und Hindernisse in ihrem Zusammenspiel genauer herausarbeiten zu können. Für nachhaltige Entwicklung wäre bereits viel gewonnen, wenn es gelingen würde, die nachhaltigkeitsnahen Ernährungspraktiken zu stabilisieren und den Gedanken der Nachhaltigkeit in das "Mittelfeld" diffundieren zu lassen, um hier zielgruppenspezifische Anknüpfungspunkte zu schaffen.

6. Schlussfolgerungen

1. Die Ausführungen sollten deutlich gemacht haben, dass Wege zu einer nachhaltigen Ernährungskultur ohne einen sozial- und kulturwissenschaftlichen Blick auf Konsumprozesse im Ernährungsfeld nicht beschreitbar sind. Ernährung hat vielfältige Funktionen für den Menschen und es gilt, diese Funktionen bei der Diskussion nachhaltigerer Ernährungspraktiken zu berücksichtigen. Ohne Anschlussstellen an die alltägliche kulinarische Praxis der Menschen und deren Eigenlogik bleibt jede Nachhaltigkeitsstrategie abstrakt und lebensfern.

2. Ernährungspraktiken sind sozial strukturiert und differenziert. Es wurde gezeigt, dass Ernährungspraktiken milieu- und lebensstilspezifisch differieren. Menschen sind aus unterschiedlichen Motiven für Veränderungen in ihrem Ernährungshandeln offen. Es gilt, an solchen milieuspezifischen Motivstrukturen und Handlungsbedingungen anzusetzen, vorhandene "Motiv-

allianzen" zu nutzen und Wege aufzuzeigen, die mit wenig Hindernissen verbunden und leicht gangbar sind.

3. Angesichts der stark geschlechtsspezifisch geprägten Themen Ernährung und Ökologie wäre es lohnenswert, sich vermehrt der Zielgruppe Männer zu widmen. Männer praktizieren in vielerlei Hinsicht einen weniger nachhaltigen Ernährungsstil als Frauen. Angesichts der zunehmenden öffentlichen Diskussion der Männerthematik (z.B. im Zusammenhang mit Gesundheit und Wellness) wäre es sinnvoll, wenn sich die Nachhaltigkeitskommunikation stärker den Männern widmen würde.

4. Ernährungsbezogene Nachhaltigkeitsstrategien sollten aber nicht nur auf einzelne KonsumentInnen konzentriert sein. Ein großer Teil der Bevölkerung nimmt täglich eine oder mehrere Mahlzeiten in Betriebsküchen oder sog. "Anstaltshaushalten" ein. Gerade im Kontext der Flexibilisierung von Arbeitsformen und erhöhten gesundheitlichen Anforderungen kommt einer gesünderen Ernährung ein großer Stellenwert zu. Aufgrund des Masseneffekts sind hier massive Potentiale in Richtung einer Umstellung auf nachhaltigere Ernährung gegeben. Voraussetzung dafür sind Nachhaltigkeitsallianzen zwischen Unternehmen, Gewerkschaften und anderen Akteuren. Durch veränderte Angebote und Erfahrungslernen könnten hier auch Rückkopplungseffekte in die privaten Haushalte stattfinden.

5. Gesellschaftliche Entwicklungstrends sind von den KonsumentInnen nur schwer zu beeinflussen. Strategien nachhaltiger Ernährung sollten nicht versuchen, in idealistischer Manier gegen diese Trends zu schwimmen. Vielmehr käme es darauf an, wo Änderungen der Trends (z.B. Convenience, Outdoor-Snacking) nicht zu erreichen sind, die Trends nachhaltiger zu gestalten.

6. Nachhaltigkeitsstrategien im Ernährungsbereich dürfen den KonsumentInnen nicht die Hauptlast an Veränderungen aufbürden. Ohne die Einbeziehung aller Teile des Ernährungssystems wird der Weg in Richtung Nachhaltigkeit mühsam, da veränderte Ernährungspraktiken auch veränderte Angebotsstrukturen brauchen. Vor allem die Handelsunternehmen sind wichtige Akteure im Handlungsfeld, da sie über Produktpaletten und -innovationen, Vermarktungsstrukturen und Marketingstrategien entscheiden und aufgrund ihrer Marktmacht vieles ermöglichen (und verhindern) können. Deshalb sind Netzwerk-Bildungen zwischen den Akteuren im Ernährungssystem notwendig, um einerseits die Interpretation von Nachhaltigkeit aus unterschiedlichen Perspektiven und Interessenlagen sichtbar zu machen und andererseits mögliche Ansatzpunkte für Kooperationen prüfen zu können (etwa bei einzelnen Produkten).

7. Nachhaltigkeit braucht aber auch ein verändertes politisches Klima, entsprechende Rahmenbedingungen und Kommunikationsstrategien. Mit der Zielsetzung einer "Agrarwende" könnte ein solches Klima entstehen. Durch die BSE-Krise und andere Lebensmittelskandale wurde politischer Handlungsbedarf deutlich. Ernährungspolitik sollte allerdings nicht nur im Krisenmanagement bestehen, um danach wieder zum "business as usual" überzugehen, sondern sollte neue Perspektiven in Richtung einer nachhaltigeren Ernährungskultur entwickeln. Dies ist angesichts massiver Status-Quo-Interessen (z.B. der Agrarwirtschaft) nicht leicht. Zumindest ein Teil der KonsumentInnen würde eine solche Politik aber schätzen, jener Teil, der schon jetzt eine nachhaltigere Ernährung trotz aller Mühen und Hindernisse zu praktizieren versucht und dies auch als Bereicherung von Lebensqualität erfährt.

Literatur

Barlösius, Eva (1999): Soziologie des Essens, Weinheim/ München: Juventa

Bourdieu, Pierre (1982): Die feinen Unterschiede, Frankfurt: Suhrkamp

Brunner, Karl-Michael (2000): Soziologie der Ernährung und des Essens – die Formierung eines Forschungsfeldes? In: Soziologische Revue, 23. Jg., Heft 2, S. 173-184

Brunner, Karl-Michael (2001): Zukunftsfähig essen? – Kommunikation über Nachhaltigkeit am Beispiel des Handlungsfeldes Ernährung. In: Fischer, Andreas/ Hahn, Gabriela (Hg.): Vom schwierigen Vergnügen einer Kommunikation über die Idee der Nachhaltigkeit, Frankfurt: VAS, S. 207-229

BUND/ Misereor (1996): Zukunftsfähiges Deutschland. Ein Beitrag zu einer global nachhaltigen Entwicklung, Basel u.a.: Birkhäuser

Caplan, Pat (1994): Feasts, Fasts, Famine: Food for Thought, Oxford/ Providence: Berg Publishers

Douglas, Mary (1998): Coded messages. In: Griffiths, Sian/ Wallace, Jennifer (eds.): Consuming Passions. Food in the age of anxiety, Manchester: Mandolin, S. 103-110

Empacher, Claudia/ Götz, Konrad (1999): Ansprüche an ökologische Innovationen im Lebensmittelbereich, Frankfurt: ISOE

Empacher , Claudia/ Götz, Konrad/ Schultz, Irmgard (2000): Demonstrationsvorhaben zur Fundierung und Evaluierung nachhaltiger Konsummuster und Verhaltensstile, Frankfurt: ISOE

Feichtinger, Elfriede (1998): Armut und Ernährung – Eine Literaturübersicht. In: Köhler, Barbara Maria/ Feichtinger, Elfriede (Hg.): Annotierte Bibliographie Armut und Ernährung, Berlin: ed. Sigma, S. 21-60

Georg, Werner (1998): Soziale Lage und Lebensstil, Opladen: Leske + Budrich

Giegler, Helmut (1994): Lebensstile in Hamburg. In: Dangschat, Jens/ Blasius, Jörg (Hg.): Lebensstile in Städten, Opladen: Leske + Budrich, S. 255-272

Hofer, Kurt (1999): Nachhaltigkeit und Ernährung, Bern: Universität Bern

Koerber, Karl von/ Kretschmer, Jürgen (1999): Der Anspruch auf Nachhaltigkeit im Ernährungsbereich. Wie zukunftsfähig ist unser Ernährungsstil? In: AID-Verbraucherdienst 44, S. 88-95

Litzenroth, Heinrich/ GfK (1995): Dem Verbraucher auf der Spur – quantitative und qualitative Konsumtrends. In: Jahrbuch der Absatz- und Verbrauchsforschung, Jg. 95, Heft 3, S. 213-306

Meier, Uta (1997): Welche Chancen haben nachhaltige Lebens- und Ernährungsstile in der bundesrepublikanischen Erlebnisgesellschaft? In: dies. (Hg.): Vom Oikos zum modernen Dienstleistungshaushalt, Frankfurt/ New York: Campus, S. 258-276

Meyer, Rolf (2000): Nachhaltigkeit und Ernährung. In: TAB-Brief Nr. 18, August, S. 7-16

Mintz, Sidney W. (1993): The changing role of food in the study of consumption. In: Brewer, John/ Porter, Roy (eds.): Consumption and the world of goods, London/ New York: Routledge, S. 261-273

Murcott, Anne (1995): Raw, cooked and proper meals at home. In: Marshall, David (ed.): Food Choice and the Consumer, London u.a.: Blackie Academic, S. 219-235

Plasser, Gunda (1994): Essen und Lebensstil. In: Richter, Rudolf (Hg.): Sinnbasteln. Beiträge zur Soziologie der Lebensstile, Wien u.a.: Böhlau, S. 88-98

Reusswig, Fritz (1999): Umweltgerechtes Handeln in verschiedenen Lebensstil-Kontexten. In: Linneweber, Volker/ Kals, Elisabeth (Hg.): Umweltgerechtes Handeln, Berlin u.a.: Springer, S. 49-69

Rozin, Paul (1999): Food is fundamental, fun, frightening, and far-reaching. In: Social Research, Vol. 66, No. 1, spring 1999, S. 9-30

Tomlinson, Mark (1998): Changes in tastes in Britain, 1985-1992. In: British food journal, Vol. 100, No. 6, S. 295-301

Warde, Alan/ Hetherington, Kevin (1994): English households and routine food practices: a research note. In: Sociological Review 42, 4, S. 758-778

Zingerle, Arnold (1997): Identitätsbildung bei Tische. In: Teuteberg, Hans Jürgen/ Neumann, Gerhard/ Wierlacher Alois (Hg.): Essen und kulturelle Identität, Berlin: Akademie Verlag, S. 69-86

Trends in der Ernährung – eine nachhaltige Entwicklung?

Dr. Christine Rösch

ITAS, Forschungszentrum Karlsruhe
E-Mail: roesch@itas.fzk.de

1. Hintergrund und Vorgehensweise

Das Nahrungsmittelangebot in Deutschland nimmt sowohl im historischen als auch im internationalen Vergleich eine Spitzenstellung hinsichtlich Sortimentsbreite, Qualität, Sicherheit und Preis ein. Mit der Ernährung sind jedoch teilweise massive Nachhaltigkeitsdefizite verbunden (Rösch u. Heincke, 2001). Der Ernährungssektor hat einen wesentlichen Anteil am Energie- und Materialverbrauch sowie am Transport- und Abfallaufkommen. Die Nahrungsmittelerzeugung hat negative Effekte auf Boden, Wasser, Luft und Artenvielfalt. Auf der Konsumentenseite verursachen Übergewicht und ernährungsmitbedingte Krankheiten hohe Gesundheitskosten. In Abhängigkeit von der Entwicklung der gesellschaftlichen Rahmenbedingungen können sich diese Nachhaltigkeitsdefizite in der Zukunft verstärken oder abschwächen.

Vor diesem Hintergrund werden in diesem Beitrag die wichtigsten treibenden Faktoren mit Einfluss auf zukünftige gesellschaftliche und wirtschaftliche Entwicklungen in Deutschland benannt und ihre Wirkungen auf den Ernährungsbereich analysiert; erkennbare wesentliche Trends in der Ernährung werden abgeleitet und charakterisiert. Die daraus hervorgehenden Ernährungsstile werden anhand ausgewählter Nachhaltigkeitsindikatoren darauf hin untersucht, ob sie zu einer Verringerung oder zu einer Verschärfung bestehender Nachhaltigkeitsdefizite in der Ernährung beitragen. Abschließend wird der Versuch unternommen, die qualitativ abgeschätzten Reaktionen der einzelnen Indikatoren zu einer reüssierenden Gesamtbewertung der Ernährungsstile zusammenzufassen.

2. Wirtschaftliche und gesellschaftliche Entwicklungen

Zu den Faktoren, die verschiedene Entwicklungen in Deutschland vorantreiben und die Trends in der Ernährung wesentlich beeinflussen, gehören neben der zunehmenden weltweiten wirtschaftlichen und politischen Verflechtung und der Verringerung sowie Vergreisung der inländischen Bevölkerung auch die sich verändernden Erwerbs- und Haushaltsstrukturen und Wertvorstellungen. Nachfolgend werden die Effekte dieser sich verändernden Rahmenbedingungen aufgezeigt und damit verknüpfte Veränderungen im Ernährungssektor eruiert.

2.1 Weltweite wirtschaftliche und politische Verflechtung

Die deutsche Volkswirtschaft ist zunehmend wachstumsorientiert, die Wirtschaftsordnung auf einen globalen Wettbewerb ausgerichtet. Um die weltweite wirtschaftliche Verflechtung zu beschleunigen, werden Subventionen für landwirtschaftliche Produkte und Hemmnisse für den weltweiten Handel mit Nahrungsmitteln (z.B. politische Handelsbarrieren) abgebaut. Importzölle werden gesenkt bzw. abgeschafft, Exportsubventionen für landwirtschaftliche Produkte (Getreide, Rindfleisch und Milch) werden reduziert bzw. gestrichen (Rentenbank, 1999). Die Stützung der heimischen Landwirtschaft wird so umgestaltet, dass keine oder nur noch sehr geringe handels- bzw. wettbewerbsverzerrende Wirkungen von ihr ausgehen. Insgesamt werden die Transferleistungen des Staates an die Landwirte zurückgefahren.

Rationalisierung und Automatisierung prägen das Erscheinungsbild der Landwirtschaft sowohl in der tierischen (z.B. Melkroboter, Gentechnik) als auch in der pflanzlichen Produktion (z.B. precision farming). Durch Nutzung des technischen Fortschritts (z.B. Produktivitätssteigerungen, effizienterer Produktionsmitteleinsatz), Strukturwandel und Rückzug der Produktion auf die besten Standorte entstehen immer größere landwirtschaftliche Betriebe. Der bäuerliche Familienbetrieb wird zunehmend durch industrieartige Betriebsformen abgelöst.

Grenzüberscheitende Warenströme nehmen zu. Es kommt zu einer Vereinheitlichung von technischen Normen, Produktionsprozessen und Konsum- bzw. Ernährungsgewohnheiten. Produktionsprozesse werden noch stärker aufgesplittert, die Arbeitsteilung nimmt weiter zu und wird internationaler. Es findet ein globaler Wettbewerb der Standorte statt. Nahrungsmittel werden dort produziert, wo dies am günstigsten ist und dort konsumiert, wo ein Markt vorhanden ist. Disziplinierende und zumindest theoretisch effizienzerhöhende Wirkungen stellen sich ein.

Innovationsschübe, (technische) Steigerungen der Leistungsfähigkeit und sinkende Lohnkosten machen niedrige bzw. sinkende Produktions-, Transport- und Transaktionskosten möglich. Der Kostendruck und die aggressive Wettbewerbskultur zwingen die Betriebe und Unternehmen zu Rationalisierung, Mechanisierung und Vergrößerung bzw. Spezialisierung. Sektoral kommt es zu einer Beschleunigung des Strukturwandels und zum Verlust von Arbeitsplätzen.

Viele nationale Nahrungsmittelhersteller und Lebensmitteleinzelhändler (LEH) scheiden aufgrund des Preiswettbewerbs aus bzw. fusionieren oder gehen strategische Allianzen ein (Rabobank, 1999). Einige wenige transnational agierende Lebensmittelhersteller (z.B. Nestlé) und Lebensmittelhändler (z.B. Wal Markt) mit hohen Jahresumsätzen beherrschen das nationale Geschäft mit Nahrung. Die führenden fünf Unternehmen des LEH in Deutschland werden ihren Marktanteil von heute 62,4 % bis 2010 auf ca. 82 % ausbauen (M+M Europa, 2001a). Analoges gilt für die Top 5 des europäischen LEH, die heute einen Marktanteil von 26 % besitzen (M+M Europa, 2001b). Der Konzentrationsprozeß setzt sich auch auf globaler Ebene fort: 30 Händler beherrschen bereits jetzt 10 % des weltweiten Lebensmittelhandels (M+M Europa, 2001c). Der Preisdruck wird vom Handel an die Ernährungsindustrie weitergegeben. In den nächsten Jahren wird jeder dritte Lebensmittelhersteller aufgrund des Preiswettbewerbs ausscheiden (Rabobank, 1999). Ein weiteres Drittel der Unternehmen überlebt nur, wenn sie durch Fusion oder strategische Allianzen ihre Wettbewerbsposition verbessern können, Nischenprodukte bzw. echte Innovationen anbieten oder zu Lieferanten von Handelsmarken werden.

Der verstärkte internationale Handel führt wegen der exportorientierten Umwidmung von besonders fruchtbaren Böden in vielen Gebieten der Welt zu Nahrungsmittelverknappung (Enquete-Kommission, 2001). Statt der Produktion lokal oder regional konsumierter Lebensmittel werden für den Export bestimmte Produkte (cash crops) angebaut. Von Ausnahmen (z.B. für fair gehandelte Produkte) abgesehen, sind die importierten Nahrungsmittel preiswert, weil die Erzeugung außerhalb Europas mit geringeren Umwelt- und Sozialstandards als in Deutschland erfolgt.

2.2 Demographische Entwicklung

Nahrungsmittel sind Güter des Grundbedarfs. Ihre Nachfrage ist relativ unabhängig von der allgemeinen konjunkturellen Lage, wird aber stark von der demographischen Entwicklung bestimmt. Die Bevölkerung in Deutschland wird infolge des geringen Geburtenniveaus von derzeit rd. 82 Millionen Einwohnern je nach unterstellter jährlicher Nettozuwanderung auf 65 (plus 100.000 Personen) bis 70 Millionen (plus 200.000 Personen) im Jahr 2050 sinken (Statistisches Bundesamt, 2000a).

Zugleich wird sich das zahlenmäßige Verhältnis zwischen älteren und jüngeren Menschen erheblich verschieben: Die 60-Jährigen und Älteren stellen heute knapp ein Viertel der Bevölkerung (23 %), im Jahr 2050 wird jeder Dritte dazu gehören (36 %). Dann werden die Menschen im Alter von 58 bis 63 Jahren zu den am stärksten besetzten Jahrgängen gehören. Heute sind es die 35- bis 40-Jährigen.

Staat und Wirtschaft bieten den Arbeitnehmern an, ihr Berufsleben früher zu beenden bei vergleichsweise gestiegenen finanziellen Möglichkeiten. Gleichzeitig wird das Älterwerden dank der steigenden Lebenserwartung heute zunehmend in die Hochaltrigkeit hinausgeschoben. Bis 2050 wird ein Anstieg der durchschnittlichen Lebenserwartung (eines neugeborenen Kindes) um etwa vier Jahre angenommen: von 74,4 auf 78,1 Jahre bei Jungen und von 80,5 auf 84,5 Jahre bei Mädchen.

Mit steigender Lebenserwartung und zunehmendem Alter gewinnen die medizinischen Facetten der Ernährung an Bedeutung. Während bei den 20-Jährigen nur jeder Zehnte auf seine Gesundheit achtet, ist es bei den 40-Jährigen bereits jeder Fünfte und schon jeder Dritte bei den 60-Jährigen (Nestlé, 1999). Eine lang anhaltende Gesundheit gilt erstrebenswert, da sie ein Tor zu Lebensqualität und Lebensfreude darstellt.

2.3 Veränderte Erwerbs- und Haushaltsstrukturen

Die bedeutendste Quelle des Unterhalts in Deutschland ist die Erwerbstätigkeit. Im Jahr 1997 bezogen 41 % der Menschen in Deutschland den überwiegenden Lebensunterhalt direkt aus ihrer Erwerbstätigkeit. Der Anteil der Erwerbstätigkeit ist infolge der Verschiebung der Altersstruktur und der gestiegenen Arbeitslosigkeit jedoch rückläufig: Die Erwerbstätigenquote der 15- bis unter 65-Jährigen lag 1997 in Deutschland bei 64 % (1991: 68 %). Sie betrug für Männer 72 % und für Frauen 55 % (Hahlen, 1998). Von Rente, Pension und anderen Transfereinkommen lebten 1997 in Deutschland ein Viertel (25 %) der Bevölkerung (1991: 22 %).

Die gewandelte Rolle von Frauen in unserer Gesellschaft und ihre Erwartung, mit ihrer Familie eine berufliche Laufbahn zu vereinen, zeigt sich an der gestiegenen Erwerbsbeteiligung von Frauen und insbesondere auch der traditionell für die Kindererziehung und Hausarbeit zuständigen Mütter. In Deutschland sind gegenwärtig fast zwei Drittel (63 %) der 8,9 Millionen Mütter im erwerbsfähigen Alter (15 bis < 65 Jahre) mit mindestens einem minderjährigen Kind erwerbstätig (Statistisches Bundesamt, 2001). Frauen arbeiten allerdings überproportional in geringfügigen Beschäftigungsverhältnissen. Fast drei Viertel der rd. rund 1,9 Mill. geringfügig Beschäftigten (1997) in Deutschland sind Frauen.

Ein weiterer Trend ist die Verringerung und Flexibilisierung der Arbeitszeit. Die durchschnittliche Arbeitszeit der Erwerbstätigen ist im früheren Bundesgebiet von 40,6 Wochenstunden im Jahr 1978 auf 37,9 Stunden im Jahr 1991 und weiter auf 37,1 Wochenstunden im Jahr 1997 zurückgegangen (Hahlen, 1998). Gleichzeitig erhöhten sich die Anforderungen an die zeitliche Flexibilität der Erwerbstätigen: Schon fast jeder zweite Erwerbstätige (48 %) leistet 1997 Wochenend-, Schicht- und/oder Nachtarbeit (1991: 42 %).

Die Haushaltsstrukturen sind ebenfalls einem starken Wandel unterworfen: die Zahl der Privathaushalte, insbesondere der Einpersonenhaushalte, steigt rasch an. In Deutschland gibt es heute

37,8 Millionen Privathaushalte (Statistisches Bundesamt, 2000b). Einpersonenhaushalte sind mit einem Anteil vom 36 % an allen Privathaushalten der häufigste Haushaltstyp in Deutschland. Den Trend zum Single-Haushalt gibt es im früheren Bundesgebiet seit mehreren Jahrzehnten: Seit 1976 sind Einpersonenhaushalte dort die häufigste Haushaltsform. Seit 1991 hat sich in Deutschland die Zahl der Ein- und Zweipersonenhaushalte um 15 % erhöht, während bei den übrigen Haushaltstypen eine Abnahme von je rund 6 % eintrat. Der Verkleinerung der Haushalte liegt einer Verringerung der Familiengröße zugrunde.

3. Trends in der Ernährung

Durch unterschiedliche Annahmen bezüglich der Richtung und Stärke, in der die skizzierten wirtschaftlichen und gesellschaftlichen Entwicklungen wirken können, und konsistente Kombinationen solcher Annahmen lassen sich einige wesentliche Trends in der Ernährung herausarbeiten. Die nachfolgend holzschnittartig skizzierten Ernährungsstile stehen in der Realität nicht nebeneinander. Der moderne Konsument ist vielmehr ein individualisierter Patchworkcharakter, der ein situationsabhängiges und multioptionales Ernährungsverhalten zeigt, der zwischen Luxus- und Massenkonsum hin und her pendelt, der selbst Schwerpunkte setzt und diese auch verändert, Konsumgüter und Dienstleistungen selektiv und bewusst nutzt und ab und an bereit ist, für hochwertige, gesundheits-, umwelt- und sozialverträgliche Produkte mehr Geld auszugeben. Ohne eine zugegebenermaßen artifizielle Aufspaltung in "reine" Ernährungsstile bleibt jedoch eine Analyse zur Nachhaltigkeit der Trends in der Ernährung unter sich verändernden Rahmenbedingungen diffuser.

3.1 Convenience- und preisorientierter Konsum

Der globale Wettbewerb um Arbeitsplätze und Einkommen, die zunehmende Erwerbstätigkeit von Frauen, die Abnahme der Haushaltsgrößen und die Flexibilisierung der Arbeitszeit sind die Wurzeln des convenience- und preisorientierten Konsumstils. Jeder fünfte Deutsche gilt heute als convenience-affin (GfK, 2001). Kleine, bedarfsgerechte Portionsgrößen, schnell und leicht zubereitbare Nahrungsmittel und verzehrsfertige Mahlzeiten werden bevorzugt. Während bei familiär Gebundenen standardisierte und hoch verarbeitete Convenience-Produkte und die Nutzung aufwändiger Haushaltsgeräte eine wachsende Bedeutung erlangen, greifen Singles eher auf außerhäusliche Dienstleistungen (z.B. Gemeinschaftsverpflegungen, Schnell-Gastronomie) und Gelegenheitsmahlzeiten zurück. Der Trend zur raschen Bedürfnisbefriedigung spiegelt sich auch im Zeitaufwand für die Essensvorbereitung wider: dauerte diese in den fünfziger Jahren noch zweieinhalb Stunden, so werden dafür heute im Durchschnitt 20 Minuten aufgebracht.

Neben dem Zeitaufwand spielt bei der Auswahl der Nahrungsmittel das Preis-Leistungs-Verhältnis eine wichtige Rolle. Die relativ hohe Arbeitslosenzahl, die steigende Zahl der Beschäftigten im Niedriglohnsektor und die zunehmend polarisierten Einkommensverhältnisse in der Bevölkerung führen zu einer hohen Preissensibilität beim Einkauf von Nahrungsmitteln. Neben den vergleichsweise teuren Convenience-Produkten werden vor allem Produkte aus dem Niedrigpreissegment nachgefragt. Der Druck der Verbraucher auf die Nahrungsmittelpreise ist besonders hoch bei den nur wenig verarbeiteten Nahrungsmitteln und bei Standardprodukten (Handelsprodukte). Der Konsument spart lieber bei der Ernährung als beim Urlaub oder beim Auto; darauf haben sich nicht nur Discounter wie Aldi eingestellt. Es gilt allgemein als cool und chic, daß man preisbewußt einkauft (Wunderle und Lay, 2001). Es wird dort eingekauft, wo Nahrungsmittel zu Preisen angeboten werden, die sich der Normalverdiener leisten kann und der Besserverdiener schätzt.

3.2 Gesundheits- und wellnessorientierter Konsum

Die demographische Entwicklung und der Rückzug des Staates von Sozialleistungen (etwa Alters- und Krankenversicherungen) sowie die zunehmende Zahl an ernährungsmitbedingten Krankheiten und Allergien bilden das Motivationsfundament von Konsumenten, die verstärkt auf die persönlichen Folgen der Ernährung achten. Eine gesundheitliche Ausrichtung der Ernährung stärkt die Nachfrage nach Nahrungsmitteln, die weniger gesundheitsbelastend sind bzw. einen gesundheitsfördernden Zusatznutzen versprechen. Bei Senioren steht die Vorbeugung ernährungsmitbedingter Krankheiten, wie Osteoporose (Knochenschwund), Arteriosklerose (Gefäßverkalkung), Verstopfung und individuelle Unverträglichkeiten im Vordergrund (DGE, 2001).

Zwei Drittel der Bevölkerung sehen in Übergewicht einen entscheidenden Risikofaktor für ihre Gesundheit, bedingt durch fettreiches Essen (Nestlé, 1999). Das Leitbild des gesundheits- und wellnessorientierten Konsumenten ist die gesunde, ausgeglichene, fettarme Ernährung, die seine körperliche und geistige Leistungsfähigkeit sowie sein Wohlbefinden fördert. Bei diesem Ernährungsstil wird insgesamt weniger konsumiert, der Anteil an Fett und Fleisch wird verringert. Gleichzeitig werden mehr frische Zutaten (z.B. Rohkost) und natürlich gesunde Nahrungsmittel (z.B. Obst und Gemüse), aber auch functional food Produkte mit zusätzlichem Gesundheitsnutzen verzehrt.

Nicht nur das Altern, sondern jede Lebensphase (z.B. Schwangerschaft und die Geburt eines Babys) kann die Prioritäten in der Ernährung hin zu einer stärkeren gesundheitlichen Orientierung verändern. Das Leitbild "Mens sana in corpore sano" gilt als wesentlicher Schlüssel zum Erfolg in einer leistungsorientierten Arbeits- und Freizeitgesellschaft. Dabei wird mehr und mehr Gesundheit als Gesamtbefindlichkeit gesehen und erstrebt. Sich-wohl-Fühlen (wellness) ist das Ziel, körperlich wie mental.

3.3 Umwelt- und sozialorientierter Konsum

Eine natürliche, umweltverträgliche Nahrungsmittelherstellung und eine artgerechte Tierhaltung sind für den umwelt- und sozialorientierten Konsumenten bei der Auswahl der Nahrungsmittel entscheidungsrelevant. Es werden überwiegend bis ausschließlich Produkte aus ökologischem Anbau und aus regionaler Erzeugung gekauft. Bei exotischen Nahrungsmitteln (z.B. Orangen) werden fair gehandelte Produkte bevorzugt. Die Konsumenten wollen durch ihr Einkaufsverhalten einen Beitrag zur Entlastung der Umwelt und zum Erhalt einer klein strukturierten regionalen Landwirtschaft leisten. Andererseits legen sie aber auch großen Wert auf den höheren Gesundheits- und Genußwert der Produkte im Vergleich zu konventioneller Ware.

Mit zunehmender räumlicher Entfernung der Rohstoffproduktion vom Konsumenten und fortschreitender Arbeitsteilung und Spezialisierung wird der Prozess der Lebensmittelherstellung für den Verbraucher immer intransparenter. Damit einher geht ein wachsendes Gefühl der Unsicherheit über die Qualität und Sicherheit der Nahrung. Dies wird durch entsprechende Medienskandale verstärkt. Als Gegenreaktion zur Anonymisierung und Standardisierung der Nahrungsmittelproduktion kauft der umwelt- und sozialorientierte Konsument verstärkt verbrauchernah erzeugte und wenig verarbeitete Nahrungsmittel. Öko- und Regioprodukte geniessen einen großen Vertauensvorschuss (Alvensleben und Gertken, 1993). Umfragen vor der BSE-Krise und der MKS-Seuche ergaben, dass nur 1 % der Konsumenten kein Vertrauen in deutsche Landwirte haben, während etwa 25 % der Befragten Misstrauen gegenüber US-Farmern haben und 32 % holländischen Bauern misstrauen (Rieder, 1999).

Das Leitbild der Landwirtschaft ist bei den umwelt- und sozialorientierten Konsumenten stark geprägt von idealisierten und romantischen Wertvorstellungen (Scheper, 1999). Insbesondere der ökologische Landbau entspricht den Vorstellungen von reiner, unschuldiger Produktion mit natürlichen Kreisläufen und artgerechter Tierhaltung, von Gesundheit und Überschaubarkeit, die im Gegensatz zur industriellen Massenproduktion in "Agrarfabriken" steht. Die Landwirtschaft wird immer weniger in ihrer Rolle als produzierender Sektor gesehen. Zum etablierten Bild der Landwirtschaft gehören deren "multifunktionale" Aufgaben, angefangen von der Pflege und Gestaltung der Landschaft über die Bewahrung des Kultur- und Naturerbes und die Trinkwasserproduktion bis hin zum Bauernhof- und Landtourismus.

4. Auswirkungen auf Nachhaltigkeitsindikatoren

Um beurteilen zu können, wie es um die Nachhaltigkeit der grob skizzierten Ernährungsstile bestellt ist, werden relevante Indikatoren zur Messung von Nachhaltigkeit ausgewählt. Die Leitindikatoren beziehen sich auf die Mindestanforderungen einer nachhaltigen Entwicklung (Kopfmüller et al., 2001). Folgende Indikatoren werden herangezogen:

- der Selbstversorgungsgrad, der anzeigen soll, ob für alle Mitglieder der Gesellschaft ein Mindestmaß an Grundversorgung (Ernährung) aus eigener Produktion gewährleistet ist,
- der Anteil der Ausgaben für Nahrungsmittel an den privaten Ausgaben als Maß dafür, wie hoch die finanzielle Belastung der Grundversorgung mit Nahrungsmitteln ist,
- die ernährungsmitbedingten Gesundheitskosten zur Messung des Grads an Gefahren und Risiken für die menschliche Gesundheit,
- der Anteil der landwirtschaftlichen Verkaufserlöse an den Verbraucherausgaben für Nahrungsmittel soll den Grad der aktiven Existenzsicherung durch eine frei übernommene Tätigkeit in der Landwirtschaft wiedergeben,
- der Verbrauch an fossiler Energie steht stellvertretend für die Nutzung nicht erneuerbarer Ressourcen, da gerade diese Ressource (hier v.a. Erdgas, Erdöl) eine begrenzte Reichweite aufweist, die über die Zeit zu erhalten ist,
- die Emissionen, das Abfallaufkommen und der Anteil Ökoprodukte sind Indikatoren, anhand deren Höhe abgelesen werden kann, in welchem Umfang die Regelungs- und Trägerfunktionen der Natur beansprucht werden bzw. ob das politische Gegensteuern (Förderung des ökologischen Landbaus) die gewünschte Wirkung zeigt,
- der Anteil fair gehandelter Produkte als Maß für die internationale Anerkennung gerechter Löhne und Arbeitsbedingungen unter Berücksichtigung von Umweltaspekten,
- die Kochkenntnisse, um zu beurteilen, ob die kulturellen Fähigkeiten und Kapazitäten unserer Gesellschaft verloren gehen oder nicht.

Anhand dieser Indikatoren werden die verschiedenen Ernährungsstile gespiegelt. Die Bewertung ist qualitativer Natur und zeigt lediglich die grobe Richtung an.

4.1 Effekte einer convenience- und preisorientierten Ernährung

Eine Ernährung, die auf zeitsparende Bedürfnisbefriedigung ausgelegt ist, führt zu einem weiteren starken Anstieg der ernährungsmitbedingten Gesundheitskosten, weil bei dieser Ernährungsweise der Gesundheitsaspekt keine bzw. nur eine untergeordnete Rolle einnimmt.

Der convenienceorientierte Ernährungsstil führt zu einer Verringerung des Selbstversorgungsgrads, solange die externen Kosten der Bereitstellung von Nahrungsmitteln nicht internalisiert sind und vergleichsweise preiswerte Importprodukte zur Verfügung stehen und gegenüber teureren nationalen Produkten bevorzugt werden. Der Anteil der Nahrung an den Ausgaben für den privaten Verbrauch sinkt weiter, da die Lebensmittel im Verhältnis zur Einkommensentwicklung immer billiger werden und der Preis ein wichtiger Kaufimpuls für die Konsumenten darstellt. Neben der Preis-/Leistungsorientierung der Konsumenten und der gewachsenen Kaufkraft führen vor allem die Produktivitätssteigerungen in der Landwirtschaft und im Ernährungssektor sowie der harte Verdrängungswettbewerb im Lebensmittelhandel zu einem weiteren Absinken des Ausgabenanteils für Nahrungsmittel. Die Produkterlöse der Landwirtschaft sinken, weil der Kostenanteil des Rohstoffes am hochverarbeiteten Convenience-Produkt geringer ist als bei wenig verarbeiteten Produkten (z.B. Eier, Obst, Gemüse).

Durch den steigenden Verbrauch an Convenience-Produkten (z.B. TK-Fertiggerichte) steigt der Energieverbrauch über die gesamte Prozesskette hinweg bis zum Verbraucher an. Hinzu kommen die verlängerten Einkaufswege zu den Discountern auf der grünen Wiese, die meist nur noch mit dem Pkw überwindbar sind. Analog dazu steigen die Emissionen, insbesondere aus dem Transportverkehr. Als Folge des hohen Verpackungsaufwandes für Convenience-Produkte steigt das Abfallaufkommen. Dabei handelt es sich überwiegend um Verpackungsabfälle, während der Anteil an Bioabfall tendenziell sinkt, weil Convenience-Produkte bedarfsgerecht portioniert und relativ lang haltbar sind.

Der Anteil an Ökoprodukten am Konsum bleibt gleich, da für Ökoprodukte ein Aufpreis bezahlt werden muß, diese aber (noch) nicht den hohen Zubereitungsgrad und die Bandbreite an schneller Bedürfnisbefriedigung bieten wie die konventionellen Produkte, obwohl auch hier eine Annäherung stattfindet (z.B. TK-Bio-Pizza). Der Anteil an fair gehandelten Produkten sinkt, weil diese teurer sind als vergleichbare Produkte, die mit Niedriglöhnen hergestellt werden.

Vorratshaltung, Verarbeitung, Konservierung und Zubereitung von Nahrung werden aufgrund der veränderten Arbeits- und Lebensbedingungen immer mehr externalisiert. Die Zeitersparnis im Haushalt wird für andere Zwecke – z.B. für eine Berufstätigkeit der Frau – genutzt. Der Wunsch nach zeitsparender und bequemer Bedürfnisbefriedigung führt zu einer wachsenden Nachfrage nach vorgefertigten Convenience-Produkten und zu einem Verlust an Kochkenntnissen und Esskultur.

4.2 Effekte einer gesundheits- und wellnessorientierten Ernährung

Eine gesundheitsorientierte Ernährung führt zu einer deutlichen Verringerung des Anteils an ernährungsmitbedingten Gesundheitskosten. Der Selbstversorgungsgrad bleibt ungefähr gleich, der Anteil der Ausgaben für Nahrungsmittel steigt dagegen etwas an, da wohl der Fleischverbrauch zurückgeht, aber gleichzeitig der Verzehr an qualitativ hochwertigen Nahrungsmitteln und an vergleichsweise teuren Funktional food Produkten (z.B. probiotische Joghurts) ansteigt. Die Verringerung des Konsums an Nahrungsmitteln insgesamt sowie insbesondere an tierischen Erzeugnissen führt zu rückläufigen Produkterlösen in der Landwirtschaft. Dies wird durch den steigenden Verzehr von unverarbeiteten Nahrungsmitteln hoher Qualität wieder ausgeglichen.

Der Anbau von Gemüse in beheizten Gewächshäusern ist mit einem relativ hohen Energieverbrauch verbunden. Durch die Verringerung des Fleischverbrauchs zugunsten pflanzlicher Nahrung wird dies jedoch mehr als aufgewogen. Ein Wechsel von konventioneller Mischkost auf ovo-lakto-vegetarische Ernährung führt zu einem um etwa 5 GJ/Person und Jahr verringerten Primärenergieverbrauch (Taylor 2001). Die Verringerung des Verzehrs an Fleisch und anderen tierischen Erzeugnissen führt auch zu einer verringerten Freisetzung klimarelevanter Emissionen. Bei der Erzeugung von 1 kg Weizen werden 230 g CO_2-Äquivalente freigesetzt, bei der Produktion von 1 kg Rindfleisch ungefähr die fünffache Menge davon (Taylor 2001). Der Wechsel von konventioneller Mischkost auf ovo-lakto-vegetarische Ernährung führt zu einem um rd. 600 kg/Person und Jahr verringerten Ausstoß an CO_2-Äquivalenten. Das Abfallaufkommen verändert sich nicht wesentlich.

Die Nachfrage nach Produkten mit einem gesundheitlichen Zusatznutzen (z.B. Functional food) steigt. Auch der Anteil an Ökoprodukten nimmt etwas zu, weil diese einen höheren Gesundheitswert haben bzw. versprechen und eine geringere bzw. schonendere Verarbeitung aufweisen. Der Anteil an fair gehandelten Produkten verändert sich kaum, da sie keinen gesundheitlichen Zusatznutzen bieten.

Mehr Nahrungsmittel werden in unbearbeiteter bzw. wenig veränderter Form eingekauft. Gesunde, regionaltypische und saisongerechte Speisen werden bevorzugt, auch beim Außer-Haus-Essen. Aber auch industrielle gefertigte funktionale Nahrungsmittel werden verwendet. Die Kochkenntnisse bleiben erhalten.

4.3 Effekte einer umwelt- und sozialorientierten Ernährung

Bei einer umwelt- und sozialorientierten Ernährungsweise sinken die ernährungsmitbedingten Gesundheitskosten leicht, weil der Konsum insgesamt bewusster wird und zurück geht und Produkte aus ökologisch orientiertem Anbau und artgerechter Tierhaltung konsumiert werden, die bestimmte Fremd- und Schadstoffe (z.B. Pflanzenschutzmittelrückstände, Hormone) nicht enthalten.

Eine umweltorientierte und auf soziale Fairness bedachte Nahrungsmittelversorgung unterstützt die regionale Produktion und führt zu einem steigenden Selbstversorgungsgrad, insbesondere bei Obst und Gemüse. Die Flächenbelegung im Ausland (z.B. für Futtermittelimporte) geht zurück. Der Anteil der Ausgaben für Nahrungsmittel steigt, weil Ökoprodukte vergleichsweise teurer sind als konventionell erzeugte Lebensmittel. Der Mehrpreis liegt in Deutschland je nach Produkt zwischen 50 und 100 %. Dieser Preisunterschied kann jedoch reduziert werden. Dies zeigt ein Vergleich mit anderen Ländern (z.B. Österreich, Schweiz), wo der Mehrpreis für Ökoprodukte zwischen 10 und 30 % liegt. Die Produkterlöse der Landwirtschaft steigen an, weil die Erlöse bei Ökoprodukten höher sind als bei konventionellen Produkten und der Anteil an Direkt- und Regionalvermarktung zunimmt.

Ein höherer Anteil an ökologischem Landbau ist im Vergleich zur konventionellen Landwirtschaft mit einem geringeren flächenbezogenen Energieeinsatz verbunden. Die Transportdistanzen sind kürzer. Veraltete Prozess- und Transporttechnik sowie die mangelnde Größe der Erzeugungseinheiten können jedoch dazu führen, dass der Energieverbrauch zur Erzeugung und Distribution ökologischer Produkte höher liegt als bei einem vergleichbaren konventionellen Produkt. In der Summe führt die Ernährung mit ökologisch erzeugten Lebensmitteln zu einem Einsparpotenzial von fast 5 GJ pro Person und Jahr (Taylor 2001). Die Emissionen sinken, da bei der Erzeugung von pflanzlichen Erzeugnissen bei ökologischen Verfahren weniger CO_2-Äquivalente freigesetzt werden als bei konventioneller Produktion. Die Ernährung mit ökologisch erzeugten Lebensmitteln führt im Vergleich zur konventionellen Variante zu einem Einsparpotenzial von 270 kg CO_2-Äquivalente pro Person und Jahr (Taylor 2001). Der höhere Anteil an Grundnahrungsmitteln (Kartoffeln, Hülsenfrüchte, Obst und Gemüse) geht einher mit einem geringeren Aufkommen an Verpackungsabfällen, da diese Produkte entweder unverpackt oder nur gering verpackt verkauft werden. Außerdem werden Verpackungen bevorzugt, die wieder verwertbar oder recyclierbar sind.

Der Anteil an Ökoprodukten steigt deutlich. Der Anteil an Fairtradeprodukten steigt, weil die Verbraucher beim Nahrungsmittelkauf auch auf die Arbeitsbedingungen und sozialen Aspekte der Nahrungsmittelbereitstellung im Ausland achten. Traditionelle Verfahren und Bräuche der landwirtschaftlichen Produktion, der Verarbeitung, des Kochens und der gemeinsamen Mahlzeiten erfahren eine Renaissance.

5. Resümee

Die Zusammenstellung der Auswirkungen der Ernährungsstile auf ausgewählte Nachhaltigkeitsindikatoren (Tabelle 1) zeigt, daß diese in einigen Bereichen zu mehr Nachhaltigkeit führen, während sie in anderen Dimensionen entweder keine Effekte auslösen oder aber zu einer Verschlimmerung des Status quo beitragen.

Tabelle 1: Effekte von Ernährungsstilen auf ausgewählte Nachhaltigkeitsindikatoren

Nachhaltigkeitsindikatoren	**Ernährungsstile**		
	Convenience- u. preisorientiert	Gesundheits- u. wellnessorientiert	Umwelt- u. sozialorientiert
Ernährungsbedingte Kosten	↑	↓	↘
Selbstversorgungsgrad	↘	—	↗
Anteil an privaten Ausgaben	↘	↗	↑
Produkterlöse der Landwirte	↘	—	↑
Fossile Energie	↑	↘	↘
Emissionen	↑	↘	↘
Abfallaufkommen	↑	—	↘
Anteil Ökoprodukte	—	↗	↑
Anteil Fairtradeprodukte	↓	—	↑
Kochkenntnisse	↓	—	↑

Der an Bequemlichkeit, Zeit- und Geldersparnis orientierte Ernährungsstil führt – mit Ausnahme der Entwicklung bei den Ausgaben für Nahrungsmitteln – zu einer Verschärfung bestehender Nachhaltigkeitsprobleme. Die umwelt- und sozialorientierte Ernährungsweise, die als Gegenbewegung zur "konventionellen" Ernährung mit ihren ökologischen Belastungen und sozialen Mißständen verstanden werden kann, stellt eine Art Leitbild für eine gesamtheitlich nachhaltigere Entwicklung im Ernährungsbereich dar. Die damit verbundenen Mehrkosten insbesondere für Verbraucher mit niedrigen Einkommen könnten durch eine (steuerliche) Entlastung der Kosten der Ernährung oder der Einkommen relativiert werden. Die mit diesem Ernährungsstil verknüpfte Verringerung der ernährungsmitbedingten Gesundheitskosten leistet ebenfalls einen Beitrag zur Deckelung des finanziellen Anteils, der für die Ernährung ausgegeben werden muß. Der gesundheits- und wellnessorientierte Konsumstil liegt im geschätzten Auswirkungspotenzial zwischen der convience- und der umweltorientierten Ernährung. Eine Ausnahme bilden die ernährungsmitbedingten Gesundheitskosten, wo diese Ernährungsweise den positivsten Ausschlag zeigt.

Literatur

Alvensleben von, R.; Gertken, D. (1993): Regionale Gütezeichen als Marketinginstrument bei Nahrungsmitteln. In: Agrarwirtschaft 42 (1993), Heft 6, S. 247-251

DGE (Deutsche Gesellschaft für Ernährung e.V., 2001): Verbraucherinfos für Senioren. URL: http://www.dge.de/Pages/navigation/verbraucher_infos/senioren.html

Enquete-Kommission "Globalisierung der Weltwirtschaft – Herausforderungen und Antorten" (2001): Zwischenbericht vom 13.09.2001. Drucksache 14/6910, S. 55

GfK (Gesellschaft für Konsumforschung, 2001): Food trends, Nürnberg

Hahlen, J. (1998): Statement von Präsident Johann Hahlen zum Pressegespräch "Leben und Arbeiten in Deutschland". Pressemitteilung des Statistischen Bundesamtes.

Kopfmüller, J.; Brandl, V.; Jörissen, J.; Paetau, M.; Banse, G.; Coenen, R.; Grunwald, G. (2001): Nachhaltige Entwicklung integrativ betrachtet – Konstitutive Elemente, Regeln, Indikatoren. Edition sigma.

M+M Europa (2001a): Konzentration im deutschen Lebensmittelhandel. Entwicklung 1980 bis 2000, Szenario 2010 – Marktanteile der Top 5. Pressemitteilung vom 31. Oktober 2001. http://www.mm-eurodata.de/presse/index.htm

M+M Europa (2001b): Lebensmittelhandel Europa: TOP 5 mit nahezu doppeltem Marktanteil innerhalb von 10 Jahren. Pressemitteilung vom 15. November 2001. http://www.mm-eurodata.de/presse/index.htm

M+M Europa (2001c):30 Händler beherrschen 10 % des weltweiten Lebensmittelhandels. Pressemitteilung vom 15. Mai 2001. http://www.mm-eurodata.de/presse/index.htm

Nestlé (1999). Gut essen – gesund leben. Ernährung in Deutschland. Nestlé Studie zur Anuga 1999, 34 S.

Rabobank International (1999): Online im Internet. URL: http://rabobank.com/conferences_events/germany/english.htm

Rentenbank (1999): Die neue Welthandelsrunde der WTO: Weichenstellungen für die Landwirtschaft im 21. Jahrhundert. In: Landwirtschaftliche Rentenbank (Hrsg.): Geschäftsbericht 1999, Frankfurt a. Main, S. 15-30

Rieder, B. (1999): Mental auf Kurs zur "Bio-Insel". Lebensmittelzeitung vom 09.07.1999

Rösch, C.; Heincke, M. (2001): Nachhaltigkeitsdefizite in Ernährung und Landwirtschaft. Nachhaltigkeitsdefizite in Ernährung und Landwirtschaft. In: Grunwald, A. et al. (Hrsg.): Forschungswerkstatt Nachhaltigkeit – Wege zur Diagnose und Therapie von Nachhaltigkeitsproblemen. Reihe: Global zukunftsfähige Entwicklung – Perspektiven für Deutschland, Band 2, edition sigma, Berlin, erscheint im Dezember 2001

Scheper, U. (1999): Die Wahrnehmung der Landwirtschaft durch Meinungsmultiplikatoren. Schriften der Gewisola, Band 35, S. 613-618

Statistisches Bundesamt (2000a): Bevölkerung Deutschlands nimmt von heute 82 Millionen bis zum Jahr 2050 um über 10 Millionen ab. Pressemitteilung vom 19. Juli 2000. http://www.destatis.de/presse/deutsch/pm2000/p2600022.htm

Statistisches Bundesamt (2000b): Trend zu kleinen Haushalten hält 1999 an. Pressemitteilung vom 23. Mai 2000. http://www.destatis.de/presse/deutsch/pm2000/p1100024.htm

Statistisches Bundesamt (2001): Hohe Doppelbelastung von Müttern durch Beruf und Kindererziehung. Pressemitteilung vom 10. Mai 2001. http://www.destatis.de/presse/deutsch/pm2001/p1680031.html

Taylor, C. S. (2001): Welche Ernährungsweise ist am verträglichsten für die Umwelt? Ökologie & Landbau, Heft 120 (29. Jg.), 4/2001, S. 10-12

Wunderle, M.; Lay, C. (2001): "Der Hoflieferant der Massengesellschaft" – Die Erfolgsgeschichte des Aldi-Konzerns. Sendemanuskript Radiobremen. URL: http://www.radiobremen.de/suche/erg.php3?url=http://www.radiobremen.de/rb2_archiv/feature/2001/20010401.shtml

Kommunikations- und Lernprozesse zur Förderung nachhaltiger Konsum- und Wirtschaftsweisen: Regionalvermarktung von Nahrungsmitteln im Hunsrück

Regina Gaitsch & Angela Koch

TAURUS – Institut an der Universität Trier
E-Mail: *gaitsch@uni-trier.de, angela.koch@uni-trier.de*

1. Einleitung

Der Ernährungsbereich bietet für die Etablierung nachhaltiger Konsummuster und Verhaltensweisen gegenwärtig günstige Bedingungen. Einerseits ist die Notwendigkeit von Veränderungen der industrialisierten Nahrungsmittelerzeugung vielen Verbrauchern aber auch Landwirten und Verarbeitern wie politischen Akteuren stärker ins Bewusstsein gerückt. Dazu beigetragen haben u.a. Medienberichte zur BSE-Problematik und Lebensmittelskandalen wie auch Studien zu den Umweltfolgen der Intensivlandwirtschaft und den weltweiten Nahrungsmitteltransporten (Müller 2001, 41ff.; Schmidt, Jasper 2001; RNE 2001). Andererseits zeigen erfolgreiche Projekte und Initiativen, dass vor allem auf regionaler Ebene Möglichkeiten und Potentiale bestehen, das Leitbild einer nachhaltigen Wirtschaftsweise im Ernährungsbereich stärker zu verankern (Besch, Hausladen 2000, Hensche et al. 1997; Gärtner, Moll 2000; Umweltakademie 1999).

Das Forschungsprojekt "Entwicklung eines Lernmodells zur regionalen Vermarktung von Nahrungsmitteln" widmet sich den *Umsetzungs- und Erfolgsbedingungen der Regionalvermarktung von Nahrungsmitteln als einer Strategie nachhaltigen Wirtschaftens im Ernährungsbereich von Regionen*. Es wird als interdisziplinäres Verbundprojekt vom TAURUS-Institut, Trier, dem Wuppertal Institut für Klima, Umwelt und Energie und dem Büro für ökologische Landentwicklung, Köln, für vier Jahre (1999-2002) vom Bundesforschungsministerium im Rahmen der Förderinitiative "Modellprojekte für nachhaltiges Wirtschaften" gefördert.

Der folgende Beitrag soll darstellen, welche Überlegungen und Fragestellungen das Forschungsprojekt bezogen auf die Thematik der Regionalvermarktung verfolgt und welches Vorgehen zu deren Bearbeitung gewählt wurde. Vor diesem Hintergrund wird der Stand der Projektfallstudie in der Untersuchungsregion *Hunsrück* erläutert. Abschließend werden bisherige Projekterfahrungen und erste Forschungsergebnisse formuliert.

2. Die Regionalvermarktung von Nahrungsmitteln: Vorüberlegungen und Fragestellungen des Forschungsprojekts

Die Regionalvermarktung von Nahrungsmitteln hat sich als eine Marketingstrategie im Ernährungsbereich verstärkt in den letzten 10 Jahren entwickelt. Als Gründe dafür werden einerseits die zunehmenden Verbraucherwünsche nach Nahrungsmitteln mit kontrollierter Qualität, transparenten Produktionswegen und umweltschonender Erzeugung sowie andererseits die sich verschlechternde Einkommenssituation und der zunehmende Konkurrenzdruck vor allem in der kleinstrukturierten Landwirtschaft und dem Ernährungshandwerk als auch im Einzelhandel und der Gastronomie angeführt (Balling 2000; Hauser 1994; Hofer, Stalder 1998, 20f.; Loibl 1997).

Da die Regionalvermarktung in der Praxis in unterschiedlichen Formen umgesetzt wird, kann lediglich eine idealtypische Abgrenzung dieser Marketingstrategie vorgenommen werden. Ihre wesentlichen Elemente sind (Hensche, Ulrich 2000, 55ff.; Besch, Hausladen 2000, 13ff.; Hofer, Stalder 2000, 49):

- *die regionalen Produktions- und Vermarktungswege („Aus der Region – für die Region'):*

Im engeren Sinn umfasst die Regionalvermarktungsstrategie die Verarbeitung heimischer Rohstoffe aus der Landwirtschaft in Verarbeitungsbetrieben vor Ort und die Vermarktung der Nahrungsmittel an regionale Verbraucher. Auf diesem Wege können Nahrungsmittel mit einer regionalen Herkunftsgarantie und -identität sowie kurzen und transparenten Produktionswegen angeboten werden. Vielfach besitzen diese aufgrund umweltfreundlicher Produktionsmethoden besondere Qualitätseigenschaften, welche den Verbrauchern Zusatznutzen hinsichtlich des Beitrages zum Umweltschutz oder zur Regionalentwicklung usw. bieten.

Die regionalen Nahrungsmittel werden größtenteils mit Regionalmarken, Herkunfts- und Gütezeichen beworben. Zielgruppe dieser Marketingstrategie sind Verbraucher, die (gegebenenfalls) höhere Preise für Nahrungsmittel mit garantierter Qualität und Herkunft sowie den genannten Zusatznutzen akzeptieren.

- *die räumliche Abgrenzung der Region:*

Die Vermarktungsstrategie beschränkt sich räumlich auf Regionen, welche nach unterschiedlichen Kriterien abgegrenzt sind. Ziel ist es dabei, die Überschaubarkeit und Nachvollziehbarkeit der Produktionswege zu gewährleisten und die Identifikation der Verbraucher mit den regionalen Nahrungsmitteln zu steigern. Die in der Praxis anzutreffenden Abgrenzungen entsprechen daher vor allem Natur- und Kulturräumen, aber auch – aufgrund praktischer Notwendigkeiten – Wirtschaftsverflechtungen mit entsprechenden Erzeugungs- und Verarbeitungskapazitäten, Nachfragemärkten sowie maximalen Transportradien.

- *die Organisation der Regionalvermarktung:*

Die Organisation der regionalen Vermarktung lässt sich unterscheiden in die einzelbetriebliche Direktvermarktung und kooperative Vermarktungsformen mit Zusammenschlüssen auf horizontaler und vertikaler Ebene. Zu letzteren Formen zählen Markenprogramme, Herkunftszeichen- und Dachmarkenkonzepte sowie regionale Verbundprojekte, welche sich nach Grad und Organisation der Kooperation der beteiligten Unternehmen unterscheiden (Besch, Hausladen 2000, 16ff.).

Die Überlegungen des vorliegenden Forschungsprojektes setzen insbesondere an den genannten Verbundprojekten an. Hierbei handelt es sich um regionale Kooperationen unterschiedlicher Akteursgruppen. Zu diesen zählen:

- Wirtschaftsakteure entlang der Produktlinie eines Nahrungsmitteln (d.h. Landwirte, Ernährungshandwerk, Einzelhandel, Gastronomie und Gemeinschaftsverpflegung), aber auch
- Akteure aus Politik, Verwaltung, Umwelt-, Naturschutz- und Regionalvereinen, Beratungs- und Bildungseinrichtungen und Interessensverbänden (Umfeldakteure) u.ä. wie auch
- Verbraucher.

Es hat sich gezeigt, dass diesen Kooperationen – aufgrund der Einbeziehung der verschiedenen regionalen Interessen (besonders der Umfeldakteure und Verbraucher) und der kooperativen Organisationsstruktur – besondere Potentiale innewohnen, eine nachhaltige Wirtschaftsweise in Regionen zu fördern. So können in diesem Rahmen vielfach Stoff- und Energieflüsse umweltfreundlicher gestaltet, die gewachsene Kulturlandschaft mit ihrer Artenvielfalt gesichert, die regionale Wertschöpfung erhöht, Transportenergie und -emissionen reduziert sowie Gestaltungs- und Partizipationsmöglichkeiten eröffnet werden (Hofer, Stalder 2000; Kindermann 1997, 11ff.).

Allerdings haben bisherige Untersuchungen ermittelt, dass gerade in der Gründungsphase solcher Kooperationen, in der sich die relevanten Wirtschaftsakteure einer Produktlinie, Umfeldakteure und Verbraucher auf ein gemeinsames Vorgehen abstimmen müssen (u.a. über zu produzierende Mengen und Qualitäten, Erzeugungsrichtlinien, Kontrollen, Lieferbeziehungen), vielfältige Hemmnisse zu überwinden sind. So ist beispielsweise von unterschiedlichen Zielvorstellungen, individuellen Bedingungen und Handlungsbereitschaften der Akteure, Wissensdefiziten hinsichtlich der regionalen Gegebenheiten und der Vorteile der regionalen Zusammenarbeit, mangelnder Innovations- und Risikobereitschaft der Beteiligten auszugehen (Besch et al. 2000, 50, Hensche, Ulrich 2000, 62ff.).

Im Fokus des vorliegenden Forschungsprojektes stehen daher solche Aufbau- und Stabilisierungsprozesse der Regionalvermarktung von Nahrungsmitteln. Es wird davon ausgegangen, dass innerhalb dieser Prozesse Akteure bzw. Akteursgruppen mit unterschiedlichen Motivationen, Handlungsbereitschaften sowie spezifischen situativen, sozialen und strukturellen Handlungsbedingungen aufeinandertreffen. Es bedarf daher weitreichender *Kommunikations- und Lernprozesse*, um die einzelnen Interessenlagen abzustimmen, Informationsdefizite auszugleichen und Handlungsbarrieren abzubauen. Gemeinsam können in diesem Rahmen neue Handlungsspielräume für ein Regionalvermarktungskonzept entwickelt werden.

Die Fragestellungen des Projektes setzen an folgenden Punkten an:

- *Identifikation von Regionalvermarktungspotentialen im regionalen Ernährungsbereich*

Als Voraussetzung für den Aufbau der Regionalvermarktung soll der Frage nachgegangen werden, wie im regionalen Ernährungsbereich Produktlinien identifiziert werden können, die besondere Potentiale (z.B. Rohstoffmengen, Verarbeitungs- und Vermarktungskapazitäten, engagierte Akteure vor Ort) für eine regionale Organisation aufweisen. Es ist dabei zu berücksichtigen, dass ein entsprechendes Auswahl- und Analyseverfahren für Produktlinien zum einen die Interessen der regionalen Praxisakteure umfassend einbezieht sowie zum anderen den Arbeitsaufwand der Datenerhebung und -auswertung überschaubar und effizient gestaltet.

- *Aufbau regionaler Vermarktungskooperationen: Kommunikations- und Lernprozesse der Akteure*

Eine weitere Voraussetzung für die Regionalvermarktung stellt die Aktivierung der relevanten Akteure einer Produktlinie zur Beteiligung an den beschriebenen Kommunikations- und Lernprozessen (KuL) dar. Vor diesem Hintergrund wird durch das Forschungsprojekt untersucht, wie die jeweiligen Akteure als Produzenten, Verbraucher oder Umfeldakteure für die Regionalvermarktung motiviert werden können sowie welchen situativen, sozialen und strukturellen Handlungsrestriktionen sie unterliegen. Von besonderer Bedeutung ist dabei die Frage, wie die Berücksichtigung der Ziele nachhaltigen Wirtschaftens innerhalb der Prozesse sichergestellt und in den Kooperationen verankert werden kann. Darüber hinaus sollen die Möglichkeiten und Bedingungen des Aufbaus regionaler Kooperationsstrukturen im Rahmen der KuL-Prozesse erforscht werden. In diesem Zusammenhang stellt sich die Frage nach Methoden und Instrumenten zur erfolgreichen Initiierung und Durchführung dieser Prozesse.

Zur Untersuchung dieser Fragestellungen wird im Rahmen von zwei Fallstudien mit Praxispartnern aus dem Ernährungsbereich in zwei Regionen, dem Hunsrück und dem Rhein-Sieg-Kreis, der Aufbau regionaler Produktlinien initiiert und begleitet. Grundsätze der angestoßenen Prozesse sind die enge Zusammenarbeit von Wissenschaft und Praxis, die partizipative und prozessuale Vorgehensweise sowie die transparente Organisation und dauerhafte Verankerung der Prozesse in den Regionen.

Gegenwärtig befindet sich das Forschungsprojekt in der zweiten Hälfte des Förderzeitraums.

3. Die Fallstudie im *Hunsrück*

Im folgenden soll bezugnehmend auf die genannten Fragestellungen ausschnittweise für die Untersuchungsregion *Hunsrück* dargestellt werden, welche spezifischen Vorgehensweisen im Rahmen der Fallstudie entwickelt wurden (3.1 - 3.3).

Die Basis der Praxisarbeiten bildeten vorhandene Kontakte zwischen dem TAURUS-Institut und den Akteuren des Ernährungsbereichs im Hunsrück, mit denen die Projektplanung und -durchführung abgestimmt und vorgenommen wurde.

3.1 Untersuchung der Ist-Situation im Ernährungsbereich

Als Grundlage der Projektdurchführung wurde zu Beginn eine *Situationsanalyse* im regionalen Ernährungsbereich zu den Motivationen und Handlungsbedingungen und -bereitschaften der Akteure hinsichtlich des Aufbaus der Regionalvermarktung vorgenommen. Im Rahmen einer Reihe von Interviews mit ausgewählten Schlüsselpersonen und Multiplikatoren wurden folgende Ergebnisse für den Hunsrück ermittelt:

- Einem überwiegenden Teil der Wirtschaftsakteure ist die Regionalvermarktung als alternative Strategie der Nahrungsmittelbereitstellung bisher unbekannt. Nur vereinzelt sind Regionalvermarktungsansätze, vor allem in Form der Direktvermarktung, vorhanden.

- Bei vielen Akteuren bzw. Akteursgruppen bestehen Informationsdefizite bezüglich der regionalen Situation. Grund dafür ist u.a. die mangelnde Vernetzung im Ernährungsbereich.

- Den Umfeldakteuren und Verbrauchervertretern sind die Regionalvermarktung und deren Umsetzungsanforderungen durchaus bekannt, Umsetzungsaktivitäten erfolgen aber nur im geringen Ausmaß.

- Das Leitbild nachhaltiger Entwicklung gewinnt erst allmählich an Bekanntheit im Rahmen der beginnenden Agenda 21-Prozesse.

- Das Forschungsprojekt wird von den meisten Gesprächspartnern als Chance für die Etablierung und Förderung von Regionalvermarktungsansätzen im Hunsrück gesehen.

3.2 Analyse und Auswahl der Produktlinien mit Regionalvermarktungspotentialen

Als Voraussetzung für die Initiierung der KuL im Hunsrück stellte sich die Aufgabe, im regionalen Ernährungsbereich Produktlinien zu identifizieren, die spezifische Potentiale für die Regionalvermarktung aufweisen. Die Akteure dieser Produktlinien sollten für den Aufbau der regionalen Zusammenarbeit aktiviert werden. Für diese Analyseaufgabe wurde eine Vorgehensweise entwickelt, die den Untersuchungsgegenstand „regionaler Ernährungsbereich" sukzessive eingrenzt und die regionalen Akteure in den Auswahlprozess einbezieht (Abb. 1).

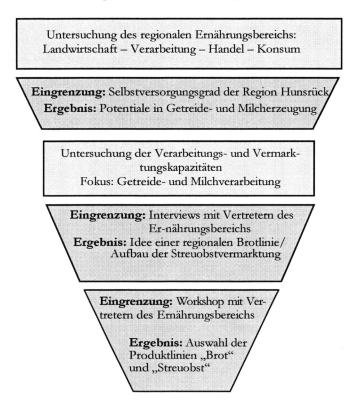

Abb. 1: Vorgehen zur Auswahl der Produktlinien

Aufbauend auf einem allgemeinen Überblick über den Ernährungsbereich diente als erste Eingrenzung der Selbstversorgungsgrad der Region, indem regionale Rohstoff- und Verbrauchspotentiale verglichen wurden. In einem nächsten Schritt konnten konzentriert die Verarbeitungs- und Vermarktungskapazitäten in der Region untersucht werden. Anschließend wurden ergänzend zu den erhobenen Daten Interviews durchgeführt. Dabei ließen sich die Idee einer regionalen Brotlinie sowie der geplante Aufbau der Streuobstvermarktung ermitteln.

Der vorhandene Informationsstand konnte im Rahmen eines Gesprächskreises im November 1999 einem breiten Kreis von Vertretern des regionalen Ernährungsbereichs (mit besonderem Fokus auf den Akteuren der Produktlinien *Brot/Backwaren* und *Streuobst*) präsentiert werden. Von den Anwesenden wurden den Produktlinien *Brot/Backwaren* und *Streuobst* die erfolgversprechendsten Potentiale für deren regionale Organisation zugesprochen. Sie bekundeten die Bereitschaft, mit dem Forschungsvorhaben zusammenzuarbeiten und in diesem Rahmen die vorgeschlagenen KuL entlang beider Produktlinien zu planen und durchzuführen.

3.3 KuL zum Aufbau der regionalen Produktlinie *Brot/Backwaren*

Im folgenden wird die Vorgehensweise bei der Durchführung der KuL zum Aufbau der Produktlinie *Brot/Backwaren* erläutert. Im Rahmen der Vorarbeiten (3.1, 3.2) wurden für die KuL relevante Akteure bzw. Akteursgruppen im Hunsrück identifiziert:

Wirtschaftsakteure:	• Erzeugergemeinschaften für Getreide: Hunsrück Marketing e.V., EZG „Hunsrück - Nahe", AGIL e.V.
	• fünf Mühlen im Hunsrück und Nahe-Glan-Raum
	• Bäcker der Innungen Birkenfeld, Rhein-Hunsrück und Bad Kreuznach
Umfeldakteure/Verbrauchervertreter:	• Landwirtschaftskammer Rheinland-Pfalz
	• Staatliche Lehr- und Versuchsanstalt für Landwirtschaft, Gartenbau und Weinbau (SLVA) in Bad Kreuznach
	• Bauern- und Winzerverband an Nahe und Glan e.V.
	• Wirtschaftsförderungseinrichtungen des Landkreises
	• Lokale Agenda 21-Prozesse
	• Regionalgruppen des BUND
	• Regionalverein Eifel-Mosel-Hunsrück e.V.

Abb. 2 zeigt den zeitlichen und inhaltlichen Ablauf der KuL, der sich über einen Zeitraum von Oktober 1999 bis Februar 2002 erstreckt. Dieser lässt sich in drei Phasen untergliedern, die sich hinsichtlich der angewandten Methoden und Verfahren der Prozessgestaltung, der einbezogenen Zielgruppen sowie der thematisierten Inhalte unterscheiden.

Aufgrund der gravierenden Informations- und Motivationsdefizite – vor allem bei einem großen Teil der regionalen Wirtschaftsakteure – wurde zunächst eine *Informations- und Motivationsphase* abgegrenzt, die sich auf den Zeitraum von Dezember 1999 bis Mai 2000 erstreckte. Ziel war es, innerhalb dieser Phase mittels verschiedener Methoden die regionalen Akteure über Regionalvermarktung, deren Vorteile, Anforderungen sowie die bestehenden Potentiale im Hunsrück zu informieren und deren Interessen an den geplanten Prozessen zu ergründen. Dabei sollte gezielt auf einzelne Akteursgruppen und deren spezifische Situation eingegangen werden. In diesem Rahmen wurden folgende Verfahren bzw. Methoden eingesetzt: die Durchführung von *Einzelgesprächen*, die Veranstaltung von *Vorträgen mit Diskussionsmöglichkeit*, die Versendung von *Informationsrundbriefen* sowie die Veröffentlichung von *Presseartikeln*.

Nach der grundlegenden Information der relevanten Akteure der Produktlinie erfolgte der Übergang zur zweiten Phase, der *Konzeptionsphase*. Ziel dieser war es, die interessierten Akteure zusammenzubringen und gemeinsam über die Möglichkeiten der Regionalisierung der Produktlinie *Brot/Backwaren* beraten zu lassen. Den Übergang markierte der Gesprächskreis „Brot aus dem

Hunsrück" im Juni 2000. Hier wurden die individuellen und regionalen Vorteile der Regionalvermarktung, deren Rahmenbedingungen als auch Informationen zu den Potentialen im Hunsrück diskutiert. Besondere Bedeutung kam der Vorstellung von erfolgreichen Modellprojekten in Form eines Erfahrungsberichtes und einer Ausstellung zu. Großer Raum wurde daneben der gemeinsamen Kommunikation der anwesenden Akteure gegeben.

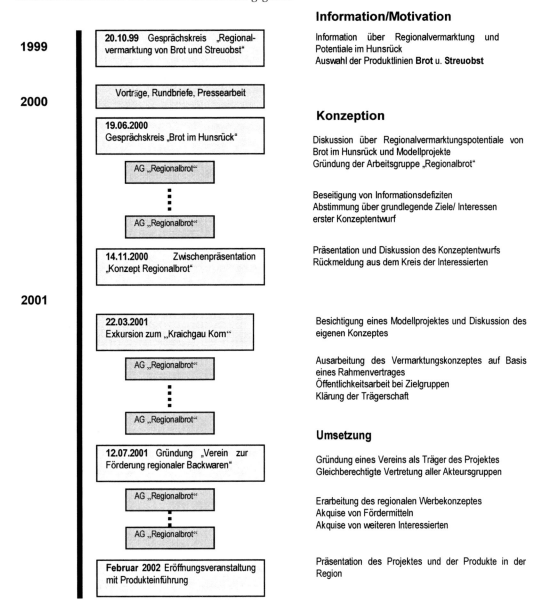

Abb.2: KuL zum Aufbau der regionalen Produktlinie *Brot/Backwaren*

Ergebnis dieses ersten Gesprächskreises war die Entscheidung der Beteiligten, eine *Arbeitsgruppe* bestehend aus den Vertretern der Produktlinienstufen, engagierten Umfeldakteuren und Verbrauchervertretern einzurichten, die eine Konzeption für den Aufbau der regionalen Produktlinie *Brot/Backwaren* erarbeitet. Darüber hinaus wurde die Veranstaltung von Gesprächskreisen in größeren zeitlichen Abständen mit umfänglicherem Teilnehmerkreis zur kontinuierlichen und breiten Information und Diskussion über den Arbeitsstand gewünscht. Die regelmäßig tagende *Arbeitsgruppe (AG) „Regionalbrot"*, bestehend aus Vertretern der Erzeugergemeinschaften, des Bäckerhandwerks, der Mühlenbetriebe sowie des Bauernverbandes und der Landwirtschaftskammer, etablierte sich als maßgebliche Ebene für die ablaufenden KuL.

Bis zum Ende des Jahres 2000 erarbeitete die AG die integriert-kontrollierten Anbaurichtlinien für das im Rahmen der regionalen Brotlinie zu verarbeitende Getreide, vernetzte sich mit weiteren regionalen Organisationen, diskutierte erste Eckpunkte der Kooperation von Landwirten, Mühlen und Bäckerhandwerk und begann mit der Erarbeitung eines Rahmenvertrages für das Projekt. Wesentliche Motivationsarbeit konnte im Rahmen einer *Exkursion* aller interessierten Akteure zu einem erfolgreichen Modellprojekt, dem Kraichgau Korn-Projekt, geleistet werden.

Im Rahmen einer *Zwischenpräsentation* der konzeptionellen Arbeiten wurden von den anwesenden Wirtschafts- und Umfeldakteuren sowie den Verbrauchervertretern die Gründung eines Vereins als Träger des Regionalvermarktungsprojektes beschlossen. Im Anschluss daran wurde von der AG eine entsprechende Vereinssatzung erarbeitet, welche die beteiligten Akteursgruppen paritätisch in die Trägerschaft einbezieht.

Die Gründung des *Vereins zur Förderung des regionalen Getreideanbaus und regionaler Backwaren Hunsrück – Nahe – Rheinhessen e.V.* im Juli 2001 markierte innerhalb der KuL den Übergang zur *Umsetzungsphase*. Im Rahmen der Gründungsversammlung wurde der gemeinsam erarbeitete Rahmenvertrag einer breiten Öffentlichkeit vorgestellt. Wesentliche Festlegungen des Vertrages sind die Anwendung der Richtlinien des integriert-kontrollierten Landbaus zuzüglich weiterer Bestimmungen (wie dem Verzicht auf den Einsatz von Klärschlämmen und Wachstumsregulatoren), die Komplettumstellung der Bäckereibetriebe auf die Belieferung mit Regionalmehl sowie die Minimierung von Transportwegen.

Im Vordergrund der weiteren Tätigkeiten der AG standen im folgenden die Erarbeitung eines regionalen Werbekonzeptes, die Akquise von Fördermitteln und weiteren interessierten Akteuren sowie die Vorbereitung der Eröffnungsveranstaltung. Im Dezember 2001 wurden bereits die regionalen Lieferbeziehungen zwischen regionalen Landwirten, Mühlen und Bäckern getestet. Ab Februar 2002 starten 15 Bäckerbetriebe, 4 Mühlen und 3 landwirtschaftliche Erzeugerorganisationen die Produktion und Vermarktung. Im ersten Jahr wird die Verarbeitung von 1.000 t Regionalgetreide angestrebt.

4. Bisherige Erfahrungen und Projektergebnisse

Zum gegenwärtigen Stand der Fallstudie lassen sich bezüglich der Fragestellungen des Projektes aus den begleiteten KuL beider Produktlinien, *Brot/Backwaren* und *Streuobst*, folgende Zwischenergebnisse formulieren.

4.1 Motivationen der Akteure zur Beteiligung am Aufbau der regionalen Vermarktung

Die Motivationen, sich am Aufbau der regionalen Produktlinien zu beteiligen, unterscheiden sich akteursgruppenspezifisch. *Wirtschaftsakteure* und *Verbraucher* motivieren vor allem die individuellen Vorteile der regionalen Vermarktung, z.B. bei Wirtschaftsakteuren die Erschließung neuer Absatzwege und Kundenpotentiale, bei Verbrauchern die Vorteile transparenter Produktionswege, Frische, Geschmack und Qualität der Produkte. Dagegen besteht die Motivation von *Umfeldakteuren* (z.B. Vertreter von Umweltverbänden, Regionalvereinen, Kirchen, Medien etc.), sich für die Regionalvermarktung zu engagieren, gerade in den regionalen Vorteilen (z.B. Erhaltung der Kulturlandschaft, Arten- und Biotopschutz).

4.2 Situative, soziale und strukturelle Bedingungen, welche die Beteiligung am Aufbau der regionalen Vermarktung beeinflussen

Wirtschaftsakteure:

Einem großen Teil der Wirtschaftsakteure im Hunsrück ist die Regionalvermarktung als alternative Strategie unbekannt. Daher werden von diesen Akteuren weder die regionalen Vorteile noch die individuellen Vorteile der Regionalvermarktung wahrgenommen. Darüber hinaus stellt der mangelnde Informationsstand der Wirtschaftsakteure über die strukturellen regionalen Bedingungen (wie über vor- und nachgelagerte Wertschöpfungsstufen, Verbraucherverhalten, Beratungs- und Förderungsleistungen) ein weiteres Hemmnis für den Aufbau regionaler Produktlinien dar.

Vor allem in der Landwirtschaft und im Ernährungshandwerk wird das Beharrungsverhalten als sehr hoch eingeschätzt. Der wirtschaftliche Druck, der auf bäuerlichen Betrieben und Handwerksunternehmen lastet, beflügelt daher nicht unbedingt deren Innovationsbereitschaft.

Zur regionalen Kooperation aufgeschlossen sind Unternehmen, die bereits an der einen oder anderen Stelle das Beharrungsverhalten durchbrochen haben und damit gute Erfahrungen gemacht haben (z.B. Aufbau eines Hofladens, Mitgliedschaft in Erzeugergemeinschaft, Aufnahme von Bioprodukten ins Sortiment). Als „Pioniere" sind beispielsweise solche Wirtschaftsakteure zu betrachten, die bereits positive Erfahrungen mit der umweltschonenden bzw. ökologischen Produktion und Vermarktung von Nahrungsmitteln gesammelt haben oder die sich stärker in regionalen Zusammenhängen und Netzwerken (z.B. in Vereinen, Innungen, Verbände) engagieren.

Umfeldakteure:

Umfeldakteuren des Ernährungsbereichs im Hunsrück ist die Regionalvermarktung von Nahrungsmitteln als alternative Strategie größtenteils bekannt, vor allem aus der Perspektive ihrer Klientel bzw. ihres Arbeitsbereiches. Allerdings mündet dieses Wissen vielfach nicht in regionale Aktivitäten, da mangelnde Arbeitskapazitäten, das fehlende Wissen um regionale Ansatzpunkte oder vorhandene negative Erfahrungen beim Anstoßen von Regionalvermarktungsprojekten hemmend wirken.

Verbraucher:

Einem Grossteil der Verbraucher sind weder die regionalen noch die individuellen Vorteile regionaler Nahrungsmittel bekannt und gehen daher auch nicht in Kaufentscheidungen ein.

Für den bisherigen Nicht-Kauf regionaler Nahrungsmittel werden als Gründe das geringe Angebot in den frequentierten Verkaufseinrichtungen (vor allem Supermärkte, Fachgeschäfte), die fehlende Information über das Angebot an regionalen Nahrungsmitteln in ihrem Aktionsradius, der hohe

Aufwand regionale Produkte zu kaufen (Fahrt zu Hofläden usw.) genannt. Sensibilisierte Verbraucher bemängeln an bisher angebotenen regionalen Produkten das Fehlen detaillierterer Informationen zur Herkunft und Herstellung.

Bei allen Akteuren spielt das Verhalten bzw. die Bewertung der jeweiligen sozialen Bezugsgruppe (z.B. Bäckerinnung, Erzeugergemeinschaft, Arbeitskollegen) eine große Rolle für das Engagement des Einzelnen. Die Kenntnis von Personen, die sich bereits für die Regionalvermarktung engagieren (z.B. Mitglieder der Bäckerinnung; bekannte Personen, die regionale Produkte nachfragen oder produzieren), fördert die Bereitschaft, sich selbst zu engagieren.

4.3 Erkenntnisse aus den KuL entlang beider Produktlinien

Die Information der regionalen Akteure über die Regionalvermarktung als alternative Strategie zur bisherigen Nahrungsmittelbereitstellung sowie über deren individuelle und regionale Vorteile stellt die Voraussetzung dar, die Akteure zum Engagement in den KuL zu motivieren. Dabei ist es bedeutsam, die einzelnen Akteursgruppen auf ihre spezifische Situation anzusprechen.

Die Motivationen, Handlungsbereitschaften und -spielräume der Akteure bzw. Akteursgruppen entlang von der Produktlinien sind sehr unterschiedlich. Erst ein Austausch der Akteure darüber kann die Wissensbasis für die Abschätzung der Möglichkeiten einer regionalen Zusammenarbeit bieten. Vorurteile und „Unwissen" behindern vielfach die Zusammenarbeit. Im Rahmen der Gespräche über ein gemeinsames Vorgehen können regionale Potentiale erkannt, individuelle Handlungsspielräume erweitert, Innovationsbereitschaft entwickelt und Risiken verteilt sowie erste Kooperationserfahrungen gesammelt werden.

Als *Erfolgsfaktoren* für die Organisation der KuL lassen sich kennzeichnen:

- der Erfahrungsaustausch mit und die Besichtigung von erfolgreichen Modellprojekte („Beobachtungslernen");
- die Einbeziehung von Schlüsselpersonen mit besonderen Engagementpotentialen oder „besonderem regionalen Ansehen", welches ihren Aussagen und ihrem Handeln Modellcharakter verleiht;
- das schrittweise Vorgehen beim Aufbau regionaler Kooperationen mit Möglichkeiten des Erprobens der Zusammenarbeit und entsprechenden Erfolgserlebnissen;
- informelle Zusammenkünfte der beteiligten Akteursgruppen über die offiziellen Treffen hinaus, die große Bedeutung haben für die Entwicklung von Vertrauen und eines Wir-Gefühls;
- die Einbindung von Umfeldakteuren, da diese vielfach Aufgaben der Beratungs- und Unterstützungsarbeit hinsichtlich inhaltlicher Fragen und organisatorischer Aufgaben übernehmen können, was die Kapazitäten der Wirtschaftsakteure vielfach nicht zulassen;
- die Transparenz und Offenheit der Prozesse auch für das weitere regionale Umfeld, da auch Akteursgruppen, die sich nicht unmittelbar an den Prozessen beteiligen, Einfluss auf den Erfolg der Regionalvermarktung haben (z.B. Presse, Verbraucher, Politik). Positive Rückmeldungen des regionalen Umfeldes können wiederum den Aufbau der regionalen Kooperation beschleunigen („Verstärkungslernen").

Hemmnisse und Probleme beim Aufbau der regionalen Zusammenarbeit ergeben sich vor allem aus dem strategischen Verhalten von Beteiligten basierend auf deren Konkurrenzdenken. Einzelne Personen können den Aufbau einer Kooperation der Gruppe verlangsamen bzw. unterbinden.

Das erfolgreiche Einbringen der einzelnen Akteure und ihrer Interessen in die KuL erfordert von diesen Kommunikationsfähigkeiten, Verhandlungsgeschick und Konfliktbereitschaft. Unterschiedliche Fähigkeiten der Akteure können daher leicht zu Ungleichgewichten und Machtpotentialen führen. Besondere Bedeutsamkeit kommt daher dem neutralen Prozessmanagement hinsichtlich des Erkennens und Austragens von Konflikten wie hinsichtlich der Eindämmung von Machtpotentialen und der Definition von Spielregeln zu.

Es wurde die Erfahrung gemacht, dass eine breite Einbindung der Umfeld- und Wirtschaftsakteure einer Produktlinie zwar Konflikte im Prozess frühzeitig erkenn- und vermeidbar werden lässt, andererseits aber nur eine begrenzte Teilnehmerzahl die Arbeitsfähigkeit gewährleistet.

4.4 Verankerung der Ziele nachhaltigen Wirtschaftens in den Prozessen

Über die Beteiligung der Umfeldakteure an den KuL konnte das Einbringen der *Ziele nachhaltigen Wirtschaftens* in den Prozessen sichergestellt werden. Auf dieser Basis wurde im Laufe der Gespräche ein Konsens über den Beitrag des Projektes zu den Zielen einer nachhaltigeren Wirtschaftsweise in der Region geschaffen. Die inhaltliche Grundlage dieses Konsenses ist nicht das „propagierte" Leitbild der Nachhaltigkeit, sondern sind Vorstellungen der Beteiligten über eine zukünftige Entwicklung ihrer eigenen Region. Dieser Konsens dient nun als Orientierungsgrundlage (bzw. Leitbild) innerhalb der KuL und wird als Pool von Werbeargumenten gegenüber den Verbrauchern betrachtet.

Wurden von Verbrauchern die regionalen Vorteile als Motivationen zum Kauf regionaler Nahrungsmittel angegeben, basierten diese Motivationen vor allem auf der Identifikation mit der eigenen Region und weniger auf dem Umweltbewusstsein.

4.5 Schlussfolgerungen zur Prozessorganisation

Es wird eingeschätzt, dass die Organisationsarbeit für solche Prozesse weder von den regionalen Wirtschaftsakteuren noch von der Mehrheit der Umfeldakteure geleistet werden kann. Intermediären Akteuren aus den Bereichen "Regionalentwicklung, Regionalmanagement" kommt dabei besondere Bedeutung zu.

Das Eingehen regionaler Kooperationen erfordert ein Vertrauensverhältnis der beteiligten Partner, dessen Entwicklung genügend Zeit eingeräumt werden muss. Erst auf einer Vertrauensbasis werden Interessen und Handlungsbereitschaften offengelegt, deren Verbergen sich zu Beginn der Prozesse oftmals als Hemmnis erwiesen hatte. Vor diesem Hintergrund birgt die Existenz bereits bestehender regionaler Netzwerke Beschleunigungspotentiale für den Aufbau der Regionalvermarktung.

Literatur

Balling, R. (2000): Ergebnisse von Verbraucherbefragungen zur Bedeutung der regionalen Herkunft von Nahrungsmitteln. – In: Regionale Vermarktungssysteme in der Land-, Ernährungs- und Forstwirtschaft – Chancen, Probleme und Bewertung, hrsg. vom Vorstand des Dachverbandes Agrarforschung. – Frankfurt, S. 19-37.

Besch, M., Hausladen, H. (2000): Regionales Marketing im Agribusiness – Erfolgspotentiale und Problemfelder. – In: Innovative Konzepte für das Marketing von Agrarprodukten und Nahrungsmitteln, hrsg. von Landwirtschaftliche Rentenbank Franfurt a.M. (= Schriftenreihe, 13). – Frankfurt am Main, S. 7-50.

Besch, M.; Hausladen, H.; Thiedig, F. (2000): Regionale Marketing-Konzeption im Agribusiness – Theoretischer Ansatz und empirische Ergebnisse. –In: Regionale Vermarktungssysteme in der Land-, Ernährungs- und Forstwirtschaft – Chancen, Probleme und Bewertung, hrsg. vom Vorstand des Dachverbandes Agrarforschung. – Frankfurt, S. 38-54.

Gärtner, S., Moll, P. (2000): Wirtschaften der kurzen Wege. Reader 2000. – Wuppertal.

Hauser, A. (1994): Verbraucherpräferenzen für Nahrungsmittel aus der näheren Umgebung. Analyse einer Repräsentativbefragung bei nordrhein-westfälischen Verbrauchern. – Agrarwirtschaft, Sonderheft 141.

Hensche, H.-U.; Ullrich, H.; Wildraut, C. (1997): Bestandsaufnahme zur Regional-Vermarktung in Nordrhein-Westfalen. Abschlussbericht zum Forschungs- und Entwicklungsvorhaben an der Universität - Gesamthochschule Paderborn, Fachbereich Agrarwirtschaft Soest.

Hensche, H.-U.; Ullrich, H. (2000): Statusanalyse Regional-Vermarktung in Nordrhein-Westfalen. – In: Regionale Vermarktungssysteme in der Land-, Ernährungs- und Forstwirtschaft – Chancen, Probleme und Bewertung, hrsg. vom Vorstand des Dachverbandes Agrarforschung. – Frankfurt, S. 55-66.

Hofer, K.; Stalder, U. (1998): Regionale Produktorganisationen in der Schweiz: Situationsanalyse und Typisierung. – (= SPPU-Diskussionspapier, 9). – Geographisches Institut, Universität Bern.

Hofer, K.; Stalder, U. (2000): Regionale Produktorganisationen als Transformatoren des Bedürfnisfeldes Ernährung in Richtung Nachhaltigkeit? – Bern.

Kindermann, A. (1997): Ökologische Chancen und Perspektiven von Regionalproduktion und Regionalvermarktung. Teil 1. – Naturschutzbund Deutschland (Nabu) e.V., Bonn.

Loibl, E. (1997): Der Weg entsteht beim Gehen. Bäuerliche Initiativen im ländlichen Raum. – (= Bundesanstalt für Bergbauernfragen, Forschungsbericht, 39). – Wien.

Müller, E. (2001): Die Rolle des Verbrauchers für die Agrarwende: Ambivalente Schlüsselfigur. – Politische Ökologie, 73-74, S.41-44.

RNE – Rat für Nachhaltige Entwicklung (2001): Ziele zur Nachhaltigen Entwicklung in Deutschland - Schwerpunktthemen. Dialogpapier des Nachhaltigkeitsrates. Kurzfassung. – Internetseite: www.nachhaltigkeitsrat.de/service/download/pdf/RNE_Dialogpapier.pdf. (Stand: 01.02.2002)

Schmidt, G.; Jasper, U. (2001): Agrarwende oder die Zukunft unserer Ernährung. – München.

Umweltakademie – Akademie für Umwelt- und Naturschutz beim Ministerium für Umwelt und Verkehr Baden-Württemberg, Hrsg. (1999): Nachhaltigkeit bei Nahrungsmittelproduktion und Handel: Modellpunkte des Regional-Marketings. – Stuttgart.

Der Lebensmittel-Einzelhandel als Kommunikationsplattform

Wolfgang Grefe

Rommelmühle GmbH & Co. KG
E-Mail: rommelmuehle@n-e-w.de

1. Einleitung

Viele Jahre habe ich in aktiver Rolle in der Nahrungs- und Genussmittelbranche die hier eingangs aufgezeigten Themen mitgelebt.

Seit vielen Jahren stehe ich diesem Netzwerk aber auch sehr kritisch gegenüber.

Weshalb werden Tagungen, Diskussionen und Foren dieser Art überhaupt notwendig?

Sicherlich auch vor dem Hintergrund der vielen Nahrungsmittelmanipulationen bis hin zu Skandalen, wie in der jüngsten Zeit, Ihnen allen bekannt.

Welche Rolle spielt in diesem Zusammenhang das Thema, zu dem wir uns hier zusammenfinden?

Ich möchte Ihnen in 3 Schritten aufzeigen, weshalb der Lebensmittelhandel einen wesentlichen Beitrag, wenn nicht überhaupt den wesentlichsten Beitrag hierzu leisten könnte und wie er seine Aufgabe tatsächlich wahr nimmt, und was die Alternativen hierzu, die Biomärkte, Händler mit einer reinen, ökologischen Philosophie, wie z.B. vor den Toren Stuttgarts in der Rommelmühle in Bietigheim-Bissingen, leisten.

2. Landwirtschaftliche Urproduktion und industrielle Verarbeitung

Am Anfang aller, im Regal befindlichen Produkte, steht die landwirtschaftliche Urproduktion und die Erzeugung.

Denkt man an die Zeit der einfachen Bauernhöfe zurück, standen dort, schon flächenausdehnungsbedingt, Tiere im Stall und auf der Weide in begrenztem Maße.

Hühner waren entweder freilaufend oder in großzügigen Ställen untergebracht.

Die Getreideproduktion und die Ausbringungsmengen unterlagen mehr oder weniger den Schwierigkeiten der Natur.

Die Verarbeitung vollzog sich über regionale Molkereien, Mühlen, bei regionalen oder örtlichen Metzgern, örtlichen Winzergenossenschaften, usw.

Der Gemüseanbau wurde über die Großmärkte abgesetzt.

Welche Entwicklungen nahmen diese Wege in den letzten 3 Jahrzehnten?

Sicherlich gab es in begrenztem Maße und mit mittelständischem Charakter auch in den zurückliegenden Jahrzehnten die industrielle Verarbeitung mit Konservenangeboten, Getränke, Wein, Süßigkeiten, mit Einführung von Kältetechnik, erste größere Angebote auch im Tiefkühlbereich.

Die rein industrielle Verarbeitung begann in größerem Stil bei Molkereiprodukten, Getreideverarbeitung, Zuckerherstellung, in der Brau- und Brunnenwirtschaft und Konserven.

Die wesentlichen anderen Angebote hatten relativ einfache und kurze Wege, unmittelbar zum Konsumenten, verkörpert durch eine Vielzahl privat geführter Lebensmittelhandelsbetriebe. Aus heutiger Sicht sagen wir hierzu **"Tante-Emma-Läden"**.

Was hat sich in rasender Geschwindigkeit verändert, und wie hat sich dadurch unser Konsumverhalten verändert / beeinflussen lassen, letztendlich auch manipulieren lassen?

Wie haben sich aus einem einstmals stringenten Weg die Systeme und Verantwortlichkeiten verändert?

Die landwirtschaftliche Urproduktion bestimmte insofern die Wege und Qualitäten, in dem die Verarbeitungsindustrie dort angefragt hat, welche Mengen zur Verarbeitung anstehen.

Von dieser Frage war auch der anschließende Handel mit den Fertigprodukten gekennzeichnet.

Es wurde zwischen Viehgroßhändler und dem Bauern ein Preis verhandelt, die weiterverarbeitenden Betriebe haben mit dem Viehhändler einen Preis verhandelt, hieraus wurde ein Abgabepreis, entweder an den Konsumenten unmittelbar kalkuliert, oder dem Lebensmittelgroßhändler zu einem entsprechenden Preis angeboten, der diesen wiederum mit seinem Händler vereinbarte.

Am Ende stand im Lebensmittelmarkt ein Abgabepreis an den Konsumenten, der alle Wertschöpfungsanteile beinhaltete, der für die Handelnden und an dieser Wertschöpfungskette Beteiligten notwendig war.

So entstanden in der Häuslichkeit Aussagen, wie "Rindfleisch ist z.Zt. sehr teuer", "Eier sind jahreszeitlich knapp und teuer", "erntebedingt ist Obst im Herbst wesentlich preiswerter".

Erkennbar wird, dass es sich hier um ein Marktsystem handelte, in dem die natürliche Qualität und der damit verbundene Preis eine große Rolle spielen durfte.

3. Der Deutsche Lebensmittelhandel als Kommunikationsplattform

Wie sieht diese Wertschöpfungskette heute aus, unter einer völlig veränderten Handelslandschaft?

Hier muss man, atypisch, die Wertschöpfungskette rückwärts betrachten.

In den letzten 30 Jahren entstanden in Deutschland mehr als 23.000 Nahrungsmittelverkaufsstellen/Märkte, neudeutsch: Ketten, strukturiert mit kapitalstarken Zentralen, im wesentlichen aber einem übergroßen Beschaffungsmanagement, vielfach besetzt mit nur kühlen Rechnern, gepaart mit Vertriebsstrategen.

In dieser Struktur begann ein gnadenloser Wettbewerb der Handelskonzerne gegeneinander.

Warum dieser Wettbewerb?

Die eingangs erwähnte Anzahl von Verkaufsstellen hat in diesen Konzernen derartig hohe Kosten aufkommen lassen, dass dies nur noch umsatzgetragen finanzierbar sind, bzw. die Cash-Flow-Methode und bis zu 120 Tagen Zahlungsziel die Unternehmen finanzieren.

Diese Umsätze werden nicht über die Qualitäts- und Angebotsdiversifikation ins Haus geholt, sondern über eine reine Niedrig- und Billigpreispolitik.

Seit mehr als 20 Jahren ist z.B. der Eierpreis einer, der strategisch wichtigsten Preisparameter im Wettbewerb der Einzelnen untereinander.

Wen wundert es, dass bei einem Preis von 10 Eiern zu 99 Pfennigen der Konsum an Eiern sich in 30 Jahren mehr als ver20facht hat, und wo nehmen wir heute diese Mengen her?

Denken Sie an meine anfangs erwähnte Wertschöpfungskette. Heute verläuft diese so, dass die Einkäufer Zielpreise der Industrie vorgeben oder sogenannte Preisgruppen entwickelt haben, nur in der ein Produkt gehandelt werden kann.

Ansprache eines Einkäufers . . . . "wir haben noch Schweinefleisch in der Preisgruppe 7,99 pro Kilo frei", oder "Rindfleisch für 9,99 pro Kilo", "wir haben noch Lyoner in der Preisgruppe 99 Pfennig frei" oder "Fleischkäse, geschnitten für 1,09".

Ich zeige Ihnen diese Vorgehensweise auf, dass verstanden werden kann, warum Nahrungsmittelhersteller dann die landwirtschaftliche Urproduktion preislich derartig unter Druck setzt, dass die, um überleben zu können, alles daransetzen müssen, ihre Produkte noch absetzen zu können.

Wenn dann in der Urproduktion und der Verarbeitung auf Grund dieser Preisdiktate die Margen bedrohlich sinken und dazu die Hausbanken diese Betriebe, bezüglich ihrer Erträge und mangelnden Ausbeute ins Visier nehmen, ist der Griff zur Manipulation zum Zwecke der Ertragssteigerung, zum Zwecke der Erhöhung der Ausbeute, zur Verhinderung von Krankheiten, vorprogrammiert und bleibt es auch.

Hieraus kann sich nicht der gewünschte nachhaltige Konsum entwickeln, gleichwohl, gerade diese Anzahl von Nahrungsmittelverkaufsstellen das geeignetste Instrument wären, die gesunde Ernährung in das Bewusstsein der Menschen zurückzuholen.

Es ist durch die Kraft und Stärke, die hier vorhanden ist, eine Aufklärungsplattform, eine Informationsplattform, eine Plattform, die eine Veränderung herbeiführen kann.

Schritt für Schritt müssen die biologischen Prozesse in das Gedankengut der Beschaffer, nach und nach die Preislandschaft der Qualität Rechnung tragen.

Solange wir Konsumenten uns über eine 100g-Tafel Schokolade für 69 Pfennige erfreuen und uns nicht bewusst ist, welch schlimmen Dienst wir uns dabei selbst erweisen, solange der Handel wiederum antwortet "jetzt noch billiger", kann und wird sich dies nicht verändern.

Die Rommelmühle in Bietigheim-Bissingen, mit ihrem Lebensmittelmarkt, verfügt sicherlich nicht über das klassische LEH-Element 9.500 Artikel und aufwärts, aber die ca. 3.000 Artikel, die es hier bereits zum Kauf gibt, decken den täglichen Bedarf aller Art voll umfänglich ab.

Hier entwickelt sich Nachhaltigkeit in der Frage der Qualität. Hier finden wenig Wochen- und Monatseinkäufe statt. Man kommt eher täglich, kauft eher in kleinen Mengen, dafür frisch. Handelt eher nach selbst aufgestelltem Speiseplan und lebt nicht aus der häuslichen, zusammen mit ALDI angelegten Vorratskammer.

Gerade die Anzahl derselben Gesichter, die uns täglich dort wieder begegnen, erinnern mich an die alte Zeit der Tante-Emma-Läden.

Hier hat sich das Bewusstsein des eigentlichen, frischen und qualitätshochwertigen Bedarfs neu entwickelt. Hier werden keine strategischen Preisgruppen geführt. Das Produkt kostet mehr, aber nur deshalb, weil sich in diesen Preisen die natürliche Wertschöpfungskette wiederfindet und weil die Konsumenten genau in diese Richtung gelenkt wurden.

Lassen Sie mich diesen Punkt abschließen mit der Aufklärung des Begriffes LEH. Dieses Wort steht für Lebensmitteleinzelhandel.

Hierin befindet sich die Aussage **Mittel zum Leben**.

Dieses Bewusstsein fehlt zur Zeit dem LEH!

4. Politische Ansichten, Darstellung und Wille

Was möchte die Politik?

Sie begibt sich in hastigen Aktionismus bei Bekanntwerden vom MKS, BSE, verbotener Kälbermast, manipulierter Schweine, manipulierter Birnen, wie jüngst, und zeigt sofort mit dem Finger auf die landwirtschaftliche Urproduktion.

Dort sitzen die Schuldigen, nach Meinung derer!

Kein Politiker hat bislang die wahren Hintergründe aufgezeigt. Im Vordergrund steht eine schnelle, medienwirksame Reaktion, im Hintergrund bleibt letztendlich alles beim Alten. Die Verantwortlichen für die Hindernisse der Veränderung sitzen auch in der Politik.

Wenn der Komplex Nahrungsmittelbereich einer der umfassendsten, volkswirtschaftlichen Bereiche dieses Landes ist, dann ist es auch verständlich, dass vor dem Hintergrund von Maastricht, Euro-Land und Euro-Kriterien Billig- und Niedrigpreispolitik im LEH geradezu gewünscht wird.

In den früheren Jahren war es die damit verbundene, sinkende Inflationsrate, die dem wirtschafts- und finanzpolitischen Treiben sehr entgegenkam.

Man rühmt sich mit niedrigen Lebenshaltungskosten, rühmt sich der Vollversorgung auf engstem Raum und missachtet dabei die ökologischen Prozesse gänzlich, missachtet die gesundheitlichen Langzeitfolgen.

Man unternimmt gegen die wahren Verantwortlichen letztendlich nichts.

Man sonnt sich eher noch als Politiker im Kreise der großen Metro's, Rewe's und Tengelmann's, deren neue Geschäftsfelder nun auch im Tourismus zu finden sind, damit das, was wir für Nahrungsmittel nicht ausgeben, dann am Ballermann 6 in Mallorca und den großen Weiten der Skipisten großzügig unserem Reiseveranstalter, der zugleich mein Lebensmittelhändler ist, zukommen lassen können.

Eine erstaunliche Entwicklung, die aus meiner Sicht nur über gesellschaftspolitische Denkansätze zur Rückbesinnung führt.

Der LEH kann dies leisten. Er hat es in die eine Richtung bewiesen, er würde es auch in die andere Richtung zielführend erreichen.

Die Rückbesinnung ist sicherlich mühsamer, aber würde den nachhaltigen Konsum entscheidend, positiv beeinflussen.

Zur (Hoch-)Preispolitik des Lebensmitteleinzelhandels bei ökologischen Lebensmitteln

Prof. Dr. Achim Spiller

Institut für Agrarökonomie, Lehrstuhl Marketing für Lebensmittel und Agrarprodukte, Universität Göttingen
E-Mail: a.spiller@agr.uni-goettingen.de

1. Das Preisniveau ökologischer Lebensmittel in Deutschland

Im Gefolge der BSE-Krise weisen ökologische Lebensmittel (LM) in Deutschland derzeit erhebliche Wachstumsraten auf, wenngleich der Marktanteil erst bei ca. 2-3 % liegt – ein im internationalen Vergleich mittelmäßiger Wert. Die zentralen Barrieren, die einer schnelleren Verbreitung entgegenstehen, sind auf allgemeiner Ebene hinreichend herausgearbeitet (HAMM/MICHELSEN 1999; SPILLER 1999; WENDT et al. 1999; MAGNUSSON et al. 2001; SIMONS et al. 2001): Informationsbarrieren durch den fehlenden Bekanntheitsgrad der Marken, ein altbackenes, ideologisch geprägtes Image, Qualitätsmängel in der Hauptleistung wie z. B. fehlende Frische der Waren, niedrige Distributionsquote sowie geringe Sortimentsbreite und -tiefe, Glaubwürdigkeitsdefizite durch missbräuchliches Marketing und schließlich hohe Preise, die z.T. mehr als 100 % über denen der konventionellen Erzeugnisse liegen (vgl. auch Tab. 1).

Tabelle 1: Gründe für den Nichtkauf ökologischer Lebensmittel

	1996 (Basis 731 Nicht-Käufer)	2000 (Basis 715 Nicht-Käufer)
zu teuer	31 %	57 %
weiß nicht, ob es stimmt	36 %	25 %
kein Unterschied	7 %	21 %
schmeckt nicht (besser)	12 %	20 %
keine bessere Qualität	24 %	18 %
gibt es in Einkaufsstätte nicht	9 %	16 %

Quelle: ZMP 2001a

Nicht nur aus Sicht der Verbraucher, sondern auch in der Selbsteinschätzung der Anbieter sind die hohen Preise eine zentrale Akzeptanzbarriere (IMUG 2001). In Deutschland herrscht ein im internationalen Vergleich ausgesprochen hohes Preisniveau für Öko-LM (HAMM/MICHELSEN 1999, S. 13). Die Hochpreispolitik trifft dabei nicht nur für traditionelle Absatzkanäle wie den Naturkostfachhandel zu, sondern auch auf die Großunternehmen des Lebensmitteleinzelhandels (vgl. Tab. 2).

Tabelle 2: Durchschnittliche Verbrauchspreise für (Bio-)Lebensmittel im deutschen Einzelhandel im Juli 2001 (in DM)

Produkt	Ø Ökoware*	Ø Öko Fachgeschäft	Ø Öko LEH > 800 qm	Ø konv. Ware im LEH	Ökoaufschlag zu konv. Ware im LEH
Rinderfilet kg	60,83	66,14	52,22	48,67	7,3 %
Rinderhackfleisch kg	19,61	22,23	16,56	12,29	34,7 %
Kalbsschnitzel kg	44,33	47,93	33,62	33,86	- 0,7 %
Schweineschnitzel kg	27,36	29,97	22,94	15,80	45,2 %
Eier, Kl. M (Freiland) St.	0,55	0,54	0,55	0,35	57,1 %
Äpfel alle Sorten kg	5,50	5,85	5,00	3,45	44,9 %
Tafelbirnen kg	6,29	7,02	5,03	5,89	- 14,6 %
Zitronen St.	0,75	0,76	0,70	0,54	29,6 %
Kopfsalat St.	2,11	2,13	2,16	0,99	118,2 %
Salatgurke St.	2,42	2,52	2,28	1,10	107,3 %
Tomaten inl. Ware kg	7,31	6,99	7,79	3,48	123,9 %
Blumenkohl St.	3,93	4,13	3,71	1,89	96,3 %
Möhren kg	3,85	3,99	3,64	2,20	65,5 %
Zwiebeln kg	4,28	4,39	4,05	2,43	66,7 %
Kartoffeln kg	3,41	3,61	3,12	0,51	511,8 %
Vollmilch, standf. Pack., 1 l	1,88	1,96	1,78	1,24	43,5 %
Vollmilch, Pfandfl., 1 l	2,01	2,05	1,98	1,69	17,2 %
Markenbutter, D, 250 g	3,26	3,50	2,98	1,91	56,0 %
Joghurt, natur, 3,5 %, 150 g	0,88	0,98	0,75	0,32	134,4 %
Gouda, jung, am Stück, kg	21,69	21,59	21,66	9,95	117,7 %
Weizenmehl, Type 405, kg	2,53	2,86	2,13	1,23	73,2 %
Weizenvollkornmehl, kg	2,72	2,92	2,50	2,12	17,9 %

* Daten des ZMP-Einzelhandelspanels, hochgerechnet auf Basis der geschätzten Marktanteile der verschiedenen Betriebsformen. Fachgeschäfte = Naturkostgeschäfte und Metzgereien.

Quelle: ZMP 2001b, S. 7 f.

2. Preisbereitschaft der Verbraucher

2.1 Mehrzahlungsbereitschaft für Öko-Lebensmittel

Die hohen Preise für ökologische Produkte wären gesamt- wie betriebswirtschaftlich unproblematisch, wenn ihnen eine entsprechende Zahlungsbereitschaft der Nachfrager gegenüberstände. Zur Zahlungsbereitschaft der Konsumenten liegen aus der allgemeinen Umweltbewusstseinsforschung einige Studien vor. Dabei konnte übereinstimmend eine relativ geringe Mehrpreisbereitschaft nachgewiesen werden (BMU 2000, S. 36 f.).

Spezielle Analysen für ökologische Lebensmittel weisen ähnlich niedrige Werte aus. So vermuten bei einer eigenen Befragung fast 90% der Verbraucher einen Mehrpreis von über 20%, gleichzeitig waren aber nur knapp 12% bereit, einen solchen (potenziell) in Kauf zu nehmen. Im Durchschnitt konnten wir eine Mehrpreisbereitschaft von lediglich 10% feststellen (SPILLER 1999, S. 48-50; ähnlich MAGNUSSON et al. 2001, S. 211). Andere Studien ergeben etwas höhere Werte zwischen 20 und 30% (IFAV 2001, S. 30), die Preisakzeptanz bleibt jedoch in allen Fällen deutlich unter den oben skizzierten tatsächlichen Mehrpreisen. Aufschlussreich sind auch die kürzlich vorgelegten Ergebnisse einer Längsschnittanalyse der Universität Kiel, die Daten der "Nach-BSE-Zeit" umfasst. Diese zeigen überraschenderweise sogar eine zurückgehende Preisbereitschaft bei den bisherigen Käufern von ökologischen LM.

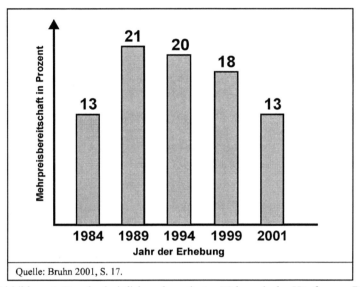

Abbildung 1: Durchschnittlicher akzeptierter Mehrpreis der Käufer von Bioprodukten

2.2 Produktspezifische Besonderheiten

Da die skizzierten Marktforschungsdaten in zahlreichen Studien mit unterschiedlichem Befragungsdesign erhoben wurden und mit dem niedrigen Marktanteil korrespondieren, ist zunächst einmal von einer hohen Validität der Resultate auszugehen. Offen bleibt allerdings die Frage, ob diese Ergebnisse produktübergreifend für alle ökologischen LM gelten oder ob es Spielräume für höhere Preise zumindest bei einem Teil der Erzeugnisse gibt. Es ist davon auszugehen, dass die Preisbereitschaft von der Preiswahrnehmung der Verbraucher bestimmt wird. Diese kennzeichnet die (individuellen) Einstellungen und Erwartungen gegenüber dem Verkaufspreis einer bestimmten Produktgruppe. Die Preiswahrnehmung wiederum wird bedingt durch die Preiskenntnis und das Preisinteresse. Bei konventionellen Produkten stehen typische "Lockvogelartikel" wie Milch oder Butter im Fokus des Preisinteresses, da sie aufgrund der hohen Kauffrequenz das Preisimage entscheidend prägen. Die Preiskenntnis ist bei solchen häufig gekauften und/oder preislich beworbenen Produkten wesentlich ausgeprägter als für Standardartikel.

Um solche produktbezogene Differenzierungen der Preisbereitschaft feststellen zu können, haben wir in Zusammenarbeit mit der Unternehmensgruppe TENGELMANN eine Conjoint-Analyse mit dem Ziel durchgeführt, spezifische Preisbereitschaften für ausgewählte Artikel aus der Handelsmarkenrange NATURKIND im Vergleich zu bekannten Markenartikeln und unbekannteren Zweitmarken zu ermitteln. Die NATURKIND-Range wurde Mitte der 80er Jahre in den Supermarktlinien KAISERS und TENGELMANN der TENGELMANN-Gruppe eingeführt und ist seit Ende der 80er Jahre komplett auf den ökologischen Anbau umgestellt. Heute umfasst sie ca. 90 Produkte.

Die Analyse zeigt insgesamt, dass der Markenwert von NATURKIND im Durchschnitt dem Wert einer guten Zweitmarke entspricht. Die bisherige Positionierung – Preisgleichheit mit den führenden Herstellermarken im konventionellen Bereich – ist daher eindeutig zu hoch angesetzt und wird der Preisbereitschaft der Verbraucher nicht gerecht. Allerdings zeigen sich deutliche Unterschiede je nach Artikel.

So wird bei Milch deutlich, dass NATURKIND im Vergleich zu LANDLIEBE und KUTEL durch die niedrigste Preisbereitschaft gekennzeichnet ist. Die Kunden würden im Durchschnitt für LANDLIEBE 0,15 DM und für KUTEL 0,10 DM mehr bezahlen. Selbst das Segment der umweltorientierten Käufer (ca. 16 % unserer Stichprobe) weist für NATURKIND nur eine Mehrpreisbereitschaft von 0,27 DM im Vergleich zu KUTEL auf. Dieser Wert liegt deutlich unter dem geforderten Preis (NATURKIND 1,79 DM, KUTEL 1,19 DM). Der Milchpreis dient vielen Verbrauchern als Preisurteilsanker für die Einschätzung einer ganzen Produktkategorie (hier: ökologische LM). Die Verbraucher wissen sehr genau um den Preisunterschied zu konventionellen Artikeln (HAMM 1993; HANSEN/SÖRENSEN 1993; SPILLER 1999, S. 47). Hohe Preise bei Eckartikeln wie Milch gefährden das Preisimage ökologischer Produkte insgesamt.

Bessere Chancen zur Durchsetzung höherer Aufschläge bieten Artikel, bei denen die Preiskenntnis der Verbraucher gering ist. So kann NATURKIND-Honig gegen die Marken LANGNESE und BIOPHAR bestehen. Zwar gibt es eine große Käufergruppe (ca. 52 %), die eindeutig LANGNESE präferiert, rund 12 % der Probanden äußern aber eine hohe Mehrpreisbereitschaft für NATURKIND, die deutlich über das derzeitige Preisniveau hinausgeht. Ein anderes Beispiel sind risikobehaftete Artikel wie z.B. Eier. Durch die hohe Verunsicherung der Konsumenten gibt es hier deutliche Mehrpreisbereitschaften. Es lässt sich sogar eine negative Preis-Qualitäts-Irradiation bei einem relevanten Teil der Verbraucher empirisch bestätigen. Diese ziehen einen hohen Preis als Qualitätsindikator heran und fragen tendenziell um so mehr nach, je höher der Preis ist.

Auf der Basis dieser Ergebnisse wäre eine grundsätzliche Revision der Preispolitik bei Öko-LM angemessen. Zu fordern ist u. a. eine stärkere Beachtung der folgenden Kriterien: Stärke der Premiummarke im entsprechenden Segment, Platzierung des Produktes (eine integrierte Platzierung im Regal sollte mit einer Mischkalkulation verbunden sein), Preiswahrnehmung und Preiskenntnisse der Käufer in der Warengruppe sowie wahrgenommenes Kaufrisiko bei dem entsprechenden Artikel. Insgesamt zeigt sich, dass die hohen und gleichzeitig relativ undifferenzierten Kalkulationsaufschlagsätze des Handels der Komplexität des Nachfragerverhaltens nicht angemessen sind. Die produktspezifischen Präferenzunterschiede bei NATURKIND machen eine artikelspezifische Preisgestaltung unumgänglich – die Verwendung einer einheitlichen Aufschlagskalkulation führt zu Gewinnschmälerungen.

Allerdings gibt es möglicherweise einen Widerspruch zwischen einer differenzierten Preisgestaltung auf Basis von Informations- und Wahrnehmungsdefiziten der Verbraucher und dem langfristigen Preisimage. Eine ausgeprägte Mischkalkulation wird kurz- und mittelfristig Umsatz generieren, langfristig kann sie jedoch die wahrgenommene Preisehrlichkeit von Anbietern und Produkten gefährden (Diller 2000, S. 173 ff.). Im folgenden soll deshalb nachgewiesen werden, dass auch Spielräume für tatsächliche Preissenkungen vorhanden sind. Als Beispiel dient der Absatz über den konventionellen Lebensmitteleinzelhandel (LEH), da dieser leichter Größenvorteile der Distribution erschließen kann.

3. Preispolitik des traditionellen Lebensmitteleinzelhandels

3.1 Relevanz des konventionellen Lebensmitteleinzelhandels für Naturkostprodukte

In Deutschland liegt der Anteil des konventionellen LEH am Umsatz ökologischer LM bei rund 26 % und ist damit vergleichsweise niedrig. Im Jahr 2000 waren in rund 43 % der deutschen Handelsfilialen Öko-Produkte gelistet, schwerpunktmäßig in großflächigen, nicht-discountierenden Betriebsformen (ZMP 2000). In jüngster Zeit haben weitere Unternehmen – u. a. die Discounter ALDI, NETTO und NORMA – erste Schritte in dieses Marktsegment unternommen.

Auffällig ist allerdings bei fast allen Händlern die eingeschränkte Sortimentsbreite und -tiefe; viele Warengruppen wie z.B. Fleisch oder Tiefkühlkost sind kaum vertreten. Die Zahl der geführten Artikel liegt bei fast allen Wettbewerbern zwischen 50 und 200, angesichts der Gesamtartikelzahl eines Supermarktes oder SB-Warenhauses (bis zu 25.000) eine eher vernachlässigenswerte Größe. Der Sortimentsschwerpunkt liegt in fast allen Fällen bei unproblematischen Trockenwaren, davon viele Nischenartikel. Insgesamt beträgt der Umsatzanteil, bezogen auf das Gesamtsortiment, deutlich unter 2 % (IMUG 2001). Tabelle 3 skizziert die verbreitete Strategie am Beispiel der REWE-Gruppe und stellt dem das Unternehmen TEGUT gegenüber, das europaweit als Benchmark für eine ökologische Sortimentspolitik im LEH gilt.

Tabelle 3: Positionierung der Bio-Lebensmittel als strategische Unternehmensentscheidung

Zielrichtung	Ökologische Lebensmittel als zentrales Positionierungsargument	Ökologische Lebensmittel als rentables Zusatzsortiment und zur Imageabsicherung
Beispielunternehmen	TEGUT	REWE
Markteinführung	1985	1988
Umsatzanteil der Bio-LM	7,7 %	2-3 %
Markenkonzept	Eigenmarken (z.B. KFF-Bio) und verschiedene Herstellermarken	Eigenmarke (FÜLLHORN)
Sortiment	Ca. 1.000 Artikel, viele Frischwaren, eigene Produktion bei Fleisch- und Backwaren	Ca. 200 Artikel, zumeist unproblematisches Trockensortiment
Preispolitik	Hochpreisig, einzelne Aktionen	Hochpreisig
Platzierung	Integriert und Blockplatzierung	Zumeist Blockplatzierung
Kommunikation	Permanent integriert	Vereinzelte Werbung
Verkaufspersonal	Geschult, z.T. kompetent	Geringe Schulungsdichte, wenig Kompetenz
E-Commerce	Bio-Online-Handel, virtuelle Öko-Community	

Quelle: Eigene Erhebung und RICHTER 2001

Der LEH bedient sich im Öko-Segment vornehmlich einer Handelsmarkenpolitik. Fast alle großen Konzerne haben inzwischen eine eigene Handelsmarkenrange aufgebaut, z.B. REWE mit FÜLLHORN, METRO: GRÜNES LAND, TENGELMANN: NATURKIND, EDEKA: BIO-WERTKOST, SPAR: PRONATUR und GLOBUS mit TERRA PURA. Herstellermarken spielen bisher keine zentrale Rolle. Handelsmarken sind in Deutschland in aller Regel im Niedrig- und Mittelpreissegment angesiedelt. Ökologische LM bilden hier die Ausnahme. Sie können als Versuch des LEH gewertet werden, Premium-Handelsmarken aufzubauen (SPILLER 2000). Entsprechend hochpreisig sind diese Artikel derzeit positioniert (vgl. nochmals Tab. 2). Der LEH ist insgesamt zwar etwas preisgünstiger als der Naturkostfachhandel, die durchschnittlichen Aufpreise sind gleichwohl hoch.

3.2 Kosten ökologischer Produktions- und Distributionsstrukturen

In der wissenschaftlichen Literatur findet sich die einhellige Auffassung, dass ökologische Produkte in der Regel höhere Erzeugungskosten verursachen und damit zu einem vergleichsweise höheren Verkaufspreis angeboten werden müssen (MEFFERT/KIRCHGEORG 1998, S. 339; WENDT et al. 1999, S. 98). Auch in der öffentlichen Darstellung wird zur Begründung der hohen Preise für Ökoprodukte im allgemeinen auf die Kosten des ökologischen Landbaus verwiesen (REDELBERGER 2000; ZÜLOW/BRANDT 2000). Insbesondere handelt es sich um geringere Spezialisierungsvorteile, Ertragsminderungen, größeres Produktionsrisiko und höhere Arbeitsintensität. Diesen Mehrkosten stehen zwar Betriebsmitteleinsparungen entgegen (OFFERMANN/NIEBERG 2000, S. 46 ff.), die letztlich höheren Kosten des ökologischen Landbaus sind jedoch unstrittig. Der Mehraufwand beträgt z.T. nur wenige Prozent, es kann aber auch zu einer Verdoppelung der Kosten kommen (z.B. bei Schweinefleisch).

Der Einstandspreis des LEH hängt selbstverständlich nicht nur von den Kosten der Erzeuger, sondern auch vom Angebots-Nachfrageverhältnis ab. Hier sind auf einzelnen Produktmärkten in Abhängigkeit von Flächenausweitung, Ernte und Verbrauchernachfrage unterschiedliche Entwicklungen zu verzeichnen, es kann aber in der Tendenz von einer leichten Verringerung des Abstandes zwischen ökologischen und konventionellen Erzeugerpreisen ausgegangen werden (RIPPIN et al. 2000). Insgesamt sind die Einkaufspreise des Handels aber unzweifelhaft höher.

Tabelle 4: Vergleich der Preisaufschläge für Ökoprodukte im Unterschied zu konventioneller Ware in Deutschland 1997/98

Erzeugnisse	Gemüse	Getreide	Milch	Kartoffeln	Obst
Aufpreise für Erzeuger in %	50 %	100 %	15 %	200 %	50 %

Quelle: HAMM/MICHELSEN 1999, S. 13

Auf den ersten Blick scheinen damit Mehrkosten in der Produktion und Aufschläge auf der Ebene der Verbraucherpreise übereinzustimmen. Ein solcher Vergleich vernachlässigt, dass die Landwirtschaft heute nur noch einen kleinen Anteil an der gesamten Wertschöpfung der Lebensmittelwirtschaft einnimmt. Der Anteil der Verkaufserlöse der Landwirtschaft an den Verbraucherausgaben für Nahrungsmittel inländischer Herkunft geht kontinuierlich zurück; er lag in Deutschland 1998/99 nur noch bei durchschnittlich 25,8 % (1970: 46,3 %). Dieser geringe Anteil sollte dazu führen, dass c. p. – d.h. bei gleichbleibenden Verarbeitungs- und Vermarktungskosten – selbst eine Verdoppelung der Erzeugerpreise nur zu einem Preisaufschlag in Höhe eben dieser 25 % für den Endverbraucher führt (MICHELSEN et al. 1999, S. 69).

Bei Artikeln mit geringer landwirtschaftlicher Wertschöpfung wie z. B. Brot müsste der Mehrpreis für den Konsumenten noch deutlich niedriger sein. Das immer wieder als Begründung für die hohen Preise angeführte Argument der Mehrkosten auf der landwirtschaftlichen Ebene greift in diesem Fall nicht. So liegt der Preis für Brotgetreide aus ökologischer Landwirtschaft zwar um 100 % über dem der konventionellen Betriebe (vgl. Tab. 4), dies kann jedoch angesichts des geringen Kostenanteils für Getreide am Endabnehmerpreis (vgl. Tab. 5) die hohen Preise für viele Ökobrotwaren nicht erklären.

Tabelle 5: Anteil der Verkaufserlöse der Landwirtschaft an den Verbraucherausgaben für Nahrungsmittel inländischer Herkunft in Deutschland 1998/99

Brot	Fleischwaren	Kartoffeln	Milcherzeugnisse	Eier
4,0 %	22,3 %	42,9 %	44,2 %	62,3 %

Quelle: FAL 2000

Einen durchschnittlichen Wertschöpfungsanteil weisen Fleischwaren auf. Beispielhaft stehen einem Endverbraucherpreis von 12,72 DM für ein kg Schweinekotelett Erzeugererlöse von 3,38 DM je kg Schlachtgewicht gegenüber (ZMP 2001b, S. 7). Bei ökologischer Ware erzielen die Landwirte einen Erlös von ca. 5 DM, der Endverbraucherpreis liegt jedoch mit 21,82 DM um fast 10 DM über dem der konventionellen Vergleichsprodukte. Ähnlich ist das Verhältnis von Erzeugerpreissteigerungen zur Marktspanne bei Molkereiprodukten. Der Anteil der Rohstoffkosten am Verbraucherpreis liegt hier bei 44,2 %, bei frischer Trinkmilch sogar bei über 50 %. Entsprechend werden Steigerungen der Bezugskosten erheblich auf die Kalkulation der weiteren Wertschöpfungsstufen durchschlagen. Allerdings lässt sich gerade bei Milch zeigen, dass die Mehrerlöse der Landwirtschaft für Ökoprodukte relativ gering sind. Die vorliegenden Übersichten weisen einen Bio-Zuschlag für die Erzeuger von durchschnittlich 0,05-0,15 DM/kg aus (WENDT et al. 1999, S. 48-50; RICHARD 2000, Sixt 2000, ZMP 2001c). Weil der Endverbraucherpreis für Bio-Milch aber bis zu 100 % über dem Marktdurchschnitt liegt (vgl. Tab. 6), kann dies nur auf die Ausweitung der Marktspanne (WÖHLKEN 1991, S. 124) und damit auf die Kalkulation der Molkereien und/oder des LEH zurückgeführt werden. Da es sich bei den Öko-Produkten im LEH im allgemeinen um Handelsmarken handelt, ist zu vermuten, dass der nachfragemächtige Handel hier erhebliche Anteile der Marktspanne für sich reklamiert.

Tabelle 6: Durchschnittliche Preise und Marktspanne bei Trinkmilch (Giebelverpackung) in Deutschland 2000

Milchpreis (1l/1kg)	Konventionelle Ware	Ökologische Ware
Erzeugerpreis	0,60 DM	0,75 DM
Marktspanne	0,47 DM	0,91 DM
Endverbraucherpreis im LEH	1,07 DM	1,66 DM

Diese Daten deuten darauf hin, dass es erhebliche Preissenkungsspielräume bei Bio-LM gibt, wenn dem nicht Ineffizienzen in Verarbeitung und Handel gegenüberstehen. Tatsächlich gibt es einige Hinweise darauf, dass es zur Zeit noch erhebliche Rationalisierungsreserven gibt. So sind nach Brancheninformationen die Schlacht- und Kontrollkosten für Biofleisch in Dänemark um bis zu 50 % niedriger als in Deutschland (O. V. 1998, S. 33). Betrachtet man allerdings speziell die Distribution von Öko-LM über den großbetrieblichen LEH, so sollten hier entsprechende Rationalisierungsreserven durch ein systematisches Kostenmanagement ausgeschöpft werden können (HUM-

MEL 1997, S. 57 ff.; SEIDENSCHWARZ et al. 2000). Die Einzelhandelskonzerne sind schon allein aufgrund ihrer Mengenanforderungen darauf angewiesen, mit relativ großen Lieferanten zusammenzuarbeiten. Darüber hinaus nutzen sie gezielt den internationalen Beschaffungsmarkt. Insgesamt ist festzuhalten, dass der größte Teil der Mehrkosten nicht ökologiebedingt ist und prinzipiell, d.h. bei höheren Mengen und besserer Vermarktung, vermieden werden kann.

3.3 Strategische Alternativen zum Nischenmarketing

Wegen der geringen Preisbereitschaft und der artikelspezifischen Besonderheiten ist den Anbietern dringend eine veränderte Preiskalkulation anzuraten. Mittelfristig müssen ökologische LM, wenn sie sich im Massenmarkt durchsetzen sollen, preisgünstiger werden. Zusätzlich ist eine artikelbezogene Preisgestaltung unumgänglich, da die Verbraucher je nach Warengruppe, Kauffrequenz, Stärke der Premiummarke im Segment usf. über unterschiedliche Preisinteressen und -kenntnisse und damit über differierende Preisbereitschaften verfügen. Trotz der heute wesentlich verbesserten Datengrundlagen der Preisgestaltung auf der Basis geschlossener Warenwirtschaftssysteme und moderner Formen der Datenanalyse ist eine Feinjustierung der Preisfindung kaum verbreitet. Eine Premiumpolitik bei Öko-LM verlangt aber zur Marktausschöpfung ein professionelles Preismanagement. Hier fehlt dem deutschen Handel offensichtlich Marketing-Know-how.

Die bisherige Preispolitik des LEH trägt zum geringen Markterfolg ökologischer LM bei. Zu vermuten ist darüber hinaus, dass auch der LEH von dieser Strategie aufgrund der niedrigen Umschlagshäufigkeit, des hohen Verderbs und der ausbleibenden economies of scale nicht profitiert. Eine Abschöpfungsstrategie war sicherlich zum Zeitpunkt der Markteinführung für viele Öko-Marken angemessen. Problematisch wird sie jedoch, wenn sie von allen Handelsunternehmern durchgängig und dauerhaft verfolgt wird und damit – im Sinne des strategischen Marketings – ein Outpacing-Wettbewerb unterbleibt (GILBERT/STREBEL 1987, LIEBMANN/ZENTES 2001, S. 202-209). Eine solche Outpacingstrategie, die in wettbewerbsstellender Form auf Marktanteilsgewinne und Erfahrungskurveneffekte bei Beibehaltung der Qualitätsführerschaft setzt (VILLINGER/BELZ 1998, S. 72), ist auf dem deutschen Öko-Markt derzeit nicht zu erkennen. Auch das Unternehmen TEGUT, das ansonsten ein überzeugendes Bio-Segment anbietet, bleibt preispolitisch eher passiv. Der durchschnittliche Preisaufschlag über 6 Produktgruppen hinweg wird mit ca. 50 % angegeben (BOSSHAMMER 2001. Zum Vergleich: Für REWE wird ein Wert von 42,4 %, für die METRO von 117,5 % genannt. Die im Öko-Segment erfolgreiche REWE-Tochter BILLA in Österreich erhebt dagegen einen Aufschlag von nur 28,6 %. Das branchenübliche wettbewerbsfriedliche Verhalten des deutschen LEH lässt vielfältige Rationalisierungsreserven ungenutzt und strapaziert die ökologischen Präferenzen der Verbraucher.

4. Imitationsverhalten im Öko-Marketing aus neo-institutionalistischer Perspektive

4.1 Grundkonzeption des neo-institutionalistischen Modells

Die undifferenzierte Hochpreispolitik des LEH stellt ein wichtiges Hindernis für die weitere Verbreitung ökologischer Lebensmittel dar. Außerdem ist die Analyse aus ökonomischer Sicht unbefriedigend, da offen bleibt, warum alle relevanten Anbieter auf dem deutschen Markt preispolitisch inaktiv sind. Will man nicht auf ad-hoc-Erklärungen wie z.B. ein geringes Umweltbewusstsein der Handelsmanager zurückgreifen, so stellt sich die Frage nach den tiefgreifenderen Gründen für das gesamt- wie einzelwirtschaftlich nachteilige Verhalten. Eine mögliche Erklärungsvariante für die

Passivität des LEH stellt der aus der Soziologie entlehnte neo-institutionalistische Ansatz dar, der im Mittelpunkt der abschließenden Ausführungen steht.

Der neo-institutionalistische Ansatz geht auf Arbeiten von MEYER und ROWAN sowie DIMAGGIO und POWELL zurück und hat in den letzten Jahren in der Managementtheorie verstärkte Beachtung gefunden (MEYER/ROWAN 1977; DIMAGGIO/POWELL 1983, WALGENBACH 1999). Kern ist die Analyse der strukturellen Einbindung von Organisationen in ihre Umwelt, wobei Verhaltensübereinstimmungen besondere Beachtung finden. Mit der Metapher des "eisernen Käfigs" beschreiben DIMAGGIO und POWELL diejenigen konvergierenden Kräfte, die zu einem gleichförmigen Verhalten von Organisationen beitragen. Unternehmen sind in einem institutionell-symbolischen Kontext "gefangen", der sich prägend auf ihre Struktur und ihre Verhaltensweisen auswirkt und durchaus im Gegensatz zu rein ökonomischen Kategorien stehen kann (FALLGATTER 1999, S. 90). Gerade dieser letzte Gesichtspunkt, die Abkehr von der Vorstellung einer sich zumindest mittelfristig im Marktprozess zwangsläufig durchsetzenden ökonomischen Effizienz, ist es, der das Modell für die Analyse der vorliegenden Fragestellung geeignet erscheinen lässt. Strategische Konformität – so die Basishypothese – ist in der Praxis weiter verbreitet als es die Betriebswirtschaftslehre traditionell konstatiert.

Die bisher vorliegenden neo-institutionalistischen Studien beschäftigen sich schwerpunktmäßig mit Fragen der strategischen Unternehmensführung und der Organisationsgestaltung, z.B. Akquisitions- und Fusionsentscheidungen oder Geschäftsfeldstrategien (HAVEMANN 1993; BRESSER 1998). Zwei wichtige Mechanismen werden dabei als Gründe für gleichförmiges Unternehmenshandeln genannt: Imitationsverhalten auf der einen und Zwang bzw. normativer Druck auf der anderen Seite (DIMAGGIO/POWELL 1983; MEZIAS 1990; DEEPHOUSE 1996, S. 1025 f.). Imitationsverhalten beruht auf der hohen Ambiguität von Entscheidungssituationen, die Nachahmungsverhalten unter Sicherheitsgesichtspunkten als rationale Strategie erscheinen lässt. Zwang geht z.B. auf rechtliche Bedingungen oder die Forderungen nachfragemächtiger Abnehmer zurück. Normativer Druck entsteht durch ähnliche Ausbildung der Manager oder Branchentraditionen. In allen Fällen geht es um die Sicherstellung von Legitimität im sozialen Feld (SINGH et al. 1986).

4.2 Verhaltensunsicherheit

Anreize für imitatives Verhalten gehen von Situationen hoher Entscheidungsunsicherheit aus, in denen dem Management verläßliche Anhaltspunkte zur Kalkulation der Erfolgswirksamkeit unterschiedlicher Strategien fehlen. In der empirischen Forschung findet man Belege für entsprechendes Nachahmungsverhalten insbesondere hinsichtlich der Modellfunktion von branchenführenden Unternehmen (HAVEMANN 1993, S. 622). Investieren diese z.B. in einen neuen Markt, so löst dies nicht selten ein Umdenken bei den Wettbewerbern aus (GREVE 1995). Veränderungen im Management wichtiger Konkurrenten werden schnell rezipiert, weil das Risiko, eine möglicherweise erfolgträchtige strategische Lücke zu versäumen, als relativ hoch eingeschätzt wird (ABRAHAMSON 1991, S. 597). Es gibt Lead Companies wie PROCTER & GAMBLE im Konsumgüterbereich oder GENERAL ELECTRIC in der Investitionsgüterindustrie, die häufig als Leitbilder dienen (MICKLETHWAIT/WOOLDRIDGE 1996, S. 225 f.; NEUBURGER-BROSCH 1996, S. 74).

Speziell wenn Referenzbetriebe einem Anbieter durch persönliche Kontakte des Managements nahe stehen, dienen sie als Leitbilder der Strategieentwicklung (DAVIS 1991). Diese Variable trägt bisweilen mehr zur Erklärung bei als ökonomische Faktoren (GREVE 1995, S. 468). So verdeutlicht HAUNSCHILD am Beispiel von Managern, die im Aufsichtsrat anderer Unternehmen sitzen, dass diese das Verhalten derjenigen Betriebe, denen sie über das Mandat verbunden sind, kopieren (HAUNSCHILD 1993). Die zumindest innerhalb einer Branche dicht gewebten Kommunikationsnetzwerke und die Verbreitungsfunktion der Unternehmensberater sorgen dafür, dass die Wettbewerber frühzeitig strategische und organisatorische Innovationen wahrnehmen (KIESER 1998, S. 65). Manager sind permanent auf der Suche nach Erfolgsbeispielen. "What managers want is particular, concrete examples of what others have done – examples that reveal the complexity of the real world in all its messiness" (ECCLES/NOHRIA 1992, S. 179).

Für den vorliegenden Fall – Preispolitik des LEH bei ökologischen LM – dürfte eine solche Referenzposition dem Unternehmen TENGELMANN zugekommen sein, das seinerseits in weiten Teilen Konzepte des Naturkostfachhandels übernommen hat (HOLLER 2001, S. 34). TENGELMANN, in den 80er Jahren wirtschaftlich erfolgreich, gab mit einem Pioniersortiment von ca. 100 hochpreisigen Artikeln mit dem Schwerpunkt Trockensortiment den Rahmen für die folgenden Konkurrenten ab. Dies kommt in der empirischen Untersuchung von KULL deutlich zum Ausdruck. Bei einer Befragung von Handelsmanagern wurde TENGELMANN mit deutlichem Abstand als "Ökologieführer" im konventionellen LEH benannt (KULL 1998, S. 321).

Preispolitisch stand bei TENGELMANN von Beginn an der Premiumgedanke im Vordergrund, als Markenkonzept die Eigenmarkenrange. Dass dies von den Wettbewerbern weitgehend kopiert wurde und nicht selten die gleichen Lieferanten herangezogen wurden, ist auf die hohe Entscheidungsunsicherheit des Managements zurückzuführen. Der LEH hatte zu diesem Zeitpunkt keinerlei Erfahrungen mit der Führung hochwertiger Handelsmarken. Traditionell sind die Eigenmarken des Handels in Deutschland in der Preiseinstiegslage positioniert. Mit der Einführung einer Öko-Handelsmarke sind zudem relevante (marken-)spezifische Investitionen verknüpft, die nur für diesen Zweck nutzbar sind und sich in aller Regel erst langfristig amortisieren. Insgesamt kann damit ein hohes wahrgenommenes Entscheidungsrisiko auf Seiten des Managements vermutet werden. Zusammen mit der bekanntermaßen ausgeprägten Risikoaversität des Lebensmitteleinzelhandels gegenüber marketingpolitischen Investitionen spricht vieles für die Hypothese einer ausgeprägten Unsicherheit und die daraus folgende Tendenz zur Imitation des "Ökologieführers" TENGELMANN.

4.3 Normativer Druck der Stakeholder

Eine zweite Erklärungsgröße innerhalb des neo-institutionalistischen Modells ist die Begründung gleichförmiger Handlungsmuster über externen Zwang, z.B. von Seiten des Gesetzgebers oder mächtiger Stakeholder. Auf diese Weise kann z.B. der ungewöhnliche Erfolg der Qualitätsmanagementsysteme nach ISO 9000 ff. erklärt werden (WALGENBACH 1998). Den Anstoß zur Beschäftigung mit diesem Konzept bildete bei fast allen Unternehmen der wahrgenommene Druck der Stakeholder. Die Zertifizierung diente zunächst zum Aufbau einer Legitimationsfassade, um die Geschäftsbeziehungen abzusichern. Bei frühen Adoptern existierte auch die Hoffnung, auf diesem Weg Marketingvorteile zu erzielen. Nur in wenigen Fällen war es jedoch die eigene Überzeugung, damit einen substantiellen Beitrag zur Qualitätsverbesserung zu erzielen, der zur Übernahme des Ansatzes führte.

Im vorliegenden Fall sind es nicht die Abnehmer, sondern die Lieferanten aus Landwirtschaft und Verarbeitung sowie eine Reihe anderer gesellschaftlicher Akteure, die Druck auf die Preispolitik des LEH ausüben. Bekanntlich ist der ökologische Landbau aufgrund seiner historischen Wurzeln und seiner Verankerung in der Umweltbewegung relativ starken gesellschaftspolitischen Zwängen unterworfen. Die ökologische Landwirtschaft hat sich immer auch als Alternativbewegung zur produktivitätsorientierten Ernährungswirtschaft verstanden. Rationalisierung und Preiswettbewerb waren aus diesem Grund negativ belegt. Bis heute wird von vielen Interessenvertretern ein funktionierender Preiswettbewerb, der Verdrängungs- und Ausleseprozesse einschließt, abgelehnt. Der Druck zur wirtschaftsfriedlichen Preispolitik geht dabei zum einen von den Institutionen des traditionellen ökologischen Landbaus aus (z.B. Anbauverbände, mittelständische Verarbeiter), auf deren Unterstützung der konventionelle LEH nicht verzichten kann. Viele mittelständische Lieferanten sind an einer Beibehaltung der Nische interessiert, da sie auskömmliche Spannen garantiert (O. V. 2001). Zum anderen ist es aber auch das weitere Umfeld in Gesellschaft und Politik (Regierung, Umweltbewegung, Verbraucherverbände usf.), das einem aggressiven Wettbewerbsverhalten skeptisch gegenüber steht (ZÜLOW et al. 2000; KÜNAST 2001). Insgesamt führt der Eintritt des LEH in ein ideologisch-gesellschaftspolitisch neues und schlecht überschaubares institutionelles Feld zu einem im Vergleich zum konventionellen Markt passiven Preisverhalten (COOP SCHWEIZ 1999).

5. Fazit

Der Kern des neo-institutionalistischen Ansatzes liegt in der Analyse unbewusster, zumindest von den Akteuren aber nicht vollständig rational aufgearbeiteter institutioneller Bindungen als unhinterfragte Selbstverständlichkeiten: "Öko-Lebensmittel sind Premiumartikel". Das Modell gibt differenzierte und plausible Hinweise auf die tieferliegenden Ursachen der aus betriebswirtschaftlicher Sicht defizitären Hochpreispolitik des LEH. Diese Unternehmenspolitik trägt entscheidend zur langsamen Diffusion ökologischer LM bei.

Aus diesem Grund ist die Rechtfertigung der hohen Preise durch Politik sowie Verbraucher- und Umweltverbände ökonomisch verfehlt. Sie konserviert die geringe Wettbewerbsintensität in diesem Marktsegment. Die Landwirtschaft ist nur zum geringeren Teil Nutznießer dieser Situation. Bio-Lebensmittel müssen teurer sein – so teuer allerdings nicht!

Literatur

ABRAHAMSON, E. (1991): Managerial Fads and Fashions: The Diffusion and Rejection of Innovations. Academy of Management Review 16, H. 3, S. 586-612.
BOSSHAMMER, U. (2001): Bio auf dem Vormarsch. http://www.lz-net.de/backround.
BRESSER, R. K. F. (1998): Konvergierende Strategien. In: Ders. (Hrsg.): Strategische Managementtheorie. Berlin, New York, S. 341-346.
BRUHN, M. (2001): Verbrauchereinstellungen zu Bioprodukten: Der Einfluss der BSE-Krise 2000/2001, Arbeitsbericht des Instituts für Agrarökonomie der Universität Kiel Nr. 20, Kiel.
BUNDESFORSCHUNGSANSTALT FÜR LANDWIRTSCHAFT/FAL (2000): Aktuelle Berechnung des Anteils der Erzeugererlöse an den Verbraucherausgaben. Im Internet unter http://www.ma.fal.de/aktuelles.htm
BUNDESMINISTERIUM FÜR UMWELT, NATURSCHUTZ UND REAKTORSICHERHEIT/BMU (2000): Umweltbewusstsein in Deutschland 2000: Ergebnisse einer repräsentativen Bevölkerungsumfrage, Berlin.
COOP SCHWEIZ (1999): Hintergrundinformationen zu COOP-NATURAPLAN. o. O.
DAVIS, G. F. (1991): Agents without principles? The spread of the poison pill through the intercorporate network. Administrative Science Quarterly. 36, S. 583-613.
DEEPHOUSE, D. L. (1996): Does Isomorphism Legitimate? Academy of Management Journal 4, S. 1024-1039.
DILLER, H. (2000): Preispolitik, 3. Aufl., Stuttgart, Berlin, Köln.
DIMAGGIO, P. J., POWELL, W. W. (1983): The iron cage revisited: Institutional isomorphism and collective rationality in organizational fields. American Sociological Review 48, S. 147-160.
ECCLES, R. G., NOHRIA, N. (1992): Beyond the Hype: Rediscovering the Essence of Management. Boston.

FALLGATTER, M. J. (1999): Leistungsbeurteilungstheorie und -praxis: Zur "Rationalität" der Ignorierung theoretischer Empfehlungen. Zeitschrift für Personalforschung 13, H. 1, S. 82-100.

GILBERT, X., STREBEL, P. (1987): Strategies to Outpace the Competition. The Journal of Business Strategy, H. 1, S. 28-37.

GREVE, H. R. (1995): Jumping Ship: The Diffusion of Strategy Abandonment. Administrative Science Quarterly 40, S. 444-473.

HAMM, U. (1993): Kunden kennen den Butterpreis genau. Lebensmittelzeitung 45, H. 6, S. 59-60.

HAMM, U., MICHELSEN, J. (1999): Der Markt für Ökolebensmittel in Europa. Agra-Europe 38, H. 43, Dokumentation, S. 1-19.

HANSEN, J. K., SÖRENSEN, H. C. (1993): The Importance of Price for the Sale of Ecological Products. MAPP working paper no 13.

HAUNSCHILD, P. R. (1993): Interorganizational Imitation: The Impact of Interlocks on Corporate Acquisition Activity. Administrative Science Quarterly 38, S. 564-592.

HAVEMANN, H. A. (1993): Follow the Leader: Mimetic Isomorphism and Entry into New Markets. Administrative Science Quarterly 38, S. 593-627.

HOLLER, D. (2001): Profil durch Bio-Produkte. Lebensmittelzeitung 53, H. 29, S. 33-34.

HUMMEL, J. (1997): Strategisches Öko-Controlling: Konzeption und Umsetzung in der textilen Kette. Wiesbaden.

IMUG (Institut für Markt-Umwelt-Gesellschaft e. V. an der Universität Hannover) (2001): Agrarwende im Supermarkt? Studie im Auftrag des BUND, o. O.

INSTITUT FÜR ANGEWANDTE VERBRAUCHERFORSCHUNG E. V./IFAV (2001): Verbraucherverhalten beim Lebensmittelkauf, Recherche für den Bundesverband der Verbraucherzentralen und Verbraucherverbände, Köln.

KIESER, A. (1998): Immer mehr Geld für Unternehmensberater – und wofür? Organisationsentwicklung 17, H. 2, S. 62-69.

KÜNAST, R. (2001): Qualität statt Quantität – Für eine Umorientierung beim Lebensmittelkonsum. Rede auf der Konferenz des Bundesverbandes der Verbraucherzentralen und Verbraucherverbände e. V. zum Thema: Muss Lebensmittelqualität mehr kosten? Berlin 2001.

KULL, S. (1998): Ökologieorientiertes Handelsmarketing. Frankfurt a. M.

LIEBMANN, H.-P., ZENTES, J. (2001): Handelsmanagement, München.

MAGNUSSON, M. K., ARVOLA, A., HURSTI, U.-K. K. (2001): Attitudes towards organic foods among Swedish consumers. British Food Journal 103, H. 3, S. 209-226.

MEFFERT, H., KIRCHGEORG, M. (1998): Marktorientiertes Umweltmanagement: Konzeption, Strategie, Implementierung. 3. Aufl., Stuttgart.

MEYER, J. W., ROWAN, B. (1977): Institutionalized Organizations. Formal Structure as Myth and Ceremony. American Journal of Sociology 83, S. 340-363.

MEZIAS, S. J. (1990): An Institutional Model of Organzational Practice: Financial Reporting at the Fortune 200. Administrative Science Quarterly 35, S. 431-457.

MICHELSEN, J. et al. (1999): The European Market for Organic Products: Growth and Development. Stuttgart.

MICKLETHWAIT, J., WOOLDRIDGE, A. (1996): The Witch Doctors: Making Sense of the Management Gurus. New York.

NEUBURGER-BROSCH, M. (1996): Die soziale Konstruktion des ‚neuen Managers', Tübingen.

OFFERMANN, F., NIEBERG, H. (2000): Economic Performance of Organic Farms in Europe. Stuttgart-Hohenheim.

O. V. (1998): Biofleisch: Preiswerter erzeugen – professioneller vermarkten. top agrar 27, H. 8, S. 32-33.

O. V. (2001): Raus aus der Nische und rein in das Supermarktregal ist der falsche Weg für Bio-Produkte. Milch-Fettwaren-Eier-Handel 53, H. 55, S. 417

REDELBERGER, H. (2000): Betriebsplanung im ökologischen Landbau: Handbuch für Beratung und Praxis. Mainz.

RICHARD, A. (2000): Biomilch fast preisstabil. Landwirtschaftliches Wochenblatt Westfalen-Lippe 34, H. 28, S. 23.

RICHTER, T. (2001): Europas Supermarktketten: Strategien der Biovermarktung. Ökologie & Landbau, H. 2, S. 38-41.

RIPPIN, M. et al. (2000): Verkaufspreise im ökologischen Landbau. Ökomarkt Jahrbuch 2000 der ZMP. Bonn.

SEIDENSCHWARZ, W., HORVÁTH, P. (2000): Produktgestaltung im Spannungsfeld zwischen Zielpreisen und Zielkosten. In: HERMANN, A. et al. (Hrsg.): Kundenorientierte Produktgestaltung. München, S. 371-388.

SIMONS, J. et al. (2001): Einfluss des Images von Bio-Produkten auf den Absatz der Erzeugnisse, in: Agrarwirtschaft 50., H. 5, S. 286-292.

SINGH, J. V., TUCKER, D. J., HOUSE, R. J. (1986): Organizational Legitimacy and the Liability of Newness. Administrative Science Quarterly 31, S. 171-193.

SIXT, D. (2000): Wie hoch muss der Bio-Zuschlag sein? top agrar 29, H. 7, S. 28-30.

SPILLER, A. (1999): Umweltbezogenes Wissen der Verbraucher. Ergebnisse einer empirischen Studie und Schlussfolgerungen für das Marketing. Diskussionsbeitrag des Fachbereichs Wirtschaftswissenschaften der Universität Duisburg Nr. 264. Duisburg.

SPILLER, A. (2000): Erfolgschancen mittelständischer Hersteller als Handelsmarkenspezialisten: Eine institutionenökonomische Analyse. In: MEYER, J.-A. (Hrsg.): Jahrbuch der KMU-Forschung 2000. Marketing in kleineren und mittleren Unternehmen. München, S. 391-412.

VILLIGER, A., BELZ, F. (1998): Von der Öko-Nische zum ökologischen Massenmarkt. Eine Analyse der Diffusion von biologischen Lebensmitteln anhand des ökologischen Transformationsprozesses. Der Markt 37, H. 2, S. 68-82.

WALGENBACH, P. (1998): Zwischen Showbusiness und Galeeren. Zum Einsatz der DIN EN ISO 9000er Normen in Unternehmen. Industrielle Beziehungen, 5, H. 2, S. 135-164.

WALGENBACH, P. (1999): Institutionalistische Ansätze in der Organisationstheorie. In: KIESER, A. (Hrsg.): Organisationstheorien. 3. Aufl., Stuttgart u. a., S. 319-353.

WENDT, H. et al. (1999): Der Markt für ökologische Produkte in Deutschland und ausgewählten europäischen Ländern. Derzeitiger Kenntnisstand und Möglichkeiten künftiger Verbesserungen der Marktinformation. Münster-Hiltrup.

WÖHLKEN, E. (1991): Einführung in die landwirtschaftliche Marktlehre. 3. Aufl., Stuttgart.

WOLFFRAM, R. (1997): Konzepte zum Aufbau regionaler Vermarktungsstrukturen in Nordrhein-Westfalen. Agra-Europe 36, H. 12, Sonderbeilage, S. 1-18.

ZMP (2000): Bio-Produkte im Einzelhandel, Bonn.

ZMP (2001a): Einstellung und Käuferprofile bei Bio-Lebensmitteln. Bonn.

ZMP (2001b): ÖKOMARKT Forum, Nr. 33 v. 17.08.2001.

ZMP (2001c): Plus 5 bis 15 Pfennig. Landwirtschaftsblatt Weser-Ems 57, H. 31, S. 27.

ZMP (2001d): Strukturdaten ökologisch wirtschaftender Unternehmen. http://www.zmp.de/oekomarkt/strukturdaten.asp.

ZÜLOW, B., BRANDT, A. (2000): Ökologische Produkte haben ihren Preis – Die Umwelt profitiert. Presseinformation der Öko-Prüfzeichen GmbH. Bonn.

Verbreitung ökologischen Bauens – der Beitrag von Fachinformation und Produktangebot eines Ökozentrums

Dr. Christoph Weber & Katrin Haußer

Institut für Energiewirtschaft und Rationelle Energieanwendung (IER), Universität Stuttgart
E-Mail: cw@ier.uni-stuttgart.de

1. Einleitung

Nachhaltiges Bauen ist ein wichtiger Teilbereich nachhaltigen Konsums, da auf die Raumwärme- und Warmwasserbereitstellung mehr als 30 % des gesamten deutschen Endenergieverbrauchs entfallen (VDEW 2000). Ähnlich groß ist auch der Beitrag zur Emission klimarelevanter Gase wie CO_2. Aber auch hinsichtlich der Materialströme ist der Bausektor sehr bedeutsam, so entfallen z.B. mehr als 20 % der Güterverkehrsleistung auf Baumaterialien (DIW 2000).

Der Bausektor ist nicht nur für die Ökologie im besonderen und die Nachhaltigkeit im allgemeinen von großer Bedeutung, sondern gleichzeitig ist er durch komplexe Verflechtungen zwischen einer Vielzahl von Akteuren gekennzeichnet (s.a. ISOE 2001). Bauherren, Bauträger, Architekten, Handwerker unterschiedlicher Gewerke sind nur einige der Beteiligten bei einem Bauvorhaben. Daher wird empirisch untersucht, wie die Angebote des Ökozentrums Rommelmühle (bei Bietigheim-Bissingen) von diesen verschiedenen Akteuren angenommen werden und wie das Ökozentrum als Teil einer veränderten Infrastruktur zu einer Verbreitung nachhaltigen Bauens beiträgt. Dabei ist insbesondere von Interesse, wie Baufachleute als Multiplikatoren und Transmittoren solche Angebote nutzen und weitergeben.

Wesentliche Angebote des Ökozentrums im Bereich Bauen und Renovieren waren bei der Eröffnung der *Baufachmarkt "Archy Nova"*, des Beratungs- und Ausstellungszentrums *"Haus & Raum"*, sowie die Dienstleistungsangebote der Bauträgergesellschaft *Archy Nova Planen und Bauen GmbH* und ihrer Architekten. Inzwischen haben sich allerdings tiefgreifende Veränderungen in der Rommelmühle ergeben (vgl. Gebhardt 2001), die gerade auch das Handlungsfeld Bauen & Renovieren tangieren. So stellte der Bauträger Archy Nova Planen und Bauen GmbH aufgrund Zahlungsschwierigkeiten im Herbst 1999 einen Insolvenzantrag, die Bauausstellung "Haus & Raum" zog im Frühjahr 2000 in wesentlich kleinere Räumlichkeiten innerhalb des Ökozentrums und der Baufachmarkt "Archy Nova" firmiert nun als "Naturbaufachmarkt". Sowohl im Rahmen der Bauausstellung als auch vom Naturbaufachmarkt werden Vortragsveranstaltungen zu unterschiedlichen Themen ökologischen Bauens angeboten.

2. Erhebungsmethodik und -durchführung

Im Rahmen des vom BMBF geförderten Vorhabens "Nachhaltiger Konsum im Spannungsfeld zwischen Modellprojekt und Verallgemeinerbarkeit" (vgl. Gebhardt et al. 2001) war geplant sowohl private Bauherren und gewerbliche Bauträger als auch Architekten und Handwerker, die im Umkreis der Rommelmühle planen und bauen, zu befragen.

Allerdings erwies sich eine Befragung von privaten Bauherren und Bauträgern als schwierig und letztendlich wurde kein ausreichender Rücklauf für eine statistische Analyse erzielt. Ein wesentlicher Grund hierfür ist, dass die zuständigen Baurechtsämter aufgrund der Datenschutzbestimmungen die Adressen und Telefonnummern der Antragsteller von Baugenehmigungen nicht weitergeben können. Auch den Vorschlag, Umschläge mit Fragebögen und an uns adressierten Rückumschlägen zu verschicken, konnten sie nicht akzeptieren. Zwar erklärten sich die Baurechtsämter dankenswerterweise bereit, fast ein Jahr lang jedem neuen bewilligten Baugesuch die entsprechenden Unterlagen und einen Begleitbrief, der um die Teilnahme an der Untersuchung wirbt, beizulegen. Nach Angaben der Baurechtsämter wurden insgesamt ca. 100 Fragebogensets (bestehend aus standardisiertem, schriftlichem Fragebogen, frankiertem Rückumschlag und Begleitbrief) verschickt. Der Rücklauf fiel aber mit zehn Fragebögen so gering aus, dass keine quantitative Auswertung möglich war.

Erfolgreicher verlief die Befragung bei den Architekten und Handwerkern (ausgewählt wurden die Gewerke Klempner, Maler und Stuckateure, Installateure und Heizungsbauer). Von einer ursprünglich geplanten mündlichen Befragung wurde Abstand genommen, da es sich bei der vorbereitenden Kontaktaufnahme zeigte, dass die wenigsten potenziellen Befragten überhaupt bereit waren, Zeit für ein persönliches Gespräch aufzuwenden. Außerdem wurde bei der Konzeption der Erhebung deutlich, dass den Architekten und Handwerkern Fragen gestellt werden mussten, die aufgrund ihrer hohen Komplexität nur schriftlich zu beantworten waren.

Nach einer schriftlichen und einer mündlichen Nachfassaktion konnte bei den Architekten ein Rücklauf von 36 % erzielt werden, bei den Klempnern wurden 22 % erreicht, bei den Malern und Stuckateuren 35 % und bei den Installateuren und Heizungsbauern 27% (vgl. Tabelle 1).

Tabelle 1: Erhebung bei Architekten und Handwerkern

	Architekten	Handwerker		
		Klempner	Maler und Stukateure	Installateure und Heizungsbauer
Verschickte Fragebögen	203	93	119	111
Neutrale Ausfälle	38	4	17	17
Absoluter Rücklauf	59	20	36	25
Relativer Rücklauf	36 %	22 %	35 %	27 %

Die befragten 59 Architekten beschäftigen durchschnittlich einen weiteren fest angestellten Mitarbeiter, die befragten 81 Handwerker beschäftigen durchschnittlich drei weitere fest angestellte Mitarbeiter.

3. Ökologisches Bauen: Einstellungen und wahrgenommene Hemmnisse

Um den möglichen Beitrag eines Ökozentrums zur Verbreitung nachhaltiger Verhaltensweisen im Bereich Bauen und Wohnen beurteilen zu können, ist es zunächst wesentlich, die entsprechenden Einstellungen und die wahrgenommenen Hemmnisse bei den beteiligten Akteuren zu ermitteln.

3.1 Einstellungen zu ökologischem Bauen

Betrachtet man die allgemeinen Aussagen in Bezug auf ökologisches Bauen, so ergibt sich zunächst ein sehr positives Bild[1]. Über 90 % der Befragten liegt die Umwelt am Herzen, mehr als drei Vierteln sind vom ökologischen Bauen überzeugt. Nicht einmal ein Drittel findet den Nutzen ökologischer Bauweisen als zu hoch bewertet, beschäftigt sich v.a. deshalb mit ökologischen Bauweisen, um konkurrenzfähig zu bleiben und findet ökologische Materialien nicht so gut sind wie konventionelle. Weniger als ein Viertel findet die Umweltproblematik als übertrieben dargestellt (Abbildung 1).

Bei der Analyse der Aussagen, bei denen zwischen Architekten und Handwerkern signifikante Unterschiede[2] auftreten, zeigt sich, dass die Einstellungen der befragten Architekten bezüglich ökologischem Bauen durchweg positiver sind (Abbildung 2): Nur 2 % sehen keine Notwendigkeit, sich mit ökologischem Bauen zu beschäftigen; nicht mal ein Viertel beschäftigt sich v.a. nur deshalb damit, weil es von den Kunden nachgefragt wird; 91 % halten ökologische Materialien für besser als konventionelle und 83 % geben an, ökologisches Bauen ihren Kunden zu empfehlen.

Jedoch ist zu untersuchen, ob die anderweitig beobachtete Diskrepanz zwischen Umweltbewusstsein und Umweltverhalten (z.B. Diekmann & Preisendörfer 1992) auch hier eine Rolle spielt.

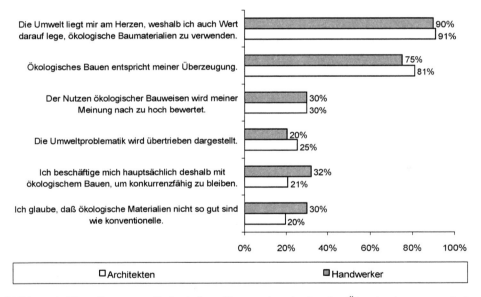

Abbildung 1: Einstellungen zu ökologischem Bauen mit weitgehender Übereinstimmung zwischen Architekten und Handwerkern (Quelle: eigene Erhebungen 2000)

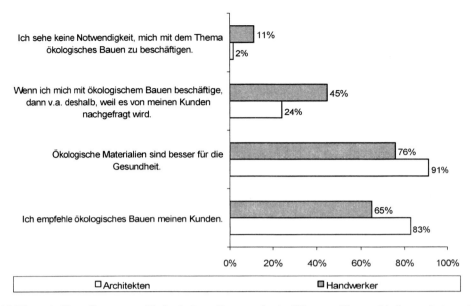

Abbildung 2: Einstellungen zu ökologischem Bauen mit signifikanten Unterschieden zwischen Architekten und Handwerkern (Quelle: eigene Erhebungen 2000)

3.2 Wahrgenommene Hemmnisse: Information und Kosten

In bezug auf ihre eigene Informiertheit und die ihrer Kunden – was ökologisches Bauen angeht – zeigen sich in der Einschätzung von Architekten und Handwerkern keine signifikanten Unterschiede: (Fast) drei Viertel der Befragten betrachten ihre Kunden und mehr als zwei Drittel sich selbst als diesbezüglich zu wenig informiert (Abbildung 3). Bei den wechselseitigen Einschätzungen fällt allerdings auf, dass 58 % der Handwerker die Architekten als zu wenig informiert einschätzen, umgekehrt jedoch 78 % der Architekten die Handwerker für zu wenig informiert halten.

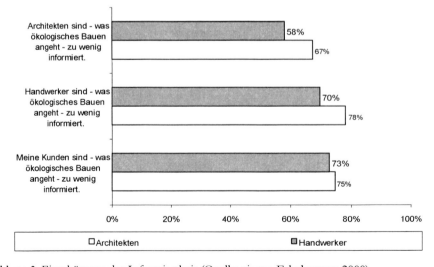

Abbildung 3: Einschätzung der Informiertheit (Quelle: eigene Erhebungen 2000)

Abbildung 4 zeigt, woher die Befragten in der Regel ihre Marktinformationen beziehen. Als wichtigste Quelle sehen alle in der Untersuchung als Transmittoren und Multiplikatoren angesehenen Personen die Fachzeitschriften an, gefolgt von Hersteller- und Materialinformationen, Fachliteratur und dem Erfahrungsaustausch mit Fachkollegen. Am wenigsten werden Informationssendungen aus Fernsehen und Radio und die Verbraucherzentralen für die Beschaffung von Marktinformationen genutzt (Abbildung 4). Diese Reihenfolge unterscheidet sich bei Architekten und Handwerkern nur leicht und entspricht fast genau den Ergebnissen des Öko-Zentrums NRW.

Diese Befunde zeigen, dass ein Ökozentrum wie die Rommelmühle nicht a priori von den befragten Baufachleuten als wichtige Informationsquelle wahrgenommen wird. Dieser Punkt ist bei der Analyse der Auswirkungen des Ökozentrums zu berücksichtigen.

Neben der Informiertheit werden auch die höheren Kosten des ökologischen Bauens als wesentliches Hemmnis für eine weitere Verbreitung gesehen. Nach Einschätzung der befragten Architekten und Handwerker ist ökologisches Bauen rund 21 % teurer als herkömmliches, wobei die Architekten diesen Wert leicht niedriger, die Handwerker leicht höher einschätzen. Diese Einschätzung entspricht Angaben des Öko-Zentrums NRW, wonach davon auszugehen ist, dass ökologische Bauleistungen durchschnittlich 20 % teurer sind als konventionelle (Öko-Zentrum NRW 1995) [3]. Die Befragten glauben jedoch nicht, dass es ihren Kunden auch so viel wert ist. Je mehr Aufträge mit ökologischer Ausrichtung ein Transmittor bzw. Multiplikator 1999 hatte und je höher er die Kosten für ökologisches Bauen einschätzt, umso höher schätzt er den Betrag, den die Kunden zu bezahlen bereit sind.[4] Nach ihrer Ansicht sind die Bauherren lediglich bereit 11 % mehr für umweltfreundliche Bauweisen und Materialien zu bezahlen (Abbildung 5), weshalb 83 % der Architekten und 82 % der Handwerker vermuten, dass ihre Kunden ökologisches Bauen nicht zuletzt aus Kostengründen ablehnen.

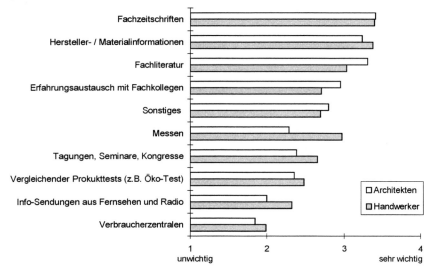

Abbildung 4: Wichtigkeit von Marktinformations-Bezugsquellen (Quelle: eigene Erhebungen 2000)

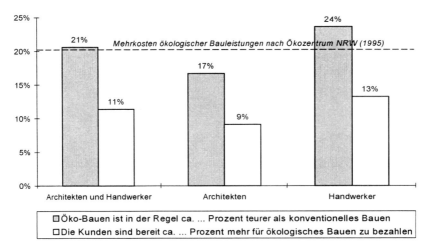

Abbildung 5: Geschätzte Kosten des ökologischen Bauens und Zahlungsbereitschaft der Kunden (Quelle: eigene Erhebungen 2000)

Bemerkenswert ähnliche Ergebnisse erzielt auch die Studie des Öko-Zentrums NRW: Die Architekten (Handwerker) schätzen demnach die Kosten für ökologisches Bauen 15 % (24 %) teurer ein als für konventionelles, ihre Kunden seien aber nur bereit, 11 % (17 %) mehr dafür zu bezahlen (Öko-Zentrum NRW 1995).

4. Der Beitrag des Ökozentrums Rommelmühle

Nur etwas mehr als die Hälfte der befragten Baufachleute (51 %) aus der Umgebung haben die Rommelmühle schon einmal besucht. Dabei sind allerdings deutliche Unterschiede zwischen den Berufsgruppen zu beobachten: So waren bereits annähernd 2/3 der Architekten im Ökozentrum, jedoch nur ein Viertel der Klempner. Insgesamt ist dies ein ernüchterndes Ergebnis, das zeigt, dass die Rommelmühle es bisher nur begrenzt geschafft hat, sich als Fachzentrum für die Bauberufe zu etablieren (Abbildung 6).

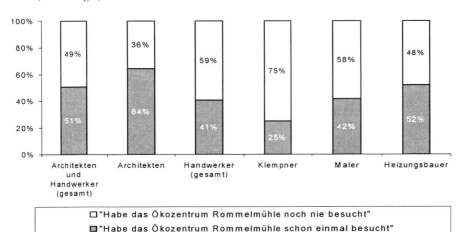

Abbildung 6: Besuch des Ökozentrums Rommelmühle (Quelle: eigene Erhebungen 2000)

Die Vermutung, dass sich die befragten Multiplikatoren bei einem Besuch der Rommelmühle von Berufs wegen auch für den Baufachmarkt "Archy Nova", die Angebote von "Haus & Raum" und die dort stattfindenden Vorträge interessieren, bestätigte sich nicht in dem erwarteten Maße. Von den Architekten und Handwerkern, die das Ökozentrum besuchten, besuchten wiederum nur ca. die Hälfte den Baufachmarkt (49 %) bzw. die Bauausstellung (55 %). Einen (oder mehrere) Vorträge besuchten gar nur 8 % der befragten Rommelmühlen-Besucher.

Wie diese verschiedenen Angebote von den Fachleuten beurteilt wurden, wird im folgenden näher dargestellt. Grundgesamtheit für die Auswertungen sind dabei jeweils die Fachleute, die die entsprechenden Angebote in Augenschein genommen haben.

4.1 Naturbaufachmarkt

Das Angebot des Naturbaufachmarktes (der zunächst als "Baufachmarkt Archy Nova" firmierte) ist breit gefächert, wobei der Baufachmarkt sowohl als Einzelhändler als auch als Großhändler, Dienstleister, Versandhändler, Hersteller und Importeur auftritt. Das detaillierte Angebot zeigt Abbildung 7. Darüber hinaus werden hier für alle Interessierten Vorträge und Seminare angeboten.

Der Baufachmarkt hebt hervor, dass für *Architekten* die praktischen Tipps und Informationen für den Einbau der jeweiligen Anlagen besonders interessant sind, die dann auch vor Ort begutachtet werden können. Zudem wird ihnen die Möglichkeit gegeben, alleine oder gemeinsam mit ihren Kunden die angebotenen Materialien zu sehen, fühlen und zu begreifen. Darüber hinaus stellt der Baufachmarkt bei Bedarf weitergehende wichtige Informationen und Adressen zur Verfügung, wie z.B. Kontakte zu ökologisch arbeitenden Handwerkern und Verbänden (z.B. Verein der Holzschutzmittelgeschädigten). Auch für die *Handwerker* gibt es im Baufachmarkt interessante Angebote. So handelt es sich beim gesamten Sortiment um Produkte mit Volldeklaration, die auch an Handwerker zu Großhandelsbedingungen verkauft werden. Zudem gibt es einen Lieferservice (Direktlieferung) und einen Außendienst.

Angebot	Einzelhändler	Großhändler	Dienstleister	Versandhändler	Hersteller	Importeur
Umweltfreundliche Baustoffe	■	■				
Bodenbeläge und Teppiche	■	■	■			
Dämmstoffe, Isoliermaterialien	■	■				
Energiespargeräte	■	■		■		
Farben und Lacke	■	■				
Kachelöfen und sonstige Öfen	■	■			■	
Kork, Kokos	■	■				
Luftverbesserung	■	■		■		■
Regenwassersammelsysteme	■	■				
Solaranlagen	■					
Solargeräte	■	■		■	■	■
Tapeten, Faserputze	■	■				■
Toiletten	■	■				
Wasserspartechnik	■	■				

Abbildung 7: Das Angebot des Naturbaufachmarktes (Quelle: Der Naturbaufachmarkt 2000)

Für die Angebote des Baufachmarktes interessieren sich vor allem Architekten und Klempner. Von diesen Berufsgruppen waren jeweils 60 % derjenigen, die das Ökozentrum besucht haben, auch im

Baufachmarkt, Maler und Heizungsbauer zeigten hingegen deutlich weniger Interesse, hier beträgt der entsprechende Anteil nur 33 % bzw. 31 %.

Dieses Ergebnis ist v.a. vor dem Hintergrund interessant, dass zwar 98 % der befragten Handwerker ihre Baumaterialien vom Großhandel beziehen, aber immerhin 61 % der Aussage "Der Fach-Großhandel verfügt über ein breites Angebot an ökologischen Baumaterialien" nicht zustimmen konnten. Der bisherige Großhändler stellt also die Ansprüche der Handwerker in Bezug auf ökologische Baumaterialien eher nicht zufrieden, trotzdem hat es der Naturbaufachmarkt im Ökozentrum noch nicht in dem erwünschten Maße geschafft, diesen Umstand zu seinem eigenen Vorteil auszunutzen.

Und auch ansonsten konnte der Baufachmarkt die Handwerker[5] der Umgebung noch nicht genügend von seiner Qualität überzeugen. So beurteilen[6] sie den Baufachmarkt um einiges kritischer als die befragten Architekten. Die Handwerker bemängeln sowohl die Produktpalette des Baufachmarktes als auch die dortige Beratung und halten ihn für ihre Zwecke nur für bedingt brauchbar (Abbildung 8).

Trotz dieser kritischen Beurteilung würden 87 % der Architekten und 50 % der Handwerker den Naturbaufachmarkt weiterempfehlen. Die Weiterempfehlung des Baufachmarktes richtet sich in der Hauptsache an die Kunden der Befragten (Abbildung 9).

Sofern der Baufachmarkt nicht weiter empfohlen wird, wird dies zumeist mit der Konkurrenzsituation begründet. Lediglich ein Befragter (Architekt) verweigerte die Weiterempfehlung aus Qualitätsgründen, die Produktpalette sei zu klein.

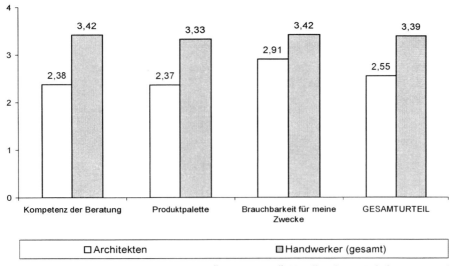

Abbildung 8: Beurteilung des Baufachmarktes "Archy Nova" (Quelle: eigene Erhebungen 2000)

Über die Hälfte der Architekten (52 %) wurden durch den Besuch des Baufachmarktes dazu angeregt, ökologische Bauweisen bei ihrer täglichen Arbeit anzuwenden.[7] Dieser hohe Anteil deutet daraufhin, dass zumindest bei den Architekten auch aus dem Besuch praktischer Nutzen gezogen wurde. Die umgesetzten Anwendungsgebiete reichen von Dachisolierungen über Fassadenbau bis hin zum Kachelofenbau.

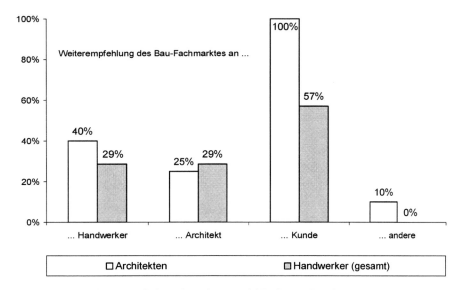

Abbildung 9: Wem wird der Baufachmarkt weiterempfohlen? (Quelle: eigene Erhebungen 2000)

Insgesamt ist jedoch festzuhalten, dass viele potenziellen Transmittoren und Multiplikatoren das Angebot des Naturbaufachmarktes vor allem als Angebot für private Bauherren sehen – obwohl dies keineswegs ausschließlich der Fall ist. Während die Architekten das Angebot durchaus nutzen, positiv beurteilen, als Anregung für ihre tägliche Arbeit begreifen und auch (nicht nur ihren Kunden) weiterempfehlen, ist die Bereitschaft hierzu bei den Handwerkern bei weitem nicht in diesem Maße vorhanden. Dies ist möglicherweise auf die stärker ausgeprägte Konkurrenzsituation zurückzuführen – die Produkte des Naturbaufachmarktes können die Bauherren auch dazu verleiten, einiges selbst zu machen, statt die Dienstleistungen der Handwerker in Anspruch zu nehmen.

4.2 Bauausstellung "Haus und Raum"

"Haus & Raum" tritt in der Rommelmühle sowohl als Ausstellung als auch als Beratungs- und Informationszentrum, als Firmenverbund und als Weiterbildungseinrichtung in Erscheinung. Seit Durchführung der Umfrage wurde der Standort gewechselt und die genutzte Fläche reduziert, jedoch besteht das Angebot fort. Das Angebot richtet sich in der Hauptsache an private Bauherren aber auch an Architekten und Ingenieure. Die ständige *Ausstellung* informiert über den aktuellen Stand natürlicher Baustoffe und die neuesten Technologien in und ums Haus. Das *Beratungs- und Informationszentrum* bietet umfassende Planungskonzepte für schlüsselfertiges Bauen oder Ausbauhäuser, aktuelle Auskünfte über Baumaterialien im Massivbau und Holzbau, Informationen zu den Themen Dachsysteme/Regenwassernutzung, Haustechniksysteme/Solarheizungen/Solartechnik/andere Energie- und Lüftungssysteme, Kachelöfen, Fenster/Türen/Treppen/Wintergarten, Wandbeläge/Bodenbeläge/Farben/Putze/Oberflächen, Sanitärausstattung/Küchenausstattung, Innenausbau/Möbel/Beleuchtungen, Gartenbau/Landschaftsbau und einen Dienstleistungsbereich mit Architekten, Ingenieuren und einem Baubiologen. Darüber hinaus vermittelt der *Firmenverbund* Handwerker-Fachbetriebe mit Erfahrung im Niedrigenergie-Hausbau und baubiologischem Bauen. Hierdurch sollen sowohl Langlebigkeit als auch niedrige Unterhaltskosten der Gebäude und Kostensicherheit gewährleistet werden. Somit bekommt der interessierte Bauherr bzw. Architekt/Ingenieur alle Informationen und Dienstleistungen aus einer Hand und vermeidet infolgedessen das Aufsuchen vieler verschiedener Anlaufstellen. "Haus & Raum" als *Weiterbildungseinrichtung* bietet Vorträge, Seminare und Workshops zu unterschiedlichen Themen das Bauen und Renovieren betreffend an.

Trotz dieser deutlichen Ausrichtung des Angebots von "Haus & Raum" auf private Bauherren und Architekten/Ingenieure haben dennoch fast die Hälfte der Handwerker (48 %) bei ihrem Rommelmühlen-Besuch auch "Haus & Raum" aufgesucht, von den Architekten gilt dies sogar für 60 %.

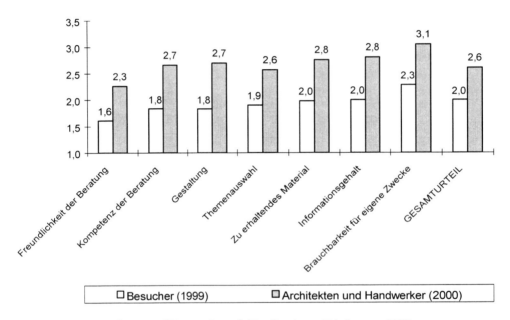

Abbildung 10: Beurteilung von "Haus & Raum" (Quelle: eigene Erhebungen 2000)

In der Beurteilung von "Haus & Raum" sind die im Jahr 2000 befragten Architekten und Handwerker kritischer als die im Jahr 1999 befragten Besucher.[8] So wurden von den Transmittoren und Multiplikatoren durchweg schlechtere Noten vergeben, als von den Besuchern (Abbildung 10).[9]

Diese skeptische Bewertung lässt sich v.a. auf zwei Faktoren zurückführen. So ist zum einen anzunehmen, dass Experten in ihrem Fachgebiet im allgemeinen kritischere Urteile fällen als Laien. Zum anderen ist "Haus & Raum" in der Hauptsache auf die Hauptzielgruppe "Privater Bauherr" ausgerichtet; das Angebot richtet sich in viel geringerem Maße an die Architekten und Ingenieure und nur sehr marginal an Handwerker.

Nichts desto trotz bescheinigen die befragten Transmittoren und Multiplikatoren "Haus & Raum" ein mehr als befriedigendes Gesamturteil (Note 2,6) und scheinen zusätzlich erkannt zu haben, dass sie nicht die eigentliche Zielgruppe von "Haus & Raum" sind, denn trotz ihrer relativ kritischen

Beurteilung, sind mehr als 4/5 der Befragten bereit, die Ausstellung weiterzuempfehlen. Dies gilt sowohl für die Architekten als auch für die Handwerker.

Diese Weiterempfehlung richtet sich, wie Abbildung 11 zeigt, hauptsächlich an die Kunden der Befragten. Dies zeigt anschaulich, dass sowohl die Architekten als auch die Handwerker erkannt haben, dass sich "Haus & Raum" vor allem an private Bauherren richtet. Doch auch die Bereitschaft zur Weiterempfehlung untereinander ist in großem Maße vorhanden.

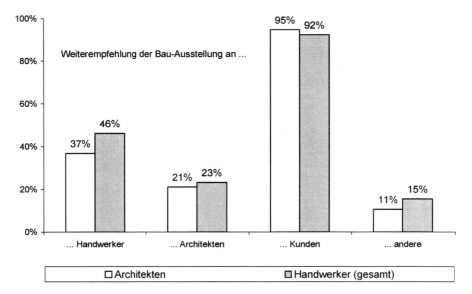

Abbildung 11: Wem wird "Haus & Raum" weiterempfohlen? (Quelle: eigene Erhebungen 2000)

Nur wenige Architekten und Handwerker würden "Haus & Raum" nicht weiterempfehlen. Dabei wird als Grund sowohl von Architekten- als auch Handwerkerseite genannt, dass sie die Aussteller in "Haus & Raum" als Konkurrenz betrachten, und diese nicht fördern wollten. Weiter wurde gesagt, dass ein weiterer Besuch notwendig sei, bevor die Ausstellung weiter empfohlen werden könnte bzw. dass man die Ausstellung niemandem aufdrängen wolle. Nur vereinzelt wurde die mangelnde Qualität der Ausstellung ("mangelhafte Erscheinung", "zu oberflächlich, keine Auswahl") moniert.

Auch der Besuch von "Haus & Raum" hat nach eigenem Bekunden einen positiven Einfluss auf das Verhalten der befragten Transmittoren und Multiplikatoren ausgeübt. Immerhin 43 % der Architekten und 33 % der Handwerker wurden durch den Besuch der Ausstellung schon dazu angeregt, ökologische Bauweisen bei ihrer täglichen Arbeit anzuwenden (Abbildung 12). Die Anwendungsbereiche reichen hierbei vom Innenausbau über Anstriche und Fenster bis hin zu Außenwänden und Dächern.

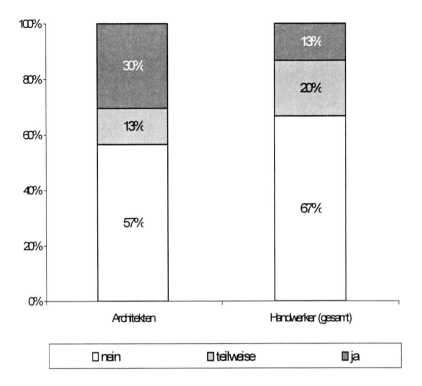

Abbildung 12: Anwendung ökologischer Bauweisen durch Anregung von "Haus & Raum" (Quelle: eigene Erhebungen 2000)

4.3 Vorträge in der Rommelmühle

Nur 8 % aller Befragten haben schon einmal einen oder mehrere der sowohl von "Haus & Raum" als auch vom Naturbaufachmarkt angebotenen Vorträge zum Thema "Bauen und Renovieren" besucht. Dies ist sicherlich teilweise auf die terminliche Lage der Vorträge am Abend zurückzuführen. Außerdem handelt es sich hier nicht um fachspezifische Weiterbildungen für Handwerker und Architekten sondern um Vorträge, die ein breites Publikum, insbesondere private Bauherren, ansprechen sollen. Unter den Befragten haben die Heizungsbauer mit 15 % am häufigsten an einem Vortrag teilgenommen, die befragten Klempner hingegen überhaupt nicht.

5. Schlussfolgerungen

Die Architekten und Handwerker, die die Rommelmühle besucht haben, taten dies offensichtlich nicht unbedingt aus beruflichen Gründen. Vielmehr scheinen sie sich zumeist nicht als Zielgruppe des Ökozentrums in der derzeitigen Konzeption zu sehen. Stattdessen sehen sie die Endverbraucher als Zielgruppe, denen sie das Ökozentrum bereitwillig empfehlen. Dies gilt auch für den Bereich Bauen & Renovieren, der einen Kernbereich der Rommelmühle darstellt. Sowohl für die Informations- als auch für die Materialbeschaffung scheinen insbesondere die Handwerker andere, fachspezifische Quellen zu bevorzugen. Ob die Rommelmühle dies durch verstärkte Marketingmaßnahmen oder eine entsprechende Neuausrichtung ändern könnte, muss bezweifelt werden. Aufgrund des breiten Produktspektrums wird vielmehr die Produktvielfalt in Einzelsegmenten (z.B.

Heizung oder Sanitär) immer hinter dem entsprechenden Fachgroßhandel zurückbleiben. Daher erscheint in den meisten Bereichen eine Trennung der Vertriebslinien Groß- und Einzelhandel angebracht. Der Endkundenbereich wird dabei sicherlich die Hauptzielgruppe der Unternehmen im Ökozentrum sein – ob daneben auch eine separate Vertriebslinie für Handwerker aufgebaut wird, muss den einzelnen Unternehmen überlassen bleiben.

Neben der Verbreitung ökologischen Bauens unter Bauherren gehen von der Rommelmühle dennoch auch Impulse aus, die von den Baufachleuten, insbesondere den Architekten aufgenommen werden. Neben einer Rolle als Ideengeber könnte die Rommelmühle hier in Zukunft ihre Rolle als Kooperationspartner für Architekten und Handwerker stärken.

Für eine breitere Diffusion ökologischer Neuerungen unter den Baufachleuten ist insbesondere wesentlich, dass diese entsprechend in Fachzeitschriften und Fachpublikationen vorgestellt werden, und das informative und verlässliche Hersteller- bzw. Produktinformationen vorliegen. Aufgrund der Vielzahl und Vielfalt der beteiligten Akteure gestaltet sich die Diffusion ökologischer Produktinnovationen im Baubereich sicherlich nicht einfach. Dennoch ist ein breites Interesse an solchen Innovationen erkennbar, das durch gezielte Informationen bedient werden muss. Nicht zuletzt haben auch Baufachleute und Architekten ein finanzielles Eigeninteresse an der Verbreitung hochwertiger Techniken. Und die Beispiele Gas-Brennwerttechnik und Niedrigenergiehaus-Standard belegen, dass es auch ohne staatliche Zwangsmaßnahmen möglich ist, ökologischen Innovationen zu einer weiten Verbreitung zu verhelfen.

---

[1] Den folgenden Aussagen konnten die Ausprägungen "trifft eher zu" und "trifft eher nicht zu" zugeordnet werden. Die im Abschnitt 10.2.1 und dessen Schaubildern angezeigten Werte entsprechen der Häufigkeit der Ausprägung "trifft eher zu".

[2] Die Korrelation ist auf dem Niveau von 0,05 (2-seitig) signifikant.

[3] Diese Werte relativieren sich, wenn man bedenkt, dass zwar der eigentliche Baupreis bei ökologischem Bauen meistens höher ist als bei konventionellem, dass aber die Kosten eines ökologischen Baus auf lange Sicht gesehen (durch z.B. Energieeinsparungen) zumeist niedriger sind. Außerdem ist anzunehmen, dass bei der Einschätzung der Kosten die Möglichkeiten der staatlichen finanziellen Förderung nicht beachtet wurden.

[4] Die Korrelation ist auf dem Niveau von 0,01 (2-seitig) signifikant.

[5] Die Klempner, Maler und Heizungsbauer unterscheiden sich hier in ihren Urteilen nur unwesentlich.

[6] Die Beurteilung erfolgte anhand einer Schulnoten-Skala von 1 (sehr gut) bis 6 (ungenügend).

[7] Entsprechende Werte für die Handwerker liegen nicht vor.

[8] Die Unterschiede in der durchschnittlichen Beurteilung der beiden Befragungen sind signifikant auf einem Niveau von 0,01.

[9] Die Beurteilung erfolgte anhand einer Schulnoten-Skala von 1 = "sehr gut" bis 6 = "ungenügend".

Literatur

Diekmann, A.; Preisendörfer, P. (1992): Persönlicher Umweltverhalten, Diskrepanzen zwischen Anspruch und Wirklichkeit, in: Kölner Zeitschrift für Soziologie und Sozialpsychologie 44, S.226 -251.

DIW – Deutsches Institut für Wirtschaftsforschung (Hrsg.) (2000): Verkehr in Zahlen, Berlin.

ISOE – Institut für sozial-ökologische Forschung, Nassauische Heimstätte, Öko-Institut, IÖW (2001): Nachhaltiges Sanieren im Bestand. Endbericht in Vorbereitung. Projekt gefördert im BMBF-Förderschwerpunkt "Modellprojekte für nachhaltiges Wirtschaften – Innovation durch Umweltvorsorge", Frankfurt.

Öko-Zentrum NRW (1995): Analyse des Marktes für ökologisches Bauen. Öko-Zentrum NRW, Hamm.

Schäfer, C. et al. (2000): Effective Policy Instruments for Energy Efficiency in Residential Space Heating – an International Empirical Analysis (EPISODE), Forschungsbericht des IER Band 71, Stuttgart.

Stat. Bundesamt (2000): Statistisches Jahrbuch für die Bundesrepublik Deutschland 2000. Stuttgart 2000.

VDEW (2000): Endenergieverbrauch in Deutschland 1999. VDEW-Materialien M-35/2000. Frankfurt a. M. 2000.

Nachhaltiger Konsum am Bau? Das Beispiel der nachwachsenden Rohstoffe

Dr. Sabine Deimling & Dr. Reinhold Vetter

Institut für umweltgerechte Landbewirtschaftung (IfuL)
E-Mail: poststelle@iful.bwl.de

Geht man von der Hypothese aus, dass der Einsatz nachwachsender Rohstoffe (nawaRo) einen wesentlichen Beitrag zum nachhaltigen Bauen darstellt, muss festgestellt werden, dass der Konsum im Bauwesen aus derzeitiger Sicht nicht als nachhaltig bezeichnet werden kann. Ein paar Zahlen belegen dies eindrucksvoll:

- Der Bereich Bauen und Wohnen produziert ca. ein Viertel der anthropogen bedingten mineralischen Stoffströme.
- Mehr als die Hälfte der jährlich in Deutschland anfallenden 285 Mio. Tonnen Abfälle entstehen im Baubereich.
- Der Holzbauanteil im deutschen Wohnungsbau beträgt 5-10 % (im Vergleich USA und Skandinavien 80 – 94 %).
- Der Anteil nawaRo am deutschen Dämmstoffmarkt liegt derzeit bei etwa 5 %.

Das Leitbild der Nachhaltigkeit diffundiert nur sehr langsam in das Bedürfnisfeld Bauen. Im Gegensatz zum Themenfeld Energieeinsparung im Bauwesen wird der Art des Baustoffkonsums kaum Bedeutung zugemessen. Der direkte Einsatz nachwachsender Rohstoffe im Hausbau (z.B. Konstruktionsholz) oder deren Verwendung in Bauprodukten (z.B. Naturfaserdämmstoffe) weist nur eine geringfügige Marktdurchdringung auf und ist von minimalen Steigerungsraten gekennzeichnet. Die Ursachen für die bisher verhaltene Verwendung von Bauprodukten auf der Basis nachwachsender Rohstoffe sind also dringend zu identifizieren und zu charakterisieren.

Der Konsum im Bauwesen unterscheidet sich in einigen Punkten ganz wesentlich vom Konsum in anderen Bedürfnisfeldern:

- In der Regel ist der Konsum einmalig.
- Der Konsument ist nicht gleichzeitig der Entsorger des Konsumgutes.
- Konsumfehler wirken extrem langfristig.
- "Baukonsum" erfordert Expertise.
- Bauen ist ein Stück weit Selbstverwirklichung.

Aus diesen Gegebenheiten heraus ergeben sich eine ganze Reihe von Hemmfaktoren, die einen nachhaltigen Konsum im Bauwesen – und hier speziell den Konsum von Baustoffen auf der Basis von nachwachsenden Rohstoffen - behindern.

1. Wissensdefizite

Obwohl das Bauen mit nawaRo eine lange Tradition hat, ist das damit verbundene **Wissen vielfach verloren** gegangen. Die Defizite beginnen bereits im Bereich der landwirtschaftlichen Produktion. Niedrige Deckungsbeiträge bei Lein und das Anbauverbot bei Hanf haben diese Kulturarten zeitweise vollkommen aus der hiesigen Landwirtschaft verdrängt. Das damit verbundene anbautechnische Wissen wurde nicht mehr weitergegeben, die Forschung unterblieb und in der Lehre dieser Kulturen wurde vernachlässigt.

Bedingt durch die günstigen Preise und die einfache Handhabung bei den konventionellen Bauprodukten wurde bei nachwachsenden Rohstoffen über lange Zeit die **Baustoffentwicklung und -forschung vernachlässigt**, was zu Wissensdefiziten geführt hat. Bislang fehlen vielfach Nachweise
über technische und physikalische Eigenschaften der Produkte aus nawaRo sowie Erfahrungsnachweise über das bautechnische Verhalten unter verschiedenen Einbaubedingungen und in der Nutzungsphase. Hinweise auf Qualitätsschwankungen und ihre Auswirkungen sowie auf Angaben zu Maßhaltigkeitsschwankungen beim Hausbau mit nawaRo fehlen ebenfalls häufig. Hier haben die Hersteller konventioneller Produkte einen großen Entwicklungs- und Erfahrungsvorsprung. Wenig ist bekannt über die Verwertbarkeit der Baustoffe und -produkte aus nawaRo nach Beendigung ihrer Nutzungsphase. Zu Entsorgungsproblematik bzw. Verwertungsmaßnahmen besteht noch Klärungsbedarf, um einzelne Detailfragen sachgerecht und abschließend beantworten zu können (Deutscher Bundestag 2000, MUNF 1998).

Wissensdefizite bei den ausführenden Gewerken ist ein Hemmfaktor im Zuge der Baudurchführung. Der (bautechnische) Einsatz von Baustoffen aus nachwachsenden Rohstoffen stellt Anforderungen an das Handwerk, die sich von den üblichen Gepflogenheiten bei der Errichtung konventioneller Wohnbauten unterscheiden. Seitens der ausführenden Gewerke ist ein hohes Maß an *Qualifikation erforderlich*. Eine Vielzahl verschiedenartiger Baustoffe bzw. Bausysteme benötigt ein sehr divergentes Know-how im Bereich Produkteigenschaften, Verarbeitung und Einbau, das umso schwieriger generiert werden kann, je seltener diese Bauprodukte nachgefragt werden. Im Verarbeitungssektor sind teilweise neue Kenntnisse und Fertigkeiten notwendig. Beim Arbeiten mit "neuen" Materialien kann mangelndes Wissen zu Qualitätsproblemen bzw. zu Baufehlern führen. Als Voraussetzung für eine qualitativ gute Arbeit mit nawaRo werden qualifizierte Arbeitskräfte benötigt. In Teilbereichen sind Facharbeiter nur noch vereinzelt oder – seit jeher – regional begrenzt zu finden und durch ihre Qualifizierung besonders teuer.

In der Planungsphase bewirken **fehlende Produktkenntnisse** und damit verbunden die Furcht vor Haftungsfällen mangelnde Bereitschaft bei Architekten und Handwerkern, Lösungen mit nawaRo vorzuschlagen, wodurch eigene Erfahrungen mit der Verwendung von nawaRo wiederum verhindert werden – der Kreis schließt sich. Hier sind in der Aus- und Weiterbildung (sowohl an Hochschulen wie auch an berufsbildenden Schulen) Defizite erkennbar. Der Besuch von Fortbildungsveranstaltungen im Bereich der Verwendung nachwachsender Rohstoffe im Bauwesen, sofern sie überhaupt existieren, ist für Planer und Architekten zeitaufwendig und im Falle von kleinen Büros selten leistbar. Vergleichsmöglichkeiten zur Lebensdauer der Produkte aus nawaRo mit derjenigen herkömmlicher Produkte gibt es bislang nur in entsprechend geringem Umfang (Deimling & Vetter 2001, Tubach & Nebel 1997), sodass Planer zurückhaltend sind, was wiederum dazu beiträgt, dass sich diese Materialien am Markt nicht durchsetzen.

Die Unkenntnis über die spezifischen Einsatzmöglichkeiten führt vielfach zu einer Negativ-Einschätzung, die **Vorurteile und Fehlinformationen** zur Folge haben. Aus der Unkenntnis der Verarbeitungsempfehlungen oder -vorschriften heraus gelten Baustoffe aus nachwachsenden Rohstoffen oft als ungeeignet, kompliziert und schwierig zu verarbeiten. Solche Vorurteile führen in der Regel bereits zum frühzeitigen "Aus". Negativbeispiele, d.h. Baufehler mit Erstlings-Produkten aus

Schlagzeilen gemacht und dafür gesorgt, das viele Akteure den nachwachsenden Rohstoffen im Hausbau mit Vorbehalt gegenüberstehen.

2. Informationsdefizite und Kommunikationsmangel

Neben der Tatsache, dass Wissensdefizite bestehen und Wissen generiert werden muss, ist auffällig, wie wenig bereits vorhandenes Wissen im Bereich der nachwachsenden Rohstoffe im Bauwesen transportiert und transferiert wird. Informationsdefizite und Kommunikationsmangel konnten als entscheidende Hemmfaktoren identifiziert werden. Ein wichtiger Teil der identifizierten Hemmfaktoren liegt in der Vielzahl der entlang des komplexen Baustoff-Lebensweges beteiligten Akteure begründet (Abbildung 1). Daraus resultiert ein enormes **Akteursgeflecht** bestehend aus Land- und Forstwirten, land- und forstwirtschaftlichen Beratern, Rohstoff-Aufbereitern, Baustoff- bzw. Haustherstellern, dem Baustoffhandel, Baubehörden, Zulassungs- und Genehmigungsbehörden, Baufamilien, Architekten und Handwerkern, den Nutzern (Eigentümer bzw. Mieter) und denjenigen, die das Gebäude rückzubauen und zu entsorgen haben. Dies ist zwangsläufig mit einer großen Anzahl an Schnittstellen und Entscheidungsprozessen zwischen den Beteiligten verbunden. Als übergreifende Hemmfaktoren können Wissens- und Informationsdefizite, Kommunikationsmangel sowie der Mangel an Kooperation und Koordination bei und zwischen den Akteuren genannt werden.

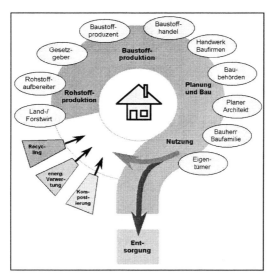

Abbildung 1: Darstellung des Lebenswegs von Baustoffen aus nachwachsenden Rohstoffen und der am Lebensweg beteiligten Akteuren

In der Bevölkerung ist das *Informationsniveau* über nawaRo und ihre Einsatzmöglichkeiten im Allgemeinen ausgesprochen gering. Eine von der Fachagentur Nachwachsende Rohstoffe e.V. in Auftrag gegebene repräsentative Konsumentenbefragung ergab, dass ein Drittel der Befragten den Begriff "Nachwachsende Rohstoffe" noch nie gehört oder gelesen hat (Harig & Müssig 1999). Das spezifische Informationsniveau im Bereich des privaten Hausbaus (Baufamilien) ist in starkem Maße abhängig vom Bezug zum Baugeschehen. Privatpersonen, welche selbst gebaut haben, weisen dabei das höchste Informationsniveau auf, wobei das spezifische Wissen erst während der Baudurchführung entsteht und keinesfalls bereits in der Planungsphase vorhanden ist. Dieser Missstand betrifft nicht ausschließlich das Bauen mit nachwachsenden Rohstoffen, kommt hier aber in Kombination mit anderen Hemmfaktoren stärker zum Tragen.

Das *allgemeine Informationsbedürfnis* wird durch die Auswertung der Anfragen auf eine bundesweit in verschiedenen Tageszeitungen abgedruckten dpa-Meldung zu nawaRo im Bauwesen deutlich (Deimling & Vetter 2002). Sie zeigt ein großes Interesse privater Nutzer (Baufamilien, Renovierer) an Informationen zum Bauen mit nawaRo. Beachtlich ist aber auch das Interesse beruflich involvierter Gruppen. Daraus lässt sich ableiten, dass einerseits Fachinformationen über nawaRo nicht durch die assoziierten Berufsgruppen (Handel, Handwerk und Architektur) in ausreichendem Maße erteilt wird, andererseits bei diesen Gruppen selbst noch Informationsbedarf besteht. Das Handwerk scheint unzureichend von Herstellern informiert zu werden, und es besteht ein Bedarf zu mehr Markttransparenz und zu gebündelter Information über den Einsatz nachwachsender Rohstoffe im Bauwesen. Die Komplexität mancher Sachverhalte im Bereich Bauen mit nachwachsenden Rohstoffen macht zudem "Information" nicht gerade einfach.

In vielen Fällen ist es bisher nicht gelungen, generiertes Wissen großflächig und gleichzeitig akteursbezogen zu streuen. Firmen, Verbände, Vereinigungen und Initiativen, die sich für die Nutzung nachwachsender Rohstoffe einsetzen, sind dazu finanziell und personell nur selten in der Lage. Die *Kosten für Information* sind bei einer sowieso engen Gewinnspanne nur schwer tragbar. In den meisten Fällen sind die Entwickler und Hersteller von Baustoffen aus nawaRo kleinere Betriebe, denen es an Mitteln zur Schulung und Fortbildung für die nachgeschalteten Akteure fehlt. Auf der anderen Seite ist es für die Akteure im Verarbeitungsbereich (Handwerk) oft auch wenig lohnend, Fortbildungen zu Produkten zu besuchen, die vielleicht irgendwann einmal vereinzelt nachgefragt werden könnten. Auch Baustoffverbände, wie die Arbeitsgemeinschaft für Dämmstoffe aus nachwachsenden Rohstoffen e.V., verfügen in der Regel nicht über die entsprechenden finanziellen Mittel, die Fachöffentlichkeit umfassend und differenziert zu informieren. Dies führt dazu, dass aus Bedenken negative Meldungen resultieren (ADNR 2000). In der Gruppe der Planer führt Informationsmangel in der Regel zu höheren Transaktionskosten. Viele Möglichkeiten, Techniken und standardisierte Qualitäten, die bereits am Markt verfügbar und erprobt sind sowie erfolgreich einsetzbar wären, werden aus Mangel an Detailinformationen nicht in Betracht gezogen. Viele Planer sehen in der Erweiterung ihrer Planungstätigkeit auf neue Baustoffe oder Gesamtlösungen mit hohem Anteil nachwachsender Rohstoffe erhöhte Planungskosten, die aufgrund von Konkurrenzsituationen in der Regel nicht verrechnet werden können. Die Folge ist, auch weiterhin konventionelle und bewährte Bauweisen und Baustoffe mit für den Anbieter relativ hoher Gewinnspanne zu verwirklichen.

Die Art der bereitgestellten Information geht oft an den Bedürfnissen vorbei. Für die beteiligten Akteure ist es fast unmöglich, sich im Bereich der nachwachsenden Rohstoffe einen Überblick über den Markt zu beschaffen. Markttransparenz wurde bisher bei den Einsatzmöglichkeiten nachwachsender Rohstoffe nicht erreicht. Hier funktioniert zwar der Informationsfluss durch die einzelnen Hersteller und Produzenten zum Kunden, im Entscheidungsprozess jedoch wird der Konsument allein gelassen und muss sich sein Urteil, welches Produkt für seine Anwendung das geeignetste ist, allein fällen. Befragungen ergaben, dass es hier vor allen Dingen an unabhängiger Information durch eine *neutrale Beratungseinrichtung fehlt*. Bei der Sichtung des Informationsmaterials war auffallend, dass die Vorteile nachwachsender Rohstoffe nicht ausreichend kommuniziert werden und daher oft nur schwer einschätzbar sind. Schlagworte (wie CO_2-Neutralität, Ressourcenschonung und Nachhaltigkeit) sind ohne weitere Erklärung oder einleuchtende Beispiele vollkommen unzureichend, um dem Endverbraucher nachhaltiges Bauen oder das Bauen mit nachwachsenden Rohstoffen nahe zu bringen.

Grundsätzlich muss bei näherer Betrachtung der Informationsmedien und -elemente zu nachwachsenden Rohstoffen im Bauwesen festgestellt werden, dass der identifizierte Informations- und Kommunikationsmangel nicht pauschal durch einen Mangel an Information begründet werden kann. Hier bestehen *Defizite in der systematischen Informationsbereitstellung* und deren Vermittlung. Informationsquellen sind kaum erfasst, sodass von der Existenz der Informationsmaterialien – in vielen Fällen – kaum jemand etwas weiß. Bei den Print-Medien sind oft keine Verteilerkanäle etabliert. So kommen beispielsweise qualitativ hochwertige, vergleichende Dämmstoffbroschüren im Bereich der nachwachsenden Rohstoffe nicht bei Planern und Architekten an, die in diesem Fall auch noch die Funktion von Multiplikatoren hätten. Positive Beispiele für erfolgreiches und innovatives Bauen mit nawaRo werden zu selten zur Informationsvermittlung genutzt. Hier könnten Baustoffe und Bausysteme in der Nutzungsphase demonstriert werden, um Planer, Architekten und zukünftige Bauherren von der Praktikabilität der nachwachsenden Rohstoffe zu überzeugen.

3. Mangel an Kooperation und Koordination

Innerhalb und zwischen den am Lebensweg nachwachsender Rohstoffe beteiligten Akteursgruppen wurde ein Mangel an Kooperation und Koordination festgestellt. Maßnahmen zur Verbreitung des Bauens mit nachwachsenden Rohstoffen basieren zu oft auf den Initiativen Einzelner. Natürlich steht jeder Produzent und Anbieter im Wettbewerb zu anderen Anbietern eines Baustoffs oder einer Komplettlösung aus nachwachsenden Rohstoffen. Bei den erwähnten Marktanteilen nachwachsender Rohstoffe im Bauwesen ist es allerdings sehr fraglich, ob Einzelaktionen und -aktivitäten zielführend sind. Zusammenschlüsse in Gruppen und eine konzertierte Vorgehensweis die darauf abzielt, die Marktanteile gegenüber konventioneller Bauweise insgesamt zu steigern, sind bislang selten. *Gemeinsame Marketingstrategien fehlen* beinahe regelmäßig für den Bereich des nachhaltiges Bauen mit nawaRo. Gerade in dem von mangelnder Markttransparenz gekennzeichnetem Bedürfnisfeld Bauen ist eine Zusammenarbeit vor allem bei der Generierung von Wissen und beim Transfer von Information eine Notwendigkeit.

Ein Beispiel für die geringe Kooperation und Koordination ist die hohe Zahl der vorhandenen Ökosiegel (Kilian & Deimling 2001). Gemeinhin gelten sie als Kaufhilfe für jene, die ihrer Gesundheit und der Umwelt etwas Gutes tun wollen. Der Konsument wird aber mit *Undurchschaubarkeit* konfrontiert. Der Versuch, Ökosiegel zu überschauen, inhaltlich aufzuarbeiten und zu verstehen, ist für Bauwillige, Planer, Architekten und das Handwerk nicht leistbar. Nicht klar wird, ob es sich um "hausgemachte" oder "offizielle" Siegel handelt, welche Anforderungen hinter jedem Label stehen und wie und von wem diese anerkannt sind. Der Konsument gibt in der Regel sofort auf, sobald er sich näher damit befasst, denn er weiß bald nicht mehr, "wem er glauben soll". Es verwundert daher nicht, dass es bei den Verbrauchern an Informationen über die Vorteile des nawaRo-Einsatzes im Hausbau mangelt und das Vertrauen in Haltbarkeit und Verlässlichkeit der nawaRo-Produkte fehlt. Diese Tatsache wird durch das Ergebnis einer Untersuchung der Stiftung Warentest bestätigt, die nach Test verschiedener Bau-Gütesiegel zu dem Urteil kommt, dass "nur wenige Öko-Label Vertrauen verdienen".

Wünschenswert wäre auch mehr Kooperation und Koordination zur *Vermeidung von Doppelarbeit*. Natürlich sind Länder, Bund und die EU aufgefordert, den Einsatz nachwachsender Rohstoffe durch Informationsbereitstellung zu fördern, doch zeigen die Analysen, dass dies oft ohne Absprachen erfolgt. In der Folge entstehen Broschüren, Übersichten, Verzeichnisse und Präsentationen mit fast identischem Inhalt, herausgegeben von mehreren öffentlichen Einrichtungen, Ministerien, Vereinen und Verbänden. In der Regel sind mit der Herausgabe des Informationsmaterials die finanziellen Mittel solcher Projekte zum Informationstransfer erschöpft, die dann nicht mehr für eine großflächigere Verteilung oder zur Aktualisierung der erarbeiteten Informationen zur Verfügung stehen. Dieses Phänomen ließ sich in der Vergangenheit im Bereich der regenerativen Energien ebenfalls beobachten. Ähnliches gilt für den Bereich der Forschungsförderung. Auch dort können Überschneidungen in der inhaltlichen Ausrichtung von Projekten und Forschungsaufträgen durch mehr Absprachen und Kooperationen vermieden werden.

4. Technische Hemmfaktoren in der Rohstoffproduktion

Im Bereich der landwirtschaftlichen Produktion muss nicht nur das Know-how, sondern auch die *Maschinentechnik muss erst entwickelt, optimiert und angepasst werden*, um den Anbau und die Ernte der einzelnen Kulturpflanzen effizient zu gestalten. Dies gilt weniger für die Öl- und Stärkepflanzen, deren Technik durch die gleichzeitige Nutzung als Nahrungsmittel auf höchstem Niveau etabliert ist, umso mehr aber für die Faserpflanzen Hanf und Lein. Die ersten Hanfversuche sind z.T. gescheitert, da Maschinen aus ganz anderen Produktionsbereichen verwendet werden mussten, die nicht an die Bedürfnisse der Kulturart oder die Produktionsrichtung (nur Faser bzw. Faser und Samen in Kombination) angepasst waren. Technische Hemmfaktoren gibt es auch bei der Erstverarbeitung der Rohstoffe. Faseraufbereitungsanlagen mussten erst entwickelt und gebaut oder importiert werden. Problematisch war die Aufbereitung in der Anfangsphase, da gleichzeitig Material mit hohen Qualitätsunterschieden verarbeitet werden musste. In beiden Bereichen sind bereits enorme Fortschritte erzielt worden, doch muss die technische Entwicklung auch weiterhin optimiert werden.

5. Qualitäts- und Quantitätsschwankungen

Bei nachwachsenden Rohstoffen aus der Landwirtschaft sind *Qualitätsschwankungen natürlicherweise vorhanden*. Ursächlich können witterungsbedingte Unterschiede zwischen verschiedenen Anbaujahren und Anbauregionen sein. Unterschiede treten aber auch zwischen Produzenten (Landwirten) und durch die Wahl des Anbau- und Produktionsverfahren (Saatgut, Feldröste etc.) auf. Je kleinräumiger die landwirtschaftliche Struktur ist, desto größer sind die Schwankungen. Während ein Hanfaufbereiter in Süddeutschland für eine bestimmte Menge an Fasern etwa 30 Anbauer unter Vertrag hat, reichen dafür in den großflächig strukturierten neuen Bundesländern etwa vier Landwirte aus – die Folge sind geringere Qualitätsschwankungen des Materials. Da der jeweilige Rohstoff also in seiner stofflichen Zusammensetzung nur begrenzt einheitlich ist, kann seine technischen Verwendbarkeit (Weiterverarbeitung) ggf. problematischer sein als bereits etablierte Materialien auf Rohöl-Basis.

Ebenso "natürlich" sind Quantitätsschwankungen: Die Erntemengen sind abhängig von der Witterung. Die verfügbare nawaRo-Einsatzmenge ist darüber hinaus auch durch die verfügbare Anbaufläche (sowie Fruchtfolge etc.) begrenzt. Quantitätsschwankungen in der landwirtschaftlichen Rohstofferzeugung bewirken im industriellen Bereich eine Unsicherheit bezüglich der tatsächlichen Verfügbarkeit. Solange längerfristig unklar ist, welche Mengen welchen nachwachsenden Rohstoffes für welche technische Verwendung sicher zur Verfügung steht, werden diese Rohstoffe von der Industrie nicht nachgefragt. Solange in der Landwirtschaft *verlässliche und langfristige politi-*

sche Rahmenbedingungen fehlen (Anbau auf Stilllegungsflächen, Prämienzahlungen etc.), wird man mit erheblichen Quantitätsschwankungen in der Rohstofferzeugung rechnen müssen. In der Forstwirtschaft sind Qualitäts- und Quantitätsschwankungen von untergeordneter Rolle. Hier können außergewöhnliche Umstände wie Sturmschäden oder Waldbrände die mengenmäßige Verfügbarkeit von Holz am Markt beeinflussen.

6. Wirtschaftlichkeit der Rohstoffproduktion

Landwirte und Maschinenringe verfügen im Bereich der Faserproduktion nicht über die notwendige (teure Spezial-) Technik für den nawaRo-Anbau, teilweise fehlt es auch an umfangreichen Möglichkeiten für die überdachte Lagerhaltung (Stroh). Eine langfristige Planung für Investitionen ist derzeit aber nicht möglich. Ein *hohes potenzielles Marktrisiko* (schwankende Anbaumengen, Rohstoffpreise und Marktpreise) *und häufige Veränderungen politischer Entscheidungen* auf unterschiedlichen Ebenen (Beihilfen, Flächenstilllegung, Besteuerung etc.) verhindern viele Investitionsentscheidungen.

Anbauverträge mit der Wirtschaft zur Rohstofferzeugung fehlen, was sich negativ auf die Kontinuität in der Erzeugung auswirken kann und mit ein Grund für die Stagnation der nawaRo-Anbauflächen auf niedrigem Niveau ist. Weitere Ursache hierfür sind die trotz Stilllegungsprämie bei einigen Kulturen relativ *bescheidenen Deckungsbeiträge bzw. Erlöse*, die sich aus dem nawaRo-Anbau erzielen lassen. Bei Hanf z.B. liegt der Deckungsbeitrag im Jahr 2001 mit einem Ertragsniveau von 80 dt/ha bei 880 DM, was ihn an das untere Ende der Liste erzielbarer Deckungsbeiträge ackerbaulicher Kulturen einreiht (LEL 2001). Ein finanzieller Anreiz zum Anbau nachwachsender Rohstoffe ist zusätzlich zur unsicheren Marktlage damit nicht gegeben.

Die zur Nutzung im Hausbau speziell angebauten nachwachsenden Rohstoffe stehen in *eigener Konkurrenz* zu Sekundärstoffen (z. B. Stroh aus der Getreideproduktion) und bereits bestehenden Sammelwaren (Zellulose aus Altpapier). Die Nutzung dieser Materialien wirkt sich also wesentlich günstiger auf den Baustoffpreis aus als die Nutzung von Hauptprodukten.

Im Bereich der Wärmedämmung mit Produkten aus nawaRo z. B. liegen die Preise für die Rohstoffe selbst zwischen 10 bis 25 % der gesamten Produktionskosten. Da die Rohstoffkosten durch züchterische oder anbautechnische Fortschritte kaum gesenkt werden können, dürften zumindest für landwirtschaftliche Hauptprodukte die *Aussichten auf Preisreduzierung begrenzt* bleiben. NawaRo wie Flachs und Hanf werden vom Ausland zum Teil erheblich billiger angeboten, als sie in Deutschland produziert und vertrieben werden können, so dass sich gegenwärtig der Binnenmarkt für diese nawaRo nur sehr schwer aufbauen kann.

7. Logistik

Neben den Rohstoffpreisen und der Qualität, ist die Verfügbarkeit eine wichtige Kenngröße für eine Erhöhung der eingesetzten Mengen an nachwachsenden Rohstoffen (FIZ 1999, MUNF 1998). Da es sich bei den nawaRo-Produkten bislang meist um begrenzte Marktnischen handelt, haben sich hier in besonderem Maße kleine Firmen etabliert. Kleine Anbieter haben aber hinsichtlich der Logistik im Bereich der Distribution zum Handel und Handwerk (Transport von Kleinmengen, regionale Verfügbarkeit) große *Marktnachteile*. Der Markt entwickelt sich nur sehr langsam, wie Beispiele aus dem Bereich der energetischen Nutzung nachwachsender Rohstoffe (Holzhackschnitzel, Biodiesel) zeigen. Aufgrund wirtschaftlicher Gesetzmäßigkeiten wären Großbetriebe eher in der Lage, Neuerungen umzusetzen.

Produktumstellungen auf breiter Basis werden in der Bauwirtschaft in der Regel erst dann vollzogen werden, wenn die neuen Produkte bewiesen haben, dass sie spürbare Vorteile, etwa bei den Kosten und in der Handhabung aufweisen. Eine Umstellung auf nawaRo (alternativ zur bisherigen Wärmedämmung eine Hanfdämmung) ist in den meisten Fällen zusätzlich mit einer großen Zahl logistischer Probleme verbunden (SchwörerHaus 2001). Es war notwendig, die Alternative in die Logistik einer kompletten, bereits bestehenden Fertigungsstraße zu integrieren. Aufgrund der völlig anderen Verarbeitbarkeit der Naturfasern mussten andere Schneidwerkzeuge getestet und eingepasst werden. Auch die Baustofflagerung und Zuführung zur Fertigungsstraße mussten an die Bedürfnisse des neuen Werkstoffs angepasst werden. Es wird deutlich, das die Umstellung auf eine Alternative aus nachwachsenden Rohstoffen nicht eins zu eins möglich ist und nur mit *zusätzlichem finanziellen und zeitlichen Aufwand* – nicht ohne Schulung der Mitarbeiter – zu realisieren ist.

8. Baustoffeigenschaften

Nachwachsende Rohstoffe sind grundsätzlich keine Allround-Materialien. Ihre spezifischen, materialimmanenten Eigenschaften prädestinieren sie für spezielle Einsatzbereiche und Verwendungsmöglichkeiten, erfordern aber gleichzeitig Spezialkenntnisse und verlangen intensive Aufklärung und Beratung. Wird dies nicht geleistet und ein Baustoff falsch ausgewählt, eingebaut oder angewendet, können sich die Vorteile sogar in Nachteile umwandeln. Bauprodukte aus nawaRo sind in der *Handhabung derzeit häufig komplizierter* als konventionelle Produkte oder mangels Wissen noch nicht einsatzfähig. Die Optimierung und ihr breiter Einsatz sind an speziell angepasste und verbesserte Verarbeitungsverfahren gekoppelt (Harig & Müssig 1999). Oftmals ist der Ersatz eines konventionellen Bauproduktes durch einen Baustoff aus nawaRo nicht möglich, ohne gleichzeitig konstruktive Veränderungen vorzunehmen.

Solange die *Volldeklaration bzw. Kennzeichnungspflicht fehlt* und bei Baustoffen nicht gesetzlich verankert ist, kommen die Vorteile umweltverträglicher Baustoffen aus nawaRo im Vergleich zu konventionellen Baustoffen nicht zum Tragen. Die Volldeklaration wird bisher nur selten auf freiwilliger Basis vorgenommen, da die produktspezifischen Daten der Herstellung und Behandlung sowie der Inhaltsstoffe der Bauprodukte oft das Kapital der klein- und mittelständischen Hersteller sind und ungern preisgegeben werden (Deutscher Bundestag 2000).

9. Baustoffzulassung

Die *Zulassungsverfahren für Bauprodukte aus nawaRo sind kompliziert und teuer*, was v.a. aus der Sicht der meist kleineren Hersteller von Baustoffen aus nawaRo hemmend wirkt. Die Erlangung einer Zulassung vom Institut für Bautechnik in Berlin dauert lange und hemmt die Einführung neuer Baustoffe, -systeme oder -konstruktionen. Bei der Einführung neuer Holzwerkstoffe beispielsweise herrscht von Seiten der Genehmigungsbehörden ein hohes Sicherheitsdenken vor. In verschiedenen Bundesländern, z.B. Hessen und Mecklenburg-Vorpommern, müssen Gebäudetrennwände bei Holzhäusern bei nicht deckungsgleicher Ausführung von Doppelhäusern mit nicht brennbaren Stielen hergestellt werden. Somit ist hierfür kein Holz einsetzbar, obwohl die beidseitigen Beplankungen den notwendigen Feuerwiderstand bieten.

Die von Baustoffen aus nachwachsenden Rohstoffen *zu erfüllenden DIN-Normen* sind in der Regel für die Prüfung konventioneller Baustoffe entwickelt worden und gehen nicht auf die spezifischen Eigenschaften der nachwachsenden Rohstoffe ein. Dies zeigt, dass im Bereich der Baustoffzulassungen und -prüfungen ein erheblicher Hemmfaktor für die breitere Anwendung nachwachsender Rohstoffe im Baubereich liegt.

10. Forschungsförderung

Obwohl die zukünftige Bedeutung der nawaRo unbestritten ist, besteht bisher ein *Defizit bei der Umsetzung in Förderkonzepten*. nawaRo-Werkstoffe werden im Vergleich zu anderen Werkstoffen in der öffentlichen Materialforschung nicht ausreichend berücksichtigt. Dies hängt nach Expertenmeinung damit zusammen, dass nawaRo insbesondere in landwirtschaftlich orientierten Programmen gefördert werden, die Werkstoffe dort aber nur eine nachgeordnete Rolle spielen. Während landwirtschaftliche Aspekte weitgehend abgedeckt werden, bleibt für den Bereich der Werkstoffentwicklung und -optimierung aus nawaRo nur ein geringer Förderanteil übrig. Die Entkopplung der Förderung der Werkstoffe aus nawaRo von konventionellen Werkstoffen in bestimmten Förderprogrammen kann außerdem dazu führen, dass eine Ausbreitung des Wissens über die "neuen Werkstoffe" und die Akzeptanz der Werkstoffe aus nawaRo in der Werkstoffszene wesentlich langsamer erfolgt, als dies wünschenswert wäre (Harig & Müssig 1999).

11. Baustoffkosten

Nachwachsende Rohstoffe sind im Einkauf, von einigen Ausnahmen (z.B. Sammelprodukte und Reststoffe) abgesehen, teurer als die Rohstoffe konventioneller Bauprodukte. Insgesamt besteht aber nur ein geringer finanzieller Freiraum für das "Nachhaltigkeitsbewusstsein" bei Herstellern und Händlern wegen i. d. R. steigenden Kosten auf der Produktionsseite. Die vergleichsweise *höheren Kosten für Bauprodukte aus nawaRo* stellen somit ein bedeutendes Markthemmnis dar (Deutscher Bundestag 2000). Faktoren, die die höheren Produktionskosten verursachen sind von Produkt zu Produkt sehr unterschiedlich. Neben dem höheren Rohstoffpreis kommen Transport- und Lagerkosten zum Tragen. Kleine, wenig optimierte und z.T. nicht voll ausgelastete Produktionsanlagen und geringe Stückzahlen treiben die Produktpreise ebenfalls in die Höhe. Hinzu kommen oftmals höhere Verarbeitungs- und Arbeitskosten, z.B. durch (innovationsbedingt) steigenden Planungs-, Organisations- und Arbeitsaufwand. Darüber hinaus geht die Erschließung neuer Absatzmärkte und unter Umständen auch ein höheres Fehlerrisiko in die Kostenberechnung mit ein.

Die *Unkenntnis über potenzielle Kostenvorteile* von nawaRo im Verarbeitungsprozess, also bereits bei der Verarbeitung (Bereiche Abfall-, Arbeitsschutz-, Chemikalien-, Gewässer- oder Immissionsschutzrecht etc.; z.B. Einstufung von nawaRo-Materialien in geringere Wassergefährdungsklassen als etwa bei mineralischer Basis), stellt ein sekundäres Hemmnis dar. Bei langlebigen nawaRo-Produkten sind die Vorteile aufgrund der langen Nutzungsdauer nur schwer monetarisierbar. Vorteile wie die spätere Verwertung bzw. einfachere Entsorgung kommen erst in mehreren Generationen zum Tragen (fehlende Honorierung), oder sie sind oft nicht sichtbar und spürbar. Eine Ausnahme bildet hier allerdings das Wohnklima – was jedoch schwer quantifizierbar ist.

Derzeit sind zur Nutzung von nawaRo im Hausbau (außer Holz) vom Grundsatz her *wirtschaftliche Aussagen schwierig*, da sich diese meist noch in Versuchs- und Experimentierstadien befinden bzw. es sich um individuell geplante Einzelobjekte handelt. Bei einigen Anwendungsgebieten liegen noch überhaupt keine wissenschaftlich belastbaren technisch-ökonomischen Kenngrößen vor. Erste Nutzungen biogener Baustoffe erfolgen überwiegend in kleinen Einheiten und Musterbauten durch Handwerksbetriebe. Die Ergebnisse dieser Baustoffnutzungen lassen sich nicht bzw. nur sehr bedingt für volks- und betriebswirtschaftliche Berechnungen bzw. Auswertungen verwenden (Deutscher Bundestag 2000). Realistische Bewertungsmöglichkeiten fehlen weitgehend. Somit ist ein objektiver Kostenvergleich "konventionell - nawaRo" grundsätzlich in Frage zu stellen.

Werden die höheren Preise nicht vom Architekten, Planer oder Handwerker akzeptiert und fehlt die Bereitschaft zur Bezahlung des ökologischen Bonus beim Endverbraucher, bedeutet dies unter den jetzigen Rahmenbedingungen das schnelle "Aus" für den Einsatz nachwachsender Rohstoffe im Bauwesen. Man muss derzeit davon ausgehen, dass bei dünner Finanzierungsdecke die nachwachsenden Rohstoffe bei der Bauplanung schnell zur *"Manövriermasse"* degradiert werden.

12. Marktanreizprogramme und Bauförderung

Bisher finden nachwachsende Rohstoffe im Bauwesen *keine Berücksichtigung in speziellen Markteinführungsprogrammen*. Im Bereich der energetischen Nutzung sind solche Förderungen seit langem bekannt und erfolgreich. Zu solchen Maßnahmen gehören die Steuerbefreiung des Biodiesels oder die vielfältige Förderung erneuerbarer Energien im Allgemeinen und biogener Festbrennstoffe im Speziellen (Rösch & Deimling 2000).

Beispielsweise fördert das Programm der Kreditanstalt für Wiederaufbau zur CO_2-Minderung mittels langfristiger Darlehen die Verbesserung des Wärmeschutzes von Gebäudehüllen im Bestand (KfW 2000). Die Ausschreibung dieses Programms hätte (aufgrund der weitgehenden CO_2-Neutralität nachwachsender Rohstoffe) sehr gut mit einer Förderung der Verwendung von nachwachsenden Rohstoffen gekoppelt werden können. So werden *Synergieeffekt nicht genutzt*, die in diesem Fall zumindest im Dämmstoffbereich die Nachfrage nach Produkten oder Lösungen aus nachwachsenden Rohstoffen hätte steigern können, die wiederum positive Effekte entlang der Kette bis zum Rohstofferzeuger in der Land- und Forstwirtschaft induziert hätte.

13. Gesetzliche Regelungen

Ein außerordentlich gravierendes Hemmnis konnte in der Planungs- und Umsetzungsphase von Bauvorhaben durch die öffentlichen Hand identifiziert werden. Es hat sich gezeigt, dass *Länderregelungen kaum berücksichtigt* werden, die das Bauen mit nachwachsenden Rohstoffen im Bereich des öffentlichen Bauens vorschreiben (MBW 1998, LabfG 1996). Ausgesprochen prekär erscheint die Situation, dass diese Regelungen vielen Akteuren und Vertretern des öffentlichen Bauens nicht bekannt sind bzw. nicht bekannt gemacht wurden. Trotz Existenz solcher Regelungen werden nachwachsende Rohstoffe in Ausschreibungen im öffentlichen Baubereich noch selten – allenfalls beim Bau von Kindergärten – berücksichtigt. Die Vorbildfunktion der öffentlichen Hand wird also viel zu selten umgesetzt.

14. Akzeptanz und Image

Das Verbrauchs- und Kaufverhalten wird entscheidend durch das soziale Umfeld geprägt. Nicht allein ökonomische oder gar ökologische Fakten geben den Ausschlag für umweltbewusstes Handeln. Es wird vielmehr das umgesetzt, was sozial anerkannt und als zeitgemäß oder innovativ gilt. *Investitionsentscheidungen hängen auch vom erwarteten Prestige- und Imagegewinn ab*. Kaufentscheidungen unterliegen daher auch im Hausbau in ausgeprägter Art und Weise modischen Trends, und diese Trends sprechen nicht immer für den Einsatz von nawaRo-Produkten. Innenholzverkleidungen sind zur Zeit aus optischen Gründen nicht gefragt. Aber auch unabhängig vom Zeitgeist können Stilfragen zu Ungunsten von nawaRo entschieden werden – beispielsweise gegen den "Holzschuppen" oder "Eiche rustikal". Hinzu kommt, dass nawaRo immer noch ein Müsli-

Image tragen, und sie haben für manchen einen Hauch von Hippie-Kultur. Dabei "ist Öko heute out". Der Ökologiegedanke an sich hat im Vergleich zu Komfort, Wohngefühl und -erlebnis bzw. Wohngesundheit keine besondere Attraktivität. Präsentations- und Prestigestreben fördern den Einsatz nach außen sichtbarer Technologien und innovative Hausgestaltung und hemmen damit (bei gleicher Bausumme) den Einsatz innovativer, aber nicht sichtbarer Produkte wie einer umweltverträglichen Dachdämmung.

Viele der Akteure distanzieren sich von den zugänglichen Marktnischen und Produkten aufgrund ihrer persönlichen Einstellung zu den vermeintlichen "nawaRo-Werten" (FIZ 1999). Die früher einmal erfolgte gesellschaftliche Wertzuordnung wirkt heute, u. a. mangelnde Seriosität suggerierend, "entwertend" und damit hemmend. *Es wurde versäumt, ein Positiv-Image aufzubauen* und das Bauen mit nawaRo zu einer "High-Tech-Sache" zu erklären. Es blieb ebenso unbeachtet, den Qualitätsbegriff mit dem Bauen aus nawaRo zu verbinden.

15. Lösungsansätze

Die in der Kürze dargestellten Hemmfaktoren für einen nachhaltigen Konsum im Bauwesen machen deutlich, dass es sich hier nicht um ein paar wenige, zeitlich begrenzte Engpässe handelt, sondern um ein ganzes Paket von Defiziten, Mängeln und spezifischen Hindernissen. Diese sind nicht durch Einzelmaßnahmen und Absichtserklärungen abzubauen, sondern bedürfen eines Bündels an ernstzunehmenden Maßnahmen, Aktionen und Regelungen.

Möglichkeiten zur Steigerung des nachhaltigen Konsums ergeben sich beinahe in allen Abschnitten des Lebensweges nachwachsender Rohstoffe im Bauwesen unter Einbeziehung aller beteiligten Akteure. Schwerpunkte solcher Maßnahmen könnten sein:

- Stabile Richtlinien und langfristige Perspektiven für den Bereich Rohstoffproduktion,
- Einrichtung neutraler Informations- und Beratungsstellen für Baufamilien,
- Maßnahmen zur Imageverbesserung, wie Vorbildbauten,
- Einführung von speziellen Marktanreizprogrammen auf Bundes- und Länderebene,
- Richtlinien zur Berücksichtigung von nachwachsenden Rohstoffen bzw. des nachhaltigen Bauens in öffentlichen Bauausschreibungen,
- die Änderung der Honorarordnung für Architekten,
- die Kopplung der Bauförderung an das nachhaltige Bauen,
- Stärkung der Aus- und Weiterbildung im Bauhandwerk und bei Architekten.

Die vorgenannten Möglichkeiten zur Förderung des nachhaltigen Konsums bilden nur einen Ausschnitt des erforderlichen Maßnahmenkatalogs, der im Rahmen des Projektes "Maximale Nutzung von nachwachsenden Rohstoffen zur Förderung regionaler Stoffkreisläufe – Beurteilung der Hemmnisse und Möglichkeiten auf dem Gebiet des Bauwesens" erarbeitet wurde (Deimling & Vetter 2002).

Literatur

ADNR 2000 Arbeitsgemeinschaft für Dämmstoffe aus nachwachsenden Rohstoffen e.V., Bonn 2000: ECO-News Pressemitteilung (Internet: http://www.oneworld.de/emedia/archiv/2169/) vom 25.05.2000.

DEIMLING & VETTER 2001 Deimling, S., R. Vetter (2001): Nachwachsende Rohstoffe im Bauwesen - Analyse der Hemmfaktoren und Wege zur Überwindung. VDLUFA - Kongressband 2000, Nachhaltige Landwirtschaft Teil VI. VDLUFA-Schriftenreihe 55/2000, 132 - 135.

DEIMLING & VETTER 2002 Deimling, S., R. Vetter (2002): Maximale Nutzung von nachwachsenden Rohstoffen zur Förderung regionaler Stoffkreisläufe - Beurteilung der Hemmnisse und Möglichkeiten auf dem Gebiet des Bauwesens. Abschlußbericht des BMBF-Forschungsvorhaben FKZ 07 REG 11/9 (in Bearbeitung).

DEUTSCHER BUNDESTAG 2000 Ausschuss für Bildung, Forschung und Technikfolgenabschätzung des Deutschen Bundestages (2000): Bericht des 19. Ausschuss: Monitoring "Nachwachsende Rohstoffe" - Einsatz nachwachsender Rohstoffe im Baubereich. - Deutscher Bundestag 14. Wahlperiode Drucksache 14/2949 v. 17.03.2000, 44 S., Berlin.

FIZ 1999 Fachinformationszentrum Karlsruhe, FIZ, Gesellschaft für wissenschaftlich-technische Information mbH (Hrsg.) (1999): Hemmnisfaktoren im Überblick. - BINE profiinfo 4/6, 6-8.

HARIG & MÜSSIG 1999 Harig, H., J. Müssig (1999): Werkstoffe auf der Basis von pflanzlichen und tierischen Substanzen. - In: Harig, H., C. J. Langenbach (Hrsg.): Neue Materialien für innovative Produkte - Entwicklungstrends und gesellschaftliche Relevanz. - S. 129-150 Springer, Berlin (Wissenschaftsethik und Technikfolgenbeurteilung Bd. 3).

KFW 2000 Kreditanstalt für Wiederaufbau (2000): Finanzielle Anreize - das KfW-Programm zur CO_2-Minderung. KfW- Beiträge zur Mittelstands- und Strukturpolitik. Nr. 14, S. 45-49.

KILIAN & DEIMLING 2001 Kilian, K. und S. Deimling (2001): Gütezeichen im Bereich des Bauwesens. Online Datenbank unter der Internet-Adresse: http://www.bauen.inaro.de/ - 10 S.

LABFG 1996 Landesabfallgesetz (1996): Gesetz zur Vermeidung und Entsorgung von Abfällen und die Behandlung von Altlasten in Baden-Württemberg. In der Fassung vom 15. Oktober 1996, § 5 - Pflichten der öffentlichen Hand.

LEL 2001 Landesanstalt für Entwicklung der Landwirtschaft und der ländlichen Räume (Hrsg.) (2001): Kalkulationsdaten Marktfrüchte. Ernte 2001 Deckungsbeiträge / Vollkosten.

MBW 1998 Ministerium für Bauen und Wohnen NRW (1998): Umweltschonendes Bauen des Landes. RdErl. Des Ministeriums, zugleich im Einvernehmen mit dem Ministerpräsidenten und allen Landesministerien. -III A 4 - B 1027 - 1 vom 21.12.1998.

MUNF 1998 Ministerium für Umwelt, Natur und Forsten des Landes Schleswig-Holstein, (Hrsg.) (1998): Stoffstrom-Managementkonzept für nativ-organische Rückstände - Chancen und Perspektiven für Schleswig-Holstein. - 209 S., Abschlußbericht der Arbeitsgemeinschaft Institut für Ökologie und Politik GmbH, ÖKOPOL & Forschungsstelle für Ökotechnologie der Universität Kiel, FSÖ im Auftrag des MUNF, Hamburg/Kiel.

RÖSCH & DEIMLING 2000 Rösch, C. und S. Deimling (2000): in Leitfaden Bioenergie (Hrsg. Fachagentur für nachwachsende Rohstoffe) "Finanzierung und Förderung" Kapitel 6.6, S. 197-204.

SCHWÖRERHAUS 2001 K. Traub, Schwörer Haus® KG Oberstetten (2001), pers. Mitteilung.

TUBACH & NEBEL 1997 Tubach, M. und K. Nebel (1997): Technologie der Hanfverarbeitung und die Bedeutung der Produktqualität für die Hanfverwertung - Schriftenreihe "Nachwachsende Rohstoffe" 7, 301-492, Münster.

Nachhaltige Stadtteile – die Rolle des Warenkorbs der Konsumenten

Uwe R. Fritsche

Institut für angewandte Ökologie e.V., Bereich Energie & Klimaschutz
E-Mail: fritsche@oeko.de

1. Nachhaltige Stadtteile: Erfolgsmessung durch die Stoffstromanalyse

Stadtteile, die nach den Wünschen künftiger BewohnerInnen, nach ökologischen Kriterien und mit Blick auf die Nutzung regionaler Rohstoffe geplant sind, versprechen wichtige Beiträge zur nachhaltigen Entwicklung. Das BMBF-geförderte Projekt "*Nachhaltige Stadtteile auf innerstädtischen Konversionsflächen: Stoffstromanalyse als Bewertungsinstrument*" untersucht zwei Beispielstadtteile, die sehr verschiedene Schritte zur Nachhaltigkeit umsetzten:

- in Freiburg (Breisgau) das Gebiet der ehemaligen Vauban-Kaserne und
- in Neuruppin (Brandenburg) die Vorstadt Nord.

Beide Stadtteile wurden auf innerstädtischen militärischen Konversionsflächen errichtet. In Freiburg-Vauban wurde der größte Teil der Kasernengebäude durch Neubauten ersetzt, während in der Neuruppiner Vorstadt-Nord die Sanierung der Militärgebäude im Mittelpunkt stand.

Die Ziele des Forschungsprojekts sind, ökologische und ökonomische Wirkungen der Stadtteile auf ihre Umwelt zu ermitteln, das Zusammenwirken der Akteure und sozialen Aspekte der Nachhaltigkeit zu untersuchen und die Ergebnisse vor Ort zu diskutieren.

Neben einer umfassenden Analyse der Stoffströme beim Bauen und im Verkehr wurde *auch der Warenkonsum* untersucht und Effekte der *Regionalisierung* ermittelt.

2. Stoffstromanalyse: Alles fließt, aber wohin?

Um zu untersuchen, welche Wirkungen von den neuen Stadtteilen ausgehen, wurden praktisch alle Lebensbereiche (Bedürfnisfelder) erfasst:

- Errichtung von Gebäuden und Infrastruktur, Heizen, Warmwasser und Strombedarf sowie Wasserversorgung ("Wohnen")
- Konsum von Lebensmitteln, Möbeln, Papier, Textilien, Abfall- sowie Abwasserentsorgung ("Leben")
- Verkehr (Personen- und Güterverkehr).

Eine methodische Besonderheit liegt im Einsatz der Stoffstromanalyse – sie ermittelt, welche Stoffströme und Umweltbelastungen durch die Nachfrage nach Produkten und Dienstleistungen in den Stadtteilen ausgelöst werden. Die Analyse erfolgt über *Prozessketten*, in denen alle Verteilungs- und Herstellungsaufwendungen bis zur Quelle (Ressourcenentnahme) zurückverfolgt werden (vgl. Bild 1).

Damit können sowohl die lokalen Effekte – etwa des Verkehrs oder des Heizens – wie auch regionale und globale Wirkungen (z.B. beim Erdgasimport oder Bauholz aus Indonesien) ermittelt werden.

Bild 1: Stoffstromanalyse – Beispiel "Bauen und Wohnen"

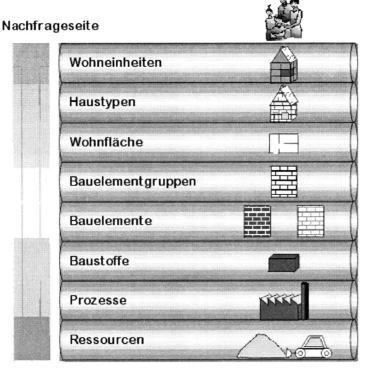

Die Stoffstromanalyse bildet dann die in den Stadtteilen getroffenen Maßnahmen (Wärmeschutz und Passivhäuser, Verkehrskonzept usw.) einzeln ab und bestimmt ihren Erfolg durch den Vergleich mit einem hypothetischen *Referenzstadtteil*, in dem keine besonderen Maßnahmen zur Nachhaltigkeit umgesetzt wurden.

Als Ergebnis können die erreichten Effekte im Hinblick auf die Umweltindikatoren sehr genau quantifiziert werden, und es lassen sich auch Szenarien über künftige Maßnahmen erstellen und bewerten.

3. Ergebnisse: Auf dem Weg zur Nachhaltigkeit

Aus der Vielzahl von Projektergebnissen – neben dem Indikatorensystem auch zur Vernetzung der Akteure sowie zu Luftschadstoffen, der Ressourcenbilanz, den Kosten und Reststoffen – zeigt das folgende Beispiel die Treibhausgasemissionen im Stadtteil Freiburg-Vauban auf.

Bild 2: Umweltwirkungen des Stadtteils Freiburg-Vauban: Beispiel Treibhausgase

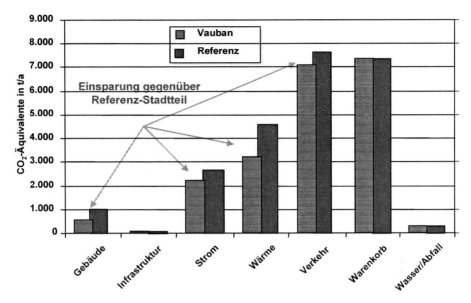

Offenkundig konnten beim Bau der Gebäude, beim Strom- und Wärmebedarf sowie beim Verkehr beachtliche Einsparungen erzielt werden – nicht nur in Bezug auf die Umwelt, sondern auch bei den Kosten. Weitere Einsparungen bei der Heizwärme im Vauban wird im Jahr 2002 ein kleines holzgefeuertes Heizkraftwerk bringen, das z.Zt. gebaut wird.

Bild 2 zeigt auch die großen Beiträge durch den "Warenkorb" – dies ist der Konsum von Lebensmitteln, Textilien, Möbeln usw. Hier haben die Stadtteile noch keine Maßnahmen ergriffen, wollen sich aber künftig dieser Herausforderung stellen.

4. Die Rolle des Konsums

Am Beispiel des Stadtteils *Freiburg-Vauban* wurde im Projekt die ökologischen und ökonomischen Auswirkungen des Konsums anhand des Warenkorbs der StadtteilbewohnerInnen untersucht – neben den Umweltfolgen des Bauens und Wohnens sowie des Verkehrs (vgl. oben) ist dieser Teil des *Stoffwechsels* noch kaum differenziert untersucht worden.

Das Projekt ermittelte auf der Basis der westdeutschen pro-Kopf-Daten zum Warenkonsum die relevanten Güter, die pro Jahr im Stadtteil konsumiert werden – dies sind Nahrungsmittel, Möbel, Haushaltsgeräte, Textilien und Papier. Mit dem Computermodell GEMIS wurden Stoffströme und Umweltbelastungen durch die Nachfrage nach diesen Produkten bestimmt. Die Analyse erfolgt über Prozessketten, in denen die Verteilungs- und Herstellungsaufwendungen bis den Rohstoffquellen verfolgt werden.

Das Computermodell, mit dem die Stoffstromanalyse durchgeführt wurde, ist im Internet verfügbar (siehe http://www.oeko.de/service/gemis/).

Für Textilien wurde mit einem vereinfachten Ansatz gerechnet, der anstelle der vielen verschiedenen Textilsorten und ihrer komplexen Verarbeitung mit einer "Standard"-Baumwolle aus verschiedenen Lieferländern und einem "Kunsttextil" auf Ölbasis arbeitet.

Bei den Möbeln wurden ebenfalls eine "Standard"-Einrichtung definiert, die Tisch, Stühle usw. umfasst. In der Analyse zu Lebensmitteln wurden Fleisch, Getreide- und Milchprodukte sowie Gemüse und Obst einbezogen und auch Importe sowie internationale und nationale Transporte berücksichtigt.

Die Projektergebnisse zeigen einerseits, dass der private Konsum eine erhebliche Bedeutung hat (vgl. Bild 3) – er liefert den größten Beitrag sowohl bei Treibhausgasen wie bei Säurebildnern.

Bild 3: Umweltbelastungen des Stadtteils Freiburg-Vauban

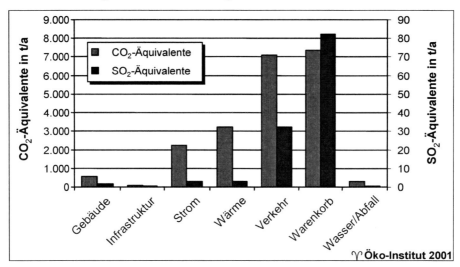

Andererseits ergab die Analyse, dass im Warenkorb die *Lebensmittel* besonders relevant sind – ihre Herstellung liefert z.B. den größten Einzelbeitrag zu den Treibhausgasen (vgl. Bild 4).

Bild 4: Treibhausgasemissionen durch den Warenkorb – Rolle der Produkte

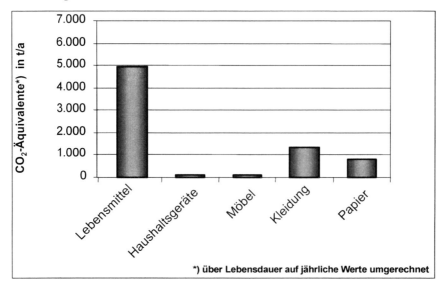

Wird der Lebensmittelkonsum differenziert, zeigt sich die überragende Bedeutung der Fleisch- und Milchprodukte – die tierische Produktion führt aufgrund des Metabolismus und der Vorketten (Futterherstellung) hier zu hohen spezifischen Emissionen pro kg Produkt.

Ansatzpunkte zur Senkung der Umweltbelastungen sind – neben Änderungen der Ernährungsgewohnheiten – die Ökologisierung der Landwirtschaft und die Regionalisierung der Produktion (vgl. unten).

Interessant ist weiter, dass die ökonomischen Analysen eine gute Übereinstimmung der Bedeutung einzelner Produkte mit ihrer Umweltbelastung ergaben (vgl. Bild 5).

Bild 5: Ausgaben für den Warenkorb in Freiburg-Vauban (Stand 1999)

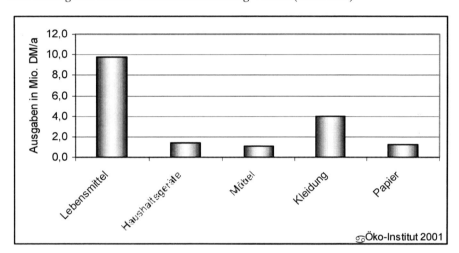

Bei Nahrungsmitteln und Textilien sind hohe Ausgaben gekoppelt mit hoher Umweltbelastung. Die relativ hohen Ausgaben ergeben sich – im Durchschnitt – sowohl aus den Produktmengen als auch den Preisen je Produkteinheit, während die ökologischen Lasten sich aus den Produktmengen und deren Herstellungsweisen resultieren.

Während die Nachfragemenge die Lebensstile betrifft und zum Thema der "Suffizienz" gehört, sind **Art und Ort** der Erzeugung und Verteilung auch ohne tiefgreifende Änderung des Konsumverhaltens "nachhaltiger" gestaltbar.

Das Projekt untersuchte daher, welche Effekte eine **Regionalisierung** und **Ökologisierung** bei Nahrungsmitteln (Milch, Käse, Brot) sowie Baustoffen (Kalksandstein, Holz) für das Beispiel Freiburg-Vauban hätte.

Hierzu wurden *Szenarien zur Regionalisierung* entwickelt, in denen die Nachfrage im Stadtteil einmal "wie üblich" (Bundesmix) gedeckt wird und andererseits durch das Angebot regional erzeugter Produkte. Als Ergänzung wurde für die Lebensmittel analysiert, welchen Effekt die ökologische Erzeugung zusätzlich zur Regionalisierung hat.

Es zeigte sich, dass die Regionalisierung nur bei einigen Lebensmitteln relevante Umweltentlastungen bringt, während die "Ökologisierung" stets deutliche Einsparungen bringt (Bild 6).

Bild 6: Beispiele zur Wirkung von Regionalisierung bzw. Ökologisierung bei Lebensmitteln in Freiburg-Vauban

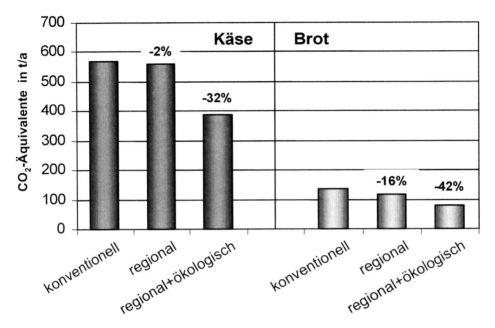

Beim Holz für Fenster ist der Effekt der Regionalisierung dagegen groß, da die regionale Forstwirtschaft Importe von Holz aus z.B. Indonesien und den USA ersetzt (vgl. Bild 7).

Bild 7: Wirkung der Regionalisierung von Baustoffen in Freiburg-Vauban

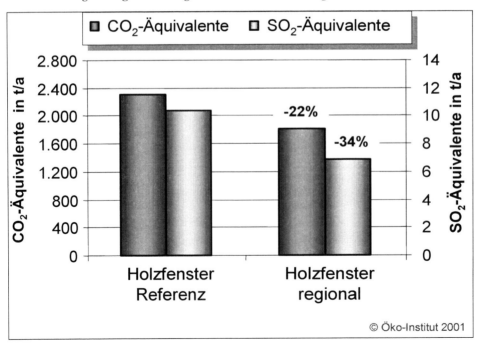

5. Mehr als Umwelt: Ökonomische Wirkungen

Als methodische Erweiterung wurden im Projekt auch *ökonomische* Daten mit der Stoffstromanalyse, die bisher "nur" zur Messung des ökologischen Erfolgs diente, quantitativ verknüpft – dies zielt auf eine Stoffstromökonomie: Mit den Ergebnissen konnte gezeigt werden, wie die Stoff- und Warennachfrage aus einem Stadtteil auf die regionale Wirtschaft wirkt.

Als verfügbarer Indikator für die ökonomische Wirkung kann die Stoffstromanalyse den Unterschied im *regionalen Umsatz* anzeigen – und dies für jede Prozessstufe einzeln darstellen (vgl. folgendes Bild).

Bild 8: Beispiel zur Kombination von stoffbezogenen mit ökonomischen Regionaldaten

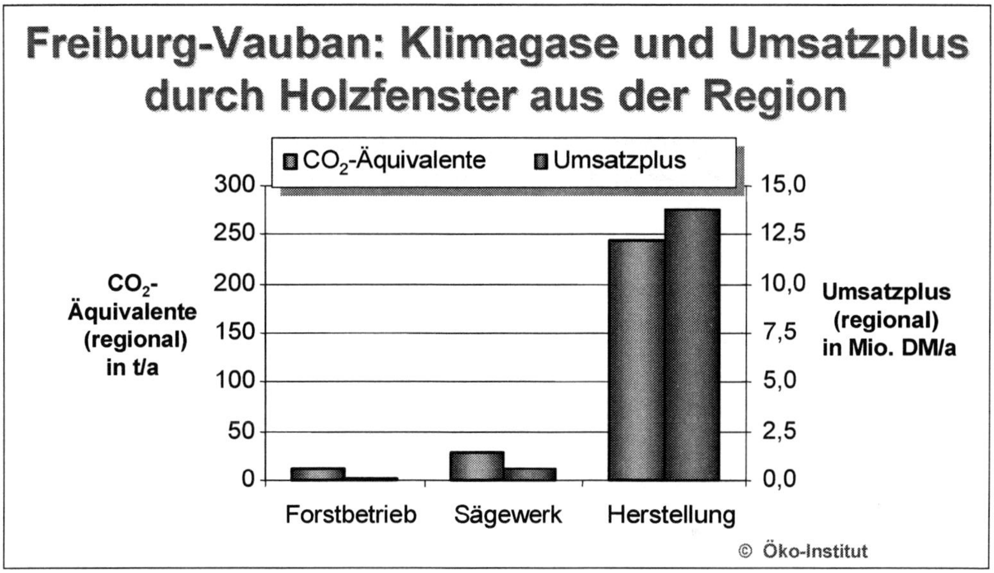
Freiburg-Vauban: Klimagase und Umsatzplus durch Holzfenster aus der Region
CO2-Äquivalente
Umsatzplus
300
250
200
150
100
50
0
15,0
12,5
10,0
7,5
5,0
2,5
0,0
CO2-Äquivalente (regional) in t/a
Umsatzplus (regional) in Mio. DM/a
Forstbetrieb
Sägewerk
Herstellung
© Öko-Institut

Die ökologisch-ökonomische Analyse von regionalisierten Stoffströmen zeigt somit künftige Handlungsoptionen für die StadtteilbewohnerInnen und die lokal/regionalen Akteure in der Wirtschaft auf.

Derzeit werden die Umsetzungsbedingungen für die Regionalisierung am Beispiel ausgewählter Lebensmittel (Milch, Käse) in Freiburg-Vauban untersucht. Die Umfragen im Stadtteil ergaben, dass regionale Produkte gewünscht werden und potenzielle Anbieter für die Versorgung von Freiburg-Vauban vorhanden sind.

6. Zum Nachlesen und Diskutieren

Ein ausführlicher Zwischenbericht mit den wichtigsten Ergebnissen der Stoffstromanalyse als Instrument zur Erfolgsmessung nachhaltiger Stadtteile sowie der Potenziale der Regionalisierung von Wirtschaftskreisläufen in ökonomischer und ökologischer Hinsicht wurde Ende 2000 vorgelegt und ist auf dem Projekt-website verfügbar (siehe unten).

Die Ergebnisse wurden mit den Praxispartnern und lokalen Akteuren bei Veranstaltungen vor Ort diskutiert, die Materialien und Pressereaktionen sind auf dem website verfügbar.

Die regionale Vermarktung ökologisch produzierter Lebensmittel ist auch Gegenstand weiterer Forschung u.a. in Berlin, Trier und München, die im Programm "Modellprojekte für nachhaltiges Wirtschaften – Innovative Ansätze zur Stärkung der regionalen Ökonomie" des BMBF gefördert werden. Informationen hierzu finden sich im Internet unter http://www.nachhaltig.org.

7. Noch nicht ganz am Ende: Weitere Aktivitäten

In der Schlussphase des Projekts werden nun Handlungsempfehlungen für die Akteure in den untersuchten Stadtteilen sowie übertragbare Empfehlungen für Entscheidungsträger in künftigen Planungen neuer Stadtteile erarbeitet.

Eine zusammenfassende Broschüre zu allen Projektergebnissen wird ebenfalls erstellt und wird Anfang 2002 zusammen mit dem Endbericht kostenlos verfügbar sein.

Partner und weitere Informationen

Forschungspartner im Projekt sind *complan* (Gesellschaft für Kommunalberatung, Planung und Standortentwicklung) und *IPU* (Initiative Psychologie im Umweltschutz e.V.), Praxispartner in den Stadtteilen die *Gesellschaft für Konversion im Ruppiner Land mbH* (Neuruppin) und das *Forum Vauban e.V.* (Freiburg).

Projektleiter im Öko-Institut ist Uwe R. Fritsche (fritsche@oeko.de), nähere Informationen und Dokumente sind im Internet verfügbar unter http://www.oeko.de/service/cities.

Die Tiefkühl-Service-Station (TSS) – ein Beispiel für eine nachhaltige und energieeffiziente Haushaltstechnologie

Renate Dylla, Prof. Dr. Barbara Freytag-Leyer, Prof. Dr. Ulrich Kurfürst, Karin Rockel & Jeanett Seifert

Fachhochschule Fulda, Fachbereich Haushalt und Ernährung
E-Mail: Rdylla@t-online.de und Ulrich.Kurfuerst@he.fh-fulda.de

1. Einleitung

Die Haushaltstechnik ist erst ab den 50er Jahren in zunehmendem Maße in den Haushalten vorzufinden. Arbeitsabläufe im Haushalt wurden durch technische Mittel ersetzt, optimiert bzw. überhaupt erst möglich gemacht. Viele dieser Geräte sind heute mit einer fast 100%igen Verbreitung in den Haushalten vorhanden, wie z.B. Elektroherd, Kühlschrank, Staubsauger, Radio, Fernsehen u.v.m.

Die Technisierung der Haushalte führte einerseits zu einer Veränderung des Alltagshandelns und zu einer Veränderung der Wohn- und Lebensweise der Haushaltsmitglieder. So hat die Einführung und Verbreitung von elektrischer Kühl- und Tiefkühltechnik nicht nur die Art der Vorratshaltung und das Wissen darüber verändert, sondern auch die Bauweise der Häuser, Wohnungen und Küchen, die beispielsweise durch Anpassung an die moderne Haushaltstechnologien auf Speisekammern verzichtet haben. Vorratshaltung geschieht heute zum großen Teil über den Besitz und Betrieb eines Kühl- und/oder Gefriergerätes. Andererseits haben die Privathaushalte in den letzten Jahrzehnten ein steigendes Umweltbewusstsein entwickelt, vor allem im Umgang mit elektrischer Energie. Die Nachfrage nach energiesparsamen Haushaltsgeräten wuchs, das Angebot von energieeffizienten Haushaltsgeräten ebenso. Doch mittlerweile sind die Effizienzmöglichkeiten des Stromverbrauchs nahezu ausgereizt. Weitere Einsparungen sind in ihrer technischen Realisierung schwieriger, verursachen damit höhere Kosten und haben nicht mehr die Einsparpotentiale im Energieverbrauch wie in den Entwicklungsschritten davor.

Gleichzeitig wurde festgestellt, dass die absoluten Energieverbräuche der Privathaushalte durch den Einsatz energieärmerer Geräte nicht bzw. nicht in demselben Umfang zurückgegangen sind wie die Effizenz der Geräte es ermöglicht hätte. Sie wurden kompensiert durch die Verwendung von neuen, zusätzlichen Geräten, der steigenden Anzahl von haushaltstechnisch ausgerüsteten Haushalten trotz verringertem Bevölkerungswachstums, die veränderten gesellschaftlichen Ansprüche sowie durch die Möglichkeit des Stand-by-Modus.

Neue und andere Lösungsansätze, als die "konventionellen" Ansätze, die sich meist im vorgegebenen Rahmen der eingeführten Gerätetechnik, der geltenden Wertemuster sowie allein über Energieeffizienzstrategien bewegen, sollten angestrebt werden, um die Energienachfrage der Privathaushalte in Zukunft zu senken und den bestehenden Lebensstandard und die Lebensqualität zu gewährleisten.

Dabei könnten und sollten die interdisziplinär ausgerichteten Fachbereiche der Oecotrophologie eine Vorreiterrolle einnehmen.

2. Haushaltstechnik an den Hochschulen

Haushaltstechnik ist als Wissenschafts- und Lehrgebiet an deutschen Hochschulen – abgesehen von den rein ingenieurwissenschaftlichen Studiengängen – nicht selber mit der Entwicklung von Geräten oder Technologien befasst. Angesiedelt in den Studiengängen der Oecotrophologie oder der Agrarwissenschaften hat sich die "Haushaltstechnologie" z.B. im Bereich der "Weißen Ware" meist darauf beschränkt, die Entwicklungen und Produkte aus den Labors der Haushaltsgeräteindustrie unter verschiedenen Gesichtspunkten (z.B. Schadstoffe, Energieverbrauch, Gebrauchseigenschaften u.a.) zu bewerten. Selbst der Bereich des Gerätetests ist durch die kompetente, gut finanzierte und breit publizierte Arbeit der Stiftung Warentest an den Hochschulen nicht sichtbar vertreten.

Die Innovationen im Bereich Umweltbelastung durch Haushaltsprozesse in den letzten 15 Jahren sind nicht aus der Arbeit der Hochschulen entsprungen, sondern waren Folge erhöhten Problembewusstseins der Öffentlichkeit (an dem Oecotrophologen in der Verbraucherberatung natürlich erheblichen Anteil hatten) und der Erkenntnis des Marketings in der Geräteindustrie, dass – auf diesem Bewusstsein der Kunden aufbauend – mit umweltschonenden Geräten Marktanteile insbesondere bei "hochpreisigen" Geräten zu erringen sind ("Ökolavamat").

Auch für die Umsetzung der haushaltsnahen Umwelttechnik (Solarthermie, Photovoltaik, Regenwasser- und Brauchwassernutzung) sind nur geringe Impulse aus den Haushalttechnik-Fachgebieten der Hochschulen gekommen. (Eine Ausnahme bildet der relativ neue Bereich "Barrierefreier Haushalt". Hierfür kann festgestellt werden, dass das Problembewußtsein und Lösungskonzepte auch aus den Hochschulen heraus entwickelt wurden).

Es ist zu erwarten, dass der jetzt sichtbare Versuch der Haushaltsgeräte-Industrie, die Möglichkeiten der modernen Informationstechnologie in neue Gerätekonzepte zu integrieren (und damit neuen Bedarf zu schaffen) von der Haushaltstechnik an den Hochschulen in gleicher Weise "begleitet" wird.

Eine Gruppe aus Professoren, Studierenden und externen Mitarbeiterinnen an der Fachhochschule Fulda im Fachbereich Haushalt- und Ernährungswirtschaft hat in den letzten Jahren einen anderen Denkansatz entwickelt: Der Einsatz von Technik soll sich ableiten von der Betrachtung des Prozess im Haushalt als "Ganzes". Die offensichtliche Dominanz der einsetzbaren technischen Geräte soll überwunden werden. Diese Technik schafft Distanz zu den Arbeitsvorgängen, führt so zu Entfremdung und birgt dabei die Gefahr, die Arbeitsprozesse, die sie prägenden Rahmenbedingungen und vor allem die damit verbundenen Konsequenzen für Mensch und Umwelt aus den Augen zu verlieren (mangelnde Sachkompetenz als Folge).

Dabei geht es um die Hinterfragung von Haushaltsprozessen in ihrer Bedeutung, ihrer Funktion und in ihren Abläufen. Wie können Haushaltsprozesse so organisiert werden, dass sie z.B. dem Bedürfnis unterschiedliche Vorräte zu jeder Zeit zur Verfügung zu haben, entgegenkommen? Wie können Haushalte strukturiert sein, um eine "neue Haushaltstechnologie" umzusetzen? Sind diese Lösungen für alle Haushalte geeignet, so wie bei der herkömmlichen Haushaltstechnologie – oder ist es zunächst ein "angepaßtes" Konzept für einzelne Haushalte? Welche Motivation bringen Haushalte mit, die sich für neue Lösungsansätze interessieren? Welche Rolle spielen die Faktoren Zeit, Zeitersparnis, Zeitgewinnung und Erfahrung, Selbstbewusstsein und Überzeugung?

Diese "innovative Haushaltstechnologie" muss sich einfügen in die Entwicklung eines neuen Leitbildes für Privathaushalte in der kommenden Dienstleistungs- und Informationsgesellschaft. Die Nutzung unterschiedlicher Dienstleistungsangebote durch private Haushalte soll die Haushaltsführung erleichtern. Es gibt mittlerweile bundesweit schon verschiedene Dienstleistungsangebote für einzelne Haushaltsbereiche angefangen von Kinderbetreuung, Reinigungsdiensten, Einkaufsservice über Internetdienste in verschiedene Richtungen bis zu betreutem Wohnen. Für den Bereich der Ernährung wurde an der Fachhochschule Fulda bereits ein innovatives, vielschichtiges Dienstleistungsangebot in Verbindung mit neuen Medien entwickelt. Dabei spielten der Nachhaltigkeitsgesichtspunkt in Hinblick auf die Technologie sowie die Beratungsmöglichkeiten über gesunde Ernährung eine große Rolle. Das Konzept würde sich gut für eine Integrierung in "New Urbanism" Projekte eignen, die in Deutschland geplant sind. Die Durchmischung des Wohnumfeldes mit Wohnungen, Büros, Geschäften, Restaurants und kulturellen Einrichtungen unter sozialen und ökologischen Gesichtspunkten kann einen wichtigen, zukünftigen Beitrag für die an Bedürfnissen der BewohnerInnen orientierte Haushaltsführung darstellen.

3. Nachhaltige und energieeffiziente Konzepte in der Haushaltstechnik

Ein erstes innovatives Konzept, das sich von dem Paradigma löste, dass jeder Haushaltsprozess durch ein Gerät ("Weiße Ware") realisiert werden muß, kam für den Bereich "Kühlen" nicht aus der "Haushaltstechnologie" sondern wurde von einer Designerin (!) am "Wuppertal-Institut" entwickelt. Auf der Grundlage einer vollständigen Analyse des Bedarfs im Rahmen des Haushaltes, der physikalischen und kühltechnischen Gegebenheiten und der architektonischen Möglichkeit wurde gezeigt, dass eine Realisierung der technischen Kühlung von Lebensmitteln nachhaltiger erfolgen kann, als mit dem klassischen Kühlschrank möglich ist.

Dieser ganzheitlich Ansatz führte zum **Kühlkonzept FRIA**, das sich folgendermaßen charakterisieren lässt:

- Es wird das klassische Verfahren der Speisekammer aufgegriffen, also die Kühllagerräume als Teil der Wohnung behandelt.
- Die Kühltechnik wird nicht in ein Gerät eingebaut, sondern als austauschbares (reparierbares und modernisierbares) Aggregat der Haustechnik angesehen.
- Ein geeignet gestalteter Kontakt zur Außenwand ermöglicht die Einbeziehung von "Umweltkälte" zur Kühlung, und verbessert den Wirkungsgrad des Kühlaggregats.
- Durch geplante Wärmeleitung und/oder Umluft zu großzügig gestalteten Lagerräumen können verschiedene Kühlzonen geschaffen werden.
- Die Isolierung durch die Bausubstanz ergibt eine Wärmedämmung, die mit klassischen Kühlgeräten nicht erreichbar ist.
- Selbstverständlich entspricht die Bedienung und das Design modernen Wohn- und Küchengestaltungen.

Ein erstes konkretes Ergebnis der Arbeitsgruppe an der FH Fulda wurde mit dem Konzept einer **klimageregelten Trockenkammer** vorgestellt und mit dem Regelgerät "Luftikus" prototypisch realisiert. Ausgangspunkt war die Forderung, dass – wie beim Leinentrocknen – auch beim technikunterstützten Wäschetrocknen im Haushalt Umweltwärme benutzt werden soll, so lange dies klimatisch möglich ist. Das Konzept basiert auf einer ganzheitlichen Betrachtung des Arbeitsprozeß

Wäschetrocknen im Privathaushalt: Arbeitseinsatz, Arbeitsplatz, Raumklima, sowie der eigentliche Wasch-Trockenprozeß wurden unter dem Gesichtspunkt Reduzierung des Energieverbrauchs erfasst.

Die Einrichtung einer Trockenkammer kann ausgeführt werden als "Trockenschrank", oder ist ein Trockenraum im Bereich der Wohnung (Haushaltsraum oder eine abgetrennte Nische), kann aber auch der heute wärmeisolierte Dachboden sein. Dieses Regelgerät – entwickelt auf der Basis der Fuzzytechnik – ermöglicht eine kontrollierte und energieoptimierte Trocknung der Wäsche ohne Probleme durch die Feuchtigkeit in der Wohnung hervorzurufen und hat nicht die verschiedenen Nachteile der "Leinentrocknung" im Freien. Gegenüber dem elektrischen Wäschetrockner ist der Materialeinsatz langfristig deutlich geringer, und der (klimarelevante) Energieverbrauch ca. auf ein Drittel reduziert, da im Sommer Umweltwärme benutzt werden kann, und im Winter über die Heizung Primärenergie eingesetzt wird.

Bei dieser Entwicklung handelt es sich im Gegensatz zur herkömmlichen Haushaltstechnik nicht um eine "Maschine" sondern um ein Konzept für eine Prozessdurchführung im Haushalt. Für die klimageregelte Trockenkammer werden moderne Mess- und Regeltechnik eingesetzt, um ein komfortables Wäschetrocknen in Wohnräumen ohne unnötigen Energieeinsatz zu erreichen. Der Einsatz der Technik ist Teil einer angepassten Lösung, die sich an den subjektiven Bedürfnissen bzw. dem Bedarf und den baulichen Gegebenheiten orientiert.

Ein anderes Beispiel, das dem oben skizzierten neue Leitbild entspricht, ist das **Waschdienstleistungszentrum (WDZ)**, bei dem es sich nicht um eine neue Form des "Waschsalon" handelt, sondern mit dem die Idee der Gemeinschaftsanlage aufgegriffen wird und zu einem modernen Dienstleistungsangebot weiterentwickelt wird.

Die Wäschepflege ist durch die heutige Wasch- und Trockentechnik in Bezug auf Komfortmerkmale und der Pflegequalität weitgehend befriedigend im Privathaushalt durchführbar und die Anschaffungskosten der Geräte für die meisten Haushalte tragbar. Die Betriebskosten können jedoch erheblich sein und die mit der Wäschepflegetechnik verbundene Umweltbelastung spiegelt sich in diesen Kosten nicht wider. Die Umweltschutzmaßnahmen agieren jedoch meist nur im vorgegebenen Rahmen der eingeführten Gerätetechnik und den geltenden Wertemustern. Die Verbrauchswerte der bisher eingesetzten Technologien sind nicht mehr wesentlich zu senken und darüber hinausgehende Einsparungspotentiale sind nur bei Veränderung der Nutzungsgewohnheiten und -verhalten zu erreichen. Die Veränderung der gesellschaftlichen Ansprüche, zum Teil durch die technischen Entwicklungen erst möglich gemacht oder sogar induziert, verhindert die gewünschte Reduzierung, Zeitersparnis und Rationalisierung der Hausarbeit.

Bei der Betrachtung des Wirkungsgefüges der Wäschepflege und deren Komplexität wird deutlich, dass ein optimales Lösungskonzept der Umweltbelastungen nur im Rahmen einer multifaktorell angelegten Problemerfassung und darauf basierender Maßnahmenplanung geschaffen werden kann. Wie schon formuliert lag in der Vergangenheit ein großer Teil des Potentials zur Energieeinsparung im Haushalt im Bereich technischer Innovationen. Ein darüber hinausgehendes Potential liegt in den Nutzungsgewohnheiten und dem Nutzungsverhalten der Verbraucher, denn dieser bestimmt, wie groß der Beitrag der technischen Innovationen zur Einsparung in der Haushaltspraxis ist.

Die personelle Zusammensetzung der Haushalte in Deutschland hat sich stark verändert. Eine Folge dieser Entwicklung ist die Zunahme des spezifischen Energie- und Umweltverbrauchs pro Person, wenn in komplett eingerichteten Haushalten nur alleine oder zu zweit gewirtschaftet wird.

Ein Weg dem entgegenzuwirken, ist Arbeitsbereiche des Haushalts nach außerhalb zu verlagern, z.B. in Form von Waschdienstleistungszentren.

4. Entwicklungsidee: öffentliche Waschdienstleistungszentren (WDZ)

- Als Organisationsform für WDZ bietet sich entweder die siedlungsbezogene "lokale" Einrichtung an oder eine GmbH.

- Die ideale Lage eines WDZ befindet sich in stark erschlossenen Wohngebieten, verkehrsgünstig zu erreichen oder in Kombination mit bereits bestehenden Einrichtungen wie Einkaufszentren, Ärztehäusern oder vielleicht Parkhäusern.

- Innerhalb des WDZ ist es möglich sowohl selbst zu waschen und zu trocknen, sowie die Dienstleistung waschen und trocknen in Auftrag zugeben.

- Es werden industrielle energieeffizientere Waschmaschinen soweit wie möglich eingesetzt, für Spezialprogramme stehen kleinere Maschinen zur Verfügung.

- Durch ein zentrales Blockheizkraftwerk und Wassermanagement kann ressourcensparend gewaschen werden.

5. Tiefkühl-Service-Station (TSS)

Das Konzept der Tiefkühl-Service-Station wurde unter dem Aspekt der Nachhaltigkeit entwickelt, um bei der Vorratshaltung im privaten Haushalt den Ressourcenverbrauch deutlich zu vermindern.

Vorratshaltung, wie sie größtenteils heute von den Haushalten betrieben wird, läuft über Tiefkühlen. Dabei ist die Bedeutung der Bevorratung aus dem eigenen Garten bzw. durch saisonale Produkte weitgehend verloren gegangen. Das Gefriergerät dient vor allem als Zwischenlager industriell gefertigter Produkte. Die Verwaltung dieser Art von Vorratshaltung erfolgt, nach den bisherigen Erfahrungen, in den Haushalten zumeist ohne rückverfolgbare Kennzeichnung der Waren. Der Betrieb eines Gefriergerätes ist zum größten Einzelverbraucher an elektrischer Energie im privaten Haushalt geworden.

Diese Diskrepanz zwischen einer häufig wenig organisierten Zwischenlagerung und einem großen Energieverbrauch will die Tiefkühl-Service-Station überwinden. Durch Dienstleistung und Informationstechnologie wird ein hohes Maß an Komfort bei der Beschaffung, Lagerung und Verwaltung des Kühlgutes geboten nach dem Prinzip: Nutzen statt Besitzen.

Mit diesem Konzept besteht die Chance auch das letzte Glied in der gläsernen Kette (Transparenz von der Produktion bis zum Verbraucher) mit einzubeziehen.

Dieses Dienstleistungsangebot knüpft an die Erfahrungen mit historischen Dorfgemeinschaftshäusern an. Die Tiefkühl-Service-Station übernimmt die Idee der Dorfgefrieranlagen, nämlich die Nutzung von Gefrierfächern in Anlagen, die durch ihre Gesamtgröße den einzelnen Gefrierfächern einen optimalen Energieverbrauch garantieren und in der Betreibung ökonomisch und ökologisch effizienter sind als Haushaltsgefriergeräte. Durch die Kumulierung von Haushalten können Dienstleistungen angeboten werden, die für die einzelnen Privathaushalten ansonsten ökonomisch nicht sinnvoll wären.

Die Tiefkühl-Service-Station ist eine zentrale Gefrieranlage mit einzelnen abgeschlossenen Gefrierfächern an einem zentralen Standort mit hoher Wohndichte, z.B. "Ökosiedlung", Mehrfamilienhaus, Zentrum eines Hochhauswohngebiets oder als "Laden" im Innenstadtbereich. Die Gefrierfächer sollen in unterschiedlichen Größen angeboten werden, je nach Haushaltsgröße und Vorratshaltungsbedarf.

Über ein zentrales Informationssystem sind die Gefrierfächer mit den Heim-PCs der Nutzer verknüpft. Ein spezielles EDV-Programm eröffnet die Möglichkeit die Daten der Tiefkühlwaren zu kennzeichnen und zu speichern. Dies gewährleistet den Nutzern jederzeit einen virtuellen Zugang zu ihrem Gefrierfach, der ihnen einen ständig aktuellen Überblick über den Inhalt und die Auslastung des Faches bietet.

Zusätzlich können Informationen und Anleitungen zum Einfrieren von Lebensmitteln, über die Lagerzeit und die Lagerbedingungen sowie Informationen über die Ernährung mit Tiefkühlprodukten und Rezeptvorschläge für Tiefkühlkost – in Ergänzung mit Frischkost – abgerufen werden.

Das IT-System ermöglicht ebenfalls ein online shopping, das von der Auswahl der Produkte am Heim PC bis zur Einlagerung und Registrierung der gelieferten Ware durch den Lieferservice reicht. Die Verwaltung des Kühlfachs in der Tiefkühl-Service-Station soll zudem die einfache Einlagerung größerer Mengen von nicht industriell gefertigter Ware, wie z.B. die Großportionen von Fleisch aus Schlachtgemeinschaften vom "Bio"-Hof oder die Nutzung des Angebots von saisonalem Obst und Gemüse garantieren und damit die regionale Erzeugung fördern.

6. Wirtschaftlichkeit

Aus Berechnungen von heute noch in Betrieb befindlichen Dorfgefrieranlagen können Annäherungswerte für Verbrauchszahlen ermittelt werden. Als Beispiel kann hier die Gemeinschaftsgefrieranlage in Niederkalbach/Hessen genannt werden, die seit 1963(!) in Betrieb ist. Die Anlage besteht aus 72 Fächern mit je 230 l Inhalt. Jedes Mitglied zahlt 80,--DM jährlich für *Strom, Wartung, Reinigung und zur Rücklagenbildung*. Die Fächer wurden damals für 600,--DM gekauft. Bei modernsten Haushaltsgefriergeräten (240 l) mit Energielabel A beläuft sich *nur der Standardstromverbrauch* auf ca. 90 DM jährlich. Es ist deshalb davon auszugehen, dass ein einzelnes Gefrierfach in der Tiefkühl Service Station deutlich weniger Energie benötigt als ein Haushaltsgefriergerät. Über die Höhe der Mietpreise für ein Fach der Tiefkühl Service Station können zur Zeit noch keine Angaben gemacht werden. Voraussetzung ist, dass die Kosten für ein Tiefkühlfach nicht höher sein dürfen, als die Kosten für ein Haushaltsgefriergerät.

7. Weitere Nutznießer

Neben den Privathaushalten können auch Wohnungsbaugesellschaften, Energieunternehmen, Dienstleistungsagenturen und/oder Tiefkühl-Lieferanten in das Konzept als Kooperationspartner mit einbezogen werden.

Betreiber einer Tiefkühl-Service-Station können aus den unterschiedlichsten Bereichen kommen.

Einerseits können Bauherren ein Interesse daran haben in zukunftsfähige Wohnmöglichkeiten zu investieren, dazu gehören Wohneinheiten, die mit viel Komfort und Dienstleistung ausgestattet sind. Es können mehrere Dienstleistungen in Verbindung mit der Wohnung angeboten werden (z.B. Waschsalon, Nähstube, Car-Park u. a. m.).

Andererseits können sich auch Energieunternehmen als Betreiber für eine Tiefkühl-Service-Station interessieren. Hier werden die Möglichkeiten für eine energieoptimierte Tiefkühlanlage geschaffen. Wird die Betreibung mit Erdgas möglich sein, so ist nicht nur eine hohe Energieeffizienz gegeben, sondern gerade für Erdgasversorger ein fast neuer Markt geschaffen. Vor allem im Sommer, wenn der Erdgasverbrauch drastisch zurückgeht, kommen die Gasleistungen an ihre Rentabilitätsgrenze oder darunter. Gerade dann wird für die Tiefkühl-Station Erdgas gebraucht werden.

Als dritte Variante können sich für eine Tiefkühl-Service-Station natürlich auch Dienstleistungsagenturen interessieren, die darauf spezialisiert sind, vor allem Privathaushalten Dienstleistungen aller Art anzubieten. Damit übernehmen sie den Bereich der Vorratshaltung im Privathaushalt, der von den Mitgliedern des Haushalts zwar als wichtig angesehen wird, jedoch in der Organisation auch häufig vernachlässigt wird.

Durch e-commerce und online-shopping wird sich der Heimlieferservice ausweiten. Hier werden Steigerungsraten in zweistelliger Höhe erwartet. Zusätzlich getragen von der Zuwachsrate des Verbrauchs an Tiefkühlprodukten werden Heimlieferservice-Unternehmen ihre Logistik neu überdenken müssen.

Für Hersteller bzw. Heimlieferservice-Unternehmen von Tiefkühlprodukten sind Tiefkühl-Service-Stationen von Interesse. Sie erhalten durch diese Stationen einen gefestigten und großen Kundenstamm an einem Ort. Damit sparen sie Zeit und Energie bei der Auslieferung der Ware. Durch den Warenannahmeservice können die bestellten Waren in Abstimmung mit nur einer Person zeitgleich und zu einem festgelegten Termin (vor allem tagsüber) geliefert werden.

Die Betreuung des Kundenstamms kann optimiert werden. Über die virtuelle Ernährungsberatung im Umgang mit Tiefkühlkost sind viele Möglichkeiten gegeben, auf die Bedürfnisse und Probleme der Kunden einzugehen. Damit wird eine engere Kundenbindung erreicht.

Das Dienstleistungsangebot der Tiefkühl-Service-Station bietet eine moderne Kühltechnik in Verbindung mit neuer Informationstechnologie und wird so zu einem zukunftsfähigen Konzept für Nutzer, Lieferanten und Betreiber der Anlage und stellt einen innovativen Beitrag der Oecotrophologie/Haushaltstechnik zur Nachhaltigkeit im privaten Haushalt dar.

8. Realisierungsperspektiven

Die Entwicklung von "FRIA" und "Luftikus" sind über den Stand einer Konzeptstudie bzw. eines Labor-Prototyps nicht hinausgekommen. Obwohl sowohl in der Öffentlichkeit, als auch durch Einzelhaushalte für kurze Zeit ein reges Interesse vorhanden war, ließ sich kein Hersteller finden, der das Risiko einer anwendungsreifen Entwicklung und einer Markteinführung tragen wollte.

Aus folgenden Gründen muss das unternehmerische Risiko für die kommerzielle Umsetzung solcher Konzepte im Bereich der Haushaltstechnik tatsächlich als sehr groß eingeschätzt werden:

- Diese Konzepte entsprechen nicht dem herrschenden Paradigma, dass Haushaltsprozesse durch ein Einzelgerät durchgeführt werden (Lieferung durch den Elektrohandel), sondern erfordern eine eingehende Analyse des Haushaltes z.B. auch der baulichen Situation.
- Die Realisierung dieser Techniken greift tiefer in den Wohnbereich ein, als es mit der weißen Ware der Fall ist.
- Sie sind Teil der Wohnung und nicht mehr "bewegliche" Konsumgüter, die im Falle eines Umzuges mitgenommen werden können.
- Diese Konzepte können nicht für jeden Haushalt realisiert werden, sie können nur als "angepasste Lösungen" die oben genannten Vorteile bringen. Damit sind die zu erwartenden Stück-

zahlen vergleichsweise gering, und entsprechend wären die Kosten für die Realisierung dieser Techniken deutlich höher als die entsprechenden Haushaltsgroßgeräte.

- Die Haushaltsgeräte-Industrie hat kein Interesse diese Konzepte selber umzusetzen, da sie nicht ihren Produktlinien entsprechen, nicht zu den bestehenden Entwicklungs- und Fertigungseinrichtungen passen und vollständig neue Marketingkonzepte erforderten.

Es ist zu erwarten, das diese Konzepte erst wieder aufgegriffen werden können, wenn die Energiepreise so deutlich gestiegen sind, das die Betriebskosten für die klassischen Haushaltsgroßgeräte eine spürbaren Anteil im Budget der Haushalte ausmachen.

Anders liegen die Verhältnisse bei "WDZ" und "TSS" als dienstleistungsorientierte "Gemeinschaftsanlagen". Die Einrichtung von Waschzentren in einigen Städten, die diesem Konzept schon weitgehend entsprechen, zeigt, dass dafür eine Akzeptanz geschaffen werden kann. Die Investitionen betreffen nur eine Einzelanlage, so dass das wirtschaftliche Risiko überschaubarer ist. Es ist vorstellbar und wird von uns angestrebt, dass für eine Modellanlage der Tiefkühl-Service-Station ein Konsortium aus regionalen Energieversorgern, Wohnungsbauträgern oder Bauherren und Anlagenherstellern gewonnen werden kann.

Im folgenden die Darstellung eines Bauprojektes, welches die Rahmenbedingungen bieten würde für die Umsetzung des Projekts der TSS:

Fulda Galerie

Die Fulda Galerie ist ein neuer Stadtteil, der in den nächsten Jahren auf dem inzwischen verlassenen Gelände der US-Armee in Sickels bei Fulda entstehen wird. Aufgrund seiner völligen Neukonzeption bietet sich dieser Stadtteil als Standort für eine TSS geradezu an. Die Betreiber der Fulda Galerie propagieren dort neuartige Konzepte des Wohnens und Arbeitens sowie der Nachhaltigkeit beispielsweise im Bezug auf Bauweisen (Passiv- bzw. Niedrigenergiehäuser).

Auf dem geplanten Gelände sollen rund 3000 Menschen wohnen und arbeiten können.

Planung des neuen Stadtteils sowie der Verkauf der Grundstücke wird von der Projektgesellschaft "Fulda Galerie" durchgeführt, die eignes zu diesem Zweck gegründet wurde. Ab November 2001 wird mit den Erschließungsarbeiten begonnen, Baubeginn ist im Frühjahr 2002.

Der Rahmenplan sieht eine Bebauungsdauer von ca. 6 Jahren vor, das Ende der Bebauungsfrist ist somit für Ende 2008 einkalkuliert.

Die Projektgesellschaft arbeitet unter anderem mit der Kreishandwerkerschaft, dem Regionalmarketing, der Vereinigung freischaffender Architekten, dem Kreisverband und dem Deutschen Zentrum für Handwerk und Denkmalpflege (ZHD) zusammen.

Unter dem Gesichtspunkt der Energieeinsparung und der ökologischen Nachhaltigkeit soll der Aufbau einer flächendeckenden Gasversorgung als Basisenergie für die Fulda Galerie erfolgen. Darüber hinaus ist der Einsatz regenerativer Energien und zentrale Energieversorgung wie z.B. Wärmekraftkopplung über Blockheizwerke machbar.

Die Gesamtfläche beträgt 90 Hektar und ist in verschiedenen Bebauungsabschnitte eingeteilt.

Vorgesehen sind:

- Panorama Wohnpark mit 14,2 Hektar und ca. 100 Grundstücken
- Wohnpark Süd mit 8,9 Hektar und ca. 80 Grundstücken
- Wohnpark Süd-West mit 10,9 Hektar
- Wohnpark West mit 8,0 Hektar
- Wohnpark Mitte mit 7,5 Hektar
- Wohnpark Wäldchen mit 8,5 Hektar
- Zentrum mit 11,2 Hektar
- Freizeit, -Gewerbe bzw. Messegelände von 16,3 Hektar

Die infrastrukturellen Planungen der Fulda Galerie sehen ein Stadtteilzentrum vor, welches zugleich das Versorgungszentrum für die dortige Bevölkerung sein wird.

In diesem Mischgebiet mit einem verdichteten Wohnbereich sind unter anderem ein Altenstift, ein Supermarkt, Versorgungseinrichtungen, eine Grundschule und ein Kindergarten vorgesehen.

Die Hauptverkehrslinien zum neuen Stadtteil sind zum einen die Sickelser Straße (Bundesstraße), zum anderen ist ein Westring geplant, der in den nächsten Jahren gebaut werden soll.

Eine Ladenfläche oder noch besser ein großzügiger Kellerraum im Bereich des Versorgungszentrums der Fulda Galerie bietet sich als geeigneter Standort an. Die Lage ist zentral und von allen Bebauungsabschnitten aus gut erreichbar. Zudem befinden sich die Schule, der Supermarkt und andere Versorgungseinrichtungen in unmittelbarer Nähe (nicht mehr als 200m), die bequem zu Fuß zu erreichen sind.

Nach einer vorläufigen, groben Schätzung werden sich in einem Radius von 200 m 120-180 Haushalte befinden.

Anhand einer Untersuchung in Form von Fragebögen soll im Vorfeld die Bereitschaft und das Interesse an einem Gefrierfach in der TSS der zukünftigen Bewohner der Fulda Galerie ermittelt werden. Auf der Grundlage dieser Ergebnisse, kann der Bedarf an Gefrierfächern bzw. die Größe der TSS abgeschätzt werden.

9. Fazit

Die dargestellten Konzepte machen deutlich, dass eine haushalts- und umweltorientierte Bewältigung der alltäglichen Hausarbeiten nicht mehr nur durch verbesserte Geräte möglich ist. Die neuen Konzepte erfordern die Überwindung der Trennung von Haushaltstechnik (Gerät) und Haustechnik (Heizung, Regenwasser, Solaranlage, Belüftung etc.). Eine nachhaltige Haushaltsführung kann nicht mehr vor allem mit neuen Geräteentwicklungen erreicht werden, sondern setzt ganzheitliche bedürfnisorientierte Lösungskonzepte für den Haushaltsprozess voraus. Die moderne Regeltechniken und die neuen Informationstechnologien können helfen, diese Konzepte attraktiv zu machen und die Akzeptanz gerade bei jüngeren Haushalten zu erreichen. Bei einer solchen neuen Sichtweise der Haushaltstechnologie sollte eine Verfahrensentwicklung unter Einbeziehung von physikalisch-technischen Notwendigkeiten, Ausnutzung der Umweltbedingungen – Wohnsituation, ökonomische Bedingungen und dem Bewertungsverfahren der Umweltrelevanz – und Verhaltensänderungen erfolgen.

Literatur

Bundesministerium für Familie, Senioren, Frauen und Jugend, Die Familie im Spiegel der amtlichen Statistik. 5. Aufl, Bonn, 1999

R. Dylla, Tiefkühl-Service-Station: Individuelle Vorratshaltung in zentralen Gefrieranlagen, Diplomarbeit, Fachhochschule Fulda, 2000

Fachausschuß Haushaltstechnik der DGH, Arbeitskreis barrierefreie Hausgeräte: Forderungen zur barrierefreien Gestaltung von Hausgeräten, Stand 1996

D. Flachsmann, Untersuchungen zur Gebrauchstauglichkeit eines feuchtigkeitsgesteuerten Trockenschranks
Diplomarbeit, Fachhochschule Fulda, 1996

FORON Stiftung, FORON – Workshop, Neue Wege in der Wäschepflege, 1996

U. Kurfürst, E. Leicht-Eckhardt, D. Flachsmann, K. Wortmann (1996), Feuchtigkeitsgeregelte Trockenkammer für Wäsche im Privathaushalt – Konzept, Energiereduzierung, und vergleichende Bewertung, Hauswirtschaft und Wissenschaft 5-6, 200-209

Kutsch, T., Piorkowsky, M.-B., Schätzke, M., Einführung in die Haushaltswissenschaft: Haushaltsökonomie, Haushaltssoziologie, Haushaltstechnik. Stuttgart, 1997

Mardorf, S., Haushaltsnahe Dienstleistungen aus haushaltswissenschaftlicher und frauenpolitischer Perspektive, Diplomarbeit, Gießen, 2000

Ministerium für Umwelt und Verkehr Baden – Württemberg, "Nutzen statt Besitzen" Mieten, Teilen, Leihen von Gütern – ein Zukunftsmodell?, Heft 47, 1996

Pichert, H., Gessner, I., Die barrierefreie Küche, Teil I: Theorie und Konzept. In: Hauswirtschaft und Wissenschaft, Heft 2, 1997, S. 71 – 77

Pichert, H., Gessner, I., Die barrierefreie Küche, Teil II: Die Aktionsküche des Fränkischen Überlandwerkes – ein Pilotprojekt im Jahr 1995. In: Hauswirtschaft und Wissenschaft, Heft 3, 1997, S. 132 – 137

K. Rockel (damals Wortmann), Soziokulturelle Betrachtung der Textilreinigung im Privathaushalt als Vorraussetzung für Konzepte ökologischen Verhaltens, Diplomarbeit, Fachhochschule Fulda, 1993

Schweitzer, R. von, Einführung in die Wirtschaftslehre des privaten Haushalts. Stuttgart, 1991

U. Tischner, Ein umweltfreundliches Kühlkonzept für den Haushalt, Wuppertal Institut für Klima und Umwelt, 1993

Passivhäuser für Mieter – Eine Chance für die Diffusion nachhaltigen Bauens und Wohnens?

Dr.-Ing. Hartmut Hübner & Dipl.-Kfm. Dipl.-Ing. Andreas Hermelink

Wissenschaftliches Zentrum für Umweltsystemforschung, Universität Gesamthochschule Kassel
E-Mail: hermelink@usf.uni-kassel.de

1. Einführung

Der Bereich "Bauen und Wohnen" ist für die Entwicklung von Strategien nachhaltigen Konsums besonders relevant. Ca. 30% aller konsumbedingten Energie- und Stoffströme fallen in diesem Bedürfnisfeld an, womit die Bereiche Ernährung (ca. 20%) und Mobilität (ca. 10%) deutlich übertroffen werden. (Belz 2001, S. 232).

Aufgrund der hohen Ineffizienz der Energienutzung im Bedürfnisfeld "Bauen und Wohnen" (Hübner/Hermelink 2001, S. 70 f.) bestehen sehr große Einsparpotentiale, deren Erschließung bisher allerdings den Bevölkerungsschichten vorbehalten blieb, die sich ein Eigenheim oder eine aufwendige Sanierung leisten konnten. Jedoch werden selbst in diesen Fällen die Einsparpotentiale meist nur unzureichend erschlossen. Eine Pioniertat stellt daher die Fertigstellung zweier Mehrfamilien-Passivhäuser im sozialen Wohnungsbau durch die Kasseler Wohnungsbaugesellschaft GWG dar. Im folgenden werden einige Konsequenzen dargestellt, die mit diesem Bauvorhaben für die ökologische, ökonomische und soziale Dimension der Nachhaltigkeit verbunden sind.

2. Passivhäuser für Mieter in Kassel als Innovation

Passivhäuser stellen eine Weiterentwicklung der Niedrigenergiehäuser dar. Von einem Passivhaus wird dann geredet, wenn der jährliche Heizwärmebedarf unter 15 kWh/m² liegt. Das entspricht etwa dem Energieinhalt von 1,5 l Heizöl, so dass gelegentlich auch vom "1-Liter-Haus" geredet wird.

Abbildung 1 - Mehrfamilien-Passivhäuser in Kassel/Marbachshöhe

Möglich wird dies durch eine konsequente Reduzierung der Wärmeverluste. Hierfür sorgen eine sehr hohe Dichtigkeit der Gebäudehülle, Dämmstoffdicken zwischen 25 und 40 cm an Dach, Wand und Boden, Dreifachverglasungen, die selbst im Winter höhere solare Gewinne als Wärmeverluste aufweisen und eine mechanische Lüftungsanlage, die ständig für frische Luft sorgt und über 80% der in der Abluft enthaltenen Wärme für die Erwärmung der Frischluft zurückgewinnt (Feist 1999, S. 16 ff.).

So genügen für das Beheizen der Wohnungen nahezu die durch die Fenster eingestrahlte Sonnenenergie, die von den Bewohnern abgegebene Körperwärme und die Wärme elektrischer Geräte. Der verbleibende Heizwärmebedarf wird durch Erwärmen der Zuluft gedeckt. Ein konventionelles Heizsystem ist im Passivhaus nicht vorhanden.

Der Bau der in *Abbildung 1* gezeigten Passivhäuser mit 23 bzw. 17 Sozialwohnungen durch die Gemeinnützige Wohnungsbaugesellschaft der Stadt Kassel (GWG) muß als hoch innovativ bezeichnet werden. Bis zur Bezugsfertigkeit der Gebäude im Mai 2000 ist nichts Vergleichbares gebaut worden, denn alle vorher fertiggestellten Passivhäuser – seit 1990 über 1000 – sind in der Größenordnung von Einfamilien- oder Reihenhäusern und werden ausschließlich von den Eigentümern bewohnt.

Außerdem beweisen beide Gebäude, dass Passivhäuser auch im Rahmen vorhandener Bebauungspläne realisierbar sind, die eine als ungünstig geltende Nord-Süd-Ausrichtung der Gebäude vorschreiben.

3. Passivhäuser für Mieter als Nachhaltigkeitsoption?

Zur Beantwortung der Frage, inwieweit Passivhäuser für Mieter im Bereich "Bauen und Wohnen" eine zukunftsweisende, nachhaltige Alternative darstellen, sollen sie im folgenden am von der Enquete-Kommission "Schutz des Menschen und der Umwelt" entwickelten Zieldreieck (*Abbildung 2*) für diesen Bereich gemessen werden (Enquete-Kommission 1998, S. 233 ff.).

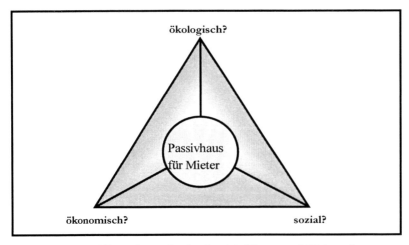

Abbildung 2 – Zieldimensionen für den Bereich "Bauen und Wohnen"

3.1 Passivhäuser für Mieter: Ökologische Dimension

Die ökologische Dimension kann als primäre Dimension der Nachhaltigkeit aufgefasst werden, aus der die ökonomische und soziale Dimension abgeleitet sind (Scherhorn 1997, S. 5). Aus diesem Grund wird dieser Punkt hier zuerst erörtert.

In der Einleitung wurde bereits der extrem geringe Heizwärmebedarf von Passivhäusern erwähnt. Die Bedeutung des Heizwärmebedarfs in Deutschland lässt sich aus seinem ca. 77 %-igen Anteil am gesamten Endenergiebedarf des Sektors der privaten Haushalte ableiten. Mit ca. 29 % haben die privaten Haushalte wiederum einen Anteil am gesamten Endenergieverbrauch, der etwa so hoch ist, wie derjenige der Sektoren Industrie oder Verkehr (BINE 2000, S. 2). Somit zeichnet allein der Heizwärmebedarf der privaten Haushalte für ca. 22 % des gesamten Endenergiebedarfs verantwort-

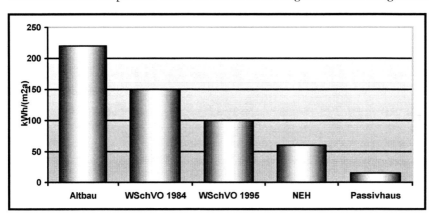

Abbildung 3 – Heizwärmebedarf verschiedener Baustandards (in Anlehnung an Feist 1997, S. 8)

lich. Wie *Abbildung 3* zeigt, bestehen hierbei immense Einsparpotentiale. Während im Altbau-Bestand pro m² beheizter Fläche und Jahr 220 kWh Heizwärme eingesetzt werden müssen, um die Energiedienstleistung "warme Wohnung" zu erbringen, sind es in einem Neubau nach Wärmeschutzverordnung 1995 100 kWh und in einem Niedrigenergiehaus 60 kWh – im Passivhaus genügen schon 15 kWh.

Im Rahmen des CEPHEUS Projektes wurde das Kasseler Gebäude mit 23 Wohneinheiten detailliert gemessen. Schon im ersten Winter 2000/2001 lag der spezifische Heizwärmebedarf trotz auszutrocknender Baufeuchte mit 17,1 kWh/(m²a) im Bereich des projektierten Wertes von 14,9 kWh pro Jahr (Pfluger 2001a, S. 37).

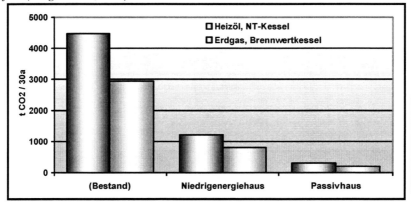

Abbildung 4 – CO_2-Emissionen verschiedener Baustandards

Dies verdeutlicht, dass "Faktor 4" (Weizsäcker 1996, S. 42 ff.) selbst im Verhältnis zum Niedrigenergiehaus (NEH), das erst mit der Energieeinsparverordnung (EnEV) 2002 als gesetzlicher Standard eingeführt wird, erreicht werden kann.

Mit der Heizwärmeeinsparung ist eine entsprechende Reduktion der CO_2-Emissionen verbunden. Überwiegend werden Wohngebäude in Deutschland mit Heizöl oder Erdgas beheizt (Hauser 2001, S. 7). Als modernste Geräte zur Wärmeerzeugung kommen dabei Niedertemperatur-Heizkessel für Heizöl bzw. Gas-Brennwertkessel zum Einsatz, womit pro erzeugter kWh Heizwärme CO_2-Emissionen von 0,38 kg bzw. 0,25 kg verbunden sind (KfW 2001, S. 1). *Abbildung 4* zeigt die CO_2-Emissionen für das Passivhaus in Kassel mit 23 Wohnungen (Energiebezugsfläche 1785 m²) über einen Zeitraum von 30 Jahren für die Bereitstellung der Heizwärme je nach Heizsystem. Zum Vergleich sind die mehr als 4-Mal so hohen Emissionen eines Niedrigenergiehauses (60 kWh/(m²a)) und die ca. 15-Mal so hohen Emissionen eines Altbaus (220 kWh/(m²a)) dargestellt. Im Altbau ergeben sich in der Realität noch höhere Emissionen, da Niedertemperatur- oder Brennwertkessel dort im Normalfall nicht einsetzbar sind.

Häufig wird argumentiert, daß die hohen Heizenergieeinsparungen durch erhöhten baulichen Aufwand und Stromeinsatz wieder zunichte gemacht werden. Dies ist jedoch nicht der Fall. Gegenüber einem Niedrigenergiehaus baut das Passivhaus seinen ökologischen Vorsprung bei einer solchen Lebenszyklusbetrachtung eher noch aus. Genau wie im Passivhaus ist im Niedrigenergiehaus für den kontrollierten Luftaustausch in den Wintermonaten eine Lüftungsanlage erforderlich. Im Passivhaus ist hierin in jedem Fall eine Wärmerückgewinnung (WRG) enthalten, die eine deutlich positive Gesamtenergiebilanz aufweist. Ein ohne WRG ausgestattetes Niedrigenergiehaus schneidet hier deutlich schlechter ab. Dem zusätzlichen Energieeinsatz beim Passivhaus für Dämmaterial und Lüftungstechnik steht ein Minderenergieeinsatz durch den Verzicht auf ein konventionelles Heizungssystem gegenüber.

Zusammenfassend kann festgehalten werden, dass das Passivhaus in der ökologischen Dimension die derzeit beste Alternative darstellt. "Faktor 4" wird selbst im Vergleich zum Niedrigenergiehaus erzielt.

3.2 Passivhäuser für Mieter: Ökonomische und soziale Dimension

Ein gern verwendetes Argument gegen Passivhäuser lautet, dass sie zu teuer sind. Dies kann auf die beiden im Rahmen des sozialen Wohnungsbaus erstellten Kasseler Gebäude nicht zutreffen. Für ein hoch innovatives Pilotprojekt hielten sich die zusätzlichen Investitionskosten mit weniger als 10 % gegenüber einem Neubau nach Wärmeschutzverordnung in engen Grenzen. Im Vergleich zu dem ab 2002 gemäß Energieeinsparverordnung geforderten Standard wird diese Marge weiter sinken.

Gerade im sozialen Wohnungsbau sind für die Mieter die laufenden Kosten entscheidend. Wie schnell in einkommensschwachen Haushalten durch sprunghaft steigende Heizenergiepreise wirtschaftliche Notlagen entstehen können, zeigte sich im Winter 2000/2001.

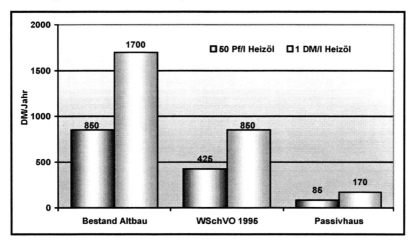

Abbildung 5 – Jährliche Heizenergiekosten bei verschiedenen Baustandards und Preisniveaus

Während der damals kurzfristig gewährte Heizkostenzuschuss von 5 DM/m² vielfach nicht zur Deckung des Anstiegs der Energiekosten ausreichte, blieben die Bewohner der Passivhäuser von der Preiserhöhung nahezu unberührt.

Im Durchschnitt betrugen die Rechnungen im Haus mit 23 Wohneinheiten für eine 73 m² große Wohnung nur 170 DM. Nimmt man vereinfacht und zu Gunsten eines nach WSchVO 1995 bzw. als Altbau errichteten Gebäudes an, dass die Energiekosten dort nur 5- bzw. 10 Mal so hoch wie im Passivhaus sind, dann zeigt *Abbildung 5* die Auswirkung einer Preissteigerung von 50 Pf auf 1 DM/Liter Heizöl. Der Heizkostenzuschuß von 5 DM/m² deckt selbst im Neubau nach WSchVO nicht den Kostenanstieg von 425 DM / 73 m² = 5,82 DM/m². Im Passivhaus steigen die Kosten nur um 1,16 DM/m².

Caplovitz' berühmte These "The poor pay more" wurde damit in den Passivhaus-Sozialwohnungen auf den Kopf gestellt: "The poor pay less!" Dieser Nutzen kann nicht hoch genug bewertet werden.

Höheren Nutzen bieten Passivhäuser auch durch mehr Wohnkomfort und gesünderes Raumklima:

- Lärmschutz durch 3-Scheiben-Verglasung und Möglichkeit, Fenster immer geschlossen zu halten
- ständig ausreichende Frischluftzufuhr
- Schutz gegen Staub und Pollen durch Filterung der Frischluft
- geringe Luftgeschwindigkeiten und warme innere Oberflächen verhindern Zugerscheinungen
- angenehm kühles Wohnraumklima im Sommer (Pfluger 2001b, S. 8 ff.)

Dass diese Faktoren auch in der Praxis Bestand haben, belegen die Urteile der Mieter und die Messergebnisse. Die Frischluftzufuhr durch die Lüftungsanlage im Winter wurde im Mittel beider Häuser mit 4,6 auf einer Skala von 0 (sehr schlecht) bis 6 (sehr gut) bewertet.

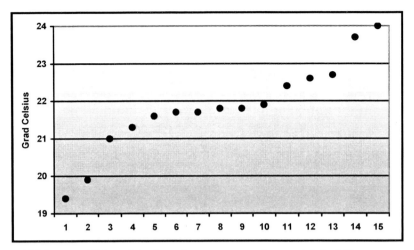

Abbildung 6 – Während der Interviews gemessene "genau richtige" Temperaturen

Vor dem Winter wurde eine deutliche Skepsis hinsichtlich der Eignung der Lüftungsanlage zur Heizung der Wohnung geäußert. Immerhin 21 der 29 Befragten ordneten ihre Antwort auf die vor dem Winter gestellte Frage "Haben Sie Sorge, dass die Lüftungsanlage im Winter nicht zuverlässig wärmt?" auf einer Skala von 0 (gar nicht) bis 6 (sehr stark) in den Kategorien 3 (etwas) bis 6 ein. Nach dem Winter wurde die Gegenfrage gestellt: "Wie zufrieden sind Sie insgesamt damit, wie die Lüftungsanlage die Wohnung im Winter gewärmt hat?" Diese beantworteten dieselben Personen nun sehr positiv: 26 der 29 Befragten gaben ihre Zufriedenheit zwischen 3 (etwas) und 6 (vollkommen) an, als Mittelwert ergab sich 4,7. So ist auch die hohe Zufriedenheit mit den Temperaturen in den einzelnen Räumen mit Werten von 4,3 im Schlafzimmer, 4,8 im Wohnzimmer und 5,1 im Badezimmer zu erklären.

Temperaturwünsche werden im Passivhaus nicht nur gut bis sehr gut erfüllt, sie weisen auch eine große Bandbreite auf. Während der Winter-Interviews wurde gefragt, wie die gerade am Interviewort herrschende Temperatur eingeschätzt würde. 75 % antworteten, die Temperatur sei "genau richtig". *Abbildung 6* zeigt die während der Interviews gemessenen und als "genau richtig" bezeichneten Temperaturen. Neben der großen Bandbreite von 19,4 °C bis 24,0 °C fällt auf, dass der Mittelwert fast 22 °C erreicht, womit gerade für wärmetechnisch weitaus schlechtere Bauten die übliche Auslegungstemperatur von 20 °C sehr in Frage zu stellen ist.

Mit dem begleitenden Messprogramm für das Haus mit 23 Wohnungen konnte ein weiteres Vorurteil gegen hoch gedämmte Gebäude widerlegt werden. Obwohl der Sommer 2001 ungewöhnlich heiß war, blieb es im Passivhaus angenehm kühl. Selbst in der heißesten Woche des Jahres mit Spitzentemperaturen bis zu 33,8 °C konnten noch behagliche Raumlufttemperaturen von 25 °C verzeichnet werden – und das ohne jeden Energieeinsatz für Kühlung (Pfluger 2001b, S. 8 ff.).

Als Fazit kann festgehalten werden, dass das Passivhaus für Mieter auch die unter dem Gesichtspunkt der Nachhaltigkeit an Wohngebäude zu stellenden ökonomischen und sozialen Anforderungen genauso gut oder besser erfüllt als die übrigen Gebäude-Alternativen.

3.4 Zusammenfassende Beurteilung

In den vorangegangenen Ausführungen wurde der Versuch unternommen, Passivhäuser unter dem Aspekt des nachhaltigen Bauens und Wohnens zu bewerten. Als Bewertungsmaßstab dienten die Zieldimensionen der Enquete-Kommission "Schutz des Menschen und der Umwelt". *Tabelle 1* fasst die Ergebnisse zusammen.

Tabelle 1 – Vor- und Nachteile von Passivhäusern für Mieter in den Nachhaltigkeitsdimensionen

Zieldimensionen für den Bereich "Bauen und Wohnen" – Das Passivhaus für Mieter als nachhaltige Alternative		
Ökologische Dimension	Ökonomische Dimension	Soziale Dimension
<ul><li>"Faktor 10": Heizwärmebedarf und CO_2-Emissionen über 90 % geringer als im Bestand</li><li>"Faktor 4": Heizwärmebedarf und CO_2-Emissionen über 75 % geringer als im Niedrigenergiehaus nach EnEV</li><li>weniger Materialaufwand durch Wegfall des konventionellen Heizsystems</li></ul>	<ul><li>extrem geringe Kosten für Heizwärme</li><li>Minderkosten durch Wegfall des konventionellen Heizsystems</li><li>Minimierung der Lebenszykluskosten</li></ul>	<ul><li>"The poor pay less"</li><li>weitgehende Immunität gegen Heizenergiepreissteigerungen</li><li>angenehmeres Raumklima im Winter</li><li>angenehmeres Raumklima im Sommer</li><li>Lärmschutz</li><li>Schutz gegen Staub und Pollen</li></ul>
<ul><li>höherer Materialaufwand bei Wärmedämmung, Fenstern und Lüftungsanlage</li></ul>	<ul><li>Mehrkosten bei Wärmedämmung, Fenstern und Lüftungsanlage</li></ul>	<ul><li>höhere Transaktions"kosten": Verstehen der neuartigen technischen Umgebung</li></ul>

Aus obigen Überlegungen lassen sich klare Aussagen hinsichtlich Effizienz und Suffizienz ableiten. "Unter Effizienz versteht man die Verringerung des Ressourcen- und Umweltverbrauchs pro Gut, unter Suffizienz die Verringerung des Pro-Kopf-Verbrauchs an Gütern." (Scherhorn 1997, S. 7). Definiert man im Bedürfnisfeld "Bauen und Wohnen" das Gut als Dienstleistung "angenehmes und gesundes Wohnen", dann steigt die Qualität dieser Dienstleistung im Passivhaus im Vergleich zu allen anderen Gebäude-Alternativen an. Mit dieser Steigerung ist ein etwas höherer Verbrauch an Baustoffen und ein extrem verringerter Verbrauch an Heizwärme und somit an fossilen Energieträgern verbunden. Der Ressourcen- und Umweltverbrauch sinkt insgesamt deutlich. Somit kann das Passivhaus als derzeit effizienteste Gebäudealternative bezeichnet werden. Suffizienz würde in diesem Sinne einen Verzicht auf "angenehmes und gesundes Wohnen" bedeuten, was sich z.B. durch niedrigere Raumtemperaturen erreichen ließe. Diese Suffizienz-Maßnahme ist im Passivhaus nicht erforderlich wie oben gezeigt wurde. Aufgrund der extrem hohen Effizienz wird jedoch beim Realgut "fossile Energieträger" ein hohes Maß an Suffizienz erreicht.

4. Die Diffusion von Passivhäusern für Mieter

Im Sinne einer nachhaltigen Entwicklung im Bereich "Bauen und Wohnen" erscheint eine verstärkte Diffusion von Passivhäusern gerade auch im Mietwohnungsbereich erstrebenswert.

Am Beispiel Kassel wurde deutlich, wie erfolgversprechend eine Push-Strategie explizit für Passivhäuser, wie sie von der Wohnungsbaugesellschaft zunächst verfolgt wurde, bei Mietern ist – die Nachfrage war ausgesprochen niedrig. Erst als die Anzeigen wieder traditionell wichtige Merkmale wie z.B. "gute Lage" hervorhoben, stieg die Nachfrage an. Gestützt wird dieses Ergebnis durch Interviews mit den Mietern. Nach den entscheidenden Punkten bei der Wohnungssuche gefragt, ergab sich folgendes Ergebnis (*Abbildung 7*):

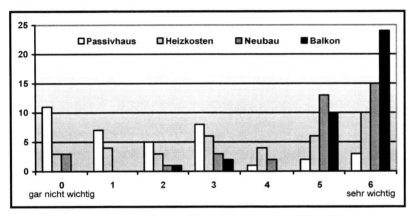

Abbildung 7 – Für Mieter wichtige Kriterien bei der Wohnungssuche

Eindeutig am unwichtigsten war das Kriterium "Passivhaus", während ohne Balkon kaum jemand eingezogen wäre. Für Werbemaßnahmen eignen sich zur Differenzierung gegenüber anderen Gebäudetypen noch am ehesten die Heizkosten, denen als Kriterium schon eine gewisse Bedeutung zukam. Bei Besichtigungen wurde letztlich seitens der Wohnungsbaugesellschaft nur angemerkt, dass es trotz fehlender Heizkörper auch im Winter warm würde. 39 von 40 Wohnungen konnten vermietet werden.

Aufgrund des hohen Innovationsgrades der Passivhäuser sind die bisher gesammelten Erfahrungen nicht nur bei Mietern weitgehend unbekannt. Viele der oben genannten Vorteile des Passivhauses sind Erfahrungseigenschaften, die vor dem Einzug praktisch nicht geprüft werden können.

Bereits erwähnt wurde die Skepsis vor der ersten Heizperiode. Nicht zu unterschätzen ist hierbei der von Freunden und Familienangehörigen ausgeübte soziale Druck. Einem Mieter wurde von einem Freund ein Heizlüfter als Weihnachtsgeschenk angeboten, da es doch in seiner Wohnung keine Heizkörper gebe. Dabei ist die Meinung von Freunden und Familienangehörigen sehr wichtig für die eigene Einstellung gegenüber dem Passivhaus. So bestand nach dem Winter eine auf dem 0,01 %-Niveau signifikante Korrelation von 65 % zwischen den Antworten auf die Aussagen "Meine Freunde und Familienangehörigen finden es toll, daß ich in einem Passivhaus wohne" und "Ich bin stolz darauf, in einem Passivhaus zu wohnen."

Insgesamt fällt die Meinung der Bewohner nach dem ersten Winter sehr positiv aus. *Abbildung 8* stellt die Zustimmung zur Aussage "Ich würde Passivhäuser weiterempfehlen" dar. Deutlich erkennbar gab es einen "Ausreißer" – bei diesem Mieter war ein Wärmetauscher defekt.

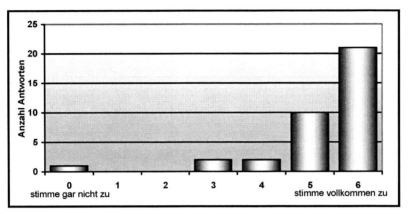

Abbildung 8 – Zustimmung der Mieter zur Aussage "Ich würde Passivhäuser weiterempfehlen"

Im bisherigen Projektverlauf konnte ein steigendes Interesse der Mieter und weiterer für die Diffusion wichtiger Akteure wie Medien, Architekten, Ingenieure und Umweltbehörden festgestellt werden. Entscheidend dafür ist, dass hier ein Passivhaus für Mieter erstmals "leibhaftig" erfahrbar ist und nicht nur als theoretische Möglichkeit existiert. Die positiven Erfahrungen aus dem bisher einzigartigen Projekt in Kassel sollten dazu beitragen, dass diese Akteure der Diffusion förderlich sind.

Es bleibt zu hoffen, dass weitere Wohnungsunternehmen dem Beispiel der Gemeinnützigen Wohnungsbaugesellschaft der Stadt Kassel (GWG) folgen, auch wenn sie dafür nicht mehr – wie die GWG im Jahre 2001 – den Bauherrenpreis gewinnen, der vom Bund Deutscher Architekten, dem Deutschen Städtetag und dem Bundesverband deutscher Wohnungsunternehmen vergeben wird.

In diesem Zusammenhang muss gleichfalls die Vergabe des Deutschen Umweltpreises 2001 durch den Bundespräsidenten an Dr. Wolfgang Feist für seine Verdienste um das Passivhaus erwähnt werden. Das Passivhausinstitut Dr. Feist stellte durch seine Beratung auch die Qualität der Passivhäuser für Mieter in Kassel sicher.

5. Resümee und Ausblick

Im Mai 2000 zogen in Kassel die ersten Mieter in Passivhäuser ein, die im Rahmen des sozialen Wohnungsbaus errichtet worden sind. Seitdem werden die Bewohner und die beiden Häuser durch verschiedene wissenschaftliche Projekte begleitet. Die Autoren dieses Beitrags führen Ihre Untersuchungen im Projekt "Nutzungsorientierte Gestaltung von Passivhäusern" durch, das von der Deutschen Bundesstiftung Umwelt (DBU) gefördert wird. Das Projekt ist über 2,5 Jahre als Längsschnittuntersuchung angelegt und zielt darauf ab, mittels mehrerer sozialwissenschaftlich fundierter Interviews das Bewohnerverhalten, dessen psychologische Determinanten und die Zusammenhänge mit den gemessenen physikalischen Größen zu untersuchen und zu erklären und daraus Verbesserungs- und Interventionsmaßnahmen abzuleiten. Messungen physikalischer Größen, wie Temperaturen und Energieverbräuche, wurden vom Passivhausinstitut Dr. Wolfgang Feist im Rahmen des CEPHEUS-Projektes durchgeführt und für die Autoren im DBU-Projekt aufbereitet.

Angesichts des CO_2-Reduktionszieles der deutschen Regierung von 25 % bis 2005 im Vergleich zu 1990 und den jüngsten Vereinbarungen der Klimakonferenz in Marrakesch sollte intensiv an der Umsetzung der Worte Fritz Brickweddes, Generalsekretär der Deutschen Bundesstiftung Umwelt, anlässlich der Verleihung des Umweltpreises an Dr. Feist, gearbeitet werden: "Der Passivhaus-Standard hat gute Aussichten, der Neubau-Standard der Zukunft zu werden." (Umweltservice, 2001).

Dabei sollte der Mietwohnungsbau jedoch ein ebenso starkes Gewicht erhalten wie der Eigenheimbau. Wie in diesem Beitrag gezeigt wurde, ist gerade das Passivhaus für Mieter gleichermaßen ökologisch, ökonomisch und sozial vorteilhaft – und es wird von den Mietern akzeptiert.

Damit ist das Passivhaus für Mieter tatsächlich eine Chance für nachhaltiges Bauen und Wohnen.

Literatur

Belz, Frank Martin (2001): Integratives Öko-Marketing, Wiesbaden

BINE Informationsdienst (2000): Energie im Wandel. Reihe basisEnergie Nr. 7.

Feist, Wolfgang (1997): Grundlagen der Gestaltung von Passivhäusern, Passivhaus-Bericht Nr. 18, Darmstadt

Feist, Wolfgang (1999): Der Stand der Passivhausentwicklung; in: GREinform, Nr. 19, April 1999, S. 16 – 20

Enquete-Kommission (1998): Konzept Nachhaltigkeit, Abschlußbereicht der Enquete-Kommission "Schutz des Menschen und der Umwelt – Ziele und Rahmenbedingungen einer nachhaltig zukunftverträglichen Entwicklung" des 13. Deutschen Bundestages, Bonn

Hauser, Gerd u.a. (2001): Energieeinsparung im Gebäudebestand, GRE - Gesellschaft für rationelle Energieverwendung (Hrsg.), Berlin

Hübner, Hartmut; Hermelink, Andreas (2001): Ultra-efficient heat use in residential buildings and long-term implications for the supply-side, in: Tagungsband zur Konferenz "Energy Efficiency, Energy Markets and Environmental Protection in the New Millenium, Sopron (Ungarn), Juni 2001

KfW (2001): KfW-CO_2-Gebäudesanierungs-Programm, Anlage 4, Technisches Merkblatt für das Maßnahmenpaket 4

Pfluger, Rainer; Feist, Wolfgang (2001a): Meßtechnische Untersuchung und Auswertung, Kostengünstiger Passivhaus-Geschoßwohnungsbau in Kassel Marbachshöhe, CEPHEUS-Projektinformation Nr. 15, Fachinformation PHI-2001/2

Pfluger, Rainer; Feist, Wolfgang (2001b): Sommerliches Innenklima im Passivhaus-Geschoßwohnungsbau, Meßtechnische Untersuchung und Auswertung des sommerlichen thermischen Verhaltens eines Passivhaus-Geschoßwohnungsbaus in Kassel Marbachshöhe, CEPHEUS-Projektinformation Nr. 42, Fachinformation PHI-2001/11, gefördert durch das Hessische Ministerium für Umwelt, Landwirtschaft und Forsten

Scherhorn, Gerhard; Reisch, Lucia; Schrödel, Sabine (1997): Wege zu nachhaltigen Konsummustern, Kurzfassung des Ergebnisberichts über den Expertenworkshop "Wege zu nachhaltigen Konummustern", Stuttgart-Hohenheim

Umweltservice (2001): Deutscher Umweltpreis 2001 an Dr. Wolfgang Feist, http://www.umweltservice.de/news/2001/454.html

Weizsäcker, Ernst Ulrich von u.a. (1996): Faktor vier, Doppelter Wohlstand - halbierter Naturverbrauch, München

Ansätze einer nachhaltigen Mobilitätskultur im Berufs-, Einkaufs-, Ausbildungs- und Freizeitverkehr

Dr. Thomas W. Zängler & Prof. Dr. Georg Karg

Technische Universität München, Department für Wirtschafts- und Sozialwissenschaften
E-Mail: zaengler@wzw.tum.de; karg@wzw.zum.de

1. Einführung

Mobilität bestimmt als durchgehendes Prinzip die Natur des Menschen ebenso wie seine Kultur und Zivilisation (vgl. Gleich 1998, S. 10). Am Beginn der menschlichen Entwicklung steht Bewegung im Raum zur Beschaffung von Nahrung und Ausbreitung des Lebensraumes. Als entscheidendes Mobilitäts-Ereignis in der Hominisation ist das Auftreten des aufrechten Gangs (homo erectus) zu sehen, der schließlich zum vernunftbegabten Menschen (homo sapiens) und zur Entwicklung von Kultur und Zivilisation führte. Spätestens seit der Antike wird deutlich, dass Mobilität und ihre Voraussetzungen (Infrastruktur und Fahrzeugtechnik) zu den kulturellen Gütern der Menschheit gehören. In modernen, arbeitsteiligen Gesellschaften ermöglichen Verkehrsmittel die Überwindung von großen räumlichen Distanzen in angemessener Zeit.

Abbildung 1 zeigt die Entwicklung der täglichen Distanzen pro Person am Beispiel Frankreich, wo es bereits in der vorrevolutionären Zeit eine aussagekräftige Transportstatistik gab (Grübler 1998, S. 404). Mit den Erfindungen im Transportwesen nahmen die Distanzen im motorisierten Individualverkehr (mIV) und im Öffentlichen Verkehr (ÖV) stürmisch zu, während die körperliche Bewegung nahezu bedeutungslos wurde.

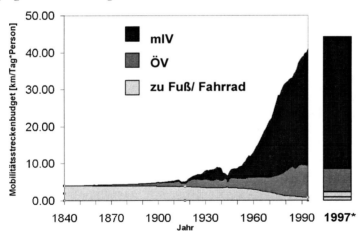

Quelle: Grübler 1998, S. 318 und *Zängler 2000, S. 79

Abbildung 1: Tägliche Distanzen nach Verkehrsmitteln am Beispiel Frankreich 1840-1992 und Bayern 1997

Eine derartige Nutzung von Verkehrsmitteln hat unerwünschte Nebenwirkungen, die sich z.B. in Emissionen, Staus auf Straßen und Gedränge in Zügen und Flughäfen zeigen. Steigender Zeitaufwand und wachsender Stress für den einzelnen Verkehrsteilnehmer sowie die zunehmende Belastung von natürlichen Ressourcen sind Erscheinungsbilder einer hoch mobilen Gesellschaft. Mobilität und Verkehr werden immer mehr zu Beispielen für einen Konflikt zwischen Natur und Kultur (vgl. Zängler 2000, S.1), da die ökologische Einbettung menschlicher Mobilität mit der kulturellen und zivilisatorischen Entwicklung weitgehend verloren ging.

Für die Etablierung einer nachhaltigen Mobilitätskultur ist die Auseinandersetzung mit der verkehrlichen Mobilität privater Haushalte von großer Bedeutung, da dort nahezu 90% des Personenverkehrs erzeugt werden. In einer Reihe von Projekten und Programmen sind deshalb für private Haushalte Empfehlungen zur Gestaltung ihrer verkehrlichen Mobilität entwickelt worden. "Verkehrsvermeidung ist das Herzstück einer ökologischen Verkehrswende" (BUND und Misereor 1997, S. 159). Auch die Enquete-Kommission "Schutz der Erdatmosphäre" des Deutschen Bundestages (1994, S. 125ff. und 148ff.) schlägt Verkehrsvermeidung und Verkehrsverlagerung zur Verbesserung der Situation vor, gibt aber zu bedenken, dass der dazu notwendige Wertewandel in der Gesellschaft bisher noch kaum Früchte hervorgebracht hat. Die Kirchen fordern eine "Verkürzung der Wege, Verlagerung des Verkehrs auf umweltschonende Transportmittel (...). Nötig ist aber auch, dass die Verkehrsteilnehmer ihr Mobilitätsverhalten und ihren Lebensstil ändern" (EKD 1997, S. 91). Verbraucherverbände und die staatliche Verbraucherberatung setzen Methoden der Aufklärung, Information und Beratung ein, um zu einem veränderten Mobilitätsverhalten beizutragen (Stiftung Verbraucherinstitut 1998).

Die Ziele dieses Beitrags sind die Darstellung des derzeitigen Mobilitätsverhaltens und seiner Ausprägung anhand von quantitativ erhobenen Kennzahlen und das Aufzeigen von Ansätzen, die das Mobilitätsverhalten im Sinne der Nachhaltigkeit verändern können.

Der Beitrag hat folgenden Aufbau. Zunächst wird in Kapitel 2 das derzeitige Mobilitätsverhalten beschrieben. In Kapitel 3 werden Möglichkeiten und Grenzen der Verkehrsreduzierung diskutiert und in Kapitel 4 innovative Ansätze zur Veränderung der Mobilitätskultur in verschiedenen konkreten Handlungsbereichen der Alltagsgestaltung vorgestellt. Abschließend erfolgt in Kapitel 5 ein Ausblick.

2. Derzeitiges Mobilitätsverhalten

In diesem Kapitel wird zunächst die Methode beschrieben, mit dem das Mobilitätsverhalten abgebildet und erhoben wurde. Danach werden Ergebnisse der Analyse des Mobilitätsverhaltens vorgestellt.

2.1 Methode

Die empirischen Informationen über die Mobilität wurden durch die schriftliche Haushaltsbefragung *Mobilität '97* gesammelt. Diese beruht auf dem Sozialökonomischen Modell des Mobilitätsverhaltens (vgl. Zängler 2000, S. 31ff.). Die Haushalte wurden in folgender Weise ausgewählt. Grundgesamtheit war jener Teil der Bevölkerung Bayerns im Jahr 1997, der deutschsprachig und mindestens zehn Jahre alt war. Der Stichprobenumfang (netto) betrug 2.167 Personen in 986 privaten Haushalten. Für die Analyse der objektiven und subjektiven Mobilitätsmerkmale auf der Wegeebene standen 21.474 Fälle zur Verfügung.

Die Befragungsteilnehmer wurden zu ihrer gesamten Mobilität (ohne Urlaub) befragt. Die Merkmale des Mobilitätsverhaltens wurden in einem Mobilitätstagebuch zusammengestellt. Beim Verhalten der Personen wird unterschieden zwischen Bewegung im Raum und Aktivitäten an den jeweiligen Zielorten. Mit dem Mobilitätstagebuch wurden *zu jedem Weg* folgende Merkmale erfragt: die zeitliche

Einordnung, das verwendete Verkehrsmittel, die Art und Anzahl der Personen, die gemeinsam unterwegs waren, der Grund für die Verkehrsmittelwahl und die subjektive Empfindung des Weges. *Zu jeder Aktivität* am Zielort wurden die zeitliche Einordnung, die Art der ausgeführten Aktivität, die Art des Zielorts und die subjektive Dringlichkeit und Fristigkeit der Aktivität erfragt.

Zusätzlich wurden Personen- und Haushaltsmerkmale erfragt. Die umfangreichen Angaben zu den Verkehrsmitteln im Haushalt ermöglichen z.B. in Kombination mit den Variablen des Mobilitätstagebuchs eine aktivitätenbezogene Zuordnung von CO_2-Emmissionen.

2.2 Ergebnisse

Anhand von Kennzahlen (Verkehrsaufkommen, Verkehrsleistung, CO_2- Emmissionen) aus der Erhebung Mobilität `97 wird im Folgenden ein Überblick über das Mobilitätsverhalten privater Haushalte hinsichtlich des Berufs-, Ausbildungs-, Einkaufs- und Freizeitverkehrs gegeben. Dabei wird zunächst gezeigt, welche Bedeutung und Struktur diese einzelnen Mobilitätsbreiche im Rahmen der gesamten Mobilität haben. Der Differenzierungsgrad der folgenden Darstellungen entspricht bei den Aktivitäten Beruf, dienstlich/geschäftlich und Ausbildung der Verkehrsstatistik. Die Aktivitäten, die dem Unterhalt von privaten Haushalten dienen, werden aufgeteilt in Information, Beschaffung von Waren bzw. Dienstleistungen, Produktion von haushaltseigenen Waren und Dienstleistungen, dem regenerativen Bereich der Freizeitaktivitäten und der Entsorgung. Das Holen und Bringen von Haushaltsmitgliedern wird als haushaltsinterne Bereitstellung einer Dienstleistung gesehen und fällt damit unter die Produktion und wird nicht wie üblich der Freizeit zugeordnet. Alle Formen sozialer Transferleistungen (Hol- und Bringdienste für Haushaltsfremde, private Hilfeleistungen, Ehrenamt) sind ebenfalls aus dem Freizeitbereich entfernt und einem eigenen Transferbereich zugeordnet worden.

2.2.1 Verkehrsaufkommen

Das Verkehrsaufkommen ist die Anzahl der Wege je Gebiet und Zeitintervall. 1999 betrug das Verkehrsaufkommen in Deutschland 61 Mrd. Wege im Personenverkehr (BMVBW 2000, S. 215). Abbildung 2 zeigt das Verkehrsaufkommen nach differenzierten Aktivitäten. Aus den Anteilen der Aktivitäten an der Gesamtmobilität lässt sich wiederum deren Eignung als Ansatzpunkt für eine nachhaltige Mobilitätskultur ableiten. Im beruflichen Feld haben Wege zur Arbeit und dienstlich/geschäftliche Wege einen Anteil von nahezu einem Viertel an allen Wegen. Wege zur (Hoch-) Schule haben dagegen nur einen Anteil von fünf Prozent, während die Wege zur Beschaffung von Waren und Dienstleistungen ein weiteres Viertel des Verkehrsaufkommens bedingen. Der äußerst heterogene Bereich der Freizeitmobilität, zu gleichen Teilen zusammengesetzt aus Aktivitäten mit bzw. ohne vorwiegende soziale Interaktion, bestimmt ein weiteres Viertel der Mobilität. Berufs-, Ausbildungs-, Einkaufs- und Freizeitmobilität empfehlen sich daher quantitativ für Ansatzpunkte zur Veränderung von Mobilitätsverhalten. Die übrigen Aktivitäten wie hauswirtschaftliche Produktion, Entsorgung und Transferhandlungen werden im Rahmen dieses Betrags nur der Vollständigkeit halber aufgeführt.

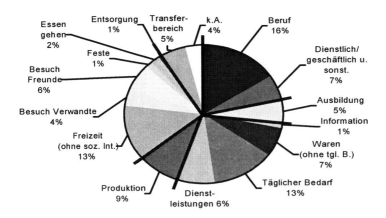

n=13.544 Wege

Abbildung 2: Verkehrsaufkommen nach Aktivitäten (ohne nach-Hause-Wege)

2.2.2 Verkehrsleistung

Die Verkehrsleistung besteht aus den zurückgelegten Distanzen je Raumeinheit und Zeitintervall. 1999 betrug die Verkehrsleistung in Deutschland 956 Mrd. Personenkilometer (BMVBW 2000, S. 217). Abbildung 3 gibt wiederum eine Vorstellung von der relativen Bedeutung der verschiedenen Mobilitätsbereiche. Als Mobilitätsvariable werden die kumulierten Entfernungen in Personenkilometern [Pkm] verwendet, die für die verschiedenen Wegzwecke zurückgelegt wurden.

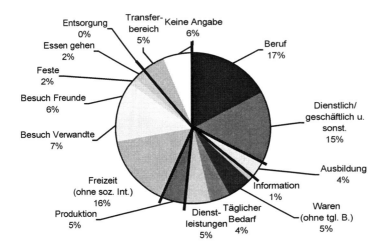

n=13.544 Wege

Abbildung 3: Verkehrsleistung nach Aktivitäten (ohne nach-Hause-Wege)

Die Wegezwecke aus Abbildung 2 werden dadurch mit Entfernungen gewichtet. Dabei fällt auf, dass die Aktivitäten im beruflichen Bereich und in der Freizeit jeweils mehr als 30 Prozent der Distanzen erfordern, während Ausbildung und Beschaffung an Bedeutung verlieren. Die Zielorte hierfür sind offensichtlich in relativer Nähe der Wohnstandorte erreichbar. Für die Erwerbstätigkeit werden insgesamt weitere Distanzen in Kauf genommen und zwar überproportional mit steigendem Einkommen (vgl. Breiholz 2001, S. 699).

2.2.3 CO_2-Emissionen

Eine weitere Möglichkeit der Darstellung des derzeitigen Mobilitätsverhaltens ist mit der Bewertung nach CO_2-Emissionen gegeben. Diese lassen sich für 1998 auf rund 140 Mio. t CO_2 im Personenverkehr schätzen (vgl. BMVBW 2000, S. 217 u. 286). Abbildung 4 zeigt, dass sich die Bedeutung der Mobilitätsbereiche im Vergleich zu Verkehrsaufkommen (2.2.1) und Verkehrsleistung (2.2.2) nochmals in Richtung der beruflichen Mobilität verschiebt, die einen Anteil von insgesamt 38% einnimmt. Einkaufs- und Freizeitmobilität bleiben nahezu unverändert, während die Ausbildungsmobilität einen weit unterproportionalen Anteil an den Gesamt-CO_2 Emissionen hat. Diese Divergenz beruht auf der durchschnittlichen Verkehrsmittelwahl, die in der beruflichen Mobilität sehr vom motorisierten Individualverkehr (mIV) und in der Ausbildungsmobilität sehr vom Öffentlichen Verkehr (ÖV) geprägt ist.

Insgesamt zeigt sich die große Bedeutung der Mobilitätsbereiche Beruf, Einkauf und Freizeit für die derzeitige Mobilitätskultur. Die Ausbildungsmobilität ist dagegen wegen ihrer Bedeutung für die Ausprägung des künftigen Mobilitätsverhaltens der Kinder und Jugendlichen von Interesse.

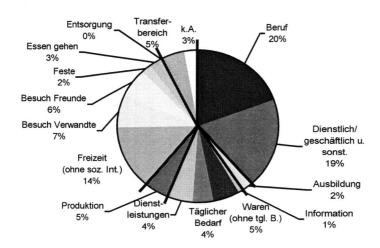

n=13.544 Wege

Abbildung 4: CO2-Emissionen nach Aktivitäten (ohne nach-Hause-Wege)

3. Möglichkeiten der Verkehrsreduzierung

Private Haushalte werden in Bezug auf ihr Umweltverhalten und damit ihr Mobilitätsverhalten mit gesellschafts- und umweltpolitischen Leitbildern konfrontiert. Diese Leitbilder werden aufgestellt, um die auf makroskopischer Ebene als negativ bewerteten Folgen des individuellen Handelns zu reduzieren. Gleichzeitig soll das für Mensch und Gesellschaft unabdingbare Gut Mobilität erhalten werden. Ansatzpunkte für ein verändertes Mobilitätsverhalten werden im Folgenden diskutiert.

Eine Veränderung des Mobilitätsverhaltens mit dem Ziel der *Verkehrsreduzierung* könnte sowohl Verkehrsvermeidung als auch Verkehrsverlagerung umfassen.

3.1 Verkehrsvermeidung

Ein Beitrag privater Haushalte zur *Verkehrsvermeidung* kann grundsätzlich durch die generelle Vermeidung von einzelnen Aktivitäten außer Haus, ihre Substitution durch innerhäusige Aktivitäten oder durch eine Optimierung der Mobilitätsabläufe geleistet werden.

3.1.1 Vermeidung von Aktivitäten

Die direkteste Form von Verkehrsvermeidung ist durch die Vermeidung von entbehrlichen Aktivitäten außer Haus zu erreichen. In einer rechtsstaatlichen, freiheitlichen Gesellschaft, in der die Beschränkung von Mobilität als Strafe dient, sollte zunächst das Individuum freiwillig und selbstverantwortlich vermeidbare Aktivitäten unterlassen. Hilfe könnte dabei eine Umwelt- bzw. Mobilitätsethik leisten. Administrative Restriktionen von Mobilität haben dagegen kaum Aussicht auf Umsetzung, was 1998 das Echo auf die Äußerungen der Abgeordneten Halo Seibold, MdB, über die Begrenzung von privaten Flugreisen deutlich vor Augen führte.

3.1.2 Substitution von Aktivitäten (virtuelle Mobilität)

Eine Alternative zur ersatzlosen Aktivitätenvermeidung stellt die Substitution außerhäuslicher durch innerhäusliche Aktivitäten unter Nutzung von I+K-Technologien dar. Beispiele für den beruflichen Bereich sind Telearbeit (mit seinen Ausprägungen Teleheimarbeit, alternierende Telearbeit und Telecenter) und Telekooperation als Ersatz physischer Dienst- und Geschäftsreisetätigkeiten. Im Bereich der Aus- und Weiterbildung ersetzen virtuelle Lehrangebote den Präsenzunterricht, wobei insbesondere Fortbildungsangebote für Erwachsene im Vordergrund stehen. Im Bereich des Beschaffung hat sich bisher insbesondere ein virtueller Musik-, Bücher- und Auktionsmarkt etabliert (vgl. Kohler und Kreipl 2000, S. D1.1.2-6 und -24). Auch Freizeit könnte verstärkt zu Hause und mit der Nutzung von neuen Medien verbracht werden. Dagegen spricht jedoch, dass schon heute ein erheblicher Teil der Freizeitaktivitäten ohnehin zu Hause verbracht wird. Dieser ist zudem stark durch passive Mediennutzung geprägt. Ein durchschnittlicher Bundesbürger verbringt gegenwärtig täglich mehr als drei Stunden vor dem Fernseher (IDW 1999, S. 8). Virtuelle Freizeitmobilität bzw. "Telefreizeit" ist damit längst zur gesellschaftlichen Realität geworden. Eine Ausweitung von Telefreizeit durch eine Verstärkung der passiven Mediennutzung (z.B. Fernsehen, Computerspiele, Internetnutzung) oder Substitution des direkten menschlichen Kontakts durch das Telefon erscheint gesellschaftspolitisch nicht wünschenswert.

3.1.3 Optimierung von Mobilität

Mit einem besseren Bewusstsein für Zeit und Raum könnte auch eine bessere Planung der Wege und Aktivitäten stattfinden. Das bewusste Zusammenfassen von Wegen und Aktivitäten in Touren nach räumlichen und zeitlichen Aspekten könnte das Mobilitätsstreckenbudget reduzieren. Die positiven Wirkungen auf das Geld- und Zeitbudget wären für die Haushalte die vordergründigen Argumente. Das Mobilitätsverhalten würde sich von den derzeitigen mehrheitlich sternförmigen Hin- und Rückwegen zum Wohnen zu vermehrten verketteten Touren verändern. Grenzen der Veränderung sind allerdings in der wünschenswerten Wahrung einer gewissen Disponibilität in der Freizeit zu sehen. Auch grundsätzliche Standortentscheidungen wie Umzüge oder Wechseln des Arbeitsplatzes erweisen sich als besonders wichtig für die künftige Gestaltung der Mobilität im Alltag mit ihren Verhaltensroutinen (vgl. Mobiplan-Konsortium 1999, S. 1ff.).

3.2 Verkehrsverlagerung

Eine Verkehrsverlagerung mit dem Ergebnis einer Reduzierung der gefahrenen Kilometer im mIV kann durch lokale, temporale oder modale Verlagerung herbeigeführt werden.

3.2.1 Lokale Verlagerung

Eine lokale Verlagerung von Verkehr setzt voraus, dass die betroffenen außerhäuslichen Aktivitäten nicht ortsgebunden sind.

In diesem Rahmen ist jedoch davon auszugehen, dass die alltäglichen Zielorte in der Regel über längere Zeiträume vorgegeben (z.B. Arbeitsplatz, Schule) bzw. ohnehin mit kurzen Distanzen verbunden sind (z.B. Beschaffung von Gütern des täglichen Bedarfs). Im Freizeitverkehr erweisen sich die privaten Wohnungen von Freunden und Verwandten als nicht verlagerbare Zielorte. Aus den Ergebnissen von Zängler (2000, S. 230) wird deutlich, dass die Wege zur Pflege von Freundschaften (Mittelwert: 11,0 km) in etwa der durchschnittlichen Wegelänge aller Aktivitäten entsprechen. Verwandtschaftliche Bindungen führen dagegen zu – von ihrem Wesen her – kaum vermeidbaren, überdurchschnittlich langen Wegen (Mittelwert: 17,7 km) zu höchst dispersen Zielorten. Frei wählbar sind dagegen grundsätzlich die Gastronomie, ein Teil des Einzelhandels und klassische Freizeitziele (z.B. freie Natur, Ausflugsziele). Diese Zielorte haben zusammen einen Anteil von rund 25% der Wege. Da die Zufriedenheit mit der Ortsgröße negativ auf das Mobilitätsstreckenbudget in der Freizeit wirkt, könnte eine höhere Attraktivität der nahräumlichen Umgebung und ihre Vermittlung an die Menschen zu einer Wiederentdeckung der direkten Umgebung führen. Eine stärkere Einbindung der Bewohner in die Gestaltung ihrer näheren Umwelt und eine Verstärkung der sozialen Bindungen in lokale soziale Netzwerke (z.B. Bürger- und Sportvereine) könnte dafür förderlich sein.

3.2.2 Temporale Verlagerung

Die subjektive Beurteilung einer Aktivität als zeitlich verlagerbar ("hätte ich auch ein anderes Mal erledigen können") wird von den Teilnehmern der Untersuchung Mobilität `97 nur in einem sehr geringen Ausmaß (2% der Wege) angegeben. Insofern sind die Möglichkeiten zur temporalen Verlagerung in der Haushaltsführung stark begrenzt. Allerdings beziehen sich die Aussagen auf die gegebenen Rahmenbedingungen während der Erhebung. Der Ausbau von flexibleren Arbeits- und Geschäftszeiten könnte die Zeitsouveränität von Haushaltsmitgliedern durchaus verbessern und die Spitzenzeiten sowohl im ÖV als auch im mIV entlasten. Allerdings sind auch mögliche negative Auswirkungen auf die Gestaltung sozialer Beziehungen zu berücksichtigen, wie sie z.B. bei Schichtarbeit zu beobachten sind (vgl. Knauth 1992, S. 312ff.)

3.2.3 Modale Verlagerung

Als wichtigste Bestimmungsgründe für die Nutzung des Pkw lassen sich aus der Erhebung Mobilität '97 die Verfügbarkeit eines Pkw im Haushalt, der Besitz einer entsprechenden Fahrerlaubnis und die tatsächliche haushaltsinterne Nutzungsmöglichkeit feststellen. Ein breiter Verzicht auf den haushaltseigenen Pkw oder zumindest den Zweitwagen wäre daher eine schlüssige wenngleich schwer vermittelbarer Ansatz für eine modale Verlagerung. Radikalere Ansätze stellen sogar das Eigentum eines privaten Pkw grundsätzlich zur Disposition (v. Weizsäcker 1994, S. 95), um Verkehr auf öffentliche Verkehrsmittel zu verlagern.

Der veränderte Modal-Split in Ballungsräumen hin zu einem höheren Anteil des ÖV zeigt, dass die privaten Haushalte in Gebieten und zu Zeiten, in denen ein gutes Angebot möglich ist, dieses auch annehmen.

Einen weiteren Ansatzpunkt für die modale Verlagerung bieten die in der Erhebung angegebenen subjektiven Gründe für die individuelle Verkehrsmittelwahl (Tabelle 1). Auffällig hoch ist die Bewertung der Verkehrsmittelwahl als gewohnheitsmäßig bzw. ohne Alternative. Dies sind eindeutige Anzeichen dafür, dass habitualisiertes Mobilitätsverhalten einen wichtigen Anteil hat und die tatsächlichen bzw. die subjektiv wahrgenommenen Alternativen als Rahmenbedingungen für das Mobilitätsverhalten eine entscheidende Rolle spielen.

Tabelle 1: Subjektive Gründe für die Verkehrsmittelwahl nach Verkehrsbereichen

Subjektive Gründe für die Verkehrsmittelwahl (Mehrfachnennungen)	zu Fuß (n = 3739) [%]	Rad (n = 2029) [%]	ÖV (n = 1630) [%]	mIV (n = 14004) [%]	Alle (n = 21402) [%]
Vorher damit unterwegs	14,1	33,1	16,6	35,0	29,7
Bewährt/Gewohnheit	21,6	35,2	40,6	18,2	22,1
Keine and. Möglichkeit	13,7	8,0	41,5	35,8	29,7
Passt zur Entfernung	49,5	41,4	18,3	11,3	21,3
Kürzeste Zeitdauer	1,1	17,2	18,6	25,7	20,0
Viel Gepäck	0,3	0,6	1,4	10,3	6,9
Ist bequem	3,2	10,3	19,5	18,5	15,1
Ist flexibel	2,1	15,6	2,6	11,7	9,7
Ist kostengünstig	7,9	22,9	13,6	3,7	7,0
Als Sport/zur Bewegung	23,5	27,1	1,8	0,2	6,9
Als Freizeiterlebnis	6,1	9,5	1,7	1,3	2,9
Gutes Wetter	19,3	24,9	4,8	4,9	9,3
Schlechtes Wetter	2,6	2,8	6,6	7,5	6,1

Quelle: Zängler 2000, S. 237

Für die Anbieter öffentlicher Transportdienstleistungen lässt sich eine Chance erkennen, besonders die Routinefahrten neuer Kunden abzudecken. Der Anteil für "keine andere Möglichkeit" liegt bei den motorisierten Verkehrsmitteln deutlich höher als bei den nicht-motorisierten. Keine Alternative für den konkreten Weg im mIV wird bei über einem Drittel der Wege im mIV gesehen. Bei Freizeitwegen steigt dieser Wert auf 40%. Zeitdauer und Gepäck sind erwartungsgemäß Gründe, die v.a. für die Nutzung des mIV sprechen. Die Bequemlichkeit des Unterwegsseins wird bei den motorisierten Verkehrsmitteln als wichtiger Grund für deren Wahl angegeben. Der Anteil dieses subjektiven Grunds für ÖV und mIV ist in der gleichen Größenordnung. Die Personen, die den ÖV wählen, beurteilen ihre Wahl aus Bequemlichkeit prozentual nicht anders als die mIV-Nutzer. Eine Aufgabe für die Betreiber des ÖV könnte daher sein, potentielle Kunden von der Bequemlichkeit ihres Angebots zu überzeugen und statt einer kargen Transportleistung ein integriertes Angebot komfortablen und erlebnisreichen Reisens im Sinne des Mobilitainments zu kreieren (vgl. Steinkohl 2000, S. 165).

Der Anteil von sportorientierten Wegen liegt erwartungsgemäß bei Wegen zu Fuß und mit dem Fahrrad besonders hoch. Eine Motivation der Bevölkerung zu gelegentlichen gesundheitsbewussten Wegen zu Fuß oder mit dem Fahrrad gerade im Alltag müsste verstärkt vermittelt werden. Dabei sind positive und negative Einflüsse der Witterung auf die Wahl der Verkehrsbereiche einzubeziehen.

Zur Bedeutung der Distanz auf die Verkehrsmittelwahl und die modale Verlagerbarkeit sind folgende Aussagen zu treffen. Die durchschnittliche Distanz der Wege mit "Pkw als Fahrer", die von den Teilnehmern der Erhebung Mobilität `97 subjektiv als "passende Entfernung für das Verkehrsmittel" bezeichnet wurde, lag mit 22,7 km nahezu doppelt so hoch wie die durchschnittliche Wegelänge (12,6 km). Die Wertung, dass kurze Wege nicht mit dem Pkw zurückgelegt werden sollten, ist als so genanntes Umwelt(ge-)wissen offensichtlich bei den Pkw-Fahrern vorhanden. Dennoch werden auch geringere Distanzen, gerade als verkettete Wege in Touren, mit dem Pkw zurückgelegt. Zudem ist festzustellen, dass die Distanz des einzelnen Weges für die subjektive Beurteilung der Verkehrsmittelwahl zugunsten des mIV im Vergleich zu den anderen Verkehrsmitteln eine nachgeordnete Rolle spielt. Das vorhandene Umwelt(ge-)wissen wird offensichtlich durch die Dominanz anderer Beweggründe nicht adäquat in messbares Mobilitätsverhalten umgesetzt (vgl. Diekmann und Preisendörfer, 1992, S. 226ff.). Der ÖV wird unter Berücksichtigung der Entfernung zwischen Startort und nächster Haltestelle erst ab einer bestimmten Distanz attraktiv. Hierbei decken sich die tatsächlichen und die passenden Entfernungen sehr gut. Wege zu Fuß und mit dem Fahrrad stoßen dagegen mit zunehmender Distanz an physiologische und zeitliche Grenzen. Daher ist eine angemessene, auf Tourenebene kumulierte, Distanz in diesen Verkehrsbereichen von wesentlicher Bedeutung für die Verkehrsmittelwahl.

Bei der subjektiven Bewertung der Dringlichkeit und Fristigkeit der Aktivitäten am Zielort fällt auf, dass der Anteil verpflichtender Aktivitäten im ÖV am größten ist. Zusammen mit dem hohen Anteil der gewohnheitsmäßigen Wege mit dem ÖV lässt sich wiederum die Folgerung ableiten, dass ständig wiederkehrende und verpflichtende Wege offenbar am besten auf den ÖV verlagert werden können. Allerdings ist eine untere Schwelle für die Distanz zu berücksichtigen.

4. Maßnahmen zur Veränderung des Mobilitätsverhaltens

Die Überlegungen zu Verkehrsvermeidung und Verkehrsverlagerung werden nun auf konkrete Maßnahmen bezogen, die auf die Veränderung des Mobilitätsverhaltens im Berufs-, Einkaufs-, Ausbildungs- oder Freizeitverkehr abzielen. Alle vorgestellten Maßnahmen werden vom Bundesministerium für Bildung und Forschung (BMBF) gefördert.

4.1 Berufsverkehr

Von Telearbeit wird erwartet, dass sie die Mobilität der betroffenen Personen verändert und die Verkehrsleistung reduziert. Ein Teilprojekte im Leitprojekt MOBINET verfolgt deshalb das Ziel, durch den verstärkten Einsatz von Telearbeit den Berufspendelverkehr zu reduzieren. 227 Telearbeitsplätze wurden bei sieben verschiedenen Unternehmen und zwei öffentlichen Verwaltungen im Ballungsraum München eingerichtet und werden derzeit auf ihre soziale und verkehrliche Wirkung hin untersucht. Von Bedeutung ist besonders die Fragestellung, ob die Einsparungen im Berufsverkehr durch Nutzung freigewordener Ressourcen (Zeit, Geld, Verkehrsmittel) nicht durch andere Handlungen kompensiert werden (vgl. MOBINET-Konsortium 2001).

Ein umfassenderes Konzept ist das Betriebliche Mobilitätsmanagement (BMM), das u.a. auch Telearbeit beinhalten kann. Ziel des Betrieblichen Mobilitätsmanagements ist die Optimierung aller Mobilitätsabläufe und wird beispielhaft im Vermessungsamt der Landeshauptstadt München erprobt. Zu den Gegenständen des BMM gehören der Weg der Mitarbeiter zwischen Wohnort und Arbeitsstätte ebenso wie der innerbetriebliche Geschäftsverkehr, die nach Abbildung 4 für jeweils rund 20 Prozent der CO_2-Emmissionen verantwortlich sind. Folgende Maßnahmen werden derzeit als Ergebnis eines moderierten Beteiligungsverfahrens umgesetzt: Umrüstung der Fahrzeuge des Außendienstes auf Erdgasantrieb, Schulungen im energiesparenden Fahren, Verbesserung der Infrastruktur für Fahrradfahrer, Einführung von Telearbeit, Lobbyarbeit für den Erhalt des gefährdeten Job-Tickets, individuelle Mobilitätsberatung für die Mitarbeiter und interne Öffentlichkeitsarbeit (vgl. MOBINET-Konsortium 2001).

4.2 Einkaufsverkehr

Um die Möglichkeiten für eine nachhaltige Einkaufsmobilität zu untersuchen wurde in MOBINET das Teilprojekt Shopping-Box integriert. Ziel ist die Reduktion von Einkaufs- und Lieferverkehr durch die Einführung eines intelligenten Warentransfersystems im Einzelhandel. Das System ist grundsätzlich für Orte mit Verdichtung von Arbeitsplätzen, Wohnraum oder hoher Verkehrsdichte (z.B. Umsteigebahnhöfe) gedacht. Der konkrete Versuch läuft derzeit in unmittelbarer Nähe des Forschungs- und Ingenieurszentrums der BMW AG im Münchner Norden. Das Angebot ist nicht auf BMW-Mitarbeiter beschränkt. Das System zeichnet sich durch folgende Einkaufshandlungen aus: Zunächst bestellt der Kunde von Zuhause oder vom Büro aus mit Fax, Telefon oder E-mail Waren oder Dienstleistungen bei der New Logix AG, die die Shopping-Box als Marktplatz für die Anbieter und Nachfrager betreibt. Der Händler erhält die Bestellung, kommissioniert und liefert die Güter. Dem Kunden wird dann über eine Verteilersoftware die entsprechende(n) Box(en) zum Abholen der gekauften oder bearbeiteten Waren über einen Bildschirm in der Shopping-Box-Anlage mitgeteilt. Der Kunde bezahlt die Waren mittels EC-Karte und kann die Waren entnehmen. Als verkehrlicher Effekt wird die Veränderung von Wegeketten von Sterntouren zu Rundtouren und damit eine Reduzierung von Distanzen und den entsprechenden Emissionen erwartet (vgl. MOBINET-Konsortium 2001).

4.3 Ausbildungsverkehr

Im Ausbildungsverkehr ist zu beobachten, dass immer mehr Eltern ihre Kinder mit dem Auto zur Schule bringen. Dieses Verhalten ist nicht förderlich für die Umwelt und die Gesundheit der Kinder, die vor dem Unterricht dringend auf Bewegung an der frischen Luft angewiesen sind, und der Umwelt. Auch die Schulwegsicherheit im Bereich der Anfahrzonen der Schulen ist gefährdet. Dabei ist die Sorge um die Sicherheit der Kinder – neben der Bequemlichkeit – ein Hauptargument für den Transport mit dem Auto (Kohler et al. 2001). Ziel des Projekts MOBIKIDS ist es, diesen Teufelskreis zu durchbrechen. Hierfür werden gemeinsam mit Schulleitung, Lehrern, Eltern und Kindern sowie zuständigen Institutionen Maßnahmen entwickelt, die diese Situation zugunsten der Kinder und der Umwelt verbessern soll. Mögliche Maßnahmen sind (vgl. Kohler und Kreipl 2001).

- im technischen Bereich die Optimierung des Schulbusangebots, die Entwicklung und Umsetzung einer kindgerechten Verkehrssteuerung und die Verbesserung der Infrastruktur,
- im organisatorischen Bereich das Angebot von "Walking Bus"-Routen mit mobilen Schulwegbegleitern, Bike-Pooling, und das Aufstellen eines Betriebsverkehrsplans für die Schule,
- im pädagogischen Bereich Mobilitätsspiele, Aktions- und Projekttage, Fahrrad- und ÖPNV-Training sowie eine kindgerechte ÖPNV-Information.

Für die Implementierung von Maßnahmen wurde die Grundschule in der Rotbuchenstraße, München, ausgewählt. Es wird erwartet, dass die Maßnahmen kurzfristig das Mobilitätsverhalten von Eltern und Kindern verändern. Bei Kindern wird darüber hinaus erwartet, dass die Maßnahmen zu einem langfristig veränderten Mobilitätsverhalten führen.

4.4 Freizeitverkehr

Die Ergebnisse aus Kapitel 2 zeigen, dass ein weiter Bereich des Freizeitverkehrs durch private Bindungen und damit durch räumlich höchst disperse Relationen geprägt ist. Ein Ansatz, der sich auf Aktivitäten mit "freier" Zielwahl bezieht sind sogenannte Raumpartnerschaften.

Raumpartnerschaft bedeutet die Etablierung fester Austauschbeziehungen öffentlicher und privater Akteure zwischen Konstrasträumen, wie z.B. einem Ballungsgebiet und einem ländlichen Raum. Ausgangspunkt sind überlastete Fremdenverkehrsorte in ländlichen Gebieten an Wochenenden, Freizeitstress ohne Ruhe und Zeit für Andere, Freizeitansprüche der modernen Nomaden, die auf Alltagsansprüche der Sesshaften stoßen. "Die Lösungsansätze der Raumpartnerschaft sind die Entdeckung des Nahraums. Fernreiseverkehr wird substituiert durch regionale Freizeitwirtschaft und unbekannte Orte werden zu Neuland für soziale und kulturelle Entdeckungen. Die Suche nach Kontrasträumen für die Freizeit wird von einem komplementären Raumverständnis geleitet. An Stelle des nervösen Pendelns von Standort zu Standort fühlt man sich an verschiedenen Orten wohl und identifiziert sich mit der Freizeitumgebung" (Projektkonsortium KONTRASTRÄUME 2001).

Das verkehrliche Ziel ist die Bündelung von Transportvorgängen. "Die räumliche Entwicklungsdynamik führt Kontrasträume in Raumpartnerschaften politisch zusammen, um über kürzere Wege (...) nachhaltige Wachstumschancen zu nutzen" (Heinze, 2000, S. 117). Durch die Gästebindungen sollen Kurzreisen im Fernverkehr vermieden werden. Durchgeführt werden die Beispiel-Projekte Berlin & Usedom und Zürich & Graubünden (Heidiland).

5. Ausblick

Die Analysen in diesem Beitrag (Kapitel 2) zeigen, dass sich die verkehrliche Mobilität der Menschen in ihrer Gestaltung und in ihren Folgen als individuell und gesellschaftlich interdependentes Phänomen darstellt. Daher sind Ansätze der Verkehrsvermeidung und -verlagerung (Kapitel 3), die im Querschnitt auf die verkehrlichen Folgen von Mobilität wirken sollen, nur in Abstimmung mit den einzelnen Aktivitäten der Lebensgestaltung möglich. In der selben Weise müssten die noch singulär gedachten Maßnahmen aus Kapitel 4 in einen politischen Gesamtansatz zur Gestaltung einer nachhaltige Mobilität integriert werden. Eine Mobilitätsberatung für wesentliche Akteure, wie private Haushalte, Unternehmen, öffentliche Verwaltungen und Tourismusverbände wäre dazu hilfreich. Sie ist unter dem Dach von Verkehrsträgern, Unternehmens- und Verbraucherberatung bereits im Entstehen (vgl. Römmelt 2000). Hierbei sollte es auch um Entscheidungen bei der Wahl von Standorten und bei der Beschaffung von Verkehrsmitteln gehen, die langfristig das Mobilitätsverhalten bestimmen (vgl. Mobiplan-Konsortium, 1999).

Das schwierigste Aufgabe wird es sein, Menschen dazu zu bewegen, ein im Sinne einer nachhaltigen Mobilitätskultur verändertes Verhalten umzusetzen. Für die Motivation der Bürger ist es hilfreich, wenn hierbei prominente Persönlichkeiten des öffentlichen Lebens beispielhaft voran *gehen*.

Literatur

Breiholz, H.: Berufspendler mit hohem Einkommen bevorzugen Pkw. In: Wirtschaft und Statistik (2001), H. 9, S. 699

BMVBW - Der Bundesminister für Verkehr, Bau- und Wohnungswesen (Hrsg.): Verkehr in Zahlen 2000. Hamburg: Deutscher Verkehrs-Verlag, 2000

BUND; Misereor (Hrsg.): Zukunftsfähiges Deutschland: Ein Beitrag zu einer global nachhaltigen Entwicklung. 4. Aufl. Basel: Birkhäuser, 1997

Diekmann, A.; Preisendörfer, P.: Persönliches Umweltverhalten: Diskrepanzen zwischen Anspruch und Wirklichkeit. In: Kölner Zeitschrift für Soziologie und Sozialpsychologie 44 (1992), H. 2, S. 226 - 251

EKD – Evangelische Kirche in Deutschland; Deutsche Bischofskonferenz (Hrsg.): Für eine Zukunft in Solidarität und Gerechtigkeit: Wort der Rates der Evangelischen Kirche in Deutschland und der Deutschen Bischofskonferenz zur wirtschaftlichen und sozialen Lage in Deutschland. Hannover: o.V., 1997

Enquete-Kommission "Schutz der Erdatmosphäre" des Deutschen Bundestages (Hrsg.): Mobilität und Klima: Wege zu einer klimaverträglichen Verkehrspolitik. Bonn: Economica, 1994

Gleich, M.: Mobilität: Warum sich alle Welt bewegt. Hamburg: Hoffmann und Campe, 1998

Grübler, A.: Technology and Global Change. Cambridge: Cambridge University Press, 1998. Graphische Aufbereitung: http://www.ivt.baug.ethz.ch/vp.html, 10.12.2001

Heinze, G. W.: Die Wiederentdeckung der Nähe im Stadt-Land-Verbund. In: ifmo – Institut für Mobilitätsforschung (Hrsg.): Freizeitverkehr: Aktuelle und künftige Herausforderungen und Chancen. Berlin: Springer, 2000

IDW – Institut der deutschen Wirtschaft (Hrsg.): TV-Konsum: 10 Jahre im Fernsehsessel. In: Informationsdienst des Instituts der deutschen Wirtschaft 25 (1999), H. 17, S. 8

MOBINET-Konsortium (Hrsg.): Innovative Konzepte für die mobile Gesellschaft. In: http://www.mobinet.de/allgemein/frameset2.html, 13.11.2001

MOBINET-Konsortium (Hrsg.): MOBINET: Technische Beschreibung. München: o.V., 1998.

Mobiplan-Konsortium (Hrsg.): Operation Range of the Mobility Planner "Mobiplan". In: Mobilplan Newsletter (1999), H. 1

Karg, G.; Zängler, Th.; Schulze, A.: Freizeitmobilität im Alltag. In: ifmo – Institut für Mobilitätsforschung (Hrsg.): Freizeitverkehr: Aktuelle und künftige Herausforderungen und Chancen. Berlin: Springer, 2000

Knauth, P.: Planung von Schichtsystemen und Arbeitspausen im Dienstleistungsbetrieb. In: Landau, K.; Stübler, E. (Hrsg.): Die Arbeit im Dienstleistungsbetrieb. Stuttgart: Ulmer, 1992

Kohler S., Kreipl A.: Bestandsaufnahme innovativer Ideen. In: Hensel A., Karg G., Keller H., Kohler S., Kreipl A., Schulze A., Zängler Th. W.: Innovative Konzepte für die mobile Gesellschaft, Arbeitspaket D1: (Meilensteinbericht). Freising-Weihenstephan: TU München, 2000.

Kohler S.; Kreipl A.: Konzeptentwicklung innovativer Ideen. Leitprojekt MOBINET des bmb+f, Arbeitsbereich D – Innovative Konzepte für die mobile Gesellschaft, Aktivität D1.2. München: TU München, 2001.

Kohler, S.; Zängler, Th. W.; Karg, G.: Analysing Travel Behaviour of Children on their Way to and from School. In: Preceedings of the ITS in Europe Congress, Bilbao, 20-23 June 2001

Projektkonsortium KONTRASTRÄUME: Ein interdisziplinäres Forschungsprojekt zur Entwicklung von nachhaltigen Lösungsstrategien im Freizeitverkehr. In: http://www.freizeitverkehr.de/ kontrast.htm, 12.11.2001

Römmelt, S.; Schulze, A.; Kustermann, W.; Karg, G.: Bestandsaufnahme der Mobilitätsberatung in Deutschland. (Weihenstephaner Beiträge aus den Wirtschafts- und Sozialwissenschaften, H. 11). Freising: TU München-Weihenstephan, 2000.

Steinkohl, F.: Wie nah, wie fern, wie virtuell? Neue Herausforderungen im Freizeitverkehr. In: ifmo – Institut für Mobilitätsforschung (Hrsg.): Freizeitverkehr: Aktuelle und künftige Herausforderungen und Chancen. Berlin: Springer, 2000

Stiftung Verbraucherinstitut (Hrsg.): Der Stau sind wir: Automobilität und neue Leitbilder. Berlin: o.V., 1998

Weizsäcker, E. U. v.: Erdpolitik: Ökologische Realpolitik an der Schwelle zum Jahrhundert der Umwelt. 4. Aufl.. Darmstadt: Wissenschaftliche Buchgesellschaft, 1994

Zängler, Th. W.: Mikroanalyse des Mobilitätsverhaltens in Alltag und Freizeit. Berlin: Springer, 2000

Einkaufen ohne Parkplatz und Kofferraum – Erfolgsbedingungen für Stadtteillieferdienste des lokalen Einzelhandels

Dr. Günter Warsewa

Institut Arbeit und Wirtschaft, Universität Bremen, ZWE Arbeit und Region
E-Mail: gwarsewa@kua.uni-bremen.de

1. Nachhaltigkeit und private Konsumentscheidungen

Die Möglichkeiten zur gezielten Beeinflussung des privaten Konsums bzw. des privaten Konsumverhaltens erscheinen nach wie vor als Buch mit sieben Siegeln. Dies gilt auch und erst recht mit Blick auf nachhaltigkeitsorientierte Verhaltensänderungen. Die ökonomische, soziologische oder psychologische Forschung bietet uns zahlreiche Ansatzpunkte für Interventionen und Strategien an, die freilich alle in ihrer Wirksamkeit umstritten bzw. schwer einschätzbar sind: Anreizstrategien wie "Low-Cost" und Bequemlichkeit; Vermittlung von Wissen und Information; Erhöhung von individueller Verantwortlichkeit und Kontrolle über die Folgen des eigenen Tuns; Moral, Ethik und ein "richtiges" Naturverständnis; mehr Gerechtigkeit bei Maßnahmen; Schaffung von Gelegenheiten für "richtiges" Verhalten oder auch alles zusammen. Um so wichtiger ist es, diejenigen praktischen Vorhaben genau zu betrachten, die – gleichsam als Realexperimente – mit eben diesem Ziel durchgeführt werden.

Eines dieser sieben Siegel ist – den umweltsoziologischen und -ökonomischen Befunden folgend – das Problem der Gelegenheitsstrukturen und hier setzt die Idee des Stadtteillieferdienstes an: Bevor es von Konsumenten und Konsumentinnen gewählt werden kann, muss das "nachhaltige(re)" Angebot erstmal überhaupt am Markt vorhanden sein. Insofern setzt die Einführung eines neuen Produkts oder einer neuen Dienstleistung darauf, dass hiermit ein Anreiz zur individuellen Verhaltensänderung installiert wird, der über den Marktmechanismus Verbreitung finden und Wirksamkeit entfalten kann. Der Erfolg einer neuen Gelegenheit für umweltbewusste private Konsumentscheidungen bemisst sich freilich danach, ob dieses Angebot von den Kunden in hinreichendem Umfang nachgefragt wird.

2. Stadtteillieferdienste als nachhaltigkeitsorientiertes Angebot

Diese einfache Grundannahme erweist sich im Realexperiment tatsächlich als höchst voraussetzungsreich, denn sie unterstellt, dass (a) ein *geeignetes* Konsumangebot (b) *absichtsvoll* und *gesteuert* (c) tatsächlich *entsteht* und (d) sich *stabilisiert* indem es eine *kaufkräftige Nachfrage* findet, d.h. (e) einer hinreichend großen Zahl von Konsument/inn/en einen attraktiven *Nutzwert* verspricht. Nur wenn alle diese Bedingungen erfüllt sind, können die erhofften Effekte erwartet werden. Unter diesen Voraussetzungen kann ein gemeinsamer Stadtteillieferdienst des lokalen Einzelhandels als prototypisches Konzept zur Beförderung von nachhaltigen Konsummustern gelten, da er in beispielhafter Weise ökonomische, ökologische und soziale Ansprüche gleichermaßen zu erfüllen verspricht:

Unter ökonomischen Vorzeichen ist der Lieferdienst eine Modernisierung des Dienstleistungsangebotes der beteiligten Geschäfte. Er reagiert dabei vor allem auf neue Komfortansprüche und einen wachsenden Bedarf an "Rund-um-Versorgung" bei den Konsument/inn/en sowie auf zunehmend unbefriedigte Bedarfe an nahräumlicher Identität, nachbarschaftlichen sozialen Beziehungen und lokaler Orientierung. Er könnte auf diese Weise die Kundenbindung der im Stadtteil ansässigen Einzelhändler erhöhen und dazu beitragen, die Kaufkraft im Quartier besser auszuschöpfen. Als Element einer Modernisierungsstrategie für den lokalen Einzelhandel könnte das Lieferangebot mithin die Attraktivität der wohnortnahen Versorgung gegenüber Innenstädten und Einkaufszentren "auf der grünen Wiese" verstärken und damit gleichzeitig einen Beitrag zur "Stadt der kurzen Wege" leisten.

Unter ökologischen Gesichtspunkten ist aufgrund von Vermeidungs- und Bündelungseffekten die Verringerung von privaten PKW-Verkehren – sowohl für Einkaufsfahrten zu entfernteren Zielen (Einkaufszentren am Stadtrand) als auch innerhalb des Stadtteils – und damit eine Reduzierung der entsprechenden Umweltbelastungen zu erwarten. Überdies können so individuelle Transportprobleme beim Einsatz von Mehrwegverpackungssystemen vermieden werden. Diese Effekte werden durch die Verwendung umweltfreundlicher Transportmittel (Fahrrad, erdgasgetriebener Lieferwagen) real und symbolisch verstärkt.

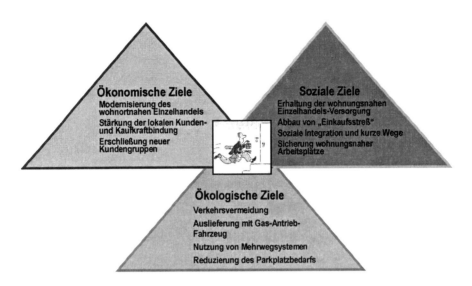

Abbildung 1: Stadtteillieferdienst im "Nachhaltigkeitsdreieck"

Unter sozialen Aspekten ist die Stabilisierung des Versorgungsangebotes im Stadtteil eine zentrale Voraussetzung für den Erhalt und die langfristige Sicherung eines wohnortnahen Arbeitsplatzpotentials und bietet überdies die Chance, den Wünschen der Bürger/innen nach flexibleren Einkaufszeiten ein ebenso flexibles Angebot gegenüberzustellen. Der Nutzwert für die Konsument/inn/en bemisst sich dabei u.a. daran, inwieweit das Dienstleistungsangebot physische oder soziale Probleme bei der individuellen Bewältigung der alltäglichen Versorgung (z.B. Entlastung bei körperlichen Belastungen durch Versorgungsnotwendigkeiten oder Entlastung bei zeitlichen Engpässen und Koordinierungsproblemen) lösen oder zumindest reduzieren kann.

3. Erfahrungen in der Praxis

Auf der Grundlage dieser konzeptionellen Überlegungen starteten 1998 bzw. 1999 in zwei Stadtteilen Bremens Stadtteillieferdienste, in denen eine größere Anzahl von Einzelhändlern mit einem Logistikpartner zusammenarbeiteten. Der zeitversetzte Beginn ermöglichte überdies, die Erfahrungen des ersten Lieferdienstes auszuwerten und auf dieser Grundlage den zweiten Lieferdienst in einem anderen Stadtteil mit einem modifizierten Konzept zu betreiben.

In beiden Fällen war es möglich, sich unter vielen Beteiligten auf ein Umsetzungskonzept zu verständigen, das die o.g. Zielvorgaben auf je spezifische Weise konkretisierte. Dabei waren zahlreiche Detailprobleme zu lösen, die z.T. eng miteinander zusammenhängen, sich z.T. auch widersprechen und daher nur in optimierender Annäherung zu lösen sind. Zentraler Bestandteil des Modells war aber in beiden Fällen die deutliche Beschränkung auf den Stadtteil, da nur durch die räumliche Begrenzung des Aktionsradius eine ausgewogene Einlösung der unterschiedlichen und widersprüchlichen Ziele erreichbar schien. Im einzelnen hängen zahlreiche Gestaltungsparameter des Modells direkt oder indirekt von dem räumlichen Aktionsbereich des Lieferdienstes ab, so z.B. die Definition der teilnahmeberechtigten Einzelhändler, die zeitliche Gestaltung des Angebotes, kundengerechte Zugangs-/Bestellmöglichkeiten, Preisgestaltung und Subventionierungsnotwendigkeiten, die Umwelteffekte des Lieferbetriebs, der Angebotsumfang (Beschränkungen bei Warenwert, Rückhol-, Rückgabedienste etc.), die Kosten für Disposition und Logistik.

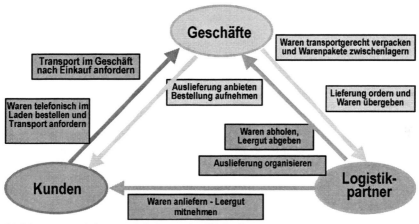

Abbildung 2: Funktionsmodell des Stadtteillieferdienstes

Sowohl das Zustandekommen als auch die praktische Umsetzung des einfachen Funktionsmodells (s.o.) erfordert das Zusammenwirken einer großen Zahl von Beteiligten. Neben den Einzelhändlern und ihren unterschiedlichen Organisations- bzw. Verbandsebenen und dem Logistikpartner, der ebenfalls in ein mehrfach gestuftes Organisationsmodell eingebunden ist (vom angestellten Fahrer über den Unternehmer bis zur Taxigenossenschaft mit Vorstand und Fachausschüssen etc.) waren in verschiedenen Phasen zahlreiche weitere beratende, finanzierende, moderierende Akteure mit sehr unterschiedlichen Interessen an dem "eigentlichen" Projekt des Lieferdienstes beteiligt. Von entscheidender Bedeutung war daher bei der Vorbereitung wie bei der späteren Umsetzung die funktionierende Kooperation zwischen den Beteiligten sowie die Entwicklung einer entscheidungs- und handlungsfähigen Organisationsstruktur.

Die "Erfindung" und Einrichtung eines neuen Dienstleistungsangebots ist mithin ein sozialer Prozess, der beträchtliche Anforderungen an die beteiligten Akteure stellt: Es geht um einen gezielten Innovationsprozess, in dessen Verlauf ein marktfähiges Dienstleistungsangebot entwickelt und etabliert werden soll. Als arbeitsteilige und kooperative Organisationsstruktur ähnelt die Akteurskonstellation einem Netzwerk, zu dem sich die Beteiligten mit dem Zweck zusammenschließen, eben diesen Innovationsprozess erfolgreich durchzuführen. Ein solcher Prozess durchläuft mehrere Phasen bis es zur Realisierung des gemeinsamen Vorhabens kommt und in jeder Phase stellen sich spezifische Anforderungen, ohne deren Erfüllung das Vorhaben zu scheitern droht.

Wie Abbildung 3 zeigt, hat sich der Lieferservice Neustadt über einen Zeitraum von mehr als einem halben Jahr positiv entwickelt. Ab einer bestimmten Auslastung wurde allerdings das Verhältnis von Aufwand und Ertrag für den Logistikpartner erheblich ungünstiger – ohne daß das Erreichen der Rentabilitätsgrenze in kurzer Zeit absehbar wurde. Vor allem aus diesem Grund reduzierte sich das Engagement aller beteiligten Akteure soweit, dass ein rentabler Betrieb auch nicht mehr erreichbar schien. Im später gestarteten Lieferdienst konnten diese Probleme dadurch entschärft werden, dass der Logistikpartner anders ausgewählt wurde und ein verändertes Subventionsmodell dem Logistikpartner für eine begrenzte Zeit eine kalkulierbare Einnahme bei ebenso planbarem zeitlichen Aufwand sicherte. Dies trug erheblich dazu bei, dass der zweite Lieferdienst sich auf Dauer stabilisieren konnte.

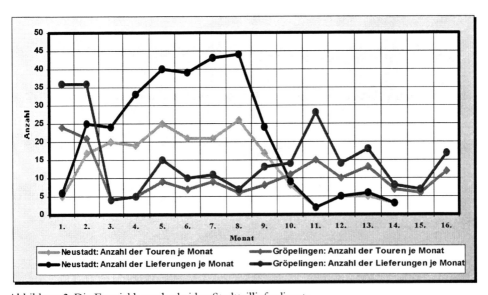

Abbildung 3: Die Entwicklung der beiden Stadtteillieferdienste

Die Entwicklung der Touren und der Anzahl der dabei erledigten Lieferungen macht allerdings auch deutlich, dass die Nachfrage in beiden Fällen sehr ernüchternd ausfiel. Insbesondere im Falle des Gröpelinger Lieferdienstes handelt es sich um eine Stabilisierung auf einem recht niedrigen Niveau. Dennoch gab es während der 13-monatigen Betriebsphase des ersten und des anhaltenden Betriebs des zweiten Lieferdienstes eine Reihe von Erfahrungen und systematischen Erkenntnissen, die wichtige Hinweise für weitere Aktivitäten in dieser Richtung liefern:

Die Praxis der Lieferdienste sorgte zunächst für einige Effekte, die mit sehr hoher Wahrscheinlichkeit ohne die Betriebsversuche nicht zustande gekommen wären, wie z.B. die Verbreitung des Liefergedankens, die Anregung kommunalpolitischer Diskussionen über ein notwendiges Stadtteilmanagement, die Erkenntnis, dass eine intensivierte Kommunikation und Kooperation zwischen den Einzelhändlern im Stadtteil unerlässlich ist, Anstöße zu ähnlichen Aktivitäten andernorts und – gleichsam als unbeabsichtigter Nebeneffekt – die beträchtliche Unterstützung bei der Markteinführung umweltfreundlicherer Erdgasfahrzeuge. Nicht zuletzt aufgrund dieser durchaus wahrnehmbaren Auswirkungen wurde von den beteiligten Einzelhändlern selbst der Lieferservice zwar nicht als unmittelbarer ökonomischer Erfolg aber durchaus als positiver Image- und Werbeträger eingeschätzt.

Die angestrebte direkte Reduzierung des Pkw-Verkehrs durch Bündelung der Einkaufstransporte ist dagegen wegen der geringen Nutzung des Lieferdienstes in der Versuchsphase nicht gelungen. Bei den gefahrenen Touren wurden im Durchschnitt nur 1,6 Kunden bzw. meistens nur ein Kunde (64,4%) beliefert. Da es sich hierbei zudem noch in erheblichem Maße um ältere Menschen gehandelt hat, die wahrscheinlich auch ohne den Lieferdienst im Stadtteil – nur dann eben zu Fuß – eingekauft haben, kann von einem ökologischen Entlastungseffekt kaum die Rede sein.

4. Zur Stabilisierung auf der Angebotsseite

Der Vergleich der beiden Lieferdienste lässt darüber hinaus einige systematische Bedingungen für die dauerhafte Stabilisierung der Organisationsstruktur bzw. des Lieferangebotes erkennen:

Die Akteurskonstellation konstituiert sich als ein Netzwerk mit schwachen Bindungen, das in einer Entwicklungs- und Implementationsphase durchaus zielorientiert und innovativ funktioniert. Es entstehen neue Beziehungen, die dazu beitragen, Lösungen für komplizierte Einzelprobleme (Neuerungen, Optimierungen, Kompromisse) zu finden und in den Gesamtkontext zu integrieren. Gleichzeitig bedeutet das aber auch, dass zahlreiche heterogene Interessen zu berücksichtigen sind und die Komplexität des Modells erheblich ansteigen lassen. Aus verschiedenen Gründen sind die Beteiligten mehrheitlich nicht bereit, sich auf stärkere Bindungen und Verbindlichkeiten einzulassen. Was zu Beginn durchaus positive Wirkungen hatte, erweist sich im weiteren Verlauf allerdings als problematisch, weil nur wenig Anreiz besteht, den Lieferdienst im laufenden Betrieb ständig zu überprüfen und notwendige Korrekturen – insbesondere an den selbstgewählten, sozial, ökonomisch und ökologisch begründeten Beschränkungen des Lieferdienstes (auf den Stadtteil, auf bestimmte Zeitfenster, auf bestimmte Zugangs- bzw. Bestellmöglichkeiten, auf ein bestimmtes Logistikkonzept) – durchzuführen.

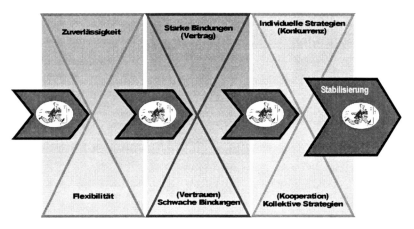

Abbildung 4: Stabilisierungsbedingungen für Stadtteillieferdienste

Insbesondere bei den Einzelhändlern wirken starke Tendenzen der Differenzierung dem Erfordernis einer kollektiven Entscheidungs- und Handlungsfähigkeit entgegen. Die wichtigsten Differenzierungsmechanismen sind interne Konkurrenz, unterschiedliche Generationen und unterschiedliche Auffassungen des Dienstleistungsgedankens. Die letzten beiden Faktoren wurden schon in der vorangegangenen individuellen Lieferpraxis der Einzelhändler deutlich, bei der sich "aktive", "passive" und Nicht-Lieferer unterscheiden ließen. Die zugrundeliegenden Unterschiede in der Berufs- und Geschäftseinstellung wirkten sich auch in der Praxis des gemeinsamen Lieferdienstes stark aus. Besonders zwischen den (in der Regel älteren) Vertretern einer traditionellen Dienstleistungsmentalität, die stark auf persönliche Bekanntschaft und vertraute Beziehungen zur Kundschaft, auf vertrauensgestützte Beratung und Dienstleistung als Bestätigung dieser Beziehungen setzt, und den (zumeist jüngeren) Vertretern einer modernen Dienstleistungsvariante, die sich mit vielfachen Aktionen, Sonderangeboten, "Events" um Aufmerksamkeit und Präsenz bemühen und mit ihrer Dienstleistung als Vermittler eines Lebensstils erscheinen wollen, sind gemeinsame kooperative Bemühungen nur schwer zu realisieren.

Der Mangel an Steuerungskapazität und Selbstorganisationskraft, der aus diesen Differenzierungsmechanismen entsteht, konnte in einem Fall auch von dem kleinen Interessenverband der Einzelhändler im Stadtteil nicht ausgeglichen werden. Die notwendige Funktion eines Netzwerk- oder Kooperationsmanagements zur Mediation der Interessen und zur Steuerung der gemeinsamen Aktivitäten innerhalb des Netzwerks blieb daher weitgehend unausgefüllt. Auch eine zusätzliche Beobachtungs- und Beratungsfunktion bezüglich der Umgebungsverhältnisse des Netzwerks und zur Reflexion der gemachten Erfahrungen erwies sich als sinnvolles Instrument zur Qualitätsverbesserung, das im ersten der beiden Lieferdienste nur unzulänglich eingesetzt wurde. Die stetigere Entwicklung des Lieferdienstes in Gröpelingen und dessen Fähigkeit zur Reaktion auf vorhandene Mängel im Lieferbetrieb gehen nicht zuletzt darauf zurück, dass hier eine solche Reflexivitätsfunktion durch die dauerhafte Inanspruchnahme externer Berater erfüllt wurde. Ein eingeführtes und funktionierendes Stadtteilmanagement konnte überdies zumindest zum Teil die erforderlichen Mediations- und Steuerungsfunktionen übernehmen.

5. Die Nachfrageseite

Wenngleich also die Kooperations- und Steuerungsprobleme zwischen den Beteiligten nicht leicht zu bewältigen sind, erscheint eine ökonomische Stabilisierung des Angebotes doch grundsätzlich möglich. Um erfolgreich – im Sinne der oben dargestellten Balance ökonomischer, ökologischer und sozialer Ansprüche – zu sein, müssen freilich bei der Konstruktion des Dienstleistungsangebotes die sozialen Voraussetzungen für Verhaltensveränderungen auf der Nachfrageseite, insbesondere die sozial differenzierte Einbettung von Einkaufs- und Versorgungsroutinen in die Haushalts- und Familienorganisation, berücksichtigt werden.

Die angestrebte Verstärkung der Kunden- und Kaufkraftbindung im Stadtteil haben die Lieferdienste offensichtlich nur in einem geringen Umfang erreicht und auch der erhoffte Einbruch in das Kundensegment der relativ wohlhabenden Berufstätigen mit Problemen bei der zeitlichen und organisatorischen Bewältigung ihres Alltags ist nicht gelungen. Da immerhin etwa ein Drittel der insgesamt belieferten Haushalte den Lieferservice häufiger (14,3% 2-3 mal, 11% 4-5 mal, 9,3% 6 mal und öfter) nutzten, ist anzunehmen, dass zumindest ein Teil davon ihn bereits in ihre alltägliche Haushaltorganisation integriert hatte. Insofern gab es beim ersten Lieferdienst während der ersten Betriebsmonate zwar durchaus einen erkennbaren Trend zur Ausbildung einer Stammkundschaft, aber die Erfahrungen deuten darauf hin, dass es im wesentlichen ältere Menschen waren, die das neue Lieferangebot genutzt haben. In Hinsicht auf die soziale Integration und die Verbesserung der Versorgungsmöglichkeiten für Alte und Behinderte scheint der Lieferdienst also durchaus ein erfolgreiches Angebot zu sein. Als Antwort auf den – vermuteten – Wunsch der Kunden nach flexibleren Einkaufszeiten und ihre alltäglichen Synchronisationsprobleme hat der Lieferservice dagegen offenbar nicht in erkennbarem Ausmaß funktioniert.

Das hängt damit zusammen, dass der Differenzierung von Interessen und Einstellungen auf der Seite des Angebots eher noch größere Differenzierungen auf der Seite der Nachfrage gegenüberstehen. Die Kunden haben nach Alter, Haushalts-, Schicht- und Milieutyp stark differenzierte Versorgungs- und Alltagspraktiken, mit denen sehr unterschiedliche Ansprüche an die Funktionalität und den Nutzwert eines Lieferangebotes verbunden sind. Ein einheitliches Lieferangebot zumal in einem begrenzten räumlichen Einzugs- und Lieferbereich ist nur sehr schwer so flexibel zu gestalten, dass es all den außerordentlich heterogenen Interessenlagen der Kunden gerecht werden könnte. Überdies darf nicht unterschätzt werden, dass die Haushalte zwar je spezifische, aber generell recht starre Alltagsroutinen haben, in die das Einkaufen integriert ist. Da solche Alltagsroutinen gerade der Entlastung von immer wieder neu zu treffenden Entscheidungen dienen, ist eine Veränderung der Einkaufsgewohnheiten nicht ohne weiteres zu bewirken.

Um ein klareres Bild von den Nutzungsbedingungen für einen Stadtteillieferdienst auf der Nachfrageseite zu erlangen, wurde in einem der beiden Stadtteile mit Lieferdienst eine Haushaltsbefragung durchgeführt. 25 nach Alter, Familien- und Erwerbskonstellation systematisch unterschiedene Haushalte wurden in leitfadengestützten Intensivinterviews zu ihrer Stadtteilbindung, ihren Einkaufsgewohnheiten, ihren Motiven und Praktiken der Dienstleistungsnutzung und ihrer Haushaltsorganisation befragt. Dabei stellte sich heraus, dass im Unterschied zu der anfänglichen Erwartung, ein Stadtteillieferdienst sei für viele Bevölkerungsgruppen ein attraktives Angebot, die Nutzungsvoraussetzungen für einen stadtteilbezogenen Lieferdienst nur in wenigen Fällen unmittelbar gegeben sind.

Im einzelnen ließen sich drei typische Versorgungsmuster identifizieren, die sich vor allem durch ihre tatsächliche Nutzung von Dienstleistungen und ihre Einstellungen dazu sowie durch ihren sozialen Aktionsradius (Bindung an die nahräumliche Umgebung, räumliche Verteilung von sozialen, Einkaufs- und Versorgungsbeziehungen) unterscheiden (vgl. Abbildung 5).

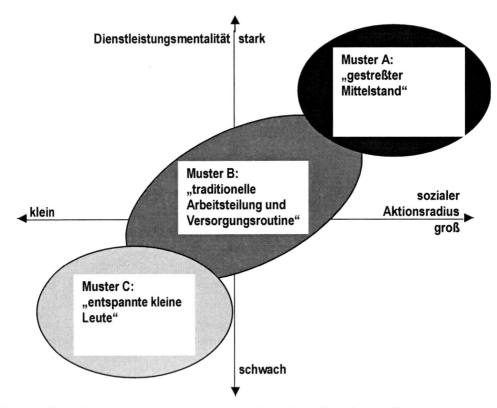

Abbildung 5: Haushaltstypen nach Dienstleistungsmentalität und sozialem Aktionsradius

Das Versorgungsmuster A "gestresster Mittelstand" umfasst vorwiegend Familien mit Kindern und mit mittleren bis höheren Einkommen, in denen beide Elternteile im mittleren Alter und berufstätig sind. Hinzu kommt, dass diese Familien keine "Eingeborenen" im Stadtteil, sondern erst vor relativ kurzer Zeit wegen Hauskauf oder Arbeitsstelle hierher gezogen sind. Sie sind daher nicht stark im Stadtteil verwurzelt, pflegen aber durchaus enge Beziehungen zu einigen Nachbarn bzw. Bekannten in der weiteren Nachbarschaft. Diese Beziehungen hängen oft sehr eng mit den Kindern zusammen und werden auch bewusst als willkommene Entlastung bei der Kinderbetreuung genutzt. Ansonsten hat man keine Vorbehalte gegen die Inanspruchnahme – durchaus auch professioneller und kommerzieller – Dienstleistungen. Das "Einkaufen" und Nutzen von Dienstleistungen, wie z.B. Essen im Restaurant, Beschäftigung eines Fensterputzers oder auch das Anliefern von Waren wird im Gegenteil als notwendige Entlastung vom allgegenwärtigen Zeitstress begriffen. Dieser entsteht nicht zuletzt dadurch, dass die Interessen und Aktivitäten aller Familienmitglieder weit verstreut über den Stadtteil hinausreichen und daher erstens ein hohes Mobilitätsniveau und zweitens ein ausgefeiltes Haushaltsmanagement erfordern. In diesem Rahmen lässt sich die alltägliche Versorgung mit Lebensmitteln nur in Wegeketten einbauen, die nichts mit dem

Stadtteil zu tun haben, sondern sich nach den sonstigen Zielen und Aktivitäten richten. Eine Rolle spielen dabei auch die stark diversifizierten Versorgungsansprüche, die im Stadtteil nicht immer zu befriedigen sind: Der bevorzugte Öko-Lebensmittelhändler, der regelmäßige Weinlieferant oder der besonders geschätzte Fischhändler verteilen sich über das gesamte Stadtgebiet. Von diesen Einzelhändlern lässt man sich durchaus auch beliefern, aber sie lassen sich nicht in den Stadtteillieferdienst einbeziehen. Insofern ist das Versorgungsmuster des "gestressten Mittelstandes" zwar eines, das sicherlich die Dienstleistung "Ausliefern" schätzt, aber angesichts seiner Ansprüche und Versorgungsgewohnheiten nur begrenzt von einem Angebot angesprochen wird, das sich auf den Stadtteil beschränkt.

Das Versorgungsmuster C der "entspannten kleinen Leute" stellt in vielerlei Hinsicht genau das Gegenteil des Musters A dar. Überwiegend finden sich hier Haushalte mit geringen Einkommen, die entweder (noch) nicht in Erwerbstätigkeit oder bereits im Rentenalter sind. Im Haushalt gibt es keine Kinder und insgesamt lässt sich der Alltag verhältnismäßig entspannt organisieren – zumal diese Haushalte in der Regel auch stark im Stadtteil verwurzelt sind und deshalb längst nicht so viele, weite und disperse Wege zurückzulegen haben, wie die "gestressten Mittelständler". Der begrenzte Aktionsradius gilt auch für das Einkaufen und die tägliche Versorgung, die im Stadtteil erledigt werden und zumeist eine willkommene Abwechslung im Tagesablauf darstellen. Insofern gehört das Einkaufen mit zu den sozialen und kommunikativen Beziehungen, die bei diesem Versorgungsmuster ohnehin überwiegend im Stadtteil angesiedelt sind. Trotz relativ dichter und vielfältiger Kontakte und Beziehungen im Stadtteil sind jedoch selbst informelle Freundschafts- oder Verwandtschaftsdienste eher ungeliebt und die Nutzung kommerzieller Dienstleistungen befindet sich fast gänzlich außerhalb des Erwägungshorizonts. Hiervon wären nur sehr wenige und besondere Ausnahmen (z.B. Taxifahren bei besonderen Gelegenheiten) akzeptabel und zu diesen Ausnahmen gehört das alltägliche Einkaufen bestimmt nicht. Dem Versorgungsmuster der "entspannten kleinen Leute" käme mithin der enge Stadtteilbezug eines entsprechenden Lieferdienstes entgegen; als zu bezahlende Dienstleistung würden sie ihn für sich aber nur unter extrem eingeschränkten Bedingungen (körperliche Gebrechen, Schwäche) nutzen.

Im Versorgungsmuster B, in dem sich die Haushalte mit "traditioneller Arbeitsteilung und Versorgungsroutine" versammeln, findet sich eine Mischung aus den Merkmalen der vorangestellten Versorgungsmuster. Hier hat man zwar weder prinzipiell etwas gegen die Nutzung von informellen noch von kommerziellen Dienstleistungen und leistet sich hin und wieder auch einen Restaurantbesuch oder bringt Kleidung zur Reinigung. In der Regel kann man bei Bedarf auf informelle Beziehungen zurückgreifen; in diesem Muster ist die gegenseitige Unterstützung von Familien- und Verwandschaftsangehörigen am ausgeprägtesten und ähnlich verhält es sich mit Freunden und Nachbarn. Ebenfalls ein gemeinsames Merkmal dieser Gruppe von Haushalten ist der Umstand, dass hier immer eine "echte" Hausfrau vorhanden ist. Diese Rollenteilung scheint sich auch nicht im Rentenalter zu ändern, wenn der Ehemann von den Berufspflichten entbunden ist. In diesen Haushalten gibt es eine eingespielte Routine von alltäglichen Zuständigkeiten und Rollen mit denen man sich an die Lebensumstände in der Umgebung angepasst hat. Auf dieser Grundlage funktioniert der Alltag mehr oder weniger reibungslos und daher gibt es in diesem Versorgungsmuster keinen Grund, die eingespielten Routinen in Frage zu stellen und z.B. über verändertes Einkaufsverhalten nachzudenken.

Sicherlich sind diese Versorgungsmuster nicht die einzigen, die in Städten vorzufinden sind, aber sie repräsentieren doch große Teile der Bevölkerung und für diese Teile gilt, dass sie unter den aktuellen Bedingungen und bei ihren aktuellen Haushaltsarrangements für das spezifische nachhaltigkeitsorientierte Angebot eines Stadtteillieferdienstes entweder kein Verständnis oder keinen Bedarf haben oder für sich darin keinen Nutzen erkennen können.

6. Schlussfolgerungen

Zur *Stabilisierung des Angebotes* führt der Weg nur über organisatorische Vorkehrungen, die die strukturellen Defizite bei der Kommunikations-, Kooperations- und gemeinsamen Handlungsfähigkeit von Einzelhändlern und allgemeiner kleinen Gewerbetreibenden vermindern bzw. ausgleichen. Dazu gehörte zumindest eine Steuerungs- und eine Reflexivitätsfunktion. Ein professionelles Stadtteil- oder Standortmanagement könnte diese Funktionen unter gleichzeitiger Berücksichtigung der individuellen Modernisierungserfordernisse des lokalen, inhabergeführten Einzelhandels wie auch des Standortes (der Straße und/oder des Stadtteils) unter Umständen ausgleichen.

Eine externe Steuerungsfunktion trifft freilich vor allem bei den beteiligten Wirtschaftsakteuren auf ein beträchtliches Misstrauen, das insbesondere dann wirksam wird, wenn damit ein größerer Einfluss staatlicher bzw. administrativer Stellen auf individuelle oder gemeinsame Entscheidungen oder eine zunehmende Abhängigkeit von behördlichen oder politischen Entscheidungen vermutet wird. Insofern sind die Erfolgschancen eines Stadtteil- oder Netzwerkmanagements, etwa bei der Steuerung von Innovationsprozessen im lokalen Einzelhandel sicher günstiger bei einem Modell, in dem diese Funktion nicht – jedenfalls nicht ausschließlich – von einer staatlich/öffentlich bestimmten und finanzierten Stelle ausgefüllt wird.

Die *Stabilisierung einer hinreichenden Nachfrage* setzt voraus, dass entweder ein zusätzlicher Bedarf existiert und sich auch in zahlungskräftige und -willige Nachfrage umwandelt oder dass bestehende Routinen und Gewohnheiten sich zu Lasten alter und zu Gunsten des neuen Angebotes verändern. Insbesondere wenn bestehende Versorgungs- und Verbrauchsgewohnheiten, Alltagsroutinen und Haushaltsarrangements zu verändern sind, handelt es sich um einen individuellen Abwägungs- und Entscheidungsprozeß, in den seinerseits eine große Zahl von sozialen Voraussetzungen eingehen. Vor allem diese Veränderung von eingespielten Routinen braucht – zumindest um in größerem Umfang stattzufinden – sicherlich eine längere Zeit, in der die Angebote auf einem hohem Qualitätsniveau vorgehalten werden müssen. Dabei könnte es hilfreich sein, zum einen stärker auf die älteren Menschen einzugehen, die jenseits der beschriebenen Versorgungsmuster einen Lieferdienst als physische Entlastung gebrauchen können und die die bisherigen Lieferdienste auch tatsächlich am stärksten in Anspruch nehmen. Zum anderen wäre zu prüfen, ob die unterschiedlichen Anknüpfungspunkte in den verschiedenen Versorgungsmustern für die Ausgestaltung spezifischerer Lieferangebote genutzt werden könnten.

7. Informationen zum Projekt

Informieren-Anbieten-Verordnen. Wege zu nachhaltigen Konsummustern zwischen Konflikt und Konsens (gef. vom Bundesministerium für Bildung und Forschung im Förderschwerpunkt "Modellprojekte für nachhaltiges Wirtschaften"; beantragt und durchgeführt in Kooperation mit dem Forschungszentrum "Arbeit-Umwelt-Technik" – artec – der Universität Bremen);

- Teilprojekt 1: Informationsstrategie – KITA-Küchen der kurzen Wege
- Teilprojekt 2: Angebotsstrategie – Stadtteilbezogener Lieferservice
- Teilprojekt 3: Verordnungsstrategie – Einführung von Anwohnerparken

Projektbeschreibung unter: http://labourcom.kua.uni-bremen.de/zwe/zwe.html oder http://www.nachhaltig.org/unibremen/kon02fr.htm

Literatur

Warsewa 1999: Chancen für den Einzelhandel im Stadtteil. In: Wirtschaft in Bremen 12/99

Blinde,J./Böge,S./Burwitz,H./Lange,H./Warsewa,G. 2000: "Informieren-Anbieten-Verordnen". Wege zu nachhaltigen Konsummustern zwischen Konflikt und Konsens. Sachstandsbericht für den Berichtszeitraum 1999 des Verbundforschungsprojekts 07KON02/5 im Rahmen der Modellprojekte für nachhaltiges Wirtschaften – Innovation durch Umweltvorsorge. Bremen.

Blinde,J./Böge,S./Burwitz,H./Lange,H./Warsewa,G. 2001: „Informieren-Anbieten-Verordnen". Wege zu nachhaltigen Konsummustern zwischen Konflikt und Konsens. Sachstandsbericht für den Berichtszeitraum 2000 des Verbundforschungsprojekts 07K0N02/5 im Rahmen der Modellprojekte für nachhaltiges Wirtschaften - Innovation durch Umweltvorsorge. Bremen.

Temme,T./Warsewa,G. 2002: Vom Quick-Shop zum Click-Shop? Lieferhandel und electronic commerce als Modernisierungsoptionen des lokalen Einzelhandels. In: Arbeitspapiere des Instituts Arbeit und Wirtschaft Bremen (IAW); im Erscheinen.

Neue Mobilität am neuen Wohnort? Individuelle Informationen nach dem Umzug als Beitrag zu einer nachhaltigen Mobilität

Daniel Rölle, M.A. & Dr. Christoph Weber

Institut für Energiewirtschaft und Rationelle Energieanwendung, Universität Stuttgart
E-Mail: dr@ier.uni-stuttgart.de und cw@ier.uni-stuttgart.de

PD Dr. Sebastian Bamberg

Institut für Arbeits-, Organisations- und Sozialpsychologie, Technische Universität Dresden
E-Mail: bamberg@psychologie.tu-dresden.de

1. Untersuchungsproblem

Mobilitätsverhalten ist, so die gängige Meinung in Wissenschaft und Praxis, eine relativ stabile Größe individuellen Verhaltens. Innerhalb eines individuell zur Verfügung stehenden Sets an Verkehrsmitteln entscheiden Personen nur in Ausnahmesituationen neu, mit welchem Verkehrsmittel sie das nächste Mal den Weg zur Arbeits-, Einkaufs- oder Freizeitstätte zurücklegen.

Obwohl dem Auto von Seiten der deutschen Bevölkerung eine Hauptschuld bei der Verursachung von Umweltproblemen wie Abgasen und Lärm zugeschrieben wird (vgl. exemplarisch die Studien zum "Umweltbewusstsein in Deutschland", 1991-2000 von Preisendörfer 1999 bzw. Kuckartz 2000), werden nachhaltigere bzw. ökologischere Verkehrsmittel meist nur bei speziellen Aktivitäten oder vorrangig von bestimmten gesellschaftlichen Gruppen genutzt, die nicht oder nur selten über einen Pkw verfügen. Beim Vorhaben, Verkehrsteilnehmer möglichst dauerhaft zum Umstieg vom Pkw auf den ÖPNV zu bewegen, blieb der Erfolg von Maßnahmen, wie sie beispielsweise im Rahmen individualisierter Marketingaktionen von Städten und Verkehrsbetrieben durchgeführt wurden, bislang häufig unklar.

Um auf Seiten der Verkehrsteilnehmer Verhaltensroutinen zu durchbrechen, können zwei Determinanten zu einer Verkehrsmittel*neu*wahl führen. Zum einen die *personale Determinante*, die sich durch die Unzufriedenheit mit der augenblicklichen Verkehrsmittelnutzung ergibt. Sie resultiert beispielsweise aus einem als zu hoch wahrgenommenen Bedarf an Zeit oder Geld bei der Nutzung eines bestimmten Verkehrsmittels. Zum anderen die *situative Determinante*, die durch eine tiefgreifende Veränderung der objektiven Entscheidungssituation hervorgerufen wird, wie z.B. durch den Bau einer neuen S-Bahn-Haltestelle "vor der eigenen Haustür" oder durch einen Umzug in eine andere Stadt bzw. Region.

Grundlegend für eine Verkehrsmittelneuwahl ist also aus unserer Sicht, dass Handlungsalternativen entstehen bzw. bestehen und als solche von den Verkehrsteilnehmern wahrgenommen werden. Personen könnten dann dazu veranlasst werden, ihre alltägliche Verkehrsmittelnutzung neu zu überdenken bzw. zu reorganisieren, wenn sich, wie z.B. beim Wohnungsumzug, dauerhaft das individuelle soziale bzw. räumliche Umfeld ändert. Ein neues Verkehrsmittelangebot am neuen Wohnort wird jedoch meist nur dann als solches wahrgenommen, wenn sich der Umzügler über das neue Angebot ausreichend informiert fühlt bzw. informiert wird oder das Angebot des örtlichen ÖPNV probeweise nutzen kann.

Der vorliegende Beitrag stellt zentrale Ergebnisse einer 3-Wellen-Panelbefragung vor, bei der das Mobilitätsverhalten von Umzüglern vor und nach dem Umzug untersucht wurde. Die Befragung wurde im Rahmen des vom Projektträger BWPLUS geförderten Projekts "Mögliche Beiträge von Verkehrsvermeidung und -verlagerung zu einem umweltgerechten Verkehr in Baden-Württemberg – eine empirische Analyse der Bestimmungsfaktoren von Haushaltsentscheidungen" durchgeführt. Gemeinsam ist diesen Umzüglern, dass sie allesamt von außerhalb in die Region Stuttgart gezogen sind. Einen quasi-experimentellen Charakter erhält die Studie dadurch, dass eine zufällig ausgewählte Gruppe der Befragten ein individuell angefertigtes Informationspaket über das Verkehrsangebot in der "neuen" Region bzw. ein Eintages-Testticket erhielt. Somit konnten Unterschiede bei der Verkehrsmittelwahl zwischen Kontroll- und Experimentalgruppe am alten und am neuen Wohnort untersucht werden.

2. Die soziale Situation des Umzugs

Dass der Wohnungsumzug in Deutschland in der heutigen Zeit zum gewohnten Alltagsbild gehört, können zahlreiche Menschen aus eigener Erfahrung bestätigen. Laut Auskunft des Statistischen Bundesamtes ziehen jedes Jahr knapp 4 Millionen Menschen in Deutschland um. Nicht miteingerechnet ist dabei die Zahl derjenigen, die innerhalb einer Stadt umziehen. Die Gründe für den Umzug können dabei vielfältiger Natur sein (vgl. dazu die Ergebnisse bei Kloas/Kuhfeld/Kunert 2001: 62). Neben der räumlichen Veränderung hat der Umzug meist zur Folge, dass am neuen Wohnort routinisiertes Verhalten neu geordnet bzw. "überdacht" wird; beispielsweise müssen neue Einkaufs- und Freizeitstätten gefunden werden. Darüber hinaus müssen aber auch die Möglichkeiten erkundet werden, mit welchem Verkehrsmittel man am besten zum (neuen) Arbeitsplatz gelangt.

Neben dem neuen räumlichen, beruflichen und sozialen Umfeld ist auch oftmals eine veränderte Verkehrsinfrastruktur am neuen Wohnort anzutreffen. Dies macht sich beispielsweise im erhöhten (verminderten) Pkw-Aufkommen, dem (Nicht-)Vorhandensein von Radwegen oder einem verbesserten (verschlechterten) Angebot an öffentlichen Verkehrsmitteln am neuen Wohnort bemerkbar. Dies kann wiederum zur Folge haben, dass schließlich auch das durch Alltagsroutinen am alten Wohnort geprägte Mobilitätsverhalten einer "Eignungsprüfung" am neuen Wohnort unterzogen wird. Die Erfahrung zum wiederholten Mal mit dem eigenen Pkw im morgendlichen Stau des Berufsverkehrs zu stehen unterstützt dieses Vorhaben zusätzlich.

Im Untersuchungsgebiet der vorliegenden Studie erbrachten Recherchen beim Statistischen Landesamt Baden-Württemberg, dass rund 88.000 Personen jedes Jahr neu in die Region des Verkehrs- und Tarifverbunds Stuttgart (VVS) ziehen, und damit die Grundgesamtheit unserer Stichprobe bilden. Die VVS-Region ist nahezu deckungsgleich mit der eigentlichen Region Stuttgart (vgl. Abbildung 1). Nur der Landkreis Göppingen gehört nicht zum Tarifgebiet des VVS.

Wie aus Abbildung 1 zudem deutlich wird, zieht knapp ein Drittel der Umzügler in das Stadtgebiet Stuttgart, der Rest verteilt sich zu ungefähr gleichen Teilen auf die vier übrigen Landkreise Ludwigsburg, Esslingen, Böblingen und den Rems-Murr-Kreis. Hinsichtlich der Herkunft der einzelnen Umzügler zeigt sich, dass je 30 Prozent der Umzügler aus Baden-Württemberg bzw. dem restlichen Bundesgebiet, 40 Prozent hingegen aus dem Ausland in die VVS-Region ziehen.

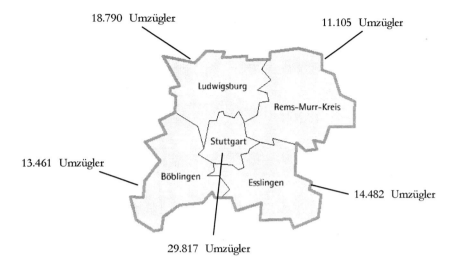

Quelle: Statistisches Landesamt Baden-Württemberg; eigene Berechnungen.

Abbildung 1: Zuzüge in die VVS-Region Stuttgart, 1999

3. Datenerhebung und Untersuchungsdesign

Bislang wurden Umzügler hinsichtlich ihres Mobilitätsverhaltens kaum untersucht. Die wenigen Untersuchungen gingen dabei meist so vor, dass sie die Personen zunächst möglichst direkt nach dem Umzug befragten, um die Umzügler retrospektiv nach ihrem Mobilitätsverhalten am alten Wohnort zu befragen. Nach einigen Monaten folgte dann erneut die zweite Befragung am neuen Wohnort (vgl. Zimmermann/Fell 2001). Ein plausibler Grund für die Retrospektivbefragung wird häufig angeführt: Wie soll man erahnen, *wann* Personen umziehen? Die An- bzw. Abmeldung beim Einwohnermeldeamt erfolgt erst nach dem Umzug und potentielle Partner bei Adressrecherchen von Umzugswilligen, wie Wohnungsmakler, die für Umzugswillige Wohnungen suchen, sind aufgrund des Datenschutzes i.d.R. nicht bereit, die Adressen ihrer Klienten zur Verfügung zu stellen.

Um diese Schwierigkeit zu umgehen wurden in der vorliegenden Untersuchung deshalb Mietgesuche in vier regionalen Zeitungen im Raum Stuttgart ausgewertet, um dann diese Personen telefonisch bzw. per E-Mail zu kontaktieren. Dabei wurden die Samstagsausgaben der Stuttgarter Zeitung, der Stuttgarter Nachrichten und die Montags- und Donnerstagsausgabe des SPERRMÜLLS, einem privaten Anzeigenmarkt in der Region Stuttgart, ausgewertet. Im Zeitraum von April bis August 2000 konnten somit knapp 800 Mietgesuche erfasst werden. Die Umzügler erwiesen sich dabei als äußerst dynamische Stichprobe zumal sich ein Umzugsvorhaben manchmal zerschlägt, der neue Wohnort gelegentlich weit vom ursprünglich angegebenen Ziel entfernt liegt oder sich der Umzugszeitpunkt nicht selten um Monate verschiebt. Dennoch signalisierten 535 Personen ihre Bereitschaft an der ersten Befragung vor dem Umzug, also am alten Wohnort, teilzunehmen. Davon sendeten 241 Personen den Fragebogen ausgefüllt zurück, was einer Rücklaufquote von ca. 45 Prozent entspricht. Diese Befragtengruppe wurde zufällig in zwei Gruppen eingeteilt, in eine Experimentalgruppe, bei der eine Intervention durchgeführt wurde und eine Kontrollgruppe. Durch die zufällige Auswahl sollte sichergestellt werden, dass alle Untersuchungsteilnehmer mit der gleichen Wahrscheinlichkeit in eine der beiden Gruppen kommen können.

Zwischen zwei und vier Wochen nach dem Umzug erhielt die Experimentalgruppe ein persönliches Infopaket des VVS. Dieses Infopaket bestand aus einem offiziellen Begrüßungs- und Erläuterungsschreiben des VVS mit einer kurzen Vorstellung des Unternehmens und seiner Dienstleistungen und einer "Hotline-Telefonnummer" für eventuelle Rückfragen. Daneben enthielt das Infopaket jeweils eine mit allen ÖV-Linien und Haltepunkten markierte Karte des Stadtviertels, in das die kontaktierte Person gezogen ist. In einem Teil der Infopakete war außerdem ein kostenloses Eintagesticket für das gesamte VVS-Streckennetz enthalten. Dabei wurde in dem Schreiben auf dieses Freiticket hingewiesen und zum Test ausgefordert. Außerdem lag ein kleiner Faltfahrplan bei, der die Abfahrtszeiten aller durch das Viertel führender Linien enthielt. Eine kleine Broschüre, mit beispielhaften ÖV-Verbindungen zu häufig genutzten Einkaufs-, Freizeit und Kultureinrichtungen bzw. zentrale Informationen über Tarif und Fahrkartenverkaufsstellen komplettierten das Paket.

Die Kontrollgruppe erhielt hingegen kein Infopaket. Wichtig dabei ist zu betonen, dass es für die Befragten nicht zu erkennen war, dass das Infopaket mit unserer Untersuchung in Zusammenhang stand. Zum einen wurde deshalb ausschließlich VVS-Material verwendet, einschließlich des hauseigenen Briefpapiers. Außerdem wurde in der Befragung stets betont, dass es uns um die Untersuchung des Mobilitätsverhaltens im Zusammenhang mit dem Wohnungsumzugs geht. Einzelne Anrufe beim VVS wiesen auf den Erfolg des experimentellen Vorgehens hin.

Die zweite Befragung erfolgte dann knapp vier Wochen nach Absenden des Infopakets (Experimentalgruppe) bzw. acht Wochen nach dem Umzug (Kontrollgruppe). Von den noch lokalisierbaren 197 Befragten der ersten Welle sendeten schließlich 169 den Fragebogen der zweiten Befragungswelle ausgefüllt zurück (Rücklaufquote rund 86 Prozent).

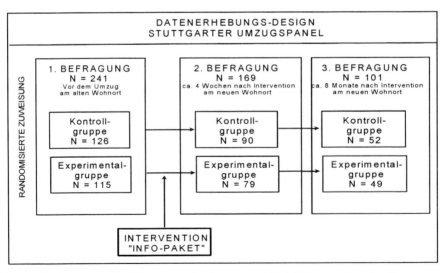

Abbildung 2: Design der Studie "Umzugentscheidungen und Mobilitätsgewohnheiten"

Nach dieser zweiten Welle wurde unter den Befragten, die an beiden Befragungswellen teilgenommen hatten, 13 Geldpreise zwischen 100,- DM und 1.000,-DM verlost, die den Incentive der Studie darstellten. An der dritten Welle haben, wie in Abbildung 2 gezeigt, nur 101 Befragte teilgenommen.

Die soziodemographischen Merkmale der gesamten Stichprobe deuten darauf hin, dass sich eine junge (Durchschnittsalter 28,5 Jahre), gut ausgebildete (ca. 80 Prozent haben Abitur bzw. einen Hochschulabschluss) Stichprobe an der Befragung beteiligt hat. Knapp 95 Prozent der Befragten besitzen einen Führerschein, in 88 Prozent aller Haushalte ist wenigstens 1 Pkw vorhanden und 73 Prozent der Befragten geben an, auch persönlich über einen Pkw verfügen zu können.

4. Ergebnisse

4.1 Wohnungswahl

Was sind die Gründe, die bei der Wohnungswahl der Umzügler relevant waren? Welche Rolle spielen hierbei Faktoren, die in direktem Zusammenhang mit Verkehr bzw. der Mobilität der Umzügler stehen? Abbildung 3 dokumentiert die Kriterien bei der Wohnungswahl, die die Befragten vor dem Umzug am alten Wohnort angaben.

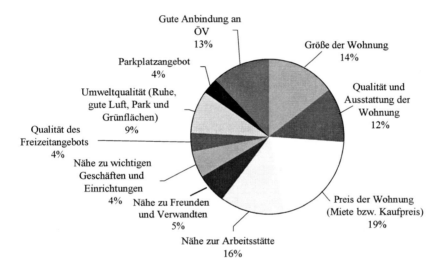

Quelle: Studie "Umzugentscheidungen und Mobilitätsgewohnheiten"; eigene Berechnungen. Fragewortlaut: "Wie wichtig sind/waren für Sie die folgenden Aspekte bei der Wahl ihrer Wohnung? (Verteilung von 100 Punkten auf 10 Antwortalternativen); Mittelwerte in Prozent.

Abbildung 3: Gründe für Wohnungswahl bei Umzüglern in die Region Stuttgart, 2000

Es wird deutlich, dass es zwei große Gruppen von Kriterien gibt, die ausschlaggebend für die Wohnungswahl waren. Bei der Wohnungswahl spielten demnach zum einen solche Gründe eine Rolle, die die Wohnung direkt betreffen, wie Preis, Größe und Qualität der Wohnung. Darüber hinaus zeigt sich jedoch auch, dass v.a. mobilitätsrelevante Faktoren bei der Suche nach Wohnraum eine große Rolle spielen (vgl. Abbildung 3). Wenn man alle Gründe, die direkt oder indirekt mit Verkehr bzw. Mobilität der Umzügler zusammenhängen addiert, haben etwa 50 Prozent der angegebenen Gründe für die Wahl einer Wohnung direkt oder indirekt etwas mit Mobilität zu tun.

4.2 Einfluss der Intervention "Persönliches Informationspaket" auf das Mobilitätsverhalten

Bevor der Einfluss der Intervention auf die Verkehrsmittelwahl analysiert wird, soll zunächst untersucht werden, inwiefern es sich nach der zufälligen Einteilung der Experimental- bzw. Kontrollgruppe tatsächlich um äquivalente Gruppen handelt; denn nur wenn die statistischen Charakteristika der Gruppen vergleichbar sind, kann man von einem Effekt der Intervention ausgehen. Tabelle 1 zeigt diesen Vergleich für verschiedene soziodemografische Variablen bzw. Einstellungen, die bei der ersten Befragung am alten Wohnort erhoben wurden.

Tabelle 1: Test auf Mittelwertsunterschiede zwischen der Kontrollgruppe (n = 90) und Experimentalgruppe (n=79)

	Kontrollgruppe	*Experimentalgruppe*	*p*
Geschlecht (1=Frauen)	0.60	0.51	0.22
Alter in Jahren	28.8	27.8	0.34
Haushaltsgröße	2.4	2.5	0.56
Bildungsabschluss	4.1	4.2	0.46
Erwerbstätig	1.8	2.1	0.19
Nettohaushaltseinkommen	2.4	2.7	0.13
Anzahl Pkw im Haushalt	1.3	1.4	0.38
Pkw jederzeit verfügbar	0.74	0.70	0.49
Entfernung in km	14.4	11.4	0.42
Veränderungsmotivation	0.87	0.89	0.82
Pkw-Einstellung	4.8	5.4	0.23
Pkw-Nutzung	53.3	48	0.48
Bus-Nutzung	18.9	19.0	0.99

Quelle: Studie "Umzugentscheidungen und Mobilitätsgewohnheiten"; eigene Berechnungen. p: Signifikanz

Wie sich Tabelle 1 entnehmen lässt, zeigt sich in keiner der untersuchten Variablen ein statistisch signifikanter Mittelwertunterschied zwischen Kontroll- und Experimentalgruppe. Es kann also davon ausgegangen werden, dass es sich bei den beiden Gruppen um äquivalente Gruppen handelt.

Welchen Einfluss hat nun das Informationspaket der VVS auf das Mobilitätsverhalten der Experimentalgruppe? Gibt es dabei signifikante Unterschiede zur Kontrollgruppe? In Abbildung 4 wird zunächst die Pkw-Nutzung vor und nach dem Umzug für beide Gruppen dargestellt. Die tatsächliche Verkehrsmittelnutzung wurde über ein dem KONTIV-Design vergleichbares standardisiertes Wegeprotokoll erhoben, indem die Befragten alle am letzten Werktag unternommenen Wege dokumentieren sollten. Im Protokoll notierten die Befragten den Zeit- und Ausgangspunkt für jeden von ihnen unternommenen Weg, den Wegzweck, das benutzte Verkehrsmittel, die Zieladresse, den Zeitpunkt der Ankunft sowie die geschätzte Entfernung des Weges.

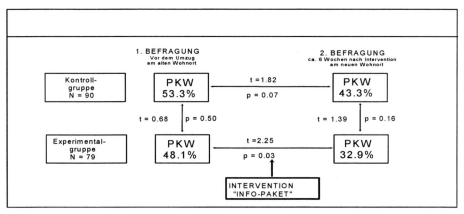

Quelle: Studie "Umzugentscheidungen und Mobilitätsgewohnheiten"; eigene Berechnungen

Abbildung 4: Veränderung der Pkw-Nutzung für den 2. protokollierten Weg vor / nach dem Umzug getrennt für Kontroll- und Experimentalgruppe (in Prozent).

Zunächst fällt auf, dass in beiden Gruppen – nachdem sich die Pkw-Nutzung vor dem Umzug nicht signifikant unterscheidet – die Pkw-Nutzung abnimmt. Während in der Kontrollgruppe die Nutzung des Autos um 10 Prozentpunkte auf 43 Prozent sinkt, reduziert sich die Pkw-Nutzung der Experimentalgruppe von 48 auf 33 Prozent am neuen Wohnort. Auch wenn die Veränderung in der Kontrollgruppe nicht statistisch signifikant ist ($\alpha=0.05$-Niveau, zweiseitiger t-Test), deutet dieser Befund doch darauf hin, dass der Umzug in einen großstädtischen Ballungsraum offensichtlich eine Verringerung der Pkw-Nutzung nach sich zieht.

Deutlichere Ergebnisse liefert jedoch die Analyse der Nutzung öffentlicher Verkehrsmittel. Die ÖV-Nutzung der zwei Gruppen unterscheidet sich vor dem Umzug nicht signifikant voneinander ($p = 0.99$), d.h. die beiden Gruppen sind vor der Intervention bezüglich ihrer ÖV-Nutzung äquivalent. In der Kontrollgruppe zeigt sich auch nach dem Umzug keine signifikante Veränderung in der ÖV-Nutzung ($p = 0.25$). Diese Befund deutet darauf hin, dass es ohne Intervention, alleine aufgrund des Umzugs, zu keiner bedeutsamen freiwilligen Veränderung in der ÖV-Nutzung kommt.

Quelle: Umzüglerbefragung "Umzugentscheidungen und Mobilitätsgewohnheiten"; eig. Berechn.

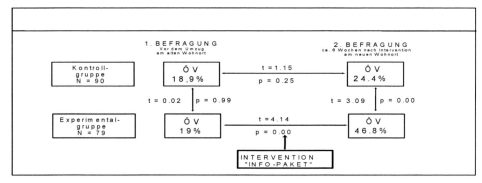

Abbildung 5: Veränderung der Pkw-Nutzung für den 2. protokollierten Weg vor / nach dem Umzug getrennt für Kontroll- und Experimentalgruppe (in Prozent)

Um so stärker ist jedoch die Veränderung der ÖV-Nutzung nach dem Umzug in der Experimentalgruppe, die die Soft-Policy-Intervention "Persönliches Informationspaket" erhält. Hier steigt die ÖV-Nutzung statistisch signifikant ($p < 0.001$) von 19 Prozent am alten Wohnort auf fast 47 Prozent am neuen Wohnort an.

4.3 Einfluss der Veränderungsmotivation auf die Verkehrsmittelwahl

Die Ergebnisse werfen die Frage auf, ob die erhöhte ÖV-Nutzung innerhalb der Experimentalgruppe allein aus dem Effekt der Intervention resultiert. Möglicherweise bestand bei einigen Umzüglern bereits die Absicht am neuen Wohnort im Großraum Stuttgart mehr öffentliche Verkehrsmittel zu nutzen. Deshalb untersuchen wir, ob sich Hinweise auf eine interaktive Wirkung der beiden Faktoren "Soft-Policy-Maßnahme" und "Veränderungsmotivation" finden lassen.

Dabei haben wir innerhalb der Kontroll- und der Experimentalgruppe je zwei Subgruppen gebildet, die sich hinsichtlich der hohen bzw. niedrigen Absicht unterscheiden, am neuen Wohnort öffentliche Verkehrsmittel zu nutzen. Tabelle 2 stellt einen Vergleich der ÖV- und Pkw-Anteile des 2. protokollierten Weges vor und nach dem Umzug getrennt für diese vier Subgruppen "Intervention und hohe Veränderungsmotivation", "Intervention und niedrige Veränderungsmotivation", "Keine Intervention und hohe Veränderungsmotivation" sowie "Keine Intervention und niedrige Veränderungsmotivation" vor.

Tabelle 2: Alleiniger und kombinierter Effekt der beiden Faktoren "Veränderungsmotivation" und "Soft-Policy-Maßnahme" (in Prozent)

	EXPERIMENTAL-GRUPPE				KONTROLL-GRUPPE			
	ABSICHT ÖV-NUTZUNG HOCH N = 36		ABSICHT ÖV-NUTZUNG NIEDRIG N = 43		ABSICHT ÖV-NUTZUNG HOCH N = 38		ABSICHT ÖV-NUTZUNG NIEDRIG N = 52	
	VORHER	NACHHER	VORHER	NACHHER	VORHER	NACHHER	VORHER	NACHHER
ÖV	22%	61%	16%	35%	26%	42%	13%	12%
PKW	50%	25%	47%	40%	42%	18%	62%	62%

Quelle: Studie "Umzugentscheidungen und Mobilitätsgewohnheiten"; eigene Berechnungen; Absicht gebildet über additivem Index.

Besonders zwischen der ersten und vierten Gruppe zeigen sich dabei deutliche Verhaltensunterschiede: Während in der Subgruppe "Intervention + hohe Veränderungsmotivation" die ÖV-Nutzung um 39 Prozentpunkte ansteigt, bei gleichzeitiger Reduktion der Pkw-Nutzung um 25 Prozentpunkte, zeigt sich in der Subgruppe "Keine Intervention + niedrige Veränderungsmotivation" überhaupt keine Veränderung (vgl. Tabelle 2). In dieser Subgruppe stagniert die ÖV-Nutzung bei 12 Prozent und die Pkw-Nutzung bleibt auf dem hohen Niveau von 62 Prozent. Interessant ist auch die Tatsache, dass sich in der zweiten und dritten Gruppe relativ ähnliche Veränderungen in der ÖV-Nutzung zeigen. Dieser Befund deutet darauf hin, dass die Maßnahme und die Veränderungsmotivation für sich alleine anscheinend ähnlich starke Effekte auf den Umstieg zum ÖV haben. Eine hohe Veränderungsmotivation führt demnach im gleichen Umfang zu einem selbst initiierten Umstieg auf den ÖV, wie der von der Soft-Policy-Maßnahme bei Personen mit niedriger Umstiegsmotivation bewirkte Umstieg auf den ÖV.

Gleichzeitig belegt der drastische Anstieg der ÖV-Nutzung in der Subgruppe "Intervention + hohe Veränderungsmotivation" die additive Wirkung der beiden Faktoren: Bei der Kombination der beiden Faktoren "Soft-Policy-Maßnahme" und "hohe Veränderungsmotivation" ist der Umstiegseffekt doppelt so hoch wie der alleinige Effekt der beiden Faktoren.

4.4 Stabilität der Verkehrsmittelwahl am neuen Wohnort

Es stellt sich natürlich die Frage, ob es sich bei diesem Effekt um ein kurzfristiges "Strohfeuer" handelt oder ob sich auch noch nach einem größeren zeitlichen Abstand zur Intervention ein Verhaltenseffekt nachweisen lässt. Leider konnten wir diese aus Sicht der Praxis sehr wichtige Frage im Rahmen unserer Studie nur begrenzt untersuchen. Bei der Konzeption der Untersuchung waren wir aus finanziellen und zeitlichen Gründen davon ausgegangen, keine dritte Nachbefragung mehr durchzuführen. Wir haben uns daher mit einer Ausgangsstichprobe von N=241 begnügt. Knapp acht Monate nach dem Umzug wurde eine dritte Befragungswelle durchgeführt.

An dieser dritten Welle haben 101 Untersuchungsteilnehmer (ca. 40 Prozent der ursprünglichen Teilnehmer) teilgenommen. Von diesen 101 Teilnehmern entfallen 52 auf die Kontroll- und 49 auf die Experimentalgruppe. Im 3-Wellen-Panel steht uns also nur eine kleine Datenbasis zur Verfügung, um die Frage zu untersuchen, ob sich auch nach einem größeren zeitlichen Abstand noch Interventionseffekte belegen lassen.

Der obere Teil von Abbildung 6 stellt für die Gesamtstichprobe von 101 Personen den Anteil des als 2. protokollierten Wegs dar, der vor dem Umzug bzw. ca. 6 Wochen und ca. 8 Monate nach dem Umzug mit dem ÖV zurückgelegt wurde. Auch in der kleinen Stichprobe zeigt sich nach dem Umzug ein statistisch signifikanter Anstieg der ÖV-Nutzung um 16,3 Prozentpunkte. Diese, auf der Grundlage der deutlich kleineren Stichprobe ermittelte Veränderung, entspricht genau der für die N=169 Personenstichprobe ermittelten Veränderung. Bei den 101 Personen, die an der 3. Befragung teilgenommen haben, zeigt sich ca. 8 Monate später wieder ein leichter nicht-signifikanter Rückgang in der ÖV-Nutzung um 2,5 Prozentpunkte.

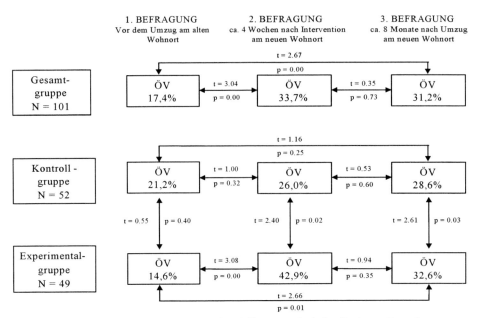

Quelle: Studie "Umzugentscheidungen und Mobilitätsgewohnheiten"; eigene Berechnungen

Abbildung 6: ÖV-Nutzung über die drei Messzeitpunkte für die Gesamtgruppe (N = 101) und getrennt für die Kontroll- (n = 52) und Experimentalgruppe (n = 49); in Prozent

Der untere Teil von Abbildung 6 stellt die Entwicklung des ÖV-Anteils über die drei Messzeitpunkt getrennt für die Kontroll- und Experimentalgruppe dar. Hier zeigt sich, dass die hohe Stabilität der ÖV-Nutzung in der Gesamtgruppe zum 3. Messzeitpunkt offensichtlich auf zwei tendenziell gegenläufigen Veränderungen beruht: Während sich in der Experimentalgruppe zum 3. Messzeitpunkt eine nicht-signifikante Verringerung der ÖV-Nutzung um rund 10 Prozentpunkte (von 42,9 % auf 32,6%) beobachten lässt, erhöht sich im gleichen Zeitraum die ÖV-Nutzung der Kontrollgruppe um knapp 3 Prozentpunkte (von 26,0% auf 28,6%). Diese gegenläufigen Veränderungen in der Kontroll- und Experimentalgruppe führen dazu, dass sich zum 3. Messzeitpunkt kein statistisch signifikanter Unterschied mehr in der ÖV-Nutzung der beiden Gruppen zeigt.

Zugleich muss jedoch auch festgehalten werden, dass selbst der nach ca. 8 Monate später in der Experimentalgruppe zu beobachtende ÖV-Anteil von 32,6 Prozent immer noch statistisch signifikant deutlich höher ist als der in der Experimentalgruppe vor dem Umzug zu beobachtende ÖV-Anteil von 14,6 Prozent. Hingegen unterscheidet sich der in der Kontrollgruppe zum 3. Messzeitpunkt zu beobachtende ÖV-Anteil immer noch nicht statistisch signifikant von dem Ausgangswert von 21,2 Prozent vor dem Umzug. Es kann also festgehalten werden, dass sich auch 8 Monaten nach dem Umzug nur in der Experimentalgruppe eine, im Vergleich mit der ÖV-Nutzung vor dem Umzug, signifikante Veränderung der ÖV-Nutzung zeigt.

Es ist an dieser Stelle verführerisch, über mögliche Erklärungen für diese interessanten Befunde nachzudenken. So berichten Höger et al. (1999) in ihrer Studie ebenfalls davon, dass sich zu späteren Messzeitpunkten in der Kontrollgruppe ein signifikanter Anstieg der ÖV-Nutzung beobachten ließ. Sie interpretieren diesen Befund als Beleg dafür, dass der intensive Kontakt während der Untersuchung sowie das mehrmalige Ausfüllen der Befragungsunterlagen selbst eine "Soft-Policy-

Maßnahme" darstellt, die die Befragten zum bewussten Nachdenken über ihre Verkehrsmittelwahl motivierte. Ein möglicher Grund könnte jedoch auch sein, dass auch eine entsprechende Intention in der Kontrollgruppe auf ÖV umzusteigen vorhanden war, die den Effekt des nicht vorhandenen Infopakets überlagert hat. Aufgrund der geringen Fallzahlen innerhalb der vier zu bildenden Subgruppen lassen sich hierzu jedoch schwerlich empirische Belege finden.

In unserer Studie ist die Datenbasis, auf der die Befunde beruhen, einfach zu klein, um zuverlässige Aussagen machen zu können. So sind z.B. die 95%-Konfidenzintervalle der Mittelwertsdifferenz zum 3. Messzeitpunkt so groß, dass die "wahre" Mittelwertsdifferenz irgendwo in dem Range von 14,9 Prozentpunkten zugunsten der Kontrollgruppe oder 23,1 Prozentpunkten zugunsten der Experimentalgruppe liegen. Für eine vertrauenswürdige inferenzstatistische Absicherung der gefundenen Mittelwertsunterschiede wäre also eine nahezu doppelt so große Stichprobe notwendig.

5. Zusammenfassung

Bereits verschiedene andere Studien konnten zeigen, dass Soft-Policy-Maßnahmen einen starken Effekt auf die Verkehrsmittelnutzung haben können (vgl. Höger et al. 1999 bzw. Bamberg/Schmidt 1999). Die Ergebnisse stützen die Auffassung, dass es in der Bevölkerung beträchtliche Potentiale für einen freiwilligen Umstieg vom Pkw auf den ÖV gibt. Auch die vorliegende Untersuchung konnte zeigen, welchen Einfluss gezielte informatorische Maßnahmen auf eine nachhaltige Mobilität haben können. Zusätzlich zu dem Effekt des Infopakets fällt auf, dass sich der Effekt der Intervention durch die bereits vorhandene Umstiegsabsicht am alten Wohnort kumulativ erhöht, d.h. den stärksten Effekt zugunsten eines Umsteigens auf öffentliche Verkehrsmittel stellt die Verbindung aus Intention und Information dar.

Zusammenfassend kann festgehalten werden, dass sich auch in unserer Studie ein überraschend starker Effekt der Soft-Policy-Maßnahme "Persönliches Informationspaket" auf die ÖV-Nutzung der in die Region Stuttgart umgezogenen Untersuchungsteilnehmer zeigt. Der in der Gesamtgruppe analysierte Anstieg der ÖV-Nutzung um 16 Prozentpunkte nach dem Umzug ist nach unseren Analysen fast ausschließlich auf den signifikanten Anstieg der ÖV-Nutzung in der Experimentalgruppe (28,3 Prozentpunkte) zurückzuführen. Während vor dem Umzug und der Intervention sich die ÖV-Nutzung von Kontroll- und Experimentalgruppe nur um 0,1 Prozentpunkte unterscheiden, beträgt dieser Unterschied nach dem Umzug 22,4 Prozentpunkte. Es muss jedoch erwähnt werden, dass die entsprechenden Veränderungen bei der Pkw-Nutzung nicht so eindeutig ausfallen. Zwar ist auch hier die Veränderung in der Experimentalgruppe deutlich stärker (Verringerung der Pkw-Nutzung um 16,2 Prozentpunkte) als in der Kontrollgruppe (Verringerung der Pkw-Nutzung um 9 Prozentpunkte), die ebenfalls relativ deutliche Verringerung der Pkw-Nutzung in der Kontrollgruppe deutet jedoch darauf hin, dass die objektive Kontextveränderung "Großstadt" ihrerseits zu einer Verringerung der Pkw-Nutzung führt.

Auch bei der dritten Befragung, acht Monate nach dem Umzug, bleibt die ÖV-Nutzung insgesamt auf relativ hohem Niveau stabil, wenn auch langfristig ein Teil des Effekts des Infopakets "verloren" zu gehen scheint. Trotz eines Rückgangs der ÖV-Nutzung innerhalb der Experimentalgruppe um 10 Prozentpunkte, ist in dieser Gruppe immer noch ein signifikant größere Anstieg der ÖV-Nutzung zu verzeichnen als in der zu Kontrollgruppe.

Bei Untersuchungen wie dieser stellt sich an dieser Stelle für Wissenschaft *und* Praxis meist die Frage, wie quantitativ relevant die Untersuchungsgruppe der Umzügler tatsächlich ist, oder mit anderen Worten: Lohnt es sich für diese Gruppe Forschungsgelder bzw. Marketingmaßnahmen zu investieren? Man kann zwar argumentieren, dass knapp 88.000 Personen bei einer Einwohnerzahl von knapp 2,3 Millionen im Verbundgebiet und bei einem Fahrgastvolumen von über 290 Millionen beförderten Personen im Jahr 2000 nicht allzu sehr ins Gewicht fallen. Bedenkt man jedoch, dass mit dem Umzug in die Region Stuttgart zugleich ein Zuzug zahlreicher Arbeitnehmer stattfindet, bedeutet dies auch, dass ein Großteil der Umzügler potentielle Kunden für Jahreskarten oder Firmentickets auf dem Weg zur Arbeit sind (zumal fast 90 Prozent des Berufsverkehrs innerhalb des VVS mit diesen Fahrkartentypen zurückgelegt werden). Unter dem Aspekt sind die Umzügler somit auch für einen Verkehrsbetrieb wie den VVS eine interessante Größe.

Es ist abschließend zu betonen, dass die Ergebnisse sicherlich nicht direkt auf alle Verkehrsteilnehmer zu übertragen sind. Die Durchführung von informatorischen Maßnahmen müssen nicht zwangsläufig zu einer verstärkten nachhaltigen Mobilität führen. Dennoch sprechen die Ergebnisse innerhalb der Untersuchung von Umzüglern eine deutliche Sprache. Der Wohnungsumzug scheint tatsächlich eine soziale Situation darzustellen, in der eine Neuorganisation des eigenen Mobilitätsverhaltens wahrscheinlich ist. Eine gezielte Informationspolitik seitens der Städte und der Verkehrsbetriebe könnte hierbei zumindest eine wichtige Einflussgröße sein, das Vorhaben, die Bürger vermehrt zum Umsteigen auf den ÖPNV zu bewegen, durchzuführen. So kann zumindest ein Beitrag zur nachhaltigen Mobilität auf lokaler Ebene geschaffen werden.

Literatur

Aurich, H./*Konietzka*, L. (2000). Mobilitätsmanagement, Mobilitätszentralen, Mobilitätsberatung. Internationales Verkehrswesen, 52, 5, S. 203-206.

Bamberg, Sebastian/*Schmidt*, Peter (1993): Verkehrsmittelwahl - eine Anwendung der Theorie geplanten Verhaltens. In: Zeitschrift für Sozialpsychologie, 24, S. 25-37.

Bamberg, Sebastian/*Schmidt*, Peter (1994): Auto oder Fahrrad? - Empirischer Test einer Handlungstheorie zur Erklärung der Verkehrsmittelwahl. In: Kölner Zeitschrift für Soziologie und Sozialpsychologie, 1, S. 80-102.

Bamberg, Sebastian/*Schmidt*, Peter (1999): Regulating transport: Behavioral changes in the field. In: Journal of Consumer Policy, 22, S. 479-509.

Bamberg, Sebastian/*Rölle*, Daniel/*Weber*, Christoph (2001): Does habitual car use not lead to more resistance to change of travel mode?. In: Transportations (im Erscheinen)

Binnenbruck, Horst/*Hoffmann*, Peter/*Krug*, Stephan (1998). Mobilitätsmanagement im Personen-und Güterverkehr. Der Nahverkehr, 9, S. 19-24.

Brög, Werner/*Lorenzer*, Konrad (1998). Neue Wege des Marketings. Der Nahverkehr, 9,

Höger, Rainer/*Blöbaum*, Anke/*Hunecke*, Marcel (1999): Die langfristige Wirkung von Schnuppertickets auf das Verkehrsmittelwahlverhalten. Projektbericht. ZEUS-GmbH. Ruhr Universität Bochum.

Kloas, Jutta/*Kuhfeld*, Hartmut/*Kunert*, Uwe (2001): Dynamik des Verkehrsverhaltens im Jahresvergleich. Analyse des Mobilitätspanels 1994 bis 1999. Endbericht. DIW Berlin.

Kuckartz, Udo (2000): Umweltbewußtsein in Deutschland 2000 : Ergebnisse einer bundesweiten Repräsentativstudie. Opladen: Leske + Budrich.

Preisendörfer, Peter (1999): Umwelteinstellungen und Umweltverhalten in Deutschland. Hrsg. Vom Umweltbundesamt. Opladen: Leske + Budrich.

Rölle, Daniel/*Bamberg*, Sebastian/*Weber*, Christoph (2001): Mögliche Beiträge von Verkehrsvermeidung und – verlagerung zu einem umweltgerechten Verkehr in Baden-Württemberg – eine empirische Analyse der Bestimmungsfaktoren von Haushaltsentscheidungen, in: BWPLUS-Diskussionskreis "Luftreinhaltung und Nachhaltigkeitsstrategien", Karlsruhe, 28.02.2001, hrsg. v. Forschungszentrum Karlsruhe GmbH, Projektträgerschaft Programm Lebensgrundlage Umwelt und ihre Sicherung (BWPLUS), Karlsruhe.

Verron, Helga (1986). Verkehrsmittelwahl als Reaktion auf ein Angebot. Ein Beitrag der Psychologie zur Verkehrmittelplanung. (= Bd. 20 der Schriftenreihe des Instituts für Verkehrsplanung und Verkehrswegebau). Berlin: TH Berlin.

Zimmermann, Andrea/*Fell*, Bernhard (2001): Mobiplan: Zweistufige Panelbefragung von umgezogenen Haushalten – Rekrutierungskonzept, Befragungsinhalte und Betreuung. In: Tagungsband AMUS 2001 – Stadt Region Land – Heft 71, S. 107-114.

Ansätze zu einer nachhaltigen Freizeitgestaltung in einem Ökozentrum

Dipl.-Soz. Andreas Reichert

Institut für Energiewirtschaft und Rationelle Energieanwendung (IER), Universität Stuttgart
E-Mail: ar@ier.uni-stuttgart.de

Dieser Beitrag entstand im Rahmen der durch das Bundesministerium für Bildung und Forschung (Förderkennzeichen: 07 KON 03/6) geförderten "Begleitforschung" zum Ökozentrum Rommelmühle in Bietigheim-Bissingen (nahe Stuttgart). Die Rommelmühle wurde unter dem Motto "Ökologisch leben, arbeiten, einkaufen und erleben – und alles unter einem Dach" konzipiert und 1998 eröffnet. In der Rommelmühle wohnen über 70 Personen in mehr als 20 Haushalten (für weitere Informationen siehe auch Gebhardt et al. 2001 und http://www.rommelmuehle.n-e-w.de).

Bevor exemplarische Ergebnisse der Analyse des Freizeitverhaltens der Bewohner vorgestellt werden, wird zunächst das Themenfeld Freizeit begrifflich bestimmt und eine Indikatorentafel für eine nachhaltige Freizeitgesellschaft vorgestellt. Daran anschließend werden exemplarische Forschungsergebnisse dargestellt und diskutiert. Abschließend wird ein Fazit gezogen.

1. Theoretischer Bezugsrahmen und Forschungsannahmen

Dem Bereich der Freizeit kommt im Sinne der Identifikation von Schritten zur Nachhaltigkeit eine besondere Bedeutung zu. Es ist ein Bereich, der zwar ein hohes "Nachhaltigkeitspotenzial" besitzt, da hier der formal nicht-institutionalisierte soziale Raum betroffen ist, d.h. der Einzelne (auch als Konsument) hier Gestaltungspotenzial besitzt – so sind beispielsweise nach Weber (1999) die Energieverbräuche insbesondere im Bereich der hauswirtschaftlichen Freizeit und der Freizeitmobilität am höchsten – , der sich aber gleichzeitig aus verschiedenen Gründen als äußerst "ökoresistent und ökosperrig" erweist. Als denkbare Ursachen lassen sich hier beispielsweise (soziale und/oder ökonomische) Restriktionen im sozialen Nahbereich oder Abwehrmechanismen im Sinne von "Freizeit gleich ungetrübte Zeit" benennen. Die Betrachtung des Handlungsfeldes Freizeit hat also innerhalb der Bemühungen, die Diffusion nachhaltiger Konsum- und Verhaltensmuster zu fördern, eine hohe Berechtigung.

1.1 Einleitende Überlegungen zum Bereich Freizeit

Dieser Beitrag folgt in seinem Freizeitverständnis der differenzierten Betrachtung von Lüdtke et al. (1994, S. 17ff.). Sie unterscheiden zwischen "freier Zeit" und "Freizeit". Unter "freier Zeit" wird dabei eine Handlungsressource verstanden, also die frei zu disponierende Zeit unabhängig von sozialen Zwängen (allerdings dürfen hier andere Ressourcenzwänge nicht übersehen werden). "Freizeit" hingegen bezeichnet einen sozialen Situationstyp und gesellschaftlichen Raum. Im Rahmen dieses Abschnitts wird, der Definition von Lüdtke et al. folgend, so ein spezifischer Situationstypus betrachtet. Dieser zeichnet sich durch folgende Eigenschaften aus:

- lustbetont/hedonistisch,
- eingebettet in (primär) informelle Strukturen,
- Betonung des engeren sozialen Netzwerkes,
- Betonung "irrationalen Handelns" und

- weitgehend zweckfrei im Sinne (quasi-)monetärer Interessen (auch hinsichtlich der bewussten Erlangung und Ausübung von Macht und Herrschaft).

Allgemein kann man sagen, dass Freizeit zu einem zunehmend wichtigeren sozialen und gesellschaftlichen Bereich wird. Opaschowski (1993, S. 82f.) hat in diesem Zusammenhang schon Anfang der 90er Jahre die "drei F´s" der nachindustriellen Gesellschaft: "Familie, Freunde, Freizeit" ausgerufen. Obwohl sich solche Prognosen im Nachhinein als nicht überall zutreffend herausgestellt haben, zeigen doch Zeitbudgetstudien, dass zunehmend mehr Zeit außerhalb der Erwerbstätigkeit verbracht wird (vgl. z.B. Statistisches Bundesamt 1995). Zudem verschwimmen auch die Differenzen zwischen Arbeit und Freizeit zunehmend. Deutlich wird aber, dass wir unsere gegenwärtige, und dies in Zukunft in zunehmendem Maße, Gesellschaft nicht einfach als "Arbeits-" oder "Industriegesellschaft" bezeichnen können.

Ein analytischer Fokus auf das Handlungsfeld Freizeit ist deshalb durchaus sinnvoll, da eine solche Gesellschaft als "Freizeitgesellschaft", welche sie dann darstellt, "nachhaltig" sein sollte – entsprechend der diskursiv ermittelten Bedeutung von "nachhaltig".

Fraglich ist allerdings, wo man in dieser "Freizeitgesellschaft" die Grenzen des Untersuchungsobjekts setzen soll, da auch durchaus zu argumentieren ist, dass Mobilität, Urlaub und Freizeit nur analytisch zu differenzierende Teilaspekte derselben Sache (Lebensbereich) sein könnten, da Freizeit und Mobilität in einer "entgrenzten Gesellschaft" nicht absolut trennscharf zu differenzieren sind. Dieser Beitrag begrenzt aber aus Gründen der wissenschaftlichen Arbeitsteilung das Handlungsfeld auf ein engeres Verständnis von Freizeit.

1.2 Soziale und ökologische Nachhaltigkeitsindikatoren im Handlungsfeld Freizeit

Ziel der diesem Beitrag zugrunde liegenden Analyse ist es, die Bewohner der Rommelmühle in bezug auf ihr nachhaltiges Handeln und Verhalten im Handlungsfeld Freizeit zu erfassen und daraus, in einem zweiten Schritt, Ansätze zur Verbreitung nachhaltiger Freizeitmuster zu generieren, was allerdings bisher noch nicht geleistet werden konnte. Zunächst muss hierfür allerdings geklärt werden, was überhaupt als "nachhaltiger Freizeitstil" verstanden werden kann und welche Handlungs- und Verhaltensmuster sich als Schritte in eine nachhaltige Freizeit deuten lassen.

Nachhaltigkeit ist in dem hier zugrundeliegenden Verständnis ein globales und normatives Politikkonzept, dessen Leitbildfunktion den gesellschaftlichen Diskurs um eine lebenswerte Zukunft lenken soll. Sie ruht auf verschiedenen interdependenten Säulen, die erst in ihrer Ganzheitlichkeit das Leitbild repräsentieren (vgl. SRU 1994). Ökologisches Verhalten ist an sich nicht schon nachhaltig, wenn darüber soziale Aspekte der Nachhaltigkeit vergessen werden. Natürlich stellt sich hier die Frage, ob die Betonung der Ökologie nicht schon per definitionem alle Dimensionen der Nachhaltigkeit einschließt, da eine weltweit lebenswerte Umwelt allen heutigen und zukünftigen Generationen nützt und eine solche Umwelt die Basis der anderen Dimensionen darstellt (vgl. Hedtke 2001).

Allerdings ergibt sich aus der diskursleitenden Funktion ein Problem der Operationalisierung. Durch die (beinahe) kontingente Verwendung des Begriffs, die je nach Perspektive andere Schwerpunkte und leitende Kriterien umfasst, steht man vor dem Problem Nachhaltigkeit transdisziplinär zu identifizieren. Zwar lassen sich ökologische Handlungsweisen bestimmen, aber ob dies im verwendeten Sinne zur Nachhaltigkeit reicht, ist fraglich und wird im wissenschaftlichen Diskurs mit durchaus widersprüchlichen Positionen diskutiert (vgl. Brand & Jochum 2000).

Insbesondere im Querschnittshandlungsfeld Freizeit zeigt sich die mangelnde Trennschärfe der Indikatoren. Viele Indikatoren können ohne Veränderung einfach anderen Handlungsfeldern zugeordnet werden, denn Freizeit ist beispielsweise fast immer auch Konsum (Mobilität, Essen, Kleiden usw.). Man sieht, dass es äußerst problematisch ist, statische Indikatorentafeln festzulegen. Deshalb sollte darauf geachtet werden, Indikatoren nicht dogmatisch anzuwenden.

In der folgenden Tabelle werden Nachhaltigkeitsindikatoren für die soziale und die ökologische Dimension der Nachhaltigkeit im Handlungsfeld Freizeit aufgeführt. Weitere "Säulen" (z.B. die ökonomische Nachhaltigkeit) fallen aufgrund ihrer höchst unsicheren Operationalisierungsmöglichkeiten weg. Dies stellt allerdings keine Wertung dar, sondern erscheint im Rahmen dieser Teilstudie angesichts des "Untersuchungsobjekts" am zweckmäßigsten. Zudem ist der ökonomische Bereich durch seine Einbettung in systemische Strukturen konträr zur Lebenswelt.

Um die Indikatorwahl im wissenschaftlichen Diskurs anschlussfähig zu machen, wurde im Bereich der sozialen Nachhaltigkeit auf aktuelle Konzepte sozialer Organisation, insbesondere des Kommunitarismus (z.B. Etzioni 1995, Walzer 1998, vgl. auch Weymann 1998, 58ff., Honneth 1993), zurückgegriffen und diese, entsprechend dem kleineren Rahmen dieser Studie, adaptiert. Ziel war es zudem, die Indikatoren intersubjektiv nachvollziehbar zu machen. Deshalb wurde versucht, primär quantitative Messgrößen zu bestimmen.

Die genannten Indikatoren sollen deshalb neben ihrer praktischen Verwendung im Rahmen dieser Studie auch als (dem Wesen nach immer unvollständiger) Diskursbeitrag verstanden werden. Die Indikatorentafel sollte dabei in ihrer Differenzierung nicht als zu streng betrachtet werden, da es auch hier grenzüberschreitende Bereiche gibt (dargestellt durch die gestrichelte Linie).

Tabelle 1: Nachhaltigkeitsindikatoren im Handlungsfeld Freizeit

Soziale Indikatoren	***Quantität und Qualität des zivilgesellschaftlichen Engagements:*** • Häufigkeit der Ehrenämter • Teilnahme an nachbarschaftlichen Aktivitäten/Nachbarschaftshilfe • Mitarbeit in Selbsthilfegruppen (medizinischer, sozialer und praktischer Richtung) • Mitgliedschaft in Vereinen, Verbänden und Parteien • "Zivilcourage" ***Quantität und Qualität der lokalen Sozialorientierung:*** • Häufigkeit sozialer Kontakte zu Freunden/Bekannten außerhalb des sozialen Nahraums (hier: Rommelmühle) • Häufigkeit der sozialen Kontakte zu Nachbarn • Häufigkeit der Nutzung lokaler Freizeitangebote (z.B. lokales Kneipenangebot, Kulturangebot) • Mitarbeit in Selbsthilfegruppen (medizinischer, sozialer und praktischer Richtung) ***Horizont der Handlungsorientierung:*** • Intensität der Konsumreflexion (Fair-Trade, Kinderarbeit etc.)
Ökologische Ind.	• Freizeitkonsumorientierung an lokalen Angeboten ***Gestaltung der Freizeit:*** • Entschleunigter Freizeitstil (lokal/regional orientiert, sozialorientiert) • Freizeitmobilität • Häufigkeit der Nutzung lokaler Freizeitangebote (z.B. Wanderwege, Timm-Dich-Pfade) • Quantität des Selbsthergestellten • Größe des verbrauchten/benötigten Freizeitraums u.a.

1.3 Erkenntnisleitende Annahmen

Wie lässt sich vor dem Hintergrund dieser Überlegungen das Freizeitverhalten der Bewohner und Mitarbeiter der Rommelmühle einschätzen?

Ausgehend von verschiedenen Untersuchungen zum ökologischen Konsumverhalten und dessen Prädiktoren (vgl. z.B. Weber 1999, Gebhardt et al. 2001) ist davon auszugehen, dass sich die Bewohner der Rommelmühle deutlich vom "Durchschnittsbürger" unterscheiden. Empirisch werden entsprechende Beobachtungen im Umfeld der Rommelmühle von Gebhardt et al. (2000, 2001) dargestellt. Sie zeigen, dass die Bewohner der Rommelmühle sich insbesondere in ihrem alltäglichen ökologischen Verhalten auf reflektierte Weise unterscheiden, und dass das ökologische Konzept der Rommelmühle die Einzugsmotivation mitbestimmte. Zur Ergänzung kann auch auf die Alters- und Einkommensstruktur der Bewohner verwiesen werden, die darauf hindeutet, dass die Bewohner im Vergleich zum aggregierten Durchschnitt eher einen postmateriellen (allerdings auch kapitalintensiven) Freizeitstil verfolgen, der so in der Masse der Bevölkerung nicht anzutreffen sein dürfte (vgl. Gebhardt et al. 2001, S. 24ff.).

Es sind daher Annahmen (Arbeitshypothesen) formuliert worden, die anhand der Daten überprüft werden sollen. Dazu werden die im Folgenden sehr allgemein formulierten Annahmen zum Freizeitverhalten den Analysegang leiten und zum Schluss in einer Gesamtbilanz einer kritischen Prüfung unterzogen: Zunächst ist, ausgehend von der ökologischen Orientierung der Bewohner, die auch einen ausgeprägten Hang zur Natur vermuten lässt, zu erwarten, dass diese in ihrer Freizeit auffallend häufiger den Weg in die Natur suchen und "natürliche" Freizeitbeschäftigungen bevorzugen. Zudem ist wahrscheinlich, da oftmals ökologisches und soziales Engagement Hand in Hand gehen, auch im sozial bedeutsamen Bereich des Cohousing, als einer zugleich im Nahbereich gegebenen ökologischen Variante des Freizeitverhaltens, eine starke Bereitschaft zum Engagement der Bewohner festzustellen. Letztlich wird vermutet, dass die Bewohner der Rommelmühle insgesamt eine deutliche ökologisch-nachhaltige Verhaltensausprägungen im Handlungsfeld Freizeit aufweisen, da hier das bestehende Angebot die Kosten für ein ökologisches Verhalten senkt. Gleiches gilt auch für den Bereich der sozialen Nachhaltigkeit.

2. Empirische Ergebnisse

Die folgenden Darstellungen haben die Erhebungswellen 1999 und 2000 zur Grundlage. Alle angegebenen Werte beziehen sich auf beantwortete und zurückgesandte Fragebögen. Bei der Darstellung der empirischen Ergebnisse ist gleich zu Beginn anzumerken, dass die Ergebnisse nur hinsichtlich der Grundgesamtheit der Bewohner der Rommelmühle Repräsentativität beanspruchen. Insgesamt wurden 72 (1999) bzw. 74 (2000) Fragebögen verteilt, von denen letztlich jeweils 42 ausgewertet wurden. Hinsichtlich dieser kleinen Stichprobe sind die folgenden Analysen deshalb nur als Hinweise bzw. als mikroskopischer Blick in die Lebenswelt der Bewohner eines Modellprojekts zu verstehen. Die Ergebnisse haben dementsprechend explorativen Charakter. Aus diesem und aus platzökonomischen Gründen wurde für diesen Beitrag auch auf die umfangreiche Darstellung des Datenmaterials verzichtet (siehe dazu Reichert 2001). Weitere Ergebnisse aus der Analyse qualitativer Interviews liegen zur Zeit noch nicht vor.

Betrachtet man die Freizeitaktivitäten der Bewohner der Rommelmühle, so ist die große Bedeutung des Medienbereichs und leicht auszuübender, im Freien stattfindender Sportarten erkennbar. Insgesamt kann man feststellen, dass es eher leicht durchzuführende und zeitlich ungebundene Tätigkeiten sind, die besonders häufig ausgeübt werden. Manche Tätigkeiten könne schon aufgrund geographischer und saisonaler Bedingungen nicht allzu oft betrieben werden (z.B. Ski fahren, Wassersport) und dementsprechend gering ist auch die Nennung, zumal es insbesondere diese Tätigkeiten sind, die, wenn sie einmal begonnen sind, länger andauern, aber nur als ein Ereignis gezählt werden. Auffällig ist auch die Individualorientierung der Tätigkeiten. Überwiegend werden Tätigkeiten ausgeübt, für die nicht unbedingt eine zweite Person anwesend sein muss (wenn dies auch nicht ausgeschlossen ist).

Nach diesem ersten Einblick in das Handlungsfeld Freizeit in der Stichprobe der Bewohner, wird im nächsten Abschnitt der Cohousing-Verein (KURR e.V.) betrachtet, da er sowohl für die Förderung der ökologischen als auch der sozialen Nachhaltigkeit interessante Ansatzpunkte bietet (z.B. Gemeinschaftsorientierung, Lokalisierung).

2.1 Der KulturRaum Rommelmühle

Eine Besonderheit der Freizeitgestaltung in der Rommelmühle ist sicherlich die Institution des KURR e.V. Die Bezeichnung KURR steht für den Verein "**Ku**ltur**R**aum **R**ommelmühle e.V.". Diese Initiative versucht, kleinräumige Aktivitäten zu fördern und dadurch ein gemeinschaftliches und verantwortungsvolles Sozialleben zu fördern. Dazu gibt es verschiedene Angebote (z.B. Kindergarten, Gemeinschaftshaus). Die Individualisierung der Gesellschaft und die Trennung von Arbeitsplatz, Wohnen und Erleben wird von den Initiatoren der Rommelmühle als eine der Hauptursachen für die fortschreitenden Zerstörung der Natur gesehen. Hier soll die Rommelmühle Wege aufzeigen, wie im 21. Jahrhundert das soziale Miteinander neu organisiert werden kann.

Mit dem Begriff des "Cohousing", der auch vom Verein selbst verwendet wird, lässt sich diese Form des Zusammenlebens gut beschreiben. Gleichzeitig mit dem Kauf einer Wohnung in der Rommelmühle haben die Eigentümer Anteile an dem Gemeinschaftsgebäude auf dem Mühlengelände erworben. Die Räumlichkeiten wurden dann dem Cohousing-Verein "KURR e.V." zur Nutzung übertragen. Neben dem zunächst noch notwendigen Ausbau des Gebäudes hat sich der Verein folgende Ziele gesetzt:

- Aufzeigen der Möglichkeiten zur Mitbestimmung (insbesondere von Kindern und Jugendlichen) in der zukünftigen ökologischen und sozialen Ausgestaltung der Gesellschaft,
- Förderung von praktischen Maßnahmen und politischen Initiativen, die ökologische Fragestellungen im Gemeinwesen einbringen.

Aktive Teilnahme und Mitorganisation im KURR-Verein können deshalb nach der weiter oben dargelegten Indikatorentafeln für sozio-ökologische Nachhaltigkeit (vgl. Abschnitt 1.2) als den Kriterien entsprechend eingestuft werden. Je höher das Interesse an der KURR-Initiative also ist, um so günstiger fällt die Bewertung im Bereich sozialer Nachhaltigkeit aus.

Zum Bereich KURR wurden die Bewohner vor allem in der 2000er-Welle befragt, da davon ausgegangen wurde, dass eine solche Institution eine gewisse Anlaufzeit braucht, um sich zu institutionalisieren und ein früherer Befragungszeitpunkt wenig Sinn gemacht hätte (das Ökozentrum Rommelmühle wurde erst 1998 eröffnet).

2.1.1 Mitgliedschaft und Engagement

Betrachtet man die Mitgliedschaft im KURR, so fällt auf, dass der größte Teil der Bewohner Mitglied ist (94 %), was sich natürlich größtenteils auch mit den Eigentumsverhältnissen erklären lässt

(Eigentümer sind automatisch Mitglied), und auch an den Veranstaltungen des KURR (94 %) teilnimmt. Bei den von den Nicht-Mitgliedern genannten Gründen überwiegen deutlich die Gründe "zuwenig Zeit" und "andere Interessen" (je 4 Nennungen).

Auffallend ist, welche Antwortvorgaben zu den Fragen, in der es um die Gründe der Nichtmitgliedschaft geht, von den Befragten verneint wurden. Zum einen liegt es nicht am Angebot, dass die Befragten nicht am KURR teilnehmen. Es ist auch nicht die Überlastung durch andere Vereinstätigkeiten. Ebenso wenig ist es eine Art Abkapslung/Nachbarphobie, die der Teilnahme entgegensteht. Auch reiner Opportunismus wird überdeutlich abgelehnt.

Insgesamt lässt sich allerdings eine wirklich hohe Bereitschaft zum aktiven Engagement bei den Bewohnern nicht feststellen. So haben 50 % der Mitglieder noch nie eine Veranstaltung aktiv mitgestaltet und organisiert. Die Übrigen haben aber immerhin eine oder mehrere Veranstaltungen organisiert. Daraus kann man schließen, dass bei der aktiven Ausgestaltung des Vereins eine (knappe) Mehrheit kein großes Interesse am KURR hat.

Bezüglich der Selbsteinstufung "aktives" oder "passives" Mitglied, bezeichnen sich 87 % der Bewohner als aktive Mitglieder, was sich so interpretieren lässt, dass das Attribut "aktiv" sich auch auf reinen "Veranstaltungskonsum" bezieht. Wahrscheinlich wurde ein engagierteres Handeln eher der Antwortvorgabe "Ehrenamt im KURR" zugeordnet (11 %). D.h., dass sich eine generelle Ablehnung der KURR-Initiative nicht feststellen lässt. Es sind, dies ist zu vermuten, eher die äußeren (exogenen) Faktoren, die dennoch von einer aktiv-engagierten Teilnahme abhalten.

Da hiermit nicht abschließend geklärt werden konnte, welche Faktoren die Bewohner zur Mitgliedschaft im KURR veranlassen, wird im folgenden das Vereinsleben der KURR-Mitglieder näher betrachtet. Wichtig ist hier zu bedenken, dass Vereine von ihren Mitgliedern und deren Engagement leben. In der Datenauswertung zeigt sich, dass die überwiegende Mehrheit eher selten innerhalb des KURR aktiv wird – und dies bei einer Gruppe, bei der man schon aufgrund ihrer Teilnahme an der Befragung von einer höheren Identifikation mit der Rommelmühle ausgehen kann!

Betrachtet man die Teilnahme der Bewohner der Rommelmühle an bestimmten Aktionen und Veranstaltungen des KURR-Vereins, so sieht man, dass insbesondere diejenigen Veranstaltungen die Bewohner mobilisieren konnten, die relativ wenig Aufwand erfordern bzw. auch in einem anderen sozialen Kontext üblich wären, wie Stammtisch oder Flohmarkt. Speziellere Angebote (z.B. Fahrradwerkstatt, Yoga) dagegen ziehen auch ein spezielleres – und damit geringeres – Publikum an.

Was sagt dies über den Stand sozialer Nachhaltigkeit aus? Zumindest der KURR-Verein scheint nicht das zentrale Medium zur Vermittlung sozialer Nachhaltigkeit zu sein. Der KURR ist nicht die zentrale Institution im Freizeitverhalten der Bewohner. Er scheint eher eine Interessenvertretung und ein schwaches bis mittelstarkes Bindeglied der Bewohner als ein starkes Medium der Sozialkohäsion zu sein.

Was sind also die Erwartungen der Bewohner an den KURR e.V. und dessen Einschätzungen durch die Bewohner? Im nächsten Abschnitt werden die dazu durchgefühte Analysen vorgestellt.

2.1.2 Bewertung des KURR

In der Analyse des KURR e.V. erschien es demnach auch interessant, den Einfluss der grundsätzlichen Bewertung der KURR-Initiative auf die Erwartung an die Mitgliedschaft zu explorieren. Allerdings ist hier zu beachten, dass man die Ergebnisse nicht überbewerten sollte, da die entsprechenden Kennwerte der Faktorenanalyse (z.B. Signifikanzen) unbefriedigend sind. Die folgenden drei Faktoren wurden mit der Hauptkomponentenanalyse (Varimax mit Kaiser-Normalisierung) extrahiert und erklären 71 % der Varianz. Die Faktoren im Überblick (angegeben sind jeweils eine kurze Beschreibung der hoch geladenen Items und die Item- bzw. Faktorenbeschreibung):

a) Faktor 1 (Gemeinschaftsidee): positive Einstellung zu gemeinsamen Werkstätten, positive Einstellung zum Cohousing, KURR ist positiv für Gemeinschaftsgefühl, Cohousing als kollektiver Könnens- und Wissensspeicher, Förderung der nachbarschaftlichen Beziehungen

b) Faktor 2 (Individualistischer Materialist/Gemeinschaftseigentum): Ablehnung des Gemeinschaftseigentums, Gemeinschaftseigentum sollte verkauft werden

c) Faktor 3 (Umgebungsintegration): KURR als wichtige kulturelle Einrichtung in Bissingen, KURR als Instrument der Integration der Rommelmühle in die umgebenden Strukturen

Werden diese Faktoren ins Verhältnis zur Dimension "Mitgliedschaft ja/nein" gesetzt, so fällt auf, dass der Faktor "Gemeinschaftsidee" keine Aussagekraft hinsichtlich der Mitgliedschaft im KURR hat, wenn auch bei den Mitgliedern eine geringfügig höhere Zustimmung zur Gemeinschaftsidee festzustellen ist.

Anders dagegen die Einstellung hinsichtlich gemeinschaftlichen Eigentums. Hier ist festzustellen, dass alle Nichtmitglieder gegen gemeinschaftliches Eigentum sind. Allerdings sind auch nicht alle Mitglieder dafür. Immerhin 44 % der Mitglieder lehnen Gemeinschaftseigentum ab. D.h., auch die Zustimmung bzw. Ablehnung ist demnach nicht die einzige Ursache für (Nicht-)Mitgliedschaft.

Vielleicht, so könnte vermutet werden, erhoffen sich die Bewohner über die KURR-Initiative eine "Institutionalisierung" ihrer Interessen bzw. ein Gesicht gegenüber ihren Nachbarn außerhalb der Rommelmühle. Es zeigt sich aber, vergleicht man die Antworten von Mitgliedern und Nichtmitgliedern, dass die Nichtmitglieder eher eine Chance im KURR sehen, die Rommelmühle in die Nachbarschaft zu integrieren. Die Mitglieder der KURR-Initiative sehen dies dagegen nicht so eindeutig. Diese Personengruppe scheint gar nicht so sehr an einer Integration in die Nachbarschaft interessiert zu sein, bzw. sieht dafür im KURR keine Chance.

Im Ergebnis bleibt also unbestimmt, welchen Nutzen die Bewohner im KURR sehen und welche Erwartungen in diese Institution gesetzt werden. Es ist kein direkter Zusammenhang zwischen wahrgenommenem Nutzen des KURR und einer Vereinsmitgliedschaft festzustellen. Dies könnte darauf hindeuten, dass die Mitgliedschaft im KURR eher als Reaktion auf (vermutete) soziale Normen erfolgt oder der Wahrung der Eigentümerinteressen an den Gemeinschaftsräumen dient.

2.2 Vereinsleben und Ehrenämter außerhalb der Rommelmühle

Neben der Untersuchung der kleinräumigen Freizeitaktivität im direkten Umfeld der Rommelmühle wurden auch weitere soziale Freizeitaktivitäten untersucht. Dabei zeigte sich, dass die deutliche Mehrheit in irgendeiner Form eine Vereinsmitgliedschaft besitzt oder schon einmal irgendwo Mitglied war (95 %). Allerdings ist hier direkt hervorzuheben, dass alleine über die KURR-Mitgliedschaft die meisten Befragten schon Vereinsmitglied sind.

Auffallend ist, dass sich niemand in Bürgerinitiativen engagiert und auch nur sehr wenige parteipolitisch aktiv (einschließlich Ausübung eines Ehrenamtes) sind (8 %). Auch gewerkschaftliches Engagement ist schwach ausgeprägt. Hier sind es nur 22 %, die in irgendeiner Form so organisiert sind. Relativ stark vertreten sind noch die Mitgliedschaften in Sportvereinen (aktiv und passiv je 14 %) und Umweltschutzorganisationen (36 %), wobei allerdings der größte Teil passive Mitgliedschaften (sicherlich auch Fördermitgliedschaften) darstellt (nur zwei Personen sind ehrenamtlich tätig). Eine nur untergeordnete Rolle spielen mit Werten von deutlich unter 20 % kirchliche Gruppen (11 %) und Musikvereine (14 %).

2.3 Weitere Freizeitdimensionen

Wie gerade gezeigt wurde, ist der KURR nicht der einzige Schwerpunkt im Freizeitverhalten der Bewohner. Deshalb sollen im folgenden die Betrachtungen auf weitere Freizeitdimensionen und -inhalte erweitert werden, um das Freizeitverhalten innerhalb der Rommelmühle besser beurteilen zu können.

2.3.1 "Freizeitluxus"

In der ersten Welle 1999 wurden verschiedene Ausstattungs-/Bedarfsdimensionen und entsprechende (reflektierte) Bedürfnisse abgefragt. Im Zentrum dieser Fragen standen also die materiellen (z.B. Fernseher) und immateriellen (z.B. Reisen) Güter, die benötigt werden, um Freizeit in einer bestimmten Weise füllen zu können. Es sind also Fragen nach dem "Freizeitluxus", die hier gestellt werden.

Bei der Analyse zeigt sich, dass die Bewohner der Rommelmühle gesellig sind und dies auch entsprechend ausleben. Es wird zudem viel Wert auf Urlaubsreisen gelegt. Auch ein Zeitungsabo und eine Stereoanlage werden geschätzt und sind (fast) überall vorhanden. Zusammengefasst bedeutet dies, dass kaum Diskrepanzen zwischen wahrgenommenen Bedürfnissen und entsprechendem Konsum im Freizeitbereich bestehen.

Insgesamt fällt auf, dass Freizeittätigkeiten bevorzugt und auch in konkreten Handlungen umgesetzt werden, die nach dem oben dargestellten Indikatorensystem durchaus in Richtung Nachhaltigkeit gehen, wobei die formulierten Bedürfnisse und die tatsächliche Umsetzung sehr einheitlich sind. So wird beispielsweise die Einladung von Freunden ins eigene Heim sehr geschätzt und auch betrieben, der monatliche Restaurantbesuch mit der Familie dagegen eher abgelehnt und nicht ausgeübt. Betrachtet man die in der Freizeit genutzte Technik und die verschiedenen Güter, so kann man durchaus interpretieren, dass die Bewohner eher Güter bevorzugen, die nicht in den Bereich der trivialen Alltagskultur fallen. So ist die Ausstattung mit Fernseher niedriger als die mit Stereoanlagen und bei der Bewertung sind die Unterschiede noch deutlicher. Dies hängt wahrscheinlich nicht zuletzt damit zusammen, dass "Trivialunterhaltung" wie sie vermeintlich das Fernsehen bietet, abgelehnt wird. Auch der hohe gewünschte Ausstattungsgrad mit Tageszeitungen weist in eine ähnliche Richtung. Allgemein scheinen finanzielle Restriktionen nicht bedeutsam für die Entscheidung für oder gegen Freizeitluxus zu sein. Nur bei einem der untersuchten Items wurde "können wir uns nicht leisten" angegeben (monatlicher Restaurantbesuch).

2.3.2 Materialistische Gemeinorientierung

Neben diesem Bereich wurden auch Fragen zum Leihen und Verleihen von Gegenständen gestellt. Dem Leih und Verleih von Gegenständen kommt in der Betrachtung der Freizeitaktivitäten deshalb besondere Bedeutung zu, da er zum einen gemeinschaftliche Kontakte schafft und fördert und zum anderen auch zu einer geringeren Inanspruchnahme von Umweltressourcen führt. Im vorliegenden Kontext wird insbesondere die soziale Dimension von Leih- und Verleihvorgängen, sowie ihre Bedeutung für die Freizeitgestaltung betont. Bei immerhin 46 % der Bewohner hat der Verleihvorgang auch den Zweck, Kontakte zu pflegen. Er liegt damit im Mittelfeld der Beweggründe, überhaupt etwas zu verleihen. Insgesamt werden hauptsächlich typische Gegenstände geliehen: Videofilm (33 %) und Auto (12 %), wobei im allgemeinen eher selten verliehen und ausgeliehen wird.

2.3.3 Spielraum- und Verhaltenseinschätzung

Erwähnenswert ist an dieser Stelle die Einschätzung der Bewohner hinsichtlich ihres individuellen Spielraums bei Maßnahmen zur Vermeidung von Umweltbelastungen im Handlungsfeld dargestellt. Obwohl, wie in der Einleitung dargestellt, der Bereich der Freizeit eigentlich einen sehr großen Gestaltungsspielraum lässt, rückt er in der Einschätzung der Bewohner in den Bereich des Unveränderlichen. Freizeitaktivitäten werden nicht als die zentrale Möglichkeit gesehen, sich umweltgerecht zu verhalten. Freizeit erscheint wahrscheinlich aufgrund ihres Umfangs und ihrer Vielschichtigkeit als wenig änderbar. Zudem lassen viele Freizeitbeschäftigungen nur recht wenig Spielräume offen (wer Alpin-Ski fahren will, braucht zumeist die Berge). Eine andere Interpretation, die aber eher unwahrscheinlich ist, liegt darin, dass die Aktivitäten an sich als recht unproblematisch angesehen werden und deshalb ein besonderes Engagement nicht notwendig erscheint.

3. Fazit und Ausblick

Wenn man die Ergebnisse und Analysen in einer Gesamtschau betrachtet, zeigt sich, dass das Freizeitverhalten der Bewohner hinsichtlich der in Abschnitt 1.2 vorgestellten Nachhaltigkeitsindikatoren positiv zu bewerten ist.

Reflektiert man in einer Gesamtbilanz die in Abschnitt 1.3 gemachten Annahmen, ist folgendes festzuhalten: Es zeigt sich tatsächlich, dass die Bewohner in ihrem Freizeitverhalten den Nahraum betonen. Nicht festzustellen, aber aufgrund der schwierigen Operationalisierung als Möglichkeit nicht auszuschließen, ist der Weg in die Natur, denn auch dort können beispielsweise Bücher gelesen werden. Einen Hinweis gibt allerdings die Häufigkeit des Wanderns, wobei festzustellen ist, dass immerhin fast jeder fünfte mehrmals im Monat Wandern geht. Hier ist allerdings ein gewisser jahreszeitbedingter Effekt nicht auszuschließen, da die Befragung im Sommer, den typischen Wandermonaten, durchgeführt wurde.

Ein hohes Maß an aktivem Engagement innerhalb des KURR ist bei den Bewohner nicht zu erkennen. Die könnte natürlich auch an der starken Präsenz derjenigen liegen, die den Verein ehrenamtlich betreuen, so dass ein Engagement eigentlich nicht notwendig ist bzw. auch erschwert wird. Insgesamt scheint aber der KURR durchaus als Einrichtung seinen Platz gefunden zu haben, wenn auch nicht in der intendierten Stellung.

Bei den vorhandenen gezeigten (insbesondere) sozialen Verhaltensweisen der Bewohner ist anzunehmen, dass sie Teil einer Kompensationshandlung sein könnten, da der Beruf soziale und ökologische Bedürfnisse nicht befriedigt. Zudem ist sicherlich auch das sozio-ökologische Verhalten im

Sinne einer Milieuorientierung ("ökologischer Avantgarde") zu deuten, zumal die Bewohner aufgrund ihres Bildungsniveaus durchaus zu den "Wissensarbeiter" zu zählen sind. Hieraus ergibt sich die Frage, was dies für die Betrachtung nachhaltiger Konsummuster bedeutet. Sozio-ökologisches Verhalten könnte in diesem Sinne als Prozess der Sinngebung betrachtet werden, z.B. als Kompensation für sozial und ökologisch problematische Jobs oder Jobfolgen (Autofahren, Computer, Reisen, Personalentwickler etc.). Das Ökozentrum könnte dann als romantisches oder "dialektisches Rückzugsgebiet der Moderne" aus der globalisierten Multioptionsgesellschaft verstanden werden. In den Blick käme damit die instrumentelle Funktion ökologischen Verhaltens. Vielleicht, so könnte man zudem mit Blick auf den KURR-Verein vermuten, muss sich ein zivilgesellschaftliches Engagement aus einem sozialen Prozess entwickeln und sollte nicht von oben installiert werden.

Literatur

Brand, Karl-Werner; Jochum, Georg (2000): Der deutsche Diskurs zu nachhaltiger Entwicklung, MPS Texte 1/2000, München (vervielf. Manuskript).

Etzioni, Amitai (1995): Die Entdeckung des Gemeinwesens. Ansprüche, Verantwortlichkeiten und das Programm des Kommunitarismus, Stuttgart.

Gebhardt, Beate; Alexander Schwarze; Christoph Weber; Alfred Voß; Katrin Haußer; Sabine Schrödl; Gerhard Scherhorn (2000): Nachhaltiger Konsum im Spannungsfeld zwischen Modellprojekt und Verallgemeinerbarkeit. 2. Zwischenbericht an das bmb+f. Stuttgart.

Gebhardt, Beate; Andreas Reichert; Christoph Weber; Roland Krüger; Torsten Marheineke; Alfred Voß; Katrin Haußer; Sabine Schrödl; Anja Siebentritt-Schüle; Georg Sieglen; Gerhard Scherhorn (2001): Schritte zu nachhaltigem Konsum. Interdisziplinäre Analyse eines Ökozentrums, 3. Zwischenbericht an das bmb+f. Berlin.

Hedtke, Reinhold (2001): Nachhaltigkeit und Konsum. Sozialwissenschaftliche Konzepte und ihre Relevanz für die Lehrerausbildung, Weingarten (URL, 05.04.2001: http://www.ph-weingarten.de/homepage/lehrende/hedtke/nachhaltigkeit_lang.htm).

Honneth, Axel (Hg.) (1993): Kommunitarismus. Eine Debatte über die moralischen Grundlagen moderner Gesellschaften, Frankfurt a.M.

Lüdtke, Hartmut; Matthäi, Ingrid; Ulbrich-Herrmann, Matthias (1994): Technik im Alltagsstil. Eine empirische Studie zum Zusammenhang von technischem Verhalten, Lebensstilen und Lebensqualität privater Haushalte, Marburg.

Opaschowski, Horst W. (1993): Freizeitpsychologie. In: Hahn, H.; H. J. Kagelmann (Hg.): Tourismuspsychologie und Tourismussoziologie. Ein Handbuch zur Tourismuswissenschaft, München. S. 79-84

Reichert, Andreas (2001): Sozio-ökologische Aspekte nachhaltigen Konsums. Das Beispiel Freizeit. In: Gebhardt et al.: Schritte zu nachhaltigem Konsum. Interdisziplinäre Analyse eines Ökozentrums, 3. Zwischenbericht an das bmb+f. Berlin. S. 136-161

SRU (1994): Umweltgutachten des Rates von Sachverständigen für Umweltfragen: Für eine dauerumweltgerechte Entwicklung, Deutscher Bundestag, Drucksache 12/6995 vom 08.03.1994, Bonn.

Statistisches Bundesamt (Hrsg.) (1995): Die Zeitverwendung der Bevölkerung, Wiesbaden.

Walzer, Michael (1998): Sphären der Gerechtigkeit: ein Plädoyer für Pluralität und Gleichheit, Frankfurt a.M.

Weber, Christoph: (1999): Konsumentenverhalten und Umwelt. Eine empirische Untersuchung am Beispiel von Energienutzung und Emissionen, Stuttgart (u.a.).

Weymann, Ansgar (1998): Sozialer Wandel. Theorien zur Dynamik der modernen Gesellschaft, Weinheim.

Surprise Culinaire: Eine WWF-Kampagne zur Förderung nachhaltiger Angebote in der Gastronomie mit wissenschaftlichem Support

Jennifer Zimmermann

WWF Schweiz, Konsum und Lebensstil
E-Mail: jennifer.zimmermann@wwf.ch

Simone Maier

Universität St. Gallen, Institut für Wirtschafts- und Sozialwissenschaften
E-Mail: simone.maier@gmx.ch

1. Einleitung

In der Schweiz werden gegenwärtig bereits über 40% der Lebensmittel außer Haus konsumiert, Tendenz steigend. Im Gegensatz zur Erfolgsstory im Einzelhandel und damit im Heimkonsum, wo biologische, tiergerechte und fair gehandelte Produkte dank der Impulse der Großverteiler und der Labelorganisationen jährlich neue Umsatzhöhen erklimmen, bleibt das gastronomische Angebot von Produkten mit Nachhaltigkeitsbeitrag, z.B. regional produzierten oder Bioprodukten, aber auf wenige Einzelrestaurants im Alternativmilieu oder im Gourmetbereich beschränkt.

Die WWF-Kampagne verfolgt das Ziel, in den kommenden Jahren auch in der Gastronomie natur- und tiergerechten, sowie fair gehandelten Nahrungsmitteln zum Durchbruch zu verhelfen. In längerfristiger Zusammenarbeit will der WWF Schweiz mit mindestens hundert Einzelbetrieben, drei Vertretern der System- und Gemeinschaftsgastronomie und den wichtigsten Zulieferbetrieben das Angebot an ökologischen Produkten in der Gastronomie sukzessive erhöhen. Um dieses neue Angebot in der Öffentlichkeit bekannt zu machen, finden in den ersten zwei bis drei Jahren verschiedene mehrwöchige Kampagnenschwerpunkte statt. Der Start der Kampagne ist für Juni 2002 geplant. Zur Zeit erarbeitet eine Projektgruppe bestehend aus Gastronomen, Journalisten, Event-Spezialisten und WWF-Mitarbeiterinnen einen Kampagnenplan.

Das Dissertationsprojekt von Simone Maier lieferte gerade zum richtigen Zeitpunkt Ergebnisse, um die Kampagne zu unterstützen. Sie hat die Gestaltung der Kampagne beratend begleitet. In zwei Fallstudien wurde die Einführung von Bioprodukten bei einem lebensmittelverarbeitenden und einem Cateringunternehmen untersucht. Es handelt sich nicht um "Best Practice"-Studien, sondern beide Fälle zeigen, mit welchen spezifischen Problemen Unternehmen in der Gastronomiebranche konfrontiert werden, wenn sie Bioprodukte einführen. Dabei werden zwei Bereiche besonders betrachtet: die strategischen und operativen Herausforderungen bei der Einführung sowie der interne Prozess der Strategieentwicklung.

Der erste Teil des Artikels präsentiert ausgewählte Resultate aus der Dissertation von Simone Maier. Im zweiten Teil wird die WWF-Kampagne vorgestellt, mit der das Angebot ökologischer Lebensmittel in der Gastronomie angeregt werden soll.

2. Teil 1: Strategische Herausforderungen bei der Einführung von biologischen und anderen ökologischen Produkten in der Gastronomie

Das Dissertationsprojekt

Die Ergebnisse des Dissertationsprojekts entstanden im Kontext des Integrierten Forschungsprojekts "Nachhaltige Schweiz im internationalen Kontext: Visionen, Strategien und Instrumente entwickelt am Beispiel des Bedürfnisfelds Ernährung", das vom Schweizer Nationalfonds im Rahmen des "Schwerpunktprogramms Umwelt" gefördert wurde (vgl. Minsch / Mogalle 2000; Hirsch Hadorn et al. in Vorbereitung). In zwei Fallstudien mit induktivem Vorgehen wurden die strategischen Herausforderungen erarbeitet, denen sich Unternehmen der Gastronomiebranche gegenüber sehen, wenn sie Bioprodukte in ihr Angebot aufnehmen (Maier 2001). Das eine der untersuchten Unternehmen ist in der Lebensmittelverarbeitung tätig und stellt hauptsächlich Convenienceprodukte für die Gastronomie her. Bei dem anderen Unternehmen handelt es sich um den größten Schweizer Anbieter von Cateringdienstleistungen, wie beispielsweise den Betrieb von Personalrestaurants.

Dieser Teil stellt die Erkenntnisse der Dissertation zu den strategischen und operativen Herausforderungen sowie den Herausforderungen im Strategieentwicklungsprozess bei der Einführung von Bioprodukten vor. Die theoretischen Grundlagen der Erkenntnisse werden nur eingeschränkt dargestellt (hierfür vgl. Maier 2001).

2.1 Die strategischen und operativen Herausforderungen

Zunächst werden die strategischen und operativen Herausforderungen bei der Einführung der Bioprodukte diskutiert. Die Darstellung folgt der Wertschöpfungskette und beginnt jeweils mit der strategischen Ebene.

Auf der Stufe **Forschung & Entwicklung** sind die Herausforderungen bei der Wahl und Implementierung des Bionachweises zu meistern. In strategischer Hinsicht ist die Wahl des Bionachweises u.a. relevant für die Positionierung der Produkte im Markt. Mittlerweile existieren sowohl in der Schweiz wie in der EU staatliche und private Bionachweise, die alle mit unterschiedlichen Anforderungen verbunden sind (vgl. Schmid 2000) und zum Teil über ein Label ausgewiesen werden. Wird eine eher kritische Klientel angesprochen, empfiehlt sich die Entscheidung für einen privatrechtlichen, strengeren Bionachweis. Ist die Bioqualität eher als flankierende Maßnahme gedacht, so kann ein permissiverer, staatlicher Bionachweis gemäss der jeweiligen Bioverordnung (Schweizer bzw. EU-Bio-Verordnung) eingesetzt werden. Hier muss auch die Abdeckung des bearbeiteten Marktes durch den Geltungsbereich des Bionachweises berücksichtigt werden. Je nach Bionachweis können die Anforderungen strenger oder permissiver gestaltet sein. Während z.B. gemäss EU-Bionachweis der Einsatz von biologischem Magermilchpulver in einem Milchprodukt unproblematisch ist, verlangt die Schweizer Bio Suisse den Einsatz von Biomilch, da der Prozess des Dehydrierens und Wiederverdünnens nach ihrer Ansicht einen unnötigen Verarbeitungsschritt darstellt, den sie verbietet (Oehninger 2000).

Abbildung 1

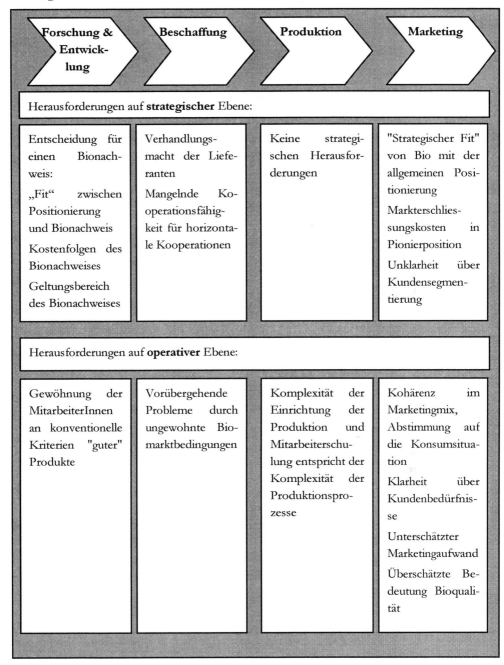

Bei der Entscheidung für einen Bionachweis muss also nicht nur die möglicherweise damit verbundene technische Anpassung der Produktionsverfahren berücksichtigt werden, sondern auch die unterschiedliche Auswirkungen auf das Image der Produkte, sowie die möglicherweise massiven Kostenunterschiede der Produkte (kritisch dazu, vgl. Baer 2000).

Im Hinblick auf die operative Implementierung kann sich insbesondere in qualitätsorientierten Unternehmen die Auseinandersetzung mit den anhin geltenden Kriterien "guter" Qualität als Herausforderung erweisen. Die MitarbeiterInnen sind an die konventionellen Qualitätskriterien gewöhnt. Die konventionelle Qualität wird aber teilweise mit Verfahren oder Einsatzstoffen erreicht, die bei der Produktion von Bioprodukten verboten sind. Daher müssen die konventionellen Kriterien zum Teil revidiert oder durch diejenigen des Bionachweises ersetzt werden, die Bewertung, was ein "gutes" Produkt ausmacht, verändern sich. Die MitarbeiterInnen müssen also ihre gewohnten Maßstäbe "entlernen", umdenken und die neuen Maßstäbe erlernen und anerkennen (vgl. z.B. Hedberg 1981).

Auf der Stufe Beschaffung werden die Unternehmen mit einer ungewohnten Situation konfrontiert. Sind sie im konventionellen Bereich daran gewöhnt, den Lieferanten ihre Vorgaben machen zu können, so kehrt sich die Situation aufgrund der nach wie vor bestehenden Verfügbarkeitsengpässe um, die Verhandlungsmacht der Lieferanten steigt, die MitarbeiterInnen der strategischen Beschaffung müssen sich an diese neuen Bedingungen anpassen. Darüber hinaus ist im konventionellen Geschäft kaum Notwendigkeit zur horizontalen Zusammenarbeit gegeben. Bei Bioprodukten hingegen klaffen beispielsweise noch große Lücken, insbesondere im Sortiment der Convenienceprodukte, die aber selten durch den Impuls von einzelnen Nachfragern geschlossen werden können, da deren Bedarf allein zu klein für eine rentable Produktion ist. So wäre die horizontale Kooperation ein gutes Mittel, um Bedarfsmengen zu akkumulieren und benötigte Produkte gemeinsam abzunehmen, doch ist die Erfahrung und damit die Kooperationskompetenz vieler Akteure sehr gering. Dies führt dazu, dass solche Wege entweder gar nicht als gangbar "in den Sinn kommen", bzw. die Anlaufschwierigkeiten zur Etablierung von Kooperationen relativ hoch sich.

In operativer Hinsicht müssen sich die Mitarbeiterinnen und Mitarbeiter primär an die neue Situation im Beschaffungsmarkt gewöhnen. Waren sie von der Arbeit mit konventionellen Produkten gewohnt, dass jedes Produkt unabhängig von Jahreszeit und Witterung in jeder Menge zu beschaffen war, mussten sie sich nun auf Lieferengpässe und saisonale Verfügbarkeiten einrichten und ihre Planungsroutinen umstellen. Diese Kinderkrankheiten des Biomarktes nehmen aber mit der zunehmenden Ausbreitung der biologischen Landwirtschaft bereits wieder ab.

In der Produktion konnten keine strategischen Herausforderungen verzeichnet werden. Hier stellte sich vor allem die Aufgabe, die Prozesse gemäss den Anforderungen des Bionachweises einzurichten. Die Anpassungen werden um so aufwändiger sein, je komplexer die Prozesse gestaltet sind. Entsprechend muss das Personal bei komplexen Prozessen auch intensiver geschult und in die Veränderungen einbezogen werden, während es bei einfachen Prozessen auch ausreichen kann, Arbeitsanweisungen zu geben. So waren bei einem Lebensmittelverarbeiter für die Einführung von biologischen Gewürzgurken nur Arbeitsanweisungen notwendig, während in einem Cateringunternehmen das Küchenpersonal ausführlich geschult werden musste, um die Menüplanung und alle Schritte des Küchenprozesses korrekt neu zu organisieren.

Die größten Herausforderungen stellten sich auf Stufe des Marketing. Im strategischen Marketing müssen die Positionierung, das Timing und die Kundensegmentierung für die Bioprodukte definiert werden.

Die Positionierung eines Unternehmens muss sorgfältig auf offene und verborgene Übereinstimmungen und Widersprüche mit Bioprodukten geprüft werden. Bei den untersuchten Unternehmen wurde der "strategische Fit" der Bioprodukte mit der Positionierung nur oberflächlich überprüft, was sich als ernstes Hemmnis auswirkte, weil diese Einschätzung falsch war. Denn diese Einschätzung prägte die Erwartungen, die an die Bioprodukte im Unternehmen gestellt wurden und in der Folge auch die Maßnahmen, mit denen sie im Unternehmen gefördert wurden. Im einen Unternehmen ergaben sich teure Fehlentwicklungen, im anderen sogar ein negativer Teufelskreis von falschen Erwartungen und unangemessenen Maßnahmen. Die Erfolgsaussichten der Bioprodukte, die in beiden Unternehmen durchaus vorhanden waren, wurden behindert, bzw. im einen Fall sogar zunichte gemacht. Die Ausprägung, welche die Biostrategie letztlich annimmt, wird i.d.R. davon beeinflusst, inwiefern sich Bioprodukte mit oder ohne Friktionen in die allgemeine Strategie des Unternehmens einfügen. Wenn große Friktionen zu erwarten sind und die Bioprodukte als wenig relevant für die generelle Positionierung angesehen werden, werden sie, falls man sich überhaupt zur Aufnahme ins Sortiment entscheidet, zumindest in der Anfangszeit eine untergeordnete Rolle spielen, d.h. eher unter einer Marktabsicherungs- oder allenfalls Differenzierungsstrategie laufen (vgl. Dyllick et al. 1997, 76ff). Wo sie gut zur Positionierung passen, können sie mit einer Differenzierungs- oder auch Marktentwicklungsstrategie verbunden werden.

Das Timing der Einführung der Bioprodukte war bei den untersuchten Unternehmen gleich, beide traten als Pioniere in ihrem jeweiligen Markt auf. Dies führte dazu, dass sie eine enorme Marktentwicklungsarbeit sowohl bei der Beschaffung wie auch im Absatz zu leisten hatten, die von beiden unterschätzt worden war. Dieser frühe Markteintritt führte bei beiden Unternehmen dazu, dass ihnen eine angemessene Kundensegmentierung sehr schwer fiel. Denn ohne im Markt vorhandene Erfahrungen war es beinahe unmöglich, zutreffende Erwartungen über das Kundenverhalten zu bilden, aufgrund dessen man Entscheidungen über Marketingmaßnahmen hätte treffen können. Dieses mangelnde Wissen wirkte sich hemmend aus. So war beispielsweise zu Beginn die Auswirkung der Konsumsituation auf das Interesse der Gäste an der Bioqualität nicht klar.

Das operative Marketing befasst sich primär mit der Gestaltung des Marketingmixes. In beiden Unternehmen bestand die größte Schwierigkeit darin, dass es den Marketingverantwortlichen nicht gelang, die einzelnen Marketingpolitiken zu einem kohärenten, auf die strategische Ausrichtung der Unternehmen abgestimmten, Marketingmix zusammenzuführen. Er unterscheidet sich entsprechend der Position auf der Produktkette und muss entsprechend Positionierung, Timing und Kundensegmentierung von jedem Unternehmen anders gestaltet werden. Die Unternehmen müssen sich insbesondere über die Bedürfnisse ihrer Kunden Klarheit verschaffen, um ihre Leistungen daran ausrichten zu können.

In Restaurants muss besonders darauf geachtet werden, dass der Marketingmix auf die Konsumsituation abgestimmt ist, die im betreffenden Restaurant vorherrscht. Denn die Konsumsituation schafft einen Interpretationsrahmen (vgl. Bateson 1994), innerhalb dessen die Gäste das Angebot und die Preise beurteilen. So unterscheiden sich Freizeit- und Zweckverpflegung z.B. dadurch, dass in der Zweckverpflegungssituation die Gäste weniger Zeit haben, sie weniger an den Gerichten als an der Erholung interessiert sind und sie aufgrund der Regelmäßigkeit der Ausgabe preissensibler sind, als dies in der Freizeitverpflegung der Fall wäre. Daher ist die Zweckverpflegung für Bioprodukte eine wesentlich schwierigere Konsumsituation, als die Freizeitverpflegung.

Ein wichtiger Aspekt für die Gestaltung von Marketingmaßnahmen für ökologische Produkte wurde in den analysierten Unternehmen zunächst übersehen: Je weniger sich die ökologische Qualität eines Produkts im Vergleich mit weniger ökologischen Varianten unmittelbar wahrnehmen lässt, desto größeren Marketingaufwand muss ein Unternehmen auf sich nehmen, um den Konsumentinnen und Konsumenten den Mehrwert zu vermitteln. Als erschwerende Kondition kommt hinzu, dass in vielen Fällen die ökologische Qualität eines Produkts allenfalls sekundäre Bedeutung hat, aber kein dominantes Auswahlkriterium ist (Meffert / Kirchgeorg 1998). So ist bei der Auswahl eines Gerichts aus der Speisekarte der Appetit der Gäste ein wesentlich stärkerer Treiber, als die Herstellung des Gerichts aus Biorohstoffen. Daher sollte die Produktpolitik für ein biologisches Angebot im Restaurant nach Möglichkeit auf erfahrungsgemäss beliebte Speisen ausgerichtet werden. Darüber hinaus sollte beachtet werden, dass man aus Biorohstoffen prinzipiell alle Gerichte zubereiten kann, solange man auf künstliche Einsatzstoffe verzichtet, und "Bio" nicht automatisch auch "Vollwert" heißen muss; schon gar nicht, wenn die Gäste dies nicht mögen.

Unterstützend kann wirken, dass durchaus ein öffentliches Interesse am Angebot ökologischer Produkte besteht. Obwohl dies bei Bioprodukten kaum soweit gehen wird, dass das Angebot von Bioprodukten auf der Speisekarte subventioniert wird, wie es beim Einbau von Katalysatoren und Kauf von bleifreiem Benzin durch die meisten EU-Staaten geschehen ist, kann man doch davon ausgehen, dass sich öffentliche Unterstützung mobilisieren lässt, z.B. für Kommunikationsmassnahmen. Teilweise mag die Initiative zur Förderung von Bioprodukten auch von NGOs oder Staat ausgehen, wie z.B. bei der "Surprise Culinaire"-Kampagne des WWF Schweiz.

2.3 Die Herausforderungen im Prozess der Strategieentwicklung

Das für die Untersuchung eingesetzte Konzept der Strategieentwicklung orientiert sich an einem systemisch-konstruktivistischen Organisationsmodell (vgl. Rüegg-Stürm, 2001; Schreyögg 1998).

Vier Herausforderungen konnten anhand der Fallstudien als relevant für den Prozess der Strategieentwicklung identifiziert werden. Sie sind alle allgemeiner Natur, also nicht spezifisch für die Einführung von Bioprodukten:

1. Notwendigkeit der Lernprozesse unterschätzt:
    - Unangemessene Erwartungen an die neuen Produkte
    - Keine systematische Evaluation
2. Kompetenzfalle
3. Unterschätzte Bedeutung der Kommunikation
4. Fehlende Anreize zu spezifischen Beiträgen der einzelnen Akteure

Für die Strategieentwicklung spielten v.a. die **Erwartungsbildung** und die **Evaluation** eine Rolle. Insbesondere in einer Pioniersituation können sich die Organisationen nicht an Vorbildern orientieren, sondern müssen ihre Strategie sehr eigenständig entwickeln. Gerade die Bildung von realistischen Erwartungen ist in dieser Situation schwierig. Sowohl übertriebener Enthusiasmus, wie auch zu grosse Skepsis können sich für die Strategieentwicklung als hinderlich erweisen. In einem der untersuchten Fälle war das Unternehmen fest davon überzeugt, dass das Bioangebot erfolgreich würde. Daher wurde das Programm nicht sorgfältig auf Zielkonflikte überprüft und auch keine Ressourcen für eine systematische Evaluation bereitgestellt. Beides führte dazu, dass eigentlich vorhersehbare Probleme wie der Konflikt zwischen Zweckverpflegung und Bioangebot übersehen und die Marketingstrategie zunächst an den falschen Parametern ausgerichtet wurde. Im anderen Fall verhinderte die große Skepsis des Managements gegenüber dem strategischen Fit der Bioprodukte mit der allgemeinen Strategie, dass die Bioprodukte die notwendigen Ressourcen für das Marketing, aber auch eine systematische Evaluation erhielten, um die Wirksamkeit der Maßnahmen überprüfen und an die Erfahrungen adaptieren zu können. So wurden in beiden Unternehmen die bei einer Innovation immer notwendigen Lernprozesse behindert.

Auf der anderen Seite kann die Lernbereitschaft in Unternehmen auch dadurch beeinträchtigt werden, dass sie in ihren Geschäftsfeldern etabliert sind. Dann werden z.B. Bioprodukte als biologische Varianten konventioneller Produkte angesehen. Es wird nicht sorgfältig geprüft, wo die neuen Produkte tatsächlich zu Neuerungen führen (müssten), sondern Routinen werden übertragen und müssen erst ins Leere laufen, damit sie verändert werden (vgl. den Begriff der "Kompetenzfalle bei Levitt / March, 1990).

Auch die **Kommunikation** im Unternehmen spielt bei jeglichen Innovationen eine grosse Rolle. So müssen die Erfahrungen, die im operativen Geschäft, also an den Verkaufspunkten oder in der Beschaffung, mit den Bioprodukten gemacht werden, vom Management aufgenommen werden, um durch eine systematische Evaluation "best practices" erkennen und diese wiederum an die operativen Stellen zurückspielen zu können. Nur wenn jede Stelle im Unternehmen ihre komparativen Stärken in den Strategieentwicklungsprozess einbringt, die operativen Stellen ihre Nähe zu den Marktpartnern, das Management die analytische Distanz, wird dieser zu einer erfolgreichen Strategie führen (Andreassen / Lanseng, 1997). Das Management muss daher Anreize setzen, damit die notwendigen Informationen an jene Stellen fließen, die sie brauchen (Schreyögg 1998).

2.4 Zwischenfazit: Erfolgsentscheidend sind Marketingstrategie und Marketingmix

In den zwei Fallstudien zeigte sich, dass die Lösung der operativen Probleme für die Beteiligten zunächst im Vordergrund stand. In der Tat sind der Bionachweis und eine funktionierende Beschaffung notwendige Bedingungen, um ein Bioangebot machen zu können. Es wurde aber auch deutlich, dass die operativen Probleme i.d.R. nur kurzfristiger Natur sind und ihre Lösung nicht entscheidend für den Erfolg des Bioangebots ist. Vielmehr liegt die hinreichende Bedingung in einem Marketingkonzept, das den Gegebenheiten der Konsumsituation und den Präferenzen der Hauptzielgruppe der Restaurants Rechnung trägt.

Bei der Strategieentwicklung sollten sich die Beteiligten bewusst machen, dass einerseits der Einsatz altbewährter Instrumente der Strategieentwicklung, wie z.B. Kostenschätzungen und die Klärung der Kundenpräferenzen, weiterhin Bestand hat. Andererseits können aber die Erfahrungen mit dem konventionellen Geschäft und die dabei entwickelten Routinen in die Irre leiten. Aus diesem Grund ist es besonders wichtig, dass Ressourcen eingeplant werden, um die zu Beginn gemachten Erfahrungen zu evaluieren und anhand der generierten Erkenntnisse die Strategie weiterzuentwickeln. Ausserdem sollten Anreize so gesetzt werden, dass die Informationen an die Stellen fliessen, die sie brauchen und so den Entwicklungsprozess voran treiben können.

3. Teil 2: Surprise Culinaire: Die Gastrokampagne des WWF Schweiz

Mit einer groß angelegten Gastrokampagne möchte der WWF Schweiz in den kommenden Jahren mindestens hundert einzelne Restaurants und zwei bis drei größere Gastro-Betriebe dazu bewegen, zum natur- und tiergerechten Genuss einzuladen und dabei wirtschaftlich und imagemäßig zu profitieren. Restaurants, die sich an der Kampagne beteiligen, verpflichten sich vertraglich, täglich verschiedene ökologische Angebote (Gerichte und Getränke) zu offerieren. Im Gegenzug profitieren sie von der Kommunikationsplattform und der Medienarbeit des WWF und erhalten die Möglichkeit, mit einem speziellen Kampagnenlogo auf die ökologischen Angebote hinzuweisen.

Die teilnehmenden Restaurants verpflichten sich mittels Kampagnenvertrag, längerfristig täglich mehrere, speziell ausgezeichnete, ökologische Gerichte und Getränke anzubieten. Die folgenden fünf Kriterien wurden als Kennzeichen nachhaltiger Produktqualität festgelegt.

1. Landwirtschaftliche Erzeugnisse aus saisonaler Bioproduktion.
2. Meeresfische mit MSC-Label und Süßwasserfische aus Schweizer Seen und Flüssen
3. Pro Specie Rara Produkte
4. Wilde Feld-, Wald- und Wiesenprodukte
5. Kaffee / Tee / Schokolade etc. aus fairem Handel

Die Auswahl an Kriterien wurde aus folgenden Gründen so getroffen: Die Bioproduktion wird staatlich als höchster ökologischer Standard anerkannt. Im Bereich der Meeresfischerei garantiert heute einzig das Label des Marine Stewardship Council (MSC-Label) – als von allen Stakeholdern eines Fischereigebiets gemeinsam festgesetzter Standard – die bestandserhaltende Bewirtschaftung der Fischgründe (vgl. hierzu auch Maier, 1999). Im Gegensatz zur Meeresfischerei stellt der Wildfang von Süßwasserfischen ökologisch kaum Probleme dar. Pro Specie Rara Produkte sind alte, ökologisch besonders angepasste und schützenswerte Kulturpflanzen und Nutztierrassen und durch den Einbezug von Produkten aus fairem Handel wird auch der wirtschaftlichen Nord-Süd-Gerechtigkeit Rechnung getragen.

Vor dem Hintergrund der Forschungsarbeiten von Simone Maier (2001) wird in der Entwicklung der Kampagne fünf Aspekten Priorität eingeräumt, die im folgenden erläutert werden:

1. Positionierung und Gesamtstrategie der teilnehmenden Betriebe
2. Verfügbarkeit der Produkte / Logistik
3. Kommunikation / Vermarktung im Betrieb
4. Schulung der teilnehmenden Wirte und Küchenchefs / Evaluation
5. Kontrolle

3.1 Positionierung und Gesamtstrategie der teilnehmenden Betriebe

Mit seiner Kampagne richtet sich der WWF an Gastronomen, die auf einem überdurchschnittlichen Niveau kochen und bereits heute Wert auf frische und saisonale Produkte legen. Wer zudem in Zukunft vermehrt auf biologische Produkte und Fleisch aus artgerechter Tierhaltung setzen möchte, bringt die richtigen Voraussetzungen mit.

3.2 Verfügbarkeit der Produkte / Logistik

Die teilnehmenden Betriebe erhalten eine Liste mit Produzenten, bei denen sie die benötigten Produkte direkt in der Region beziehen können. Zudem werden drei oder vier nationale Lieferanten und En Gros Märkte mit einem Vollsortiment in die Kampagne eingebunden. Sie verpflichten sich, die für die Kampagne verwendbaren Produkte speziell zu kennzeichnen, um den Gastronomen die Beschaffung zu erleichtern.

3.3 Kommunikation / Vermarktung im Betrieb

Die Betriebe, welche sich an der Kampagne beteiligen, profitieren von den folgenden Kommunikationsmaßnahmen (vgl. Abbildung 2).

Abbildung 2

Kampagnen-schwerpunkte	Im Abstand von jeweils sechs Monaten finden verschiedene, ungefähr sechswöchige Kampagnenschwerpunkte statt. Indem die Themen Alpen, Klima, Wasser und Artenschutz kulinarisch umgesetzt werden, wird medienwirksam dargestellt, wie man durch den Konsum bestimmter Nahrungsmittel zum Schutz dieser Lebensräume und Ressourcen beitragen kann. Im Rahmen der Kampagnenschwerpunkte finden verschiedene nationale und regionale Events statt, zudem werden die teilnehmenden Betriebe bei der Durchführung eigener Events unterstützt.
Menükarte	Betriebe, welche sich an der Kampagne beteiligen, dürfen die Kampagnenangebote auf der Menükarte mit dem noch zu schaffenden Kampagnenlogo auszeichnen.
POS (Point of Sale)	Mit Tischsets, Stellern, Plakaten und Prospekten und Give-Aways können die teilnehmenden Betriebe über die Kampagnenangebote informieren.
PR	Mit verschiedenen Fach- und Publikumsmedien werden für die Kampagne Medienpartnerschaften abgeschlossen. Durch gezielte Medienarbeit werden Journalistinnen und Journalisten regelmäßig über die Kampagnenaktivitäten und teilnehmenden Restaurants informiert. Zusätzlich berichtet der WWF in seinem Mitgliedermagazin und auf seiner Homepage regelmäßig über die Kampagne.

3.4 Schulung der teilnehmenden Wirte und Küchenchefs / Evaluation

Die Wirte und Küchenchefs aller teilnehmenden Betriebe werden an einer Schulung über Möglichkeiten und Verpflichtungen im Rahmen der Kampagne und die Zubereitung von Bioprodukten informiert. Menükalkulationen werden zur Verfügung gestellt. Im Hinblick auf eine längerfristige Kampagnen- und Strategieentwicklung wird nach jedem Kampagnenschwerpunkt bei allen teilnehmenden Betrieben eine umfassende Evaluation durchgeführt.

3.5 Kontrolle

Die Einhaltung der vertraglich vereinbarten Kampagnenrichtlinien, wird kontrolliert. In einem ersten Schritt werden WWF-MitarbeiterInnen anhand von Lieferscheinen in den teilnehmenden Betriebe Stichprobenkontrollen durchführen. Längerfristig soll eine akkreditierte Zertifizierungsstelle mit der Durchführung der Kontrollen beauftragt werden.

4. Fazit: Wissenschaftliche Erkenntnisse sind für die Praxis wegweisend

In die bisherige Ausarbeitung der WWF-Gastrokampagne wurden viele der aus der Arbeit von Simone Maier (2001) resultierenden Erkenntnisse berücksichtigt.

Bei der **marktstrategischen Planung** waren insbesondere drei Erkenntnisse Maiers wegweisend: Die hohen Markterschließungskosten für Pioniere, die entscheidende Bedeutung des Appetits der Gäste auf ein bestimmtes Gericht und der Fit des Angebots von ökologischen Produkten mit der Gesamtstrategie eines Restaurants. Durch die WWF-eigenen Kommunikationsinstrumente und die Organisation von Events und Medienpartnerschaften wird den hohen Markterschließungskosten Rechnung getragen. Die Erkenntnis, dass vor allem beliebte Gerichte erfolgreich sind, hat zur Ausarbeitung einer großen Anzahl von Rezeptvorschlägen geführt. Dem notwendigen gesamtstrategischen Fit wird Rechnung getragen, indem bei der Suche und Auswahl von teilnehmenden Restaurants auf überdurchschnittliches kulinarisches Niveau und eine bereits bestehende Ausrichtung auf regionale und saisonale Frischküche im Vordergrund stehen. Die marktstrategischen Erkenntnisse Maiers wurden von den an der Projektgruppe teilnehmenden Gastronomen geteilt.

Maiers Einschätzung der **operativen Herausforderungen** haben den WWF veranlasst, schon sehr früh Kontakt zu Lieferanten aufzunehmen, sie über die Produktkriterien zu informieren und in die weitere Planung einzubinden. Durch die Organisation von obligatorischen Schulungen wird dem Wissenstransfer zu den teilnehmenden Wirten und Küchenchefs besondere Bedeutung eingeräumt. Verschiedene Kommunikations- und Marketinginstrumente sorgen zudem für eine breite Wahrnehmung der ökologischen Angebote bei den Gästen.

Gespräche mit Lieferanten und Produzenten ergaben, dass diese aufgrund eigener Erfahrungen mit Restaurants, Maiers Erkenntnisse in Bezug auf die operativen Herausforderungen vollumfänglich teilen.

Auf die **Strategieentwicklung** von Unternehmen kann der WWF als außenstehende Organisation nur indirekt Einfluss nehmen. In den geplanten Schulungen und Kampagnenevaluationen wird der WWF aber auf die Notwendigkeit von Lernprozessen und innerbetrieblicher Kommunikation hinweisen.

Literatur

Andreassen T.W., Lanseng E. 1997. The principal's and agents' contribution to customer loyalty within an integrated service distribution channel. An external perspective. In: *European Journal of Marketing*. Vol. 31, No.7, 487-503.

Baer S. 2000. Natural products and convenience food – a contradiction? In: Stucki B., Meier U. (eds.) *Proceedings 1st International Seminar "Organic Food Processing" IFOAM 2000 – The World Grows Organic. Basel, August 28th-29th, 2000*, pp. 7-13. Frick: Forschungsinstitut für biologischen Landbau (FiBL).

Bateson G. 1994. *Ökologie des Geistes. Anthropologische, psychologische, biologische und epistemologische Perspektiven.* Frankfurt/Main: Suhrkamp.

Hedberg B. 1981. How organizations learn and unlearn. In: Nystrom P.S., Starbuck W.H. (eds.) *Handbook of organizational design. Vol. 1*, 3-27. New York / Oxford: Oxford University Press.

Hirsch Hadorn G., Maier S., Wölfing Kast S. (in Vorbereitung). *Optionen und Restriktionen nachhaltiger Ernährung. Transdisziplinäre Nachhaltigkeitsforschung in Aktion.* Zürich: vdf.

Levitt B., March J. 1990. Chester I. Barnard and the Intelligence of Learning. In: Williamson, O.E. (ed.) *Organization Theory. From Chester Barnard to the Present and Beyond*, 11-37. New York/Oxford: Oxford University Press.

Maier S. 2001. *Strategische Herausforderungen bei der Einführung von Bioprodukten in der Schweizer Gastronomiebranche.* St. Gallen: Universität St. Gallen, unveröffentlichte Dissertationsschrift. (Erscheint 2002 im vdf-Verlag, Zürich)

Maier S. 1999. Strategische Kooperationen zur Sicherung von Zukunftsmärkten. Das Beispiel Marine Stewardship Council. In: *Ökologisches Wirtschaften*, Nr. 4/1999, 9.

Meffert H., Kirchgeorg M. 1998. *Marktorientiertes Umweltmanagement. Konzeption – Strategie – Implementierung mit Praxisfällen.* Stuttgart: Schäffer-Poeschel.

Minsch J., Mogalle M. 1998. *Portrait des Integrierten Projektes Gesellschaft I: Nachhaltige Schweiz im internationalen Kontext. Entwicklung von Visionen, Strategien und Instrumenten am Beispiel des Bedürfnisfeldes Ernährung.* IP-Diskussionspapier Nr. 1b. St. Gallen: Universität St. Gallen, IWÖ-HSG.

Oehninger N. 2000. Private standards and legal regulations for organic production. In: Stucki B., Meier U. (eds.) 2000. *Proceedings 1st International Seminar "Organic Food Processing" IFOAM 2000 – The World Grows Organic*, 77-79. Basel, August 28th-29th, 2000. Frick: Forschungsinstitut für biologischen Landbau (FiBL).

Rüegg-Stürm, J. (2001). *Organisation und organisationaler Wandel. Eine theoretische Erkundung aus konstruktivistischer Sicht.* Wiesbaden: Westdt. Verlag.

Schmid O. 2000. Evaluation of governmental regulations and private standards for processing of organic food products. In: Stucki B., Meier U. (eds.) 2000. *Proceedings 1st International Seminar "Organic Food Processing"*

IFOAM 2000 – The World Grows Organic, 59-67. Basel, August 28th-29th, 2000. Frick: Forschungsinstitut für biologischen Landbau (FiBL).

Schreyögg G. 1998. Strategische Diskurse: Strategieentwicklung im organisatorischen Prozess. In: *Organisationsentwicklung 4/98*, Vol. 17, 32-43.

"*Ein*" Label für ökologische Dienstleistungen in Hotels und Gaststätten

Sven Eckardt, Christoph Weber & Alfred Voß

Institut für Energiewirtschaft und Rationelle Energieanwendung (IER), Universität Stuttgart
E-Mail: se@ier.uni-stuttgart.de

1. Einleitung

Als einer der energie- und umweltintensivsten Bereiche im Dienstleistungssektor ist die Hotel- und Tourismusbranche auch durch ihr anhaltendes Wachstum zu einer nachhaltigen Entwicklung verpflichtet. Untersuchungen zeigen jedoch, dass Umweltbelange bei Hoteliers vor allem dann Zuspruch finden, wenn sie mit Marketing, Qualitätsverbesserungen oder Kosteneinsparungen verbunden sind. Gerade dann können Umweltschutzmaßnahmen schnell und einfach umgesetzt werden.

Der Tourismus kann das Kennenlernen und Verständnis anderer Regionen und Kulturen fördern und als Multiplikator der Region und deren Aktivitäten auch im Bezug auf Naturschutz und Nachhaltigkeit dienen. Durch das Verkehrsaufkommen und den Ressourcenverbrauch trägt er jedoch auch zu Belastungen von Mensch, Natur und Kultur bei.

Deshalb ist Umweltbewusstsein im Tourismus ein Thema, dem mittlerweile eine wachsende Zahl von Fremdenverkehrsregionen und -verbänden Beachtung schenkt. Angesichts der Flut an Piktogrammen zu allen möglichen Qualitäten des touristischen Angebots in den Prospekten der Zielgebiete gehen die Ökolabels jedoch oft unter und werden deshalb von den Veranstaltern und Verbrauchern bislang nur selten wahrgenommen. Abbildung 1 zeigt eine Auswahl von verschiedenen Initiativen in Europa.

Abbildung 1: Auswahl verschiedener Öko-Labels im Tourismussektor

2. Vielfalt zeigt Interesse

Gegenwärtig gibt es über 40 Umweltzeichen und Wettbewerbe für touristische Leistungsträger auf regionaler, nationaler und internationaler Ebene. Das wohl verbreitetste Umweltlabel im Gastgewerbe in Deutschland ist die Auszeichnung im Rahmen des DEHOGA-Umweltwettbewerbes "Der umweltorientierte Hotel- und Gaststättenbetrieb" oder "Wir führen einen umweltorientierten Betrieb", der für die beteiligten Betriebe auch eine Beteiligung an der lokalen Agenda 21 ermöglicht. Daneben existiert eine Vielzahl weiterer Umweltauszeichnungen, wie die Umweltschnecke, das Umwelt-Gütesiegel auf Alpenvereinshütten, das Grüne Bäumchen, die Grüne Hand, Umweltfreundliche Campingplätze, der Grüne Schlüssel, das Umwelt-Eichhörnchen, die Blaue Schwalbe oder die Silberdistel. Bislang ist das Interesse von Hotels, Freizeitzentren, Campingplätzen und anderen touristischen Anbietern trotz der Aussicht auf Imagegewinne und Marktvorteile gering. Auch in den Katalogen der Veranstalter tauchen die Label meist gar nicht auf. So weiß die breite Masse der Urlauber bis heute kaum, dass es Umweltauszeichnungen für den Tourismus gibt, geschweige denn, was diese beinhalten.

In vielen Regionen gibt es mittlerweile konkurrierende Labels. So hat es beispielsweise ein Hotelier in Saalbach-Hinterglemm in Österreich nicht leicht: Soll er sich für die lokale Grüne Hand, für das Umweltsiegel Tirol-Südtirol oder etwa für das nationale Österreichische Umweltzeichen für Tourismusbetriebe bewerben? Auch die Blaue Schwalbe von Verträglich Reisen oder das Grüne Bäumchen im ADAC-Reisekatalog könnten das Umweltengagement des Hoteliers unter Beweis stellen. In Österreich hat mittlerweile das nationale Umweltzeichen die besten Chancen, seine Konkurrenten zu verdrängen. Die Kriterienkataloge für Hotels, Gasthöfe, Pensionen oder Berghütten und das unabhängige Prüf- und Vergabeverfahren zählen im Übrigen zu den anspruchsvollsten in Europa und bauen auf den langjährigen Erfahrungen der Pioniere im Kleinwalsertal, in Tirol und Kärnten auf (vgl. www.ect-tip.org).

In Deutschland nehmen mittlerweile in nahezu allen Bundesländern Betriebe an den Umweltwettbewerben der Hotel- und Gaststättenverbände teil, die nach einheitlichen Kriterien bewerten. Da Brandenburg anfangs noch zögerte, hat dort der Fremdenverkehrsverband Uckermark sein eigenes Ökolabel kreiert. Bayern nahm bislang mit seinem eigenen Kriterienkatalog zum Wettbewerb umweltbewusster Hotel- und Gaststättenbetrieb eine Sonderstellung ein.

Der ADAC hat mit dem größten Camping- und Caravanführer Europas langjährige Erfahrung mit dem Überprüfen von Qualitätsstandards auf Campingplätzen. Mit dem "grünen Blatt" kennzeichnet er rund 200 der über 5000 Campingplätze, die im Energiebereich auf umweltfreundliche Solartechnik umgestiegen sind.

Die Kriterien und das Vorgehen zur Auszeichnung sind bei den verschiedenen Label sehr unterschiedlich und nicht immer vergleichbar. Dies liegt zum einen an der Vielfalt der Umwelteinwirkungen (Boden, Wasser, Luft, Ressourcen usw.), zum anderen an der Vielzahl unterschiedlicher Dienstleistungen (Restaurant, Cafe, Schwimmbad, Sauna, etc.).

Dementsprechend bieten sich viele Ansatzpunkte und Möglichkeiten für Verbesserungen, die sich wiederum in unterschiedlichen Labeln und Managementinstrumenten niederschlagen können. Abbildung 2 zeigt hierzu die Vielseitigkeit bei der Kategorisierung von umweltrelevanten Maßnahmen.

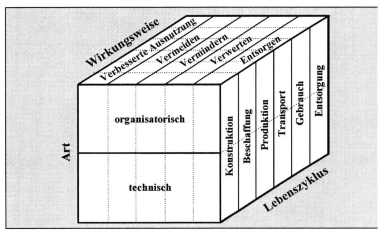

Abbildung 2: Kategorisierung von umweltrelevanten Verbesserungsmaßnahmen (vgl. Kühner 2000)

Ein wesentliches Hemmnis ist die häufig fehlende Transparenz der Kriterien, ein anderes die regionale Vielfalt, die den Wiedererkennungswert für Gäste aus anderen Regionen mindert. Zudem gibt es bislang wenig übergreifende Strategien, die die verschiedenen Akteure im Tourismusgewerbe (Kommunen, Gastgewerbe, Reiseveranstalter) unter einer gemeinsamen Blickwinkel verbinden.

Zusätzlich bieten die EMAS II (2. Überarbeitete Öko-Audit-Verordnung) der Europäischen Union und die DIN/EN/ISO 14001 Arbeitsmittel und Normen für die Einrichtung eines Umweltmanagement-systems auch in Dienstleistungsunternehmen.

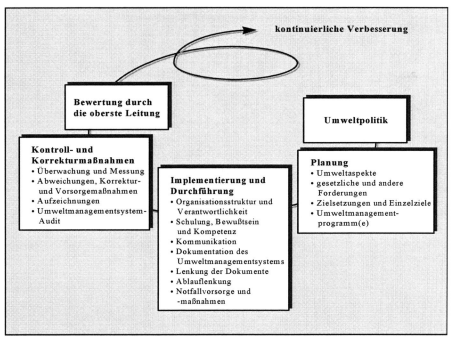

Abbildung 3: Vorgehensweise zur Einführung eines Umweltmanagementsystems nach ISO 14001 (vgl. DIN EN ISO 14001, 1996)

Diese Managementinstrumente gehen jedoch weit über die Anforderungen eines Umweltwettbewerbes hinaus. In Abbildung 3 ist die Vorgehensweise zur Einführung eines Umweltmanagementsystems nach ISO 14001 und in Abbildung 4 das Ablaufschema nach der Öko-Audit-Verordnung dargestellt.

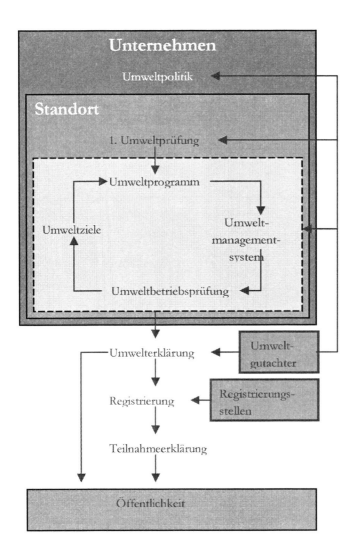

Abbildung 4: Ablaufschema nach der Öko-Audit-Verordnung (vgl. BMU 2000)

3. Binnenmarkt Europa fordert gleiche Wettbewerbsbedingungen

Auszeichnungen für Umweltverträglichkeit im Tourismus gibt es mittlerweile in Österreich, Deutschland, Dänemark, Luxemburg, Großbritannien, Frankreich, Spanien und in der Schweiz (vgl. Eckardt et al. 2001). Angesichts der Vielzahl von Initiativen im vereinten Europa ist eine Orientierung schwierig. Der Binnenmarkt Europa erfordert jedoch einheitliche Wettbewerbsbedingungen auch und gerade im internationalen Tourismus. Die Vergleichbarkeit von Leistungen und Preisen und der leichte Zugang der Konsumenten zu zuverlässigen Informationen sind dabei unabdingbare Voraussetzungen. "Um dem Thema Umweltverträglichkeit im internationalen Tourismus mehr Gehör zu verschaffen, ist die Entwicklung eines EU-einheitlichen Umweltzeichens ein wichtiger Schritt in die richtige Richtung" (vgl. www.eco-tip.org).

4. Entwurf eines Europäischen Öko-Labels für Hotels und Gaststätten

Im Rahmen eines Forschungsprojektes im Auftrag der Generaldirektion Umwelt der EU entwickelte das Institut für Energiewirtschaft und rationale Energieanwendung der Universität Stuttgart in Zusammenarbeit mit ADEME (FR, Koordinator), ARCS (AT), ICAEN (SP), CRES (GR), SOFTECH (IT) einen Vorschlag für die Vergabe eines Öko-Labels für umweltfreundliche Hotels (vgl. Eckardt et al. 2001). Dieser beinhaltet die Entwicklung einer Methode zur Vergabe eines Öko-Labels auf freiwilliger Basis, wobei die Methode bestehende Verfahren berücksichtigt und integriert. Weiterhin sollte die Festlegung der minimalen Anforderungen an umweltverträgliches Betreiben eines Hotels wissenschaftlich begründet, transparent und nachvollziehbar sein. Damit könnte das europäische Öko-Label unter Berücksichtigung nationaler Besonderheiten EU-weit anwendbar und vergleichbar werden. Innerhalb der Studie wurden die Kernbereiche der Umweltverträglichkeit wie Energieeffizienz, Wasserverbrauch, Abfallaufkommen, interne und externe Emissionen sowie Lärm berücksichtigt. Der Projektablauf gliederte sich wie folgt:

- Ausarbeiten eines Kriterienkatalogs bezüglich verschiedener umweltrelevanter Themen und Audits bei einer begrenzten Anzahl von Hotels (15-25 pro teilnehmendem Land).
- Vorbereitung eines freiwilligen Öko-Labelling Schemas einschließlich Analyse und Abwägung von bestehenden regionalen oder eingegrenzten Aktionen in bezug auf Öko-Labelling oder ähnlichem, um zum einen die vorhandene Erfahrungen zu nutzen und zum anderen existierende Schemata zu verbessern. Außerdem soll eine Weitergabe an eine großen Anzahl von Hotels ermöglicht werden, um eine höhere Akzeptanz des entwickelten Schemas und Durchführbarkeit zu erreichen.

Die Bedingungen für die Label-Auszeichnung, die in Abbildung 5 dargestellt sind, sind sowohl die Erfüllung von 5-11 relevanten Muss-Kriterien als auch die Überwachung von sogenannten Umweltindikatoren und die Erfüllung von mindestens 80 % der Punktezahl der relevanten Anforderungen, die mit Hilfe einer Checkliste abgefragt werden.

Indikatoren, die eine optimale Nutzung vorhandener Ressourcen bei möglichst geringer Belastung der Umwelt widerspiegeln, sind insbesondere die Aufenthaltsdauer der Gäste, der Belegungsgrad der Betten und die Ausgaben für regionale Produkte, sowie der spezifische Energie- und Trinkwasserverbrauch pro Gast und Übernachtung (im Hotel) bzw. Essen (im Restaurant) und das spezifische Abfallvolumen.

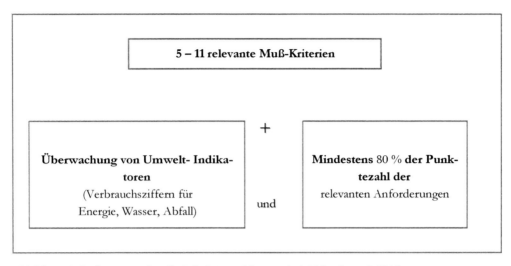

Abbildung 5: Bedingungen für die Label-Auszeichnung (vgl. Eckardt et al. 2001)

Ob es zu einem europäischen Öko-Label kommen wird, ist bislang noch nicht sicher. Zur Zeit läuft ein Abstimmungsprozess mit den relevanten Akteuren in den verschiedenen Ländern und auf europäischer Ebene. Anregungen, wie ein Zeichen für ein zukünftiges europäisches Öko-Label aussehen könnte, gibt Abbildung 6.

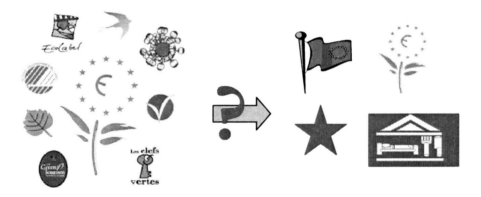

Abbildung 6: Möglichkeiten eines einheitlichen europäischen Öko-Labels

5. Dachmarke Viabono

In Deutschland zielen derzeit die Initiativen bereits auf ein bundesweit einheitliches Umweltzeichen für das gesamte Tourismus- und Gastgewerbe ab. Am 17. Oktober 2001 stellte Umweltminister Trittin die Umweltdachmarke viabono vor. Bei "Viabono" handelt es sich um eine "Wohlfühl" Marke und nicht um ein Gütesiegel oder Öko-Label (vgl. www.viabono.de). Sie verbindet möglichst alle touristischen Dienstleistungen mit einem einheitlichem Logo und jeweils angemessenen Kriterienkatalogen. Als Aufnahmebedingung existieren spezifische Kriterienkataloge für Hotels, Restaurants, Tourismuskommunen und Naturparks. In Planung sind Kriterienkataloge für Campingplätze, Ferienwohnungen, Privatzimmer, Jugendangebote und Reiseanbieter. Somit können Gast- und

Freizeitbetriebe, Verkehrsunternehmen, Kureinrichtungen, Kommunen und Veranstalter die Inhalte dieser Marke gemeinsam festlegen. Die Vorteile einer solchen Dachmarke liegen auf der Hand: Durch ein einheitliches, immer wiederkehrendes Logo erwarten die Verhandlungspartner nicht nur eine höhere Kundenakzeptanz, sondern infolge von Synergien auch eine deutliche Verringerung der Marketing-Kosten. Bislang gilt abzuwarten, ob die großen Erwartungen erfüllt werden und der hohe personelle Aufwand und das geplante Marketing Früchte tragen. Gegenüber den Umweltmanagementsystemen (EMAS II, ISO 14001) oder einem europäisch einheitlichen Umweltlabel fehlen bei viabono trotz einem angedachten Beschwerdemanagement bislang noch Überwachungs- und Kontrollmechanismen und auch die europäische Akzeptanz und Übertragbarkeit.

6. Die Verantwortung der Tourismusbranche für die Zukunft

Die Fülle der derzeitigen Umweltzeichen spiegelt den Willen zum Handeln wieder, dennoch stellt sich die Frage, ob sich diese Vielfalt in Kriterien für ein einheitliches Umweltzeichen zusammenfassen lässt.

Ein "Kleinster gemeinsamer Nenner für das EU-Umweltzeichen" auch in Anbetracht der Osterweiterung könnte bei vielen bereits existierenden Öko-Labels eine schnelle Integration erleichtern und beschleunigen, dennoch aber zur allgemeinen Ablehnung oder "Verwässerung" führen.

Das "Prädikat von der EU anerkanntes Umweltzeichen für Tourismus" könnte ein erster wichtiger Zwischenschritt auf dem Weg zum europäisch einheitlichen Öko-Label für Tourismusbetriebe darstellen.

Sicher ist, dass diese neue Strategien auf europaweite oder segmentübergreifende Vereinheitlichung zielen. Je eher und klarer die Politik auf nationaler und auf internationaler Ebene entsprechende gesetzliche Regelungen erläßt, Umweltpläne als Entwicklungsrahmen vorgegeben werden oder Umweltmanagementsysteme und Umweltwettbewerbe vereinheitlicht und gefördert werden, desto besser und sicherer können die Anbieter im Tourismus kalkulieren und investieren. Damit investieren sie auch in die Qualität ihres Angebotes. Mehr Nachhaltigkeit im touristischen Angebot – z.B. durch mehr regionale Produkte, weniger Lärm und Abgase, weniger Abfälle und ungeklärte Abwässer – bedeutet für die Bevölkerung mehr Arbeitsplätze und Lebensqualität und für den Gast eine verbesserte Urlaubsqualität.

Literatur

Bundesministerium für Umwelt, Naturschutz und Reaktorsicherheit (2000): EG-Umwelt-Audit (EMAS) Chance für die Wirtschaft, Berlin 2000

DIN EN ISO 14001: Umweltmanagementsysteme - Spezifikation und Leitlinien zur Anwendung. Beuth Verlag. Berlin 1996

Eckardt, S., Weber, C., et al. (2001): Abschlußbericht zum EU-LIFE-Projekt "Design of an environmental flag for greener hotels", Stuttgart 2001

Fleißner, E. (1998): Statistische Methoden der Energiebedarfsanalyse im Kleinverbrauchersektor. IER-Forschungsbericht Band 54, Stuttgart 1998

Kühner, G. (2000): Ein kosteneffizientes Verfahren für die entscheidungsunterstützende Umweltanalyse von Betrieben. Forschungsbericht des Instituts für Energiewirtschaft und Rationelle Energieanwendung 82, Stuttgart 2000

Weber, C. (1999): Konsumentenverhalten und Umwelt. Eine empirische Analyse am Beispiel von Energienutzung und Emissionen. Frankfurt 1999

www.eco-tip.org

www.viabono.de

Die Realisierung eines Nachhaltigen Konsums – Aufgabe der Konsumenten?

Prof. Dr. Armin Grunwald

Forschungszentrum Karlsruhe, Institut für Technikfolgenabschätzung und Systemanalyse (ITAS)
E-Mail: Armin.Grunwald@itas.fzk.de

1. Einführung und Überblick

Damit nachhaltiger Konsum möglich ist und realisiert wird, bedarf es mehrerer Voraussetzungen. Einerseits muss es ein *Angebot* auf der Produkt- oder Dienstleistungsseite geben, das unter Nachhaltigkeitsgesichtspunkten gut abschneidet. Ohne ein entsprechendes Angebot hat der Konsument keine Möglichkeit, sich für nachhaltigen Konsum zu entscheiden, außer vielleicht durch Konsumverzicht. Weiterhin bedarf es einer entsprechenden *Nachfrage*. Wie diese Nachfrage zu fördern ist, ist das Hauptthema, wenn es darum geht, "Nachhaltige Konsum- und Verhaltensweisen zu popularisieren" (Klappentext des Konferenzprogramms). Das Thema dieses Beitrages ist, welche Rolle die Verantwortung der einzelnen Konsumenten im Verhältnis zu den gesellschaftlichen Rahmenbedingungen spielt, um in dem Wechselspiel von Angebot und Nachfrage zu einem nachhaltigen Konsum zu gelangen.

Weil Antworten auf diese Frage vom zugrunde gelegten Nachhaltigkeitsverständnis abhängen, werden zunächst einige zentrale Elemente des integrativen Konzeptes der Nachhaltigkeit kurz vorgestellt (Kap. 1). Aussagen zur Verantwortung des Konsumenten hängen weiterhin davon ab, wie das Verhältnis von Konsum und den externen Rahmenbedingungen konzeptualisiert wird (Kap. 2). Die eigentliche Untersuchung geht von der einvernehmlich gewünschten Etablierung eines nachhaltigen Konsums aus und fragt nach den wesentlichen Adressaten einer Umsetzung, insbesondere im Sinne einer Problematisierung der Zielsetzung der Konferenz, "Nachhaltige Konsum- und Verhaltensweisen zu popularisieren". Sie geht von einer Analyse des Verantwortungsbegriffs aus und fragt nach den Bedingungen, die erfüllt sein müssen, damit eine Verantwortungszuschreibung an die einzelnen Konsumenten sinnvoll wird (Kap. 3). Auf dieser Basis wird eine skeptische Einschätzung der Möglichkeit des Ethos eines nachhaltigen Konsumenten begründet.

2. Das integrative Nachhaltigkeitsverständnis

Das Nachhaltigkeitspostulat stellt ein *normatives* gesellschaftliches Leitbild dar, das in vielen Bereichen als politisches Ziel verfolgt wird und ethisch oder gerechtigkeitstheoretisch motiviert ist. Der häufig geäußerte Anspruch, die drei Dimensionen von Nachhaltigkeit in einem integrativen Konzept systematisch zu verknüpfen, ist bisher nur unzureichend eingelöst worden (Kopfmüller et al. 2001, Kap. 4.1). Die ökologische, ökonomische und soziale Dimension der Nachhaltigkeit müssen jedoch *gleichrangig und integriert* behandelt werden unter dem Ziel, Verbesserungen der ökonomischen und sozialen Lebensbedingungen mit der langfristigen Sicherung der natürlichen Lebensgrundlagen in Einklang zu bringen. Erst die Integration der drei Dimensionen überwindet die konzeptionelle Schwäche einer von wirtschaftlichen und sozialen Fragestellungen, Zielsetzungen und Rahmenbedingungen isolierten Ökologiediskussion und ermöglicht damit gerade auch einen strategischen Durchbruch für ökologische Belange (Enquete 1998, S. 87). Zugleich werden die politisch-institutionellen Rahmenbedingungen für eine Politik der Nachhaltigkeit als vierte Dimension eines integrativen Konzepts betrachtet (Kopfmüller et al. 2001, Kap. 3.4).

Um diesem Anspruch durch einen ab initio integrativen Ansatz gerecht zu werden, wurden anhand der Definition der Brundtland-Kommission und weiterer zentraler Dokumente der Nachhaltigkeitsdiskussion drei konstitutive Elemente für Nachhaltigkeit rekonstruiert und sodann in Form eines Satzes von Nachhaltigkeitsregeln operationalisiert, die nicht den üblichen Dimensionen zugeordnet sind. Diese konstitutiven Elemente sind:

- *Gerechtigkeit*: Nachhaltigkeit und Gerechtigkeit stehen in einem untrennbaren Verhältnis. Insbesondere sind inter- und intragenerative Gerechtigkeit gleichermaßen konstitutiv für Nachhaltigkeit (ebd., Kap. 4.2.1).
- *Globalität*: Die globale Perspektive ist Ausgangspunkt für eine Substantiierung und Operationalisierung von Nachhaltigkeit (ebd., Kap. 4.2.2).
- *Anthropozentrik*: Anthropozentrische Prämissen sind der Nachhaltigkeitsdiskussion von Anfang an inhärent, da es immer auch um die *menschliche Nutzung* von Ressourcen geht (ebd., Kap. 4.2.3).

Der Nachhaltigkeitsgedanke geht davon aus, dass zukünftigen Generationen analoge Lebenschancen und Entfaltungsmöglichkeiten eingeräumt werden sollen wie der gegenwärtigen Generation. Seine Umsetzung beinhaltet das Anerkennen von Rechten und Verpflichtungen sowohl in den Beziehungen *zwischen* den Generationen als auch in den Beziehungen *innerhalb* jeder Generation. Wenn man ausgehend von dem Prinzip der Langzeitverantwortung fordert, dass der Zugang zu bestimmten Grundgütern über die Zeit für alle Menschen erhalten bleiben soll, so muss aus gerechtigkeitstheoretischen Gründen auch gefordert werden, dass diese Grundgüter *heute* allen Menschen zur Verfügung stehen. Ansonsten würde man im Interesse künftiger Generationen den Erhalt von Rechten fordern, die man den Zeitgenossen verweigert. Zumindest aus globaler Sicht hat das Leitbild daher auch eine sehr gegenwartsbezogene Dimension, da die Maßstäbe, die hier für die Zukunft angelegt werden, zwangsläufig auch in diesem Moment Gültigkeit beanspruchen können. Ein global verallgemeinerungsfähiges Konzept muss sowohl den Aspekt der *Bestandserhaltung* als auch den Aspekt der Entwicklung im Sinne der *Schaffung* von Mindestbedingungen eines menschenwürdigen Lebens umfassen.

Der erste Schritt dieser Operationalisierung besteht in einer "Übersetzung" der konstitutiven Elemente von Nachhaltigkeit in drei "generelle Ziele nachhaltiger Entwicklung", die dann durch die Angabe von Mindestvoraussetzungen für eine nachhaltige Entwicklung präzisiert werden. Die generellen Ziele zur Operationalisierung des Nachhaltigkeitsleitbildes im Sinne der obigen Ausführungen sind:

- Sicherung der menschlichen Existenz
- Erhaltung des gesellschaftlichen Produktivpotentials
- Bewahrung der Entwicklungs- und Handlungsmöglichkeiten

Diese Ziele werden jeweils durch ein Bündel von Mindestanforderungen, die in Form von Regeln oder Handlungsleitlinien formuliert sind, näher konkretisiert (Abb. 1). Die "Was-Regeln" stellen inhaltliche Mindestanforderungen für eine Erreichung dieser generellen Ziele dar (ebd., Kap. 5), während die "Wie-Regeln" den Weg zur Erfüllung dieser Mindestanforderungen betreffen (ebd., Kap. 6). Bei den "Wie-Regeln" geht es um die Frage, welche institutionellen, politischen und ökonomischen Rahmenbedingungen gegeben sein müssten, um eine nachhaltige Entwicklung in die Praxis umzusetzen bzw. ihre Umsetzung zu fördern. Sie umfassen die Stichworte Internalisierung der ökologischen und sozialen Folgekosten, angemessene Diskontierung, Begrenzung der Verschuldung, faire weltwirtschaftliche Rahmenbedingungen, Förderung der internationalen Zusammenarbeit, Resonanzfähigkeit der Gesellschaft, Reflexivität, Steuerungsfähigkeit, Selbstorganisation und Machtausgleich.

Ziele / Regeln	I. Sicherung der menschlichen Existenz	II. Erhaltung des gesellschaftlichen Produktionspotentials	III. Bewahrung der Entwicklungs- und Handlungsmöglichkeiten
	(1) Schutz der menschlichen Gesundheit	(1) Nachhaltige Nutzung erneuerbarer Ressourcen	(1) Chancengleichheit im Hinblick auf Bildung, Beruf, Information
	(2) Gewährleistung der Grundversorgung	(2) Nachhaltige Nutzung nicht-erneuerbarer Ressourcen	(2) Partizipation an gesellschaftlichen Entscheidungsprozessen
	(3) Selbständige Existenzsicherung	(3) Nachhaltige Nutzung der Umwelt als Senke	(3) Erhaltung des kulturellen Erbes und der kulturellen Vielfalt
	(4) Gerechte Verteilung der Umweltnutzungsmöglichkeiten	(4) Vermeidung unvertretbarer technischer Risiken	(4) Erhaltung der kulturellen Funktion der Natur
	(5) Ausgleich extremer Einkommens- und Vermögensunterschiede	(5) Nachhaltige Entwicklung des Sach-, Human- und Wissenskapitals	(5) Erhaltung der "sozialen Ressourcen"

Abbildung1: Die drei generellen Ziele und die ihnen zugeordneten substantiellen Mindestanforderungen (die "Was-Regeln" der Nachhaltigkeit)

Die Regeln sollen sowohl als Leitorientierung für die weitere Operationalisierung des Konzepts dienen als auch die Funktion von Prüfkriterien haben, mit deren Hilfe Zustände oder Trends auf Nachhaltigkeit bewertet werden können. Sie beinhalten lediglich *Mindeststandards*, auf deren Gewährleistung alle Mitglieder der globalen Gesellschaft, einschließlich der kommenden Generationen, einen berechtigten Anspruch haben. Als ein Gerüst von Mindestanforderungen, das auf dem Postulat der Gerechtigkeit beruht, umfasst das Nachhaltigkeitskonzept somit keineswegs die Summe aller wünschbaren politischen, sozialen und ökonomischen Ziele, sondern lediglich einen "Wohlfahrtssockel" (*Birnbacher* 1999). Dies bedeutet, dass es in allen Dimensionen noch andere legitime und erstrebenswerte Ziele gibt, deren Erfüllung nicht als konstitutiv für das Leitbild der Nachhaltigkeit angesehen wird. Eine rationale Politik müsste darauf ausgerichtet sein, die Einhaltung der essentiellen Mindestanforderungen zu garantieren und gleichzeitig im Bereich der darüber hinausgehenden konkurrierenden Ziele gesellschaftlich tragfähige Kompromisse zu finden.

Angesichts dieses "minimalistischen" Charakter des integrativen Nachhaltigkeitskonzepts wird – als Arbeitshypothese – angenommen, dass die Regeln im Prinzip alle gleichzeitig erfüllbar sind. Keine Regel darf zugunsten der anderen ganz aufgegeben werden. Jede Regel kann also nur in den Schranken der anderen Gültigkeit haben, wobei ein *Kernbereich* bestehen muss, der nicht missachtet werden darf. So kann z.B. die Forderung, für alle Menschen das Existenzminimum zu gewährleisten, in Abhängigkeit von dem jeweiligen nationalen Kontext höchst unterschiedlich interpretiert werden, in ihrem essentiellen Kernbereich gebietet sie aber nur, dass zumindest das Überleben aller gesichert ist.

Die angenommene grundsätzliche Vereinbarkeit der Regeln impliziert nicht, dass sie sich gegenseitig in positiver Weise verstärken und somit gleichsam automatisch zu "Win-Win-Situationen" führen. Zwischen den Mindestanforderungen können Zielkonflikte auf mehreren Ebenen bestehen. Zunächst ist nicht auszuschließen, daß aufgrund der konkreten Entwicklung eine gleichzeitige Einhaltung der Regeln, selbst in ihrem essentiellen Kernbereich, nicht mehr möglich ist. So könnte es z.B. eine ungebremste Bevölkerungsentwicklung unmöglich machen, die Grundbedürfnisse der Weltbevölkerung zu befriedigen, ohne die ökologischen Nachhaltigkeitsregeln zu verletzen. Nachhaltigkeit wäre dann prinzipiell nicht mehr zu gewährleisten. Darüber hinaus sind auf der kontextualen Ebene verschiedenartige Nutzungskonflikte denkbar, die etwa das Gebot "Landschaften von besonders charakteristischer Eigenart und Schönheit zu erhalten" in Konflikt geraten lassen z.B. mit der Forderung nach selbständiger Existenzsicherung. Weitere Konfliktpotentiale können sich auf der strategischen Ebene ergeben, wenn es darum geht, die in den Regeln enthaltenen Nachhaltigkeitsforderungen in konkrete Handlungsverpflichtungen für gesellschaftliche Akteure zu übersetzen, also z.B. zu entscheiden, welchen Beitrag der Verkehr und welchen Beitrag die Energiewirtschaft zur Realisierung eines nationalen CO_2-Minderungsziels leisten soll. Für Konflikte auf diesen verschiedenen Ebenen gibt es zwar verschiedene Lösungsvorschläge; ein Konsens zeichnet sich jedoch noch nicht ab (Kopfmüller et al. 2001, Kap. 4.3).

Es zeigt sich, dass – wie vor dem Hintergrund dieses Konzeptes bereits zu erkennen – Nachhaltigkeitsbewertungen von erheblicher Komplexität sind. Dieser Sachverhalt hat Auswirkungen darauf, in welchem Umfang dem Konsumenten eine erhebliche Mitverantwortung für nachhaltigen Konsum zugeschrieben werden kann (s.u.).

3. Das Verhältnis von Konsum und Rahmenbedingungen

Konsum findet stets in einem konkreten gesellschaftlichen Umfeld statt. Politische Bedingungen, Steuern, Rechtslage, internationale Situation, Ressourcenangebot, aber auch Zeitgeist, Modeerscheinungen etc. beeinflussen die Art und Weise, in der konsumiert wird. In diesem konsumbeeinflussenden Umfeld kann unterschieden werden zwischen

- gestaltbaren gesellschaftlichen Rahmenbedingungen wie der Einfluss von Steuern auf die Preisgestaltung oder ordnungsrechtliche Vorgaben wie Ge- oder Verbote (welche sich beim Konsumenten auch oft in Form von Preisänderungen niederschlagen),

- kaum gestaltbaren gesellschaftlichen, z.B. evolutiven marktförmigen Rahmenbedingungen (Angebot, Zeitgeist, Mode, gesellschaftliche Makrotrends wie Globalisierung oder Digitalisierung – zu letzteren Brand 2001) und

- natürlichen Rahmenbedingungen (z.B. Verfügbarkeit von natürlichen Ressourcen, natürliche Klimaänderungen).

Darüber hinaus kann sich ein Konsum immer nur auf ein bereits bestehendes Angebot erstrecken oder über die Wege der Marktforschung versuchen, die zukünftigen Konsummöglichkeiten zu beeinflussen.

Die Frage nach der Realisierung eines nachhaltigen Konsums muss also nicht unbedingt allein oder hauptsächlich auf das nachhaltige Verbraucherverhalten hinauslaufen, sondern kann sich auch auf die entsprechende Gestaltung der Rahmenbedingungen beziehen oder die Angebotsseite beziehen. Je nachdem, wie die Verhältnisse modelliert und wo die wesentlichen Einflussmöglichkeiten und Akteurskonstellationen gesehen werden, wird der einen oder der anderen Strategie mit ihren jeweiligen spezifischen Adressatenkreisen der Vorzug gegeben werden.

Die Frage nach der Rolle der individuellen Konsumenten muss sich also mit dem Verhältnis von Angebot, Nachfrage und den Rahmenbedingungen dafür befassen. Je nachdem, ob man der nachhaltigkeitsermöglichenden oder -behindernden Rolle der *Rahmenbedingungen* (soweit sie gestaltbar sind), der Gestaltung eines entsprechenden *Angebotes* nachhaltiger Produkte oder Dienstleistungen, der Nachfrage nach nachhaltigen Produkten oder Dienstleistungen oder aber einer Kombination dieser Einflusssphären den entscheidenden Einfluss beimisst, wird man verschiedene Adressatenkreise für den Weg zu einem nachhaltigen Konsum ansprechen: das politische System für die Rahmenbedingungen, die Wirtschaft für das Angebot und die individuellen Konsumenten für die Nachfrage. Nicht nur der "Endverbraucher", sondern auch die an der Gestaltung der Rahmenbedingungen Beteiligten und die Gestalter des dem Konsumenten zur Verfügung stehenden Angebotes entscheiden darüber mit, inwieweit nachhaltiger Konsum einerseits möglich ist und andererseits sich praktisch durchsetzt, in Einklang mit oder vielleicht auch gegen die Präferenzen der Konsumenten, wie sie sich z.B. im Zeitgeist niederschlagen. Um einer Antwort auf die Frage nach der individuellen Rolle der Konsumenten näher zu kommen, oder wenigstens die Bedingungen für ihre Beantwortung zu klären, wird im folgenden der Verantwortungsbegriff herangezogen.

4. Verantwortung des Konsumenten

Wenn gefordert wird, das Leitbild der Nachhaltigkeit in die Bevölkerung zu tragen, um nachhaltige Konsumweisen zu fördern, wird vorausgesetzt, dass den *Konsumenten eine besondere Verantwortung* in der Realisierung des nachhaltigen Konsums zugeschrieben wird: Nachhaltiger Konsum soll durch das Verbraucherverhalten realisiert werden. Das Leitbild eines ethisch verantwortlichen Konsumenten, wie ihn (oder sie) der Rat für Nachhaltige Entwicklung der Bundesregierung gegenwärtig propagiert (www.nachhaltigkeitsrat.de), ist gerade daraufhin angelegt, den individuellen Konsumenten als Antreiber eines nachhaltigen Konsums zu bestimmen: wenn der Konsument nach Maßstäben der Nachhaltigkeit (Zukunftsverantwortung, Generationengerechtigkeit, heutige Verteilungsgerechtigkeit, s.o.) konsumiert, dann wird, so die Erwartung, das Wirtschaftssystem über den "demand-pull"-Mechanismus auch zunehmend nachhaltige Produkte anbieten und sich schließlich ganz auf diese Art des Konsums einstellen. Dies entspräche einer impliziten Verantwortungszuschreibung an den individuellen Konsumenten, und zwar der *vollständigen Verantwortung*. In Analogie zu diesbezüglichen Überlegungen, wer die Inhalte im Internet kontrollieren soll: "Die Nutzer der Neuen Medien müssen Verstöße gegen moralische Normen sanktionieren und so die Selbstkontrolle des elektronischen Datenaustausches zur Gewohnheit werden lassen" (Münchner Erklärung Internet&Politik, nach Funiok 1999, S. 320, kritisiert bei Grunwald 2001), könnte das Credo folgendermaßen auf den

Punkt gebracht werden: Die Konsumenten müssen Verstöße gegen das Nachhaltigkeitsgebot sanktionieren und so die Selbstkontrolle des Konsums zur Gewohnheit werden lassen.

Dieses Modell (sicher wurde es hier aus Gründen der Verdeutlichung provokativ verkürzt und zugespitzt dargestellt), wird im folgenden skeptisch beurteilt. Drei voneinander unabhängige Argumentationslinien führen zu dieser Skepsis:

(1) eine Analyse des Verantwortungsbegriffs,

(2) Legitimationsüberlegungen und

(3) gesellschaftliche Trends, die diesem Modell entgegenstehen.

4.1 Verantwortungsbegriff

Verantwortung ist kein quasi-ontologisches Prädikat und kein "Naturgegenstand", sondern immer Resultat einer Zuschreibungshandlung. Verantwortung wird *zugeschrieben*, entweder wenn der Akteur selbst Verantwortung übernimmt, sie sich also selbst zuschreibt (autonome Verantwortungszuschreibung) und damit etwas über die Beurteilung seiner eigenen Handlungen oder den Umgang mit deren Folgen ex ante oder ex post aussagt, oder durch die Verantwortungszuschreibung durch andere (heteronome Zuschreibung). Die passivische Rede *Wer trägt welche Verantwortung?* ist daher einseitig: die Zuschreibung von Verantwortung stellt selbst eine Handlung dar, welche relativ zu *Zuschreibungsregeln* erfolgt (vgl. dazu auch Jonas 1979, S. 173). Diese Zuschreibungsregeln sind selbst rechtfertigungspflichtig, indem sie z.B. den Kreis der verantwortungsfähigen Individuen abgrenzen und Kriterien angeben, welche Voraussetzungen Individuen erfüllen müssen, um zur Verantwortung gezogen werden zu können. Verantwortungszuschreibung ist daher immer auch rechtfertigungspflichtig und hat *präskriptiven* Charakter. Die Möglichkeit und der "Sinn" von Verantwortungszuschreibung hängt davon ab, welche diesbezüglichen Anforderungen an die Handlungsfähigkeit (Zurechnungsfähigkeit) von Personen geknüpft werden.

Diese Rekonstruktion des Verantwortungsbegriffs als *Zuschreibungsbegriff* (Grunwald 1999) führt zunächst darauf, dass nicht gefragt werden sollte, welche Verantwortung Politiker, Manager oder Konsumenten *haben*, sondern welche sie übernehmen *sollen*. Die Gesellschaft in ihren relevanten Institutionen muss sich verständigen, welche Verpflichtungen sie diesen Gruppen übertragen will. Diese Sicht hat zur Folge, und das wird sich als entscheidender Argumentationsbestandteil herausstellen, dass die zuschreibende Instanz selbst darauf verpflichtet werden kann, dafür Sorge zu tragen, dass der- oder diejenige, dem diese Verantwortungsübernahme zugemutet wird, sie faktisch auch wahrnehmen *kann*. Wenn also die Gesellschaft von Konsumenten die Wahrnehmung bestimmter Verantwortungstypen in der Realisierung des nachhaltigen Konsums erwartet, muss sie auch die Bedingungen beachten, unter denen die Konsumenten dieser Verantwortung überhaupt nachkommen können. Es wäre ein pragmatischer Selbstwiderspruch, von bestimmten Personen, Gruppen oder ganzen Teilen der Gesellschaft eine Verantwortungsübernahme zu erwarten, denen diese aus angebbaren Gründen gar nicht nachkommen können. In genau diesen Zusammenhang fällt die Frage einer möglichen strukturellen Überforderung des Konsumenten, wenn von ihm die Unterscheidung nachhaltiger und weniger nachhaltiger Konsumartikel erwartet wird. Folgende Elemente einer solchen Überforderung sollten beachtet werden:

1. *Wissensproblem*: Über die Nachhaltigkeit von Produkten entscheidet die Kette der Vorleistungen, die im Laufe des Herstellungsprozesses gemacht worden sind bis hin zur Entnahme der Rohstoffe aus einer Lagerstätte und der Bereitstellung der erforderlichen Energie, die Folgen

der Produktnutzung und schließlich die Entsorgung nach Ende der Nutzung. Auf dem gesamten Lebenszyklus des Produkts und seiner Vorprodukte müssen ökologische, soziale und ökonomische Aspekte berücksichtigt werden. Dem Konsumenten steht dieses Wissen in der Regel nicht zur Verfügung. Außerdem zeigen empirische Analysen: "Angesichts der Vielzahl empirischer Befunde, die belegen, dass Konsumenten im Normalfall (der alltäglichen Kauf- und Konsumakte) nur ein geringes Interesse an der aktiven Beschaffung von und Auseinandersetzung mit Hintergrundinformationen besitzen, geht eine auf das Leitbild des "verantwortlichen Konsumenten" zugeschnittene Strategie der Verbreitung nachhaltiger Konsummuster an der Realität vorbei" (Brand 2001, S. 34).

2. *Bewertungsproblem*. Das Wissen über Produktimplikationen und Produktfolgen muss auf Wünschbarkeit oder Zumutbarkeit im Nachhaltigkeitskontext beurteilt werden. Besondere methodische Probleme bereiten *sektorübergreifende* Bewertungen, d.h. Bewertungen, zu denen es apriori keine anerkannte einheitliche und operable Hierarchie von Bewertungskriterien gibt, sondern in denen heterogene, im Detail eventuell sogar widersprüchliche Kriterien und Ziele gegeneinander abgewogen werden müssen (hier kann an die klassischen Probleme von konfligierenden Bewertungen unter ökologischen und ökonomischen Kriterien oder unter ökonomischen und sozialen Kriterien gedacht werden). Es ist nicht zu erkennen, wie der individuelle Konsument mit dieser Komplexität adäquat umgehen können soll.

3. *Umsetzungsproblem*. Individuen entscheiden unkoordiniert über ihr Nutzerverhalten nach den individuellen Bedarfen und Möglichkeiten. Sie sind nur sehr schwer zu einem kollektiven Verhalten zu bringen. Zur Veranschaulichung: dies wäre etwa so, als ob gesellschaftsweit ein Zustelldienst deswegen boykottiert werden sollte, weil die Fahrer dieses Dienstes oft verkehrswidrig und –gefährdend parken. Diese Form der kollektiven Mobilisierung von Individuen gelingt nur in seltenen, zumeist medienwirksamen Fällen (wie z.B. im Falle der verhinderten Versenkung der Ölbohrplattform Brent Spa tatsächlich geschehen). Es erscheint ausgesprochen optimistisch, über eine Beeinflussung durch Konsumenten die Produkte zu sanktionieren. Selbst wenn das Wissens- und Bewertungsproblem gelöst werden könnte, bliebe das Umsetzungsproblem, wie die Konsumenten zu einem konvergenten nachhaltigen Verbraucherverhalten gebracht werden könnten (dazu auch Teil 3.3).

Zur Behandlung dieser Fragen und ihrer wenigstens annähernden Lösung sind gesellschaftliche Dialoge und interdisziplinäre Herangehensweisen unverzichtbar. Weder Individuen noch Disziplinen können allein Wissens-, Wertungs- und Umsetzungsproblem erfolgversprechend bearbeiten. Selbst wenn jeder Konsument seine eigenen Nachhaltigkeitsbewertungen in der intendierten Weise übernehmen und subjektiv "nachhaltig" konsumieren würde, wäre damit keineswegs impliziert, dass die Aggregation der resultierenden Konsumhandlungen auf der gesellschaftlichen Ebene zu einem positiven Gesamtergebnis in Bezug auf Nachhaltigkeit führt. Wenn also eine volle Verantwortungsübernahme für die Nachhaltigkeit des Konsums durch die Konsumenten aufgrund angebbarer entgegenstehender Sachverhalte nicht geleistet werden kann, ist über Alternativen nachzudenken.

4.2 Legitimationsüberlegungen

Mit einer Verantwortungszuschreibung an die Konsumenten hinsichtlich einer Durchsetzung des nachhaltigen Konsums würde den Konsumenten eine moralische und politische Rolle zugewiesen, die über das gängige Verständnis von Konsum- und Kaufverhalten weit hinaus geht. Der Konsument als Träger gesellschaftlicher Nachhaltigkeitserwartungen wäre etwas ganz anderes als ein Konsument, der bedarfs- oder angebotsorientiert auf der Basis seiner privaten Präferenzen und Möglichkeiten entscheidet, was er nachfragt und was nicht. Hier würde dem Konsumenten als Privatperson eine öffentliche Rolle zugewiesen (und zugemutet), die über eine private Kauf- oder Nutzungsentscheidung weit hinausgeht. Das private Kauf- und Konsumverhalten würde moralisch und politisch aufgeladen. Dieses ist eine demokratietheoretisch nichttriviale Angelegenheit, da sie die traditionelle Trennung in eine öffentliche und eine private Sphäre in Frage stellt.

Faktische Akzeptanz unter Marktbedingungen entsteht meist "naturwüchsig". Sie ist nur begrenzt plan- oder prognostizierbar: über den Markterfolg entscheiden keine Diskurse, sondern das faktische Kauf- und Nutzungsverhalten. Hierbei kann im traditionellen Verständnis nicht von Konsumgestaltung in gesellschaftlicher Perspektive gesprochen werden. Denn es ist die notwendige Bedingung nicht erfüllt, dass nämlich eine *Gestaltungsintention* erkennbar sein muss (vgl. Grunwald 2000, Kap. 2.5): der Konsument verfolgt i.a. durch sein Kauf- und Konsumverhalten nicht den Zweck, die "Arena des Konsums" zu gestalten, schon gar nicht in gesellschaftlicher Perspektive, sondern er optimiert sein Kaufverhalten nach seinen individuellen Interessen (Nutzungsbedarf, Preis, Leistungsmerkmale, Komfort, Prestige, Aussehen etc.). Er möchte seine individuellen Zwecke durch Konsum realisieren, nicht aber nachhaltigen Konsum gestalten. Die Menge der Konsumenten ist kein kollektiver Akteur mit Gestaltungsintentionen. Das faktische Nutzungs- und Kaufverhalten hat in gesellschaftlicher Hinsicht *Folgen ex post, aber keine (gesellschaftsrelevanten) gestaltenden Intentionen ex ante.*

Soll dies geändert werden, ist die Frage der Legitimation zu beachten (Grunwald 2000, Kap. 3). Konzeptionelle und methodologische Konflikte im Zusammenhang mit der Operationalisierung von Nachhaltigkeit basieren oft auf normativen Konflikten. Dort konkretisiert sich die Frage, in welcher Gesellschaft wir leben *wollen*, was von der zukünftigen Entwicklung erwartet wird, von welchem Natur- und Umweltverständnis dabei ausgegangen werden soll, welche Menschenbilder investiert werden und welches Gerechtigkeitsverständnis handlungsleitend sein soll (Kopfmüller et al. 2001, Kap. 4.2.1). Konflikte dieses Typs betreffen daher wesentliche Elemente des gesellschaftlichen Selbstverständnisses und haben auch *politischen* Charakter. Die normative Ebene der Zielvorstellungen muss mitberücksichtigt werden. Wenn die Gestaltung des nachhaltigen Konsums von den Konsumenten erwartet wird, stellt sich die Frage, in welcher Weise die deswegen mit Nachhaltigkeitsentscheidungen zusammenhängenden Legitimationsverpflichtungen von den Konsumenten eingelöst werden können – erkennbar eine weitere Überforderung. Hier findet eine Verwechslung statt von Konsumverhalten und den Partizipationsmöglichkeiten oder –notwendigkeiten im Rahmen einer Zivilgesellschaft. Die Vermischung der politischen Sphäre von öffentlicher Deliberation unter allgemeinen Legitimationsverpflichtungen und Transparenz und der privaten Sphäre des Konsums führt zu erheblichen demokratietheoretischen Schwierigkeiten.

Legitimationsprobleme entstehen zwar auch, wenn durch Gestaltung der gesellschaftlichen Rahmenbedingungen der Konsum in Richtung auf Nachhaltigkeit gelenkt werden soll. Hierbei handelt es sich aber um gesellschaftliche, oft politische Maßnahmen, die einer Legitimation bedürfen und für deren Legitimierung gesellschaftliche Mechanismen vorhanden sind (Luhmann 1983). Soll andererseits, wie im Programm der Veranstaltung angedeutet, das normative Leitbild der Nachhaltigkeit in die Bevölkerung getragen werden, um auf dem direkten Wege der Beeinflussung des Konsums zu mehr Nachhaltigkeit zu gelangen, so ist diese "Erziehungsmaßnahme" ebenfalls zu legitimieren. Stellt die Kommunikation über Nachhaltigkeit Werbung für ein bestimmtes Konsumentenethos oder einen offenen Dialog dar? Missionierung oder Überzeugung? Die Moralisierung des Konsumverhaltens und eine Instrumentalisierung dieser Moralisierung für die Nachhaltigkeit sind weder mit dem Selbstverständnis eines modernen Staatswesens, der Trennung in eine öffentliche und eine private Sphäre noch mit den Legitimationsanforderungen an die Maßstäbe eines nachhaltigen Konsums zu vereinbaren.

4.3 Zuwiderlaufende gesellschaftliche Trends

Empirische Analysen zeigen, dass die verschiedenen gesellschaftlichen Makrotrends "Globalisierung", "Informationsgesellschaft" oder "Individualisierung", welche mehr oder weniger im Konsens als real stattfindend angesehen werden (Brand 2001), einer Verantwortungsübernahme durch ethisch motivierte Konsumenten in der Tendenz eher entgegenstehen. Zwar gibt es hierbei auch Anzeichen für neue Chancen für mehr Nachhaltigkeit, z.B. im Rahmen einer Zivilgesellschaft. Aber die Nutzung dieser Chancen ist keineswegs selbstverständlich, sondern bedarf selbst der intentionalen Gestaltung und der Schaffung der entsprechenden Rahmenbedingungen: "So bieten die aus der Diskussion der strukturellen Trends sich ergebenden vier Ansatzpunkte nicht mehr als ‚Chancen' oder Optionen für die Verbreitung nachhaltigen Konsums. Diese Chancen müssen politisch oder gesellschaftlich gestaltet werden. Nur durch die Schaffung günstiger Rahmenbedingungen, Angebote und Anreizsysteme, nur durch kooperative Bemühungen der verschiedenen gesellschaftlichen Akteursgruppen, durch die Bildung themenspezifischer Akteursallianzen und durch eine möglichst hohe öffentliche Sichtbarkeit dieses Prozesses werden sich institutionelle Praktiken, Alltagsroutinen und Handlungsleitbilder im Rahmen der gegebenen Chancenstruktur in Richtung nachhaltigen Konsums verschieben" (Brand 2001, S. 34f). Auch die empirische Sozialforschung weckt also Zweifel an der Realisierbarkeit des Leitbilds eines "verantwortlichen Konsumenten" und verweist auf die Notwendigkeit der intentionalen Gestaltung günstiger Rahmenbedingungen.

5. Schlussfolgerungen

Die Analyse des Prozesses und der Bedingungen für Verantwortungszuschreibung, demokratietheoretische Aspekte der Legitimation angesichts von gesellschaftlichen Konflikten, die unter dem Deckmantel der Nachhaltigkeit ausgetragen werden müssen und Ergebnisse der empirischen Sozialforschung weisen übereinstimmend darauf hin, dass das Leitbild des "ethisch verantwortlichen Konsumenten" die Last des nachhaltigen Konsums nicht, wenigstens nicht überwiegend tragen kann. Stattdessen führt die Analyse immer wieder zurück auf die Bedeutung der Rahmenbedingungen für die Ermöglichung und Förderung des nachhaltigen Konsums. Hier erscheint es eher möglich (wenngleich trotzdem schwierig), das Wissens- und Bewertungsproblem zu lösen, da hierfür – anders als auf der Ebene individueller Konsumhandlungen – der gesamte gesellschaftliche Sachverstand mobilisiert werden kann (z.B. in Form der Technikfolgenabschätzung).

Die Frage, ob und inwieweit bzw. unter welchen Rahmenbedingungen nachhaltiger Konsum durch die Konsumenten realisiert werden kann, mündet in die Frage nach der Möglichkeit eines *Ethos der Konsumenten*, einer breiten Übernahme nachhaltigkeitsfördernder Konsummuster in die Verhaltensweisen und Präferenzen der Konsumenten. Die Antwort auf diese Frage fällt skeptisch aus, vor allem aufgrund der genannten Wissens-, Bewertungs-, Umsetzungs- und Legitimationsprobleme. Dies macht die Befassung damit, wie nachhaltige Konsum- und Verhaltensweisen popularisiert werden können, nicht obsolet, verweist jedoch auf Grenzen des Ansatzes, Nachhaltigkeit primär über das Konsumverhalten zu erreichen.

Literatur

Birnbacher, D. (1999): Kommentargutachten, beauftragt im Rahmen des HGF-Projekts "Untersuchung zu einem integrativen Konzept nachhaltiger Entwicklung. Bestandsaufnahme, Problemanalyse, Weiterentwicklung". Düsseldorf 1999

Brand, K.W. (2001): Gesellschaftliche Zukunftstrends und nachhaltiger Konsum. Manuskript unter Mitarbeit von R. Gugutzer, A. Heimerl und A. Kupfahl

Enquete-Kommisson des 13. Deutschen Bundestags "Schutz des Menschen und der Umwelt" (1998): Konzept Nachhaltigkeit: Vom Leitbild zur Umsetzung. Abschlußbericht. Bundestagsdrucksache Nr. 13/11200 vom 26.06.1998. Bonn 1998

Funiok, R. (1999): Münchner Erklärung zu "Internet&Politik". In: Funiok, R., Schmälzle, U.F., Werth, C.H. (1999, Hg.): Medienethik – die Frage der Verantwortung. Bundeszentrale für politische Bildung. Bonn, S. 319/320

Grunwald, A. (1999): Verantwortungsbegriff und Verantwortungsethik. In: A. Grunwald (Hg.): Rationale Technikfolgenbeurteilung. Konzeption und methodische Grundlagen. Springer, Berlin et al., S. 175-194

Grunwald, A. (2000): Technik für die Gesellschaft von morgen. Möglichkeiten und Grenzen gesellschaftlicher Technikgestaltung. Frankfurt, Campus

Grunwald, A. (2001): The relevance of ethical reflection to Technology Assessment: the case of the Internet. Proceedings of the International Congress "Innovations for an e-society. Challenges for Technology Assessment". Berlin, 17.-19. Oktober 2001

Jonas, H. (1979): Das Prinzip Verantwortung. Versuch einer Ethik für die technologische Zivilisation. Frankfurt. Englische Übersetzung: The Imperative of Responsibility. Chikago 1984

Kopfmüller, J., Brandl, V., Jörissen, J., Paetau, M., Banse, G., Coenen, R., Grunwald, A., (2001): Nachhaltige Entwicklung integrativ betrachtet. Konstitutive Elemente, Regeln, Indikatoren. Edition Sigma, Berlin.

Luhmann, N. (1983): Legitimation durch Verfahren. Suhrkamp, Frankfurt

Scherhorn, G., Reisch, L., Schrödl, S. (1997): Wege zu nachhaltigen Konsummustern. Metropolis, Marburg

Was kann der einzelne praktisch tun? Eine computergestützte Entscheidungshilfe

Dr. Karl Heinz Goslar

Schöpfung nachhaltig bewahren e.V.
E-Mail: kh.goslar@web.de

1. Zusammenfassung

Wenn sich jemand fragt, was kann ich praktisch tun, um ein nachhaltigeres Leben zu führen, befindet er sich in der Mitte eines komplexen Entscheidungsweges.

Er ist informiert über den Rückgang der Artenvielfalt, über die Verringerung des Ozon-Schutzschildes, über die Waldschäden, über die Zunahme der Klimakatastrophen, über den Verbrauch der knappen fossilen Brennstoffe, über den Treibhauseffekt usw.

Er weiß, dass er als Bundesbürger jährlich etwa 12000 kg CO_2 erzeugt und damit dreimal soviel wie der Weltdurchschnitt und er weiß außerdem, dass das atmosphärisch/biologische Gleichgewicht unseres Planeten nur halb soviel CO_2 verkraften kann wie weltweit erzeugt wird.

Ihm ist klar, dass die wirtschaftsstarken Länder fossile Energien importieren, aber die beim Verbrauch entstehenden Emissionen weltweit verteilen. Ihm ist auch klar geworden, dass die wirtschaftsschwachen Länder Anbauflächen, billige Arbeitskräfte und ihre Rohstoffe zur Verfügung stellen (bzw. müssen) und damit unseren Lebensstandard ermöglichen.

Aus dieser Einsicht und der Mitverantwortung für Natur und Kreatur hier und weltweit, heute und morgen sucht er nach Wegen, um seinen Energie (und damit seinen Ressourcen) Verbrauch zu reduzieren.

Er möchte gezielt handeln und erstellt ein Fließbild der Energieströme in der BRD. Die gesamte Primärenergie "fließt" letztlich zum Verbraucher: Sei es in indirekter Form bei der Erzeugung der von ihm konsumierten Waren oder beim Direktverbrauch von Strom, Gas, Brenn- und Treibstoffen.

Für alle acht Konsumbereiche erstellt er PC-Programme, anhand derer er seinen individuellen Einzel- und Gesamtverbrauch ermitteln und mit dem Bundesdurchschnitt und dem anderer Länder vergleichen kann. Die Programme erlauben ihm, die in großer Zahl veröffentlichten Alternativen für seine persönliche Situation durchzurechnen und sich eigene Ziele zu setzen.

Bei Umsetzung der gängigen Alternativen, die auch eine Bereicherung seines Lebens sein können, lässt sich sein persönlicher indirekter und direkter Verbrauch an Primärenergie um etwa ein Drittel senken. Mit dem eingesparten finanziellen Ressourcen kann er in regenerative Energien investieren, so dass der Verbrauch an fossilen Brennstoffen und der Ausstoß von Treibhausgasen noch weiter verringert wird.

Darüber hinaus kann er Waren aus ökologischer Landwirtschaft und faire Produkte kaufen. Faire Produkte, bei deren Herstellung weder Mensch noch Natur sozial bzw. ökologisch ausgebeutet werden.

2. Energieströme BRD

Seit Anfang der Neunziger Jahre verbraucht jeder Bürger der Bundesrepublik Deutschland jährlich etwa 6000 kg Steinkohleneinheiten (SKE). Weltweit sind es etwa 2000 kg SKE/ Jahr.

Die Primärenergien Rohöl, Erdgas, feuchte Kohle, Uran und Wasserkraft werden in Kohlewerken, Raffinerien und Kraftwerken in Briketts, Fernwärme, Gase, Heizöl, Diesel, Benzin (als Brenn- und Treibstoffe bezeichnet) sowie in Strom umgewandelt. Bei der Herstellung der sogenannten Endenergie geht etwa dreißig Prozent der Primärenergie verloren. Bei der Erzeugung von Strom geht mehr als sechzig Prozent verloren. (Als Bezugsbasis für die verschiedenen Energieträger wird hier die Steinkohleneinheit beibehalten, obwohl heute Petajoule verwendet wird.) Etwa zehn Prozent der Primärenergie dient als Ausgangsbasis für die Herstellung von Kunststoffen, Arzneimitteln, Waschmitteln usw.

Eine sehr detaillierte Darstellung der Energieströme in der BRD stellt die RWE (Rheinisch-Westfälische-Elektrizitätswerke AG) zur Verfügung. Die Endenergie fließt dabei in die Sektoren: Industrie, Verkehr, Haushalts- und Kleinverbraucher. Wirkungsgrade für Prozesswärme etwa 60% Fahrzeuge 20%, Raumwärme 75%, Beleuchtung 10%.

In vereinfachter Form (siehe Abbildung) werden hier die Bereiche WAREN, Krankenhäuser, Haushalt, Individualverkehr und öffentliche Einrichtungen dargestellt. Zum Bereich Waren gehören Industrie, Gewerbe, Handel, Transporte und Dienstfahrten. Weitere Endenergie fließt in die Bereiche Kranken- und Kurhäuser, private Haushalte, Individualverkehr und öffentliche Einrichtungen (Verwaltungen, Schulen, Theater usw.).

Die gesamte Primärenergie gelangt indirekt oder direkt zum Endkonsumenten, zu uns allen.

Energie(Ressourcen)verbrauch BRD
(vereinfacht)

ENERGIESEKTOR			WAREN	Anteil an Primär-Energie	KONSUMBEREICHE
Kohlewerke		Rohstoffe	Landwirtschaft Industrie Handel/ Gewerbe Güterverkehr Dienstfahrten	30%	Nahrungs- u. Genußmittel Wohnung u. Einrichtung Bekleidung u. persönliche Ausstattung Freizeit und Reisen
Raffinerien		Strom			
Kraftwerke		Brenn- und Treibstoffe			
		Strom	Krankenhäuser	6%	Gesundheit und Körperpflege
		Brenn- und Treibstoffe	Kurhäuser		
	Mio. t SKE				
Mineralöl	192				
Erdgas	81	Strom	Energie für	27%	Heizung, Warmwasser, Haushaltsgeräte
Steinkohle	76	Brenn- und Treibstoffe	Haushalte		
Braunkohle	74				
Kernenergie	51				Verkehr
Wasser, Sonst.	9	Strom	Individual-	22%	Straßenfahrzeuge
	483	Brenn- und Treibstoffe	Verkehr		Bus, Bahn, Flugzeug
		Strom		4%	Verpackung und Papierwaren
		Brenn- und Treibstoffe			
		Strom	öffentliche	11%	Staatsverbrauch öffentliche Einrichtungen
		Brenn- und Treibstoffe	Einrichtungen		

3. Konsumbereiche und Alternativen

Konsumbereiche lassen sich z.B. gliedern in: Nahrung- und Genussmittel; Wohnung und Einrichtung; Bekleidung und persönliche Ausstattung; Energieverbrauch im Haus; Bewegung und Verkehr; Freizeit und Reisen; Verpackung und Papierwaren; Körperpflege und Gesundheit.

Für jeden Bereich gibt es in der Literatur eine Fülle von Alternativen und auch dieses Forum wird manche von ihnen nennen (eine ausführliche Gesamtübersicht wird gern weitergegeben).

Dazu einige Beispiele:

3.1 Einsparung von Primärenergie in der BRD

Wenn alle Bürger in der BRD ihren Fleischkonsum halbieren, ihren Stand-By abschalten, die Raumtemperatur von 22 auf 20°C senken, duschen statt baden und im Sommer alle Wege unter 4 km per Fahrrad machen, würde dies den Verbrauch an Primärenergie um etwa 12% und die Erzeugung von Treibhausgasen um etwa 11% senken.

3.2 Effiziente und wirtschaftliche Fahrweise

Durch optimalen Reifendruck, niedertouriges Fahren im höchstmöglichen Gang, Abstellen des Motors im Stand und im Ausrollen usw. lassen sich fast 30% Kraftstoff gegenüber der üblichen Fahrweise einsparen. Ein Durchschnittsfahrer spart damit etwa 400 DM pro Jahr und erhöht außerdem die Lebensdauer seiner Reifen um ein Viertel.

Eine effiziente und wirtschaftliche Fahrweise und ein gleichzeitiger Wechsel in eine einfachere Wagenklasse würden bundesweit gesehen den Verbrauch an Primärenergie um etwa 7% senken und die Erzeugung von Treibhausgasen ebenfalls – ohne dass ein einziger Kilometer weniger gefahren wird.

3.3 Vollwertiges Frühstück

Ein Frühstück aus regionalen Produkten mit selbst hergestelltem Sauerteigbrot, Aufstrich, Frischkornmüsli und Mineralwasser kostet etwa 30% weniger als ein im Supermarkt zusammengekauftes, erfordert aber mehr Zeit.

Das Sauerteigbrot mit klassischer Teigführung (ohne künstliche Zusatzstoffe) wirkt antibiotisch und stärkt das Immunsystem, seine Mineralstoffe sind voll verfügbar. Dieses Frühstück enthält auch mehr Vitamine als ein übliches.

3.4 Urlaub mit Kindern auf dem Bauernhof

Ein Erlebnisurlaub für Kinder und Eltern; Selbstversorgung vom Hof; Beispiel Schwarzwälder Bauernhof, ein leerstehender Teil umgebaut als Ferienwohnung, pro Tag mit zwei Kindern DM 65.- ; Unterstützung Landschaftskultur erhaltender Bauernbetriebe, Förderung regionalen Verkaufs, verminderter Verkehrsaufwand.

Beispiele 3.1 und 3.2 senken den bundesüblichen Pro-Kopf-Verbrauch an Primärenergie (Kohle, Öl, Erdgas und Atomkraft) um etwa 20%. Beispiele 3.3 und 3.4 auf die gesamte Ernährung und das Freizeitverhalten übertragen, bedeuten eine weitere 5%-ige Senkung des Energieverbrauchs.

4. Ermittlung des persönlichen Verbrauchs

Von den für alle acht Konsumbereiche erstellten Berechnungsgrundlagen sollen hier auszugsweise die für den Haushaltsbereich dargestellt werden. Alle anderen können abgefordert werden.

Energieverbrauch im Haushalt

4.1 Heizenergie

Der Energieverbrauch zum Heizen hängt ab von der Bauweise, der Art der eingesetzten Heizenergie, dem Kessel und dem Nutzerverhalten. Für die Auswertung kann aus der Folgetabelle die Primärenergie pro m² Wohnfläche direkt in Kilogramm Steinkohleneinheiten (kg SKE) entnommen werden.

Tab. 4.1 Primärenergie in kg SKE pro m² Wohnfläche und Jahr: Bei Verwendung von Brennstoffen oder Fernwärme

	Bis 1977	1977-84	Ab 1984	Ab 1995	Niedrigenergie-Haus
Einf.haus	50	35	25	15	10
Mehrf.haus	40	30	20	10	5

Bei Verwendung von Strom

Einf.haus	115	75	50	40	20
Mehrf.haus	95	65	40	25	15

Nutzerfaktor: Haus nur teilgeheizt, Räume nur nach Bedarf, Schlafzimmer gar nicht, Küche und Bad nur abends und morgens, möglichst niedrige Vorlauftemperaturen, zusätzliche Regelung/Steuerung durch Zeituhren, Einzelraumreglung nach Temperatur und Zeit, Umwälzpumpen für Heizungswasser gezielt, meist nur morgens beim Anfahren, regelmäßige, fachliche Wartung und Reinigung, warme Unterwäsche und Kleidung im Winter => 0,5 bis 1, je nachdem, wie viel davon umgesetzt.

Kesselfaktor: neuer Kessel mit Außentemperaturaufschaltung u. Nachtabsenkung = 0,8; alter =1

Auswertung

		Pers. Werte	Beispiel	
Verbrauchswert aus Tab. 4.1			40	kg SKE/m²,a
Wohnfläche	*		110	m²
Nutzerfaktor (0,5 bis 1,0)	*		0,7	Faktor
Kesselfaktor (0,8 bis 1,0)	*		0,8	Faktor
=> Primärenergieverbrauch/Wohnung	=		2464	kg SKE/a
Personenzahl	:		4	
=> Primärenergieverbrauch/Person	=		616	kg SKE/a
Zum Vergleich: Bundesdurchschnitt		900 kg/SKE,a		

4.2 Warmwasser

Welche Warmwasserversorgung am günstigsten ist, hängt von der Menge der entnommenen Menge und den erforderlichen Leitungslängen (im Falle einer zentralen Versorgung) ab. Vier Fälle seien hier dargestellt:

a) Öl-Zentralheizung mit zentraler Warmwasserversorgung

b) Gasdurchlauferhitzer im Bad, Bereitschaftsflamme ständig an, Untertisch-5Liter-Elektroboiler in der Küche

c) Elektrodurchlauferhitzer im Bad, Untertisch-5Liter-Elektroboiler in der Küche

d) Elektrozentralversorgung mit Speicher

Tab. 4.2 Jahresverbrauch pro Person in kg SKE/a (auf Basis eines mittleren Wärmebedarfs von 1,83 kWh/Tag lt. VDI-Richtlinie 2067, Blatt 4)

	a	b	c	d
In Einpersonenhaushalt	450	400	330	680
In Zweipersonenhaushalt	280	290	300	470
In Vierpersonenhaushalt	190	240	290	370

Auswertung

Aus der Tabelle kann anhand der im Haushalt lebenden Personen und der Versorgungsart in etwa der persönliche Verbrauch abgeschätzt werden.

Zum Vergleich: Bundesdurchschnitt	270 kg/SKE,a

Zwei Phänomene sollen noch erwähnt werden: **Spalte a, eine Person**: Wegen der hohen Systemverluste ist es fast unerheblich, ob mal mehr oder weniger geduscht oder gebadet wird. Hier wäre sogar der Einsatz von Strom zur Warmwassererzeugung günstiger als die zentrale Warmwasserversorgung. **Spalte b, zwei Personen**: Wegen der geringen Systemverluste beeinflusst hier der Verbraucher durch sein Verhalten sehr stark den Primärenergieverbrauch. Der Nutzungsgrad dieser Versorgungsart steigt fast auf das Doppelte, wenn die Bereitschaftsflamme nur bei Bedarf gezündet wird. Diese verzehrt im Jahr soviel an Energie wie ein Bangladeschi, der seine Hütte aus Bambusstäben und Jutestöcken baut und sein Dach mit Reisstroh deckt, in einem halben Jahr verbraucht.

4.3 Energie für Haushaltsgeräte

Tab. 4.3 Haushaltsgeräte-Energieverbrauch (ohne Warmwasser) in kWh/Jahr, 4 Personen

Stromverbraucher	alt/max.	Bestand	best	Maßnahmen
Kühlen	500	350	160	nicht unter 7°C bzw. -18 °C, keine warmen Speisen einlegen; Kühlschrank nicht neben Herd oder anderen Wärmequellen aufstellen, Belüftungsschlitze nicht zustellen; verstaubte Kühlschlangen säubern
Gefrieren	500	400	200	Am besten im Keller aufstellen
Elektroherd	500	400	300	Töpfe der Herdplattengröße anpassen, mit geschlossenem Topf kochen; nicht vorheizen, Nachwärme ausnutzen, Koch- und Serviergefäße kombinieren; Turmkochtöpfe verwenden
Geschirrspüler	350	250	180	Volle Kapazität nutzen
E-Boiler	650	400	300	Niedrige Stufe; regelmäßig entkalken
Waschmaschine	250	220	150	nur volle Waschmaschinen ohne Vorwäsche, niedrige Temperaturen einstellen; Sparprogramme
Trockner	320	300	200	Beim Waschen hohe Schleudertouren
Umwälzpumpe(n)	300	250	50	Nach Zeitprogramm fahren
Beleuchtung	500	350	100	Sparlampen; keine Festbeleuchtung
Fernseher	200	150	150	
Luftbefeuchter	200	150	50	
Dunstabzug	200	150	100	
Kleingeräte	300	200	100	Ohne Stand-by, Akkus ausschalten
PC		200		Nicht den ganzen Tag anlassen
Stand-by		250		
Gasverbraucher				
Gas-Kochherd				Siehe Elektroherd

Benutzerfaktor: alle Maßnahmen eingehalten = 0,8; etwa die Hälfte = 0,9; keine = 1,0

Auswertung

Zunächst wird festgestellt, welche Strom-Geräte im Haushalt vorhanden sind und welcher Verbrauchswert zutrifft, der für alte Geräte, der für Geräte neueren Ursprungs oder der für Bestgeräte. Dann werden die Strom-Verbrauchswerte addiert und in den ersten Kasten links eingetragen. Ist ein Gasherd vorhanden, wird dessen Verbrauch im zweiten Kasten eingetragen. Mit den angegebenen Faktoren multipliziert, ergibt sich daraus die Primärenergie und aus beiden die Summe. Multiplikation mit dem Nutzerfaktor ergibt den Hausverbrauch für die Geräte und Division durch die Personenzahl den persönlichen Verbrauch.

Stromverbrauch in kWh			*	0,41	
+ Gasverbrauch in kWh			*	0,13	+
= Primärenergie/a				=	
* Nutzerfaktor				0,8 - 1	
= Hausverbrauch für Geräte				=	
: Personenzahl				:	
= persönlicher Verbrauch				=	
: Bundesdurchschnitt					350 kg SKE/a

4.4 Gesamtauswertung

Ergebnis aus 4.1		
Ergebnis aus 4.2		
Ergebnis aus 4.3		
Gesamtwert		
Bundesdurchschnitt		1600 kg SKE/a

4.5 Gesamtauswertung anhand von Jahresrechnungen

Ob man die Verbrauchssituation richtig eingeschätzt hat, lässt sich anhand der Rechnungen vom Öl- oder Kohlelieferanten, von den Stadtwerken oder sonstigen Energieversorgern ermitteln. Eventuell müssen die Öl- oder Gasverbrauche für Heizung und Warmwasser beim Vermieter angefragt werden. Für die Umwandlung der verschiedenen Energieträger in Primärenergie wird wieder eine Tabelle benutzt. Die Produkte aus jeweiligem Verbrauch und Umwandlungsfaktor werden in die letzte Spalte eingetragen, addiert und durch die Personenzahl dividiert.

Energieverbrauch im Haus in kg SKE pro Jahr

Energieträger	Einheit	Menge/ Jahr	* Faktor	Primärenergie In kg SKE/a
Heizöl	Liter/Jahr		1,43	
Braunkohle	kg/Jahr		1,18	
Steinkohle	kg/Jahr		1,13	
Strom	kWh/Jahr		0,41	
Fernwärme aus Heizwerk	kWh/Jahr		0,16	
Erdgas	kWh/Jahr		0,14	
Fernwärme aus Kraftwerk	kWh/Jahr		0,13	
= SUMME	kg SKE/Jahr			
: Personenzahl				
= persönlicher Verbrauch				

5. Was lässt sich erreichen?

Die unten stehende Tabelle zeigt den mittleren jährlichen Energieverbrauch pro Kopf in der Bundesrepublik. Bei Anwendung der gängigen Alternativen fällt der Energieverbrauch fast um ein Drittel. Ein holländisches Ehepaar hat einen besonderen Ehrgeiz entwickelt und reduziert den Verbrauch beinahe um die Hälfte.

	BRD-Mittel	Alternativen	Ein Holländisches Ehepaar	Eigenwerte
Nahrung- und Genussmittel	750	500	400	
Wohnung und Einrichtung	450	350	300	
Bekleidung, pers. Ausstattung	300	250	100	
Energieverbrauch im Haus	1600	1000	800	
Bewegung und Verkehr	1300	750	400	
Freizeit und Reisen	400	250	150	
Verpackung u. Papierwaren	200	100	150	
Körperpflege u. Gesundheit	350	250	150	
Allgemeiner Bereich	650	650	650	
Summe	**6000**	**4100**	**3100**	

Internationaler Vergleich: Jahresverbrauch 1992 anderer Länder in kg SKE pro Kopf und Jahr

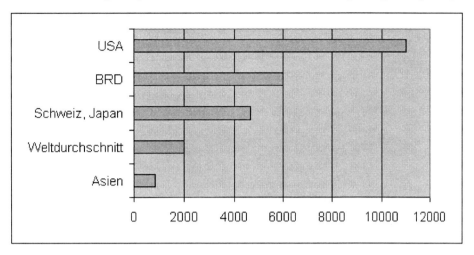

Mit Hilfe der entwickelten PC-Rechenprogramme kann der Leser seinen persönlichen Verbrauch ermitteln und eventuell weitere Maßnahmen einleiten. Wer möchte, erhält die Berechnungsunterlagen mit ausführlichen Hinweisen.

Gegenüber den mittleren Verbrauchswerten bedeuten die Energie-Einsparungen eine zum Teil erhebliche finanzielle Entlastung. Diese könnte dazu genutzt werden, um in regenerative Energien zu investieren. Auch der Bezug regenerativ erzeugten Stroms wird so ermöglicht.

Vergleich der mittleren jährlichen Einsparungen an Primärenergie in Steinkohleneinheiten (SKE) pro DM 1000.- Investition

Solarkollektor	Vorher Warmwasser nur per Öl	60 kg SKE/a
Solarkollektor	Vorher Warmwasser nur per Strom	120 kg SKE/a
Photovoltaik		30 kg SKE/a
Windkraftanlage	Wert für Karlsruhe (in Küstennähe höher)	260 kg SKE/a
Energiesparlampen	(ohne Gegenrechnung eingesparter Normallampen)	1000 kg SKE/a

Darüber hinaus können mit den freiwerdenden Mitteln Waren aus ökologischer Landwirtschaft und/oder faire Produkte gekauft werden. Faire Produkte, bei deren Herstellung weder Mensch noch Natur sozial bzw. ökologisch ausgebeutet werden.

Das konsequente Umsetzen Energie- (und Ressourcen) -schonender Maßnahmen und das gezielte Einsetzen der freiwerdenden Mittel lohnt sich aus ökologischer, sozialer und persönlicher Perspektive.

Literatur

zu 1

BUND, Misereor ; Zukunftsfähiges Deutschland, 1996 Birkhäuser, Basel

Ferenschild, Hax-Schoppenhors; Weltkursbuch - Globale Auswirkungen eines <Zukunftsfähigen Deutschlands>, 1998 Birkhäuser, Basel

Goslar; Mehr soziale, globale und ökologische Gerechtigkeit - was kann der Einzelne praktisch tun?, 1998 Karlsruhe

Meadows, Meadows; Die neuen Grenzen des Wachstums, 1992 DVA, Stuttgart

Misereor-Kongreß; Solidarität - die andere Globalisierung, 1998 Misereor, Aachen

WWF; Living Planet Report: Overconsumption is driving the rapid decline of the world's natural environments, 1998 WWF-Germany. Frankfurt a. M.

zu 2

BMWi; Energiedaten, 19'94 und 19'95, Bundesministerium für Wirtschaft, Bonn

ESSO; Energieprognose, 1995 Esso, Hamburg

HEA; Energieversorgung, Daten und Fakten 1994 HEA, Frankfurt

RWE, Anwendungstechnik; Energieflussbilder der BRD, mehrere Jahrgänge RWE, Essen

Schade, Weimer-Jehle; Energieversorgung und Verringerung der CO_2- Emission, 1996 Springer, Berlin

Schiffer Energiemarkt Bundesrepublik Deutschland, 1994 TÜV Rheinland, Köln

VIK; Statistik der Energiewirtschaft 1994/95, 1996 VIK, Essen

Wagner; Entwicklung des Energieverbrauchs, 1995 VDI- Bericht 1204, Düsseldorf

zu 3

BUND/Misereor; Entwicklungsland Deutschland, 1997 Birkhäuser, Basel

Ev. Akademie Bad Boll; Seminar 'Richtig Gas geben fürs Klima', 1996 Bad Boll

Präsentation auf dem kleinen Katholikentag in Karlsruhe, Juli 1999 vom Ökumene-Ausschuß Karlsruhe 'Gerechtigkeit, Frieden, Bewahrung der Schöpfung'

zu 4

ADAC; Umwelt,1993 ADAC, München

ASUE; Kostenvergleich Warmwasserbereitung, 1990 ASUE, Hamburg

BM Ernährung; Statistisches Jahrbuch Ernährung, Landwirtschaft, Forsten der BRD, 1994 Landwirtschaftsverlag, Münster

BMBau; Wärmeschutz bei Gebäuden, 1996 Bundesministerium für Bauwesen, Bonn

BMWi; Mehr Kilometer mit weniger Benzin, 1992 Bundesministerium für Wirtschaft, Bonn

BMWi; Energieeinsparen im Haushalt, 1993 Bundesministerium für Wirtschaft, Bonn

BMWi; Heizkosten sparen = Umwelt schonen, 1992 Bundesministerium für Wirtschaft, Bonn

Goslar; Mehr Lebensqualität mit weniger Ressourcenverbrauch , 1997 Karlsruhe

Hofbauer; Energieeinsparung in der Haustechnik, 1995 VDI-Bericht 1204, Düsseldorf

Klingholz; Energieverbrauch und Bevölkerungsentwicklung,1995 VDI-Bericht 1204, Düsseldorf

Lotz; Energieverbrauch bei Haushaltsgeräten, 1995 VDI-Bericht 1204, Düsseldorf

Souci, Fachmann, Krau; Nährwerttabellen; 1994 medpharm, Stuttgart

Statistisches Jahrbuch 1994, Statistisches Bundesamt, Wiesbaden

Statistisches Jahrbuch für das Ausland, 1994 Stat. Bundesamt, Wiesbaden

VW; Grünes Licht für unsere Umwelt: Tipps für Autofahrer, 1990 VW, Wolfsburg

Zamboni; Energieaufwand Getränke/ Konsumentinnenforum Schweiz, 1994 Carbotech, Zürich

zu 5

BanaFair e.V.; Sozial- und Umweltklauseln: Instrumente eines fairen Welthandels? Tagungsdokumentation, 1997 BanaFair e. V., Hannover

gepa/ fair Trade; gepa Fair Trade Beteiligungsgesellschaft mbH, 1999 Wuppertal

Goslar; Nachhaltiges Einkaufen und Investieren, 1999 Karlsruhe

Lokale Agenda 21, Karlsruhe; Liste: Nachhaltiger Konsum in Karlsruhe, 1998 SOLE/Umweltamt Karlsruhe

Stadtwerke Karlsruhe; R plus Angebot: Regenerativ mit Wasser, Wind, Biogas, Sonne erzeugter Strom, 1998 Karlsruhe

Zielgruppenspezifische Potenziale und Barrieren für nachhaltigen Konsum – Ergebnisse einer sozial-ökologischen Konsumentenuntersuchung

Dipl. oec. Claudia Empacher

Institut für sozial-ökologische Forschung (ISOE) gGmbH
E-Mail: empacher@isoe.de

1. Lebensstile und nachhaltiger Konsum

In der Debatte um nachhaltigen Konsum ist die Erkenntnis inzwischen weit verbreitet, dass es nicht den Konsumenten oder die Konsumentin gibt, sondern eine Vielzahl von Konsumententypen mit unterschiedlichen Bedürfnissen und Verhaltensweisen (vgl. z.B. Reusswig 1994, Poferl et al. 1997, Günther et al. 2000, Lass/Reusswig 2000:89ff).

Diese Differenzierung zwischen unterschiedlichen Konsumentengruppen geht zurück auf das Konzept der Lebensstile. Im Vergleich zu Modellen, die die Bevölkerung eines Landes nach Kriterien der Sozialstruktur, wie bspw. Bildungsstand oder Einkommen, in Klassen oder Schichten unterteilen, werden in der Lebensstilforschung auch soziokulturelle Kriterien und Einstellungen zur Einteilung in soziale Segmente herangezogen (vgl. Bourdieu 1987, SINUS 2000). Auf diesem Wege wird das Bild von verschiedenen Milieus im sozialen Raum gezeichnet, die sich durch je eigene Lebensstile unterscheiden. Lebensstilforschung ist vor allem dazu geeignet, Differenzierungen und Pluralisierungen innerhalb einer Gesellschaft aufzuzeigen. Heute finden diese Ansätze vor allem in der Marktforschung eine breite Anwendung, besonders bekannt sind die sog. SINUS-Milieus (vgl. SINUS 2000).

Milieu- bzw. Lebensstil-Ansätze der Marktforschung orientieren sich jedoch nicht vorrangig am Thema Nachhaltigkeit. Nachhaltigkeitsorientierte Lebensstil-Typologisierungen wurden bisher insbesondere für Teilbereiche des Konsums entwickelt, z.B. in Bezug auf Energie sparen (vgl. Prose/Wortmann 1991), Mobilität (vgl. CITY:mobil 1999) oder ökologisches Bauen und Wohnen (vgl. Niedergesäß/Winkler 2000). Wie aber sieht eine Typologisierung für nachhaltigen Konsum als Gesamtfeld aus? Und wie können damit zielgruppenspezifische Potenziale und Barrieren für nachhaltigen Konsum aufgezeigt werden?

Diese Fragen wurden vom Institut für sozial-ökologische Forschung (ISOE) in Frankfurt im Rahmen des Projekts "Haushaltsexploration der Bedingungen, Möglichkeiten und Grenzen nachhaltiger Konsummuster" (kurz: Konsumstile-Studie; im Auftrag des Umweltbundesamtes, vgl. UBA 2002) verfolgt. Ziel der Studie war es, eine Typologie bezogen auf nachhaltigen Konsum zu entwickeln, die zielgruppenspezifische Potenziale und Barrieren für nachhaltigere Konsumverhaltensweisen aufzeigen kann. Im Rahmen des Projektes wurden für identifizierte Zielgruppen Ökologisierungsstrategien entwickelt und in Gruppendiskussionen erprobt.

Vorliegender Beitrag stellt zunächst den Untersuchungsansatz der Konsumstile-Studie sowie die entwickelte Konsumtypologie und das Zielgruppenmodell vor. Vor diesem Hintergrund werden anschließend zentrale Ergebnisse der Studie herausgegriffen, die zielgruppenspezifische Potenziale und Barrieren für einen nachhaltigen Konsum verdeutlichen und bei der Entwicklung von Ökologisierungsstrategien zu beachten sind.

2. Untersuchungsansatz der Konsumstile-Studie

Ausgehend von der Erkenntnis, dass Konsumentscheidungen und Konsumverhaltensweisen durch mehrere Faktoren bestimmt werden, liegt der Studie ein mehrdimensionales Konzept zugrunde: der "*Konsumstil*". Dieser setzt sich zusammen aus der *sozialen Situation* des Haushaltes (soziodemographische Merkmale, Ausstattung mit zeitlichen, finanziellen und Bildungsressourcen), den *Konsumorientierungen* (subjektive Präferenzen der haushaltsführenden Person bzw. der Haushaltsmitglieder für die Produktauswahl und Verhaltensweisen), sowie dem tatsächlichen Konsumverhalten (Konsumausstattung sowie konkretes Kauf- und Nutzungsverhalten). Dieses Konzept legt insbesondere durch die Berücksichtigung konkreter Verhaltensweisen ein starkes Augenmerk auf die Alltagspraxis in den Haushalten, denn diese spielt für die Integration nachhaltigerer Verhaltensweisen in die Haushaltsabläufe eine große Rolle.

Zur Untersuchung der Konsumstile wurde eine Kombination von qualitativen und quantitativen sozial-empirischen Methoden gewählt. Insgesamt wurden qualitative Interviews in 100 deutschen Haushalten mit dem Thema Konsumorientierungen und alltägliche Verhaltensweisen durchgeführt, anschließend wurde ein Fragebogen zu den Konsumgewohnheiten sowie der Konsumausstattung des Haushaltes ausgefüllt. Die Haushalte waren von professionellen Feldforschungsinstituten sorgfältig nach vorgegebenen Kriterien (Alter, Geschlecht, Stadt/Land-Verteilung, räumliche Verteilung in der BRD, Anzahl der Personen im Haushalt, Wohnungseigentum/Miete, Berufsgruppen inkl. Hausfrauen, Sozialhilfeempfänger und Arbeitslose) ausgesucht worden. Durch diesen qualitativen Ansatz ist die Befragung zwar nicht repräsentativ, kann jedoch durch die präzise Auswahl der Haushalte (Quotierung) für sich in Anspruch nehmen, alle relevanten Bevölkerungsgruppen berücksichtigt zu haben. Dies bedeutet auch, dass die Ergebnisse von Relevanz in Bezug auf die Gesamtbevölkerung sind.

3. Das Zielgruppenmodell für nachhaltigen Konsum

Auf Basis der qualitativen Interviews wurden zunächst verschiedene Konsumorientierungen bei den befragten Personen identifiziert. Hierzu gehören Orientierungen, die auch aus der Marktforschung und der ökologischen Konsumforschung bekannt sind wie Convenience-Orientierung, Preis-Orientierung, Umwelt-Orientierung etc. Solche Orientierungen können in Bezug auf Ökologisierungsstrategien entweder als fördernde (z.B. Gesundheits- oder Qualitätsorientierung) oder als hemmende motivationale Ansatzpunkte (z.B. Hygieneorientierung) wirken, sie können aber auch ambivalent sein, d.h. erst im Zusammenspiel mit konkreten Verhaltensangeboten bzw. Verhaltenskontexten zu fördernden oder aber hemmenden Ansatzpunkten werden. So erweist sich bspw. eine Besitz-Orientierung als hemmend für Angebote zum Teilen, Leihen oder Tauschen, ist jedoch sehr förderlich für die Verlängerung der Lebensdauer von Produkten.

Bei der Identifikation von Konsumorientierungen zeigten sich in den Interviews Verknüpfungen bestimmter Orientierungen, die spezifische Muster bildeten. Anhand dieser Muster sowie Kriterien der sozialen Lage und des konkreten Konsumverhaltens konnte in einem heuristischen Verfahren eine Typologie von Konsumstilen entwickelt werden, die zunächst zehn Konsumtypen mit unterschiedlichen Konsumstilen umfasste (vgl. Kasten). Ein Konsumtyp stellt dabei einen Idealtyp dar, der sich aus mehreren Interviews herauskristallisierte.

> Typ 1: Die durchorganisierten Ökofamilien
>
> Typ 2: Die kinderlosen Berufsorientierten
>
> Typ 3: Die jungen Desinteressierten
>
> Typ 4: Die Alltagskreativen
>
> Typ 5: Die Konsum-Genervten
>
> Typ 6: Die Ländlich-Traditionellen
>
> Typ 7: Die schlecht gestellten Überforderten
>
> Typ 8: Die unauffälligen Familien
>
> Typ 9: Die aktiven Seniorinnen und Senioren
>
> Typ 10: Die statusorientierten Privilegierten

Durch die Zehnertypologie wird die Vielfalt unterschiedlicher Konsumstile deutlich, die Typologie erfüllt damit auch eine heuristische Funktion für die Ausarbeitung von Ökologisierungsstrategien.

Die zehn Konsumtypen wurden in einem weiteren Schritt anhand ähnlicher zentraler Konsumorientierungen zu vier Zielgruppen zusammengefasst, um eine Überschaubarkeit, insbesondere für die Entwicklung von zielgruppenspezifischen Ökologisierungsstrategien, gewährleisten zu können. Die vier Zielgruppen sind in sich heterogen, weisen jedoch gemeinsame Hauptkomponenten auf, nach denen sie benannt sind. Nachfolgend werden die Zielgruppen mit den in ihnen vertretenen Konsumtypen kurz charakterisiert (ausführlicher hierzu: Empacher et al. 2000:31ff).

Die Umwelt-Ansprechbaren:

In dieser Zielgruppe dominieren fördernde motivationale Ansatzpunkte für nachhaltigen Konsum, insbesondere eine ausgeprägte Umwelt-Orientierung:

- Die durchorganisierten Ökofamilien

Die durchorganisierten Öko-Familien sind finanziell gut gestellt, mit einem oder mehreren Kind/ern. Wegen der Orientierung an einem partnerschaftlichen Geschlechtermodell sind beide (Ehe-)Partner berufstätig, daraus resultiert eine gewisse Zeitnot, verbunden mit einer starken Orientierung an zeitsparenden Convenience-Angeboten und einem großen Bedarf an Abstimmung der Alltagsabläufe aller Familienmitglieder. Gleichzeitig ist eine deutliche Umweltorientierung vorhanden, die aber zurückstehen muss, wenn ihre Realisierung zu viel Zeit in Anspruch nimmt. Weiterhin zeichnen sich die Familien durch eine generelle Offenheit gegenüber Neuem, einer Orientierung an ethischen Aspekten sowie durch eine ganzheitliche Gesundheitsorientierung aus. Das Familienauto wird als unabdingbar für die Aufrechterhaltung der Familienorganisation wahrgenommen.

- Die Alltags-Kreativen

Bei diesem Typ handelt es sich vorwiegend um jüngere Leute, meistens Frauen, aus überwiegend sozialen oder künstlerischen Berufen mit niedrigem Einkommen. Alltags-Kreative zeichnen sich dadurch aus, dass dieses geringe Einkommen durch Kreativität, die sich insbesondere in der Gestaltung des Alltags zeigt, ausgeglichen wird. Sie stellen gerne Dinge selber her, sie basteln, stöbern auf

Flohmärkten und in Second-Hand-Läden, und arbeiten die dort erstandenen Produkte selbst auf. Darüber hinaus sind sie stark an der Umwelt und an ethischen Aspekten orientiert und weisen eine ganzheitliche Gesundheitsorientierung auf.

Die Privilegierten:

In dieser Zielgruppe finden sich in unserer Gesellschaft besonders bevorteilte Konsumtypen. Ihr gesellschaftlicher Erfolg macht sie in vielerlei Hinsicht zum Vorbild für andere gesellschaftliche Gruppen, für die Umweltkommunikation sind sie deshalb besonders relevant, werden jedoch bisher kaum berücksichtigt. Die Zielgruppe weist sowohl hemmende als auch fördernde motivationale Ansatzpunkte auf.

- Die jungen Berufsorientierten

Es handelt sich um beruflich erfolgreiche Singles oder Paare ohne Kinder mit relativ hohem Einkommen, die aufgrund der starken Berufs-Orientierung wenig Zeit haben. Dies führt zum einen zu einer starken Orientierung an Convenience-Angeboten und der Inanspruchnahme externer Dienstleistungen, zum anderen gönnt sich dieser Typ aufgrund des Zeitmangels besonders exklusive Konsumgüter, ein großes Auto und mehrere Fernreisen pro Jahr. Insbesondere die Frauen dieses Typs sind stark gesundheitsorientiert. Daneben ist diesem Konsumtyp eine Orientierung an Qualität und Service wichtig. Von den übertrieben ideologischen "Ökos" grenzen sie sich zwar eindeutig ab, ethische Orientierungen sind jedoch durchaus, vor allem bei den Frauen, vorhanden.

- Die statusorientierten Privilegierten

Bei diesem Konsumtyp handelt es sich um sehr wohlhabende Familien, in denen der Mann einer Berufstätigkeit nachgeht, die Frau eher repräsentative und karitative Funktionen übernimmt. Das Konsumniveau ist besonders hoch, Status und Exklusivität ist bei den Konsumentscheidungen besonders wichtig. Die Abgrenzung gegenüber anderen gesellschaftlichen Gruppen geht mit einer starken Einbindung in Beziehungen innerhalb des privilegierten Milieus einher. Die dadurch entstehende Milieuschließung macht diesen Konsumtyp für Ökologisierungsstrategien nur schwer erreichbar.

Die schwer erreichbaren Überforderten:

Diese Zielgruppe ist für Ökologisierungsstrategien nur schwer erreichbar, da hemmende motivationale Ansatzpunkte vorherrschend sind. Gemeinsam ist den enthaltenen Konsumtypen, dass sie mit der Bewältigung des Alltags objektiv überfordert sind oder sich subjektiv überfordert fühlen.

- Die schlecht gestellten Überforderten

Dieser Konsumtyp ist in mehrerer Hinsicht überfordert. Zum einen fehlt es ihm an finanziellen, aber auch an Zeitressourcen, zum anderen sind häufig auch kaum soziale Netze vorhanden. Für das Umweltthema bleibt somit keine Zeit und kein Raum. Teilweise fehlt es jedoch auch an der nötigen Alltagskompetenz, d.h. der Fähigkeit, im Alltag zielorientiert und geplant vorzugehen und dem Wissen darüber, wie und wo Informationen zu beschaffen sind. Häufig anzutreffen sind Arbeitslose und Alleinerziehende, aber auch ältere Menschen. Materielle Güter sind diesem Konsumtyp besonders wichtig, um den gesellschaftlichen Abstieg zu kaschieren. Folglich kann eine Orientierung auf Billig-Angebote und kurzlebige Produkte festgestellt werden.

- Die Konsum-Genervten

Dieser Konsumtyp zeichnet sich durch eine extrem ablehnende Haltung gegenüber der Alltagsgestaltung aus (Konsum-ist-lästig-Orientierung). Er möchte sich am liebsten gar nicht damit beschäftigen, ist somit stark an Convenience orientiert und versucht auch sonst, seine Haushalts- und Konsumaktivitäten so weit wie möglich zu reduzieren durch den Kauf von Fertigprodukten und die Inanspruchnahme externer Dienstleistungen. Die Vorstellung, sich mit dem Umweltthema beschäftigen zu müssen, empfindet dieser Typ als Zumutung. Es finden sich viele Singles und Geschiedene, in der Mehrheit Männer, aber auch Frauen, die Hausarbeit ablehnen.

- Die jungen Desinteressierten

Eine ähnliche "Konsum-ist-lästig"-Orientierung weisen auch viele Jugendliche und junge Erwachsene auf. Durch den Auszug aus dem Elternhaus sind neue Haushaltsaufgaben auf sie zugekommen, die von diesem Konsumtyp als aufwendig erlebt werden und dementsprechend durch eine starke Convenience-Orientierung so weit wie möglich umgangen werden. Darüber hinaus zeichnet diesen Typen ein starkes Desinteresse an gesamtgesellschaftlichen und politischen Themen, insbesondere gegenüber dem "langweiligen" Umweltthema auf. Die jungen Desinteressierten sind eher erlebnisorientiert und richten sich in ihren Orientierungen stark am Freundeskreis aus. Wegen geringer finanzieller Ressourcen ist ferner eine hohe Preisorientierung und eine Orientierung an kurzlebigem Konsum feststellbar.

Die ambivalenten Traditionellen

Die ambivalenten Traditionellen weisen zwei Gemeinsamkeiten auf. Zum einen ist bei allen ein Misstrauen gegenüber sogenannten "Öko-Produkten" weit verbreitet. Zum anderen weist diese Zielgruppe aber eine Orientierung an traditionellen Werten auf, wie z.B. der Erhaltung von materiellen und immateriellen Werten, des sozialen Zusammenhalts, welche für nachhaltige Konsumverhaltensweisen eher förderlich sind. Bei dieser Gruppe dominieren im Hinblick auf nachhaltigen Konsum entsprechend eher ambivalente motivationale Ansatzpunkte.

- Die Ländlich-Traditionellen

Es handelt sich um ältere Ehepaare oder Familien mit Kindern, die im Eigenheim in eher ländlicher oder kleinstädtischer Umgebung wohnen. Die Frau kümmert sich um Haus und Garten, der Mann ist erwerbstätig. Der Konsumtyp ist stark regional und sozial orientiert und in das unmittelbare soziale Umfeld (Nachbarschaft, Dorfgemeinschaft) eingebunden. Darüber hinaus findet sich eine Orientierung an solider Qualität und an der Erhaltung des Besitzstandes.

- Die unauffälligen Familien

Auch die unauffälligen Familien weisen eine geschlechtsspezifische Arbeitsaufteilung auf, d.h. der Mann ist erwerbstätig, die Frau Hausfrau. Nur in Ostdeutschland sind die Frauen ebenfalls erwerbstätig, übernehmen jedoch zusätzlich die gesamte Hausarbeit. Diese Familien möchten nicht aus der Masse herausragen, sie versuchen sich in ihrem Konsum möglichst unauffällig am Mainstream zu orientieren. Folglich finden sich auch kaum ausgeprägte Konsumorientierungen, sie sind jedoch an einer sparsamen, nicht verschwenderischen Lebensführung und solider Qualität orientiert.

- Die aktiven Seniorinnen und Senioren

Dieser Konsumtyp besteht aus älteren Menschen, die bereits in Rente oder Pension sind, aber noch über ausreichend Vitalität und finanzielle Ressourcen verfügen, um ihr Leben genießen zu können. Weltoffenheit und der Wunsch, Neues entdecken zu wollen zeichnet sie aus. Daneben weisen sie ähnliche Konsumorientierungen auf wie die Ländlich-Traditionellen. Da diese Gruppe über viel Zeitressourcen verfügt, scheint sie als Ansprechpartner für Ökologisierungsstrategien vielversprechend.

4. Potenziale und Barrieren

Das Zielgruppenmodell verdeutlicht, dass Potenziale und Barrieren für eine Verbreitung nachhaltigen Konsums, hier verstanden als fördernde bzw. hemmende motivationale Ansatzpunkte, in den verschiedenen Zielgruppen sehr unterschiedlich verteilt sind. Zielgruppenspezifische Ökologisierungsstrategien müssen an den fördernden motivationalen Ansatzpunkten ansetzen und gleichzeitig die hemmenden Faktoren mit berücksichtigen, um Erfolg zu haben. Zudem besteht eine Herausforderung insbesondere darin, existierende ambivalente Ansatzpunkte positiv zu wenden, d.h. sie für ein nachhaltiges Konsumverhalten fruchtbar zu machen.

Nachfolgend werden vier übergreifende Ergebnisse der Konsumstile-Studie herausgegriffen und ausführlich behandelt. Es handelt sich hierbei um die Alltagsgestaltung, den Convenience-Trend, die Relevanz von Geschlechtermodellen und das Thema Umwelt als Ideologie. Diese Aspekte sind bisher in der Debatte um nachhaltigen Konsum nur unzureichend aufgenommen und reflektiert worden. Sie stellen unterschiedliche Barrieren und Potenziale für nachhaltigen Konsum dar und werden nachfolgend jeweils in ihrer Bedeutung für die Entwicklung zielgruppenangepasster Ökologisierungsstrategien untersucht.

Die Alltagsgestaltung

Jurczyk/Rerrich legen in ihrer empirischen Untersuchung zur "Arbeit des Alltags" den Fokus auf die Prozesse, durch die die Gesamtheit des Alltags von Individuen praktisch organisiert werden (1993:12). Sie rücken damit ins Blickfeld, dass die "alltägliche Lebensführung" nicht automatisch erfolgt, sondern ein aktiver Prozess ist, der mit Arbeit und Zeitaufwand verbunden ist. Um dieses aktive und darüber hinaus gestalterische Element der Alltagsarbeit zu betonen, sprechen Empacher/Hayn von "Alltagsgestaltung" (2001). In Bezug auf Konsum umfasst diese Gestaltung alle mit Konsum verbundenen Arbeiten der zeitlichen und räumlichen Planung und Entscheidung hinsichtlich der Anschaffung, Nutzung, des Verbrauchs und der Entsorgung von Produkten sowie Dienstleistungen. Somit ist Alltagsgestaltung für nachhaltigen Konsum von großer Bedeutung, da durch die Übernahme nachhaltiger Verhaltensweisen Elemente und unter Umständen sogar Prinzipien der Alltagsgestaltung verändert und/oder neu angeeignet werden müssen.

Inwiefern die Bereitschaft für solche Veränderungen besteht, hängt allerdings entscheidend davon ab, welche Orientierung in Bezug auf die Gestaltung der alltäglichen Konsumarbeit feststellbar ist. Diese Orientierung zeigt sich in den Interviews der Konsumstile-Studie in zwei extremen Ausprägungen (vgl. Schultz et al. 1999:13ff):

- Kreative Gestaltung des Konsums

Bei dieser Orientierung wird Konsum und die damit verbundene Arbeit durch aktive und kreative Gestaltung als Moment der Selbstverwirklichung erfahren. Diese Kreativität kann sich sowohl auf das Informieren, Organisieren und Planen als auch auf das Auswählen und die Nutzung von Produkten beziehen. Als wichtige Voraussetzung hierfür lässt sich die selbstbestimmte Verfügung über die eigene Zeit feststellen. Verkörpert wird diese Ausprägung in der Konsumtypologie durch die Alltags-Kreativen.

Diese Orientierung, die mit einer hohen emotionalen Besetzung von Gegenständen einhergeht, bietet vielfältige Ansatzpunkte für Ökologisierungsstrategien und beinhaltet zudem eine Offenheit für Informationen und Anregungen hinsichtlich nachhaltigen Konsums. Erfolg haben Strategien der Produktdauerverlängerung und Strategien, die zeitlichen Aufwand für Orientierung, Organisation, Auswahl und für das Selber Machen erfordern: z.B. Sharing, Pooling, Reparieren und Second Hand.

- Konsum als unangenehme Last

Hinter dieser Orientierung steckt eine starke Ablehnung der mit der Gestaltung des Konsums verbundenen Arbeiten. Die sich in der Konsumarbeit bietenden Gestaltungsmöglichkeiten werden nicht wahrgenommen oder als überfordernd und sehr lästig empfunden. Die Abwehr gegen die Anforderungen der Konsumgestaltung bezieht sich sowohl auf die Arbeit an sich als auch auf die gedankliche Beschäftigung mit Fragen der Planung, Organisation und Entscheidungen. Folglich ist diese Orientierung häufig verbunden mit einer ausgeprägten Convenience- und auch Technik-Orientierung.

Für Ökologisierungsstrategien bietet diese Orientierung wenig Ansatzpunkte, da auch eine Abwehr gegen "Konsum-Informationen" feststellbar ist. Die Befragten verlangen zumeist, dass Dienstleistungen und Produkte nutzbar sind, ohne dass zusätzlich Arbeit und Zeit investiert werden müssen. So wird von Markenherstellern erwartet, dass sie ethische und ökologische Anforderungen erfüllen, vom Staat werden dahingehend klare Vorgaben verlangt.

Die Orientierung in Bezug auf die Konsum- und Alltagsgestaltung ist selten in starkem Extrem ausgeprägt, es finden sich eher Zwischenformen. Sie erweist sich allerdings als eine wesentliche Grundorientierung, die andere Konsum-Orientierungen entsprechend miteinander verkoppelt und gruppiert. Damit zeichnet sie in gewisser Weise vor, welche Möglichkeiten der Ökologisierung denkbar sind und von den Befragten aufgenommen werden. Für die Ermittlung von zielgruppenspezifischen Ökologisierungsstrategien ist sie deshalb zentral, denn es kann nicht vorausgesetzt werden, dass nur Alltags-Kreative die Zielgruppe für nachhaltigen Konsum bilden. Viele der bisher diskutierten Strategien nachhaltigen Konsums setzen jedoch ein relativ hohes Maß an einer solchen Alltags-Kreativität voraus.

Der Trend zu Convenience

Als Convenience-Produkte können solche Produkte und technischen Hilfsmittel bezeichnet werden, die der Zeitverkürzung von Hausarbeit dienen oder eine bessere Koordinierung von zeitlich diversifizierten Abläufen ermöglichen (Schultz et al. 1999).

Da sowohl der Anteil von Convenience-Produkten (Tiefkühlkost, Fertiggerichte etc.) am Nahrungsmittelverbrauch als auch der Ausstattungsgrad der Haushalte mit arbeitserleichternden Gebrauchsgeräten (z.B. Mikrowelle, Geschirrspüler, Wäschetrockner) steigt (vgl. z.B. Empacher/Schultz 1998), wird gemeinhin von einem Convenience-Trend gesprochen. Dieser Trend wird im Sinne eines nachhaltigen Konsums eher kritisch beurteilt wegen des hohen Energie- und Transportverbrauch sowie des Einsatzes zahlreicher Zusatzstoffe bei der Herstellung solcher Produkte (vgl. UBA 1997).

In den Interviews der Konsumstile-Studie zeigt sich eine Convenience-Orientierung in fast allen Zielgruppen, sie ist eine der am häufigsten identifizierten Konsum-Orientierungen. Insbesondere die durchorganisierten Öko-Familien zeigen eine Entwicklung dahingehend, die innerhalb des Haushalts zur Versorgung der Familie anstehenden Arbeiten stark durchzuplanen, zu organisieren und zu rationalisieren. In diesem Convenience-Trend verbunden mit dieser spezifischen Form der Haushaltsrationalisierung scheint folglich ein bedeutendes gesellschaftliches Phänomen zu liegen, das auch im Zusammenhang mit Erscheinungen sozialen Wandels (z.B. steigende Frauenerwerbstätigkeit) steht.

Durch einen differenzierten Blick auf die konkrete Alltagsgestaltung in den interviewten Haushalten wird deutlich, dass Convenience-Angebote aus unterschiedlichen Gründen genutzt werden (vgl. Weller et al. 2001). In den qualitativen Interviews zeigten sich insbesondere zwei Gründe (vgl. Schultz et al. 1999:24ff):

- Bequemlichkeits-Convenience

Convenience-Ansprüche entstehen nicht aus konkretem Zeitmangel heraus, sondern aus Bequemlichkeit und der Ablehnung, sich mit der Alltagsgestaltung beschäftigen zu müssen (s.o.). Besonders deutlich ist dies in den Interviews bei dem Konsumtyp der jungen Desinteressierten der Fall. Hier sind die Convenience-Ansprüche Teil einer (lebensphasen-spezifischen) Lebenshaltung, häufig verbunden mit einer Nichtbeachtung allgemein üblicher Sauberkeits- und Ordnungsstandards.

Ökologisierungsstrategien, die mit zeitlichem oder Arbeitsaufwand verbunden sind, scheitern von vorne herein an dieser Orientierung, es sei denn sie bieten einen anderen entscheidenden Vorteil, der die Bequemlichkeits-Ansprüche überwinden kann. Bei den jungen Desinteressierten, die zudem wegen geringer finanzieller Ressourcen stark preisorientiert sind, könnte dies z.B. ein Einspareffekt sein.

- Zeitnot-Convenience

Convenience-Ansprüche entstehen aus einem feststellbaren Mangel an zeitlichen Ressourcen. Dies ist insbesondere in den durchorganisierten Öko-Familien der Fall, die, um den Bedürfnissen und Wünschen aller Familienmitglieder gerecht werden zu können, auf ein hohes Maß an Zeitoptimierung und eine reibungslose Koordinierung unterschiedlicher Zeitrhythmen der Familienmitglieder angewiesen sind. Wichtige Hilfsmittel, um dies zu ermöglichen, stellen Mikrowelle und Familienauto dar. Auch bei den kinderlosen Berufsorientierten ist wegen ihrer starken beruflichen Einbindung eine Zeitnot-Convenience-Orientierung erkennbar.

Auch hier müssen folglich aufwendige Ökologisierungsmöglichkeiten hinter der Zeitnot zurückstehen. Die Konsumtypen, bei denen eine Zeitnot-Convenience-Orientierung feststellbar ist, weisen jedoch häufig gleichzeitig Konsumorientierungen auf, die nachhaltiges Konsumverhalten befördern, z.B. eine ganzheitliche Gesundheits-Orientierung. Werden für diese Typen Möglichkeiten aufgezeigt, die nachhaltiger und zugleich nicht wesentlich zeitaufwendiger als herkömmliche Angebote sind, haben diese eine reelle Chance, übernommen zu werden. Eine zeitliche Entlastung kann z.B. für einzelne Zielgruppen durch ökologisch effiziente Dienstleistungen erreicht werden.

Insgesamt ist festzustellen, dass existierende Angebote für nachhaltigere Konsumverhaltensweisen häufig arbeitsaufwendiger und zeitintensiver als herkömmliche Angebote sind, z.B. im Bereich Ernährung das Zubereiten von frischen Produkten oder auch nur der Umweg, um entsprechende Produkte in Spezialgeschäften zu kaufen. Diese nachhaltigeren Konsumverhaltensweisen lassen sich kaum in stark an Convenience orientierte Haushaltsabläufe integrieren. Für die Debatte um nachhaltigen Konsum gilt es folglich, mit diesem Phänomen umzugehen und aktiv nach Lösungen zu suchen, die auch an eine Convenience-Orientierung anknüpfen können.

Veränderungen des Geschlechtermodells

Geschlechtermodelle sind Organisations- und Kooperationsmodelle von Haushalten, die sich in unterschiedlichen Familien- und Haushaltsformen (Single-Haushalt, DINKs (Double Income No Kids) etc.) und Modellen der geschlechtsspezifischen und generativen Arbeitsteilung niederschlagen (Schultz et al. 1999:16). In den Interviews werden auch hier zwei extreme Ausprägungen erkennbar (vgl. ebenda:16ff):

- Partnerschaftliches Geschlechtermodell

In Haushalten mit partnerschaftlichem Geschlechtermodell findet sich eine Orientierung an der Teilung sowohl der Berufs- als auch der Versorgungs-Arbeit zwischen beiden Geschlechtern. In der Realität schlägt sich diese Teilung häufig darin nieder, dass zusätzlich bezahlte Dienstleistungen zur Entlastung in Anspruch genommen werden und das Haushaltsmanagement in starkem Maße auf Koordination und Absprachen fußt, insbesondere bei Familien mit Kindern. Beispiele hierfür sind wiederum die durchorganisierten Öko-Familien, Teile der Alltags-Kreativen, aber auch die kinderlosen Berufsorientierten, so weit sie als Paare zusammen leben.

- Traditionelles Geschlechtermodell

Das traditionelle Geschlechtermodell beinhaltet demgegenüber eine geschlechtsspezifische Arbeitsteilung dahingehend, dass der Mann erwerbstätig ist, die Frau hingegen keiner Berufsarbeit nachgeht, sondern die Versorgungstätigkeiten und die Betreuung der Kinder übernimmt. Ein solches Geschlechtermodell wird vor allem in der Zielgruppe der ambivalenten Traditionellen gelebt.

Die Relevanz des jeweiligen Geschlechtermodells für nachhaltigen Konsum besteht zum einen in der Verteilung der Konsumarbeiten und des Einflusses auf die Konsumentscheidungen zwischen den Geschlechtern. Zum anderen beeinflussen die gelebten Geschlechtermodelle auch die Konsumorientierungen der Männer und der Frauen. Beide Aspekte sind bei der Zielgruppenansprache für Ökologisierungsstrategien zu beachten.

Eine Nachauswertung der Konsumstile-Studie nach geschlechtsspezifischen Gesichtspunkten brachte hinsichtlich dieser Aspekte interessante Erkenntnisse (vgl. Empacher et al. 2001). Innerhalb der verschiedenen Konsumtypen und Zielgruppen zeigten sich deutliche Unterschiede zwischen Männern und Frauen dergestalt, dass Frauen im allgemeinen eine größere Bereitschaft für nachhaltigen Konsum aufweisen und bei ihnen auch mehr Orientierungen identifizierbar sind, die nachhaltigen Konsum befördern können, z.B. eine stärkere Gesundheitsorientierung, eine ausgeprägtere Orientierung an ethischen Kriterien, mehr Mitleid mit Tieren etc. Die Unterschiede zwischen den Geschlechtern innerhalb der einzelnen Konsumtypen fielen jedoch teilweise deutlich geringer aus als die Unterschiede zwischen Frauen respektive Männern verschiedener Konsumtypen.

Über die Betrachtung dieser Geschlechterunterschiede hinaus zeigte sich in der Nachauswertung zudem deutlich, dass die geschlechtsspezifische Arbeitsteilung im traditionellen Geschlechtermodell nicht unbedingt auch mit einem tatsächlichen Einfluss von Frauen in den von ihnen verantworteten Handlungsfeldern einhergeht. Die Männer nehmen bspw. deutlichen Einfluss darauf, was gekocht und gegessen wird, wie die Wäsche gewaschen wird usw. Sich bei der Zielgruppenansprache vor allem auf Frauen zu stützen, wäre folglich zu kurz gegriffen und würde den Frauen Verantwortung für ein Handeln zuschieben, welche nicht ihrer realen ‚Gestaltungsmacht' (Schultz/Weller 1995) entspricht. Eine differenzierte Untersuchung der tatsächlichen Einflussmöglichkeiten beider Geschlechter in verschiedenen Haushaltskonstellationen und Konsumbereichen steht allerdings noch aus.

Auf der anderen Seite ergab die Betrachtung der Haushalte mit partnerschaftlichem Geschlechtermodell, dass geschlechtsspezifische Unterschiede zwischen den Partnern sehr viel weniger stark ausfielen als in Haushalten mit traditionellem Geschlechtermodell. Partnerschaftlich orientierte Männer zeigten deutlichere Umwelt-, Gesundheits- und ethische Orientierungen als traditionell orientierte Männer. So scheint die Bereitschaft der Männer, sich an der gesamten Alltagsgestaltung zu beteiligen, einen positiven Einfluss auf die Ausbildung von fördernden Orientierungen für nachhaltigen Konsum zu haben. Der in Bezug auf den nachhaltigen Konsum scheinbare Zielkonflikt in Haushalten mit partnerschaftlichem Geschlechtermodell zwischen Geschlechtergerechtigkeit und den Convenience-Ansprüchen, die durch die Zeitnot entsteht, entpuppt sich folglich als vordergründig, wenn man die positiven Auswirkungen auf nachhaltigen Konsum seitens der Männer mit in die Betrachtung einbezieht. Ein weiteres Indiz dafür, dass Geschlechtergerechtigkeit und nachhaltiger Konsum zusammen gedacht werden müssen und es bei Ökologisierungsstrategien gilt, verstärkt insbesondere auch Männer anzusprechen.

Die Ablehnung von "Öko" als Ideologie

In den Interviews findet sich bei vielen Konsumtypen nicht nur eine Indifferenz, sondern sogar eine deutliche Ablehnung gegenüber Angeboten, die nach "Öko" aussehen oder mit "Öko" betitelt werden. Insbesondere bei den Konsum-Genervten und den jungen Desinteressierten ist eine totale Abwehrhaltung gegenüber dem Umweltthema vorherrschend. Bei den Zielgruppen der Traditionellen und der Privilegierten hingegen bezieht sich die Ablehnung vor allem auf den alltagssprachlichen, unspezifischen Gebrauch von "Öko". Ein "Öko" zu sein oder "Öko-Produkte" zu kaufen, steht bei diesen Befragten unter dem Verdacht, Teil einer Ideologie zu sein, die als unrealistisch und weltfremd gilt und der man nicht angehören möchte. "Öko-Produkte" haben dementsprechend ein schlechtes Image, sie gelten insbesondere als altmodisch mit dem Anschein des Selbstgemachten und als ineffektiv, da sie keine ausreichende Leistung bringen. Darüber hinaus ist auch weithin ein starkes Misstrauen zu beobachten gegenüber insbesondere Produkten aus kontrolliert biologischem Anbau.

Dass das "Öko-Thema" von diesen Befragten mit Ablehnung und Misstrauen betrachtet wird, heißt jedoch noch nicht, dass diese sich gegenüber sämtlichen nachhaltigen Konsumangeboten verschließen. Bei diesen Zielgruppen kommt es entscheidend darauf an, wie entsprechende Angebote kommuniziert werden. Der unspezifizierte Gebrauch der Präfixe "Öko-" und "Umwelt-" sollte bei der Kommunikation vermieden werden, stattdessen sollten konkrete Kriterien, die Umweltentlastungen spezifizieren, aufgezeigt werden. Solche Kriterien haben bei diesen Konsumtypen allerdings nur eine Chance, wenn zudem an anderen Orientierungen angeknüpft werden kann, z.B. einer Qualitäts- oder Gesundheits-Orientierung. Nicht der Beitrag zum Umweltschutz, sondern das Ansprechen anderer Orientierungen sollten in diesen Zielgruppen bei der Kommunikation im Vordergrund stehen.

5. Ausblick

Die Betrachtung von Potenzialen und Barrieren nachhaltigen Konsums im vorgestellten Zielgruppenmodell macht zweierlei deutlich. Zum einen sind die klassischen ökologisch-orientierten Konsumtypen, die noch vor zehn Jahren Zielgruppe für nachhaltigen Konsum waren, immer mehr im Verschwinden begriffen. Zum anderen haben sich auch Konsumrealitäten durch die Veränderungen der Alltagsgestaltung und der Geschlechtermodelle sowie, teilweise daran anschließend, die Konsumansprüche stark gewandelt, z.B. im Hinblick auf Convenience, die Delegation der (ethisch-ökologischen) Verantwortung an die Hersteller, die Anforderungen an Leistung und Design. Einer Ausweitung nachhaltigerer Konsumverhaltensweisen stehen diese Ansprüche auch in Zukunft entgegen, wenn es nicht gelingt, sowohl ein besseres Image für Angebote nachhaltigen Konsums aufzubauen als auch entsprechende neue Angebote zu entwickeln, die sich modernen Qualitäts- und Professionalisierungsansprüchen stellen können. Um bestehende Barrieren in nicht-alternativen Zielgruppen überwinden zu können, käme es hierbei darauf an, von der alternativen Ästhetik zum zeitlosen Design zu kommen, das Image von "selbstgemacht" in "professionell", von langsam und umständlich zu schnell und einfach zu ändern und wieder mehr von der Eigenverantwortung der KonsumentInnen weg zur Delegation an Hersteller und Staat überzugehen (vgl. Götz o.J.).

Literatur

Bourdieu, P. (1987): Die feinen Unterschiede. Kritik der gesellschaftlichen Urteilskraft. Frankfurt

CITY:mobil (1999): Stadtverträgliche Mobilität. Handlungsstrategien für eine nachhaltige Verkehrsentwicklung in Stadtregionen. Stadtökologie Band 3. Berlin

Empacher, C./D. Hayn (2001): Sind Frauen besser? Die Relevanz der Alltagsgestaltung für nachhaltiges Konsumverhalten. In: Politische Ökologie 70 AGender 21, 37-38

Empacher, C./D. Hayn/I. Schultz (2001): Analyse der Folgen des Geschlechtsrollenwandels für Umweltbewußtsein und Umweltverhalten. Endbericht einer Vorstudie im Auftrag des Umweltbundesamtes. Frankfurt am Main

Empacher, C./I. Schultz (1998): Umweltrelevante Konsumtrends privater Haushalte. Erster Arbeitsbericht des Teilprojekts 2 Haushaltsexploration der Bedingungen, Möglichkeiten und Grenzen nachhaltigen Konsumverhaltens. Im Auftrag des Umweltbundesamtes. Frankfurt am Main

Empacher, C./K. Götz/I. Schultz/B. Birzle-Harder (Hg.) (2000): Demonstrationsvorhaben zur Fundierung und Evaluierung nachhaltiger Konsummuster und Verhaltensstile. Endbericht des Teilprojektes 2: Haushaltsexploration der Bedingungen, Möglichkeiten und Grenzen nachhaltigen Konsumverhaltens. Im Auftrag des Umweltbundesamtes. Frankfurt am Main

Götz, K. (o.J.): Tendenz zur Professionalisierung und Delegation. In: Öko-Institut (Hg.) EcoTopTen. Die Initiative. Freiburg

Günther, C./C. Fischer/S. Lerm (Hg.) (2000): Neue Wege zu nachhaltigem Konsumverhalten. Eine Veranstaltung der Deutschen Bundesstiftung Umwelt zur EXPO 2000. Berlin

Jurczyk, K./Rerrich, M. S. (Hg.) (1993): Die Arbeit des Alltags. Beiträge zu einer Soziologie der alltäglichen Lebensführung. Lambertus, Freiburg im Breisgau

Lass, W./F. Reusswig (2000): Strategien zur Popularisierung des Leitbildes "Nachhaltige Entwicklung" aus sozialwissenschaftlicher Perspektive. Tagungsdokumentation des 5. UBA-Fachgesprächs zur sozialwissenschaftlichen Umweltforschung vom 18. - 20.03.1999. Band I: Systematische Auswertung. Berlin

Niedergesäß, U./S. Winkler (2000): Lebensstile als Möglichkeit der Zielgruppen-Segmentierung für ökologisches Bauen und Wohnen – Die SynergieHaus-Studie von PreussenElektra. In: Günther, C./C. Fischer/S. Lerm (Hg.): Neue Wege zu nachhaltigem Konsumverhalten. Eine Veranstaltung der Deutschen Bundesstiftung Umwelt zur EXPO 2000. Berlin, 125-134

Poferl, A./Schilling, K./Brand, K.-W. (1997): Umweltbewußtsein und Alltagshandeln. Eine empirische Untersuchung sozial-kultureller Orientierungen. Opladen

Prose, F./Wortmann K. (1991): Energiesparen: Verbraucheranalyse und Marktsegmentierung der Kieler Haushalte - Endbericht. Institut für Psychologie der Universität Kiel

Reusswig, F. (1994): Lebensstile und Ökologie. Gesellschaftliche Pluralisierung und alltagsökologische Entwicklung unter besonderer Berücksichtigung des Energiebereichs. Sozial-ökologische Arbeitspapier AP 43. Frankfurt am Main

Schultz. I./C. Empacher/K. Götz (1999): Konsumtypen und Konsumstile deutscher Haushalte. Ergebnisse einer empirischen Haushaltsexploration zu nachhaltigem Konsumverhalten. Zweiter Arbeitsbericht des Teilprojektes 2: Haushaltsexploration der Bedingungen, Möglichkeiten und Grenzen nachhaltigen Konsumverhaltens. Im Auftrag des Umweltbundesamtes. Frankfurt am Main

Schultz, I./I. Weller (1995): Gender & Environment. Ökologie und die Gestaltungsmacht der Frauen. Frankfurt am Main

SINUS (2000): Kurzinformation zu den SINUS-Milieus. Stand 05/2000. Heidelberg

Umweltbundesamt (UBA) (Hg.) (1997): Nachhaltiges Deutschland – Wege zu einer dauerhaft-umweltgerechten Entwicklung. Berlin

Umweltbundesamt (UBA) (Hg.) (2002): Nachhaltige Konsummuster. Ein neues umweltpolitisches Handlungsfeld als Herausforderung der Umweltkommunikation. Mit einer Zielgruppenanalyse des Frankfurter Instituts für sozial-ökologische Forschung, Berlin

Weller, I./D. Hayn/I. Schultz (2001): Geschlechterverhältnisse, nachhaltige Konsummuster und Umweltbelastungen. Vorstudie zur Konkretisierung von Forschungsfragen und Akteurskooperationen. Abschlußbericht einer BMBF-Sondierungsstudie. Bremen/Berlin

100 Haushalte auf neuen Wegen – Ein Projekt der Umweltbehörde Hamburg im Rahmen der Lokalen Agenda 21 Hamburg

Claus Kriegs

Umweltbehörde Hamburg, Präsidialabteilung
E-Mail: claus.kriegs@ub.hamburg.de

Mit der Agenda 21 ist auch das Konsumverhalten der Menschen in den Industriestaaten zum Gegenstand kritischer Betrachtungen geworden. Hinweise für umweltgerechtes Verhalten geben die Umwelt- und *Verbraucherberatungsstellen* bereits seit vielen Jahren. Aber gibt es eine Bündelung in Form eines "zukunftsfähigen Lebensstils" und wie kann er zum Lebensstil einer breiten Mehrheit werden?

Angeregt durch verschiedene Diskussions-Foren wurden in Hamburg Haushalte gesucht, die gemeinsam die Chancen und Hindernisse eines zukunftsfähigen Lebensstils erproben wollten. Im Vordergrund der Planung stand das Ziel, materielle Veränderungen in diesen Haushalten zu bewirken. Darüber hinaus sollten nicht beteiligte Haushalte über intensive Berichterstattung in den Medien auf einen zukunftsfähigen Lebensstil aufmerksam gemacht werden. Für die Umweltbehörde und die am Projekt beteiligten Partner bestand das Interesse daran, Rückmeldungen über ihre Angebote an Beratung, Produkten und Dienstleistungen zu erhalten.

Elemente des Projekts

Die Umweltbehörde entwickelte ein Konzept, in dem verschiedene Themen und Aktivitäten zusammengeführt wurden. Der Zeitraum war auf 6 Monate festgelegt.

Zentrale Auftaktveranstaltung:	• Kennenlernen • Kurzreferate und Informationsstände zur Vorstellung des Projekts und der Partner, • Klärung offener Fragen, • Kontaktaufnahme und Terminabsprachen
Auftakt-Fragebogen	Ermittlung der Ist-Situation.
Individuelle leitfadengestützte Beratung in den Haushalten	Information und Erprobung in den Handlungsfeldern "Wasser" und "Energie"
Dezentrale Abendveranstaltungen – themengleich in verschiedenen Stadtteilen	Information und Austausch in den Handlungsfelder "Mobilität", "Ernährung" und "Abfallvermeidung"
Themen- und interessensbezogene Einzelveranstaltungen und Exkursionen:	• Besuch eines Öko-Bauernhofs, • Kochen mit Öko-Produkten, • Wanderung in einem Naturschutzgebiet, • Besichtigung von Windkraft- und Solarenergieanlagen, • Führung durch eine Abfallsortierungs- und Müllverbrennungsanlage
Abschluss-Fragebogen:	Ermittlung der erreichten Veränderungen und der Bewertung der Beratungsleistung durch Selbsteinschätzung der Haushalte
Zentrale Abschlussveranstaltung	Plenum und Arbeitsgruppen: Rückmeldungen über die Erfahrungen während des Projekts
Telefonische Abfrage	Ermittlung der Verbrauchsänderungen

Angebote von anerkannten Partnern

In einer Projektskizze wurden die wesentlichen Handlungsfelder und die darin angestrebten Ziele beschrieben: Ressourcenschonung, Abfallvermeidung oder -trennung, Nutzung des öffentlichen Personennahverkehrs oder von Car-Sharing-Initiativen, Einkauf von ökologischen Nahrungsmitteln, aus der Region und je nach Saison frisch geerntet.

Die Informationen sollten durch kompetente und akzeptierte Partner an die Teilnehmerinnen und Teilnehmer herangetragen werden. Die Umweltbehörde konnte dafür neben den Ver- und Entsorgungsunternehmen die Verbraucherzentrale und weitere ehrenamtlich tätige Vereine gewinnen. Für die Veröffentlichung und Begleitung in den Medien wurden Journalistinnen und Journalisten direkt angesprochen.

Umweltbewusste Teilnehmerinnen und Teilnehmer

Zeitungen und Rundfunksender berichteten über das Vorhaben. Ungefähr 150 Haushalte meldeten ihr Interesse an einer Teilnahme an.

Der erste Kontakt fand bei der Auftaktveranstaltung statt. Die Teilnehmerinnen und Teilnehmer lernten den konkreten Ablauf des Projekts kennen und bekamen ein Bild von den Menschen und Institutionen, die zusammen mit ihnen dabei waren. Der Umweltsenator dankte persönlich für die Bereitschaft zur Beteiligung und unterstrich so die Bedeutung von Verhaltensänderungen. Erste Terminabsprachen wurden getroffen.

Die Auftaktbefragung ergab, dass überdurchschnittlich viele Familien mit kleinen Kindern teilnahmen. Viele Teilnehmerinnen und Teilnehmer hatten einen Studienabschluss. Nach eigener Einschätzung berücksichtigten viele bereits Umweltaspekte, insbesondere im Abfallbereich. Offensichtlich hat die zunächst unspezifische Ansprache über die Medien dennoch mehrheitlich bereits sensibilisierte und aktive Menschen erreicht.

Das Besondere der Themen

Der intensivste Kontakt entstand bei Beratungen zum Energie und Wasser sparen, die einzeln in den jeweiligen Wohnungen durchgeführt wurden. Der Gang durch die Wohnung, das Durchgehen der Strom-, Heizungs- und Wasserabrechnungen, das Einschrauben von Energiesparleuchten und Durchflussmengenkonstanthaltern wurde in der Auswertung als wirkungsvollste Maßnahme genannt.

Auf Abendveranstaltungen zum Handlungsfeld "Ernährung" wurde über Methoden und Vorteile des ökologischen Landbaus, insbesondere aber über die verwirrenden unterschiedlichen Kennzeichnungen und Gütesiegel informiert. Ergänzt wurde das Angebot durch den Besuch eines Bioland-Bauernhofes, einen "geführten Einkauf" in einem Supermarkt und gemeinsame Kochabende in den Lehrküchen der Elektrizitäts- und Gaswerke. Maßstab gebend und besonders beeindruckend war das ökologische Büffet der Auftaktveranstaltung.

Auf den Themenabenden zu "Abfall" und "Mobilität" wurde eher Unmut geäußert: Über hohe Kosten, individuell nicht passende Angebote und geringe persönliche Vorteile bei Berücksichtigung der Vorschläge zu umweltgerechtem Verhalten. Die wenigen, die eine Müllverbrennungsanlage und eine Abfallsortieranlage besuchten, waren allerdings stark beeindruckt von dem Erlebnis der Kehrseite des Wohlstands.

Bestätigung und neue Erfahrungen

Die Erfahrungen der Teilnehmerinnen und Teilnehmer wurden auf verschiedenen Wegen zusammengetragen:

Ein Abschlussfragebogen zeigte, dass trotz hohen Ausgangsniveaus noch Potenziale ausgeschöpft werden konnten.

In Arbeitsgruppen auf der Abschlussveranstaltung wurde der persönliche Kontakt zu den Beraterinnen und Beratern, aber auch zwischen den Teilnehmerinnen und Teilnehmern als wesentliches Moment benannt, um das häufig bereits vorhandene Wissen tatsächlich auch in die Tat umzusetzen.

Eine telefonische Abfrage der Zählerstände von Strom, Wasser und Heizung zu einem späteren Zeitpunkt bestätigte die erwarteten Verbrauchsminderungen bei den Teilnehmerinnen und Teilnehmern.

Gute Beziehungen

In dem Projekt ist es gelungen, mit Hilfe der einzelnen Elemente eine Verbindung zwischen den Teilnehmerinnen und Teilnehmern, dem Thema und Veranstaltern (Beratern) herzustellen. Das Thema war für die meisten nicht neu. Neu war die Verbindlichkeit, mit der sich jede und jeder ein-

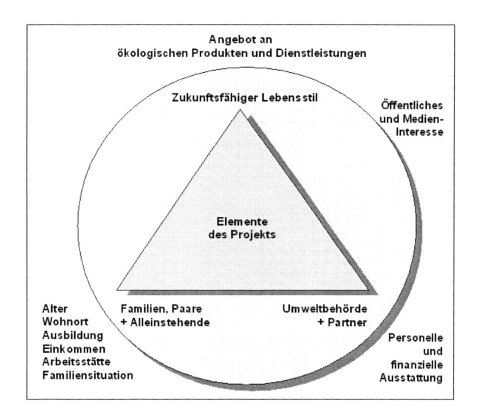

zelne auf das Thema, auf die anderen Teilnehmerinnen und Teilnehmer sowie auf die Veranstalter eingelassen hat.

Der organisierte Kontakt zwischen den Teilnehmerinnen und Teilnehmern, gerade auch in unterschiedlichen Situationen ermöglichte:

- Erfahrungsaustausch
- gegenseitige Bestätigung
- Solidarität untereinander
- Verantwortlichkeit gegenüber den anderen
- wechselseitigen Ansporn und Konkurrenz
- Perspektivenwechsel.

In der Beziehung zu den Veranstaltern spielte Gerechtigkeit als soziale Kategorie eine wichtige Rolle. Die Motive für die Bemühungen um ein anderes Konsumverhalten waren überwiegend die Verringerung von Energie-, Wasser- und Entsorgungskosten sowie die Vorsorge für die Gesundheit. Für die erfolgreiche Umsetzung leistete die Anerkennung durch die Veranstalter und Partner einen wichtigen Beitrag. Sie kann sehr unterschiedlich gezeigt werden, angefangen bei einem kleinen Imbiss über Kinderbetreuung bei Veranstaltungen bis hin zu Präsenten und Vergabe von Fördermitteln. Für die Teilnehmerinnen und Teilnehmer dieses Projekts waren Symbole dabei wahrscheinlich wichtiger als materielle Werte.

Grenzen der Veränderung

Von der Anlage war das Projekt stark durch die Vermittlung von Wissen durch die Berater an die Teilnehmerinnen und Teilnehmer geprägt. So konnte zwar auf das vielfältige bestehende Angebot im Umweltbereich Bezug genommen werden, es sind aber keine neuen Ideen entstanden. Die Rollenvorgabe sah nicht vor und hat sich auch nicht so verändert, dass gemeinsam ein neuer Lebensstil entwickelt wird. Daraus ergab sich insbesondere auch eine Lücke bei den sozialen und globalen Aspekten eines zukunftsfähigen Lebensstils.

Die wesentlichen Grenzen waren "von außen" vorgegeben:

Wohnort, Arbeitsstätte und die Versorgung von Kindern beeinflussen wesentlich das Verkehrsverhalten und die Wahl der Verkehrsmittel.

Das verfügbare Einkommen begrenzt gerade langfristig wirkende und kostenintensive Investitionen, z.B. in Wärmedämmung und Heizungssanierung oder in Energie sparende Kühlschränke und Waschmaschinen.

Genutzt werden kann nur das, was zu annehmbaren Kosten angeboten wird und in annehmbaren Zeiten erhältlich ist.

Die Fördermittel und Beratungskapazitäten öffentlicher Institutionen sind begrenzt und können immer nur einen Anstoß geben, nicht aber auf Dauer Preisunterschiede zwischen ökologischen und konventionellen Angeboten ausgleichen.

Für die Berichterstattung in den Medien konkurrierte das Thema "Zukunftsfähiger Lebensstil" mit anderen, überwiegend spektakuläreren Themen.

"Eigene Wege" statt "neuer Lebensstil"

Der zukunftsfähige Lebensstil konnte nicht gefunden werden. Dafür haben die Teilnehmerinnen und Teilnehmer ihre eigenen neuen Wege finden oder bestätigen können. Zukunftsfähig für den Veranstalter war die Erkenntnis, welche Bedeutung die sozialen Aspekte für die Veränderung von Verhaltensweisen gespielt haben.

Evaluationsstudien zu den Diffusionswirkungen von Umweltberatung. Gegenwärtige Praxis und Perspektiven zur Verbreitung nachhaltiger Konsummuster

Dr. Wolfgang Meyer

Universität des Saarlandes, Saarbrücken, Institut für Soziologie
E-Mail: w.meyer@rz.uni-sb.de

1. Einleitung

Die Verbreitung nachhaltigen Konsums wird in der Bundesrepublik sicher nicht ohne Unterstützungsmaßnahmen und Vermittlungsbemühungen möglich sein. Eine wichtige Rolle spielen dabei Beratungsstellen, an die sich Verbraucher wenden können und von denen sie kompetente Empfehlungen und Hilfestellungen erhalten. In den neunziger Jahren hat sich dank der Unterstützung verschiedener Mittelgeber neben der schon seit Jahren existierenden Verbraucherberatung eine spezialisierte Umweltberatung in der Bundesrepublik Deutschland etabliert, die eine Vielzahl höchst unterschiedlicher Personengruppen und Organisationen mit speziell auf deren Interessen zugeschnittenen Ratschlägen und Empfehlungen versorgt.

Der folgende Beitrag stellt zunächst die wichtigsten Grundlagen und Zielsetzungen der Umweltberatung vor, begründet ihre besondere Rolle im Rahmen der Nachhaltigkeitsdiskussion und erörtert ihre Bedeutung für die Verbreitung von Konsummustern im allgemeinen und des nachhaltigen Konsums im speziellen (Abschnitt 2).

Diese einführenden Bemerkungen sollen primär belegen, weshalb Erkenntnisse über die Diffusionswirkung von Beratungsleistungen für die Maßnahmengestaltung zum nachhaltigen Konsum von Interesse sind. Im Zentrum des Beitrags steht die Präsentation einiger der wichtigsten Ergebnisse zweier umfangreicher Evaluationsstudien zu Umweltberatungsprogrammen, die in den letzten Jahren im Auftrag des Bundesumweltministeriums, des Umweltbundesamtes sowie der Deutschen Bundesstiftung Umwelt am Institut für Soziologie der Universität des Saarlandes durchgeführt wurden. Dabei beschränken sich die Ausführungen auf die zentralen Elemente des Diffusionsprozesses, welcher von der Information über das Beratungsangebot bis zu nachhaltigen Veränderungen von Verhaltensweisen der Zielgruppen reichen soll (Abschnitt 3).

Abschließend werden aus diesen Befunden einige Schlussfolgerungen und Empfehlungen für die weitere Gestaltung von Umweltberatungsmaßnahmen zum nachhaltigen Konsum abgeleitet und zur Diskussion gestellt (Abschnitt 4).

2. Umweltberatung und die Verbreitung nachhaltiger Konsummuster

Die Umweltberatung kann bereits auf eine recht lange Geschichte zurückschauen, wenn unabhängig vom Begriffsgebrauch wesentliche inhaltliche Aspekte wie z.B. die Bereitstellung von technischen Fachwissens für die Lösung von Umweltschutzproblemen in den Vordergrund gestellt werden (zur Geschichte der Umweltberatung vgl. z.B. Gaus 2000). Der Begriff Umweltberatung konnte sich jedoch erst Ende der 80er Jahre in Folge eines äußerst erfolgreichen Modellprojekts der Aktionsgemeinschaft Umwelt, Gesundheit, Ernährung (A.U.G.E.) zum Aufbau umweltschutzbezogener Beratungsangebote für Privathaushalte durchsetzen. Die zunehmende Popularität verdankt der Begriff vor allem der seit Anfang der 90er Jahre in der Umweltdiskussion immer stärker wahrgenommenen Kluft zwischen dem hohen Umweltbewusstsein der Bevölkerung und dessen vergleichsweise bescheidenen Verhaltenskonsequenzen. Nach Auffassung des Umweltbundesamtes kommt dabei der Umweltberatung die wichtige Aufgabe zu, "potenziell vorhandenes Umweltbewusstsein unter Nutzung der verfügbaren bzw. noch zu entwickelnden Informationsangebote in konkretes Handeln zu überführen" (Umweltbundesamt 1992, 14). In diesem Sinne knüpften sich an den Auf- und Ausbau der Umweltberatungsangebote in den 90er Jahren hohe Erwartungen.

Als schwierig erwies sich bisher die für eine Professionalisierung der Tätigkeiten notwendige Abgrenzung der Umweltberatung insbesondere gegenüber der allgemeinen Aufklärungsarbeit, aus der die meisten Umweltberater stammen (vgl. Adelmann 1997), und der bereits etablierten Umweltbildung. Die Heterogenität des Tätigkeitsfeldes und die aufgrund der Aufgabenbreite notwendigen Spezialisierungen (z.B. Abfall- oder Energieberatung) behindern zusätzlich die Begriffsklärung. Diese Probleme sind allerdings für ein junges und sehr dynamisches Tätigkeitsfeld keineswegs untypisch und können durchaus auch als Beleg für die positive Entwicklung der Profession gewertet werden.

Im Rahmen der Evaluation wurde von uns folgende Definition vorgeschlagen, die Umweltberatung als eine spezielle Form der Beratungstätigkeit begreift und damit die Orientierung an den Interessen und Bedürfnissen der Zielgruppen in den Mittelpunkt rückt:

"Umweltberatung ist eine gezielte, auf die konkreten Problemstellungen einer bestimmten Person oder Organisation bezogene Vermittlung umweltschutzrelevanter Informationen durch die Beratungsinstitution, die es dem Adressaten ermöglichen soll, sein Umwelthandeln zu verbessern. Im Unterschied zu allgemeiner Aufklärungsarbeit oder Aktivitäten der Umweltbildung stehen nicht die Vermittlung von Umweltwissen oder die Stärkung des Umweltbewusstseins, sondern die Bedürfnisse der Ratsuchenden und die Erarbeitung konkreter Lösungen für deren spezifische Umweltprobleme im Vordergrund" (Stockmann, Meyer u.a. 2001, 36).

Diese Betonung der Orientierung an den Zielgruppenbedürfnissen erscheint uns insbesondere angesichts der mit Umweltberatung verbundenen Hoffnungen zur Schließung der Kluft zwischen Einstellungen und Handeln wichtig. Nur durch sie ist gegenüber den bisherigen an der Vermittlung bestimmter Inhalte ausgerichteten Strategien der Aufklärungs- und Bildungsarbeit ein Fortschritt bezüglich des Umwelthandelns breiter Bevölkerungsgruppen überhaupt zu erwarten. Und sie begründet außerdem, warum eine Diversifizierung der Umweltberatungstätigkeiten für verschiedene Zielgruppen notwendig und sinnvoll ist.

Die Funktion der Umweltberatung besteht aber nicht nur in der Vermittlung zwischen Einstellungen und Verhalten, sondern auch in einer Reihe anderer Aufgaben, die sie für die Nachhaltigkeitsdiskussion besonders interessant macht. Eine wichtige Brückenfunktion zur Verwirklichung der Zielsetzungen nachhaltiger Entwicklung kommt der Umweltberatung in der Vermittlung zwischen global wirksamen ökologischen Erfordernissen (z.B. des Klimaschutzes) und der konkreten individuellen Lebenswelt des Beratenen mit seinen begrenzten Handlungsmöglichkeiten zu. Die Forderung "global denken, lokal handeln" benötigt klare Informationen darüber, welcher Beitrag von jedem Einzelnen zur Erreichung der globalen Ziele erforderlich und wie dieser Beitrag zu realisieren ist.

Auch für die in der letzten Zeit zunehmend ins Zentrum der Nachhaltigkeitsdebatte gerückte Integration ökologischer, ökonomischer und sozialer Zielsetzungen kann die Umweltberatung Vermittlungsaufgaben wahrnehmen. Durch die Orientierung an den Zielgruppenbedürfnissen stellt die Verbindung unterschiedlicher Zielvorstellungen für die meisten Umweltberater bereits heute eine zentrale Aufgabe dar. Die Suche nach dem Kompromiss zwischen dem ökologisch sinnvollen und dem ökonomisch machbaren gehört z.B. zum Alltag der Umweltberatung für kleine und mittlere Unternehmen. Speziell die gewerkschaftliche Umweltberatung hat sich durch die Verknüpfung von Umweltmaßnahmen mit Fragen des Arbeits- und Gesundheitsschutzes auch eine Verbindung zu sozialen Fragestellungen zur Aufgabe gemacht.

Das dritte zentrale und begrifflich konstituierende Element der Nachhaltigkeitsdiskussion ist ebenfalls für die Umweltberatung von besonderer Bedeutung. In der Regel geht es bei Umweltberatungen nicht darum, eine kurzfristige Schadensbehebung vorzunehmen. Es werden vielmehr dauerhafte, zumeist präventive Problemlösungen und somit die Nachhaltigkeit von Wirkungen angestrebt. Letztlich ist es gerade das vorausschauende Moment der vergleichsweise preiswerten Umweltberatung, die sie gegenüber den bei "end-of-pipe"-Lösungen verwendeten relativ teuren nachsorgenden Technologien in Vorteil bringt.

Diese Ausführungen weisen daraufhin, dass der Nachhaltigkeitsbegriff nicht nur wie im Brundlandbericht (Hauff 1987) und bei der UN Konferenz für Umwelt und Entwicklung 1992 in Rio de Janeiro (UN 1999) auf einer gesamtgesellschaftlichen Ebene sinnvoll eingesetzt werden kann, sondern – durchaus im ursprünglichen Sinne des Wortes – auch auf der Mikroebene von Gesellschaft nützlich ist (vgl. zu dieser Problematik Stockmann 2001, 13). Noch pointierter ausgedrückt: eine nachhaltige Entwicklung erfordert zukunftsbeständige Problemlösungen, die ohne dauerhafte individuelle Verhaltensänderungen nicht denkbar sind.

Die besondere Bedeutung der Umweltberatung im Rahmen der Nachhaltigkeitsdiskussion begründet sich somit aus ihren Möglichkeiten zur Vermittlung globaler Ansprüche in die individuelle Lebenswelt, der Hilfestellung zur Integration unterschiedlicher ökologischer, ökonomischer und sozialer Zielsetzungen sowie in dem Anspruch, nachhaltige Wirkungen zu erzielen. "Als nachhaltig sind die Wirkungen einer Umweltberatung dann zu bezeichnen, wenn die bearbeiteten Probleme durch die entwickelten Lösungsvorschläge verringert oder beseitigt und geeignete Maßnahmen zur dauerhaften Sicherung des erreichten Standards implementiert werden konnten" (Stockmann, Meyer u.a. 2001, 316). Zu diesen angestrebten nachhaltigen Wirkungen der Umweltberatung gehört auch der für die Verbreitung nachhaltigen Konsums unbedingt notwendige Wertewandel in Richtung eines sparsameren Umgangs mit der Natur (vgl. Wehrspaun, Schach & Löwe 1998, 68ff.). Die Informations- und Handlungsangebote der Umweltberatung sollen hierfür Motivationen und Überzeugungsarbeit bei den verschiedensten Zielgruppen leisten (vgl. Seifert 2001, 104).

Im Unterschied zum Umweltbegriff ist es allerdings noch nicht gelungen, das Leitbild der nachhaltigen Entwicklung in weiten Teilen der Bevölkerung zu verankern. Hieraus ergibt sich die Notwendigkeit von Maßnahmen zu dessen Popularisierung, bei der Beratungsangebote eine besondere Rolle spielen sollten. Die Umweltberatung kann durchaus auf Erfolge bei der Verbreitung von Konsummustern verweisen. So ist es z.B. bereits frühzeitig gelungen, eine Reihe von Umweltzeichen wie den Umweltengel des Umweltbundesamtes erfolgreich in der Öffentlichkeit zu etablieren (vgl. als Bilanz zum Umweltverhalten der Verbraucher Neitzel, Landmann & Pohl 1994). Gegenwärtig ist sogar eher das Zuviel an Zeichen und nicht ihre mangelnde Beachtung durch die Verbraucher das Hauptproblem.

Nach jahrelanger Vernachlässigung der Verbraucherpolitik hat in Folge der BSE-Krise die Verbraucherberatung durch die Schaffung eines Bundesministeriums für Verbraucherschutz eine deutliche Aufwertung erfahren und sich durch den Zusammenschluss der wichtigsten Verbraucherdachorganisationen zu einem gemeinsamen Bundesverband neu formiert. Insgesamt kann als notwendige, allerdings nicht als hinreichende Voraussetzung der Verbreitung nachhaltiger Konsummuster auf eine gut ausgebaute Beratungsinfrastruktur in sehr vielen unterschiedlichen Tätigkeitsbereichen mit entsprechend verschiedenen Zielgruppen zurückgegriffen werden.

Für eine erfolgreiche Verbreitung neuer Ideen und Verhaltensmuster müssen zusätzlich die Einstellungen der Zielgruppen gegenüber den Innovationen, die Struktur und Leistungsfähigkeit der Kommunikationsnetzwerke und die Eigenschaften des sozialen Systems, in dem die Neuerungen verbreitet werden sollen, beachtet und entsprechende Maßnahmen zur Optimierung des Verbreitungsprozesses durch die mit der Vermittlung beauftragten Organisation entwickelt, erprobt und den Erfordernissen angepasst werden (zu den Herausforderungen von Diffusionsprozessen an die handelnden Akteure vgl. Rogers 1995). Die Vemittlungsinstanz, also z.B. die Beratungsstelle, ist in diesem Prozess des organisierten Informationstransfers der zentrale Akteur und für die Gestaltung und Steuerung von Informationsproduktion, -vermittlung und -verarbeitung bei den Zielgruppen verantwortlich (vgl. zum Modell des organisierten Informationstransfers Meyer 2000a). Eine erfolgreiche Verbreitung erfordert dabei nicht unbedingt immer einen hohen Aufwand, im Gegenteil gibt es eine Vielzahl von Beispielen, bei denen unter bestimmten Voraussetzungen kleine Maßnahmen große Wirkungen entfalten können (vgl. hierzu z.B. Gladwell 2000).

Angesichts der zentralen Rolle, die Beratungsstellen bei der Verbreitung nachhaltiger Konsumstile zukommt, ist es angemessen, die bisherigen Leistungen dieser Stellen zu bilanzieren. Dies soll im folgenden auf der Basis von Ergebnissen zweier umfangreicher Evaluationsstudien zu Förderprogrammen für den Aufbau einer Umweltberatungsinfrastrukturen in den neunziger Jahren geschehen.

3. Die Diffusionswirkung von Umweltberatung – eine Zwischenbilanz

Die in diesem Abschnitt vorgestellten Befunde zu den Diffusionswirkungen von Umweltberatung beziehen sich auf zwei in den Jahren 1998 bis 2000 durchgeführten Evaluationsstudien sehr unterschiedlicher Förderprogramme.

Das erste der beiden Programme wurde in den Jahren 1991 bis 1996 von der Deutschen Bundesstiftung Umwelt als Soforthilfe für die neuen Bundesländern zur Vermittlung von Beratungsleistungen privater Ingenieurbüros an Kommunen sowie kleinere und mittlere Unternehmen und außerdem zum Aufbau einer Umweltberatungsinfrastruktur bei den neugegründeten Handwerks-, Industrie- und Handelskammern, der Landwirtschaftsberatung Mecklenburg-Vorpommern sowie bei den Gewerkschaften konzipiert. Bisher ist dieses Programm, in dem fast 10.000 Beratungen bei Kommunen und kleineren Unternehmen realisiert werden konnten, mit einem Volumen von rd. 50 Mio. DM das umfangreichste Förderprogramm der Deutschen Bundesstiftung Umwelt (zum Programm vgl. Exner 2000).

Das zweite Förderprogramm des Bundesumweltministeriums und des Umweltbundesamtes unterstützt seit 1989 jährlich mit ca. 1,7 Mio. DM (bis zum Evaluationszeitpunkt insgesamt über 15 Mio. DM) ungefähr 100 Projekte und Maßnahmen zur Durchführung von Umweltberatungen bei etwa genauso vielen bundesweit operierenden Verbänden und Organisationen, wobei knapp ein Drittel dieser Projekte in die Evaluation einbezogen wurde. Zu den Organisationen gehörten Wirtschafts-,

Umwelt- und Berufsverbände wie z.B. der Zentralverband des Deutschen Baugewerbes, der BUND oder die Bundesarchitektenkammer und die Maßnahmen umfassten umfangreiche Kampagnen, bundesweite Wettbewerbe oder größere Pilotprojekte genauso wie kleinere Vorhaben z.B. zur Auflage einer Broschüre, der Durchführung einer einzelnen Veranstaltung oder zur Einrichtung eines Messestandes (zum Programm vgl. Seifert 2001).

Zur Evaluation der beiden Programme wurde eine bereits in anderen Politikfeldern seit Jahren bewährte, theoriegeleitete und vergleichende Konzeption verwendet und auf die besonderen Anforderungen der Umweltberatungsprojekte übertragen (vgl. zum Evaluationskonzept und den theoretischen Grundlagen Stockmann 1996). Im Rahmen der beiden Studien sind insgesamt fast 150 leitfadengestützte Intensivinterviews mit den Projektbeteiligten und andere Organisationsvertretern sowie eine repräsentative Auswahl von 1.425 Unternehmen und Kommunen der Zielgruppen des DBU-Förderprogramms telefonisch befragt worden. Außerdem wurden sämtlichen schriftlichen Materialien zu den Projekten eingesehen und bezogen auf die Fragestellungen der Evaluation ausgewertet. Die Vorgehensweise, Ergebnisse und Schlussfolgerungen der beiden Evaluationen sind in einigen bereits vorliegenden Publikationen ausführlich dokumentiert (vgl. Stockmann, Meyer u.a. 2001; Urbahn & Gaus 2001; Meyer, Jacoby & Stockmann 2000; Meyer & Jacoby 2001).

Die untersuchten Umweltberatungsprojekte und ihre Trägerorganisationen sind sicher nicht im statistischen Sinne, d.h. bedingt durch das verwendete Auswahlverfahren, repräsentativ für die Umweltberatung und ihre Infrastruktur in der Bundesrepublik Deutschland. Insofern erlauben die Befunde der Evaluation keine quantitativen Rückschlüsse auf Struktur und Leistungen des gesamten Umweltberatungsbereichs. Auf der anderen Seite wird allerdings die Heterogenität des Beratungsangebots und die Vielfalt unterschiedlichster Zielgruppen in den beiden Evaluationsstudien praktisch vollständig erfasst. Als Anbieter von Umweltberatungsleistungen treten in den beiden Programmen neben den verschiedenen Umweltverbänden Kommunen, Kammern, Wirtschafts- und Berufsverbände, Gewerkschaften sowie kommerzielle Beratungsbüros auf. Das Spektrum der Zielgruppen schließt dabei Handwerksbetriebe und Unternehmen praktisch aller Branchen, Kommunen und Landkreise, Arbeitnehmer und ihre Vertretungsorgane in (Groß-)Unternehmen, Großverbraucher wie z.B. Universitäten oder Krankenhäuser, Einzel- und Großhändler, unterschiedliche Berufsgruppen sowie den einzelnen Bürger speziell auch in seiner Rolle als Konsument mit ein. Dadurch können die Evaluationsergebnisse zu den beiden Förderprogrammen durchaus einen weitgehend vollständigen und in dieser Form bisher einmaligen Überblick zum Leistungsstand der Umweltberatung in der Bundesrepublik Deutschland bieten.

Zur Beurteilung der Diffusionswirkungen dieses Umweltberatungsangebots bei den Zielgruppen werden fünf Aspekte des Verbreitungsprozesses angesprochen (Abbildung 1).

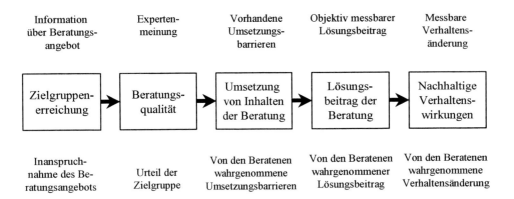

Abbildung 1: Beurteilungsaspekte des Diffusionsprozesses

Grundvoraussetzung für die Durchführung von Beratungen ist es zunächst, dass die Zielgruppen über die Existenz eines solchen Angebots informiert sind. Da in den meisten der untersuchten Projekte von den Durchführungsorganisationen zum ersten Mal Umweltberatungen angeboten wurden, kam der Verbreitung dieser Information eine große Bedeutung zu. Für die *Zielgruppenerreichung* ist zusätzlich die Frage wichtig, wer sich für eine Inanspruchnahme der Leistungen entschieden hat und aus welchen Gründen andere das Beratungsangebot ablehnten.

Ein wichtiges Entscheidungskriterium für die angesprochenen Zielgruppen stellt dabei die wahrgenommene Qualität des Beratungsangebots dar: nur wenn die *Beratungsqualität* von den Zielgruppen positiv eingeschätzt wird, ist eine Inanspruchnahme der Leistungen zu erwarten. Diese subjektiv wahrgenommene Beratungsqualität muß nicht unbedingt einem "objektiven", d.h. an wissenschaftlichen Kriterien orientierten Beurteilungsmaßstab entsprechen. Bei Umweltschutzfragen ist allerdings die ökologische Wirksamkeit der Beratungen von größter Bedeutung, weshalb neben den subjektiven (Vor-) Urteilen der Zielgruppen auch Expertenurteile zur Einschätzung der Beratungsqualität herangezogen werden müssen.

Die wahrgenommene Beratungsqualität ist ebenfalls eine wichtige Voraussetzung für die Bereitschaft der Zielgruppen, den während einer Beratung ausgesprochenen Empfehlungen zu folgen. Die *Umsetzung von Beratungsinhalten* kann aber auch an einer Reihe anderer Faktoren wie z.B. Finanzierungsproblemen, mangelnder Kompetenz der mit der technischen Umsetzung beauftragten Firmen, Veränderungen von Rechtsgrundlagen oder internen Widerständen gegen die Umsetzung scheitern.

Das Ziel der Umweltberatung, der ausgesprochenen Empfehlungen und ihrer Umsetzung ist es schließlich, einen *Beitrag zur Lösung konkreter Umweltprobleme* der Beratenen zu erbringen. Auch hier ist zwischen objektiv messbaren Umweltentlastungen und subjektiven Einschätzungen der Beratenen, zu unterscheiden, die wiederum nicht unbedingt deckungsgleich sein müssen (vgl. zur Problematik die Erkenntnisse der Wohlfahrtsforschung z.B. Zapf 1984).

Während die tatsächlich erzielten Umweltentlastungen unmittelbare Zielsetzungen sind, ist die subjektive Bewertung des Lösungsbeitrags durch die Beratenen vor allem für deren zukünftiges Verhalten von großer Bedeutung. Die *Wirkungen erfolgreicher Beratungen auf die weitere Verhaltensweisen der Beratenen* können z.B. in Nachfolgeaktivitäten im Umweltschutz, der erneuten Inanspruchnahme der Berater für andere Umweltbereiche oder in einer Weiterempfehlung des Beratungsangebots an andere Organisationen bzw. Personen bestehen. Die extremste Folge kann eine dauerhafte Etablierung veränderter Verhaltensmuster wie z.B. die routinemäßige Überprüfung der Umweltverträglichkeit oder eben die Übernahme eines konsequent nachhaltigen Konsummusters sein. Dieses letzte und zugleich anspruchsvollste Ziel ist nur zu erreichen, wenn die anderen Schritte des Diffusionsprozesses erfolgreich bewältigt werden konnten.

Die wichtigsten Befunde unserer beiden Evaluationsstudien zu den einzelnen hier angesprochenen Elementen der Diffusion von Umweltberatung lassen sich wie folgt zusammenfassen:

Ergebnisse zur Zielgruppenerreichung:

Generell wissen die Beratungsstellen nur wenig über die Wirkungen der von ihnen eingesetzten Maßnahmen zur Verbreitung der Informationen über das von ihnen bereitgestellte Beratungsangebot bei den Zielgruppen. Zumeist gibt man sich mit wenig validen Indikatoren wie z.B. vereinzelten positiven Rückmeldungen oder der Menge verteilten Materials zufrieden. Ein systematisches Wirkungsmonitoring fehlt praktisch bei allen Durchführungsorganisationen, wobei auffälligerweise sich aber vor allem kleinere und finanzschwache Organisationen z.T. sehr phantasievoll um entsprechende Informationen bemüht und zumindest Ansätze einer Wirkungskontrolle implementiert haben. Die Zielgruppenbefragung im DBU-Projekt ergab das ernüchternde Ergebnis, dass selbst die professionelle und teilweise recht aufwendige Öffentlichkeitsarbeit der relativ finanzstarken Kammern nur einen sehr bescheidenen Beitrag zur Verbreitung des Wissens über das Beratungsangebot (und die gegebenen Subventionsmöglichkeiten) leisten konnte (vgl. Stockmann, Meyer u.a. 2001, 245ff.). In der überwiegenden Zahl der untersuchten Projekte erwies sich einzig die direkte persönliche Ansprache oder die Aktivierung geeigneter Multiplikatoren (z.B. die Akquisetätigkeit kommerziell arbeitender Beratungsbüros) als erfolgreicher Weg zur Vermittlung der Information über das Beratungsangebot an die Zielgruppen. Der häufig betriebene große Aufwand für Medienaktivitäten steht – soweit Informationen hierzu vorliegen – in keinem Verhältnis zu den bescheidenen Wirkungen.

Durch die Selektivität der Informationsverbreitung ergibt sich bereits das Problem, dass in der Regel nur die bereits zu Beginn besonders umweltinteressierten Teile der Zielgruppen überhaupt die Existenz eines Beratungsangebots in diesem Bereich wahrnehmen. Umweltberatungen können dementsprechend keine große Breitenwirkung entfalten, sondern konzentrieren sich – verstärkt durch die gleichgerichtete Selbstselektion der Teilnahmeentscheidung – weitgehend auf die vergleichsweise kleine Gruppe von "Vorreitern" innerhalb der Zielpopulation (wobei diese "Vorreiter" häufig aufgrund der Konkurrenzsituation oder der fehlenden Kommunikationsstruktur innerhalb der Zielgruppen keine weiteren Verbreitungseffekte auslösen). Die Maßnahmenwirkungen konzentrieren sich dementsprechend auf die in der Regel den Intentionen der Umweltberatung gegenüber relativ positiv eingestellte Teilgruppe. Kommunikative Gegenstrategien zur Verbreiterung der Maßnahmenwirkungen innerhalb der Zielgruppen wurden in keinem der untersuchten Projekte entwickelt.

Ergebnisse zur Beratungsqualität

Auch eine regelmäßige Überprüfung der Beratungsqualität und ihrer Bewertung durch die Zielgruppen findet nur in Ausnahmefällen bei den Beratungsorganisationen statt. Es ist allerdings festzuhalten, dass von den Mittelgebern (insbesondere vom Umweltbundesamt) ein erheblicher Aufwand zur Sicherstellung der inhaltlichen Qualität der von ihnen finanzierten Beratungsangebote betrieben und die vorhandene Fachkompetenz zur Unterstützung der Projekte zur Verfügung gestellt wird (dies wurde insbesondere von den zum Zeitpunkt der Projektlaufzeit im Umweltbereich nicht erfahrenen Trägerorganisationen sehr positiv hervorgehoben, vgl. Meyer, Jacoby & Stockmann 2001, 102). Im Orientierungsberatungsprogramm der Deutschen Bundesstiftung Umwelt sind den Kammern und dem Deutschen Institut für Urbanistik ebenfalls erhebliche Anstrengungen zur Qualitätskontrolle von Leistungen der mit den subventionierten Beratungen beauftragten kommerziellen Beratungsbüros zu bescheinigen, die sich in einer im Rahmen der Evaluation von Fachleuten überprüften hohen Qualität der Beratungsberichte niederschlug (vgl. Stockmann, Meyer u.a. 2001, 254ff.). Generell wurde bei den evaluierten Projekten nur in sehr wenigen Einzelfällen von den beteiligten Experten fachliche Kritik an den Beratungsleistungen geübt. Fast alle zeigten sich mit den inhaltlichen Ergebnissen der erstellten Produkte oder Beratungsinhalte rundum zufrieden. Ein ähnlich positives Ergebnis erbrachten auch die Zielgruppenbefragungen von Kommunen und Unternehmen. Besonders hervorzuheben ist, dass dank der hohen inhaltlichen Qualität und der vielfach sehr frühen Berücksichtigung von Zielgruppeninteressen sowohl innerhalb der Trägerorganisationen als auch bei den Zielgruppen die zunächst vorhandenen Vorbehalte und Skepsis gegenüber der Leistungsfähigkeit von Umweltberatung abgebaut werden konnten.

Ergebnisse zur Umsetzung von Beratungsinhalten

Praktisch keiner der befragten Beratungsinstitutionen lagen valide Informationen über die Umsetzung ihrer Empfehlungen vor, entsprechende Nachfragen bei den Beratenen zur systematischen Weiterentwicklung der Beratungsqualität erfolgten in der Regel nicht. Die wenigen vorliegenden Informationen deuten allerdings genauso wie die Befunde der Zielgruppenbefragung im DBU-Programm auf einen außergewöhnlich hohen Umsetzungsgrad hin. Als Gründe für die Umsetzung kann die zumeist über den persönlichen Kontakt gewährleistete gute Anpassung der empfohlenen Maßnahmen an die konkreten Bedingungen vor Ort und die anerkannt gute Qualität der Beratungsleistungen angeführt werden. Gegen eine Umsetzung sprachen in der Regel vor allem Finanzierungsprobleme, die eher zu einem Aufschub als zu einer vollständigen Ablehnung der Umsetzung führten (vgl. Stockmann, Meyer u.a. 2001, 256ff.). Als Fazit ist festzuhalten, dass die Umweltberatung durch einen intensiven Dialog mit den Zielgruppen praktikable Lösungen erarbeiten und durch Qualitätssicherungsmaßnahmen einen hohen Umsetzungsgrad erreichen kann.

Ergebnisse zum Lösungsbeitrag der Beratungsempfehlungen

Obwohl vielfach Angaben über die angestrebten Umweltentlastungen in den Projektzielen enthalten waren, fanden Überprüfungen der erwünschten objektiv messbaren Umweltwirkungen nur in ganz wenigen Ausnahmefällen statt. Bedingt durch die Heterogenität der bearbeiteten Themen und der Art der Empfehlungen ist eine zusammenfassende Aussage kaum möglich. Es ist lediglich mit einiger Plausibilität zu behaupten, dass die erreichten Umweltentlastungen zwar in der Regel deutlich hinter dem technisch machbaren zurückblieben, auf der anderen Seite aber auch nur in ganz wenigen Ausnahmefällen überhaupt keine Effekte erzielt werden konnten. Die beratenen Kommunen und Unternehmen, die Beratungsempfehlungen im Rahmen des Orientierungsberatungsprogramms umgesetzt haben, beurteilten deren Beitrag zur Lösung ihrer Umweltprobleme äußerst positiv (vgl. Stockmann, Meyer u.a. 2001, 264ff.). Viele gaben sich sogar über den Umfang der erreichten Effekte positiv überrascht. Ähnliche Aussagen – die allerdings nicht repräsentativ erhoben wurden – liegen auch von Zielgruppen anderer Projekte vor. Insofern lässt sich trotz der sehr eingeschränkten Datenlage sagen, dass durch die Umsetzung der guten Empfehlungen auch gute Ergebnisse erreicht werden konnten, die entsprechend von den Beratenen wahrgenommen werden.

Ergebnisse zu den Wirkungen auf das Zielgruppenverhalten

Keine der Durchführungsorganisationen beobachtet regelmäßig und systematisch das Verhalten ihrer Zielgruppen. Da es sich allerdings bei den Zielgruppen in der Regel um die Mitglieder dieser Organisationen handelte, liegen zumeist vereinzelte Rückmeldungen und Informationen über die längerfristige Entwicklung vor. Auch diese Daten werden allerdings nicht systematisch zur Weiterentwicklung der Maßnahmen und Strategien genutzt. Die während der Evaluation durchgeführte Zielgruppenbefragung ergab den interessanten Befund, dass die beratenen Kommunen und Unternehmen ein deutlich höheres Aktivitätsniveau im Umweltbereich aufwiesen. Dies deckt sich zudem mit den Aussagen der Beratungsfirmen, die häufig von Nachfolgeaufträgen durch die beratenen Kommunen und Unternehmen berichteten. Auch wenn eine wissenschaftlich korrekte Absicherung mangels Vergleichsdaten vor der Beratung fehlt, so kann doch vermutet werden, dass die positiven Erfahrungen mit der Umweltberatung die Schwelle für weitere Aktivitäten im Umweltbereich gesenkt und die Bereitschaft, erneut Beratungen in Anspruch zu nehmen, erhöht hat.

Zusammenfassend lässt sich angesichts der Evaluationsergebnisse feststellen, dass die Umweltberatung unter der Voraussetzung ständiger Qualitätskontrolle und strengen Bedarfsorientierung dank des persönlichen Kontakts und der großen Zielgruppennähe äußerst erfolgreich arbeiten und die erhofften Wirkungen entfalten kann. Bisher fehlt allerdings den Beratungsorganisationen – auch den leistungsfähigen und finanzstarken Wirtschaftsverbänden und -kammern – ein professionelles Qualitäts- und Projektmanagement. Dies wirkt sich primär auf die Breitenwirkung der Beratungsleistungen negativ aus: bislang können vorrangig die umweltinteressierten Teilgruppen erreicht werden, deren Interesse sich durch die positiven Beratungserfahrungen weiter verstärkt. Diffusionseffekte, die sich innerhalb der Zielgruppen ohne erneute Werbemaßnahmen ergaben, blieben aufgrund der Konkurrenzsituation zwischen Unternehmen oder der fehlenden Kommunikationsstruktur im Umweltbereich zwischen den beratenen Organisationen weitgehend aus. Provokant ausgedrückt konnte die Umweltberatung dadurch hauptsächlich die bestehenden "Umweltnischen" vertiefen.

4. Notwendige Weiterentwicklung der Umweltberatung – einige Empfehlungen

Die Bundesrepublik Deutschland verfügt heute dank der Fördermaßnahmen in den neunziger Jahren über eine gut ausgebaute und sehr leistungsfähige Umweltberatungsinfrastruktur, die ihre Beratungsleistungen einer Vielzahl höchst unterschiedlicher Zielgruppen anbietet. Aufgrund der durchaus notwendige Konzentration auf die inhaltliche Qualität der Beratungsangebote und die dauerhafte Etablierung der Umweltberatung innerhalb der Durchführungsorganisationen wurde allerdings versäumt, geeignete Strategien zur Erhöhung der Breitenwirkung zu entwickeln. Dies hatte zur

Folge, dass sich die Wirkungen bisher nur bei einem marginalen Teil der Zielgruppen entfalten konnten.

In den letzten Jahren ist das öffentliche Interesse an Umweltthemen merklich zurückgegangen. Von vielen wird deshalb das Leitbild der nachhaltigen Entwicklung als neue Chance zur "Wiederbelebung" ökologischer Fragen oder sogar als Alternative zum Umweltthema gesehen. Es besteht dabei jedoch angesichts der nochmals deutlich gesteigerten Komplexität und der Vielzahl zusätzlicher Aufgaben die Gefahr, dass die "Öko-Nische" nur durch eine (vermutlich noch kleinere) "Nachhaltigkeitsnische" ersetzt wird. Da dies den Intentionen des Leitbilds widerspricht, muss die Popularisierung des Leitbildes und die mit ihm verbundenen Ansprüche an das eigene Verhalten einer möglichst großen Zahl von Personen und Organisationen vermittelt werden.

Gerade in dieser Hinsicht können die Ergebnisse der Umweltberatung bisher noch nicht zufriedenstellen und es ist durchaus zu fragen, ob die bestehende Beratungsinfrastruktur zur Entfaltung von Breitenwirkungen geeignet ist. Umweltberatung kann Aufklärungs- und Bildungsarbeit ergänzen, nicht aber ersetzen. Sie selbst muß durch entsprechende Strategien, Kampagnen, Marketingangebote zur Verbreitung ihrer Beratungsangebote und zum Abbau vorhandener Skepsis unterstützt werden. Die zumeist sehr kleinen Beratungseinheiten sind mit diesen zusätzlichen Aufgaben vielfach überfordert. Da angesichts des gegenwärtig geringen Interesses an Umweltthemen mit der Bereitstellung zusätzlicher Mittel kaum zu rechnen ist, kommt der systematischen Weiterentwicklung der Umweltberatung und einer Koordinierung der Vorgehensweise auf den verschiedenen Ebenen und zwischen verschiedenen Akteuren eine besonders hohe Bedeutung zu. Es bedarf speziell angesichts der neuen Anforderungen des Leitbilds nachhaltiger Entwicklung einer Professionalisierung des Qualitätsmanagements und des Marketings (vgl. zur Begründung die Ausführungen bei Meyer & Martinuzzi 2000).

Hierfür werden folgende Maßnahmen vorgeschlagen:

- Aufbau eines Monitoring- und Evaluationssystems zur Wirkungskontrolle (zu den wesentlichen Bestandteilen eines solchen Systems siehe Meyer 2000b)
- Aufbau eines Kommunikationsnetzwerks zwischen Umweltberatungsstellen zum Erfahrungsaustausch über die Wirkungen der Beratungsleistungen
- Gezielte Kampagnen und Maßnahmen zur Verbreitung der positiven Erfahrungen bei den Zielgruppen und zur Erreichung kritischer Populationen, die auf den Ergebnissen einer systematischen Beobachtung der Zielgruppen (weiter-)entwickelt werden
- Beibehaltung und Weiterentwicklung der Qualitätskontrolle bei der Erstellung von Beratungsangeboten
- Förderprogramme zur Unterstützung der Maßnahmenumsetzung bei den Zielgruppen

Die Umweltberatung ist aufgrund ihrer Zielsetzungen, ihrer Leistungsfähigkeit und vor allem aufgrund ihres engen Kontaktes zu ihren Zielgruppen ein wichtiger Akteur für die Verbreitung nachhaltiger Konsumstile. Sie kann zur Umsetzung konkreter Maßnahmen und damit zu einer Vermittlung globaler Handlungsanforderungen an die individuelle Lebenswelt beitragen, wenn eine ausreichend hohe Qualität der Beratungsleistung (auch aus Sicht der Beratenen) sichergestellt werden kann. Durch den direkten Kontakt zu den Zielgruppen und der Orientierung an ihren Bedürfnissen kann die Umweltberatung erfolgreich zwischen den verschiedenen Zieldimensionen integrativ wirken. Und mit einer systematischen Wirkungskontrolle wäre nicht nur der Umfang sondern vor allem auch die Nachhaltigkeit der Wirkungen von Umweltberatungen weiter zu steigern.

Dazu muss aber der Schwerpunkt der Aufmerksamkeit stärker als bisher auf die Wirkungen der Maßnahmen bei den Zielgruppen (Informationsverarbeitung) gelegt werden, ohne die erfolgreiche Arbeit zum Aufbau eines qualitativ hochwertigen Beratungsangebots (Informationsproduktion) zu vernachlässigen. Nur mit Hilfe der bei den Zielgruppen zu gewinnenden Informationen über ihre Einstellungen zu den Beratungsangeboten und deren Leistungen können geeignete Vermittlungsstrategien und -strukturen (Informationsvermittlung) entwickelt werden. Ohne diese kann eine Verbreitung nachhaltiger Konsummuster und die Einleitung des erwünschten gesellschaftlichen Wertewandels nicht gelingen.

Literatur

Adelmann, Gerd (1997), 1986-1996 – 10 Jahre Umweltberatung. Von der Mission zum Marketing, in: Wohlers, Lars (Hrsg.), Umweltberatung – Umweltkommunikation. Bilanz – Dialog – Perspektiven. Kongressdokumentation, Bremen/Lüneburg, S. 31-47.

Exner, Verena (2000), Neue Wege der Umweltkommunikation in der mittelständischen Wirtschaft – ausgewählte Förderprojekte der Deutschen Bundesstiftung Umwelt zur beruflichen Umweltbildung und Umweltberatung, in: Härtel, Michael, Reinhard Stockmann & Hansjörg Gaus (Hrsg.), Berufliche Umweltbildung und Umweltberatung: Grundlagen, Konzepte und Wirkungsmessung, Bielefeld: W. Bertelsmann, S. 121-134.

Gaus, Hansjörg (2000), Umweltberatung – Entwicklung, Gegenstand und Forschungsergebnisse, in: Michael Härtel, Reinhard Stockmann & Hansjörg Gaus (Hrsg.), Berufliche Umweltbildung und Umweltberatung – Grundlagen, Konzepte und Wirkungsmessung, Bielefeld: W. Bertelsmann, S. 65-89.

Gladwell, Malcolm (2000), Der Tipping Point. Wie kleine Dinge Grosses bewirken können, Berlin: Berlin Verlag.

Hauff, Volker (Hrsg., 1987), Unsere gemeinsame Zukunft. Der Brundland-Bericht der Weltkommission für Umwelt und Entwicklung, Greven: Eggenkamp.

Meyer, Wolfgang (2000a), Umweltberatung als organisierter Informationstransfer, in: Michael Härtel, Reinhard Stockmann & Hansjörg Gaus (Hrsg.), Berufliche Umweltbildung und Umweltberatung. Grundlagen, Konzepte und Wirkungsmessung, Bielefeld: W. Bertelsmann Verlag, S. 90-108.

Meyer, Wolfgang (2000b), Umweltberatungsprojekte – Ein Ratgeber (hrsg. vom Bundesverband für Umweltberatung, gefördert durch das Bundesumweltministerium und das Umweltbundesamt), Bremen/Saarbrücken: bfub

Meyer, Wolfgang & Klaus-Peter Jacoby (2001), Nachhaltigkeit der Umweltberatung in Verbänden. Vorläufige Ergebnisse einer Evaluationsstudie im Auftrag des Bundesumweltministeriums und des Umweltbundesamtes, in: Stockmann, Reinhard & Julia Urbahn (Hrsg.), Umweltberatung und Nachhaltigkeit. Dokumentation einer Tagung der Deutschen Bundesstiftung Umwelt, Osnabrück, 28./29. Mai 2000, Berlin: ESV, S. 148-174.

Meyer, Wolfgang, Klaus-Peter Jacoby & Reinhard Stockmann (2000), Evaluation der Umweltberatungsprojekte des Bundesumweltministeriums und des Umweltbundesamtes. Nachhaltige Wirkungen der Förderung von Bundesverbänden. Forschungsbericht, Saarbrücken: Universität des Saarlandes (Zur Publikation in der Reihe UBA-Texte vorgesehen).

Meyer, Wolfgang & André Martinuzzi (2000), Evaluationen im Umweltbereich. Ein Beitrag zum nachhaltigen Wirtschaften? In: Vierteljahreshefte zur Wirtschaftsforschung, 69, S. 453-467.

Neitzel, Harald, Ute Landmann & Marian Pohl (1994), Das Umweltverhalten der Verbraucher – Daten und Tendenzen, Berlin: Umweltbundesamt (UBA-Texte 75/94)

Rogers, Everett M. (1995), Diffusion of Innovations, New York: The Free Press (4th ed.).

Seifert, Angela (2001), Strategien, Konzepte und Ziele der Förderpolitik des Umweltbundesamtes im Bereich Umweltberatung, in: Reinhard Stockmann & Julia Urbahn (Hrsg.), Umweltberatung und Nachhaltigkeit. Dokumentation einer Tagung der Deutschen Bundesstiftung Umwelt, Osnabrück, 28./29.05.2000, Berlin: ESV, S. 89-106.

Stockmann, Reinhard (1996), Die Wirksamkeit der Entwicklungshilfe. Eine Evaluation der Nachhaltigkeit von Programmen und Projekten, Opladen: Westdeutscher Verlag.

Stockmann, Reinhard (2001), Evaluation der Nachhaltigkeit von Umweltberatung, in: Reinhard Stockmann & Julia Urbahn (Hrsg.), Umweltberatung und Nachhaltigkeit. Dokumentation einer Tagung der Deutschen Bundesstiftung Umwelt, Osnabrück, 28./29.05.2000, Berlin: ESV, S. 7-20.

Stockmann, Reinhard, Wolfgang Meyer, Hansjörg Gaus, Uwe Kohlmann & Julia Urbahn (2001), Nachhaltige Umweltberatung. Evaluation eines Förderprogramms der Deutschen Bundesstiftung Umwelt, Opladen: Leske+Budrich.

Umweltbundesamt (Hrsg) (1992), Jahresbericht des Umweltbundesamtes 1992, Berlin: UBA.

United Nations (eds., 1999), Report of the United Nations Conference on Environment and Development Rio de Janeiro 3-14. June 1992,
Internet-Manuskript (http://www.un.org/documents/ga/conf151/aconf15126-1.htm, Stand 06.11.2001)

Urbahn, Julia & Hansjörg Gaus (2001), Die Nachhaltigkeit von Umweltberatungsprogrammen", in: Reinhard Stockmann & Julia Urbahn (Hrsg.), Umweltberatung und Nachhaltigkeit. Dokumentation einer Tagung der Deutschen Bundesstiftung Umwelt, Osnabrück, 28./29.05.2000, Berlin: ESV, S. 129-147.

Wehrspaun, Michael, Korinna Schack & Christian Löwe (1998), Angewandte sozialwissenschaftliche Umweltforschung. Konzeptionelle Überlegungen und Forschungsfragen, Berlin: UNESCO-Verbindungsstelle im Umweltbundesamt.

Zapf, Wolfgang (1984), Individuelle Wohlfahrt: Lebensbedingungen und wahrgenommene Lebensqualität, in: Wolfgang Glatzer & Wolfgang Zapf (Hrsg.), Lebensqualität in der Bundesrepublik. Objektive Lebensbedingungen und subjektives Wohlfbefinden, Frankfurt/New York: Campus, S. 13-26.

Autorenregister

Bamberg, Sebastian S. 389

PD Dr. Sebastian Bamberg, Zur Zeit Lehrstuhlvertretung am Institut für Arbeits-, Organisations- und Sozialpsychologie (Professur Sozialpsychologie) der TU Dresden. Arbeitsschwerpunkte: Entwicklung von psychologischen Handlungstheorien, Umwelt- und Mobilitätsverhalten, Einstellung- und Verhaltensforschung.

Kontakt: Technische Universität, Institut für Arbeits-, Organisations- und Sozialpsychologie, Dresden; E-Mail: bamberg@psychologie.tu-dresden.de

Blättel-Mink, Birgit S. 99

PD Dr. Birgit Blättel-Mink, Studium der Soziologie an der Universität Mannheim, Promotion an der Universität Heidelberg und Habilitation an der Universität Stuttgart. Zur Zeit Lehrstuhlvertretung der Arbeits- und Organisationssoziologie an der Universität Stuttgart, langjährige kooptierte Mitarbeiterin an der Akademie für Technikfolgenabschätzung in Baden-Württemberg. Arbeitsschwerpunkte: Wirtschaft und Umweltschutz, Innovationsforschung, Nachhaltige Entwicklung, Geschlecht und Technik, Geschlecht und Wissenschaft.

Kontakt: Universität Stuttgart, IfS-Abteilung für Arbeits- und Organisationssoziologie, Seidenstr. 36, 70174 Stuttgart; E-Mail: birgit.blaettel-mink@soz.uni-stuttgart.de

Brunner, Karl-Michael S. 257

Dr. Karl-Michael Brunner, Studium der Soziologie und Pädagogik in Klagenfurt und Wien. Assistenzprofessor am Institut für Allgemeine Soziologie und Wirtschaftssoziologie an der Wirtschaftsuniversität Wien; Lehrtätigkeit an den Universitäten Klagenfurt und Wien, der Wirtschaftsuniversität Wien und an der Pädagogischen Hochschule Freiburg i.Br.. Arbeitsschwerpunkte: Ernährungs- und Umweltsoziologie, Konsum und nachhaltige Entwicklung, Migration, Massenkommunikation.

Kontakt: Institut für Allgemeine Soziologie und Wirtschaftssoziologie, Wirtschaftsuniversität Wien, Augasse 2-6, A-1090 Wien; E-Mail: Karl-Michael.Brunner@wu-wien.ac.at

Buchholz, Kathrin S. 231

Dipl.-Ing. Kathrin Buchholz, Studium Technischer Umweltschutz an der TU Berlin, wissenschaftliche Mitarbeiterin an der TU Berlin (Fachgebiet Umweltchemie u. Institut für Hochschuldidaktik) und an der FH Wilhelmshafen (Sondierung zu Frauenforschung in den Ingenieurwissenschaften); seit 1998 wissenschaftliche Mitarbeiterin im Forschungsbereich Sozial-ökologische Forschung/Feministische Umweltforschung an der TU Berlin; Arbeitsschwerpunkte: Nachhaltiges Konsumverhalten, Lokale Agenda 21, Gender & Environment.

Kontakt: Technische Universität Berlin, Sekr. BH 14, Straße des 17. Juni 135, 10623 Berlin; E-Mail: kathrin.buchholz@tu-berlin.de

Deimling, Sabine S. 323

Dr. Sabine Deimling, Studium der Agrarbiologie an der Universität Stuttgart-Hohenheim. 1989 Promotion zum Dr. sc. agr., von 1988 bis 1996 wissenschaftliche Mitarbeiterin und Projektleiterin am Forschungsschwerpunkt Biotechnologie und Pflanzenzüchtung der Universität Hohenheim, anschließend Institut für Energiewirtschaft und rationelle Energieanwendung der Universität Stuttgart. Seit 1999 am Institut für umweltgerechte Landbewirtschaftung in Müllheim/Baden. Arbeitsschwerpunkte: Energetische und stoffliche Nutzung nachwachsender Rohstoffe, Nachhaltiges Wirtschaften, Regionales Stoffstrommanagement.

Kontakt: Institut für umweltgerechte Landbewirtschaftung, Auf der Breite 7, 79379 Müllheim; E-Mail: poststelle@iful.bwl.de

Dylla, Renate S. 343

Dipl. oec. Troph. (FH) Renate Dylla, Fachhochschule Fulda, Fachbereich Haushalt und Ernährung, Projekt TSS.

Kontakt: E-Mail: Rdylla@t-online.de

Eberle, Ulrike S. 191

Dr. Ulrike Eberle, Studium der Biologie und Chemie an der Albert-Ludwigs-Universität Freiburg. 2001 Promotion zur Dr. oec. troph. an der Justus-Liebig-Universität Gießen, ausgezeichnet mit dem deutschen Haushaltstechnikpreis 2001. Seit 1994 wissenschaftliche Mitarbeiterin am Öko-Institut e.V. Freiburg im Bereich Produkte & Stoffströme. Arbeitsschwerpunkte: Nachhaltiger Konsum; Labelling; Ökobilanzen/Stoffstromanalysen.

Kontakt: Öko-Institut e.V., PF 6226, 79038 Freiburg; E-Mail: eberle@oeko.de

Eckardt, Sven S. 425

Dipl.-Ing. Sven Eckardt, 1990 – 1996 Studium der Verfahrenstechnik an der Universität Stuttgart. 1996 -1999 Mitarbeiter im Umweltreferat der Firmengruppe Merckle / ratiopharm in Ulm (Hauptaufgabenbereich: produktionsintegrierter Umweltschutz; Stoff- & Energieflussmanagement). seit 1999 wissenschaftlicher Mitarbeiter am Institut für Energiewirtschaft und Rationelle Energieanwendung (IER) der Universität Stuttgart; 1999 – 2001 Mitarbeit an der Entwicklung eines europäischen Öko-Labels für umweltfreundliche Hotels im Auftrag der Generaldirektion Umwelt der EU. Seit 2001 Forschung und Entwicklung eines integrierten Managementsystems für Hotels und Gaststätten.

Kontakt: Universität Stuttgart (IER), Heßbrühlstraße 49a, 70550 Stuttgart; E-Mail: se@ier.uni-stuttgart.de

Empacher, Claudia S. 455

Dipl. oec. Claudia Empacher, Studium der Sozioökonomie mit Schwerpunkt Umweltökonomie an der Universität Augsburg und der Universidad de Valladolid, Spanien. Seit 1997 wissenschaftliche Mitarbeiterin im Institut für sozial-ökologische Forschung (ISOE), Frankfurt/M, Forschungsbereich, "Konsum, Alltagsökologie und Stoffströme". Arbeitsschwerpunkte: Nachhaltige Konsum- und Produktionsmuster, Konsumverhalten, Lebensstile, soziale Nachhaltigkeit, Nachhaltigkeitsberichterstattung von Unternehmen.

Kontakt: Institut für sozial-ökologische Forschung (ISOE), Hamburger Allee 45, 60486 Frankfurt/M.; E-Mail: empacher@isoe.de

Fischer, Dirk S. 119

Dipl. oec. Dirk Fischer, Studium der Wirtschaftswissenschaften an der Universität Hannover und der Carl-von-Ossietzky-Universität Oldenburg. Seit 1996 wissenschaftlicher Mitarbeiter am Lehrstuhl für Allgemeine Betriebswirtschaftslehre, Unternehmensführung und Betriebliche Umweltpolitik an der Carl-von-Ossietzky-Universität Oldenburg. Seit Ende 1999 Mitarbeiter im BMBF-geförderten Forschungsprojekt "Von der Öko-Nische zum ökologischen Massenmarkt im Bedürfnisfeld Textilien", dort verantwortlich für das Teilprojekt "Funktionsorientierte Produktgestaltung in der textilen Kette". Forschungsschwerpunkte: Strategisches Management, ökologische Wettbewerbsstrategien, Funktionsorientierung.

Kontakt: Carl-von-Ossietzky-Universität Oldenburg, FB 4, 26111 Oldenburg; E-Mail: dirk.fischer@uni-oldenburg.de

Fritsche, Uwe R. S. 335

Uwe R. Fritsche, Studium der Physik an der Technischen Universität Darmstadt, seit 1984 wissenschaftlicher Mitarbeiter am Öko-Institut Büro Darmstadt (vorher: Freiburg), seit 1988 dort Koordinator des Bereichs Energie und Klimaschutz. Arbeitsschwerpunkte: Modellierung der Umwelteffekte von Energiesystemen, Stoffstromanalysen und Ökobilanzen, Szenarien zum Klimaschutz; nachhaltige Finanzwirtschaft.

Kontakt: Öko-Institut Büro Darmstadt, Elisabethenstr. 55-57, 64283 Darmstadt; E-Mail: fritsche@oeko.de

Gaitsch, Regina S. 279

Regina Gaitsch, Studium der Angewandten Geographie an der Universität Trier. Seit 1997 wissenschaftliche Mitarbeiterin am TAURUS – Institut an der Universität Trier. Arbeitsschwerpunkte: Konzepte und Initiativen nachhaltiger Regionalentwicklung, regionale Kooperationen in der Ernährungs- und Holzwirtschaft, intermediäre Akteure in Regionalentwicklungsprozessen.

Kontakt: TAURUS – Institut an der Universität Trier, Postkasten DM 20, 54286 Trier
E-Mail: gaitsch@uni-trier.de

Gaus, Hansjörg S. 209

Dr. Hansjörg Gaus, Studium der Betriebswirtschaftslehre an der Universität Mannheim. 1999 Promotion zum Dr. rer. pol. an der TU Chemnitz, dort 1992 bis 1997 und 2000 wissenschaftlicher Mitarbeiter am Lehrstuhl für Marketing und Handelsbetriebslehre. 1997 bis 2000 Bearbeitung eines Auftragsprojekts der DBU zur Evaluation eines Umweltberatungsprogramms am Lehrstuhl für Soziologie der Universität des Saarlandes. Seit 2001 wissenschaftlicher Assistent an der TU Chemnitz und Leiter eines Auftragsprojekts des Umweltbundesamtes. Arbeitsschwerpunkte: Umweltkommunikation, Mobilitätsverhalten; Werteforschung, Umweltberatung.

Kontakt: Technische Universität Chemnitz, Fakultät für Wirtschaftswissenschaften, Lehrstuhl für Marketing und Handelsbetriebslehre, 09107 Chemnitz; E-Mail: hansjoerg.gaus@wirtschaft.tu-chemnitz.de

Goslar, Karl Heinz S. 443

Dr. Karl Heinz Goslar; Jahrgang 1938; verh.; Studium in Hannover; drei Kinder; vier Enkel; dreißig Jahre in der Industrie als Betriebsleiter/Bereichsleiter in den Bereichen Verfahrens-, Automations-, Energie- und Umwelttechnik; Ehrenämter im Kirchen- und Schulbereich; Vortragsreihen, Seminare, Arbeitskreise und Broschüren zu sozial-ökologischen Themen.

Kontakt: Schöpfung nachhaltig bewahren e.V., August-Euler-Weg 8, 76133 Karlsruhe; E-Mail: kh.goslar@web.de

Grefe, Wolfgang S. 291

Kontakt: Rommelmühle GmbH & Co. KG, Flößerstraße 60, 74321 Bietigheim-Bissingen; E-Mail: rommelmuehle@n-e-w.de

Grunwald, Armin — S. 433

Prof. Dr. Armin Grunwald, Studium von Physik, Mathematik und Philosophie. Berufstätigkeiten in der Industrie (1987-1991), im Deutschen Zentrum für Luft- und Raumfahrt (1991-1995) und als stellvertretender Direktor der Europäischen Akademie zur Erforschung von Folgen wissenschaftlich-technischer Entwicklungen (1996-1999) ist er seit 1999 Leiter des Instituts für Technikfolgenabschätzung und Systemanalyse des Forschungszentrums Karlsruhe (ITAS) und Professor an der Universität Freiburg. Arbeitsgebiete: konzeptionelle und methodische Fragen der Technikfolgenabschätzung und der Ethik in der Technikgestaltung, Nachhaltigkeit.

Kontakt: Forschungszentrum Karlsruhe, Postfach 36 40, 76021 Karlsruhe; E-Mail: grunwald@itas.fzk.de

Haußer, Katrin — S. 309

Katrin Haußer, Studium der Haushaltsökonomie an der Universität Stuttgart-Hohenheim, von 1999 bis 2000 Mitarbeiterin am Lehr- und Forschungsbereich Konsumtheorie und Verbraucherpolitik, seither bei E.On Energie tätig.

Kontakt: IER, Universität Stuttgart, Heßbrühlstraße 49a, 70565 Stuttgart; E-Mail: cw@ier.uni-stuttgart.de

Hermelink, Andreas — S. 353

Dipl.-Kfm. Dipl.-Ing. Andreas Hermelink, Studium der Betriebswirtschaftslehre an der Universität Stuttgart (Diplom 1996), Studium des Bauingenieurwesens an der Universität Gesamthochschule Kassel (Diplom 2000), seit 1999 wissenschaftlicher Mitarbeiter am der Universität Gesamthochschule Kassel. Arbeitsschwerpunkte: Kosten und Nutzen von Energiesparmaßnahmen, Energieverbrauchsverhalten und seine Determinanten; Umweltbilanzen und Marketing für Energiesparhäuser, Management und Vertragsgestaltung für innovative Bauprojekte.

Kontakt: Universität Gh Kassel, WZ III, Kurt-Wolters-Str. 3, 34109 Kassel; E-Mail: hermelink@usf.uni-kassel.de

Hirschl, Bernd — S. 197

Bernd Hirschl, Studium des Wirtschaftsingenieurwesens an der Technischen Universität Hamburg-Harburg und an der Universität Hamburg, seit April 1998 wissenschaftlicher Mitarbeiter im IÖW, Forschungsfeld "Ökologische Produktpolitik". Arbeitsschwerpunkte: Öko-effiziente Produkte und Dienstleistungen, Produkt-Ökobilanzen, Innovation und Diffusion ökologischer Technologien und Produkte, Regenerative Energien und rationelle Energieanwendung.

Kontakt: Institut für ökologische Wirtschaftsforschung (IÖW) gGmbH, Potsdamer Str. 105, 10785 Berlin; E-Mail: bernd.hirschl@ioew.de

Hübner, Hartmut — S. 353

Hartmut Hübner, Dr.-Ing., Leiter der Forschungsgruppe Umweltbilanzen des Wissenschaftlichen Zentrums für Umweltsystemforschung. Arbeitsgebiete: Ökoeffiziente Gestaltung, Prozeßkettenmodellierung zur Umweltbilanzierung, Nutzerverhalten im Wohnbereich.

Kontakt: Universität Gh Kassel, WZ III, Kurt-Wolters-Str. 3, 34109 Kassel; E-Mail: huebner@usf.uni-kassel.de

Karg, Georg S. 363

Prof. Dr. Georg Karg, Ph.D. (geb. 1941) absolvierte das Studium der Agrarwissenschaften an der TU München und der Universität von Montpellier (Frankreich) sowie ein Graduiertenstudium in Economics und Statistics an der Iowa State University in Ames (USA). Er ist seit 1984 Inhaber des Lehrstuhls für Wirtschaftslehre des Haushalts an der TU München. Schwerpunkte seiner Arbeit sind Analysen des Verhaltens privater Haushalte in den Bereichen Ernährung, Mobilität und Finanzierung von Wohneigentum.

Kontakt: TU München, Lehrstuhl für Wirtschaftslehre des Haushalts, 85350 Freising-Weihenstephan, Tel: 08161-71-3316; E-Mail: karg@wzw.tum.de, Internet: http://www.wzw.tum.de/wdh

Klemisch, Herbert S. 171

Herbert Klemisch, M.A., Sozialwissenschaftler und Umweltberater. Seit 1990 wissenschaftlicher Mitarbeiter im Klaus Novy Institut. Arbeitsschwerpunkte: Ökologiemarkt und Nachhaltiges Wirtschaften in klein- und mittelständischen Unternehmen, Umweltmanagement und Partizipation von Beschäftigten, Konsumverhalten, öko-soziale Produktkennzeichung und Unternehmensdialoge.

Kontakt: Klaus Novy Institut, 50678 Köln; E-Mail: herbert.klemisch@kni.de

Koch, Angela S. 279

Angela Koch, Studium der Angewandten Geographie/Raumentwicklung an der Universität Trier. Seit 2000 wissenschaftliche Mitarbeiterin am TAURUS – Institut an der Universität Trier. Arbeitsschwerpunkte: Stadtstruktur und Regionalanalyse, Kommunale Zeitpolitik, Naturparkkonzepte.

Kontakt: TAURUS–Inst a. d. Universität Trier, Postk. DM 20, 54286 Trier; E-mail:angela.koch@uni-trier.de

Konrad, Wilfried S. 197

Dr. Wilfried Konrad, Studium der Betriebswirtschaftslehre an der Fachhochschule Mainz II, Studium der Soziologie an der Universität Frankfurt am Main. 1996 Promotion zum Dr. phil., von 1992 bis 1998 wissenschaftlicher Mitarbeiter am Institut für Sozialforschung, Frankfurt am Main, seit 1999 wissenschaftlicher Mitarbeiter am Institut für ökologische Wirtschaftsforschung, Heidelberg. Arbeitsschwerpunkte: Innovationsforschung, Nachhaltige Produktnutzung.

Kontakt: IÖW, Bergstr. 7, 69120 Heidelberg; E-Mail: wilfried.konrad@heidelberg.ioew.de

Kraemer, Klaus S. 55

Dr. Klaus Kraemer, Studium der Sozialwissenschaften und Geschichte an der Universität Münster. 1995 Promotion zum Dr. phil., 1995 - 2001 Geschäftsführer der Sektion Gesellschaftswissenschaften des Zentrums für Umweltforschung der Universität Münster, seit 2001 wissenschaftlicher Mitarbeiter des TaT. Arbeits- und Forschungsschwerpunkte: Umweltsoziologie, sozialwissenschaftliche Technik- und Risikoforschung, Soziologie sozialer Ungleichheit, Kultursoziologie, Gesellschaftstheorie.

Kontakt: Transferzentrum für angepaste Technologien GmbH, Hovesaatstr. 6, 48432 Rheine; E-Mail: kraemek@uni-muenster.de

Kreeb, Martin S. 159

Dipl. oec. Martin M. Th. Kreeb, Studium der Wirtschaftswissenschaften an den Universitäten Hohenheim, St. Gallen und Medizin an der Privaten Universität Witten/Herdecke. Von 1992 bis1995 Projektmitarbeiter am Lehrstuhl für Wirtschaftinformatik der Universität Hohenheim und von 1995-1997 Vorstandstrainee bei der Kunert AG, Immenstadt. Von 1997 bis 1999 wissenschaftlicher Mitarbeiter an der Universität

Witten/Herdecke und Gründung des Deutschen Kompetenzzentrums für Nachhaltiges Wirtschaften. Seit 2000 Mitarbeiter am Lehrstuhl Umweltmanagement und Bereichsleiter Expertenwissen im bmbf-Verbundprojekt "Ökoradar". Océ van Grinten Preisträger 1996. Arbeitsschwerpunkte: betriebliche Umweltinformationssysteme, Umweltkostenrechnung, Umweltkennzahlen, Neue Medien.

Kontakt: Universität Hohenheim (510 M), 70593 Stuttgart; E-Mail: kreeb@uni-hohenheim.de

Kriegs, Claus　　　　　　　　　　　　　　　　　　　　　　　　　　　　　　　S. 467

Claus Kriegs, Studium der Geschichte, Physik und Pädagogik für das Lehramt an Gymnasien. Seit 1986 wissenschaftlicher Angestellter in der Grundsatz- und Präsidialabteilung der Umweltbehörde Hamburg; dort in verschiedenen Funktionen im Bereich Umwelterziehung und Umweltberatung tätig; seit 1997 Koordination der Lokalen Agenda 21 Hamburg.

Kontakt: Umweltbehörde Hamburg, Billstraße 84, 20539 Hamburg; E-Mail: claus.kriegs@ub.hamburg.de

Kurfürst, Ulrich　　　　　　　　　　　　　　　　　　　　　　　　　　　　　　S. 343

Prof. Dr. Ulrich Kurfürst, FH Fulda, Fachbereich Haushalt und Ernährung, Projekt TSS.

Kontakt: E-Mail: Ulrich.Kurfuerst@he.fh-fulda.de

Kurt, Hildegard　　　　　　　　　　　　　　　　　　　　　　　　　　　　　　　S. 73

Dr. Hildegard Kurt, Kulturwissenschaftlerin; 1999 Promotion an der Humboldt-Universität zu Berlin. Seit 1997 Kunstredakteurin der Zeitschrift ZUKÜNFTE, freie Projekt-, Forschungs- und Lehrtätigkeit, u.a.: 1998-99 Initiatorin des Kunstprogrammes "Bauhaus der Lebensstile" am Bauhaus Dessau; 2001 Lehrauftrag an der Bauhaus-Universität Weimar zur Ästhetik der Nachhaltigkeit; 2001/2002 "Die Bedeutung von Kultur für das Leitbild Nachhaltige Entwicklung", Fortbildungsprojekt mit der Kulturpolitischen Gesellschaft e.V. und dem Umweltbundesamt.

Kontakt: Koburger Str. 3, 10825 Berlin; E-Mail: h.kurt@t-online.de

Lamla, Jörn　　　　　　　　　　　　　　　　　　　　　　　　　　　　　　　　　S. 147

Dr. Jörn Lamla, Studium der Fächer Sozialkunde/Politik, Mathematik, Psychologie und Erziehungswissenschaft an der Philipps-Universität Marburg. Von 1995 bis 2002 wissenschaftlicher Mitarbeiter am Institut für Soziologie der Friedrich-Schiller-Universität Jena. 2000 Promotion zum Dr. phil., seit 2002 wissenschaftlicher Assistent im Fachgebiet Allgemeine Soziologie der Justus-Liebig-Universität Gießen. Arbeitsschwerpunkte: Soziologische Theorie; politische Soziologie; Kultursoziologie des Ökonomischen.

Kontakt: Justus-Liebig-Universität Gießen, Institut für Soziologie (Philosophikum II), Karl-Glöckner-Str. 21, Haus E, 35394 Gießen; E-Mail: Joern.Lamla@sowi.uni-giessen.de

Maier, Simone　　　　　　　　　　　　　　　　　　　　　　　　　　　　　　　S. 413

Simone Maier, Studium der Wirtschaftswissenschaften an der Universität Witten/Herdecke und der University of Haifa, Israel. Dissertation über die strategischen Herausforderungen bei der Einführung von Bioprodukten in der Gastronomie am Institut für Wirtschaft und Ökologie der Universität St. Gallen. Seit 2001 Strategieentwicklerin beim Schweizer Verband der Raiffeisenbanken. Forschungsinteressen: Strategieentwicklung, Organisationale Transformationsprozesse, Managementsysteme zur Integration von Kategorien nachhaltiger Entwicklung in Unternehmen.

Kontakt: E-Mail: simone.maier@gmx.ch

Mayer-Figge, Andrea S. 183

Dr. A. Mayer-Figge, Studium der Chemie an der Universität/Gesamthochschule Wuppertal. Promotion in der Physikalischen Chemie / Atmosphärenchemie, seit 2000 wissenschaftliche Mitarbeiterin der Verbraucher-Zentrale NRW. Arbeitsschwerpunkte: Strategien und Instrumente zur Förderung eines Nachhaltigeren Konsums, Integrierte Produktpolitik, Schadstoffe in Innenräumen.

Kontakt: Verbraucher-Zentrale NRW, 40215 Düsseldorf, Mintropstraße 27; E-Mail: umwelt@vz-nrw.de

Meyer, Wolfgang S. 473

Dr. Wolfgang Meyer, Dr. phil. (TU Chemnitz 1997), Diplom-Soziologe (Universität Mannheim 1989), seit 1989 wissenschaftlicher Mitarbeiter am Institut für Soziologie der Universität des Saarlandes, Gründungsmitglied der Deutschen Gesellschaft für Evaluation (DeGEval), seit 1999 Sprecher des Arbeitskreises Evaluationen im Umweltbereich.

Kontakt: Universität des Saarlandes, Saarbrücken, Institut für Soziologie; E-Mail: w.meyer@rz.uni-sb.de

Müller, Christa S. 91

Dr. Christa Müller, Studium der Soziologie und Politikwissenschaft in Bielefeld, Marburg, Berlin und Sevilla, Forschungsaufenthalte in Costa Rica, Mexiko und Westfalen, 1997 Promotion zum Dr. rer. soc. an der Universität Bielefeld, Mitbegründerin des *Instituts für Theorie und Praxis der Subsistenz*, seit 1999 wiss. Mitarbeiterin der Forschungsgesellschaft *anstiftung* in München, Lehrbeauftragte an der Universität Innsbruck, 1998 Schweisfurth Forschungspreis für Ökologische Ökonomie. Arbeitsschwerpunkte: Konzipierung und Begleitforschung (qualitative und akteursorientierte Ansätze) von Projekten in den Bereichen New Work, nachhaltige Regionalisierungsprozesse und Sozialkapitalbildung.

Kontakt: anstiftung ggmbh, Daiserstr. 15, Rgb., 81371 München, Tel. 089-74746019, Fax 089-74746030 E-Mail: Christa.Mueller7777@web.de, Internet: www.anstiftung.de

Pfütze, Hermann S. 109

Prof. Hermann Pfütze, geb. 1941, seit 1972 Professor für Soziologie an der Alice-Salomon-Fachhochschule für Sozialarbeit und Sozialpädagogik. in Berlin. Zahlreiche Aufsätze zu Soziologie, Sozialarbeit und Kunst. Jüngste Veröffentlichung: *Form, Ursprung und Gegenwart der Kunst*. Suhrkamp Verlag 1999, 352 S.. Seit 1998 Präsident der Deutschen Gesellschaft für Ästhetik e.V., die vom 3.-7.Juli 2002 in der Berliner Akademie der Künste ihren nächsten internationalen Kongress veranstaltet zum Thema "Kunst und Demokratie".

Kontakt: Prof. Hermann Pfütze, Paul-Krause-Str.3, 14129 Berlin; E-Mail: hpfuetze@yahoo.de

Reichert, Andreas S. 403

Dipl.-Soz. Andreas Reichert, Studium der Soziologie, Psychologie und Philosophie an der Philipps-Universität Marburg, z.Zt. wissenschaftlicher Mitarbeiter und Doktorand am Institut für Energiewirtschaft und Rationelle Energieanwendung der Universität Stuttgart.

Arbeitsgebiete: Umweltsoziologie, Techniksoziologie, Soziale Gerontologie, Soziologische Theorie.

Veröffentlichungen u.a.: Neue Determinanten sozialer Ungleichheit. Eine soziologische Analyse zur Bedeutung technischer Kompetenz in einer alternden Gesellschaft, Berlin 2001; Sozio-ökologische Aspekte nachhaltigen Konsums – Das Beispiel Freizeit. In: Gebhardt, B. et al.: Schritte zu nachhaltigem Konsum. Interdisziplinäre Analyse eines Ökozentrums, Berlin 2001.

Korrespondenzadresse: Universität Stuttgart, IER, Heßbrühlstr. 49a, D-70565 Stuttgart; E-Mail: ar@ier.uni-stuttgart.de

Reisch, Lucia S. 41

Dr. Lucia A. Reisch, Studium der Wirtschaftswissenschaften an der Universität Stuttgart-Hohenheim und der University of California, Los Angeles. 1994 Promotion zum Dr. oec., seit 1989 wissenschaftliche Mitarbeiterin am Lehr- und Forschungsbereich Konsumtheorie und Verbraucherpolitik der Universität Hohenheim; seit 1999 Visiting Associate Professor an der Copenhagen Business School, Dänemark. Arbeitsschwerpunkte: Nachhaltiges Konsumverhalten; öko-soziale Zeitpolitik; ethisch-ökologische Geldanlagen; Kaufsucht.

Kontakt: Universität Hohenheim (530 A), 70593 Stuttgart; E-Mail: lureisch@uni-hohenheim.de

Renn, Ortwin S. 33

Prof. Dr. Ortwin Renn, Studium der Volkswirtschaftslehre und der Soziologie an der Universität Köln mit Abschluss zum Diplomvolkswirt sozialwissenschaftlicher Richtung (1978), 1980 Promotion in Sozialpsychologie; Leitender Direktor der Akademie für Technikfolgenabschätzung und Inhaber des Lehrstuhls für Technik- und Umweltsoziologie an der Universität Stuttgart. Von 1986-1992 Professor für Umweltwissenschaften an der Clark Universität in Worcester (Massachusetts, USA) und von 1992-1993 Gastprofessor an der Abteilung Umweltnaturwissenschaften der Eidgenössischen Hochschule Zürich (ETH).

Leiter der im Auftrag der Bundesregierung Deutschlands eingesetzten Nationalen Kommission zur Harmonisierung der Risikostandards, des Kuratoriums "Schadensvorsorge" der Baden-Württembergischen Versicherungen und des vom Land Baden-Württemberg eingesetzten wissenschaftlichen Gutachterausschuss für Umweltforschung (BW-PLUS); Mitglied der Europäischen Akademie der Wissenschaften (Wien), des Umweltrates der evangelischen Landeskirche in Württemberg, der Bildungsrates des Landes Baden-Württemberg und des Deutschen Komitees für Katastrophenvorsorge; ehemals Mitglied im Wissenschaftliche Beirat der Bundesregierung für globale Umweltveränderungen (1996-2000) und der Zukunftskommission 2000 des Landes Baden-Württemberg (1996-2000); Über 30 Buchveröffentlichungen und rund 250 Artikel in Zeitschriften oder Sammelbänden.

Kontakt: TA-Akademie, Industriestr.. 5, 70565 Stuttgart; E-Mail: ortwin.renn@ta-akademie.de

Rölle, Daniel S. 389

Daniel Rölle, M.A., Studium der Politikwissenschaft und Soziologie an der Universität Stuttgart. Seit 2000 wissenschaftlicher Mitarbeiter am Institut für Energiewirtschaft und Rationelle Energieanwendung (IER) der Universität Stuttgart. Promotionsthema: Bestimmungsfaktoren von Mobilitätsverhalten. Arbeitsschwerpunkte: Mobilitätsverhalten/Verkehrssoziologie, Einstellungsforschung, Methoden der empirischen Sozialforschung.

Kontakt: Universität Stuttgart, IER, 70565 Stuttgart; E-Mail: dr@ier.uni-stuttgart.de

Rösch, Christine S. 269

Dr. Christine Rösch, Jahrgang 1963, Studium der Agrarbiologie an der Universität Stuttgart-Hohenheim, 1996 Promotion zum Dr. sc agr. und seit 1988 wissenschaftliche Mitarbeiterin am Institut für Technikfolgenabschätzung und Systemanalyse (ITAS), Forschungszentrum Karlsruhe (FZK). Von 1996 bis 2000 wissenschaftliche Mitarbeiterin am Institut für Energiewirtschaft und Rationelle Energieanwendung (IER) der Universität Stuttgart. Seit 2001 Gruppenleiterin für den Bereich "Ernährung und Landwirtschaft" bei

ITAS, FZK. Weitere Forschungsschwerpunkte sind Regenerative Energien mit Focus auf Biomasse, nachwachsende Rohstoffe und Schlüsseltechnologien für eine nachhaltige Entwicklung.

Kontakt: Dr. Christine Rösch, Forschungszentrum Karlsruhe, Institut für Technikfolgenabschätzung und Systemanalyse Postfach 3640, D-76021 Karlsruhe.
Tel.: +49 (0) 7247/82-2704, Fax: +49 (0) 7247/82-4806, E-Mail: roesch@itas.fzk.de

Schäfer, Martina S. 63

Dr. Dr. Martina Schäfer, Studium der Biologie an der Universität Stuttgart-Hohenheim; Diplomarbeit an der Technischen Universität Berlin. 1994 Promotion zum Dr. Ing. im Bereich Mikrobielle Abwasserreinigung; 1999 Promotion zum Dr. phil. zum Thema "Nachhaltigkeit und Arbeitsperspektiven für Frauen"; seit 1996 wissenschaftliche Mitarbeiterin am Zentrum Technik und Gesellschaft der TU Berlin und am Fachgebiet Agrarmarketing der Humboldt Universität zu Berlin. Arbeitsschwerpunkte: Zukunft der Arbeit, Nachhaltiges Konsumverhalten und nachhaltige Ernährung; Ökologische Landwirtschaft; Nachhaltigkeit und Geschlechterverhältnisse; Vorsorgendes Wirtschaften.

Kontakt: Zentrum Technik und Gesellschaft der TU Berlin; E-Mail: schaefer@ztg.tu-berlin.de

Schneider, Jörg S. 131

Jörg Schneider M.A., Studium der Soziologie und Neueren deutschen Literatur sowie der Medien- und Publizistikwissenschaft in Marburg und Zürich. Wissenschaftlicher Mitarbeiter am Institut für Soziologie der Philipps-Universität Marburg und Direktoriumsmitglied des Forschungszentrums für Gesellschaft und Ökologie (FoGÖ e.V.). Mitarbeit am Forschungsprojekt "Die Zusammenhänge zwischen den Veränderungen der dörflichen Vegetation häufig gestörter Lebensräume und dem Wandel ländlicher Lebensstile". Arbeitsschwerpunkte: Umwelt- und Konsumsoziologie, Medien- und Kommunikationssoziologie, Methoden der empirischen Sozialforschung.

Kontakt: Institut für Soziologie der Philipps-Universität Marburg, Ketzerbach 11, 35032 Marburg; E-Mail: schneidj@mailer.uni-marburg.de

Scholl, Gerd S. 197

Gerd Scholl, Studium der Volkswirtschaftslehre in Göttingen und Bonn, seit 1993 Mitarbeiter im Institut für ökologische Wirtschaftsforschung (IÖW), Forschungsfeld "Ökologische Produktpolitik". Arbeitsschwerpunkte: Produktpolitische Instrumentenforschung (Integrierte Produktpolitik), Produkt-Ökobilanzen, Öko- und Soziallabelling, öko-effiziente Dienstleistungen.

Kontakt: Institut für ökologische Wirtschaftsforschung (IÖW) gGmbH, Potsdamer Str. 105, 10785 Berlin; E-Mail: gerd.scholl@ioew.de

Schrader, Ulf S. 219

Dr. Ulf Schrader, Studium der Wirtschaftswissenschaften, Politologie und Soziologie in Göttingen, Dublin und Hannover. 2001 Promotion zum Dr. rer. pol.. Seit 1995 wissenschaftlicher Mitarbeiter und Projektleiter am Lehrstuhl Marketing I: Markt und Konsum. Arbeitsschwerpunkte: Nachhaltiger Konsum, ökologieorientiertes Marketing, Wirtschafts- und Marketingethik, Dienstleistungsmarketing.

Kontakt: Universität Hannover, Königsworther Platz 1, 30167 Hannover; E-Mail: us@muk.ifb.uni-hannover.de

Schulz, Werner F. S. 159

Prof. Dr. Werner F. Schulz, Studium der Wirtschaftswissenschaften an der Technischen Universität Berlin. 1985 Promotion zum Dr. oec., von 1985 bis 1999 u.a. Direktor und Professor im Fachgebiet "Wirtschafts- und sozialwissenschaftliche Umweltfragen" im Umweltbundesamt; seit 1999 Ordinarius für Umweltmanagement an der Universität Hohenheim und Direktor des Deutschen Kompetenzzentrums für Nachhaltiges Wirtschaften an der Privaten Universität Witten/Herdecke. Im Mai 2000 wurde er vom Bundesumweltminister in das Nationalkommitee des UNESCO-Programms "Der Mensch und die Biosphäre" berufen. Mitglied im dem Beirat "Nachhaltiges Wirtschaften" der Akademie für Technologiefolgenabschätzung des Landes Baden-Württemberg und dem Beirat des vom Wissenschaftsministeriums des Landes Nordrhein-Westfalen geförderten interdisziplinären Fernstudienganges Umweltwissenschaften der Fern Universität Hagen. Im Dezember 2001 erhielt Schulz für seine besonderen wissenschaftlichen Leistungen den B.A.U.M.-Umweltpreis 2001. Arbeitsschwerpunkte: Nachhaltiges Wirtschaften, Umweltmanagement und Politikberatung.

Kontakt: Universität Hohenheim (510 M), 70593 Stuttgart; E-Mail: wfschulz@uni-hohenheim.de

Schwab, Christa S. 245

Christa Schwab, Studium der Oecotrophologie an der Fachhochschule Niederrhein in Mönchengladbach, Studium der Lebensmittelchemie an der Universität in Münster. Tätigkeit als wissenschaftliche Mitarbeiterin am Institut für Pharmakologie und Toxikologie der Universität Münster im Rahmen des Europäischen Forschungsprojektes der Umweltprobenbank. Nach einer Familienphase seit 1999 Wiedereinstiegsstipendium des Landes Rheinland-Pfalz zur Promotion am Institut für Biologie der Universität Koblenz-Landau bei Prof. Dr. Adelheid Stipproweit.

Kontakt: Christa Schwab, Institut für Biologie der Universität Koblenz-Landau, Am Fort 7, 76829 Landau; E-Mail: fb7@uni-landau.de oder Berwartsteinstraße. 4, 67434 Neustadt/Wstr.; E-Mail: christa.schwab@gmx.de

Spiller, Achim S. 295

Prof. Dr. Achim Spiller, Studium der Wirtschaftswissenschaften an der Gerhard-Mercator Universität Duisburg. Dort 1995 Promotion zum Thema ökologieorientierte Produktpolitik. Seit dem 01.04.2000 Inhaber des Lehrstuhls "Marketing für Lebensmittel und Agrarprodukte" an der Georg-August-Universität Göttingen. Forschungsschwerpunkte: Ökologieorientiertes Marketing, Konsumentenverhalten, Marketing für Lebensmittel, Absatzkanalmanagement, Wissenschaftstheorie. Langjähriges Engagement beim Bund für Umwelt und Naturschutz im Bereich der wissenschaftlichen Umweltpolitik.

Kontakt: E-Mail: a.spiller@agr.uni-goettingen.de

Stipproweit, Adelheid S. 245

Prof. Dr. rer. nat. Adelheid Stipproweit, Lehr- und Forschungstätigkeit am Institut für Biologie der Universität Koblenz-Landau, Campus Landau. Forschungsschwerpunkte Ökologie und Umweltbildung.

Kontakt: Prof. Dr. Adelheid Stipproweit, Institut für Biologie der Universität Koblenz-Landau, Am Fort 7, 76829 Landau; E-Mail: fb7@uni-landau.de

Sucker, Joachim S. 85

Joachim Sucker, Kaufmann, dipl. Sozialpädagoge, Autor und Schauspieler der freien Theatergruppe "Trotztheater – Hamburg", Geschäftsführer des "Kunstwerk – Hamburg", Weiterbildungsmanager für Kultur und neue Medien, Dozent an Hochschulen und Unternehmen für Sponsoringkonzepte, seit 1999 Gesellschafter von neuwerk consult GmbH – Bereich Projektentwicklung Nachhaltigkeitszentrum – Leitung des Projektes "Vernetzungsstrukturen von Ökozentren".

Kontakt: neuwerk consult GmbH; E-Mail: Sucker@neuwerk-consult.de

Umpfenbach, Uta S. 99

Uta Umpfenbach, Studium der Chemie an der Friedrich-Schiller-Universität Jena, Zusatzausbildung zur Umweltberaterin bei der DEKRA Akademie Stuttgart. Zur Zeit wissenschaftliche Mitarbeiterin an der Akademie für Technikfolgenabschätzung in Baden-Württemberg. Arbeitsschwerpunkte: Nachhaltige Entwicklung und Nachhaltiger Konsum.

Kontakt: Akademie für Technikfolgenabschätzung in Baden-Württemberg, Industriestr. 5, 70565 Stuttgart; E-Mail: uta.umpfenbach@ta-akademie.de

van Rüth, Petra S. 231

Dipl.-Ing. Petra van Rüth, Studium Technischer Umweltschutz an der TU Berlin und Umweltmanagement an der FHW Berlin, seit 1997 wissenschaftliche Mitarbeiterin im Forschungsbereich Sozial-ökologische Forschung/ Feministische Umweltforschung an der TU Berlin. Arbeitsschwerpunkte: nachhaltiges Konsumverhalten, Gender & Environment, nachhaltige Landwirtschaft und Ernährung.

Kontakt: Technische Universität Berlin, Sekr. BH 14, Straße des 17. Juni 135, 10623 Berlin; E-Mail: petra.vanrueth@tu-berlin.de

Vetter, Reinhold S. 323

Dr. Reinhold Vetter, Studium der Allgemeinen Agrarwissenschaften an der Universität Stuttgart-Hohenheim. 1982 Promotion zum Dr. sc.agr., 1975 -1981 Wissenschaftlicher Angestellter am Institut für Agrartechnik - Verfahrenstechnik in der Tierproduktion und landwirtschaftliches Bauwesen - der Universität Hohenheim. 1981-1982 Vorbereitungsdienst für den höheren landwirtschaftlichen Dienst. 1983-1991 Sachgebietsleiter Tierische Produktion am Amt für Landwirtschaft, Landschafts- und Bodenkultur Lörrach. 1991-1992 Referent für Nachwachsende Rohstoffe am Ministerium für Ländlichen Raum Baden-Württemberg. Seit 1992 am Institut für umweltgerechte Landbewirtschaftung Müllheim, ab 1994 Leiter des Instituts. Arbeitsschwerpunkte: Umweltgerechte Landbausysteme, Landwirtschaftliche Produktionsverfahren, Stoffliche und energetische Verwertung nachwachsender Rohstoffe.

Kontakt: Institut für umweltgerechte Landbewirtschaftung, Auf der Breite 7, 79379 Müllheim E-Mail: reinhold.vetter@iful.bwl.de

Warsewa, Günter S. 377

Dr. rer. pol. Günter Warsewa, Studium der Sozialwissenschaften an der Universität Göttingen. 1981-83 industriesoziologische Forschungsarbeiten im SOFI Göttingen; ab 1984 industrie- und umweltsoziologische Forschung an der ZWE "Arbeit und Betrieb" der Universität Bremen; 1989 - 92 arbeitssoziologische Forschungen im Sonderforschungsbereich 186 (Statuspassagen und Risikolagen) der DFG an der Universität Bremen; seit 1991 Geschäftsführung des "Bremer Perspektiven-Labors" (wissenschaftliche Beratung des Bürgermeisters und Präsidenten des Senats in Bremen) und Forschungstätigkeiten an der ZWE "Arbeit und Region" der Universität Bremen. Zur Zeit im Institut Arbeit und Wirtschaft der Universität Bremen. Arbeitsgebiete: Arbeits- und Industriesoziologie, sozialwissenschaftliche Umweltforschung, politische Ökologie, Stadt- und Regionalforschung.

Kontakt: Universität Bremen, ZWE Arbeit und Region, Parkstr. 39, 28209 Bremen; E-Mail: gwarsewa@kua.uni-bremen.de

Weber, Christoph — S. 309, 389

Dr. Christoph Weber, Studium des Maschinenbaus an der Universität Stuttgart. 1999 Promotion zum Dr. oec. an der Universität Stuttgart-Hohenheim, seit 1991 wissenschaftlicher Mitarbeiter am Institut für Energiewirtschaft und rationelle Energieanwendung (IER) der Universität Stuttgart; seit 1999 Abteilungsleiter Energieanwendung und Energiemanagement. Arbeitsschwerpunkte: Nachhaltiges Konsumverhalten; Energieeffizienz; Energiemanagement.

Kontakt: Universität Stuttgart (IER), Heßbrühlstr. 49a, 70550 Stuttgart; E-Mail: cw@ier.uni-stuttgart.de

Weller, Ines — S. 231

Dr. Ines Weller, Diplom-Chemikerin, Promotion in Didaktik der Chemie, Wissenschaftliche Assistentin im Studiengang Umwelttechnik der TU Berlin, z.Zt. Gastprofessorin an der Universität Bremen, Forschungs- und Lehrschwerpunkt: Sozial-ökologische Forschung/Gender & Environment, Stoffstrommanagement, Nachhaltige Technik-/Produktgestaltung und –bewertung, nachhaltige Konsummuster, sozialwissenschaftliche Umweltforschung.

Kontakt: Universität Bremen, Fachbereich 4/FZB, Postfach 330440, 28334 Bremen; E-Mail: weller@uni-bremen.de sowie wellaiaj@mailszrz.zrz.tu-berlin.de

Zanger, Cornelia — S. 209

Prof. Dr. Cornelia Zanger, Studium der Betriebswirtschaftslehre, Promotion und Habilitation auf dem Gebiet des F & E-Managements an der Technischen Universität Dresden. Professorin an der Universität Kiel und der RWTH Aachen, seit 1994 Inhaberin des Lehrstuhls für Marketing und Handelsbetriebslehre an der Technischen Universität Chemnitz. Forschungsschwerpunkte: Qualitative Marktforschung, Konsumentenverhalten, innovative Kommunikationspolitik, Marketingstrategien für KMU.

Kontakt: Technische Universität Chemnitz, Fakultät für Wirtschaftswissenschaften, Lehrstuhl für Marketing und Handelsbetriebslehre, 09107 Chemnitz, E-Mail: c.zanger@wirtschaft.tu-chemnitz.de

Zängler, Thomas W. — S. 363

Dr. Thomas W. Zängler (geb. 1968) studierte Ökotrophologie mit dem Schwerpunkt Verbraucherverhalten und promovierte im Jahr 2000 zum Mobilitätsverhalten in Alltag und Freizeit an der TU München. Zur Zeit leitet Zängler am Lehrstuhl von Professor Karg die Arbeitsgruppe Mobilität und beschäftigt sich im Rahmen des bmb+f-Leitprojekts MOBINET mit der Evaluation von neuen Konzepten für die mobile Gesellschaft.

Kontakt: TU München, Lehrstuhl für Wirtschaftslehre des Haushalts, 85350 Freising-Weihenstephan, Tel: 08161-71-5086; E-Mail: zaengler@wzw.tum.de, Internet: http://www.wzw.tum.de/wdh

Zimmermann, Jennifer — S. 413

Jennifer Zimmermann, Geografiestudium an den Universitäten Bern (CH) und Sheffield (UK), Fachrichtung Wirtschaftsgeografie und Regionalentwicklung. Seit 1999 Kampagnenleiterin Ernährung beim WWF Schweiz mit Schwerpunkten Konsumenteninformation zu natur- und tiergerechtem Einkaufsverhalten aber auch Kooperationen mit ökologisch bewussten Unternehmen.

Kontakt: WWF Schweiz, Postfach 8010 Zürich; E-Mail: jennifer.zimmermann@wwf.ch